광물 전쟁

THE WAR BELOW

Copyright ⓒ 2024 by Ernest Scheyder III
All rights reserved.

Korean Language Translation copyright ⓒ 2025 by Wisdom House, Inc.
Published by arrangement with the original publisher, Atria Books,
a division of Simon & Schuster, Inc. through EYA, Co., Ltd.

이 책의 한국어판 저작권은 EYA를 통한 저작권사와의 독점 계약으로 (주)위즈덤하우스에 있습니다. 저작권법에 의해 한국 내에서 보호를 받는 저작물이므로 무단 전재와 복제를 금합니다.

광물 전쟁

#리튬 #구리 #니켈 #코발트 #희토류

어니스트 샤이더 지음
안혜림 옮김

**미래경제를 지배할
5가지 금속의 지정학**

위즈덤하우스

샤론과 메리앤, 테레즈에게 이 책을 바칩니다.

무언가를 희망하기만 해도 계획할 때만큼이나
많은 에너지가 든다.

— 엘리너 루스벨트

일러두기

- 본문에서 인명·지명 등 고유명사는 국립국어원의 외래어 표기법 및 용례를 따랐다. 단, 표기가 불분명한 일부는 실제 발음을 따라 썼다.
- 옮긴이 주는 본문에 적고 표시했다. 미주는 모두 저자의 주다.
- 본문에서 기울임꼴로 표시된 부분은 저자가 강조한 것이다.

추천의 말

에너지 전환 시대의
불편한 진실을 보여주는 책

김명환 차세대 이차전지 글로벌 TOP 전략연구단장
전 LG에너지솔루션 CPO·사장

인류가 지구에서 살아남기 위해 화석연료에서 벗어나 친환경 에너지와 전기차 등으로 전환해야 한다는 생각에 많은 사람이 동의할 것이다. 지구 온난화 해결에 대한 기대로 개발된 리튬이온배터리도 값싼 전기차 보급을 위해서는 리튬·니켈·코발트·구리 등 핵심 광물의 안정적인 공급이 필수적이다.

하지만 이 책은 우리가 간과하는 친환경 에너지로의 전환 이면에 숨겨진 불편한 진실을 적나라하게 보여준다. 친환경 에너지에 필수적인 핵심 광물 채굴 과정에서 발생하는 심각한 환경 파괴와 지역 주민들의 삶의 터전 피해, 심지어 어린아이들까지 위험한 노동에 내몰리는 충격적인 현실을 생생하게 담고 있다. 이는 친환경을 추구하는 과정에서 오히려 환경을 파괴하는 모순적인 상황에 대한 깊은 우려를 낳는다.

또 공급망 문제는 어떠한가. 미국은 환경 문제 때문에 자국 내 광물 채굴과 광산 개발에는 미온적인 태도를 보이면서도 전 세계에 산재해 있는 핵심 광물을 얻고자 중국과 경쟁하고 있다. 그로 인해 환경을 위한 전기차 생산에 불필요한 탄소 발자국이 증가하고 있다는 것 또한 피할 수 없는 현실이다.

과거 화석연료 시대에 산유국이 그랬던 것처럼, 광물로 패권을 휘두르는 나라들이 등장하는 것도 문제다. 리튬을 보유한 오스트레일리아와 아르헨티나, 구리를 보유한 칠레, 니켈을 보유한 인도네시아, 희토류를 보유한 중국 등은 친환경 에너지 전환이 가속화될수록 패권 경쟁을 더욱 심화시킬 것이다. 우리는 이미 트럼프와 우크라이나 광물 협상을 통해 그 예고편을 보고 있다.

'친환경 에너지로 나아가는 여정을 위해 어떤 위험까지 감수해야 하는가?'라는 질문은 우리에게 중요한 고민을 던져준다. 환경 문제와 이로 인한 지역 주민들의 반발 때문에 미국의 광업 프로젝트가 중단된다면, 기후 변화는 더욱 심화될 수밖에 없다. 더하여 우리가 이미 화석연료 시대에 경험했던 것처럼, 중국을 비롯한 몇몇 특정 국가들에 핵심 광물 공급을 의존하게 되는 지정학적 위험 또한 간과할 수 없다.

그렇다고 이 책이 문제만 제기하는 것은 아니다. 핵심 광물 광산 개발 회사, 지역 주민, 그리고 정부가 서로 협력한다면, 환경 파괴를 최소화하는 공급망 체계를 만들 수 있다는 희망적 메시지도 제시한다. 친환경 공법 개발, 광물 재활용을 통한 광산 개발 최소화, 정부의 적절한 규제와 관리 및 지역 주민 지원 등을 통해 친환경 목표 달성과 환경보호라는 두 가지 가치를 동시에 추구할 수 있다는 가능성을 시사한다.

지속가능한 사회를 위해 친환경 에너지로의 전환은 반드시 가야 할 길이다. 이 책을 통해 현실을 분명하게 인식한다면, 문제를 해결하고 더 나은 미래를 만들기 위해 서로 이해하고 논의한다면, 더욱 의미 있는 선택을 할 수 있는 통찰력을 얻을 것이다.

'이 세상에 공짜는 없다'라는 점을 다시 한번 상기시켜 주며, 친환경 미래로 향하는 길이 결코 순탄치 않고, 윤리적·환경적·지정학적 난관들을 헤쳐나가야 한다는 중요한 메시지를 던져주는 이 책을 지속가능한 미래를 만들고자 하는 모든 사람에게 강력하게 추천한다.

추천의 말

광물 전쟁의 어두운 그림자를
파헤친 걸작

염승환 LS증권 이사·《세 번째 위기, 세 번째 기회》 저자

'The War Below' 이 책의 원제목이다. 한국어판 제목은《광물 전쟁》이다. 하지만 진짜 의미는 무엇일까? '땅 밑에서 펼쳐지는 전쟁'이라는 표현이 딱 어울리는 듯하다. 두 제목의 의미 그대로 이 책은 땅 밑에서 펼쳐지고 있는 광물 전쟁을 다루고 있다.

땅 밑에서 펼쳐지는 첫 번째 전쟁은 물리적 의미의 '광물 채굴 전쟁'이다. 리튬·구리·니켈·코발트처럼 친환경 에너지 전환에 필수적인 자원들은 지하 깊숙한 곳에서 채굴된다. 세계 각국은 그 과정의 어려움에도 불구하고, 지하자원을 두고 전 세계적으로 경쟁하고 있다. 전기차를 아무리 잘 만들어도 리튬이 없으면 배터리도 만들지 못한다. 풍력을 통해 깨끗한 전기를 만들고 싶어도 구리가 없으면 무용지물이다.

친환경 산업을 적극적으로 육성하려는 국가나 기업들은 광물을

채굴해야 하므로 이 국가들과 협력할 수밖에 없고 광물 채굴의 대가를 지불해야 한다. 그러지 않으면 이 전쟁에서 도태될 수밖에 없다. 2020년 전기차 붐이 일어나고 배터리의 중요성이 커지면서 많은 국가와 기업이 인도네시아, 아르헨티나의 정부·기업과 제휴하고, 광물 채굴권을 확보한 이유는 이 때문이다. 다가올 친환경 시대에 적정 규모의 광물을 확보하지 못하면 글로벌 경쟁에서 도태될 수밖에 없으므로 광물 채굴을 위한 전쟁은 지속될 가능성이 크다.

두 번째 전쟁은 친환경이라는 이름 아래로 펼쳐지는 '더러운 전쟁'이다. 겉으로는 '탄소 중립, 지속가능한 미래 사회로의 전환'이라는 이상적 목표를 내세우지만, 실상은 광물이 매장된 지역에 사는 주민들과의 분쟁을 피할 수 없다. 그 지역에만 사는 다양한 동식물들의 서식지를 '깨끗한 지구를 위한다'는 명목으로 파괴하고, 주민의 권리를 침해하는 전쟁이 펼쳐지고 있다. 깨끗한 미래를 위한 더러운 싸움이 우리가 볼 수 없는 지하에서 벌어지고 있다.

세 번째 전쟁은 국가 간의 '패권 전쟁'이다. 광물을 보유한 국가들이 이를 무기이자 안보로 활용하는 전쟁이다. 전기차에 반드시 들어가는 리튬과 흑연 가공에서 중국은 절대적인 지배력을 행사하고 있다. 희토류도 중국이 전 세계 시장의 3분의 2를 차지하고 있다. 중국이 가공하는 리튬과 흑연이 없으면 전기차 배터리 생산은 사실상 불가능하다.

희토류는 현대에 필수적인 첨단 산업에 많이 쓰인다. 컴퓨터 모니터와 영구 자석·레이저·유도 제어 시스템·제트엔진에 이르기까지 첨단 산업에 필수적이다. 그 수요가 전 세계적으로 계속 증가하고 있지만, 문제는 공급이다. 희토류는 대체재가 없다. 그리고 희토류 채굴과 정제는 대부분 중국이 장악하고 있기에 공급망이 큰 문제로 작용한다. 중국은 17가지 희토류 원소 중 약 70퍼센트를 채굴하고, 희토류 가공의 90퍼센트를 장악하고 있다.

희토류는 미국에도 많이 묻혀 있다. 문제는 활용할 방법이 없다는 것이다. 1980년대만 해도 세계 희토류 공급의 60퍼센트 이상을 미국이 담당했다. 그런데 환경 문제가 대두되면서, 미국의 희토류 산업은 급격히 위축되고 말았다. 반대로 중국은 세계 최대 규모의 희토류 연구 시설을 만들었고, 미국의 기술을 습득해 오늘날 세계적인 희토류 강국이 되었다. 환경 파괴에 눈감은 중국 정부의 지원도 희토류 산업이 성장한 배경이 되었다. 희토류는 미국의 아킬레스건이다. 환경 문제 때문에 다시 할 수도 없지만, 산업 기반 붕괴로 재건은 불가능한 상태다. 중국은 이를 잘 알고 있기에, 미국이 견제할 때마다 희토류 수출 금지란 반격 카드를 내밀면서 미국의 안보를 위협할 것이다. 땅 아래에 묻힌 광물은 그냥 광물이 아니라, 한 나라의 안보를 붕괴시킬 수 있는 강력한 무기다. 광물 전쟁이 곧 패권 전쟁인 이유다.

에너지 전환은 공짜가 아니다. 깨끗한 세상을 만들기 위한 에너지 전환은 또 다른 환경 파괴와 사회적 갈등을 낳게 된다. 이는 눈을 감는다고 해도 보일 수밖에 없는 불편한 진실이다. 이 책은 남아메리카의 광활한 소금 사막 한가운데에서 리튬 채굴을 위해 막대한 지하수를 퍼 올리고, 콩고의 코발트 광산에서 어린아이들까지 혹사당하는 현실을 적나라하게 보여준다. 또 지하자원 개발로 인한 산림

훼손과 토양·수질 오염, 원주민의 희생은 친환경 기술이라는 밝은 면 뒤에 가려진 어두운 그림자를 잘 표현해준다.

저자 어니스트 샤이더는 이 거대한 반대급부를 생생한 현장의 목소리와 객관적 분석을 통해 독자로 하여금 문제를 잘 이해하고 어떤 고민을 해야 하는지를 알려준다. 전기차를 타는 일부 사람들은 "나는 지구 환경에 기여하고 있어. 다른 사람들도 전기차를 탄다면, 지구는 더 깨끗해질 거야"라는 자부심이 있다고 한다. 일리 있는 생각이지만, 이 책은 그 반대편을 건드린다. 전기차 배터리에 들어간 광물에는 많은 동식물, 그리고 아이들의 노동력이라는 희생이 들어간다는 사실을 적나라하게 알려줌으로써 독자들의 생각을 일방향에서 양방향으로 바꿔준다. 또한 우크라이나와 러시아의 전쟁, 아프리카에서 벌어지는 자원 전쟁 등 지정학·환경·윤리 등의 문제를 다양한 시각에서 살펴볼 수 있도록 도와준다.

이 책을 통해 세상을 바라보는 시야를 더욱 넓히고, 지속가능한 미래를 향한 책임감과 지혜를 얻게 되기를 진심으로 바란다.

이 책에 대한 찬사

핵심 광물에 대한 글로벌 통제권을 둘러싼 갈등을 밝히는 통찰력 있는 기록. 세계가 더 많은 배터리를 사용하게 됨에 따라, 리튬·코발트·니켈·구리에 대한 수요도 폭발적으로 증가할 것이다. 이 책은 세계에서 가장 깊은 광산의 지하부터 세계 에너지 체계의 정점까지 독자들을 놀라운 여정으로 이끈다. 샤이더는 미·중 간의 지정학적 경쟁부터 환경단체와 세계 최대 광산 기업 간의 정치적 충돌에 이르기까지, 핵심 광물을 둘러싼 투쟁을 형성하는 다양한 세력을 밝혀낸다. 에너지 전환 그리고 우리의 미래 번영이 의존하고 있는 핵심 광물에 대한 이해를 위해 꼭 읽어야 할 필독서다.

― 크리스 밀러, 《칩 워》 저자

이 책에서 저자는 미국의 에너지 전환에 필수적인 광물을 채굴하기 위한 투쟁의 윤곽을 발굴해낸다. 보도에 대한 집요함과 문학적 필치를 겸비해, 미래를 둘러싼 전장이 펼쳐지고 있는 물리적·정치적 풍경을 생생하게 포착해냈다.

― 대니얼 예긴, 퓰리처상 수상작 《황금의 샘》, 《뉴 맵》 저자

세밀한 관찰력과 뛰어난 스토리텔링 능력을 지닌 저자는 전기차 혁명을 떠받치는 방대한 광물 공급망, 이를 움직이는 정치적·경제적 동력, 그리고 이 자원이 존재하는 모든 지역의 생물다양성과 환경, 지역사회에 미치는 광범위한 영향을 깊이 있게 파헤친다. 에너지 전환이 가져오는 총체적 영향에 관심 있는 사람이라면 반드시 읽어야 할 책이다.

― 대니얼 포너먼, 전 미국 에너지부 부장관

이 책은 친환경 에너지 혁명을 가능케 하는 광물 채굴의 기술적·환경적·재정적·정치적 복잡성을 흥미롭고 통찰력 있게 그려낸다. 에너지 전환이라는 과제의 한 측면을 조명하며, 우리가 그 심각성을 충분히 인식하지 못한 현실에 경종을 울리는 책이다.

― 마이클 J. 코왈스키, 전 티파니 앤 코 회장·CEO

마침내 미국 내에서 탄소 없는 친환경 에너지 전환을 위해 필요한 광물을 채굴하고 가공하는 데 따르는 진짜 어려움을 조명한 책이 나왔다. 샤이더는 광산이 있는 지역사회에 사는 사람들을 소개하며, 이들이 미국의 탈탄소 목표로 인해 얼마나 큰 영향을 받고 있는지를 보여준다. 이 이야기를 통해 우리는 아름다운 자연을 지키고자 하면서도, 정작 환경·노동·인권이 무시되는 외국 공급망에 의존하는 우리의 모순된 윤리와 직면하게 된다.

― 하이디 하이트캠프, 전 미국 상원의원

어니스트 샤이더는 지금이 "새로운 경제 전쟁"의 시대라고 말한다. 중국은 세계 곳곳에서 희토류 금속을 채굴하고 생산하는 데 있어 일찌감치 선수를 쳤고, 이는 친환경 기술 개발 경쟁에서 베이징이 주도권을 쥐게 만든 결정적 요인이다. 중국의 전 지도자 덩샤오핑은 1987년에 "중동에는 석유가 있고, 중국에는 희토류가 있다"고 말한 바 있다.

이 책에서 저자는 리튬·코발트·구리·니켈 등 우리가 화석연료에서 벗어나기 위해 필요한 핵심 광물을 둘러싼 복잡한 현실을 심층적으로 파헤친다. 다년간 친환경 에너지 전환을 취재해온 경험을 바탕으로, 저자는 이 산업과 정책 결정자들이 마주한 '현장'의 딜레마를 생생하게 보여준다. 이에는 생물다양성과 원주민 보호 지역을 위협하는 희토류 채굴 문제, 그리고 지정학적 긴장 속에서 중국의 전문성을 어떻게 활용할 것인가 하는 복합적인 고민이 포함된다. 이 책은 기후 변화 대응과 에너지 안보라는 이중 과제를 풀기 위해 반드시 다뤄야 할 질문들을 면밀히 조명하는, 섬세하고도 귀중한 탐사 보도라 할 수 있다.
—《파이낸셜 타임스》

친환경 에너지 전환의 불편한 진실과 종종 간과되는 선택의 대가를 파헤치기 위해, 어니스트 샤이더는 독자들을 미국의 역사, 지정학, 그리고 비즈니스 세계를 가로지르는 여정으로 안내한다.

이야기는 아이러니로 가득하다. 인류가 화석연료에서 벗어나기 위해 의지해야 할 구원자가 오랜 세월 폭력과 오염의 상징으로 여겨졌던 '광산 산업'이라니. 저자는 내일의 전기차와 전자기기를 움직일 핵심 광물을 둘러싼 전 세계적 경쟁 속에서, 우리가 선택할 수 있는 '좋은' 길은 존재하지 않는다고 말한다. 미국은 중국산 핵심 광물에 계속 의존할 것인가, 아니면 자국의 풍경과 지역사회에 큰 상처를 남길 대규모 채굴을 감수할 것인가? 인플레이션 감축법의 시행이 제대로 이루어지지 않는 상황에서, 미국 연방정부는 과연 이 복잡한 문제를 이해하고 있는 것일까? 청정 기술을 약속하는 미래의 기업들은, 주요 프로젝트들이 줄줄이 난항을 겪고 있는 현실 속에서 과연 약속을 지킬 수 있을까?

독자들이 특히 흥미롭게 느낄 부분은, 티파니 앤 코의 전 CEO 마이클 J. 코왈스키가 20년 전 윤리적 광물 조달 문제에 대해 취했던 혁신적인 입장과 일론 머스크가 테슬라의 미래 광물 공급망을 확보하기 위해 벌인 노력에 대한 생생한 이야기다.
—《포천》

어니스트 샤이더는 이 책에서 광산을 건설하는 이들이 겪는 수많은 어려움과 그로 인해 피해를 입거나 반대하는 사람들의 고통을 생생하게 조명한다. 저자는 광업이 "더러운 일"이라고 말한다. 이것은 비난이 아니라, 냉정한 현실에 대한 인정이다. 저자는 애리조나에서 미네소타, 네바다, 아이다호, 워싱턴 D.C.를 거쳐 볼리비아에 이르기까지 현장을 누비며 찬반 양측의 목소리를 직접 듣는다. 그는 광산 개발이 불가피하게 부딪히는 문화적·역사적·미학적·환경적 제약들에 깊은 공감을 표하며, 대규모 광산 프로젝트가 동반하는 사회적·정치적 역학에 주목한다. 이 책의 목표는 광산 개발의 필요성을 부정하는 데 있지 않다. 오히려 "기후 변화를 완화하기 위해 이 땅을 파헤쳐야 하는가?"라는 근본적인 질문을 던진다.

2020년 글로벌 봉쇄로 인해 필수 노동의 중요성을 새삼 깨달은 것처럼, 이제 우리는 광업의 중요성을 다시 인식해야 할 시점에 와 있다. 오늘날 우리는 공급망이 멈추면 사회 전체가 휘청일 수 있다는 사실을 뼈저리게 경험했다. 광업 또한 마찬가지다. 그리고 이 사실은, 책상 앞이라면 '어디서든 일하는' 사람들이 아니라, 현장의 '어디에선가 반드시 일해야만 하는' 이들이 가장 잘 알고 있다.

—《월스트리트 저널》

미국이 기후 변화를 해결하고 지속가능한 경제로 전환하고자 한다면, 필요한 광물 자원을 안정적으로 확보해야 한다. 특히 전기차 배터리와 에너지 저장 장치에 필수적인 리튬이 중요하며, 이 외에도 구리·코발트·니켈·망가니즈 등이 필요하다. 그러나 이 광물들은 채굴이 어렵고, 가공은 더더욱 까다로우며, 막대한 투자가 요구된다. 미국을 비롯한 여러 나라가 땅속에 자원을 보유하고는 있지만, 현재 생산과 가공에서는 중국이 압도적인 우위를 점하고 있다.

이 책에서 특히 주목할 점은 저자가 여러 채굴 예정지를 직접 방문해 현장의 목소리를 듣고, 다양한 이해관계자와 인터뷰를 했다는 것이다. 그 결과 이 책은 철저한 조사에 기반해 균형 잡힌 시각으로, 다가오는 중대한 선택들을 진지하게 다룬 수작이 되었다. 탄탄한 연구를 바탕으로 한 권위 있는 분석서이자, 앞으로 우리가 마주할 힘겨운 선택지를 깊이 성찰하게 하는 책이다.

—《커커스 리뷰》

한국어판 서문

핵심 광물을 확보하기 위한 싸움은 이 시대의 중대한 지정학적 쟁점이 되었습니다. 불과 몇 년 전까지도 리튬·구리·희토류 등 경제에 필수적인 구성 요소로 기능하는 금속들의 조달을 고민하는 이들은 많지 않았습니다. 하지만 지금은 기업의 회의실과 생산 공장뿐 아니라 평범한 가정의 식탁에서도 핵심 광물에 관한 이야기가 오가고 있습니다.

핵심 광물은 현대적인 삶을 가능하게 합니다. 전투기·총알·다양한 무기를 만드는 데 쓰일 뿐 아니라 휴대전화·노트북·전자기기·텔레비전을 비롯한 거의 모든 전자제품에 들어갑니다. 최근 몇 년 사이 그 수요가 급증했고 이번 세기가 끝날 때까지 증가세가 꺾이지 않을 전망입니다.

지구는 석유 제품에서 멀어지는 것이 아니라 주요 금속들의 사용량까지 늘리는 방향으로 나아가고 있습니다. 덕분에 20세기에 원유의 생산과 가공을 주도했던 나라가 세계경제를 주도했듯이, 21세기에는 핵심 광물의 생산과 가공을 주도하는 나라가 세계경제를 주도하게 되리라는 사실에 점점 더 많은 정부가 눈뜨고 있습니다.

중국은 제일 먼저 변화를 알아차렸고, 다수의 핵심 광물을 지배적으로 공급하고 가공하는 위치를 선점하기 위해 지난 50년간 전략적으로 움직였습니다. 그 결과 주도권을 쥔 베이징은 이제 공급량을 축소하거나 수출을 아예 차단하는 강수까지 두면서 핵심 광물을 경제 무기로 활용하고 있습니다. 하지만 중국의 시장 지배력을 상쇄하기 위한 광범위한 노력의 일환으로 미국과 유럽연합을 비롯한 세계 각국의 움직임도 바빠지고 있습니다.

도널드 트럼프 미국 대통령은 자국 내에서 광업을 부흥할 방법을 찾는 동시에 그린란드와 우크라이나 등지에서 국제 프로젝트를 탐색하고 있습니다. 그린란드의 동토 아래 묻혀 있는 희토류에 대한 관심이 점점 진지해지고 있다는 사실만으로도 전 세계가 얼마나 안정적인 새 공급처를 갈구하고 있는지 알 수 있습니다.

한국은 핵심 광물을 둘러싼 국제적인 싸움에서 중요한 역할을 하고 있습니다. 강원도의 상동광산은 강철을 경화하고 전구와 항공기를 만드는 데 쓰이는 텅스텐의 세계 최대 공급처 중 하나가 될 것입니다. 1916년 매장층이 발견된 이 광산은 한때 한국의 수출 이익을 70퍼센트까지 책임지기도 했으나 중국산 텅스텐이 저렴하게 공급되면서 1994년 운영을 중단했습니다. 하지만 중국이 이 중요한 금속의 공급을 장악하면서 새로운 기회가 열리고 있습니다.

그 사이 중국은 한국 정부에 중국산 희토류로 제작한 상품을 미국 방산 업계에 납품하지 말라고 요구했습니다. 이 두 사례에서 뚜렷이 드러나는 것처럼 한국은 핵심 광물이 다른 나라를 쥐고 흔들 수 있는 위협적인 경제 무기라는 사실을 너무나도 잘 알고 있습니다. 상동광산처럼 오래된 광산의 운영을 재개하는 문제는 세계 곳곳에서 논의될 수밖에 없는 주제가 되었습니다.

또한 핵심 광물을 확보하기 위한 싸움이 원주민의 권리나 신앙·생태·생물다양성보다 더 중요한지를 따지는 논쟁도 진행되고 있습니다. 지정학적 대결이 이렇게 긴요한 논의에 우선해서는 안 됩니다.

여러분이 펼친 이 책《광물 전쟁: 리튬·구리·니켈·코발트·희토류 미래경제를 지배할 5가지 금속의 지정학》은 핵심 광물의 조달을 둘러싼 지정학적 긴장을 들여다볼 새로운 기회를 제공합니다. 더하여 논의를 촉발하는 것을 목표로 하고 있습니다.

장마다 논란의 중심에 있는 광업 프로젝트를 소개하며 독자들이 찬성 측과 반대 측을 망라하는 모든 주장을 접할 수 있게 했습니다. 책을 읽는 여러분도 리튬을 얻기 위해 희귀한 야생화를 파괴해도 되는지, 원주민이 신성하게 여기는 땅을 구리 광산이 삼켜도 괜찮은지, 코발트와 니켈을 채굴하기 위해 환경을 망가뜨릴 수도 있는 위험을 감수해야 하는지 고민하게 될 것입니다.

프로젝트를 하나하나 따지면 어느 쪽이든 해결책이 있을 수 있습니다. 하지만 이 책을 통해 다양한 프로젝트를 포괄할 수 있는 전반적인 논의가 일고, 세계적으로 광업의 기준을 바꾸어가기 위한 토론에도 힘이 실렸으면 하는 바람입니다. 너무 오랫동안 지구의 많은 시민이 자신이 일상적으로 사용하는 제품의 원자재가 어디에서 오는지 무사안일했습니다.

오늘날 핵심 광물을 중심으로 진행되고 있는 지정학적 재편성은 우리 모두에게 어려운 질문을 고심하게 합니다. 상동광산은 과거에 문을 닫은 이유가 있었습니다. 그리고 지금 다시 문을 여는 이유가 있습니다. 이 책이 더 많은 프로젝트에 관해 더 많이 이루어져야 하는 토론의 물꼬가 되길 바랍니다.

2025년 4월
휴스턴에서
어니스트 샤이더

추천의 말 9 | 이 책에 대한 찬사 16 | 한국어판 서문 20 | 지도 26

들어가는 말 냉혹한 선택을 예견하는 작은 꽃 28
서문 새로운 에너지를 위한 전환점 34

CHAPTER 1 네바다에서 터진 리튬 잭팟

캘러웨이의 도전 61 | 지구를 살릴 열쇠 66

CHAPTER 2 신성한 땅을 둘러싼 갈등

결국 누군가는 해야 할 일 84 | 천사와 신들의 고향 92 | 안팎으로 위기에 처한 리오틴토 104 | 바이든의 약속 113

CHAPTER 3 투명한 광산 프로젝트

책임 있는 광업을 위한 원칙 127 | 더 나은 내일을 위한 약속 134

CHAPTER 4 낙엽 청소기의 탄소 발자국

무엇으로 대체할 수 있을까 140 | 우리 집 정원으로 오기까지 142

CHAPTER 5 미네소타의 구리 광산과 백악관이 만든 혼란

갈팡질팡하는 백악관 152 | 안전한 광산에 대한 믿음 163

CHAPTER 6 중국, 희토류를 집어삼키다

희토류 사냥꾼들 176 | 중동의 석유, 중국의 희토류 185 | 마운틴패스 광산의 새 주인 196 | 친환경 무기를 앞세운 경제적 냉전 205

CHAPTER 7 광물 자립의 미로에 갇힌 미국

새커패스에 울려 퍼지는 트럼프의 명령 219 | 윌버트의 신념 231 | 리튬 업계의 줄다리기 245

CHAPTER 8 연어와 안티모니

연어는 돌아올 수 있을까 263 | 폴슨의 계획 273 | 페블 프로젝트와 알래스카 278

CHAPTER 9 40만 대의 전기차 vs. 티엠의 메밀

티엠의 메밀과 살아남기 296 | 소중한 것을 지키기 위해 싸우는 사람들 301 | 세계가 맞닥뜨린 냉혹한 현실 313

CHAPTER 10 테슬라와 개스턴 광산의 수호자

테슬라와 인연을 맺은 피드몬트 324 | 땅을 지키기 위해 나서다 329 | 또 다른 게임 체인저 338

CHAPTER 11 불공정한 코발트 그리고 중국

북아메리카 구리왕, 프리포트맥모런 353 | 광산에 물을 공급하는 아파치족 359 | 코발트 광산의 아이들 368

CHAPTER 12 폐배터리와 도시 광산의 탄생

아이폰을 분해하는 로봇 382 | 친환경 에너지 전환의 씨앗 387

CHAPTER 13 깨끗한 리튬을 만드는 연금술

리튬에 홀린 과학자들 405 | 버바의 도전 413

CHAPTER 14 볼리비아를 둘러싼 자원 쟁탈전

볼리비아의 보석 432 | 흰고래를 만난 젊은 기업가 441 | 우유니의 문을 두드리다 447 | 이건의 다짐 455

CHAPTER 15 작은 꽃들의 운명

고래 싸움에 휘말린 새우 468 | 메밀섬에서의 휴가 471

나오는 말 끝나지 않은 선택 475

감사의 말 487
해제 조용한 전쟁, 전환의 딜레마(이예진, 토탈에너지스 선임 마켓 애널리스트) 491
주 496
찾아보기 570

광물을 향한 국제 경쟁 현황

들어가는 말

냉혹한 선택을 예견하는 작은 꽃

늦은 오후, 반짝이는 빛이 제리 티엠Jerry Tiehm의 눈을 사로잡았다. 어둠이 내리는 가운데 미국 네바다주의 울퉁불퉁한 풍경 속을 달리던 중이었다.

서른한 살의 티엠은 뉴욕식물원 때문에 이곳에 왔다. 뉴욕식물원에는 서반구에서 가장 큰 식물 표본관이 있었고, 티엠은 네바다주의 화초와 다른 초목들의 표본을 더해줄 예정이었다. 티엠의 임무는 단순했다. 신기하고 독특하며 가지각색인 식물들을 찾는 것이었다. 지금껏 발견되지 않은 식물이라면 더 좋았다. 적당한 식물을 찾아내면 트럭 뒷자리에 놓인 압축기로 납작하게 만든 뒤 신문지 사이에 갈무리해 뉴욕으로 보내야 했다. 그러면 뉴욕식물원의 담당자가 거대한 흰 종이에 그 식물을 붙이고 연구해 목록을 작성한 후 미래 세대를 위해 보관할 것이다. 흥미로운 식물이 발견되면 후속 연구를 위해 더 많은 과학자가 파견될 터였다. 지금과 마찬가지로 당시에도 네바다주는 오랫동안 미국에서 식물군 연구가 가장 더디게 이루어진 곳이었다. 바위투성이인 데다가 사막인 이 세이지브러시주sagebrush state(산쑥sagebrush이 많이 자생해 붙은 네바다주의 속칭-옮긴이)의 모퉁이에서 자라는 식물과 꽃보다 멀리 알래스카에 서식하는 식물군이 더 많이 알려졌을 정도다.[1]

네바다대학교에서 식물학을 전공한 티엠은 "제게는 꿈같은 일자리였죠. 식물 수집에서 네바다주는 항상 마지막 개척지였어요"라고 회상했다. 베트남전쟁의 징병을 피하기 위한 구실로도 나쁘지 않았다.[2]

1983년 5월 18일이었고, 로널드 레이건이 백악관에 살고 있었다. 그 전달에는 챌린저호가 처음으로 우주로 향했고, 통신사 아메리텍Ameritech이 세계 최초의 휴대전화 통화를 준비하고 있었다.[3] 6년 전에는 엑손의 한 과학자가(맞다, 바로 그 엑손모빌이다) 리튬이온배터리를 발명했다. 결국에는 세계경제에 혁명을 일으키고 기후 변화에 대응하는 싸움의 판도를 바꿀 위업이었다. 그날 티엠이 네바다에서 한 일과 직접 연결되는 발명이기도 했다. 티엠의 발견은 세계에서 가장 큰 자동차 제조사 가운데 한 곳을 끌어들이고, 미국 굴지의 환경단체 한 곳의 분노를 불러일으키며, 권력을 쥐고 있는 워싱턴과 월가의 사람들 사이에 우려를 퍼뜨리는 도화선이 되었다.

길이라는 것을 알아보기도 어려운 가파른 자갈 경사로를 따라 진주홍색 쉐보레 블레이저를 몰고 내려갈 때만 해도 티엠은 어떤 미래가 기다리고 있는지 전혀 몰랐다. 이런 상황에서 식물학자들이 생각할 수 있는 건 야영을 할 만한 안전한 장소를 찾는 것뿐이었다. 실버피크레인지Silver Peak Range로 알려진 네바다주의 척박한 언덕들은 특히 암흑이 내려앉은 뒤에는 계획이 없는 이들을 용서하지 않았다. 하지만 땅거미가 내리기 전 깜빡거리는 듯한 빛의 징후가 티엠을 유혹했다.

식물학자는 시커먼 바위의 물결 사이 군데군데 특이하게 밝은 흙이 드러나 있는 땅에서 야생화가 마치 허브처럼 토양을 감싸고 있는 것을 발견했다.[4] 줄기는 땅에서 15센티미터 정도 돌출되어 있었고 푸르스름한 회색 잎과 희끄무레한 노란색 꽃이 달려 있었다.[5] 리오라이트 리지Rhyolite Ridge라고 알려진 이 장소에는 같은 식물이 수백 포기씩 무리 지어 밀집해 있었지만 티엠은 그 이유를 알 수 없었다. 그는 5월부터 6월까지인 개화기의 절정에 이 식물을 마주한 참이었다. 척박한 사막처럼 보이는 이곳에서도 자연을 위해 특별한 꽃들이 피어나서 수분을 도와줄 꿀벌과 거미, 다른 생명체들을 눈멀게 한다. 7월이면 수명이 다한 꽃들이 붉게 변하고 익은 씨앗들을 떨어뜨리며 다음 세대를 퍼뜨리기 시작한다. 그리고 늦여름에는 다음 해까지 계속될 겨울잠에 들어간다.[6]

티엠은 절차를 따랐다. 식물 표본 15개를 채취해서 압축하고 이름표를 붙인 뒤 뉴욕식물원의 사람들을 위해 목록을 작성했다. 그리고 텐트를 트럭 밖으로 꺼내 드넓게 펼쳐진 은하수 아래서 밤을 보냈다.[7] 몇 달 뒤 동부로 돌아온 티엠은 현장에서 남긴 기록을 재검토했지만 그 식물이 무엇인지 알아낼 수 없었다. 식물학자의 기록을 살펴본 메릴랜드대학교 제임스 리빌James Reveal 교수가 편지로 이유를 알려주었다. 티엠이 지금까지 알려지지 않은 종을 발견했을 가능성이 컸다. 이듬해 여름 리빌과 티엠은 다른 식물학자 한 무리와 함께 문제의 장소를 다시 찾았고 더 많은 표본을 모았다. 1985년 리빌은 조사 결과를 한 학술지에 발표했다. 발견한 이를 기념해 식물에는 '티엠의 메밀'이라는 뜻의 에리고늄 티에미*Eriogonum tiehmii*라는 이름을 붙였다.

조그마한 식물인 '티엠의 메밀'은 친환경 에너지 전환에서 대단히 중요하다. 따뜻한 봄날 티엠이 처음 발견한 이 식물의 뿌리 아래에는 막대한 양의 리튬이 묻혀 있다. 리튬은 수백만 대의 전자제품과 전기차에 동력을 공급하는 리튬이온배터리의 재료다. 티엠은 결국 자신의 이름을 딴 식물을 일곱 종이나 가지게 되지만, 식물계의 많은 비밀이 그렇듯이 알 수 없는 이유로 오로지 네바다주 언덕의 리튬이 풍부한 땅에서만 자라고 지구의 다른 지역에서는 절대 찾을 수 없는 식물은 티엠의 메밀뿐이다.[8]

2022년 여름, 네바다주의 도시 리노를 찾아 티엠을 만났을 때 그는 흰색 '하와이 파이브 오Hawaii Five-O'(1968년부터 방영된 하와이 배경의 유명 경찰 수사 드라마 시리즈 제목-옮긴이) 티셔츠를 짙은 감색의 반바지에 넣어 입고 있었다. 신발은 하얀색 뉴발란스 스니커즈였다. 벗겨지기 시작한 머리 위에는 독서용 안경이 얹혀 있었다. 날렵하고 건강한 몸과 예리한 두뇌는 티엠이 70대라는 사실을 의심하게 했다. 그는 은퇴해서 "네바다주 최고의 식물학자 겸 식물 탐험가"라는 비공식적인 타이틀을 내려놓을 계획이 없었다.[9]

티엠은 2014년부터 네바다대학교 리노캠퍼스에서 학생들을 가르쳤다. 그전에는 같은 도시의 카지노 세 곳에서 심부름꾼과 리무진 기사로 일했는데 주로 페퍼밀Peppermill에 있었다.[10] 그는 네바다주의 외진 지역을 탐험하기 위해 자주 슬롯머신과 포커 테이블을 떠나 긴 주말을 보내곤 했다. "50년간 사막에서 식물을 관찰하면서 식물은 자신이 원하는 곳에서 자란다는 것을 경험했습니다. 다른 곳은 안 돼요."

2016년 오스트레일리아에 본사가 있는 한 기업이 네바다주에서 금을 찾다가 리오라이트 리지에 리튬이 있다는 사실을 알게 됐다. 이 하얀 금속에 대한 국제 수요가 급증할 것으로 전망되던 때 엄청난 수익성이 보장될 듯했다. 테슬라와 다른 제조업체들의 전기차가 점점 기후 변화에 맞서 싸우는 데 필수적인 도구로 인식되던 때였다. 하지만 리튬을 얻으려면 티엠이 새로운 꽃을 찾은 곳에 노천 광산을 파야 했다.

역설적인 상황이다. 티엠의 메밀과 그 아래의 리튬 중 무엇이 더 중요할까? 둘 중 하나를 선택해야 한다. 미국과 전 세계에서 리튬·구리·니켈·희토류·코발트가 풍부한 지역들은 이러한 선택을 맞닥뜨리게 된다. 모두 세계경제를 전기로 움직이고 탄소 배출을 완화하기 위한 열쇠라고 알려진 태양 전지판·전기차·배터리·풍력발전기·기타 등등의 제품을 만들어내는 데 필요하다고 알려진 금속이다. 티엠은 훗날 이렇게 희귀한 식물이 핵심 배터리 금속의 초대형 매장층 위에 자리 잡은 것은 "순전히 운"이라고 주장했다. 하지만 리튬에 굶주린 관련 업계에서는 불운이라 칭했을 것이다. 전 세계에서 금속 매장층은 성스럽거나, 매우 특별하거나, 함부로 건드리기에는 생태적으로 너무 민감하다고 여겨지는 땅에 자리하고 있다. 기후 변화를 완화하기 위한 시도로 이러한 땅을 파헤쳐야 하느냐는 질문은 우리 시대를 규정하는 문제 가운데 하나다. 세계 인구의 5퍼센트도 되지 않는 사람들이 살고 있지만 에너지는 17퍼센트 가까이 소비하는 미국에서는 새로운 친환경 에너지 경제가 많은 이에게 익숙하지 않은 집단적 반성을 요구한다. 세계 인구의 18퍼센트가 25퍼센트의 에너지를 소비하고 있는 중국을 포함해 다른 나라들 역시 이러한 전환을 이뤄내려 고심하고 있다.[11]

1983년 네바다주의 고요한 언덕에서 이뤄진 '티엠의 발견'은 코앞에 닥친 냉혹한 선택을 상징하는 동시에 기후 변화를 저지하기 위한 싸움의 시작을 예고한다. 티엠은 내게 "저는 이제 식물학계에 영원히 남을 겁니다. 제가 죽은 후에도 사람들은 계속 제 발견과 그 영향을 이야기할 거예요"라고 말했다.

티엠의 말은 그가 생각하는 것 이상으로 옳았다.

서문

새로운 에너지를 위한 전환점

2016년 지구의 날(환경오염의 심각성을 알리기 위해 제정한 날로 매년 4월 22일이다-옮긴이), 유엔은 파리기후변화협약(이하 파리협약)의 비준이 시작된 것을 기념해 미국 뉴욕에서 회원국들과 협약 체결식을 열었다. 1992년 기후변화협약을 채택한 후 오랫동안 계속된 협상의 성과였다. 기후 변화의 심각성을 강조하며 단합된 모습을 보이려 기획한 이 행사에는 반기문 사무총장과 존 케리 미국 국무부 장관, 프랑수아 올랑드 프랑스 대통령 등 고위인사들이 참석했다.[1] 케리는 이 협약이 미래 세대에 이로울 거라는 자신의 믿음을 내보이기 위해 손녀를 동반했다.[2]

그로부터 몇 달 전에는 200개에 가까운 나라가 기후 변화를 완화하기 위한 전략에 한목소리를 내고 행동할 방법을 찾기 위해 프랑스 수도의 외곽에 모였다. 논의 결과 이번 세기에는 지구의 평균 기온

상승을 섭씨 2도로 제한하고, 2050년에는 온실가스의 순 배출량을 영zero으로 만든다는 장기 목표에 합의했다. 이 목표를 달성하려면 화석연료 시대를 끝내고 풍력발전기, 태양 전지판 그리고 재생 에너지를 대량 생산하는 장치에서 동력을 얻는 배터리를 활용하는 시대로 세계경제를 전환해야 했다. 버락 오바마 미국 대통령은 파리협약을 자신의 가장 자랑스러운 업적으로 꼽았다. 오바마는 세계 온실가스 배출량의 55퍼센트를 대표하는 45개국이 서명한 파리협약이 발효되었을 때 "우리가 이 협약에 담긴 약속을 완수한다면 역사는 지구를 위한 전환점이었다고 평가할 것이다"라고 소감을 밝혔다.[3]

파리협약은 회원국들의 목표 달성 외에도 전 세계 소비자들에게 자신의 생활 습관이 기후 변화에 어떤 영향을 미치는지 숙고하기를 요구했다. 전기차 업계에는 무척 반가운 소식이었다. 국제에너지기구International Energy Agency, IEA에 따르면 운송 분야는 세계 이산화탄소 배출량의 4분의 1 가까이를 만들어내면서 온실효과와 지구 온난화를 부추겼다.[4] 2020년 운송 분야에서 배출한 온실가스는 미국에서 배출한 모든 온실가스의 약 27퍼센트에 달했고, 이산화탄소로 환산하면 16억 톤에 육박했다. 미국에서 가장 많은 온실가스를 배출하는 분야 역시 운송 분야였다. 미국 환경보호국Environmental Protection Agency, EPA 데이터를 보면 1990년부터 2019년까지 운송 분야는 절대량 기준으로 다른 어떤 분야보다 급격한 배출량 증가세를 보였는데, 여행이 늘어난 것이 주된 이유였다.[5] 이동 거리 역시 증가 일변도였다. 미국에서 차량 주행 거리는 1980년에서 2010년 사이 108퍼센트 급증했다.[6] 운송 분야의 변화와 인간이 초래한 다른 변화들이 지구의 역사에 '인류세'라고 알려진 새로운 시대를 촉발했을 가능성이 크다.[7] 인류세는 인간이 지구와 지구의 기후에 집합적인 흔적을 남긴 시대를 말한다.

간단히 말하면 휘발유나 디젤 연료를 태우는 자동차가 이 행성을 더 뜨겁게 만들고 있고, 파리협약에 서명한 약 200개국은 이러한 사실을 공식적으로 인정한 듯했다. 리튬 수요는 호황을 누릴 것으로 예상되었다. IEA는 파리협약에서 정한 목표를 달성하려면 리튬의 국제 수요가 2040년까지 40퍼센트 급증할 것으로 예측했다.[8] 다른 금속들의 수요 역시 훨씬 늘어날 터였다. IEA는 2022년부터 2030년까지 새로운 리튬 광산과 니켈 광산이 각각 50개와 60개가 건설되어야 하며 코발트 광산 역시 적어도 17개는 만들어져야 한다고 주장했다.[9] 전기차 업계와 다른 친환경 에너지 장치 업계가 주류로 떠오를 시기가 무르익었다. 관련 기술은 이미 완성되어 있었고, 녹색 미래로 가기 위해 어떤 요소가 더 필요한지에 세계적인 관심이 쏠렸다.

이런 전환이 전개되기 시작했을 때 나는 뉴스 통신사 로이터에서 또 다른 친환경 에너지 전환인 미국의 셰일 혁명을 취재하고 있었다. 6년 넘게 관련 기술과 자본, 미국 석유 업계와 천연가스 업계를 부활시킨 사람들을 추적하던 중이었다. 심층 취재를 맡은 탓에 뉴욕의 타임스 스퀘어 근처에 있는 사무실을 떠나 2년 가까이 노스다코타주의 배컨Bakken 유전에서 지냈고, 다시 엑손모빌과 셰브론을 조사하기 위해 텍사스주로 향했다. 그사이 몇 차례 오스트리아 빈에 파견되어 석유수출국기구Organization of the Petroleum Exporting Countries, OPEC를 취재하기도 했다. [당시 이 석유 카르텔의 책임자들은 기이하게도 미국의 수압균열법(고압의 물을 주입해 셰일가스나 석유를 추출하는 기술 – 옮긴이) 부활을 두려워했다.] 2018년 중반에는 변화를 맞이할 준비가 되어 있었고 친환경 에너지 혁명을 뒷받침하게 될 금속들에 관해 글을 쓸 기회가 오자 바로 붙들었다. 나는 이미 중요한 에너지 전환을 다룬 적이 있었고 이제 두 번째 전환을 다룰 기회였다. 이번에는 에너지 걱정에서 자유로울 뿐 아니라 한층 건전한 세계로 이끌 잠재력도 있는 전환이었다.

녹색 미래의 딜레마

리튬이온배터리는 1977년 초대형 석유 기업 엑손의 뉴저지연구소에서 일하던 미국인 과학자 스탠리 휘팅엄Stanley Whittingham이 발명했다.[10] 휘팅엄과 두 동료는 이 업적으로 2019년 노벨화학상을 받게 된다. 노벨위원회는 이들에게 "화석연료 없는 사회를 가능하게 했다"라는 찬사를 보냈다. 하지만 엑손모빌은 이 기술을 묻어두었는데, 여기에는 초기 버전의 배터리가 자연 연소하는 문제가 영향을 미쳤다. 리튬의 반응성 때문에 발생하는 '열폭주熱暴走'였다.[11] 제1차 석유파동이 끝난 뒤 석유 가격이 하락하면서 휘발유가 다시 인기를 끌었고 석유의 대체재를 찾아야 한다는 절박함이 약해지기도 했다.[12] 이후 초기 버전의 배터리에 코발트를 추가하면 폭발력을 완화할 수 있다는 사실이 밝혀졌다. 결국 일본의 소니가 특허를 손에 넣었고, 1990년 충전 가능한 리튬이온배터리로 전기를 공급하는 캠코더 시리즈를 선보였다. 캠코더에 들어간 배터리는 기능에서 전통적인 납축전지와 차이가 없었지만 리튬의 전기화학적 특성 덕분에 더 작고 가볍게 만들어졌다.

리튬이온배터리의 발명은 개인용 전자제품의 대중화를 도왔다. 곧 노트북과 휴대전화를 비롯해 다양한 전자기기를 어디서나 사용하게 되었고, 금속으로 만들어져 수천 번은 재사용할 수 있는 충전용 배터리가 전기를 공급했다.[13] 하지만 전 세계에 퍼져 있는 소비자 대부분은 여전히 원소주기율표가 자신들의 일상에 얼마나 큰 영향을 미치는지 그리고 자신들의 미래에는 얼마나 더 큰 영향을 미치게 될지 거의 의식하지 않았다. 유엔은 드미트리 멘델레예프Dmitri Mendeleev가 전설적인 표를 만들어낸 150주년을 기념해 2019년을 '세계 원소주기율표의 해'로 선언했지만, 백화점에서 물건을 사는 일반 소비자들은 노트북 배터리나 자동차, 태양 전지판이 어떤 원소로 구성되어 있는지 알기 어려웠다. 2019년 조사에서 4분의 1이 넘는 미국인들은 희토류 원소에 관해 한 번도 들어본 적이 없다고 답했다.[14] 희토류 원소는 전기차에 동력을 공급하는 자석을 만드는 데 쓰이는 핵심 재료다.

마틴 에버하드Martin Eberhard가 2003년 테슬라를 설립했을 때 리튬이온배터리는 자동차 업계에서 완전히 비주류로 여겨졌고 포드 자동차나 크라이슬러 같은 초대형 제조업체가 과학적으로 실험 중인 대상 정도로 취급되었다. 이듬해 일론 머스크가 테슬라에 합류했고 2008년까지 최초의 모델 로드스터Roadster를 내놓기 위한 여정을 이어갔다. 이 회사는 배터리를 위해 독일의 다임러, 일본의 도요타를 비롯해 미국 연방정부와도 협업해야 했다. 존 피알카John Fialka가 《자동차 전쟁Car Wars》에서 초기 전기차 산업을 설명하며 사용한 표현처럼 우여곡절이 많았던 시간이었다.

전기차가 윤활유 교환, 추정 연비, 냉각 장치를 비롯한 내연기관의 주요 요소들을 과거의 유물로 만들면서 소비자들은 점점 새로운 용어들을 배워야 하는 처지가 되었다. 리튬이온배터리의 구조부터 시작해보자. 리튬이온배터리는 크게 양극cathode과 음극anode, 전해질electrolyte, 분리막separator의 네 가지 부분으로 이루어진다(두 전극 사이에 전류가 흐를 때 전위가 높은 극을 양극, 전위가 낮은 극을 음극이라 고 한다. 전위가 낮은 음극에서 전자를 방출하면 양극으로 이동한다. 이차전지에서는 충전과 방전 시 양극과 음극이 바뀌기 때문에 두 전극을 모두 양극이자 음극이라 칭할 수 있으나, 방전 시를 기준으로 하는 양극재cathode material라는 용어가 일반적으로 통용되고 있어 같은 기준으로 번역했다 - 옮긴이). 양극은 리튬을 기본으로 설계에 따라 니켈·망가니즈·코발트·알루미늄을 혼합해 만든다. 일반적으로 음극은 흑연으로 만든다. 양극과 음극 사이에는 보통 리튬으로 이루어진 전해질 용액과 플라스틱 재질의 분리막이 있다. 전기차의 모터 안에는 배터리 전력을 운동으로 변환하는 데 사용되는 구리선이 1.6킬로미터 이상 들어 있다. 배터리가 자동차나 다른 장치에 전력을 공급할 때는 리튬이온이 양극에서 나와 분리막을 거쳐 음극으로 흐른다. 충전할 때는 반대로 움직인다.[15]

리튬이온배터리의 전력은 금속 함유량과 직접적인 관계가 있다. 하지만 지난 몇백 년간 자동차의 출력을 '마력馬力'으로 생각하는 데 익숙해진 이들에게 킬로와트kilowatt와 킬로와트시kilowatt-hour의 차이를 설명하기란 쉽지 않다. 태양 전지판과 풍력발전기 역시 킬로와트시 단위로 전기를 생산한다.

답을 찾기 위해 나는 아르곤국립연구소Argonne National Laboratory 의 화학 엔지니어 샤비르 아메드Shabbir Ahmed에게 도움을 청했다.[16] 일반적인 전기차에 리튬·구리·코발트·니켈을 비롯한 여러 금속이 얼마나 들어가는지 알고 싶었을 뿐 아니라 전기에 관한 용어도 더 잘 알고 싶었다. 아메드는 방글라데시공과대학교를 졸업하고 네브래스카대학교에서 박사학위를 취득한 뒤 아르곤국립연구소에서 배터리의 에너지 저장 능력에 따라 필요한 재료를 계산할 수 있게 도와주는 배터리 생산원가 산출 도구Battery Manufacturing Cost Estimation, BatPaC를 운영하고 있다.[17]

킬로와트는 에너지가 흐르는 속도고 킬로와트시는 에너지의 양이다.[18] (휘발유 엔진에서 연료가 주입되는 속도는 킬로와트로 표현할 수 있고, 연료 탱크에 있는 휘발유의 양은 킬로와트시로 표현할 수 있다.) 배터리가 커질수록 전기를 저장하는 용량도 커진다. 2021년 기준으로 세계에서 가장 대중적인 전기차 테슬라 모델3의 표준 모델에는 55.4킬로와트시 배터리가 장착되어 있어서 한 시간에 55.4킬로와트의 동력을 공급할 수 있다.[19] 배터리가 충전되는 속도는 충전기에 좌우된다. 일반적인 가정용 플러그에서는 약 1킬로와트를 충전할 수 있어서 모델3를 충전하는 데 대략 55시간이 걸린다. 하지만 대부분의 상업용 충전기나 공용 충전기는 용량이 훨씬 더 커서 대개 50킬로와트 정도다. 약 한 시간이면 모델3를 충전할 수 있다는 뜻이다. 일부 고성능 충전기는 250킬로와트 이상을 지원하기도 한다.[20]

화상으로 나와 마주한 아메드는 "더 많은 에너지를 저장하려면 더 큰 배터리가 필요합니다. 그리고 배터리가 클수록 더 먼 거리를 주행할 수 있죠"라고 설명했다. 길게 기른 그의 흰머리를 보니 1985년 영화 〈백 투 더 퓨처〉의 브라운 박사가 떠올랐다. 배터리가 커지면 당연히 더 많은 금속이 필요하다. 아메드의 설명에 따르면 모델3는 킬로와트시마다 0.11킬로그램의 리튬을 사용한다. 55.4킬로와트시 배터리를 만드는 데 약 6킬로그램의 리튬이 들어간다는 뜻이다.[21] 아메드는 같은 배터리의 셀에 니켈 약 42킬로그램과 코발트 약 8킬로그램, 알루미늄 8킬로그램, 흑연 약 55킬로그램, 구리 약 17킬로그램이 포함되어 있을 거로 추정한다. 게다가 배터리의 다른 부분에도 알루미늄과 구리가 들어 있을 것이다.

미국 자동차 제조업계의 문제는 전기차와 다른 친환경 에너지 장치들이 주류가 되기 시작했는데도 이러한 금속 가운데 극히 일부만이 미국 안에서 생산된다는 것이었다. 테슬라가 로드스터를 공개한 이후 자동차 업계 경영진의 고민은 줄곧 커지기만 했다.[22] 코로나바이러스감염증-19(이하 코로나바이러스)가 이러한 공포에 더욱 불을 붙였고, 소비자들조차 자신의 일상이 아주 멀리 떨어진 공장에서 생산되는 의약품이나 의류, 에너지 같은 상품에 얼마나 의존하고 있는지 돌아보게 했다. J. 데이비드 맥스웨인J. David McSwane이《팬데믹 주식회사: 우리가 아플 때 부를 쌓는 자본가들과 도둑들을 뒤쫓다 *Pandemic, Inc.: Chasing the Capitalists and Thieves Who Got Rich While We Got Sick*》에서 미국 연방정부의 코로나바이러스 대응 중 가장 수상쩍었던 재정 분야를 심층 취재하며 파고들었던 지점이다. 게다가 러시아의 우크라이나 침공도 더욱 공포를 키웠다.

과거에 에너지 안보는 원유와 천연가스의 문제였다. 이제는 리튬과 구리, 다른 전기차 금속들의 문제도 포함한다.

다음 문제들을 생각해보자.

• 칠레와 오스트레일리아는 2023년까지 전 세계에서 리튬을 가장 많이 생산하는 나라였지만 이 금속을 전기차 배터리에 사용할 수 있는 형태로 가공하는 과정 대부분을 중국에 의존했다. 세계에서 가장 큰 리튬 회사 중 두 곳이 중국에 본사를 두고 있고, 그중 한 기업은 아타카마Atacama 소금 평원에서 세계 리튬 생산량의 대부분을 책임지는 경쟁 상대인 칠레 회사 SQM의 지분을 4분의 1이나 보유하고 있다. 미국에는 수백만 대의 전기차를 만들 수 있는 양의 리튬이 존재하지만 아직 개발되지 않았다.[23] 1960년 처음 건설된 설비에서 아주 적은 양의 리튬만 생산하고 있으며 대규모 가공 시설은 하나도 없다. 중국에는 추출이 어려운 형태로 리튬이 존재하는 매장층이 몇 군데 있다.[24]

• 중국은 세계에서 구리를 가장 많이 소비하는 나라며 칠레와 페루를 비롯해 여러 나라에서 전기의 주요 전도체인 이 붉은 금속을 공격적으로 사들이고 있다. 미국은 중국의 두 배에 달하는 구리를 보유하고 있지만 자국 내 생산량은 2017년부터 2021년까지 5퍼센트 가까이 감소했다.[25]

• 인도네시아는 세계에서 가장 많은 니켈을 보유하고 있는데, 자

국 내 전기차 산업 육성을 위해 이 핵심 금속의 수출을 막으려 움직이고 있다.[26] 미국 내 니켈 광산은 2025년이면 고갈될 전망이며 니켈 정제 공장은 하나도 없다. 이 금속은 전기차 배터리의 에너지 밀도를 높이는 데 결정적인 역할을 해서 한 번의 충전에도 더 많은 거리를 주행할 수 있게 한다. 내연기관은 니켈을 1~2킬로그램밖에 사용하지 않는 반면 이 금속을 포함하는 전기차 배터리에는 하나당 40킬로그램에서 60킬로그램의 니켈이 들어간다.[27]

- 콩고민주공화국(이하 콩고)은 전기차 배터리의 부식을 막는 데 쓰이는 코발트를 가장 많이 보유한 나라지만 이 금속을 추출하는 데 흔히 아동 노동을 활용하고 있어서 자동차 제조업체와 규제기관, 정책 입안자 들에게 가장 큰 고민을 안기고 있다.[28] 같은 이유로 머스크는 2018년 코발트를 전혀 사용하지 않는 테슬라 모델을 내놓겠다고 약속했지만 이 글을 쓰는 시점까지는 뜻을 이루지 못했다.[29] 미국은 2021년 자국 내 채굴량보다 14배 많은 코발트를 수입했다.[30]

- 미국은 제2차 세계대전 이후 몇 년 동안 현대적인 희토류 산업을 개척했으나 산업 전체가 점차 중국으로 이동하는 것을 방관했다. 오늘날에는 에너지를 운동으로 전환하는 데 쓰이는 자석을 생산하기 위해 필요한 핵심 원소들의 채굴과 가공을 중국이 통제하고 있다.[31] 희토류가 없으면 풍력발전기와 테슬라 자동차, F-35 전투기를 비롯해 희토류로 만들어지는 특수 자석을 활용하는 각종 최첨단 장비도 없다. 중국은 2019년 희토류의 미국 수출을 막겠다고 협박한 바 있

다.³² 미국에는 희토류 광산이 하나밖에 없고 가공 시설은 전혀 없다.

• 지난 몇십 년을 통틀어 2019년 문을 연 네바다주의 조그마한 구리 시설을 제외하면 미국에서 새로 운영을 시작한 주요 금속 광산은 없다.³³ 하지만 전기차를 600만 대 이상 만들 수 있는 구리와 200만 대 이상 만들 수 있는 리튬, 6만 대 이상 만들 수 있는 니켈을 생산할 다수의 프로젝트가 제안되기는 했다.³⁴

• 한 해 동안 온전히 코로나바이러스의 영향이 없었던 마지막 해인 2019년, 미국에서는 거의 25만 대의 전기차가 판매되었다.³⁵ 미국 내 전기차 판매는 2021년 40만 대를 넘어선 데 이어³⁶ 2022년에는 80만 7000대에 달했다. 같은 해 미국 내 전체 자동차 판매 대수는 8퍼센트 감소해 미국인들이 내연기관 엔진에 환멸을 느끼고 있음을 짐작하게 했다.³⁷

• 전기차 수요가 증가하면 그만큼 리튬과 다른 금속들이 공급되어야 한다. 머스크는 2022년 4월 "우리는 지속가능한 에너지로 충만한 미래의 도래를 앞당기지 못하게 하는 요인이 무엇인지 알아내고 싶다. 그리고 무엇이 우리의 미래를 막아서더라도 테슬라는 맞서 움직일 것이다"라고 주장했다. 지금은 리튬을 채굴하고 정제하는 것이 방해 요인인 듯하다. 분명히 판매 가격 상승에 상당한 영향을 미친다. 잘 모르는 사람들을 위해 설명하자면, 리튬이온배터리 셀에 들어가는 리튬의 실제량은 백분율로 2퍼센트에서 3퍼센트 정도밖에 안

된다. 하지만 현재 단일 품목으로는 비용을 상승시키는 가장 큰 요인인 듯하다.[38] 같은 해 여름, 수요 증가와 공급 부족으로 리튬 가격이 급등하면서 미국 내 전기차의 평균 가격은 전년도보다 30퍼센트 상승한 6만 6000달러에 달했다.[39] 테슬라는 가격을 가장 많이 올린 업체 중 하나였다.[40]

• 미국 내에서 제안된 신규 프로젝트들은 기후 변화를 막는 데 기여할 수 있고 친환경 에너지 상품의 가격까지 낮출 수 있다. 하지만 모든 프로젝트가 환경운동가들과 인근 주민, 원주민 집단 등의 강력하고 합법적인 반대에 직면해 있어서 녹색 미래로 향하려 하는 이 나라가 겪는 딜레마를 뚜렷이 보여준다.[41]

• 중국은 2021년 이미 전 세계에 존재하는 기가 규모의 리튬이온배터리 공장 200곳 중 148곳을 보유했거나 건설하고 있었다. 유럽에는 21개, 북아메리카에는 11개가 있다.[42] 2029년까지 추가 건설되는 리튬이온배터리 공장 136곳 중 101곳은 중국에 들어설 예정이다.[43] 전체적인 증가세에도 자동차 업계 경영진들은 광산을 포함하는 배터리 공급망이 전 세계 운송 분야의 공격적인 전기차 전환 목표를 90퍼센트도 감당할 수 없다는 사실을 계속 우려했다.[44] 중국은 2023년까지 전기차 공급망에서의 우위를 공고히 했고, 그 결과 중국 내 전기차 생산 비용은 유럽 내 생산 비용보다 약 1만 유로 낮아졌다.[45]

- 미국 연방정부의 다른 부서들이 신규 광산 프로젝트에 대한 대출을 고려하는 중에도 환경 규제기관들은 신규 국내 광산 제안들을 철저히 검토하고 있어서 관련 전략의 균열이 드러나고 있으며, 광업 기업들과 자연보존 활동가들 모두 불만스러워하고 있다. 오바마 대통령과 도널드 트럼프 대통령은 환경이나 문화를 이유로 광산 프로젝트들을 막았다. (그렇다, 심지어 트럼프조차 그랬다.) 조 바이든 대통령은 일부 프로젝트를 승인하지 않으면서도 일부 프로젝트는 연방정부 변호사들이 변호하게 했는데, 대개는 판단 기준을 명확히 설명하지 않았다.

- 그 결과 미국에서는 광산 개발에 대한 의지가 사라졌고 2022년 인플레이션 감축법Inflation Reduction Act, IRA이 전기차 세액 공제를 자국 내 전기차 광물 생산과 연관 지은 후에도 상황이 변하지 않았다. (광산을 지을 수 없다면 소비자들이 어떻게 전기차 세액 공제를 받겠는가.[46]) 자동차 제조업체들은 이 정책이 통과되자마자 미국 안에서 적절한 금속 공급처를 찾으려면 몇 년은 걸릴 거라 항의했다.[47] 광산에 반대하는 기류로 인해 이 나라는 오랫동안 금속 수입에 의존했고, 그 결과 외국 광산에서 생산된 광물을 대부분 아시아에 있는 가공 시설로 옮기는 해상 운송이 증가해서 역설적으로 세계 온실가스 배출량을 늘리는 데 기여했다.

바이든 대통령 취임 후 백악관은 2021년 전기차 공급망 격차에 관한 보고서에서 "미국은 자국의 제조업과 국가 방위의 탄력성을 보장하기 위해 핵심 광물의 확실하고 지속가능한 공급을 미국의 노동적 가치·환경적 가치·자산 가치와 다른 가치들에 부합하는 방식으로 확보해야 한다"라고 지적했다.[48] 파리협약에서 정한 기후 목표를 달성하려면 전기차에 들어갈 리튬과 흑연의 국제 수요가 2040년까지 4000퍼센트 이상 증가해야 한다. 바이든 대통령은 약 64만 대에 달하는 미국 연방정부 소유의 자동차를 모두 전기차로 바꾸겠다고 약속했다. 이 계획만 반영해도 미국 내 리튬 생산량은 2030년까지 12배로 증가해야 한다.[49]

플로리다주를 기반으로 하는 희토류 자석 기업 어드밴스드 마그넷 랩Advanced Magnet Lab Inc의 최고경영자 마크 센티Mark Senti는 "광업 없이는 친환경 에너지를 가질 수 없다. 그게 현실이다"라고 꼬집었다.[50] 미국은 녹색 미래로 가고 싶어 하지만 그러려면 더 많은 금속을, 특히 리튬과 희토류, 구리를 생산해야 한다. 그러기 위해 더 많은 광산이 필요하다. 그리고 광산은 미국에서 격렬한 논쟁의 대상이다. 누가 지하로 파 내려간 거대한 구멍 옆에 살고 싶겠는가? 광산이 생기면 먼지가 날리고, 화물차 통행량이 증가하며, 발파 과정에서 쓰는 다이너마이트 때문에 창문이 덜거덕거리고 건물 기초에 균열이 생긴다. 역사를 돌아보면 많은 광산이 수로를 오염시키고 유독성 폐기물을 만들어냈으며 다음 세대에 물려줄 풍경을 손상했다. 또한 광산을 운영하려면 천문학적인 양의 물이 들어간다. 존 F. 케네디 행정부와 린든 존슨 행정부에서 내무부 장관을 맡았던 스튜어트 유돌Stewart Udall은 광업을 "수색 섬멸 작전search-and-destroy mission"이라 칭했다.[51]

하지만 차량을 소유하고 있는 미국 가정의 90퍼센트 이상이 전기차로 바꾸면 에너지 소비와 온실가스 배출량이 감소하리라는 미시간대학교의 연구 결과는 더 많은 금속이 필요하다는 사실을 알려준다.[52] 월가는 리튬 수요가 2030년까지 급증할 거로 예상하지만 광업 회사들이 이러한 수요에 부응할 수 있을지는 회의적이다.[53] 게다가 주요 금속을 생산하는 과정은 유형에 따라 매우 다양하며 석유나 천연가스의 생산 과정과는 완전히 다르다. 이 모든 역사를 고려할 때 워싱턴에 모여 있는 미국 연방정부 관료들이 이 문제를 두고 한목소리를 내지 못하는 것은 당연할 수 있다. 국방부는 21세기 초입부터 중국이 무기 제조에 이용할 수 있는 희토류와 다른 광물들을 생산하는 산업을 지배하게 되는 것을 우려해왔다. 하지만 국방부의 한 부서는 민주당 정부와 공화당 정부를 가리지 않고 전략 광물로 간주하는 광물들의 자국 내 비축량을 팔아 치웠다.[54] 트럼프는 코로나바이러스 대유행을 이용해 네바다주 새커패스Thacker Pass 리튬 프로젝트의 개발을 신속 처리하면서도 구리를 대량 공급할 수 있었던 알래스카의 페블 광산Pebble Mine 프로젝트는 무산시켰다.[55,56] 바이든은 논란이 많던 애리조나주의 레절루션 구리 광산Resolution Copper mine 프로젝트를 연방정부의 변호사들이 법정에서 변호하던 중에 중단시켰다.

웨스트버지니아주 민주당 상원의원 조 맨친Joe Manchin은 내게 "이 나라는 결정을 내려야 합니다"라고 주장했다.

"우리는 미국이 자연 그대로여야 하고 다른 누군가가 우리를 위해 광업이라는 더러운 일을 할 거로 생각합니다. 하지만 사실 우리는 무척이나 취약한 위치에 있어요."[57]

어떤 비극을 선택할 것인가

중국은 지난 20년 동안 코발트와 리튬·구리·기타 금속들을 찾아 세계를 샅샅이 뒤졌다. 미국이 2021년 아프가니스탄에서 철수한 뒤 중국 광업 기업들은 수도 카불에서 두 시간 정도 떨어진 메스아이낙Mes Aynak 구리 매장층을 개발하기 위해 탈레반과 협상을 시작했다.[58] 중국 광업회사들은 콩고의 코발트 광산을 사들이느라 수십억 달러를 쓰기도 했다.[59] 아르헨티나에서는 여섯 개의 주요 리튬 프로젝트에 투자하고 있다.[60] 2023년이 저물 무렵 인도는 급성장하는 자국의 전기차 산업을 위해 아르헨티나의 구리와 리튬 매장층을 뒤지기 시작했다.[61] 유럽연합은 2050년까지 탄소 중립 달성을 목표로 하는데, 이를 위해서는 증가하는 금속 수요에 의존할 수밖에 없다.[62] 이러한 움직임 하나하나는 수천 년간 계속된 국제적인 금속 사냥이 다시금 반복되고 있음을 보여줄 뿐이다. 내가 일하는 통신사를 창립한 언론인 파울 율리우스 로이터Paul Julius Reuter는 1872년 페르시아의 황제와 한 계약에 서명했다. 오늘날 이란으로 알려진 나라 전역에서 철광석과 구리, 다른 금속들을 채굴할 수 있는 완전한 지배권을 손에 넣는 계약이었다. (이 계약은 1년 뒤 시골 지역을 파헤치는 외국인들을 보고 들고일어난 지역 주민들의 강력한 반대로 중단되었다.[63])

환경압력단체가 단기적인 시각에서 반대하는 광산은 역설적으로 장기적인 시각에서 기후 변화와 싸우는 데 필요하다. 재활용만으로는 세계적인 친환경 에너지 전환에 연료로 쓰일 재료들을 공급할 수 없다.[64] 미국은 바로 눈앞에서 OPEC에 대한 의존이 친환경 에너지 장치의 구성 요소들을 공급하는 중국과 콩고, 다른 여러 나라에 대한 의존으로 바뀌는 것을 목격하고 있다. 중국은 전기차 배터리의 전력을 운동으로 바꾸는 데 쓰이는 자석 생산에 필요한 희토류의 미국 수출을 금지하겠다고 위협했다.

19세기 후반과 20세기 초 석유와 천연가스 혁명이 세계경제를 휩쓸었을 때는 화석연료를 태우면서 환경과 사회, 경제에 발생하는 비용과 편익을 종합적으로 따져보는 일이 거의 없었다. 실제로 사생활 캐기에 능했던 기자 이다 타벨Ida Tarbell이 존 록펠러의 스탠더드 오일이 저지른 불법 행위를 파헤쳐 명성을 얻었을 때도 록펠러의 탐욕스럽고 독점적인 사업 행위에 주로 초점을 맞추었지 석유 추출이나 정제 과정에서 발생할 수 있는 환경 피해에는 주목하지 않았다. 오늘날 진행되고 있는 전기화 전환은 사회가 무엇을 기꺼이 수용하고 무엇을 기대하는지에 관한 대화를 포함하며, 또한 그래야만 한다.

친환경 에너지의 주요 구성 요소를 다른 나라에 의존하는 것은 어떤 면에서 지난 몇 세기 동안 서구 문화에 만연했던 경제적 식민주의를 영속화하는 것이라고도 볼 수 있다. 아미타브 고시Amitav Ghosh는 기후 변화와 인간 착취를 다룬 두꺼운 책 《육두구의 저주》에서 (석탄·원유·천연가스의 생산 같은) 기후 위기의 뿌리가 15세기 네덜란드인 침략자들이 반다섬Banda Island에서 육두구를 생산하기 위해 대규모 농장 재배를 강요하고 토착민들을 노예화했던 역사까지 거슬러 올라간다고 지적했다. 이렇게 전통적인 농업 기술을 배제하고 자연의 절차를 무시하는 혹독하고 파괴적인 방식의 경작을 강요하면서 기후 위기의 씨앗이 뿌려졌다.[65] 고시라면 친환경 에너지로 전환하는 과정에서 각 나라가 자체적으로 구성 요소들을 구해야 하는 이유는 물론이고 구할 장소와 방법까지 고심해야 하며, 기후 위기가 시작된 이유를 전 세계가 이해하기 전에는 공정한 친환경 에너지 전환도 없으리라고 주장할 것이다.

오바마 행정부와 바이든 행정부에서 에너지 고문을 맡은 에이머스 호크스타인Amos Hochstein은 "우리는 함부로 '에너지 전환'과 '에너지의 미래', '기후 행동'이라는 말을 내뱉지만 기본적으로 지금 우리가, 즉 이 세대가 제대로 하고 있는 일은 모든 것을 전기화하는 동시에 지구 전체의 에너지 시스템을 대대적으로 점검하는 것이다"라고 주장했다.

> 이제는 석유와 가스, 석탄을 생산하는 나라들이 중심이었던 20세기의 지정학이 변하고 있다. (…) 태양열발전과 전기차, 배터리에 들어가는 모든 재료를 생산하는 나라들이 중요해졌다. 20세기에는 이야기되지 않던 것들이다. 니켈·마그네슘·흑연·코발트·리튬·희토류·기타 핵심 광물들이 문제다.[66]

미국은 세계 리튬 매장량의 24퍼센트를 보유하고 있지만 2030년에는 세계 연간 리튬 생산량의 3퍼센트만을 자국 내에서 확보할 것으로 예상된다.[67] 호크스타인은 전 세계가 친환경 에너지로 전환하는 사이 지정학적 경쟁자들이 전략 재료들의 공급 시장을 장악하는 결말을 피하려면 미국이 핵심 광물을 더 많이 생산하면서 다변화된 국제 생산망을 뒷받침해야 한다고 덧붙였다. 하지만 이러한 논리는 종교적·문화적·환경적 이유로 새로운 광산을 반대하는 이들이나 지난 수십 년간 지구의 환경을 망가뜨리는 인류의 해로운 영향력을 경고해온 이들에게는 힘을 발휘하지 못하고 있다.

광업은 평판이 좋지 않다. 광산이 지구의 표면을 망치는 엄청난 구조물이라는 사실은 부인할 수 없다. 막대한 소음을 만들어내고 지하를 침범한다. 유사 이래 광산은 수천 명, 아니 어쩌면 수백만 명의 사람들을 쫓아냈고 수로를 오염시켰으며 방사성 폐기물이 일부 포함된 몇십조 톤의 쓰레기를 만들어냈다. 세계 최대 구리 생산국이자 두 번째 리튬 생산국인 칠레는 광업 분야에서만 자국 내 수자원의 65퍼센트를 소모한다.[68] 게다가 광업을 이어가려면 매장량이 한정되어 있다는 숙명 때문에 항상 파헤치고 이용하다 팔아치울 다음 매장층을 찾고 있어야 한다. 21세기에 접어든 이후 광업계의 관행은 개선되어 왔고, 이제는 많은 기업이 전기로만 움직이는 불도저와 덤프트럭 들이 대기에 디젤 배기가스를 전혀 내뿜지 않을 날을 꿈꾸고 있다.

일부 광업 기업들은 최근 부상 중인 전기차 산업에서의 입지를 활용해 업계에 쏟아지는 모든 비난을 막으려 한다. 2020년 5월 광업계의 거물 리오틴토Rio Tinto는 오스트레일리아 서부에 4만 6000년 넘게 서 있었던 토착민들의 암굴巖窟을 날려버렸다. 허가 절차를 밟았으므로 완전히 합법적인 작업이었다. 하지만 이 땅의 전통적인 소유주인 푸투 쿤티 쿠라마족Puutu Kunti Kurrama과 피니쿠라족Pinikura이 신성하게 여기는 장소를 파괴했기 때문에 바로 격렬한 반응이 돌아왔다.[69]

리오틴토의 실수는 멍청하고 무례했지만, 불과 한 해 전 역시 초대형 광업 기업인 발레Vale의 브라질 작업장에서 벌어진 일에 비하면 약과라 할 만했다. 2019년 1월 수백 명의 직원이 브루마지뉴Brumadinho의 구내식당에서 점심을 먹고 있을 때 근처에 있는 지하 1층 규모의 B1 광미댐이 무너졌다. 유독성 폐기물이 쏟아져 식당은 물론이고 주위 주택과 전원지대를 집어삼켰다. 사망자가 300명에 육박했다.⁷⁰ (광미댐은 채굴 과정에서 나오는 폐기물, 즉 광미를 저장하는 장치다. 예를 들어 지구에서 흙 100킬로그램을 파내면 그 안의 구리는 1킬로그램에 불과하다. 따라서 보통 99킬로그램의 액체나 고체 형태의 폐기물을 영구적으로 저장해야 하는데 보통 광미댐 같은 시설을 활용한다.)

보안 카메라 영상을 보면 86미터 높이의 댐이 처음에는 가장자리부터 무너지다가 맨 아랫부분에 이어 전체적인 구조까지 붕괴하는 것을 볼 수 있다. 천천히 재생해 보면 어린이용 텔레비전 프로그램의 한 장면을 보는 것 같기도 하지만, 각도에 따라 다급히 치명적인 진흙의 강에서 탈출하려는 트럭들이 잡히기도 한다.⁷¹ 해당 댐은 2003년 이미 구조적인 문제가 드러났기 때문에 더욱 일어나지 말았어야 하는 사고였다. 브루마지뉴 댐 참사는 광업에 대한 대중의 광범위한 불신을 한층 키웠다. 광업계 경영자들이 가장 즐겨 하던 주장이 오늘날의 광업은 과거의 관행을 버렸고 "여러분의 아버지가 경험했던 광업과는 다르다"라는 것이었기에 더욱 그랬다.

국제 광업계를 면밀히 추적해온 환경단체 어스웍스Earthworks의 파얄 삼팟Payal Sampat은 "자동차 제조업체들은 자신들의 미래가 전기차에 있다는 사실을 깨닫고 있지만 전기차를 위한 공급망은 인권

유린과 유독물질로 얼룩질 수밖에 없다"라고 지적했다. 광업계를 주시하는 또 다른 단체는 영국 성공회다. 2024년 영국 성공회는 그 규모가 30억 파운드를 넘을 것으로 추정되는 자체 연금 기금의 영향력을 활용해 광업 기업들의 안전 관행을 향상시키고 있다. 이들은 2019년 뒤늦게 전 세계에 퍼져 있는 광미댐의 3분의 1 이상이 붕괴 시 주위 공동체에 파국적인 피해를 줄 가능성이 크다는 사실을 알게 되었다. 또한 지난 10년간 그 어느 때보다 많은 광미댐이 건설되었다는 것도 확인했다. (중국과 인도의 광업 기업들은 영국 성공회의 조사에 협조하지 않아 두 나라 광업계의 안전 관행에 더 큰 의구심을 품게 했다.) 광업계가 해야 할 일이 많은 건 분명하다.[72]

브루마지뉴에서 참사가 벌어진 후 브라질 정부는 붕괴한 광미댐과 같은 유형의 댐 설계를 금지했지만 미국은 같은 조치를 하지 않았다. 그러자 미네소타와 애리조나를 비롯해 새로운 광산이 건설되면 비슷한 사고가 일어날 수 있는 여러 주에서 우려가 커졌다. 리오틴토가 대형 구리 광산과 광미 폐기물 저장소 건설을 계획하고 있는 애리조나주의 한 주민은 "우리는 유독 폐기물 16톤이 들어 있는 150미터짜리 댐을 보면서 언제 그 댐이 무너져서 마을을 덮칠지 궁금해하게 될 거다"라고 조소했다.[73] 남아프리카공화국의 광산 도시 야헤르스폰테인Jagersfontein에서 다이아몬드 광산의 광미댐 근처에 살던 주민들은 몇 년 동안이나 같은 공포에 시달렸다. 2022년의 어느 여름날, 실제로 댐이 무너졌고 진흙투성이 폐기물의 파도가 근처 주거지역으로 들이닥쳤다. 리오리타브라이텐바크Rio-Rita Breytenbach 마을은 진흙에 쓸려 10킬로미터 가까이 밀려났다.[74]

친환경 에너지로 향하는 여정을 위해 이러한 위험이나 비극까지도 감내해야 할까? 역으로, 미국이 광업 프로젝트를 중단하면 기후변화의 맹공격을 앞당기는 동시에 중국과 다른 나라들에 경제적 무기를 쥐여주는 건 아닐까? 할리우드조차 나름의 방식으로 이 주제를 고민하고 있다. 2021년 공개된 풍자적인 영화 〈돈 룩 업〉은 지구를 향해 날아오는 혜성 때문에 파멸이 예정되었을 때 전 세계가 보여주는 반응을 그린다. 영화에서 미국의 정책 결정자들은 문제의 혜성을 조기에 폭파하지 않기로 한다. 이 혜성에 기후 전쟁에 도움이 되는 값진 희토류가 잔뜩 포함되어 있기 때문이다. 그리고 이러한 광물을 채취하려는 계획이 실패로 돌아간 후에야 혜성 파괴에 나선다.

광업을 지지하는 이들은 미국이 이미 세계에서 가장 엄격한 몇몇 환경 기준을 광업에 적용하고 있다는 말을 자주 한다. 미국 연방정부에서 광업 허가를 받으려면 10년 정도 (또는 그 이상이) 걸리지만 캐나다에서는 보통 몇 년밖에 걸리지 않는다.[75] 광업에 반대하는 이들은 대가를 묻는다. 이 광산이 그만한 가치가 있는가? 땅을 이만큼 파헤쳐야 하나? 왜 여기인가? 왜 지금인가? 광산 현장이 늘어날수록 의문을 표하는 반대쪽의 목소리가 더해지면서 기본적으로는 새로운 프로젝트가 막히고, 궁극적으로는 파리협약의 정신을 지키려는 미국의 노력에 제동이 걸리고 있다. 미국 연방정부에서 광업 허가를 받으려면 지난한 과정을 거쳐야 하지만 (입법을 통해 절차를 단축하려는 시도도 있었다[76]) 혜택은 어마어마하다. 기업들은 연방정부가 소유한 땅 대부분에서 채취한 광물에 사용료를 내지 않아도 된다. 1872년 이후 미국 서부에 적용되는 광업 관련 법의 특이한 조항 때문이다.

이 역시 광업을 전기차 공급망에서 수익성이 가장 좋은 영역으로 만드는 이유 중 하나다. 은행업계의 거물인 시티Citi가 발표한 조사에 따르면 최근 몇 년간 광업 분야의 이익률은 10퍼센트를 넘겼다. 같은 조사에서 제조업체들은 전기차를 만들 때 2퍼센트에 못 미치는 이익을 남겼다.[77]

미국에서 허가를 받으려는 광업 기업들을 지원하는 변호사 스콧 앤더슨Scot Anderson은 "기후 변화에 대처하는 방법 가운데 하나는 전기차를 더 많이 만드는 것이다. 그러려면 더 많은 구리가 필요하다. 어딘가에는 구리 광산이 있어야 한다. 어떤 사람들은 구리 광산을 지지하고 어떤 사람들은 반대할 것이다"라고 정리했다.[78]

수입에 의존하는 것, 즉 국제시장에서 한정된 자원을 두고 다투는 것 역시 미국 내 자동차를 전기화하려는 노력을 지연시킬 수 있다. 외국 광산에서 채취된 자원을 대부분 아시아에 있는 가공 시설로 운반하는 양이 증가하면 더 많은 온실가스를 배출하게 되고, 더 많은 전기차를 생산해야 할 명분도 다소 약해질 수 있다. IRA는 전기차 공급망 문제에 대처하고 미국 내 생산을 자극하려는 시도로 2022년 의회와 바이든 대통령의 승인을 거쳐 발효되었다. 이 법은 미국 내 전기차 세액 공제를 자국이나 자유무역협정을 체결한 20개국에서 생산된 제품으로 한정했는데 아프리카 대륙에 있는 나라는 단 하나만 포함됐다.[79]

포드의 수장 짐 팔리는 2021년 자동차 업계 리더들이 미국 디트로이트에 모인 자리에서 "(전기차) 공급망은 광산까지 가야만 한다. 그곳에서 진짜 비용이 발생한다. 그리고 미국 사람들은 집 근처에 광산을 원하지 않는다"라고 한탄했다.[80] 팔리와 포드가 야심 찬 전기화 목표에 필요한 리튬을 정확히 어디에서 구매해야 할지 고민하기 시작하던 때였다.

그리고 그들은 '리오라이트 리지'에 시선을 멈췄다.

CHAPTER 1

네바다에서 터진 리튬 잭팟

2018년 가을, 금융계에 있는 지인의 조언을 들었다. "제임스 캘러웨이James Calaway를 만나봐요. 리튬과 리튬 회사 창업에 관해서라면 모르는 게 없어요."

나는 미국 석유업계의 셰일 혁명을 취재하다 친환경 에너지 전환에 필요한 리튬과 다른 금속들을 찾아다니는 광산업자들로 주제를 바꾼 참이었다. 벅차게 느껴지기도 했지만 기다려온 기회였다. 나는 이미 중요한 에너지 전환을 하나 다뤘고 두 번째 전환을 취재할 기회가 왔다. 흔히 오는 기회가 아니었다. 하지만 여러 화석연료의 생산 과정이나 이해관계가 익히 알려지고 비슷한 점도 많은 것과 달리, 배터리를 생산하려면 아주 다른 방식으로 얻어 만들어진 다양한 금속이 필요했다. 석유와 천연가스만 파고드는 대신 리튬·구리·니켈·코발트는 물론이고 희토류라고 알려진 기이한 분류의 17가지

금속까지 섭렵해야 했다. (몇천 년간 광업계의 주류였던 금과 은은 말할 것도 없다.)

나는 새로운 전문가들, 특히 캘러웨이처럼 자신의 돈을 걸고 게임에 참여하는 전문가들을 만나야 하는 도전에 뛰어들었다. 2019년 12월의 어느 아침, 지인의 조언처럼 가볍게 커피 한잔할 수 있느냐고 캘러웨이에게 이메일을 보냈다. 90분도 되지 않아 휴대전화가 윙윙거렸다.

"여보세요. 어니스트 샤이더 씨 맞나요? 제임스 캘러웨이입니다. 이메일 받았어요."

여기 리튬에 관해 이야기하고 싶어서 안달이 난 사람이 있었다.

게다가 캘러웨이는 내가 취재 주제를 바꾼 후에도 머물기로 한 휴스턴에서 주로 지내고 있었다. 우리는 그 주가 가기 전에 같이 점심을 먹기로 했다. 캘러웨이를 마주했을 때 제일 먼저 눈에 띈 것은 조앤 K. 롤링이 쓴 소설의 주인공 해리 포터를 떠올리게 하는 알이 크고 테가 굵은 안경이었다. 격식 없는 차림에 바지 밖으로 꺼내 입은 셔츠가 외모나 의상보다 다른 일들에 신경을 쓰는 경영인이라는 느낌을 주었다. (내게는 익숙하지 않은 일이었다. 대표적으로 엑손모빌에는 보수적인 복장 규정이 있다.)

캘러웨이는 언뜻 엉뚱해 보이지만 놀라울 정도로 복잡한 아이디어를 좇으며 경력의 대부분을 보냈고, 이러한 경험들이 모여 그가 평생의 사명으로 여기는 목표가 만들어졌다. 바로 극한 기후와 기후 변화가 불러오는 파괴에서 지구를 지키는 것이었다. 가족의 배경도 어느 정도 영향을 미쳤다. 텍사스에서 자리를 잡은 여섯 번째 세대였던 캘러웨이는 자신의 아버지가 세계의 에너지 수도에서 석유와 천연가스를 다루는 회사를 성실하게 일구는 모습을 보며 성장했다. 아버지가 지어준 데릭Derrick이라는 가운데 이름마저 유전의 꼭대기에서 흔히 볼 수 있는 구조물을 떠올리게 했다(중량물을 올리거나 내리는 기계 장치를 데릭derrick이라 한다. 시추탑 역시 '데릭'이라고 부른다 – 옮긴이).

이러한 환경에서 자란 캘러웨이가 재생 에너지 혁명을 뒷받침하는 기업을 하나도 아니고 둘이나 운영하게 되었다는 사실은 주목할 만하다. 그의 핏줄에는 분명히 리튬이나 전기차에 필요한 다른 금속이 아니라 화석연료가 흐르고 있을 것이다. 캘러웨이는 내게 "사람들은 텍사스 하면 석유를 생각하죠. 하지만 저는 에너지에 관심을 가지면서도 정확히 반대쪽에 뿌리를 두었습니다"라고 설명했다.[1]

2016년 초 캘러웨이에게 외진 네바다 사막에 광산을 건설하는 것을 도와달라는 매혹적인 제안이 들어왔다. 도전을 즐기는 기업가이긴 했지만 캘러웨이는 미국이 새로운 광산을 견딜 의지가 있는지 확신할 수 없었다. 이 나라에서 마지막으로 경암硬岩 광산이 문을 열었던 게 1970년대였다. (경암 광산은 흔히 '굳은 암석'으로 여겨지는 금이나 철광석·은·기타 금속들을 채굴하는 광산이다. 연암 광산에서는 석탄과 다른 화석연료가 생산되고 백악chalk도 채굴되는데, 영국 도버Dover의 하얀 암벽이 유명하다.[2]) 금이나 철광석을 생산하는 전형적인 광업 프로젝트가 아니라 리튬이온배터리의 핵심 원료인 리튬을 생산하는 프로젝트였다. 프로젝트의 의미가 점점 더 분명해지기 시작했다. 캘러웨이는 구미가 동했다.

캘러웨이의 도전

그가 성인이 되었던 1970년대에는 기후 변화를 이야기하는 사람이 많지 않았다. 인류를 멸종시킬 사건으로 핵전쟁이 더 유력하게 여겨지던 때였다. 앨 고어가 출연한 영화 〈불편한 진실An Inconvenient Truth〉을 계기로 미국의 평범한 가정에서 온실효과에 관한 대화가 오가려면 30년이 더 흘러야 했다.

캘러웨이는 미국 오스틴의 텍사스대학교에서 과거 린든 존슨 대통령의 국가안보보좌관이었던 월트 로스토Walt Rostow에게 경제학을 배웠다. 로스토의 반공정신에 영향을 받은 그는 자신의 힘으로 지구를 지키기 위한 첫 번째 방법을 찾아냈다. 바로 핵 군비 통제였다. 그는 "당시에는 국가 간 충돌에서 엄청난 위협을 봤어요. 지구에 살면서 모든 것을 파괴할 수 있는 핵 공격의 위험을 무릅쓴다는 것은 그야말로 미친 짓이었죠"라고 회상했다. 로스토는 캘러웨이에게 옥스퍼드대학교에 가서 석사 과정을 밟으라고 다그쳤다. 캘러웨이는 처웰강River Cherwell(영국 템스강의 지류로 옥스퍼드대학교가 있는 옥스퍼드를 지난다-옮긴이) 근처에서 2년을 보내며 핵무기 확산을 막기 위한 정치와 정책에 매달렸다.

1980년 대통령 선거에서 로널드 레이건이 승리하면서 그의 계획이 바뀌었다. 캘리포니아주 출신 신임 대통령은 미국의 핵무기 창고를 강화할 뜻을 비쳤고 실행에 옮겼다. 세계가 폭탄 만들기를 멈추지 않는다면 인간이 갈 수 있는 최선의 장소는 하늘 위, 즉 우주일 것 같았다. 캘러웨이는 미국 항공우주국National Aeronautics and Space

Administration, NASA을 떠난 엔지니어 몇 명과 함께 우주여행과 우주생활의 상용화를 목표로 하는 스페이스 인더스트리스Space Industries Inc를 설립했다.

레이건의 계획이 군비 제한이라는 캘러웨이의 열망을 꺾어놓긴 했지만, 대통령은 1988년 의회에 그의 스타트업과 7억 달러짜리 계약을 맺으라고 제안하며 충분한 보상을 했다. 인류가 온전히 지구의 대기 밖에서 살아갈 방법을 찾기 위해 NASA가 미소중력microgravity과 재료 과학을 포함하는 여러 분야의 실험을 할 수 있는 민간 우주정거장을 건설하고 운영하는 계약이었다. 시대를 앞서간 과감한 계획이었고, 여러 면에서 오늘날 NASA가 억만장자 일론 머스크가 소유한 로켓 회사 스페이스X와 맺고 있는 관계를 떠올리게 한다. 머스크는 전기차 업계의 거물 테슬라도 통제하고 있는데 이 회사는 2020년 도요타를 누르고 세계에서 시장 가치가 가장 큰 자동차 제조업체가 되었다.[3]

시대를 앞서가는 사례가 대부분 그렇듯이 스페이스 인더스트리스도 실패했다. NASA의 관료들은 레이건의 민간 우주정거장 계획이 자체 우주정거장 건설을 위한 자금 확보를 어렵게 하진 않을지 두려워했고 비밀리에 강력한 로비를 펼쳤다. 의회는 말 그대로 다른 세상을 꿈꾸는 민간 벤처 기업에 너무 많은 돈을 투입하는 것을 불안해했다. 1989년 미국 대통령과 의회에 자문을 제공하는 과학자들의 모임인 미국 국가연구위원회National Research Council가 이 프로그램을 폐기해야 한다고 권고하면서 치명타를 날렸다. 언론 보도에 따르면 당시 캘러웨이는 근시안적인 편견을 버리고 소형 민간 우주정거장이 건설에 오랜 시간이 걸리는 대형 공공 정거장을 위한 교두보가 될 수 있다는 사실을 깨달아야 한다고 NASA를 설득하려 했다고 전해진다. (국제우주정거장은 10년이 더 지나서야 현실화되었다.)

개인적 실패보다 캘러웨이를 더 진저리 치게 한 사실은 워싱턴이 지금의 우주 탐사를 비롯해 가장 연구가 필요한 영역을 발전시키기 위한 타당하고 통합적인 계획을 만들어내지 못한다는 것이었다. 워싱턴의 정책 결정자들은 왜 이렇게 근시안적일까? 이 민간 우주정거장이 과학과 탐사, 자동화의 영역에서 미국에 엄청난 힘을 실어줄 수 있다는 사실을 왜 깨닫지 못한 걸까? 다음 선거기간 이후를 생각하기는 하는 걸까? 연방정부에 있는 여러 부서가 서로 대화를 나누기는 하는 걸까? (우리가 만나고 몇 년 뒤 캘러웨이의 회사는 미국 어류·야생동물관리국Fish and Wildlife Service이 이 기업을 사실상 없애버릴 수 있는 행동에 나서겠다고 위협하는 중에도 에너지부의 지원금을 받을 수 있는 최종 후보군에 올랐다.) 스페이스 인더스트리스는 이들의 기술을 연구 장비 제작에 활용하려는 회사에 매각되었다. 민간 우주정거장은 첫 삽도 뜨지 못했다. 캘러웨이는 내게 "사업을 하면서 정치인들이 원한다고 이야기하는 것과 실제로 법이나 정책으로 제안하는 것은 다르다는 사실을 알게 된 첫 번째 경험이었습니다"라고 설명했다.

몇 년이 흘렀고 캘러웨이는 언뜻 관련이 없어 보이는 여러 사업에 집중했다. 정확히 인터넷이 부상하던 시기에 소프트웨어 회사를 창업해 운영하다 팔아치웠다. 디저트 가게를 열었다. 휴스턴에 있는 자율형 공립학교의 이사회에 합류했다. 하지만 텍사스 출신의 이 남자는 에너지와 이 분야에 몰리는 자금을 외면할 수 없었다. 캘러웨이는 서로 '형제님'이라고 부르는 일란성 쌍둥이 형제 존과 함께 석유 산업과 가스 산업을 위한 3D 지진 기술에 주력하는 사업체를 세웠다. 이제는 인정하듯이 그가 자신의 존재 이유라 여기며 성장해왔던 것을 고려하면 잘못된 선택이었다. 몇 년 후 캘러웨이는 손을 털었다.

"내 자식들과 손주들이 살아갈 지구를 해칠 석유와 가스를 생산하는 일에 계속해서 내 인생을 쏟아붓는 걸 도덕적으로 용납할 수 없었어요. 그냥 그런 일을 계속하게 둘 수 없었습니다."

기업가는 자기 고향인 텍사스주에 경제를 다변화해야 한다고 경고했다.

"젊은이들을 위한 약속을 석유에서 찾을 수는 없었어요."

하지만 다음에는 어디로 가야 할까? 무엇을 해야 할까? 캘러웨이는 자신의 사업 수완을 발휘할 곳을 찾아 기업계라는 황야를 방랑하기 시작했다.

2007년 캘러웨이는 미국에서 기업 경영을 꿈꾸는 수많은 몽상가가 영감에 굶주릴 때면 하는 일을 했다. 그는 콜로라도주의 애스펀Aspen으로 갔다. 역사학자 월터 아이작슨이 시작한 애스펀 아이디어 페스티벌Aspen Ideas Festival은 그 해 이라크와 아프가니스탄에서 계속되고 있던 전쟁에 오롯이 집중했다. 석유가 많은 지역이었지만 캘러웨이는 흥미가 없었다. 그는 "모든 논의가 하나같이 중동, 중동, 중동에 관한 것이었어요. 견딜 수가 없더군요"라고 회상했다. 하지만 캘러웨이는 한쪽 구석에서 전기차를 홍보하는 세션을 찾아냈다. 그가 잘 알지 못하는 분야였다. 1996년 제너럴 모터스GM가 완전한 전기차인 EV1을 발표했고, 이듬해에는 도요타가 전 세계에 하이브리드 자동차인 프리우스를 내놓았다. 두 자동차 모두 즉시 열렬한 추종자들을 확보한 틈새 상품이었다.

GM은 불과 3년 만에 수익성을 이유로 EV1 생산을 중단해서 악명을 얻었다. 고장 차량을 수리하기 위한 대체 부품을 충분히 확보하지 못한 것도 어느 정도 영향을 미쳤다. 미국 안에서 전기차 공급망을 구축하려면 겪게 될 싸움을 예고하는 문제였다. GM은 EV1의 전 모델을 파기해서 이 회사가 석유업계와 결탁했다는 음모론에 불을 붙였고, 2006년 공개된 다큐멘터리 〈누가 전기차를 죽였나?Who Killed the Electric Car?〉에 풍부한 소재를 제공했다.

미국 방송국 ABC의 드라마 시리즈 〈브라더스 & 시스터스Brothers & Sisters〉에서 샐리 필드가 연기한 캐릭터 노라 워커는 집안의 가장인 어머니로서 프리우스를 몰면서 자주 기후 변화의 위험에 대해 시적인 웅변을 늘어놓는다. 워커는 자신의 프리우스를 만드는 데 쓰인 리튬이 남아메리카에서 생산되어 중국에서 가공된 후 일본에서 배터리 양극으로 바뀌었다는 사실을 알지 못했을 것이다.[4] 이후에도 몇 년간 거의 변하지 않은 갈지자의 공급망이었다. 이런 현실을 파악하고 있는 이는 얼마 되지 않았고 캘러웨이 역시 애스펀을 찾기 전까지는 마찬가지였다. 그는 지구를 도울 수 있는 전기차의 잠재력에 빠졌다.

"전기차에 관해 읽을 수 있는 것은 모두 읽었지만 자료가 많지 않았어요. 배터리 콘퍼런스까지 찾아가게 되더라고요. 살면서 할 수 있는 가장 나쁜 일이었습니다. 화학 엔지니어들만 잔뜩 모여 있었으니까요."

캘러웨이의 평가에 토를 달지는 않겠다. 2018년 취재를 위해 처음 배터리 콘퍼런스를 찾았을 때 나도 어지럽고 혼란스러워서 어쩔 줄을 몰랐다. NCA, LCE, NCM, BEV 같은 약어가 지하조직에 가입한 사람들만 아는 비밀 언어처럼 참가자들의 입에 오르내렸다. 콘퍼런스의 만찬장에 가는 것도 두려워졌다. 이 업계를 취재하러 온 기자로서 전기차에 관한 가장 난해한 주제를 두고 박사 출신 과학자들을 상대해야 했기 때문이다. 캘러웨이도 같은 기분이었다. 그래서 학술 논문을 읽기 시작했다. 학술지도 구독했다. 화학을 다시 공부했다. 점점 한 가지 패턴이 눈에 보이기 시작했다. 샐러드 위의 후추처럼 두 글자의 원소기호 Li가 그가 읽는 모든 논문에 흩뿌려져 있었다.

Li는 리튬의 원소기호다. 가장 가벼운 금속으로 원소주기율표의 꼭대기 근처에서 찾을 수 있다. 전하를 간직하는 능력이 대단히 뛰어나기 때문에 리튬이온배터리에서 완벽한 고정 장치 역할을 한다. 캘러웨이는 리튬이온배터리를 만드는 데 사용되는 모든 화학식이 Li라는 원소기호를 포함한다는 사실을 알아챘다.

"그리고 속으로 '흠, 맙소사, 전기차 혁명이 일어난다면 엄청난 양의 리튬이 필요하겠군'이라고 생각했어요."

그때 캘러웨이는 자신이 지구 어딘가에서 리튬을 찾아내야 한다는 것을 알았다.

지구를 살릴 열쇠

리튬은 보통 고대의 화산활동과 관련이 있는 몇몇 유형의 암석에서 발견된다. 오늘날 우리의 지구를 구하기 위한 열쇠로 여겨지는 이 금속이 원시시대에 생겨났음을 짐작하게 하는 사실이다. 스웨덴의 화학자 요한 아우구스트 아르프베손Johan August Arfwedson이 1817년 처음으로 리튬을 발견했다고 알려졌다. 아르프베손은 현대 화학의 창시자 중 한 명으로 여겨지는 스웨덴인 동료 옌스 야코브 베르셀리우스Jöns Jacob Berzelius의 실험실에서 일하다가 페탈석에서 염鹽의 형태로 리튬을 분리해냈다. (리튬은 오스트레일리아 전역에 퍼져 있는 리티아휘석spodumene과 중국 일부 지역에서 발견되는 리티아운모lepidolite, 염수鹽水, brine라고 알려진 소금물 저장층에서도 발견된다.) 브라질의 과학자 조제 보니파시우 지 안드라다José Bonifácio de Andrada가 앞서 스웨덴의 한 섬에서 페탈석을 발견했지만 내부의 금속을 확인하지는 못했다. 이후 몇백 년간 리튬의 생산 공정은 점차 개선되었으나 수요는 늘 제한적이었다. 제2차 세계대전 동안에는 리튬을 윤활유 생산에 활용했고 덕분에 연합군이 운용하는 탱크가 독일군의 탱크를 앞설 수 있었다. 전쟁이 끝난 후에는 수소 폭탄을 제작하는 데 썼다. 수소 폭탄이 발전하면서 미국은 노스캐롤라이나주에 개발한 광산과 네바다의 염수 증발 시설 덕분에 세계에서 리튬을 가장 많이 생산하는 나라가 되었다.

아폴로 11호에 탑승했던 우주인 버즈 올드린은 수산화리튬으로 알려진 리튬 제품군에 대한 기억을 즐겨 이야기한다. 리튬이 머나먼 우주에서 대단히 중요한 기능인 이산화탄소의 흡수를 도와주기 때문이다.[5] 아직 현대 의학이 뚜렷이 규명하지 못한 이유로 리튬은 인간의 뇌에서 신경 반응계의 균형을 어느 정도 유지하는 효과를 발휘한다. 다시 말해서 기분 안정제로 기능하며 우울증이나 양극성 장애를 가지고 사는 이들에게 흔하게 처방된다.

나는 몇 년이나 리튬 산업을 취재한 후에야 2022년 노스캐롤라이나에 있는 앨버말Albemarle의 실험실에서 이 원소를 순수한 금속 형태로 쥐어볼 수 있었다. 리튬은 일반적으로 다른 원소들과 결합하는 걸 좋아한다. 그래서 이 원소를 분리된 금속 형태로 바꾸려면 몇 가지 격렬한 화학 반응이 필요하다. 앨버말의 킹스마운틴 시설에서는 이 회사의 과학자들이 식료품점에서 쉽게 볼 수 있는 파인애플 주스 큰 캔 크기의 원통을 만들 수 있을 만큼의 리튬을 추출했다. 나는 원통 모양의 리튬이 무거울 줄 알았다. 적어도 무거워 보였다. 하지만 들어보니 휴대전화보다 무겁지 않았다. 기껏해야 140그램에서 180그램 정도였을 것이다. 보이는 대로 믿게 된다고 하지만 느끼고 만져보면 믿음이 더 강해진다. 나는 자동차 배터리에 이 가장 가벼운 금속을 사용할 수밖에 없는 이유를 바로 수긍했다.

전력은 전압에 따라 지수적으로 증가한다. 전압이 높을수록 더 큰 전력을 얻을 수 있다. 리튬의 조그마한 크기와 가벼운 무게 덕분에 이 원소의 전자들은 배터리 안에서 놀라울 정도로 빠르게 움직일 수 있다. 원소주기율표의 다른 금속들과 비교하면 드문 성질이어서 배터리용 소재로 이상적이다. 당장은 이 모든 특성을 모방하는 대체재를 찾을 수 없다. 캘러웨이를 비롯해서 점점 많은 투자자와 경영자가 리튬 찾기에 집착하는 이유다.

2009년 초 캘러웨이는 아르헨티나 북부의 한 소금 평원에 홀로 앉아 있었다. 그는 지구상에서 가장 건조한 지역인 그곳에서 한 시간 동안 명상을 했다. 그의 다리 밑에는 장래성이 희박한 오로코브레Orocobre라는 광업 기업이 관리하는 거대한 리튬 매장층이 있었다. 오로코브레는 스페인어로 금을 뜻하는 '오로oro'와 구리를 뜻하는 '코브레cobre'를 합쳐 만든 이름이었다. 몇 달 전 캘러웨이가 고용한 지질학자들이 우연히 오로코브레의 기술보고서를 손에 넣었다. 이 회사는 아르헨티나 북부의 산에서 금을 찾아내길 기대했지만 대신 대형 염수 매장층을 발견했다. 보기 드문 고농도의 리튬이 염수에 섞인 채 지구 밖으로 빨려 나오기만을 기다리고 있었다.

캘러웨이는 "그냥 느낄 수 있었습니다. 저는 모든 것을 받아들였어요"라고 당시의 명상을 회상했다.

그는 400만 달러를 들여 오로코브레의 지분을 최대한 사들였고 이 회사의 회장이 되었다. 이후 7년간 캘러웨이와 오로코브레는 세계에서 가장 큰 리튬 회사 중 하나로 성장했지만 그 과정에서 아르헨티나의 크리스티나 페르난데스 대통령 행정부의 미적거리는 관료들과 싸움을 벌여야 했다. 2015년이 되자 이 회사의 주식 가치는 두 배가 되었다. 도요타를 비롯한 일본의 여러 자동차 제조업체와 리튬을 납품하는 계약을 맺은 것이 크게 작용했다. 캘러웨이는 피로를 느꼈고 자신이 이제는 현금을 찾아 노동의 열매를 즐길 준비가 되었다는 걸 알았다. 그는 은퇴했다.

하지만 캘러웨이는 리튬과 멀어질 수 없었다. 미국인이었던 탓에 워싱턴과 디트로이트에서 점점 자국 자동차 제조업체의 전기화에 관심을 보이는 것도 외면할 수 없었다. 테슬라는 이미 전기차를 대량 생산할 수 있다는 것을 증명한 터였다. 하지만 앞서 도요타가 프리우스를 만들며 그랬듯이 테슬라 역시 리튬은 물론이고 니켈·구리·기타 금속들을 머나먼 생산지에 의존했다.

캘러웨이는 미국이 이러한 금속들을, 특히 리튬을 자체적으로 생산해 조달할 수 있을지 궁금했다. 확신은 들지 않았다. 의외로 해답은 오스트레일리아에서 걸려온 전화에서 나왔다. 개발업자 버나드 로Bernard Rowe가 이끄는 투자자 한 무리가 네바다 사막을 주목하고 있다는 전화였다. 캘러웨이는 은퇴 후에도 리튬 광산을 건설하고 운영하는 방법에 관해서라면 무엇이든 알고 있는 소수의 경영인 중 한 명으로 명성을 누리고 있었다. 아이러니하게도 로를 필두로 하는 투자자 무리는 '리오라이트 리지'라고 알려진 네바다의 땅에 금과 구리가 있길 바랐었다. 몇 년 전 캘러웨이의 아르헨티나 동료들이 찾던 조합이었다. 하지만 실제로 그 땅에 숨겨져 있던 것은 리튬이 풍부한 진흙 혼합물이었고 매장량은 정확히 알 수 없었다.

리튬은 오로코브레가 아르헨티나에서 했던 것처럼 염수에서 생산되기도 하고, 경암에서 채굴되기도 한다. 이때까지는 진흙에서 리튬을 상업적인 규모로 생산해본 회사가 없었다. 캘러웨이는 그게 가능할지 그리고 어떤 방식으로 가능할지 확신할 수 없었다.

"과학 실험이라고 생각했어요. 그때 저는 과학 실험에 관심이 없었습니다. 그래서 흥미가 없다고 했죠."

로는 실망하면서도 이해한다고 했다. 그리고 대신 캘러웨이가 과거에 고용했던 지질학자들을 자신이 채용할 수 있는지 물었다. 천상 사업가였던 캘러웨이는 로를 돕기로 하고 딱 한 가지 부탁을 했다.

지질학자들이 무엇이든 흥미로운 것을 찾아내면 제일 먼저 자신에게 알릴 수 있게 해달라는 부탁이었다. 캘러웨이는 "기업가가 되고 성공을 거두려면 자신이 틀렸다는 사실이 증명되는 것에도 마음이 열려 있어야 합니다"라고 설명했다.

캘러웨이의 요청이 운명을 바꿨다. 몇 주 뒤 2016년 미국 대통령 선거의 열기가 달아오르고 민주당 후보 힐러리 클린턴이 기후 변화를 "우리 시대의 다급한 위협이자 본질적인 도전"이라 지칭하던 와중에 그와 함께 일했던 지질학자가 전화를 걸어왔다. 리오라이트 리지는 과학 실험의 무대였을 뿐 아니라 추정량 1조 4600만 톤의 리튬을 품고 있었다.[6] 미국에서 두 번째로 많은 리튬이 함유된 매장층이었다. 게다가 비누와 다른 소비재들을 만드는 데 쓰이는 화학물질인 붕소도 있었다.

리오라이트 리지에서 수요가 많은 두 상품을 한 번에 만들어낼 수 있다는 뜻이었다. 그러면 원자재 산업에서 흔히 있는 일처럼 미래에 어느 한 상품의 수요가 줄어들더라도 수익을 낼 방법이 하나 더 존재했다. 또한 원래 예상했던 것만큼 매장층에 진흙이 많이 함유되어 있지 않아서 생산 과정에 대한 우려가 줄었다는 점도 중요했다.

캘러웨이는 "입이 떡 벌어졌죠"라고 인정했다. 리오라이트 리지와 이 땅의 리튬은 미국 안에 있었고 테슬라가 기가팩토리를 건설하려던 곳에서 160킬로미터도 떨어져 있지 않았다. 테슬라가 세계에서 시장 가치가 가장 큰 자동차 제조업체로 성장해가던 때였다. 광업계에는 드문 일이지만 이 프로젝트는 광산이 문을 여는 것과 거의 동시에 수익을 낼 수 있었다. "상황이 많이 바뀌었습니다." 캘러웨이는 바로 400만 달러를 투자해 이 회사의 지분을 매입했고 이사회를 지휘하며 오로코브레에서 밟았던 단계들을 되풀이했다. 아르헨티나에서의 경험은 점점 네바다의 새로운 벤처 기업을 위한 시운전이었던 것으로 판명되었다. 오스트레일리아인들은 회사에 글로벌 지오사이언시스Global Geosciences라는 이름을 붙였지만 캘러웨이는 생각이 달랐다. 그는 아이어니어ioneer라는 이름을 떠올렸다. 오로코브레를 작명했던 방식을 빌려 이온ions과 개척자pioneers라는 뜻의 두 단어를 결합한 이름이었다.

그는 "우리는 전기차 배터리에서 이온을 만들어낼 수 있게 도우려 했고, 개척자였잖아요. 그래서 '아이어니어'를 생각해냈습니다"라고 설명했다. 그렇다면 왜 영문명의 첫 글자를 소문자로 했을까?

"독특한 걸 원했으니까요."

이렇게 캘러웨이가 휴스턴의 거실에서 멜버른의 경영진들과 함께 네바다 시골의 프로젝트를 두고 내린 결정에 따라 아이어니어가 탄생했다.

그들이 움직인 시기는 완벽에 가까웠다. 2016년 미국 대통령 선거에서 클린턴이 패했고 경쟁 상대였던 도널드 트럼프는 무수한 논란을 낳으며 미국을 파리협약에서 탈퇴시켰다.[7] 하지만 이런 결정은 역설적으로 민간 기업들에 정반대의 영향을 미쳤다. 자동차 제조업체들과 이들의 공급업체들은 워싱턴이 손을 놓은 듯 보이는 와중에도 자신들은 환경을 중요시한다는 것을 증명하기 위해 초과 근무를 마다하지 않았다. 전기차는 점점 이 업계의 의지를 보여주는 수단이 되었다. 리튬을 비롯해 전기차에 들어가는 금속들의 국제 수요가 급증할 게 분명했고, 이제는 미국도 국내에서 이러한 금속들을 생산하기 시작해야 했다. 캘러웨이는 자신과 아이어니어의 기회를 보았다.

캘러웨이는 "우리가 이뤄내야 하는 화석연료와의 이별은 운송 분야를 전기화하는 것을 핵심 요소로 합니다. 여기에 자원이 집중적으로 투입될 거예요. 우리가 이 분야에 심각한 취약성이 있다는 사실을 알게 되면 다른 나라들이, 특히 우리의 경쟁 상대들이 우리를 이용하려 들 겁니다"라고 주장했다.

캘러웨이와 그의 팀은 이후 4년간 지질 테스트를 진행하고, 엔지니어들과 건축가들을 고용했으며, 투자 회의와 업계 콘퍼런스를 오갔다. 캘러웨이는 리오라이트 리지의 경제성에는 의심의 여지가 없다고 믿었다. 그리고 독립적인 경제학자들과 지질학자들이 확정 타당성 조사Definitive Feasibility Study라고 알려진 보고서를 통해 이 프로젝트의 경제성을 확실히 지지하게 했다. 확정 타당성 조사는 보통 기업이 광산 공사를 시작하기 직전에 거치는 단계다. 아이어니어는 착공만을 바라보고 있었다. 이 회사는 프로젝트의 확정 타당성 조사 보고서에 잠재적으로 붕괴 위험이 있는 광미댐을 건설하지 않겠다고 명시했다. 대신 이들은 '건식 적재dry stack'로 알려진 더 안전한 방식을 활용할 계획이었다. 리튬 추출에 사용된 흙에서 물기를 제거한 뒤 광미를 쌓는 방식이었다. 아이어니어는 배기가스를 전혀 배출하지 않는 전기차를 위해 리튬을 생산하는 것을 목표로 했지만 환경계에는 이 프로젝트의 가치를 깎아내리는 사람들이 있었다. 캘러웨이와 오스트레일리아인 투자자들은 대체로 그런 환경운동가들을 무시했고 대신 지질보고서의 상세한 내용을 파고드는 데 만족했다.

하지만 2020년 여름 뒤늦게 기이한 일이 벌어졌다. 라스베이거스의 슬롯머신에서 북쪽으로 약 360킬로미터 떨어진 리오라이트 리지의 건조한 언덕에서 지구의 다른 곳에서는 절대 찾을 수 없는 꽃 수천 송이가, 제리 티엠의 이름을 딴 바로 그 꽃들이 하룻밤 사이 알 수 없는 이유로 죽어버린 것이다. 자기 후손들에게 더 깨끗한 지구를 남겨주려 노력해온 캘러웨이의 경력에서 가장 중요한 성취가 무너져 내릴 듯했다.

CHAPTER 2

신성한 땅을 둘러싼 갈등

미국 남북전쟁이 끝나고 10년도 지나지 않았을 때였다. 이제는 애리조나주가 된 땅에서 매복하던 연방군 군인들이 아파치족 전사들을 습격했고 1430미터 높이의 절벽에서 적들을 따라잡았다. 항복 대신 명예를 택한 전사들은 자신들의 자그마한 마을이 내려다보이는 절벽 위에서 몸을 던졌다. 그들이 마지막으로 눈에 담은 땅은 오늘날의 피닉스에서 동쪽으로 약 96킬로미터 떨어진 도시 슈피리어Superior였다. 이 절벽은 현재 아파치리프Apache Leap라고 불린다.¹

이 이야기는 샌카를로스San Carlos 아파치족 사람들에게 대대로 전해져 내려왔다. 어떤 사람들은 이 이야기가 사실이 아니라고 생각한다. 권력에 맞선 이들의 싸움에 관한 가슴 아픈 우화라는 것이다. 하지만 문자 그대로 받아들이는 사람들도 있다. 전사들이 실제로 자신들의 땅과 가치를 지키기 위해 까마득한 높이에서 뛰어내렸다고 믿는다. 어느 쪽을 믿든 19세기의 많은 시간 동안 미국 군대나 권력을 가진 다른 이들이 이 지역에 거주하는 원주민들, 특히 아파치족에 대한 경멸을 굳이 감추지 않았던 것은 사실이다.

15년간 미국 군대를 이끌며 아파치족과 싸웠던 조지 크룩George Crook 육군 소장은 애리조나의 아파치족을 "인간종 호랑이"라고 칭했다.[2] 또 다른 장군은 아파치족 남성을 모두 발견하는 대로 살해하라고 명령했다.[3] 1859년 미국 연방정부와 원주민 종족 사이의 연락을 맡았던 인디언보호관 디에고 아출레타Diego Archuleta는 《뉴욕 타임스》에 보낸 편지에 아파치족이 "날카롭고 사나운 눈"에 "집게발처럼" "길고 뾰족한" 손가락을 가졌다고 썼다. 그리고 아파치족은 그들이 거주하는 지역에서 "광업 회사와 무역상을 운영하는 데 가장 큰 장애물"이라고도 주장했다. 혹시 자신의 적대감을 알아채지 못하는 독자가 있을까 봐 그는 "아파치족이나 모하비족Mojaves, 나바호족Navajos, 우트족Utes처럼 인간성이라는 척도에서 무척 뒤떨어지는 종족들과 조약을 체결하는 것은 실수다"라고 단언했다. 아출레타는 이 무리를 "백인들의 정착지에서 멀리 떨어진" 보호구역으로 이동시키고 "경계를 넘을 때는 엄하게 죽음으로 벌하는 것만이 유일하게 신속하고 경제적이며 인도적인 처사다"라고 덧붙였다.[4] 미국 연방정부는 정확히 그렇게 했다.

율리시스 그랜트Ulysses S. Grant 대통령은 1871년 샌카를로스 아파치 인디언 보호구역 설립을 승인했다. 면적이 7280제곱킬로미터에 달했지만 아파치족 사람들이 대대로 종교의식을 거행했던 근처의 지대(아파치족 말로 '떡갈나무 평원'이라는 뜻인 '치칠 빌다고틸Chi'chil

Bildagoteel'로 알려진 땅이었다)나 아파치리프는 포함되지 않았다.[5] 떡갈나무 평원은 보호구역의 서쪽 가장자리에서 40킬로미터 넘게, 수도에서는 64킬로미터 정도 떨어져 있었다. 아파치족은 이곳이 신과 천사들이 머무는 가안Ga'an이라는 집으로 생각했고, 기도를 올리기 위해 떡갈나무 평원을 찾았다. 떡갈나무 평원에서 성년식을 올리는 이들도 있었는데(지금도 이러한 전통을 이어가는 이들이 있다) 성년식이 열리는 나흘 동안 초경을 한 10대 소녀들이 기도하고 노래하고 북을 치며 아파치족의 창조 신화를 재현했다. 이 땅에서 자란 야생 떡갈나무들은 전통 음식과 약재에 쓰이는 도토리를 선사했다. 아파치족의 일부 선조들은 평원의 화산암 사이에 묻혔다. 이 땅에 남아 있는 암각화가 선조들의 발자취라고 주장하는 이들도 있다.[6] 20세기 중반에는 이 지역의 일부가 오크플랫Oak Flat이라는 미국 연방정부의 야영장이 되었다.

아출레타가 예견했듯이 애리조나주의 이 가장자리에서 원주민들이 밀려난 후에는 광업이 번창했다. 아파치리프에서 비극이 벌어지고 몇 년 지나지 않아 슈피리어 근처의 광물이 풍부한 땅이 수많은 구리 광부를 끌어들였고 '구리 회랑Copper Corridor'이라는 별명도 얻었다. 1912년 애리조나가 연방의 48번째 주로 편입될 때 만들어진 인장은 이 주가 광업을 얼마나 중요하게 여겼는지 보여준다. 인장에는 남자로 보이는 한 사람이 중심에서 약간 빗겨나 서 있는데 곡괭이와 삽을 들고 있다. 그리고 머리 위에 떠 있는 태양에서 햇빛이 쏟아져 멀리 있는 산과 농경지를 비춘다. 제일 위에는 '신이 풍요롭게 하시다'라는 뜻의 표어 'DITAT DEUS'가 새겨져 있다.

그사이 보호구역은 방치되었다. 샌카를로스 아파치족들은 자신들이 사는 곳이 세계에서 제일 처음 만들어진, 가장 오래된 강제수용소라고 생각한다.[7] 2005년까지 보호구역에서 태어난 아이의 절반 정도가 마약이나 알코올에 양성 반응을 보였다.[8] 1만여 명의 거주민 중 43퍼센트는 실업 상태면서도 일자리를 찾지 않는다.[9]

슈피리어에는 마그마Magma 광산이 들어섰다. 1937년 전 세계에서 처음으로 광산에 냉방장치를 설치해서 광부들이 지구의 뜨거운 중심부를 향해 더 깊이 파 들어갈 수 있게 한 곳이었다. 문제의 냉방장치는 여전히 한 언덕의 비탈에 놓여 있다. 부식된 금속과 관으로 이루어진 거대한 사각형이 인접한 마을을 내려다본다. 마그마 광산은 구리 시장의 변동에 따라 몇 차례나 문을 닫고 열기를 반복했고 그때마다 마을의 경제도 쪼그라들었다. 2020년 이 지역의 연간 소득 중앙값은 약 2만 2000달러고 주민의 25퍼센트는 연간 소득이 1만 달러에 미치지 못해 빈곤층에 속한다.[10] 미국 평균과 비교하면 빈곤층의 비율이 10퍼센트 더 높다.[11]

1995년까지만 해도 희미하게나마 경제 부활의 희망이 어른거리는 듯했다. 오크플랫 아래와 마그마 광산 근처에 세계 최대의 미개발 구리 매장층이 있어 1800만 톤 이상의 구리가 묻혀 있는 것으로 추정되었기 때문이다. 이 지역의 구리 함유량은 1.5퍼센트로, 애리조나에 있는 근처의 다른 구리 광산과 비교하면 두 배가 넘었다. 광산에서 땅을 100톤 파내면 1.5톤은 구리라는 뜻이었다. 이때 제안된 레절루션 구리 광산은 주변 경쟁 상대들과 비교해 두 배의 수익을 올릴 수 있었다. 세계에서 가장 큰 광업 기업 중 하나인 BHP 그룹이

안달을 낼 만한 사업이었다. BHP는 1996년 1월 마그마 광산을 인수했지만 이 광산은 같은 해 말 고갈된 것으로 판명되어 문을 닫았다. 구리 가격이 폭락하자 BHP는 1999년까지 미국 내에 보유했던 다른 구리 광산들을 폐광시켰다. 새로운 프로젝트에는 희망을 품고 있었지만 상당한 비용이 드는 추가 조사가 필요했다. 바로 이때 세계 광업계의 또 다른 거물인 리오틴토가 합류했다. 리오틴토는 지하 매장층을 탐사하고 연방정부를 설득해 이 땅에 대한 접근권을 얻어내기까지 들어가는 재정적 부담을 나누어 지기로 했다.

친환경 에너지 전환에 필요한 거의 모든 장치에 광범위하게 사용되는 구리가 없다면 파리협약이 제시한 야심 찬 목표도 달성할 수 없다. 이 붉은 금속은 전기를 발견하기 전부터 어디에나 쓰이는 물질이었다. 인류는 금보다도 먼저 구리를 발견했고 5000년 가까이 다른 금속은 알지 못했다.[12] 지중해의 키프로스섬은 원래 구리 광산으로 유명했는데, 광산에서 나는 금속의 이름도 이 섬을 가리키는 그리스 단어 'Kupros(키프로시)'를 따서 지었다. 구리에 주석을 섞어 쓰면서 청동기 시대가 열렸고 이집트의 고대 파라오들이 막대한 힘을 얻었다.

전기 전도율이 가장 좋은 금속 중 하나인 구리는 형태를 만들고 바꾸기 쉬우며 부식에 강하고 다른 금속과 잘 뭉친다. 구리보다 전도율이 뛰어난 금속으로 은이 있지만 가격 차이가 크다. 일반적인 보잉747 비행기에는 217킬로미터의 구리 배선이 들어가며, 미국의 평균적인 가정에는 보통 181킬로그램의 구리 배선과 배관이 있다. 북아메리카에서 가장 큰 구리 광산인 프리포트맥모런Freeport-

McMoRan의 모렌시Morenci 광산에서는 광석을 운반하기 위해 캐터필러Caterpillar의 초대형 트럭 797대를 운용한다. 각 트럭에는 180킬로그램 이상의 구리가 실린다.[13]

미국에서는 19세기에 미시간주, 코네티컷주 그리고 오늘날의 애리조나주에 구리 광산이 만들어졌다. 1877년 토머스 둘리틀Thomas Doolittle이 전신 업계에서 사용할 수 있는 구리선을 발명하면서 철선보다 훨씬 가벼운 구리선을 통신에 활용할 수 있게 되었다. 토머스 에디슨이 백열등과 발전소를 만들어내자 전 세계에서 구리 수요가 더욱 늘었고, 알렉산더 그레이엄 벨이 발명한 전화기 역시 기름을 부었다. 구리 수요는 20세기를 거쳐 21세기에 들어서는 동안 끊임없이 증가했다. 인류가 사용한 구리 중 약 75퍼센트는 제2차 세계대전 이후 채굴되었다.[14] 구리에 대한 인류의 욕망은 증가할 수밖에 없는 운명이었다. 2022년 연간 구리 소비량은 2500만 톤이었다. 2050년에는 두 배인 5300만 톤을 넘어설 것으로 전망된다.[15]

더 많은 광산을 개발하고 더 많은 구리를 재활용하지 않으면 2050년의 예상 소비량을 충족할 구리를 확보할 수 없다. 전 세계가 2050년까지 파리협약의 핵심인 '탄소 중립'을 달성하길 바란다면 이 붉은 금속을 더 많이 생산해야만 한다. 저명한 에너지 역사가이자 퓰리처상 수상자인 대니얼 예긴은 "구리 공급이 충분하다고 말하는 사람들은 에너지 전환의 규모를 고려하지 않고 있다"라고 지적했다.

[구리] 공급처가 없다면 기후 위기 대응을 위한 목표들을 달성할 수 없을 것이다.[16]

20세기에는 석유를 두고 전쟁이 벌어졌다. 21세기에 구리 공급이 충분하지 않다면 자문회사 S&P글로벌이 경고한 것처럼 구리를 둘러싸고 전쟁이 발발할 수도 있다.[17] 2022년 전체 구리 공급량 중 44퍼센트를 수입으로 충당했지만 2035년에는 이 비중이 67퍼센트까지 증가할 것으로 예측되는 미국은 자국 내 생산을 늘리지 않는 이상 수입에 더욱 열을 올려야 한다.[18]

전해지는 이야기에 따르면 1950년대 미국 대통령의 부인인 매미 아이젠하워Mamie Eisenhower가 오크플랫 야영장을 찾아 소풍을 즐겼고, 만족스러웠던 나머지 남편에게 이 지역을 보호하라고 권했다고 한다. 드와이트 아이젠하워 대통령은 1955년 이 야영장 내에 광산 등의 개발을 금하는 행정명령을 공표했다.[19] 1971년 리처드 닉슨 대통령이 이 행정명령을 갱신했지만 일부 개발이 가능하도록 사소하게 수정했고, 이러한 변화가 광업계에 유리하게 작용했다.[20]

1990년대 레절루션 구리 매장층의 발견은 빈틈을 활용할 기회였다. 리오틴토와 BHP는 10년 넘게 이 매장층을 조사했다. 두 회사는 각각 100만 달러 이상을 투입해 지표면에 100개가 넘는 탐사용 구멍을 뚫었다.[21] 그리고 인접 토지를 손에 넣은 뒤 이 귀한 땅에 2.1킬로미터 깊이의 작은 구조물을 만들었는데 미국에서 가장 깊은 수직갱도였다. 리오틴토와 BHP는 이곳에 광산을 건설하면 미국에서 매년 소비되는 구리의 4분의 1을 공급할 수 있다는 것을 알게 되었다. 친환경 에너지 혁명이 구체화하는 시기에 마주한 매력적인 투자처였다. 두 회사는 전기차에 내연기관 자동차의 두 배에 달하는 구리가 들어가며,²² 니콜라Nikola Corp.나 루시드 그룹Lucid Group 같은 신흥 전기차 기업들이 슈피리어에서 80킬로미터도 떨어지지 않은 곳에 제조 공장을 건설하고 있다는 사실을 익히 알고 있었다.

구리 매장층이 아주 깊은 곳에 자리하고 있었기 때문에 리오틴토와 BHP는 지표면에서 파 들어가는 대신 땅 밑에서부터 광확붕락법block caving이라는 공법을 활용해야 한다는 것도 깨달았다. 암석의 커다란 단면을 깎아내고 인공 동굴을 만들면 암석이 자체의 무게 때문에 붕괴하면서 그 잔해가 인공 동굴을 채운다. 이 과정을 거치면 너비가 약 3.2킬로미터, 깊이가 300미터에 달하는 커다란 구멍이 생긴다. 업계에서는 이 구멍을 '글로리 홀glory hole'(정말 장관이 맞다)이라고 한다(영어 단어 'glory'에는 '장관'이라는 뜻도 있다 – 옮긴이). 가톨릭 신자들의 성베드로 대성당St. Peter's Basilica이나 무슬림들의 마스지드 알하람 대사원Masjid al-Haram처럼 샌카를로스 아파치족에게 중요한 땅을 구리를 얻기 위해 파괴해야 하는 것이다.

내가 만난 샌카를로스 아파치족 원로 샌드라 램블러Sandra Rambler는 "내가 그곳에서 가서 기도할 수 있길 바란다면 그럴 권리를 가져야 합니다. 외국 기업이 와서 내게 '안 됩니다, 그러실 수 없어요'라고 말하는 건 원치 않아요"라고 토로했다.²³

이 광산을 운영하는 동안 대략 7278억 리터의 물이 사용될 전망이다.²⁴ 구리를 1킬로그램 생산할 때마다 40리터가 넘는 물이 쓰이는 것이다. 근처의 다른 광산에 비하면 물 소비량이 적다고 하지만 1994년 이후 가뭄을 겪고 있는 주에서는 깜짝 놀랄 수밖에 없는 수치다.²⁵ 40년간 16만 8000가구에 공급할 수 있는 양의 물이 광산에 들어가는 셈이다.[26] 또한 광산에서 만들어지는 폐광석도 광미댐에 저장해야 하는데 광미댐의 높이는 150미터, 면적은 뉴욕 센트럴파크의 다섯 배에 가까운 15.5제곱킬로미터가 될 것으로 보인다. 미국 연방정부는 이 프로젝트에 관한 보고서에 특히 2019년 브라질에서 브루마지뉴 광미댐 붕괴 참사가 일어난 뒤 리오틴토와 BHP가 제안한 광미 저장 시설에 대해 "대중의 우려"가 있다고 건조하게 기술했다.[27]

두 회사는 2013년 미국 연방정부의 허가를 받기 위한 절차에 들어갔지만 이 글을 쓰는 시점까지 허가를 받지 못했다.[28]

2014년 12월 버락 오바마 대통령은 칼 레빈-하워드 P. '벅' 매키언 국방수권법Carl Levin and Howard P. "Buck" McKeon National Defense Authorization Act에 서명했다. 매년 대통령의 승인을 받아야 하는 이 국방부 예산에 마지막 순간 포함된 조항이 있었다. 오크플랫 야영장을 포함해 구리가 매장되어 있는 땅 9.8제곱킬로미터를 리오틴토가 보유하고 있는 인근 부지 22.1제곱킬로미터와 교환한다는 조항이었다.[29] 698페이지에 달하는 법의 442페이지에 숨어 있는 이 조항은 환경보고서가 발간되기 전에는 토지를 교환할 수 없다고도 규정했다.[30] 트럼프 행정부는 임기가 끝나기 5일 전 문제의 환경보고서를 발간해 원주민·워싱턴·리오틴토 간의 법적 분쟁을 불렀다. 바이든 행정부는 업무를 시작하고 6주가 지나기 전 보고서의 발간을 백지화하면서 레절루션 프로젝트를 보류했다. 광산을 지지하는 이들도, 반대하는 이들도 반가울 리 없었다.

더욱 흥미로운 사실은 바이든 행정부가 종국에는 광산 건설로 이어질 토지 교환을 보류할 때까지 리오틴토가 기술적인 판단을 내

리지 않았다는 것이다. 리오틴토는 먼저 최종 투자 의사 결정Final Investment Decision이라는 절차를 밟아야 한다. 리오틴토의 구리 부문 책임자인 볼드 바타르Bold Baatar는 내게 "투자 결정을 내리려면 지하의 지질 상태를 알아야 합니다. 해당하는 땅을 소유하지 않으면 어려운 일이죠"라고 설명했다. 그는 자신들이 노리는 땅이 샌카를로스 아파치족에게 역사적으로 중요한 장소라는 사실을 인정했다. 몽골 출신으로 앞서 금융계의 거물 JP모건에도 재직했던 바타르는 "우리가 귀를 막고 있는 건 아닙니다"라고 강변했다.[31]

"동의를 얻기 위해 모든 노력을 다한 후에야 광산을 만들 겁니다. 우리는 이 문제를 아주 진지하게 받아들이고 있습니다."[32]

레절루션 프로젝트를 위한 계획과 아파치족의 고통스러운 역사, 떡갈나무 평원의 종교적 중요성, 기후 변화에 맞서 싸우려는 워싱턴의 노력에서 미국산 구리가 차지하는 중요한 역할에 관해 알아갈수록 최악의 시나리오가 완성되기 위한 조건이 갖춰졌다는 생각이 들었다. 캘러웨이의 네바다주 리튬 프로젝트와 티엠의 메밀 사이에 긴장이 고조될 때와 마찬가지로, 다시 한번 같은 질문을 맞닥뜨리게 된다. 과연 무엇이 더 중요할까?

직접 슈피리어에 가야겠다고 결심한 것도 그때였다.

결국 누군가는 해야 할 일

애리조나의 주도 피닉스에서 하룻밤을 보낸 뒤 슈피리어로 이어지는 60번 국도를 타고 동쪽으로 달리는 동안 내 눈을 제일 먼저 사로

잡은 것은 자주색과 주황색, 분홍색의 물결이었다. 떠오르는 아침 해에서 뻗어 나온 빛이 도시 위로 해일처럼 솟아오르는 거대한 절벽에 부딪히며 만들어낸 화사한 색채였다. 나는 주간고속도로를 벗어나서 절벽으로 향하는 막다른 길 같은 슈피리어의 메인가Main Street로 들어섰다. '메인의 광부들Miners on Main'이라는 상호의 식당은 야외 테이블에 특별 할인 시간을 홍보하고 있었다. 브루치와이너리Bruzzi Vineyard 시음장은 로제와인 샘플을 제공했다. 마그마 호텔Magma Hotel 은 2010년 칠레의 한 개발업자가 무너져가는 하숙집을 사들인 뒤 개조하고, 주문 제작한 조명과 고급스러운 무늬의 벽지, 구리 천장으로 꾸민 고급 호텔이었다.[33] 하지만 호텔은 혼잡이나 소란스러움 없이 고요했다.

3000명이 사는 이 도시는 식당 이름과 호텔 천장이 일깨워 주듯이 한때 광업의 중심지였다. 또한 리오틴토와 BHP의 도움에 힘입어 과거의 영광을 되찾을 수 있길 바라고 있었다. 슈피리어 중심가의 건물이 절반 이상 비어 있긴 했지만 여기저기 보이는 테슬라 충전 포트는 전기차 호황에 합류하길 꿈꾸는 이 마을의 열망을 짐작하게 했다.

물론 리오틴토는 이런 상황을 알고 있었다. 2004년 이 회사는 레절루션 프로젝트의 지분 55퍼센트를 인수해 45퍼센트의 지분을 보유한 BHP를 제치고 프로젝트의 전략과 예산은 물론, 가장 중요하게는 슈피리어 주민들과 샌카를로스의 아파치족을 포함하는 지역 공동체를 원조하는 일까지 사실상 주도하게 되었다.[34] 두 회사는 2021년까지 이 프로젝트에 20억 달러 이상을 쏟아부었지만 구리는 한 덩이

도 만들어내지 못했다.[35] 2022년이 되자 월가에서는 이 프로젝트에 가치가 없다고 판단했다.[36]

지역 주민들의 마음을 사기 위해 리오틴토는 슈피리어 전체 인구의 절반에 가까운 1400명을 평균 10만 달러의 월급에 고용하겠다고 약속했다. 2020년 지역 평균 월 소득의 네 배가 넘는 금액이었다. 밀라 베시치Mila Besich에게는 다른 무엇보다 이 숫자가 중요했다.

2016년 처음으로 슈피리어의 시장에 당선된 베시치는 이 도시에 정착한 4세대였다. 부드러운 눈빛에 자칫 속을 뻔했지만 그는 단호한 목소리로 단 하나의 목표만을 이야기했다. 고향에 일자리를 만드는 것이었다. 슈피리어 주민 대부분은 베시치와 마찬가지로 민주당 당원이자 히스패닉계다. 2020년 미국 대통령 선거에서 주위 지역이 압도적으로 트럼프를 지지할 때도 이 도시와 시장은 바이든에게 표를 던졌다.

토지 교환을 승인한 바로 그 법에는 슈피리어시가 적당한 주택을 건설하고 지역 공항과 산업 단지를 확장할 수 있게 연방정부로부터 2.4제곱킬로미터 이상의 대지를 매입할 수 있다는 내용도 있었다. 이 도시의 경제를 여행과 제조업으로 다각화하기 위해 베시치와 동료 공무원들이 준비해온 장기 계획의 일부였다. 하지만 리오틴토의 광산 개발에 초록 불이 들어올 때까지 슈피리어시의 계획도 보류되었다. 우리가 마주 앉을 즈음에는 베시치의 인내심도 바닥나고 있었다.

우리는 폐교된 중학교 건물의 일부를 사용하고 있는 시청에서 대화를 나누었다. 베시치를 만난 곳은 학교의 강당으로 쓰였던 공간이었다. 벽에는 셔츠를 입지 않은 광부의 상체가 그려져 있었는데 다리가 있어야 할 자리에는 드릴에 끼우는 날이 보였다. 우리를 내려다보는 벽화에는 스페인어로 '문화는 민중의 금이다La Cultura Es El Oro Del Pueblo'라고 적혀 있었다. 누구든 이 지역에 광업이 얼마나 중요한지 잊어버린다면 이 벽화가 다시 깨우쳐줄 듯했다.[37]

나는 "시장님 가족들에게도 오크플랫은 항상 종교적인 장소였나요?"라고 물었다.

베시치는 단호하게 "아니요"라고 답했다.

"여름에 소풍을 가기도 하는 곳이었어요. 오랫동안 이곳에 살아온 주민들, 특히 저희 부모님 세대들은 최근 레절루션 프로젝트가 제안되기 전까지는 그곳에서 전통적인 의식이 거행되는 것을 한 번도 본 적이 없었다고 하실 겁니다. 그런데 관련 법이 제정되면서 갑자기 종교적인 의식이 열리게 된 건 진실해 보이지 않아요. 우리 주민들에게는 커다란 좌절감을 안겨주는 일이기도 합니다. 원주민 부족들을 매우 존중하려 노력해왔다고 생각하거든요. 하지만 동시에 정치권이 이 문제를 중요하게 생각하고 사태가 길어질수록 슈피리어가 일종의 연옥에 갇히지 않을까 무척 걱정스럽습니다."

베시치는 오크플랫, 즉 떡갈나무 평원이 대대로 종교의식이 목격된 성스러운 장소가 아니라고 주장하고 있었다. 그곳을 지키려는 것도 오로지 구리 광산에 맞서는 더 큰 싸움에서 편리한 무기로 활용할 수 있기 때문이라는 주장이었다. 그는 애써 말을 돌리지 않고 "내가 속한 지역사회에서 성스러운 것은 사람들이 일자리와 집을 갖는 거예요"라고 정리했다.

나는 레절루션 프로젝트를 둘러싼 파란만장한 사건들이 정치와 종교, 경제의 단층선 위에서 펼쳐지는 것처럼 보인다고 했다. 베시치는 동의하지 않았다.

"우리는 그 가운데에 갇혀 있어요. 저는 정말로 바이든 대통령이 용감한 결단을 내려야 한다고 믿습니다. 장기적인 목표가 효율적인 자동차를 더 많이 도입하는 것이라면 (…) 미국산 구리가 필요해질 거예요. (…) 연방정부는 리오틴토가 올바른 일을 하게 만들 의무가 있고, 안전하고 책임감 있는 방식으로 미국의 천연자원을 채굴하게 만들 의무도 있습니다."

베시치는 시장뿐 아니라 광업을 옹호하는 지역 내 비영리단체의 이사도 맡고 있다. 그렇다고 해서 마냥 리오틴토의 편에 서지는 않았다. 오히려 반대라고 할 수 있다. 베시치와 시의회 의원들은 리오틴토가 맨 처음 슈피리어에 매년 35만 달러의 보조금을 주겠다고 제안했을 때 반발했다. 광산 때문에 경찰과 소방 인력, 도로 정비 비용이 증가하면서 이 도시에 연간 100만 달러의 비용이 추가로 들어가리라는 경제성 평가 결과에 한참 못 미치는 금액이었다. 리오틴토는 슈피리어에 주는 보조금을 올리고, 수자원 공급을 보장하며, 2023년 현재 362명의 학생이 등록되어 있는[38] 이 시의 학군에 2019년부터 2023년까지 매년 120만 달러를 후원하는 데 동의했다.[39]

또한 리오틴토와 레절루션 코퍼Resolution Copper(리오틴토와 BHP가 소유한 조인트 벤처─옮긴이)는 시민들의 요구에 따라 마그마 광산이 1971년 문을 닫기 전까지 50년 가까이 구리를 녹이는 데 쓰이면서 비소로 오염된 용광로와 주거지역 바로 바깥에 쌓여 있던 옛 광산의 오염된 폐기물을 철거하기 위한 비용 5000만 달러도 내놓았다.[40] 비록 자신들이 책임져야 할 문제는 아니었지만 시민들이 암묵적으로라도 광산을 지지하게 하려면 눈에 띄는 흉물이자 건강에도 위협이 되는 오래된 용광로를 없애버려야 한다는 것을 알았기 때문이다.[41]

베시치는 "리오틴토는 지난 몇 해 동안 지역사회를 무시할 수 없다는 사실을 배웠습니다"라고 주장했다. 경제에 도움이 되고 환경을 보호할 수 있는 방식으로 광산을 개발할 수 있다면 해보자는 게 베시치가 바이든에게 요구하는 가장 중요한 지점이었다. 그는 "이 프로젝트로 광산 건설이 시작되고 최종적으로 생산까지 이어진다면, 거기서 만들어지는 일자리가 이 도시의 영세 사업자들이 계속 번창하도록 도와줄 겁니다"라고 희망을 드러냈다.

물론 말처럼 간단하지는 않았다.

베시치가 광산이 문을 열면 도움을 받을 수 있을 거라 기대했던 영세 사업체 중 하나는 일찌감치 레절루션 프로젝트에 미래를 걸었던 슈피리어 럼버 & 하드웨어Superior Lumber & Hardware였다. 하지만 끝나지 않는 논쟁이 대린 루이스Darrin Lewis를 불안하게 했다. 길쭉하고 호리호리한 몸에 차분한 태도를 유지하는 이 남자는 애리조나주에서 헐값에 사들인 집을 개조해 파는 사업을 해오다 2020년 초 슈피리어로 이주했다.[42] 뒤늦게 알게 된 사실이지만 그 해 1월 80만 달러에 공구점과 적재장을 사들인 그의 결정은 시기를 잘못 맞춘 것이었다. 코로나바이러스가 빠르게 퍼지면서 세계경제가 멈췄다.

매출이 곤두박질쳤다. 자기 집에 갇힌 고객들이 개조 작업에 나설 거라 기대했던 루이스에게는 놀라운 일이었다. 510제곱미터 규모의 매장에서 나를 맞이한 그는 "그럴 줄은 몰랐죠"라고 허탈해했다. 천장이 낮았고 선반은 온갖 건설 장비로 가득 차 있었다. 콘크리트 블록으로 쌓은 벽 외부는 복숭아색과 오렌지색으로 칠해져 있었고, 1930년대 아르데코 서체로 써놓은 건물 이름은 검은색 글씨가 빛에 바랬다. 이 심연에서 복잡한 주택 개조 작업을 위한 특수 장비는커녕 무엇이라도 건질 수 있을지 의문이 들었다. 하지만 루이스는 이 도시의 경제를 둘러싼 불확실성 때문에 계속 가게를 확장하며 물건을 추가해왔다고 했다.

그때 리오틴토가 나타났고 목재와 각종 물품을 사들이며 이 가게의 2020년과 2021년 연매출의 3분의 1을 책임졌다. 그는 "우리의 주 거래처는 광산이에요"라고 설명했다.

"저는 여기에 모든 걸 쏟아부었어요. 광산이 열리지 않는다고 하면 분명히 우리에게는 재앙이 되겠죠."

이 도시 사람들 대부분이 그렇듯이 루이스는 레절루션 프로젝트의 운명을 가까이서 지켜봐왔다. 그는 오바마가 토지 교환을 인가하고 트럼프가 마지막 승인을 앞뒀다는 것을 알고 철물점을 사들였다. 실제로 트럼프는 루이스가 가게를 인수하고 2주 후 토지 교환을 허가했다. 하지만 바이든이 임기를 시작하면서 루이스의 불만이 커졌다.

"확정된 일 같았죠. 그런데 나중에 알게 된 것처럼 그 사람들이 우리 계획을 망쳐버렸어요. 앞으로 어떤 일이 일어날지 알게 되기 전에는 어떤 결정도 내릴 수 없는 상태예요."

특히 회수해야 할 80만 달러의 원금을 생각하면 루이스의 심정을 충분히 이해할 수 있었다. 하지만 나는 베시치에게 그랬듯이 그에게도 야영장 안에 있는 샌카를로스 아파치족의 신성한 장소와 그들이 미국인으로서 누려야 하는 종교적 권리를 이 나라의 구리 수요와 교환해야 하는 복잡한 상황을 어떻게 생각하는지 물었다.

"존중합니다. 아주 존중해요. 그리고 솔직히 말해서 그런 생각이 들기도 해요. '지금 내가 너무 돈만 밝히는 걸까?' 하지만 이 문제를 생각할 때 결국 제일 중요한 것은 구리의 미래와 수요예요. 저는 어쩔 수 없다고 봐요. 결국 누군가는 구리를 파내게 될 거라고요."

루이스는 한숨을 내쉰 뒤 그 자리에 없는 누군가를 소환했다.

"바이든 대통령에게 한마디 할 수 있다면 이렇게 얘기하겠어요. '광산을 열게 해주세요'라고요."

레절루션 프로젝트는 2021년 말에도 여전히 불확실성의 수렁에 빠져 있었다. 루이스는 매장을 45만 달러에 내놓았다. 불과 2년 전 투자한 80만 달러에 한참 못 미치는 아쉬운 금액이었다. 그의 말에 따르면 매년 40만 달러에서 70만 달러 사이의 탄탄한 수입을 올리는 업체였지만 홈디포Home Depot나 다른 대형 경쟁 상대들과는 전혀 달랐다. 매출 흐름이 리오틴토에 크게 의존하는 것도 문제였다. 리오틴토는 결국 광산을 건설할 수 있을지 가늠조차 하지 못했다. 2021년 12월 7일 루이스의 철물점 페이스북 페이지는 부동산 매물 목록으로 이어지는 인터넷 링크를 공유했다. 해당 페이지는 "기회입니다! 순풍이 불기 시작한 슈피리어에 자리하고 있는 놀라운 매물! (…) 성장하는 지역사회, 풍요로운 역사와 개성을 자랑하는 도시의 일원이 될 기회입니다"라고 홍보하고 있었다.

철물점이 매물로 나왔다는 사실은 곧바로 우려를 불러일으켰다.

베시치가 페이스북에 "가게를 파시는 거예요?"라고 댓글을 달았다.

루이스와 아내 폴라가 운영하는 회사 계정은 "네, 어떻게 될지 보려고요…. 어떻게 될지도 모르겠고…"라고 답했다.

그 아래에 한 손님이 "한번 잘해보슈!"라고 딱히 기대는 하지 않는 듯한 응원 댓글을 달았다.[43]

철물점에 관심을 보이는 사람은 없었다. 루이스는 곧 가격을 37만 5000달러로 내렸고, 2022년 5월에는 매물 목록에서 철물점이 사라졌다. 레절루션 프로젝트가 그를 슈피리어로 끌어들인 것처럼 이제는 베시치가 말했던 연옥이 그를 집어삼키는 듯했다.

슈피리어에서 루이스와 헤어지기 직전, 나는 그에게 이 도시에 커지는 긴장을 미국과 다른 나라들이 어떻게 생각하길 바라는지 물었다. 그는 잠시 말을 멈추고 고민에 빠졌다. 그러고는 "이 도시를 사랑하고 그래서 무언가를 주기 위해 이곳에 왔다면 이 도시도 보답할 거예요. 하지만 무언가를 얻기 위해 이곳에 왔다면 이 도시는 당신에게서 무언가를 얻어내려 할 겁니다"라고 답했다.

천사와 신들의 고향

슈피리어의 중심지에서 오크플랫으로 향하는 짧은 자동차 여행은 경이롭다. 60번 국도는 천천히 구름 위로 올라가 암벽이 듬성듬성 솟아 있는 슈퍼스티션산맥Superstition Mountains의 정상에 이른다. 저 멀리 어렴풋이 아파치리프가 보인다. 바위로 된 크레바스 사이를 퀸크리크Queen Creek가 통과한다. 퀸크리크는 오래전엔 물길이었지만 이제 건기가 되면 말라버리는 움푹한 길로, 슈피리어를 향해 이어진다. 어느 지점에는 아치 모양의 다리가 물이 만들어낸 깊은 산골짜기를 가로지른다. 나는 여전히 뜨거운 햇볕이 슬슬 후퇴할 기미를 보이는 늦은 오후에 이 길을 따라 차를 몰고 올라갔다. 햇빛이 내 키보다 높이 솟은 좁은 협곡의 벽에 부딪혀 부서졌고 화산암들은 살찐 손가락처럼 하늘을 찌르고 있었다.⁴⁴ 하이킹을 즐기는 사람들은 도로에서 벗어나 산길을 걷다가 결국 강으로 내려가는 경로를 따라가게 된다. 고속도로는 1952년 건설된 170미터 길이의 퀸크리크 터널을 통과한 후 더욱 거대한 협곡을 마주했고, 하늘로 솟은 산들이 양쪽에서 나를 둘러쌌다. 3킬로미터 정도 더 달린 후 나는 오른쪽으로 방향을 돌려 노스 마그마 샤프트 9번 도로에 올랐다. 비영리단체 아파치 스트롱홀드Apache Stronghold의 일원인 웬즐러 노지Wendsler Nosie와 다른 광산 반대자들이 2019년 12월부터 야영 생활을 하고 있는 떡갈나무 평원으로 향하는 길이었다. 이 길을 따라가면 리오틴토가 레절루션 프로젝트를 위해 파놓은 갱도에도 도착할 수 있다는 사실을 깨닫기까지는 몇 초가 더 걸렸다. 양측은 말 그대로 같은 길을 쓰고 있었다.

나는 미국 산림청의 환영 간판이 보이는 야영장을 향해 좌회전했다. 길을 따라 더 내려가자 페인트로 합판에 쓴 손글씨 간판이 '떡갈나무 평원은 지구의 영혼이 물리적으로 체화된 장소'라 선언하고 있었다. 전통적인 원뿔형 천막 한 동과 역시 원뿔형인 오두막 두 채가 가까이 자리 잡고 있었다. 조용한 월요일이었고 나는 얼마 안 되는 사람들과 모닥불 근처에 있는 노지를 발견했다. (주말이면 많은 이가 이

야영장에 몰려든다고 들었다.) 노지는 머리에 검은 반다나를 단단히 두르고 있었고 검고 긴 머리카락이 어깨 위로 흘러내렸다. 우리는 그해에 앞서 몇 차례 통화를 한 적이 있었다. 나는 노지에게 다가가 인사를 건넸다. 이때쯤에는 그도 대부분 짧게 머물다 떠나기는 해도 구리와 광산, 떡갈나무 평원에 관해 이야기를 나누려 찾아오는 기자들에게 점점 적응하고 있었다. 노지의 얼굴은 내가 이미 알고 있는 사실을 이야기하고 있었다. 그는 오랫동안 언론이 자신의 대의를 묘사하는 방식에 불만을 키워왔다.[45]

우리는 결국 두 시간 넘게 이야기를 나눴고 모닥불 앞에서 시작한 대화는 주위를 산책하면서 이어졌다. 이 땅에는 무언가 특별한 것이 있었다. 독특한 에너지, 분위기 그리고 지금까지 느껴본 적 없는 영묘한 존재감이 있었다. 오지와 샌카를로스 아파치족이 왜 이 땅을 그토록 높이 평가하는지 그리고 특히 여기 있던 아파치족의 도구들이 공공연히 파손된 2018년 이후 노지가 왜 이곳을 자신의 실질적인 집으로 삼았는지 이해할 수 있었다.[46] 우리가 대화를 나누는 동안 새들은 따뜻한 봄 공기를 만끽하며 나무 사이를 날아다녔다. 고속도로가 비교적 가까이 있는데도 야영장에서는 침묵밖에 들리지 않았다. 우리는 모닥불 앞을 떠나 근처에 있는 바위 위로 올라갔다. 거대한 바위 평원과 산쑥지대가 눈앞에 펼쳐졌다.

나는 노지에게 오크플랫이 대대로 종교의식을 위한 장소는 아니었다는 일부 부족의 주장(그리고 리오틴토의 관료들이 은밀히 퍼뜨린 주장)에 관해 물었다. 샌카를로스 아파치족을 연구했던 한 역사학자는 이 땅에 역사적 의미가 없다고 주장하기도 했다.[47] 하지만 노지는 19세기 미국 연방정부가 지금은 텍사스·캘리포니아·멕시코·애리조나·뉴멕시코주가 된 지역에 퍼져 살던 서로 다른 열 갈래의 아파치족을 한 보호구역에 가두었으며, 그들이 모두 정확히 동일한 문화나 믿음을 갖고 있는 것은 아니라고 지적했다.[48] 그는 러시아에서 온 이에게 이탈리아 문화를 묻는 것과 비슷하다고 설명을 이어갔다. 또한 많은 아파치족 조상이 전통적인 믿음을 버리고 동화될 것을 강요당했다고도 덧붙였다. 노지는 "기독교 세상에서 성장하면 거기에 적응하는 사람들이 생기는 겁니다"라고 설명했다.

"우리가 하고 싶은 말은 이곳이 천사와 신들의 고향이고, 그들이 이곳에 살고 있다는 겁니다."

아파치족의 전통 설화에 따르면 각각 천국과 지상에 해당하는 곳 사이에 오크플랫이 있다. 그는 대지를 향해 손짓하며 말을 이었다.

"우리가 이야기하는 신들은 기독교의 일부인 신들과 다르지 않습니다. (…) 하지만 교회에서는 그들을 조각상으로 만들고 그림으로 만듭니다. 그리고 우러러보죠. 하지만 신들은 어딘가에서 옵니다. 교회에서 오지 않아요. 그들이 머물며 살아가는 장소가 있습니다. 미국이 기독교를 수용할 때 기독교의 천사들은 거의 세계의 다른 곳에서 왔습니다. 하지만 이곳의 천사들도 그 천사들과 다르지 않아요. 다만 당신도 알다시피 여기에 있고, 이 장소에 머물러 있다는 게 차이입니다."

그리고 이 땅에서 열리는 의식, 특히 10대 소녀들을 위한 의식은 아파치족에게 전해져 내려온 신성함의 감각과 직접 연결되어 있다. 노지가 본질적으로 여성성과 이어진다고 규정한 감각이다. 그는 "우리의 의식은 열매를 맺는 장소들을 돌봐야 한다는 사실을 상기시킵니다"라고 설명했다.

"이 장소를 잃어버리지 않는 것이 우리에게 그토록 중요한 이유도 그 때문입니다. 이곳은 창조주 하늘님이 신들을 모신 곳입니다. (…) 레절루션 코퍼가 이 땅을 얻게 되면 이 모든 것이 가라앉을 테고, 그래서 천사들을 죽이고, [이 세상의] 시작이었던 모든 것을 죽이게 될 것이기 때문입니다. 이 세상에는 단 하나뿐인 장소들이 있습니다. 이곳이 그러한 장소 중 하나입니다."

나는 이 지역이 역사적으로 구리를 채굴했던 곳이라는 사실을 지적했다. 하지만 노지는 역사를 더욱 거슬러 올라가 오늘날 애리조나주가 된 지역에 광산이 생기기 전을 생각해보라고 요구했다.

"나의 사람들은 몇천 년을 거슬러 올라갑니다. 우리는 이 장소가 어땠었는지 알고 있어요."

그는 "지금 우리에게는 오염된 지류와 충격을 입은 환경이 있습니다"라고 토로했다.

"사람들도 잊지 맙시다. 슬픈 사실은 이런 구리 마을을 떠날 수 없는 사람이 너무나 많다는 겁니다. 그래서 그들이 공기, 물, 흙처럼 다양한 형태로 접근하는 오염의 직접적인 공격을 받게 되지요. (…) 광업이 없는 대서양 연안이나 미국 북부에서 누군가를 이곳에 데려오면 모두 여기서는 자기 아이들을 키울 수 없다고 할 겁니다. 오염된 땅이니까요."

나는 노지에게 경제, 즉 이 지역의 주민들에게 일자리와 집을 주는 것이 가장 중요하다는 베시치의 주장을 어떻게 생각하는지 물었다.

"그는 자본주의자들의 세계에 갇혀 있습니다. 진정한 종교보다 더 믿고 따르는 것이지요. 자본주의적 삶의 방식을 따르며 성장할 때 그런 일이 생깁니다. (…) 이 모든 것을 파괴하면 사라질 겁니다. 남아 있는 것들이 모두 사라지겠죠."

노지는 돈을 많이 받을 수 있는 일자리만 있다면 누가 환경이 파괴되는 걸 신경 쓰겠느냐고 물었다. 철저한 흑백논리였고, 어느 정도는 과거 광업 기업들이 했던 악행에 의존하는 논리이기도 했다. 하지만 그는 자신의 논리를 뒷받침하는 중요한 환경 피해 사례를 찾기 위해 먼 과거까지 거슬러 올라갈 필요가 없었다.

그는 광산을 개발하겠다는 제안 자체가 오로지 돈만을 생각하는 삶의 방식을 보여주는 징후라고 주장했다.

"여기에 남아 있는 모든 것이 사라진다는 뜻입니다. 물, 빛, 자연의 아름다움, 사람들을 이곳에 다시 데려오는 것 그리고 그다음에는 이 땅의 신성함과 성스러움까지 모두요."

미국 원주민들은 오랫동안 자신들의 역사적인 땅에서 암석을 파내려는 광업 기업들과 싸워야 했다. 제2차 세계대전 이후 몇 년 동안 미국 남서부 지역, 특히 나바호족의 영역 안과 그 근처의 땅에 우라늄 광산이 급격히 퍼졌다.[49] 우라늄은 원자 폭탄의 원료였지만 원자력발전소에서 깨끗하고 재생 가능한 에너지를 생산하는 데도 쓰였다. 하지만 우라늄 광산은 몇 세대에 걸쳐 나바호족에게 문자 그대로 독이 되었다. 이들이 겪어야 했던 비극은 미묘한 차이와 존중을 놓치지 않는 피터 아이흐스테드Peter Eichstaedt의 책 《당신들이 우리에게 독을 준다면: 우라늄과 아메리카 원주민들 If You Poison Us:

Uranium and Native Americans》에 담겨 있다.[50]

전 세계에 10억 이상의 가톨릭 신도를 거느리고 있는 세계의 영적 지도자 프란치스코 교황은 2019년 바티칸에서 광업 문제를 논의하기 위한 회의를 열었다. 그리고 이 산업의 "잘못된" 사업 모델 중 하나가 전통적으로 원주민 집단이 소유해온 땅에 무례를 범하는 것이라고 맹비난했다. 교황은 광업 기업들이 인간에게 도움이 되어야지 그 반대가 되어서는 안 된다고 꼬집었다. 원주민 집단들이 "자연과 문화가 손상되는 것을 고려하지 않고 착수되는 광업 프로젝트들을 (…) 위한 공간을 내주기 위해 땅을 버리고 떠나라"는 압박을 받아서는 안 된다는 것이다.[51] 뚜렷한 종교적 차이에도 불구하고 떡갈나무 평원 문제에서는 프란치스코 교황과 노지의 의견이 일치했다.

노지의 말이 이어지는 동안 나는 우리가 어디에 앉아 있는지만 생각했다. 이 장소가 어느 날에는 거대한 구멍이 될 수도 있을까? 내 발 수천 미터 아래 있는 붉은 구리가 40년 안에 내 휴대전화에 들어갈 수 있을까? 리오틴토는 반복해서 노지와 다른 부족 구성원들에게 토지 교환이 이루어진다 해도 향후 몇십 년간 야영장에 접근할 수 있을 거라고 약속했다. 연방정부의 광업 허가를 받기까지 더 긴 시간이 걸릴 것이 분명한 데다 거대한 구멍인 '글로리 홀'이 바로 생기는 것도 아니기 때문이었다. 기업의 분기별 실적에 집착하는 조직이 아니라 몇 세기 동안 집합적 기억을 이어온 공동체에는 별 의미가 없는 약속이었다. 좋든 싫든 이 회사의 약속은 다른 광업 기업들이 지난 몇 세기 동안 지역 공동체에 약속하고 깨뜨렸던 다짐들을 떠올리게 했다. 한 예로, 마크 트웨인은 "광산은 거짓말쟁이가 소유한 땅

에 있는 구멍이다"라는 말을 남겼다.⁵²

노지는 전기차 전환이나 이를 위한 리튬·니켈·구리에 대한 끝없는 수요에도 흔들리지 않았다. 나는 미국과 세계가 기후 변화에 맞서기 위해 녹색 경제로 전환하려 한다면 더 많은 광산이 필요하지 않겠느냐고 물었다.

그는 부드러운 목소리로 "정말 무서운 질문이네요"라고 답하며 모닥불을 바라보았다.

"그 질문에 대한 답이 정해져 있어서 무섭다는 겁니다. 레절루션 코퍼가 이런 일을 벌여야 한다고 하면, 그건 우리가 이 모든 구리를 필요로 하기 때문이에요. (…) 이 나라의 사람들이 탐욕스럽다는 뜻이기도 하고요. 제게는 우리가 섭리를 거스르고 있고 엉망진창이 되었다는 사실을 일깨웁니다. (…) 그리고 이 나라의 지도자들뿐 아니라 이 나라의 할아버지, 할머니, 아버지, 어머니 들까지 탐욕을 부리는 추악함을 통제하기 시작해야 한다는 경고일 겁니다. 우리는 이미 충분히 가지고 있습니다."

그의 주장은 본질적으로 조니 미첼Joni Mitchell의 노래 가사를 떠올리게 했다.

그들은 낙원을 포장했네.
그리고 주차장을 만들었지.⁵³

일곱 남매 중 막내로 태어난 노지는 1950년대와 1960년대 초반 어린 시절을 보내며 손위 형제자매들이 미국 원주민들을 더 큰 도시에 강제 재배치하는 정부 정책의 피해자가 되는 것을 목격했다. 원주민들을 미국 문화에 동화되게 하면서 결국에는 아파치 문화를 지워버리려는 술책의 일부였다. 이러한 관행은 1968년 인디언 민권법Indian Civil Rights Act이 통과되면서 대체로 사라졌지만 어린 노지에게 지워지지 않을 흔적을 남겼고 그는 자신이 전쟁 포로라 부르는 존재는 되지 않겠다고 맹세했다.

그는 슈피리어에 사는 사람들과 원주민이 아닌 다른 지역 공동체들이 오크플랫에서 거행되는 성스러운 의식에 관해 전혀 들어보지 못한 것도 이러한 제약과 다른 조건들 때문이라고 생각한다. 노지는 "제가 그들에게 내놓지 않을 한 가지는 저의 종교입니다. 저는 종교적인 방식에 가까워지려고 했어요. 그리고 제 종교는 바로 여기에 있죠"라며 주위를 가리켰다.

"그게 바로 나라는 사람이기도 해요. 저는 포로인 채로 이 세계를 떠나고 싶지 않습니다."

(21세기에도 아파치족을 경멸하는 표현이 여전히 남아 있다는 사실은 짚고 넘어갈 필요가 있다. 2011년 오사마 빈 라덴 암살에 나선 미군이 그를 칭한 암호명은 제로니모Geronimo였다.**54** 고얄레Goyaalé로도 알려진 제로니모는 1909년 미국 육군에 전쟁포로로 붙잡혀 있다가 사망한 유명한 아파치족 전사다. 그는 죽어가면서도 "내가 마지막으로 살아 있는 사람이 될 때까지 싸웠어야 했다"라고 탄식했다.**55**)

노지가 처음으로 정부에 반기를 들었던 장소는 오크플랫이 아니었다. 그는 1997년 애리조나대학교와 로마 교황청이 건설한 고성능 망원경이 있는 애리조나의 그레이엄산Mount Graham에 무단침입했다는 혐의로 재판에 회부되었다. 노지는 오크플랫과 공통점이 많은 그 산이 영적으로 중요하다고 설명했다. 그는 기도를 하러 그 장소를 찾았다. 노지는 무죄 판결을 받았다.[56]

우리 둘이 대화를 나누었을 즈음 노지는 이미 오크플랫에서 2년 가까이 야영 생활 중이었다. 산림청은 그를 거의 못 본 척 내버려두고 있었다. (연방정부 산하 야영장에서의 야영은 보통 14일 이내로 제한된다.[57]) 앞서 그는 샌카를로스 아파치족의 회장을 맡은 적이 있었지만 2021년부터는 자신의 사람들을 위한 또 다른 제로니모로서 예전보다 더 많은 권력을 쥐고 전통적인 고향에 침입하려는 '외국인 침략자'라 판단한 이들에게 저항하고 있었다. 한 번은 존 매케인 상원의원이 샌카를로스 아파치족이 레절루션 프로젝트를 지지하지 않으면 연방정부의 재정 지원을 보류하겠다며 협박했다고 주장하기도 했다.[58] 나와 대화하던 중에 노지는 자신을 종교 운동을 이끄는 전도사라 생각한다고 이야기했다.

광산에 맞서는 집단소송에서 대표당사자는 아파치족이 아니라 아파치 스트롱홀드라 알려진 활동가 단체다. 아파치 스트롱홀드는 오크플랫에서 야영하고 있는 노지와 다른 아파치족뿐 아니라 애리조나와 미국 곳곳의 자연보존 활동가와 환경운동가, 기타 세력도 포함하고 있다. 노지는 리오틴토의 구성원 중 누구와도 이야기해본 적이 없다고 인정했다. 미국 원주민 부족들은 부족 지도자들과 미국 관료들 사이의 협상만을 적절한 형태로 인정한다는 원칙을 고수해왔기 때문이다. 이른바 정부 간 협의다. 또한 그는 머스크를 비롯해 자동차 업계의 경영자들과도 대화한 적이 없다고 했지만 경영자들이

"그들의 구리가 오는" 장소에 관해 더 많이 알아야 한다고 경고했다.

노지는 다시 그가 가지고 있는 힘을 믿게 하는 부드러운 목소리로 "이 문제는 종교적인 삶의 방식과 기업적인 삶의 방식 간의 싸움이 되었습니다"라고 주장했다.

"우리 모두 창조주에게 시험받고 있어요. 이 나라는 답을 내놓아야 합니다."

나는 계속 자문했다. 여기서 누가 옳고 누가 틀렸을까? 누가 결정을 내려야 할까? 노지와 다른 아파치족이 내게 호소하는 고통은 본능적이고 고유한 것이었다. 기후 변화를 막는 데 도움이 되는 금속을 위해 그들의 종교적인 땅을 파괴할 가치가 있는지 누가 판단해야 할까?

노지는 결국 광산이 허가된다면 이를 막기 위해 자신이 할 수 있는 모든 일을 하겠다고 맹세했다. 다른 아파치족 사람들도 2016년 노스다코타주에서 다코타 액세스 파이프라인Dakota Access Pipeline에 반대했던 행동을 모델 삼아 자신들의 몸으로 방어벽을 쌓겠다고 했다. 노지는 "무언가를 사랑한다면, 보내줄 수 없습니다"라고 단언했다.

"그들이 내 종교를 없애버리길 원하지 않습니다. 분명히 그렇게 두지 않을 겁니다. 무엇이든 땅속으로 꺼지면 저도 그 구멍으로 내려갈 거예요."

레절루션 코퍼를 둘러싼 사태를 취재할수록 이 프로젝트를 둘러싼 쟁점들을 다루기가 어렵다는 사실을 깨달았다. 어느 쪽이 옳고 틀렸는지를 결정하는 건 내 일이 아니었다. 심지어 어느 한쪽이 옳거나 틀렸는지도 알 수 없었다. 하지만 양쪽에서 주장하는 혐의에 관해서는 모두의 말을 들어봐야겠다고 생각했다.

노지를 만나기 전날 나는 보호구역에 있는 샌카를로스 아파치 문화 박물관에 들렀다. 말로 커새도어Marlowe Cassadore 관장이 샌카를로스 아파치족의 역사적 유물이 가득 차 있는 몇몇 진열대에 관해 자세히 설명해주었다.[59] 그는 소년 시절 자신의 할머니가 떡갈나무의 도토리를 모으기 위해 오크플랫을 찾았고, 한 번 갈 때마다 몇 주씩 머물렀다고 기억했다. 할머니는 그 도토리로 전통적인 약을 만들었다. 코로나바이러스 대유행이 이어지는 동안 아파치족은 그 땅에 있는 다른 식물들도 모아서 약으로 썼다.

커새도어는 오크플랫에 관해 "사람들은 그런 식물들을 구하러 그곳으로 여행을 가곤 합니다"라고 설명했다.

"그리고 거기에는 종교적인 이유가 있죠. 하지만 아파치족은 보통 그런 점에 관해 제대로 이야기하지 않아요."

그는 아파치족이 맞닥뜨렸던 일련의 부정적인 문제에 다시 광산이 추가되지 않을지 두려워하고 있다. 이 부족의 영성과 문화, 정체성을 침해할 수 있는 문제다. 커새도어는 19세기의 미국 육군 장군이 내렸던 명령을 언급하며 "미국 연방정부와 애리조나주 정부는 아파치족을 몰살시킨다는 정책을 펼쳤었어요"라고 상기시켰다.

"그래서 사실 우리가 여기에 있으면 안 되죠. 하지만 여기에 있습니다."

오크플랫 야영장 근처에 있는 바위산 정상에서 노지와의 대화를 마무리할 때 커새도어의 말이 떠올랐다. 리오틴토가 만든 권양탑headframe(광산 수직 갱도에서 운반물을 감아올리는 장치를 고정하기 위해 지상에 만든 구조물 – 옮긴이) 중 두 개가 겨우 몇백 미터 앞에 보였다. 노지는 "광산이 현실이 되면 이 모든 게 파괴될 겁니다"라고 단언했다.

안팎으로 위기에 처한 리오틴토

하늘 높이 솟은 거대한 구조물인 권양탑은 현대 광업의 힘과 권력을 상징했다. 노지가 있는 반대 캠프의 그림자 아래에 리오틴토는 약 2100미터 깊이의 수직 갱도를 팠다. 회사 경영진의 설명에 따르면 아메리카 대륙에서 가장 깊은 갱도를 팔 수 있을지 확인하기 위한 시험이기도 했다.

리오틴토가 통제하고 있는 조그마한 땅(이 회사는 2014년 이 땅을 탐사할 권리를 법적으로 부여받았다)의 모서리에는 노지의 캠프부터 결국에는 광산에 먹힐 수도 있는 지역까지 모두 내려다볼 수 있는 작은 전망대가 있었다. 맨눈으로 보면 눈길이 닿는 곳까지 바위와 산쑥으로 가득 찬 정원 같았다. 고요하면서도 독특한 아름다운 정원이었다. 이 전망대는 2008년 무역사절단으로 애리조나주를 찾았던 영국 요크 공작 앤드루 왕자Prince Andrew, Duke of York의 방문을 위해 처음 만들어졌다.[60]

리오틴토의 10번 갱도 바닥을 확인하기 위한 나의 여정은 긴 안전 교육과 안전 복장 착용으로 시작되었다. 이 회사의 임원들은 2100미터 아래 땅속에서는 평균 기온이 섭씨 82도에 달하는 완전히 다른 환경을 맞닥뜨리게 된다고 설명했다. 기온을 27도 전후로 유지하기 위해 쉴 새 없이 냉방장치가 돌아간다. 10번 갱도를 파는 데만 3억 5000만 달러가 들어갔다.

안전 담당자는 두꺼운 장화와 부츠, 상의를 가리키며 "이것들을 착용하세요"라고 지시했다. 조명이 달린 안전모를 쓰고 조그마한 산소통을 챙기자 준비가 끝났다. 7년 전에는 매케인 상원의원이 같은 엘리베이터를 타고 아래로 내려갔다. 이후 프로젝트는 제자리였지만 펌프는 계속해서 물을 뽑아냈고 엔지니어들은 갱도의 안전성을 유지했다. 채굴은 전혀 이루어지지 않았다.

엘리베이터에는 두 개의 층이 있었다. 한 층마다 두 사람씩 탈 수 있었고 여덟 명이었던 우리 무리는 둘로 나뉘었다. 모두 탑승하자 엘리베이터를 조작하는 이가 레버를 당겼다. 신호 시스템에서 다섯 번 삐 소리가 났다. 그는 "신호 시스템에서 우리가 몇 층으로 가고 있는지 알려주는 겁니다. 방금 우리가 가장 바닥층으로 가고 있다고 예고했어요"라고 설명했다. 우리가 탄 엘리베이터는 이후 15분 동안 분당 약 150미터의 속도로 어둠 속을 내려갔다. 덜컹거리며 지구의 깊은 곳으로 향하는 조그마한 수레에 종종 물방울이나 뜨거운 공기가 스며들었다.

열대우림처럼 보이는 바닥에 다다르자마자 바로 습도 100퍼센트의 두꺼운 장막이 우리를 감쌌다. 사방이 물이었다. 질퍽한 바닥에 고인 것도, 천장에서 떨어지는 것도, 벽을 따라 흐르는 것도 모두 물이었다. 리오틴토는 우연히 물을 통과시키지 않는 지하의 암석에 갇혀 있던 오래된 호수를 향해 구멍을 뚫었다. 이러한 실수의 결과물이 지금의 습도였다.[61] 거대한 수직 갱도의 바로 바깥쪽에는 길이가 51미터 정도 되는 중앙 복도와 비슷한 길이의 갈래들이 있어서 리오틴토의 직원들이 종종걸음을 치며 그날의 업무를 수행하고 있었다. 이 축축한 구역에서는 펌프가 쉴 새 없이 돌아가며 1분마다 2271리터 이상(하루에는 378만 리터 이상)의 물을 퍼내고 있었다. 이 물은 먼저 지상의 식물들을 돌보는 데 쓰였고 남으면 지역 농부들에게 판매되었다. 리오틴토는 구리 매장층에서 물을 퍼내고 있었는데 채굴을 시작하기 전에 거쳐야 하는 단계였다. 아직 구리가 묻혀 있는 땅을 확보하지는 못했지만 이 회사는 구멍을 뚫고 흙을 파내는 장비들을 침투시키기 위한 준비 작업으로 이 땅을 건조하고 있었다. 갱도의 지하에는 변전소가 있어서 직원들이 무선 인터넷을 통해 자기 휴대전화로 지상에 전화를 걸 수 있었고, 갱도가 무너질 때를 대비해 며칠은 버틸 수 있는 산소와 식량, 물을 비축해둔 비상 대피소도 있었다. 온갖 종류의 펌프에서 나오는 요란한 윙윙 소리가 주위에 퍼져서 대화를 나누기가 거의 불가능했다.

나는 몇 년 전 세계에서 가장 큰 지하 구리 광산인 칠레 엘테니엔테El Teniente 광산을 방문한 이후 땅속 가장 깊숙이 들어와 있었다. 복도에서 멀리 떨어진 작은 방에는 굴착기 한 대가 바로 아래에 있는 거대한 구리 매장층을 파 내려갈 날을 꿈꾸며 휴식을 취하고 있었다. 두 번째 수직 통로는 복도 끝에서 이어졌는데 옛 마그마 광산에서 쓰이던 갱도를 리오틴토가 레절루션 프로젝트를 위해 되살린 것이었다. 보이는 벽마다 붕괴를 방지하기 위해 특수 제작된 콘크리트로 덮여 있었다(리오틴토는 대린 루이스의 철물점에서 구멍 붕괴 방지용 케이싱을 위해 목재를 샀다). 이 깊고 어두운 바닥에서 무엇을 할 수 있는지 보여주는 공학 기술의 위업이었다.

나는 이러한 모든 기술적 역량에도 글로리 홀을 피할 수 없는 건지 궁금해졌다. 리오틴토가 자신들을 광업에 통달한 회사로 홍보한다면 아파치족의 종교적 장소를 해치지 않고 구리를 채굴할 방법도 찾을 수 있지 않을까? 그러면 양쪽 모두 승리했다고 할 수 있을 듯했다. (물론 구멍을 만들지 않으면 채굴 가능한 구리의 양이 줄어들 수 있다.) 나는 레절루션 프로젝트를 감독하는 승인 책임자 비키 피시Vicky Peacey에게 이 질문을 던졌다. 그는 "토지를 교환하게 되면 더 많은 데이터를 수집할 기회가 생기고, 그러면 우리의 계획을 개선하면서 (토지의 피해를) 방지하고 최소화할 방법을 찾아볼 수 있을 겁니다"라고 설명했다. 모호한 답이긴 했지만 회피하지 않는 태도를 보니 리오틴토가 다른 방법을 찾아볼 재량이 충분히 있는 듯했다.[62]

광업계에서는 개발 계획을 바꾸는 일이 드물지 않다. 캐나다 브리티시컬럼비아주와의 경계에서 멀지 않은 미국 워싱턴주의 벅혼Buckhorn 광산은 1990년대에 금 노천 광산으로 제안되었지만 이후 자연보존 활동가들의 거센 압박에 부딪힌 개발업자들이 지하 광산을 건설하는 데 동의했다.[63]

리오틴토가 바라는 대로 모든 게 진행된다면 광산을 만드는 데 10년이 걸릴 것이다. 그리고 모든 허가가 떨어지면 이후 40년에서 45년간 광산을 운영할 수 있다. 그다음에는 5년에서 10년 정도 매립 절차를 진행하게 될 것이다.[64] 광산이 없었던 시절의 땅처럼 보이도록 돌려놓으려고 시도하는 단계다.

리오틴토는 레절루션 프로젝트 이전에도 미국에 손을 뻗쳐왔다. 2019년 말 이 회사는 문을 연 지 100년이 넘은 유타주 케너컷Kennecott

광산의 폐광을 2026년에서 2032년까지 미루기 위해서 15억 달러를 투자하겠다고 발표했다. 당시 리오틴토의 최고경영자였던 장세바스티앙 자크Sébastien Jacques는 내게 "우리는 구리를 좋아합니다. 미국도 좋아하고요"라고 밝혔다.[65] 미국 지질조사국에 따르면 2021년 세계에서 구리를 가장 많이 생산한 두 나라는 칠레와 페루였고 중국이 3위, 미국이 한참 떨어진 4위로 그 뒤를 따랐다.

리오틴토의 경쟁 상대들 역시 미국을 눈여겨보고 있었다. 트럼프의 광업 친화적 정책과 점점 높아지는 전기차의 인기가 몇 년간 미국 밖으로 향했던 광업 기업들의 시선을 이 나라로 돌려놓았다. 어떤 면에서는 몇십 년 동안 국제 무역에 의존해온 끝에 석유와 천연가스 기업들이 텍사스주와 노스다코타주, 오클라호마주에 구멍을 뚫기 시작한 미국의 셰일 혁명을 참고한 접근법이기도 했다. 2019년 미국 내 구리 광산 프로젝트에 기업들이 투자한 자금은 11억 달러에 달했다. 애리조나주를 기반으로 하는 프리포트맥모런은 칠레와 페루, 인도네시아에 자체 구리 광산을 보유하고 운영해왔지만 미래에는 미국이 중추가 될 것으로 판단하고 고향으로 돌아왔다. 프리포트맥모런의 최고경영자 리처드 애드커슨Richard Adkerson은 내게 "15년 전에는 미국에서 광업은 죽은 산업이라 생각했죠. 하지만 지금 우리에게는 수익을 낼 수 있는 분야입니다"라고 설명했다.[66]

바이든이 레절루션 프로젝트를 둘러싼 대서사시에 발을 들였을 때 리오틴토는 특별히 괴로운 시간을 보내고 있었다. 노지와 샌카를로스 아파치족 사람들이 자신들의 대의를 설명할 때 효과적으로 활용하는 사건 때문이었다.

2020년 5월 이 회사는 오스트레일리아의 웨스트오스트레일리아주 필바라Pilbara 지역에서 푸투 쿤티 쿠라마족과 피니쿠라족이 피신처로 사용했던 동굴들을 파괴했다. 은밀히 벌어진 일은 아니었다. 오히려 완전히 합법적인 절차였다. 리오틴토는 광산을 확장하는 과정에서 주칸고지Juukan Gorge 동굴들을 없애려 했고 필요한 허가를 모두 받았다. 4만 6000년 넘게 존재하던 이 동굴은 세계에서 가장 오래된 생활 문화 중 하나를 입증하는 증거이자, 오스트레일리아 내륙에서 유일하게 마지막 빙하기 이후에도 인간이 계속해서 거주했던 흔적을 볼 수 있는 장소였다. 이곳에서 사람의 머리카락으로 만든 벨트가 발견되었고 머리카락의 유전자는 원래 주인과 푸투 쿤티 쿠라마족 및 피니쿠라족 사이의 강력한 유전적 연결을 입증했다.[67]

유엔은 리오틴토의 조치가 2001년 바미얀 불상을 파괴한 탈레반의 만행을 상기시킨다고 평했다.[68] 두 토착 부족은 "참담한 충격"을 받았다며 선조들과 전통적인 땅과의 연결을 잃어버렸다고 주장했다. 리오틴토는 자신들이 합법적으로 동굴들을 파괴했다는 사실에 기댔고, "최근 푸투 쿤티 쿠라마족과 피니쿠라족이 표명한 우려는 지난 오랜 세월 동안 유지되어온 약속들을 문제 삼은 것이 아니다"라면서도 유감을 표시했다.[69] 리오틴토에 대한 응징은 신속했고 대중의 항의도 거셌다. 이 회사는 1년 안에 최고경영자와 이사회 의장을 해고하며 투자자들이 얼마나 심각하게 반응하는지를 보여주었다.[70] 노지와 미국 원주민 부족 회의는 물론이고 하이킹 코스를 옹호하는 비영리단체까지 많은 이가 이 사건에 주목했고, 역사가 되풀

이되는 느낌이라며 리오틴토가 같은 실수를 반복하고 있다고 지적했다.⁷¹

샌카를로스 아파치족의 회장 테리 램블러Terry Rambler는 2020년 8월 오스트레일리아 의회에 보낸 편지에 "오크플랫은 주칸고지의 동굴 주거지와 마찬가지로 레절루션 코퍼가 탐욕스럽게 노리는 성스럽고 경건한 장소"라며 "리오틴토에 자신들이 초래한 회복할 수 없는 손상에 대해 온전한 책임을 물으라"고 요구했다.⁷²

주칸고지 사건 이후 리오틴토의 최고경영자가 된 야콥 스타우스홀름Jakob Stausholm은 이러한 비난에 민감했다. 그는 2021년 9월 램블러와 노지를 포함해 레절루션 프로젝트를 반대하는 이들을 만나러 애리조나주로 날아갔다. 나는 스타우스홀름이 그곳에 머무는 사이 화상으로 대화를 나누었다. 러닝복 차림이었고 이마에는 땀방울이 맺혀 있었다. 그는 막 피닉스의 열기 속에서 달리기를 마치고 돌아온 참이었다. 리오틴토와 스타우스홀름은 샌카를로스 아파치족에게 자유의사에 따른 사전 인지 동의Free, Prior, and Informed Consent, FPIC를 얻겠다고 장담했다. 본질적으로 지역 원주민들에게 새로운 프로젝트를 승인받았다는 것을 의미하는 업계 용어였다. 리오틴토는 오스트레일리아에서 푸투 쿤티 쿠라마족과 피니쿠라족에게 온전한 FPIC를 받지 못했었다. 스타우스홀름은 레절루션 프로젝트에서는 이런 실수를 반복하지 않겠다고 했다. 그는 덴마크 억양이 묻어나는 영어로 "지금까지 우리 자신을 제대로 설명하지 못했다면 더 잘 설명해야 합니다"라고 주장했다.

"우리는 모두에게 유리한 방법을 찾고 있습니다. 그게 모두가 원하는 바라고 생각해요. 하지만 여전히 우리가 해야 할 일이 있다는 사실도 알고 있습니다."

나는 스타우스홀름에게 구리의 정제 역시 미국 안에서 진행할 예정이냐고 물었다. 그는 그렇다고 답했다.

램블러는 리오틴토의 최고경영자와 만나기를 거부했고, 대신 민주당 의원들과 함께 제일 먼저 토지 교환을 승인했던 2014년 법을 개정하는 작업을 하고 싶다고 밝혔다. 램블러는 "그들이 나를 만나고 싶었다면 뭔가가 진행되기 전에 [즉, 2014년에] 찾아왔어야 했다. 지금 나는 그 법을 바꾸는 데 집중하고 있다"라고 싹을 잘랐다.[73]

스타우스홀름이 맞닥뜨린 문제는 이뿐이 아니었다. 세르비아의 야다르계곡Jadar Valley 밑에는 지구의 다른 곳에서는 찾을 수 없는 자다라이트jadarite라는 광물이 있었다. 그동안 지질학자들도 완전히 파악하지 못했던 자다라이트는 많은 양의 리튬을 함유하고 있었고, 리오틴토의 관심을 끌었다. 유럽 안에 운영 중인 리튬 광산이 몇 개 되지 않는다는 사실도 매력을 더했다. 이 회사는 야다르계곡 프로젝트에 이미 4억 5000만 달러를 쏟아부었고, 자금 대부분은 자다라이트에서 리튬을 추출하는 기술을 개발하는 데 투입되었다. 하지만 2022년 초 세르비아 정부가 환경운동가들에게 굴복했고 전체 프로젝트를 취소했다.[74] 갑자기 리오틴토가 가장 야심 차게 추진하던 프로젝트가 하나도 아니고 둘이나 위기에 처했다.[75]

이 기업은 이름부터 회사 설립과 관련이 있는 환경 문제를 떠올리게 한다. 리오틴토는 스페인어로 '붉은 강'이라는 뜻이다. 스페인 틴토강Rio Tinto은 강이 끼고 있는 광산에서 나오는 산성 유출수 탓에

CHAPTER 2 신성한 땅을 둘러싼 갈등 | 111

붉은 물이 흘러 이런 이름을 얻었고, 1873년 영국인 투자자 한 무리가 문제의 광산을 채굴할 권리를 얻었다.[76] 이후 회사는 급격히 성장했고 강에서 따온 이름을 유지했다.

2002년 초 리오틴토는 샌카를로스 아파치족, 푸투 쿤티 쿠라마족과 피니쿠라족, 세르비아인들뿐 아니라 직원들과도 싸우고 있었다. 전임자와의 연결을 끊어내고 싶었던 스타우스홀름은 리오틴토의 최고경영자가 된 후 이 회사의 문화를 점검하기 위해 다양성 컨설팅 기업을 고용했다. 당혹스러운 문제가 불거질 가능성을 생각하면 위험한 선택이었다. 하지만 스타우스홀름은 잠재적인 나쁜 소식들을 최대한 빨리 캐내고자 했다. 리오틴토의 홈페이지에 공개된 보고서는 직원 설문에 답한 응답자의 절반 가까이가 괴롭힘을 당해왔다고 밝혔다.[77] 한 여성 직원은 자신이 겪은 괴롭힘을 털어놓았다.

> 처음 [여기서] 일을 시작했을 때 (…) 한 남성 직원이 구강성교를 해달라고 했다. 그의 직속 상사였던 리더에게 사실을 알리자 "그냥 농담을 한 게 분명하다. 당신이 그와 단둘이 있는 일이 없게 하겠다"라고만 했다.

스타우스홀름은 놀라움을 표시하며 변화를 약속했다.
"이제는 내가 알아야 하는 것을 알게 되었고, 나에게는 분명히 상황을 바로잡아야 할 의무가 있습니다."
애리조나에서 레절루션 프로젝트를 반대하고 있는 이들에게는 무기가 될 수 있는 정보였다.

바이든의 약속

2020년 미국 대통령 선거의 열기가 뜨거워지면서 바이든과 트럼프는 애리조나주와 이 주의 선거인 11명을 점점 더 중요히 여기게 되었다. 이 주는 1952년 이후 단 한 번을 제외하고 모든 선거에서 공화당 후보에게 표를 던졌지만 유권자들의 성향이 차츰 중앙으로 쏠리고 있었다. 한 집단이 조금이라도 지지를 보태면 차이가 발생할 수 있었다. 이러한 변화를 감지한 바이든은 이 주의 아파치족과 다른 미국 원주민 부족들의 표를 얻으려 했고 그들을 위한 약속으로 무장했다.[78]

선거일이 한 달도 남지 않은 10월 8일, 바이든과 부통령 후보 카멀라 해리스 캘리포니아주 상원의원은 방대한 미국 원주민 예술품을 자랑하는 피닉스의 허드 박물관에서 30분간 애리조나의 부족 지도자들을 만났다. 램블러가 재생 에너지와 기후 변화 문제를 논의하도록 두 사람을 몰아갔다. 레절루션 프로젝트는 아직 공식적인 승인이 나지 않은 상태였으므로 구체적인 요청 사항은 없었다. 하지만 램블러는 두 정치인에게 이 프로젝트를 알리고 씨앗을 심어둘 기회를 잡았다. 그다음 주 바이든 선거캠프는 샌카를로스 아파치족을 비롯해 바이든 지지를 선언한 200여 개 부족의 목록을 공개했다.[79]

다른 곳에서도 공격적인 정치 공작이 펼쳐지고 있었다. 바이든 선거캠프는 램블러나 다른 부족 지도자들에게는 알리지 않은 채 비공개로 미국 전역에서 활동 중인 광업 기업들에 접근했다. 그리고 새로운 기술이 無에서 생겨나지 않는다는 점을 인정하면서, 태양 전지판이나 전기차 같은 친환경 에너지 상품을 생산하는 데 필요한 구리와 다른 금속을 미국 내에서 생산할 수 있도록 부양책을 펴겠다고 약속했다. 후보자가 직접 공개적으로 광업을 거론하지는 않았어도 기업들은 대부분 선거캠프의 약속을 믿었다. 미네소타에서 논란에 휩싸인 폴리멧PolyMet 광산 프로젝트를 주도하던 글렌코어Glencore는 바이든이 승리하더라도 미국 내 사업 규모를 축소하지 않기로 했다. 미국 리튬 기업에 고용된 이들은 워싱턴의 지지를 간절히 원했고 민주당에 2016년 선거의 두 배에 달하는 후원금을 내놓았다.[80] 미국 광업계의 이익단체인 전미광업협회National Mining Association는 심지어 바이든 선거캠프의 구호까지 끌어와서 "더 나은 재건은 광업 기업을 포함한다"라고 선언했다('더 나은 재건Building back better'은 바이든이 후보 시절 제안한 핵심 정책 구호였다 – 옮긴이).[81]

자신들의 보호구역에서 보석 원석인 페리도트peridot를 채굴해온 샌카를로스 아파치족은 적어도 2005년부터 이때까지 레절루션 프로젝트에 맞서 싸우고 있었다. 이 부족의 의회는 2019년 투표에서 만장일치로 반대를 결정했다. 부족 구성원들은 (오바마가 토지 교환을 승인한 해인) 2014년부터 보호구역의 수도에서 오크플랫 야영장까지 매년 약 72킬로미터를 행진하며 자신들의 뜻을 알리려 노력했고 실제로 사람들의 관심도 꾸준히 높아졌다.[82] 이들은 자신들이 레절루션 프로젝트를 얼마나 완강히 반대하는지 숨기지 않았고, 모르몬교와 유대교를 비롯한 다른 종교인들도 이 문제를 종교의 문제로 판단하고 아파치족의 편을 들었다. (한 예로, 램블러는 내게 자신이 모르몬교도로 예수그리스도후기성도교회의 일원이며 아파치족의 전통 신앙을 실천한 적은 없다고 밝혔다.)

바이든은 2020년 램블러와 다른 부족 지도자들을 만난 자리에서 자신이 대통령이 되면 그들도 발언권을 가지게 될 거라고 약속했다.

"우리에게는 여러분이 필요합니다. (…) 우리가 당선되면 여러분이 탁자의 한 자리를 차지하게 될 겁니다."

해리스는 한발 더 나아가 부족 지도자들의 경험과 비전을 따르겠다고 맹세했다.

"우리는 기후 문제에 함께 대응해나갈 것입니다. 그리고 이는 원주민들이 오래전부터 알고 있었던 진리이기도 합니다. 우리는 이 땅을 보호해야 하고 이 땅에 관해 현명해져야 합니다. 우리는 여러분의 뜻을 따를 것이며, 여러분은 언제나 탁자의 한 자리를 차지하게 될 겁니다."

바이든과 해리스는 ('가짜 선거인단' 시도와 여섯 명이 일으킨 1월의 반란에도 불구하고) 애리조나주에서 가까스로 승리를 거뒀고, 원주민 유권자들의 압도적인 지지가 어느 정도 영향을 미쳤다.[83]

대통령 집무실을 떠날 날이 닷새도 남지 않은 1월 15일, 트럼프는 산림청을 통해 최종 환경보고서를 발간했다.[84] 산림청은 증가하는 구리 수요와 환경을 존중하려는 노력 사이에서 균형을 잡고자 노력했다고 밝혔다. 사실 연방법에 명시된 산림청의 권한은 광산 건설을 불허할지 검토하는 것이 아니라, 자연에 해를 끼칠 수 있다고 판단되는 광산의 운영 계획 중 일부를 불허할지 검토하는 것이었다.[85] 산림청은 규제기관에서나 쓸 법한 언어로 광산 제안을 검토하는 과정이 "복잡했다"라고 인정했다. 그리고 "부족들의 성스러운 땅에 미칠 수 있는 부정적인 영향을 가장 잘 처리하기 위해" 이 지역의 원주민 부족들에게 의견을 구했다고 주장했다. 산림청은 리오틴토와의 "협의를 통해 이러한 영향들을 다루려 했"지만 보도자료를 보면 구체적으로 바뀐 내용은 없었다.[86] 최종 환경보고서가 발간되기까지 과정은 길고 우여곡절이 많았으나 결국 트럼프가 백악관을 떠나기 직전에 공개되었고, 마찬가지로 이전에 제안된 네바다주의 리튬 아메리카스Lithium Americas 광산에 대한 조치도 함께 발표되었다.[87]

최종 환경보고서를 둘러싼 논란은 오바마가 모든 문제의 뿌리가 되는 국방부 예산안에 서명한 2014년부터 시작되었다. 이 프로젝트를 지지하는 이들은 몇 년이나 토지 교환을 인가할 법안을 도입하려 노력했지만 계속 실패했다. 조지 W. 부시 행정부는 토지 교환을 승인할 입법을 지지했지만 오바마는 2009년 반대편에 섰다. 직전의 대통령 선거에서 오바마에게 패했고 애리조나주 상원의원이기도 했던 존 매케인은 분노했다. 직업 관료들 역시 부시 정권에서 레절루션 프로젝트를 응원했다. 그들은 사소한 우려가 있긴 해도 광산 건설이 내리막을 걷는 이 지역의 경제에 도움을 줄 수 있다고 생각했다. 매케인은 "나는 이런 일이 어떻게 진행되는지 알 정도로 오랫동안 겪었다"라고 주장했다.

"그들은 충분히 오랫동안 지연시키면 (…) [리오틴토가] 떠나리라는 것을 알고 있다. 애리조나의 사람들, 이 나라, 그리고 세계가 고통을 겪게 될 것이다."[88]

2011년 10월 공화당이 주도하던 미국 하원이 토지 교환을 승인했지만 해당 법안은 당시 민주당이 수적 우위에 있었던 상원에서 제동이 걸렸다.[89] 매케인은 뒤이은 몇 년 동안 토지 교환 법안이 거듭 무산되는 것을 지켜보면서 자신이 의회에서 맞닥뜨렸던 가장 "불만스러운 사안" 중 "3~4위" 안에 든다고 평했다.[90]

2014년 가을 매케인은 직접 슈피리어를 찾아 광산 건설이 필요한 경제적 이유를 확인했다. 이 도시의 많은 사람이 "자신과 가족들의 삶을 개선할 기회를 찾으려 애쓰고" 있었다. 보호지역은 상황이 더 좋지 않았다. 70퍼센트 이상이 실업 상태인 데다 중독과 싸우는 사람도 많았다. 이 상원의원은 리오틴토가 이미 깊숙이 파놓은 갱도를 방문한 뒤 "레절루션 프로젝트는 이 지역사회를 완전히 바꿔놓을 잠재력을 가졌다"라고 호소했다.[91] 하지만 그가 단독으로 상정한 법안들은 모두 무산되었다.[92]

그래도 그 해가 끝날 즈음 매케인에게는 새로운 계획이 있었다. 그와 (아프리카 나미비아에서 리오틴토가 주식을 다수 보유하고 있는 광산을 대리해 로비를 펼친 적이 있는[93]) 애리조나주의 동료 상원의원 제프 플레이크는 자정이 다 되었을 즈음 문제의 토지 교환을 규정해야 할지 한창 논의 중이던 국방부 예산안에 조항 하나를 끼워 넣었다.[94] 이렇게 늦은 시간에는 설령 둘이 무슨 짓을 벌였는지 알아채도 막을 방법이 거의 없었다. 오바마는 매케인이 고수해온 토지 교환 입법을 반대했지만 어쩔 수 없이 전체 예산안을 승인할 수밖에 없었다. 아파치족과 레절루션 프로젝트에 대한 우려로 거부권을 행사했다가는 미국 군대 전체에 대한 자금 집행이 막혔다.

바로 그리고 빠르게 분노가 일었다. 내무부 장관 샐리 주얼Sally Jewell은 "깊이 실망했다"라고 격한 감정을 드러냈다.

"이제 아파치족의 성스러운 땅이 엄청난 위험에 처했다."

주얼은 리오틴토와 함께 "그들의 개발 계획을 더 알아보고, 성스러운 땅의 개발을 포기하는 것을 포함해 [리오틴토가] 미국 원주민 부족들과 함께 일하기 위해 수용할 수 있는 추가 조치로 무엇이 있을지 찾아보고" 싶다고 밝혔다.[95]

버몬트주 상원의원 버니 샌더스와 민주당 소속의 애리조나주 하원의원 라울 그리잘바 등이 토지 교환을 막기 위한 법안을 제안했지만 크게 힘을 얻지 못했다.[96] 오바마 행정부는 2016년 오크플랫 야영장을 국가사적지 목록에 올려 승인 절차를 늦추려 했다.[97] 하지만 비유적으로 말해서 이미 기차가 역을 떠난 후였다. 트럼프가 대통령 선거에서 승리하면서 몇 달 뒤부터 레절루션 프로젝트의 환경 영향 검토를 주도하게 되었다.

트럼프 행정부가 들어서자 관료들이 이 프로젝트를 진전시키기 시작했고 리오틴토는 적어도 공개적으로는 옳은 말을 하고 옳은 일을 하는 데 집중했다. 2017년 미국 상원에서 증언한 한 경영진은 레절루션 광산에서 채굴한 구리는 모두 유타주에서 정제할 예정이라고 밝혔다.[98] 이러한 약속은 미국에서 생산한 구리가 중국으로 실려 갈 것이라는 우려를 잠재우기 위해서 나왔다. 리오틴토의 최대 주주가 중국 정부가 통제하는 알루미늄 제조업체라는 사실도 우려를 키웠다.[99]

노지와 아파치 스트롱홀드는 법원에서 다툴 논리를 가다듬고 있었다. 램블러는 2019년부터 2020년까지 거듭 산림청에 서신을 보내 더 많은 검토를 요구했다. 2019년 12월에 보낸 편지에는 "물이 없다면, 우리의 교회가 없다면, 아파치족의 삶과 문화, 종교가 살아남아 유지될 수 있을지 두렵습니다"라고 썼다.[100]

2021년 1월 21일 트럼프가 조만간 최종 환경보고서를 발간하리라는 것을 알아챈 아파치 스트롱홀드는 미국 연방정부를 연방법원에 고소했다. 가깝게는 환경보고서의 공개를 막고 최종적으로는 토지 교환을 막기 위해서였다. 램블러는 다시 정부에 서신을 보내 광산이 "잠재적으로 환경에 재앙과 같은 영향"을 미칠 수 있다고 경고했다.[101] 또한 이들은 연방정부가 리오틴토에 내주기로 한 토지는 근본적으로 정부의 소유가 아니라고 주장하며 경계권 침입 혐의를 제기했다.[102]

트럼프는 1월 15일 최종 환경보고서를 발간했다. 연방법원 판사는 대통령을 제지하기를 거부했고, 토지 교환까지 60일의 카운트다운이 시작됐다. 해당 판사는 60일의 준비 기간이 끝나기 전에 토지 교환을 둘러싼 광범위한 쟁점을 모두 살펴보는 것도 거부했다.[103] 몇 주 뒤 그는 기본적으로 연방정부는 소유한 땅을 원하는 대로 누구에게나 제공할 수 있다며 정부의 편에 섰다.[104]

아파치 스트롱홀드의 변호사는 구성원들이 "의연"하다고 밝혔다.[105] 실제로 램블러는 자신에게 아직 카드가 남았다는 것을 알고 있었다. 그리고 램블러는 그 카드를 활용했다. 2021년 대통령 취임식이 끝나고 얼마 지나지 않아 램블러는 해리스를 찾았고 한 가지를 요구했다. 그는 "나는 그들에게 레절루션 프로젝트의 최종 환경영향평가보고서Final Environmental Impact Statement, FEIS를 철회해달라고 했다"라고 설명했다. "트럼프 행정부는 FEIS를 급히 내놨다." 새로 취임한 바이든 대통령은 결국 발간된 보고서를 철회하며 트럼프의 결정을 뒤집었다. 실은 발표를 마친 FEIS를 철회할 수 있는지도 확실하지 않았다. 이미 바깥세상에 나온 램프의 요정 지니를 다시 램프에 집어넣을 수 있을까? 하지만 바이든은 그렇게 했고 아파치족에게 시간을 벌어주었다. 또한 신임 대통령은 다음 표적으로 칠레의 광업 기업 안토파가스타Antofagasta가 제안한 미네소타 구리 광산 프로젝트에 주목했다. 그는 자신의 선거캠프가 광업계에 암묵적으로 한 약속을 번복하면서 원주민 부족들에게 공개적으로 했던 약속을 재확인했다.

아파치 스트롱홀드가 연방법원 판사의 판결에 불복해 샌프란시스코 항소법원으로 향하면서 법정 다툼도 계속되었다. 어쨌든 바이든은 의회의 결정에 따라 어떻게든 FEIS 문제를 마무리 지어야 했다. 하지만 권력 분립에 예민한 항소법원은 개입을 꺼렸다. 항소법원의 한 판사는 2021년 10월 심리에서 이 사건이 확실히 복잡하다는 사실을 인정했고, 산림청이 2021년 직설적으로 토로했던 것처럼 "의회나 다른 누군가가 이 문제를 더 잘 이해했으면 좋았을 것이다"라고 아쉬워했다.[106]

흥미롭게도 바이든 행정부의 변호사들은 토지를 인도할 수 있는 연방정부의 권리를 옹호했다. 전기차를 위한 금속을 채굴하는 데 대한 바이든의 이중적인 접근방식이 드러난 것이다. 바이든은 레절루션 프로젝트의 FEIS를 철회하고 토지 교환을 중단시켰지만, 대통령의 지시를 따르는 법무부 변호사들은 항소법원에서 2014년 법령이 워싱턴이 과거에 샌카를로스 아파치족이나 다른 원주민 부족들과 맺었던 조약 혹은 종전의 협약을 대체해야 한다고 주장했다. 누군가는 분명히 난데없이 채찍질을 당하는 기분이었을 것이다. 앞으로 바이든의 전기차 광물 전략을 정의하게 될 일관성 부족이 명확히 드러났다.[107] 항소법원은 2022년 6월 리오틴토와 미국 연방정부의 손을 들어주었다. 아파치 스트롱홀드는 전투에서 패했지만 필요하다면 미국 연방대법원에 상고하겠다고 맹세했다. 떡갈나무 평원을 둘러싼 대서사시는 세계가 녹색으로 향하려 할 때 해결해야만 하는 복잡하고 뿌리 깊은 쟁점들을 내보였다. 그리고 이 모든 쟁점의 중심에는 단 하나의 간단한 질문이 있었다. '좋은' 광업이란 정확히 어떤 것일까?

CHAPTER 3

투명한 광산 프로젝트

"한 가지만 말씀드리죠. 당신 역시 피가 묻은 다이아몬드를 팔고 있습니다."[1]

2006년 개봉한 영화 〈블러드 다이아몬드〉에서 리어나도 디캐프리오가 연기한 대니 아처가 제니퍼 코넬리가 연기한 매디 보언에게 한 말이다. 이 영화는 약혼반지부터 레이저까지 다양한 상품의 원료인 다이아몬드가 어디서, 어떻게, 왜 조달되는지에 관한 국제적인 논의를 촉발했다. 인용한 대사는 경솔하게도 아프리카에서 이뤄지는 폭력적인 다이아몬드 거래는 자신이 책임질 일이 아니라고 확신하는 보언에게 신랄하게 응수하는 말이다. 디캐프리오가 맡은 캐릭터가 강조하듯 실제로 보언은 거래에 관여하고 있다. 그와 다른 수십억 명의 사람들이 매일 땅에서 파내야 하는 상품을 사들이고 있기 때문이다.

마이클 J. 코왈스키는 〈블러드 다이아몬드〉가 나오기 7년 전부터 이미 이 문제를 고민하고 있었고, 결국 자신이 운영하는 회사는 책임 있는 방식으로 추출하고 처리한 금속만을 매입하겠다고 결심했다. 그는 1999년 금·은·백금 등의 금속으로 반지·목걸이·시계와 같은 장신구를 만들고, 이제는 전 세계에서 통하는 상징이 된 푸른색 상자와 가방에 넣어 판매하는 국제적인 기업 티파니 앤 코를 인수했다. 이 회사는 판매하는 상품 대부분을 자체 생산하기 때문에 상품 품질뿐 아니라 작업자들을 위한 안전한 노동 환경과 정당한 관행도 보장해야 했다. 하지만 상품 제작을 위한 금속을 채굴하는 현장까지 티파니가 통제할 수는 없었다. 코왈스키에게는 중요한 문제였다.

코왈스키는 "우리는 특히 티파니를 포함하는 전반적인 주얼리 업계가 금속 공급망이나 우리가 파는 제품의 구성 요소들에 대한 대외 구매를 제대로 인지하지 못했다는 사실을 깨닫기 시작했습니다"라고 인정했다.[2] 그로 인해 부정적인 여론이 일면 회사 매출에 영향을 미칠 수 있었다. 어쨌든 약혼반지나 결혼반지를 사는 건 한 사람의 인생에서 가장 커다란 감정이 개입되는 구매다. 노동자들이 터무니없는 대가를 받거나 끔찍한 환경에서 고통받으며 일하는 광산에서 생산된 금으로 반지를 만들어 판다면, 티파니의 수많은 고객이 보여주는 브랜드 충성심이 한순간에 사라질 게 분명했다. 코왈스키는 경제를 전공한 경영인이었지 광산 기술자가 아니었다.[3] 그는 광산이 어떻게 운영되는지 전혀 몰랐다.

코왈스키는 "주얼리는 감정이 깃든 상품이에요. 고객들은 그 기원부터 확실히 보장된다는 느낌을 받길 원합니다"라고 설명했다.

"우리는 사람들의 인식을 고양하기 위해 티파니라는 브랜드의 힘을 활용할 수 있다는 걸 알았습니다. 티파니처럼 권위 있는 브랜드가 무언가를 말하면 무게가 실리죠."

광산은 먼지와 독소를 내뿜는 지구의 껍질을 파내어 만든 거대한 건축물이다. 하지만 티파니를 비롯해 이 행성의 모든 제조업체가 사용하는 제품의 구성 요소들을 탄생시킨 곳이기도 하다. 사람들이 매일 만지는 물건 대다수가 땅에서, 보통은 광산이나 농장에서 왔다. 코왈스키는 이러한 사실을 깨달았고, 동시에 책임 있는 광업을 장려하기 위해 더 많은 행동에 나서지 않으면 어쩔 수 없이 티파니의 위험 요인이 되리란 것도 알았다. 불미스러운 장소에서 생산되는 금속을 더는 사들이지 않는 것만으로는 부족했다. 코왈스키는 모든 광산이 억지로라도 노동자와 환경을 존중하도록 티파니의 영향력과 구매력을 활용해야 한다는 사실을 깨닫게 되었다.

코왈스키는 가장 확실하다고 판단한 영역에서 시작했다. 2002년 티파니는 산호로 만든 주얼리 제품의 판매를 금지했고, 시간이 흐르면서 동종업계의 많은 기업이 같은 기조를 따랐다.[4] 바다 안의 숲인 산호는 전 세계의 바닷물을 여과하고 다양한 어류와 생명체에게 피신처를 제공한다. 적극적으로 산호 채굴을 부추기는 것은 티파니가 바다 그리고 결국은 이 지구 자체를 중요하게 여기지 않는다는 신호를 보내는 것과 마찬가지였다. 코왈스키는 그럴 수 없었다.

광업에 대한 국제 기준이 없는 상황에서 티파니는 2002년 자사에서 소비하는 은과 금 대부분을 미국 유타주 솔트레이크시티 근처에 있는 리오틴토 소유의 빙엄협곡 광산Bingham Canyon Mine에서 매입하는 계약을 맺었다.⁵ 1906년부터 운영된 이 광산은 1200미터 가까이 파 들어가 세계에서 가장 깊은 노천 광산이 되었다.⁶ 코왈스키는 "오래된 광산이고 아마존 열대우림의 한가운데에 거대한 구멍을 만들고 있지도 않았어요"라고 설명했다.

"책임 있게 관리되고 있고 [생산된 금과 은은] 현지에서 정제합니다."

일부 환경운동가들은 티파니가 특히 미국의 주요 대도시 중 한 곳인 솔트레이크시티 바로 외곽에 있는 이 광산과 손을 잡았다는 사실을 마뜩잖아 했다. 하지만 그렇다면 이 회사는 어떤 기준에 따라 어디에서 금속을 얻어야 할까? 비유하자면 티파니는 암흑 속에서 길을 찾고 있었다. 코왈스키는 "우리는 기꺼이 옳은 일을 하려 했지만, 어디에서 금을 구해야 할지 알려주는 기준이 없었습니다"라고 당시의 어려움을 토로했다.

2004년 2월 환경단체 어스윅스와 국제 구호단체 옥스팜 아메리카가 주얼리 업계를 겨냥하는 국제 캠페인을 시작했다. '더러운 금은 그만No Dirty Gold'이라는 제목의 캠페인은 티파니와 동료 기업들을 목표로 삼아 이들이 금을 사 오는 지역에 변화를 일으켜야 한다고 요구했다. 두 단체는 그 해 밸런타인데이에 미국의 주요 도시 세 곳에서 주얼리 매장을 찾은 쇼핑객들에게 '당신의 사랑을 더러운 금으로 망칠 건가요?'라는 문구가 적힌 카드를 나누어 주며 다급함을 호소했다.⁷

이미 금 구매를 고민하고 있던 코왈스키는 이러한 움직임을 놓치지 않았다. 그는 비슷한 시기에 어스웍스의 스티브 데스포시토Steve D'Esposito 회장에게 전화를 걸어 자신과 티파니가 어떻게 도울 수 있을지 물었다.⁸ 환경운동가들은 충격을 받았다. 그들이 공격 대상으로 삼았던 주얼리 회사 중 하나가 힘을 보태고 싶다고 연락해온 것도 놀라운데, 그게 세계적인 상징이 된 기업이었기 때문이다. 심지어 이 회사를 소재로 다룬 영화들도 있었다. 티파니의 트레이드마크인 푸른색은 말 그대로 트레이드마크였다.⁹

새로운 동반자들은 곧 첫 번째 표적을 정했다. 같은 해 3월 말 티파니는《워싱턴 포스트》에 전면 광고를 냈다. 코왈스키가 당시 미국 산림청의 수장이었던 데일 보즈워스Dale Bosworth에게 쓴 편지를 확대해 촬영한 광고였다. 맨 위에 티파니의 로고가 찍힌 편지는 보즈워스에게 몬태나주 동부에 제안된 록크리크 광산Rock Creek Mine을 승인하지 말라고 간청하고 있었다. 막대한 양의 구리와 은을 생산할 수 있을 것으로 전망되는 광산이었다. 코왈스키는 아래와 같이 썼다.

> 이 거대한 광산은 오염물질을 실어 나르는 폐수를 매일 몇천 리터씩 클라크포크강Clark Fork River에 흘려 보내고 결국에는 이 나라의 보물인 아이다호주의 펜드오레일호Lake Pend Oreille까지 이르게 할 겁니다. 막대한 양의 광산 광미(유독성 폐기물을 고상하게 표현하는 말이죠)는 내구성을 믿을 수 없는 보관 시설에 저장될 겁니다. 지금 이 순간에도 생존을 위해 몸부림치고 있는 야생동물들은 새로운 위험을 맞이할 겁니다.¹⁰

광업계 최대 고객 중 하나가 날린 공격이었다. 광업 기업들은 격분했다. 미국 북서부 광업 기업들의 이익단체인 미국 북서부광업협회Northwest Mining Association의 회장 로라 스캐어Laura Skaer는 "코왈스키 씨 같은 위치에 있고 경영 감각이 있는 사람이 이런 편지를 썼다는 게 경악스럽다"라고 반응했다.[11] 하지만 효과가 있었다. 록크리크 광산은 2024년 초까지 규제기관의 승인을 받지 못했다.

책임 있는 광업을 위한 원칙

2008년 코왈스키는 한 걸음 더 나아가 알래스카에 페블 광산을 건설하려는 캐나다 기업의 계획을 공개적으로 반대했다.[12] 이 프로젝트는 세계에서 가장 많은 구리와 금이 묻혀 있는 땅 중 하나를 파헤치는 것으로, 티파니와 다른 주얼리 기업들에 앞으로 몇십 년간 두 금속을 공급할 수도 있었다. 하지만 1987년 해당 매장층이 발견된 이후 격렬한 논쟁이 이어져왔다. 반대하는 이들은 광산 건설로 인해 알래스카주에 광범위하게 퍼져 있는 연어 어업의 발생지인 야생지대가 파괴될 수 있다고 경고했다. 또한 광산 부지로 제안된 땅 근처에 활성 단층선이 있어서 지진이 일어나면 광미댐이 무너지고 광산이 붕괴할 수 있다는 우려까지 더해졌다. 코왈스키는 "절대로 광산을 건설하면 안 되는 장소들이 분명히 있습니다. 알래스카의 브리스틀만Bristol Bay이 그중 하나죠"라고 못 박았다.[13]

"연어 어업이 세계 최대 규모로 이뤄지는 어장의 상류 지역이자 지질 활동이 활발한 곳에 광미댐과 함께 거대한 금 광산을 만든다는 생각은 악마가 제안할 법한 거래입니다."

2011년이 되자 티파니는 페블 프로젝트에 반대하는 동료 주얼리 기업을 50군데나 확보했다.[14] 2014년 오바마 행정부가 페블 프로젝트의 취소를 검토하고 있다고 발표하자 티파니는 다시 전면 광고를 냈다. 이번에는 《워싱턴 포스트》뿐 아니라 《시애틀 타임스》, 《샌프란시스코 크로니클》에도 실린 광고에는 "우리는 다른 곳에서도 금과 구리 광산을 개발할 수 있다는 사실을 알고 있습니다. 하지만 브리스틀만보다 더 장엄하고 생산적인 곳은 절대 찾을 수 없을 겁니다"라는 문장이 들어가 있었다.[15]

산호초가 지구 바다의 생태계에서 차지하는 중요성을 생각할 때 산호 제품을 포기하는 것은 상대적으로 쉬운 선택이었다. 록크리크 프로젝트와 페블 프로젝트를 반대하는 것 역시 생태적 위해를 고려하면 논리적으로 당연한 선택이었다. 하지만 티파니가 모든 금과 은, 백금 광산을 상대로 싸울 수는 없었다. 가장 좋은 광산에서 구매할 방법을 찾고, 책임 있는 광업을 위한 기준을 정립하자고 주장해야 했다. 빙엄협곡 광산과의 계약은 더 광범위한 문제에 내놓을 수 있는 일종의 임시방편이었다. 하지만 티파니와 다른 제조업체들은 궁극적으로 전 세계의 다양한 광산에서 광물을 사들여야 했고, 그들이 매입한 제품이 보편적으로 합의되고 용인되는 기준에 따라 생산되었다는 사실을 확신할 수 있어야 했다.

티파니의 사업은 일관된 금속 공급망에 의존한다. 어딘가에서는 금속이 와야 했다. 코왈스키는 "우리는 옳은 일을 하고 싶었습니다. 하지만 티파니는 소매업체고 제조업체지 광업 기업은 아니었죠. 책임 있는 광업이 무엇인지 일반적으로 통용되는 정의가 있나요? 어디에도 확실한 답이 없었습니다"라고 회상했다. 2006년 어스웍스와 티파니는 협력 범위를 넓혀 최선의 광업 기준을 설정하기 위한 긴 여정을 시작했다. 그보다 먼저 주얼리 업계의 내부 단체인 주얼리산업관행책임위원회Responsible Jewelry Council를 활용해 광업 기준을 만들어보려 했지만 실패했다. 결국 주얼리 기업들은 광산 기업이 아니었기 때문이다. 코왈스키는 자신이 "광산이 어떻게 운영되어야 하는지 포부를 보여주는 체계"라고 묘사한 것을 만들어내는 데 제삼자인 단체가 도움을 주길 바랐다.

코왈스키는 "세계가 진심으로 광업에 관해 우려하고 있다면 주얼리 업계를 넘어 더 멀리까지 가야 한다는 걸 깨달았습니다"라고 설명했다. 벌목과 삼림 관리의 기준을 정립한 국제산림관리협의회Forest Stewardship Council에서 영감을 얻은 티파니와 어스웍스는 2006년 흔히 IRMA로 알려진 '책임 있는 광업 보증을 위한 이니셔티브Initiative for Responsible Mining Assurance'의 창설을 도왔다. IRMA는 광업 기업들은 물론이고 주얼리 업체와 자동차 제조업체, 기술 기업들을 포함하는 고객들, 환경단체들과 다른 비정부기구들, 원주민 집단을 포함하는 지역 공동체들, 노동조합들까지 모두 한데 모아 다른 시도에서는 거두지 못한 성공을 만들어내려 했다. 광산이 어떻게 운영되어야 하는지 최선의 기준을 수립하는 게 목표였다.

처음에는 오합지졸이었다. 광업 기업들과 환경단체들이 같은 방에 있다고? 제조업체들과 노동조합들이 같은 방에 있다고? 전통적으로 사이가 좋았던 집단이 없었다. 처음 이 계획에 관해 들었을 때는 의심스러웠다. 세상이 실제로 어떻게 돌아가는지는 전혀 모르는 1960년대 히피들이 생각한 계획 같았다. 하지만 이들은 함께 열 가지 참여 원칙Principles of Engagement을 만들고 준수하기로 했다. 첫 번째 원칙은 '우리는 모든 분야가 참여하는 다부문 공정과 해결책의 가치를 인정하고 이를 위해 헌신한다'는 것이었다.[16]

다섯 개 집단 또는 분야는 IRMA 이사회에서 각각 두 자리를 배정받았다. (여섯 번째 '투자자' 집단은 2020년에 추가되었다.[17]) 그리고 이사회의 각 구성원은 기준안에 대해 한 표씩을 행사했다. 논쟁의 여지가 있는 기준에 대해 두 표 이상 반대표가 나오면 다시 원점으로 돌아가 논의를 시작해야 했다. 예를 들어, 이사회에 있는 비정부기구 대표 두 명이 광업계 대표 두 명이 제안한 수자원 기준에 반대하면 모든 이사가 동의할 때까지 이 문제를 논의해야 했다. 이런 운영 규칙은 합의와 타협을 촉진하기 위해 설계되었지만 동시에 IRMA의 출발을 더디게 했다. IRMA의 구성원들은 처음 몇 년간 업계 기준을 어떻게 그리고 왜 공들여 만들어야 하는지 고민했을 뿐 아니라 얼마나 많이 만들어야 할지를 두고도 씨름했다. 2011년이 되자 적어도 한 가지는 분명해졌다. 이들은 누군가를 고용해야만 했다. 어스웍스에서 광업 활동가로 일한 적이 있는 에이미 블랑제Aimee Boulanger가 사무총장으로 합류했다. 그도 처음에는 IRMA로 구현된 코왈스키의 비전이 성공을 거둘지 회의적이었다. 불랑제는 "저는 '이건 아마 안 될 겁니다'라고 했습니다. 광업 기업들과 그들 때문에 영향을 받는 공동체들 사이의 신뢰가 (…) 완전히 무너져 있었어요"라고 회상했다.[18] 하지만 그는 미국이 1872년 제정한 광업법을 개정하지 않는 상황을 고려할 때 IRMA의 시도가 자유시장을 활용해 더 나은 산업 기준을 만들 기회라고 판단했다. 불랑제는 제안을 받아들였다.

IRMA는 앞서 실험된 모든 것을 뛰어넘고자 했다. 모든 이해관계자가 실제 법정이나 여론 법정에서 서로 치고받는 대신 미래의 광산은 어때야 하는지 그리고 얼마나 잘 운영될 수 있는지를 결정하기 위해 함께 작업해야 했다. 실제로 그랬고 가까운 미래에도 마찬가지겠지만, 세계에 더 많은 광산이 필요하다면 광업을 가장 잘 수행할 방법이 무엇인지 결정해야만 했다. 이게 바로 IRMA가 바라는 최소한의 목표였다. 불랑제는 "특히 지금과 같은 시대에 세계를 다르게 보면서도 관점이 다른 상대에게 친절한 사람들이 모여 있는 방에 들어서면 (…) 급진적인 작업이 이루어집니다"라고 설명했다.[19]

IRMA의 구성원들은 서서히 힘을 합치기 시작했다. 이사회를 돕기 위해 고용된 컨설턴트들이 수질과 노동자 건강, 원주민 동의, 비상 상황 대비, 공기질을 비롯해 체계화하기로 합의한 26개 영역의 기준을 고안하는 작업을 지원했다. 견해차가 가장 큰 두 영역은 수질과 광산 폐기물이었는데 계량화가 가능한 영역인 것이 영향을 미쳤다. 환경단체들과 지역 공동체들은 방류수의 소금 농도나 광산 폐기물 저장이 가능한 장소에 대해 확고한 기준을 설정하길 바랐다. 하지만 광업계가 반발했다. 이들은 전 세계에 단 하나의 수질 기준을 적용하는 건 적절치 않으며, 지질학적 조건에 따라 다양한 기준이 필요하다고 주장했다. 예를 들어 아프리카 대륙의 국가 라이베리아와 미국의 알래스카주는 지형에 큰 차이가 있다. IRMA 이사이자 백금·니켈·철광석을 취급하는 대형 기업 앵글로 아메리칸Anglo American의 경영진인 존 새뮤얼Jon Samuel은 "때로는 광산 부지에서 소금물이 넘쳐 수로로 흘러들기도 합니다. 그래도 바닷물로 둘러싸인 곳이라면 문제가 되지 않아요. 이렇게 간단한 예만 봐도 맥락에 따라 상당한 차이가 있다는 걸 알 수 있습니다"라고 강변했다.[20]

"광업계에는 [전 세계에 같은 기준을 적용하는] 이런 일이 절대 가능하지 않다고 생각하는 사람들이 분명히 있을 거로 생각합니다."

캐나다 브리티시컬럼비아주 누할크·세퀘펨크 원주민Nuxalk and Secwepemc Nations의 일원인 너스카마타Nuskamata는 "물은 항상 모두 다른 의견을 가지는 대상입니다. IRMA에서 늘 되돌아오고 또 되돌아오는 장이었죠"라고 회상했다.[21]

IRMA는 2014년 세계 기준 초안을 공개했고 반응이 엇갈렸다.[22] 불랑제는 "완벽하진 않았어요. 하지만 타협의 결과였고, 모든 집단이 처음으로 기준을 마련한 것이었습니다"라고 의미를 부여했다. 기준 초안에 대해 1000개 이상의 공개적인 논평이 쏟아졌다. 몬태나주의 스틸워터Stillwater 백금 광산은 2015년 모의 감사를 받는 데 동의해서 IRMA 초안의 실험 대상이 되었다. IRMA는 6만 달러의 비용이 소요된 스틸워터 백금 광산의 모의 감사 후 발표한 보고서에서 "이 기준은 철두철미하고 요구가 많다"라고 평가했다. 심층 현장 분석까지 포함하면 감사 비용이 10만 달러까지 늘어날 것으로 추정되었다.[23] IRMA는 이듬해 앵글로 아메리칸이 짐바브웨에 소유하고 있는 또 다른 백금 광산에서 두 번째 모의 감사를 진행했다.[24] 코왈스키가 어스웍스에 전화를 걸고 10년이 지난 2016년에는 두 번째 초안이 공개되었다.

하지만 2018년에는 최종 기준을 두고 좁혀지지 않은 의견 차이가 IRMA를 날려버릴 뻔했다. 불랑제는 나와 만난 자리에서 "우리는 12년을 함께한 끝에 지금까지의 모든 노력이 무너져내릴 듯한 벼랑 앞에 서 있었어요"라고 회상했다.[25] 광업 기업들은 거부권을 행사하겠다고 위협했다. 하지만 IRMA는 충분한 논의를 위해 사흘간 계속되는 두 번의 회의를 기획했다. 한 번은 물을, 한 번은 폐기물을 다루기 위해서였고 캐나다광업협회, 컬럼비아대학교, 세계자연기금World Wildlife Fund, WWF 등에 소속된 과학자들도 합류했다. 타협점을 찾아내려 했던 이 시도는 효과가 있었다. 앵글로 아메리칸의 경영진 새뮤얼은 "그 주에는 합의에 이르지 못했지만 모두 신념을 갖고 행동하고 있다는 사실을 인정하게 됐습니다. 또한 전문가들이 앞으로 나아갈 수 있는 대안적 경로를 제시한 덕분에 [기존의 주장들로 인해] 막혔던 부분에서 전진할 수 있었죠"라고 설명했다.[26] 공개적인 비판들을 더 참고했고, 무대 뒤에서 긴장이 조성되기도 했다. 하지만 IRMA는 다시 한번 파국을 피했다. 역사적으로 맹렬히 싸워온 집단들은 2018년 6월 마침내 200페이지에 달하는 〈책임 있는 광업을 위한 표준Standard for Responsible Mining〉을 내놓았다. (IRMA의 이사들은 끝까지 막다른 골목으로 치닫지 않았다.)

티파니와 주얼리 업계의 동료들은 놀라운 진전에 전율했고, 자신들이 2006년에 나섰던 행동이 더 많은 소비자가 혜택을 얻는 결과로 이어졌다는 사실을 깨달았다. 티파니는 2016년 자사의 주주들에게 "우리는 IRMA가 소비자들이 신뢰할 수 있고 사회적·환경적 성과에 높은 기준을 설정하는 독립 인증제를 제공함으로써 현재 광업계에 존재하는 격차를 바로잡을 수 있을 거라 믿는다"라고 설명했다.[27] IRMA는 광산 개발 계획을 승인하거나 불허하기 위해 만들어진 조직이 아니다. 그보다는 역사를 통틀어 좋게 봐도 근시안적이었고, 냉정하게 말하면 사기에 가까웠던 산업에 투명성을 부여하기 위해 만들어졌다. 정확히 친환경 에너지 전환이 시작되는 시점에 광업을 위한 표준이 수립된 것이다.

더 나은 내일을 위한 약속

IRMA 감사 비용은 기업이 부담하며, 각 기업이 고용하고 IRMA가 인증한 컨설턴트가 광산 현장을 방문해서 현지에서 벌어지는 일과 IRMA 표준을 비교한다. 감사 결과는 누구든 확인할 수 있게 IRMA 웹사이트에 공개되므로 어떤 광업 기업이든 속임수를 쓰고 있거나 구미에 맞게 규칙을 변칙 적용하고 있으면 바로 탄로가 난다. 2023년 초까지 앵글로 아메리칸이 전 세계에 보유한 다양한 금속 광산뿐 아니라 앨버말·SQM·리벤트Livent가 남아메리카에서 운영 중인 리튬 광산들도 IRMA 감사를 받았다. 2025년 2월 현재 IRMA 감사 결과가 나온 광산은 열 곳이다.[28] (미국이나 캐나다에서 운영 중인 광산이나 신규 제안한 프로젝트 중 IRMA 감사를 받고 있는 곳은 없다.) 감사 결과는 0부터 100 사이의 점수로 평가되며 표준에 완전히 부합할 경우 100점을 받게 된다. 감사 점수와 별개로 투명성을 확보하고 개선을 촉구하기 위한 도구로 상세한 IRMA 감사보고서도 공개된다. 그리고 전기차 업계에서 점점 이 데이터를 요구하고 있다.

멕시코에서 아연·구리·은·납을 생산하는 기업 카리살 마이닝Carrizal Mining의 제시카 두란Jessica Duran은 "대형 자동차 기업들이 이제 이 데이터를 원하기 시작했습니다"라고 설명했다.[29] 2020년 이 회사의 지마판Zimapán 광산은 IRMA의 최종 표준에 따라 감사를 받은 최초의 광산이 되었다. 결과는 실패에 가까웠다. 지마판 광산은 50점 이하의 점수를 기록했지만 '성취 수준: 투명성'이라는 평가를 받았다. 이제는 전기차 업계의 고객들을 비롯한 전 세계가 지마판 광산이 새로운 표준과 비교해서 어느 정도의 수준으로 운영되는지 정확히 알게 되었기 때문이다. 두란은 "결국에는 이 결과에 완전히 만족했습니다. 우리에게 많은 것을 가르쳐줬고, 무엇을 해야 할지 아주 분명한 길을 제시해주었기 때문입니다"라고 의미를 부여했다.[30] 한 예로, 지마판 광산 주변 주민들에게는 이 광산의 비상 운영 계획 사본이 배포되지 않아서 갑작스레 광미댐 중 하나가 무너졌을 때 광산 측에서 어떻게 대처할 예정인지 전혀 알지 못했다. IRMA는 이러한 관행과 다른 문제들을 바로잡으라고 촉구했다.

IRMA는 초대형 기술 기업 마이크로소프트에서 제공한 자금을 활용해 IRMA 인증을 진행하기 전 자체적으로 광산을 점검할 수 있는 디지털 도구도 내놓았다. 불랑제는 내게 "우리의 목표는 광산에 낙제를 주는 게 아닙니다"라고 확인해주었다.

"모든 이를 위해 더 좋은 일을 하도록 재무적 가치와 장려책을 만들어내는 것이 목적입니다."[31]

자동차 업체들도 더 많은 전기차를 생산하려면 전기차에 들어가는 리튬·구리·기타 금속들을 어디서 구해오는지에 특별히 주의를 기울여야 한다는 사실을 깨닫기 시작했다. 그리고 광산들이 인권과 환경보호의 측면에서 일반적으로 용인되는 기준에 부합하게 운영되는지 독립적으로 인증해주는 제삼자가 있다는 것이 자동차 제조업체들의 일을 어느 정도 덜어주었다. 하지만 특정 자동차 제조업체가 IRMA 구성원으로 합류했다고 해서 2006년 코왈스키와 어스웍스가 이 체계를 고안하며 바랐던 것처럼 반드시 IRMA 인증을 받은 광산에서만 금속을 사들이는 것은 아니다. 2024년 현재로서는 IRMA 인증을 신청한 광산 자체가 많지 않다. IRMA는 광산에 한정되지 않고 전기차에 들어가는 금속들의 공급망 전체를 투명하게 만들기 위해 설계되었다. 이론적으로는 소비자들이 테슬라의 모델Y에 들어 있는 콩고산 코발트가 광산에서 어떻게 생산되었는지 확인할 때까지 이 회사의 전기차를 구매하지 않으려 한다면, 테슬라가 콩고에서 코발트를 조달한 글렌코어에 IRMA 감사를 받으라고 요구할 수 있다.[32]

제일 먼저 IRMA 표준을 준수하겠다고 선언한 자동차 제조업체로 BMW와 포드가 있었고 마이크로소프트도 뒤를 이었다. 이후 GM·폭스바겐·메르세데스 벤츠도 합류했다. 자동차 회사와는 별개인 포드재단과 의류 업계의 거물 파타고니아도 IRMA에 가입해 매년 최대 1만 5000달러의 자금을 지원했다. 특히 포드재단은 책임 있는 광업을 장려하기 위해 광업 기업들과 협업하기로 약속했다.[33]

포드의 한 경영진은 2021년 이 회사가 미국 자동차 제조 기업 중 처음으로 IRMA에 가입한 후 "우리가 만드는 모든 것 그리고 공급망을 통해 우리 제품에 들어가는 모든 것은 현지 법을 준수할 뿐 아니라 지속가능성과 인권 보호에 대한 우리의 약속을 따라야 한다"라고 선언했다. 포드는 광업 기업들이 "책임 있는 관행에 대한" 자신들의 "일관되고 명확하며 공유된 기대"에 부합하도록 IRMA와 함께 노력하겠다고 밝혔다.[34]

전 세계에서 광산을 반대하는 이들이 IRMA 표준을 무기로 활용할 가능성이 확실히 커졌지만, 동시에 자동차 제조업체나 다른 제조업체들이 친환경 에너지 전환을 위해 윤리적으로 채굴된 리튬·구리·기타 금속들을 구매하면서 어느 정도 안심할 수 있게 된 것도 사실이다. IRMA 표준은 분명히 투명성을 높이기 위한 도구다. 하지만 규제기관이나 평범한 소비자를 위해 판단을 내려주지는 않는다. 이들은 IRMA가 제공하는 방대한 데이터를 바탕으로 스스로 결정해야 한다.

포드가 IRMA에 합류했던 그 해 9월, 이 자동차 회사는 라스베이거스에 있는 코즈모폴리턴 호텔에서 캘러웨이와 아이어니어의 대표들을 만나 리오라이트 리지에서 생산할 리튬을 구매하는 문제를 논의했다. 포드 측 인사들은 아이어니어에 티엠의 메밀에 관해, 특히 리튬을 제공하면서 동시에 이 희귀한 꽃을 어떻게 보호하려 하는지를 캐물었다. 이때까지는 미국의 주요 자동차 업체가 법적 구속력이 있는 리튬 공급 계약을 맺은 적이 없었고 캘러웨이는 포드의 서명을 받아내려 혈안이 되었다. 그런데도 회의는 성과 없이 끝났다.

하지만 이듬해 포드는 다시 아이어니어를 찾았고 이들의 리튬을 구매하겠다고 제안했다. IRMA 표준을 지지하는 기존 태도와 충돌하는 듯한 결정이었다. IRMA 표준은 티엠의 메밀에 힘을 실어주고 있었다. 포드가 아이어니어에 IRMA 감사를 받아달라고 요청했을 때

아이어니어는 광업 기업들이 통제하는 캐나다광업협회의 표준을 따를 계획이라고 답했다. 캘러웨이는 내게 "우리에게는 캐나다 표준이 더 적합하다고 생각했습니다"라고 설명했다.[35] 결국 포드는 아이어니어의 리튬이 필요하다는 사실을 깨달았다. 거래는 성사되었다. 포드는 IRMA에서 인증을 받은 광산에서만 리튬을 사들이고 싶어 했지만 인증을 받은 광산이 친환경 에너지 전환에 필요한 모든 금속을 공급할 수 있을 정도로 많지 않았다.

불랑제는 나와 대화하던 중 "IRMA 감사를 받은 광산에서 생산되는 양으로는 충분하지 않습니다. [필요한 수준에] 다가가고 있지만 아직 부족하죠"라고 인정했다. IRMA는 아이어니어가 자신들에게 인증을 받지 않은 것이 확실한 '구멍'이라고 보았지만, 포드가 아이어니어와의 계약에 서명할 즈음에는 문제를 바로잡을 수 있게 빠르게 움직이고 있었다. 이 비영리단체는 새로운 광산뿐 아니라 새로운 정제 시설에도 적용할 수 있는 표준을 만들고 있었다. 새로운 광산에서는 특히 환경에 미치는 위해와 원주민 권리 보장이 평가의 주요 요소가 될 것이다. 하지만 아이어니어가 특히 포드와 계약을 체결한 후에도 이 새로운 기준을 준수하려 할까? 불랑제는 "광업은 정말 어렵습니다. 해를 끼치는 것도 사실이죠. 하지만 우리에게는 더 나은 일을 할 수 있는 기술이 있습니다. 모든 단계에서 우리를 지원하는 가치 사슬이 필요할 뿐이에요"라고 설명했다.[36] 그리고 이는 자동차 업계에 국한된 문제도 아니다.

CHAPTER 4

낙엽 청소기의 탄소 발자국

"낙엽 청소기 얘기 들었어요?"

2018년 여름 옛 직장 동료를 만나 밀린 이야기를 나누던 자리에서 예상치 못했던 질문을 받았다. 당연히 낙엽 청소기가 무엇인지는 알았다. 도시의 공원이나 교외의 뒷마당에서, 아니면 낙엽과 깎여나간 잔디의 잔해, 잔디밭에서 나온 온갖 폐기물이 쌓여 있는 곳에서 낙엽 청소기가 내는 소리를 듣기도 했다. 시끄러운 건 사실이었지만 적어도 이런 부류의 쓰레기를 치우는 데는 가장 이상적인 방법 같았다.

하지만 옛 동료는 "글쎄, 그게 환경에 그렇게 안 좋다는 거예요. 기본적으로 평범한 자동차보다 더 많은 오염물질을 뿜어낸다는데, 사방에 널려 있잖아요. 끔찍해요. 불법화해야 해요"라고 주장했다.

이런 '낙엽 청소기와의 전쟁'은 들어본 적이 없었다. 하지만 나는 이 조그마한 기계를 둘러싼 논쟁에 매료되었고 곧 온갖 자료를 들여다보고 있었다. 보아하니 이 기계는 지구 환경에 엄청난 영향을 미치고 있었다. 우리가 낙엽 청소기로 알고 있는 기계는 휘발유를 연료로 하며 소형 보트용 모터나 전기톱, 잔디깎이에도 들어가는 편리한 2행정 엔진으로 움직인다. 모터의 피스톤이 상승 1회, 하강 1회, 즉 두 번의 행정을 거치며 내부 연소 1사이클을 마치기 때문에 '2행정' 엔진이라 한다. 하지만 이러한 엔진에는 (마찬가지로 휘발유를 연료로 하는 자동차들과 달리) 내부 윤활유가 없어서 휘발유에 윤활유를 섞어야 한다. 2행정을 거쳐도 혼합 연료의 3분의 1 정도는 연소되지 않기 때문에 스모그의 성분이 되고, 산성비를 유발하는 일산화탄소와 화학물질이 섞여 있는 오염물질이 대기로 배출된다.[1]

엔진에서 동력을 얻는 장치들은 당연히 갈퀴보다 빠른 작업을 보장한다. 수십 군데의 가정과 사업체를 관리하는 전문 조경사에게는 훌륭한 도구다. 잔디나 꽃밭 관리에 투자하는 시간이라고는 매주 토요일 두 시간 정도가 전부인 평범한 주택 보유자들에게도 소중한 도구다. 지옥으로 향하는 길도 낙엽 청소기로 치운다는 얘기가 있다.

무엇으로 대체할 수 있을까

미국 환경보호국이 주최한 한 콘퍼런스에서 저명한 두 과학자는 낙엽 청소기를 배기가스의 "확실한 원천"으로 지목했다.[2] 《뉴욕 타임스》의 한 객원 기자는 낙엽 청소기가 대기를 "휘발유와 죽음의 악취"로 채운다며 이 장비를 "과거에 찾아오곤 했던 메뚜기 떼처럼" 한 지역을 갑자기 덮치는 "기계 메뚜기"라 칭했다.[3] 자동차 전문 웹사이트 에드먼즈Edmunds에 실린 기사에 따르면 휘발유로 가동되는 평범한 낙엽 청소기가 포드의 픽업트럭보다 더 많은 오염물질을 내뱉는다고 한다. 2행정 엔진이 달린 낙엽 청소기로 마당에서 30분 정도 낙엽을 치우면 포드 픽업트럭으로 텍사스부터 알래스카까지 달리는 것과 거의 비슷한 양의 탄화수소를 배출한다. 2011년에 이뤄진 이 연구 결과가 더 매혹적인 (그리고 더 걱정스러운) 이유는 이후 포드가 환경 기준을 강화해왔기 때문이다. 반면 휘발유로 가동되는 2행정 엔진의 기본적인 설계는 거의 변하지 않았다. (공기정화 장치를 달면 장비가 더 무거워져서 모든 매력이 사라진다.[4])

미국 전역의 지역사회에서 낙엽 청소기의 금지를 고민해왔다. 워싱턴 D.C.와 같은 일부 지역에서는 실제로 금지되었다.[5] 캘리포니아주 정부는 2024년까지 휘발유를 사용하는 잔디 관련 장비를 단계적으로 퇴출하고 있다.[6] 캘리포니아주 주의원인 로레나 곤살레스Lorena Gonzalez는 2021년 휘발유를 대거 소비하는 잔디 관련 장비를 퇴출하는 법안을 공동 발의하며 이러한 기계가 환경에 악영향을 미치고 기후 위기를 유발하는 "슈퍼 오염원"이라 주장했다.[7]

휘발유로 가동되는 낙엽 청소기의 위이이이이잉 소리는 때에 따라 이륙하는 비행기의 소음보다 더 크게 들린다. 이러한 소음은 불쾌감을 줄 수 있으며 스트레스 증가와 심혈관계 질환을 비롯한 건강 문제의 원인이 될 수 있다.[8]

낙엽 청소기와의 전쟁을 더 깊이 파헤치던 중에 우연히 《워싱턴 포스트》의 조언을 발견했다. 이 신문은 전기화로 대기 오염을 "급격히 감소"시킬 수 있다고 했다.[9] 전기 낙엽 청소기는 휘발유로 가동되는 동종 제품보다 대체로 더 가볍고 소음도 덜하다. (전기차에도 동력을 공급하는) 리튬이온배터리의 발전 덕분에 평균 가격은 내려갔지만 배터리 수명은 늘어나고 있다. 2022년 무렵에는 나도 나만의 정원을 가꾸게 되었고, 전기로 동력을 공급하는 료비Ryobi의 제품을 알아보는 게 좋겠다고 생각하고 있었다.

료비는 드릴·절단기·경운기 그리고 문제의 낙엽 청소기를 포함해 다양한 가정용 전동공구를 생산하는 브랜드다. 미국에서는 주로 오렌지색 장식으로 잘 알려진 대형 체인 철물점 '홈디포'에서 이 브랜드의 제품을 구입한다. 료비는 같은 배터리팩을 사용할 수 있는 제품군을 만들어냈고 이러한 특징이 매력적이었다. 해당 제품군의 전동공구를 몇 개 사보고 싶지 않나? 공구를 살 때마다 같은 배터리도 하나씩 사는 셈이라 잔디밭에서든 집 안에서든 문제를 해결할 때까지 배터리를 돌려가며 쓸 수 있다. 제품 종류는 모두 280종이 넘는다. 료비만이 채택한 전략은 아니지만, 원플러스ONE+라는 상표명이 붙은 이 제품군은 빠르게 성공을 거뒀고 애틀랜타에 본사가 있는 체인 철물점에서 가장 잘 팔리는 상품이 되었다.[10]

우리 집 정원으로 오기까지

2022년 여름, 나는 동네 홈디포에서 료비의 원플러스 제품들이 진열된 긴 복도를 바라보고 있었다. 세금 포함 129달러의 가격표가 붙은 18볼트 무선 변속 제트 팬 낙엽 청소기로 마음을 정했다.[11] 포장에는 이 기계가 시속 160킬로미터의 바람을 만들어낸다고 적혀 있었다. 성가신 낙엽들을 쓸어버리기에 충분한 속도였다. 하지만 진짜 문제, 특히 이 책을 쓰고 있는 내게는 더욱 중요한 문제가 분명해졌다. 료비는 이 낙엽 청소기에 들어 있는 리튬이온배터리를 만들기 위한 리튬과 구리, 기타 금속들을 어디에서 구했을까? 지구의 다른 곳에서 금속들을 조달했다면 이 낙엽 청소기의 탄소 발자국은 얼마나 될까? 휘발유로 가동되는 낙엽 청소기를 사는 것보다 탄소 발자국이 많아질까 아니면 적어질까? 그리고 그 금속들은 어떻게 채굴되고 처리됐을까? 적절한 노동 조건에서 환경에 해를 끼치지 않는 관행에 따라 채굴되었을까? 전기차를 제조하는 과정에 관해서도 점점 이러한 질문들이 제기되고 있다. 하지만 친환경 에너지 전환이 얼마나 광범위하게 진행되고 있는지를 생각해보면 전기차는 빙산의 일각에 불과하다. 점차 모든 것이 전기화되는 듯하고 거기에 들어가는 금속의 원천이 중요해지고 있다. 이미 몇몇 정부가 움직이기 시작했다. 유럽연합은 2022년 말부터 온실가스 배출을 제한하지 않는 국가에서 상품을 수입할 때 관세를 부과하기 시작했는데 중국이 주요 표적으로 보인다.[12] (소비자들이 쉽게 검토할 수 있도록 어느 원산지 국가가 온실가스 배출을 제한하고 있는지 관련 정보를 제공하는 자동차 제조업체가 드물다는 사실도 짚고 넘어갈 만하다.) 하지만 철물점 복도에 서 있던 나는 윤리적 공급망을 강요하는 유럽연합이나 다른 정부의 혜택을 누릴 수 없었다. 적어도 지금까지는 그랬다. 나는 직접 료비 제품에 탑재된 배터리의 기원을 파헤치기로 했다.

사실 료비는 내가 구입한 낙엽 청소기와는 거의 관련이 없는 일본 제조업체다. 이 기업은 오래전부터 홍콩에 본사가 있는 테크트로

닉 인더스트리스Techtronic Industries Company Limited, 흔히 TTI 그룹이라 불리는 회사에 상표 사용권을 내주었다. 2022년 즈음 TTI는 료비 전동공구뿐 아니라 오렉Oreck, 후버Hoover, 더트 데블Dirt Devil의 브랜드를 단 진공청소기도 생산하고 있었다.

낙엽 청소기를 사자 홈디포는 법률 용어로 꽉 찬 듯한 기술자료도 몇 가지 끼워주었다. 양식 중 하나는 내가 찾던 정보를 얻을 수 있을 것처럼 보이는 이른바 기술 데이터 시트였다. 어느 정도는 그랬다. 양식의 가장 위에는 '제품과 회사 식별'이라는 문구가 적혀 있었다. 배터리가 18볼트고 용량이 4암페어라는 사실은 이미 알고 있었다. 모델명이 P108이고 2016년 5월 출시되었다는 것은 추가로 알게 됐다. TTI의 본사는 홍콩에 있지만 사우스캐롤라이나주의 도시 앤더슨에 사무실이 있다는 것도 배웠다.[13]

TTI는 한국의 대기업인 삼성의 계열사에 배터리 제조를 위탁하고 있었다. 삼성은 배터리에 INR18650-20Q M이라는 품명을 부여했다. 생산은 말레이시아의 수도 쿠알라룸푸르 근처에 있는 느그리슴빌란주Negeri Sembilan에서 이뤄졌다. 기술 데이터 시트에 따르면 이 배터리에는 구리와 알루미늄이 포함되어 있었다. 음극은 흑연으로 만들어졌다. 양극은 리튬과 니켈·코발트·망가니즈로 만들어졌다. 리튬이온배터리에 흔히 사용되는 금속들이라 놀랍거나 예외적이지는 않았다. 안전 정보의 경고에 따르면 이 배터리를 불 가까이에 두면 안 된다. 팩 안에 들어 있는 배터리 셀 중 하나를 억지로 뜯어 열면 플루오린화수소산이나 일산화탄소가 유출될 수 있다. 어떤 이유라도 배터리에 들어 있는 리튬 전해질 액체를 삼켜서는 안 된다.

이러한 정보 중 특별히 새로운 것은 없었다. 제품 표준과 안전 정보가 전부였다. 내 뒷마당에서 사용하는 낙엽 청소기에 동력을 공급하는 금속들이 과거 세계의 어느 지역에 있었는지 알려주는 정보는 없었다. 리튬은 칠레에서 채굴되어 중국에 있는 배터리 셀 제조업체로 실려 갔다가 다시 말레이시아로 향했을까? 구리는 광산에 드나드는 트럭들이 농작물을 오염시키는 먼지를 뿌려댄다고 지역 농민들이 거세게 항의했던 페루에서 왔을까?[14] 니켈은 새 광산을 만드느라 열대우림이 베어 나가는 인도네시아에서 구했을까?[15] 코발트는? 허술하게 건설된 콩고의 광산에서 일곱 살짜리 꼬마가 캐낸 것은 아닐까?

나는 낙엽 청소기 포장 안에 들어 있던 서류에 적힌 번호로 전화를 걸어 메시지를 남겼지만 끝까지 연락이 오지 않았다.

특히 아메리카 대륙의 소비자들을 비롯해 많은 소비자가 자신이 구매하는 상품 안에 얼마나 많은 원자재가 들어가는지 거의 생각하지 않지만, 코로나바이러스 대유행의 결과로 조금씩 변화가 일고 있다. 나이키 티셔츠는 베트남에서 만들겠지만 한 예로, 목화는 어디에서 재배할까? 브랜드들은 점점 이렇게 상세한 질문들을 맞닥뜨리고 있다. 세계경제 전반에서 대규모로 전기화 전환이 이루어지는 가운데 전기화에 초점을 맞춘 브랜드들 역시 마찬가지 상황에 놓여 있다. 하지만 미국은 내 낙엽 청소기와 같은 장비들을 만들어내기 위해 자체적으로 더 많은 금속을 생산할 준비가 되어 있을까? 너무 특별해서 광산을 건설할 수 없는 곳도 있을까?

CHAPTER 5

미네소타의 구리 광산과 백악관이 만든 혼란

베키 롬Becky Rom은 미국 미네소타주의 미니애폴리스에서 400킬로미터 정도 떨어져 있는 작은 도시 엘리Ely에서 자랐다. 아버지는 시내 중심가에서 캠핑용품점을 운영했고 멀지 않은 곳에 가족이 사는 작은 아파트가 있었다. 제2차 세계대전 종전 후 태어난 롬은 존 케네디가 백악관에 입성하고 미국이 성장을 거듭하던 시기에 성인이 되었다. 미국 경제는 1950년대의 호황에 힘입어 급격한 기술 발전의 시대로 나아갔고, 공급이 급격히 늘어난 금속들 역시 기술 발전에 기여했다.

롬은 변호사가 되었고 미니애폴리스를 중심으로 경력을 쌓았다. 2022년 만났을 즈음 그는 칠레의 한 회사가 실질적으로 자신의 뒷마당이나 다름없는 곳에 구리·코발트·니켈 광산을 지으려는 계획에 반대하는 데 노후를 쏟고 있었다. 희끗희끗한 머리에 키가 165센티미터 정도 되는 롬은 파란색 계열을 좋아했다. 파란색 등산바지는 그날 오후 무릎에 달린 지퍼를 열어서 반바지로 변신할 예정이었다. 윌더니스 소사이어티Wilderness Society(미국 내 자연 지역과 연방 공공토지 보호를 목적으로 하는 비영리단체 – 옮긴이)의 로고가 찍힌 티셔츠와 그 위에 걸친 파타고니아 조끼도 파란색이었다. 롬은 휘발유로 움직이는 아우디의 스포츠 유틸리티 차량을 몰았고 운전을 하지 않을 때는 파란색 선글라스 대신 안경을 꺼내 썼다. 그는 따뜻한 녹차 한 잔으로 하루를 시작했다. 토요일 오전에는 보통 엘리의 한 요가 스튜디오에 있었다. 주중에는 미국 상·하원 의원, 주의회 의원, 동료 활동가 등 필요한 모든 이와 통화하며 자신이 50년 이상 설파해온 믿음을 전했다. 미네소타주 북부는 구리 광산을 지을 곳이 아니라는 믿음이었다.

롬은 내게 "친환경 에너지 전환이 진행되고 있는 현실을 부정하는 건 아닙니다. 하지만 이곳에 광산을 만들려면 우리가 소중히 여기는 모든 걸 희생해야 할 거예요"라고 단언했다.[1] "미국에 바운더리 워터스Boundary Waters 같은 장소는 단 하나뿐입니다. 수로들이 밀접하게 상호 연결되어 있어서 아주 중요하죠. 이런 지역에 광산을 건설하는 것은 합리적이지 않아요. 자연 그대로인 야생지대의 관문이면서 구리 광산도 가질 수는 없습니다."[2]

빌과 바브의 유일한 딸이었던 베키 롬은 세 남자 형제와 함께 가족의 사업을 도우며 성장했다. 1946년 문을 연 카누 컨트리 아웃피터스Canoe Country Outfitters는 그 규모가 수천 제곱킬로미터에 달하며 바운더리워터스 카누 에어리어 야생지대Boundary Waters Canoe Area Wilderness로 알려진 미네소타 북부의 황야를 탐험하려는 손님들에게 캠핑 장비를 판매했다. 밤이면 야간 낚시를 떠나는 이들에게 판매하는 야행성 지렁이를 용기에 넣었고 침낭과 텐트를 정리하거나 카누를 청소하고 손보기도 했다.[3]

아버지 빌 롬은 제2차 세계대전 기간에 미국 해군으로 복무하면서 자신만의 캠핑용품점을 열겠다는 아이디어를 떠올렸다. 야생지대 보호를 열렬히 부르짖었던 유명 자연보존 활동가 시거드 올슨Sigurd Olson의 작업에 다소 영향을 받았던 롬은 미국인들이 직접 바운더리워터스를 경험한다면 장엄함과 아름다움에 감탄하면서 후손들을 위해 보존하려 할 거라고 믿었다.

당시 미네소타에서는 광업이 활발했다. 제2차 세계대전 동안 연합군이 유럽과 아시아, 아프리카에서 사용한 탱크나 선박, 기타 장비를 만드는 데 들어간 수많은 철광석이 이 지역에서 공급되었다. 광업은 미네소타주의 경제를 떠받치는 산업이었고 특히 북부 농촌에 큰 영향을 미쳐서 이 지역은 '철 줄기Iron Range'로 불리기도 했다.[4] 하지만 20세기 중반에는 광업과 자연 답사가 동시에 급격히 성장하기 시작했다. 빌 롬이 1976년 자신의 사업체를 매각했을 즈음에는 고객이 6000명에 달했고 알루미늄 카누가 500대나 있었다. 한 잡지는 그를 "엘리의 카누왕"이라 칭하기도 했다.[5]

지하 광산에서 일했던 베키 롬의 할아버지는 1912년 예기치 않게 광산 천장에서 떨어진 철광석에 깔렸다. 그는 일주일 가까이 지역 병원에서 고통스러워하다 숨을 거뒀다. 빌 롬이 태어나고 겨우 한 달이 지났던 때였다. 아버지의 부재는 빌 롬에게 지워지지 않는 흔적을 남겼고 베키 롬에게도 영향을 미쳤다. 이러한 역사는 베키 롬의 집안이 삼대째 미네소타를 지켜왔으며, 이들이 미네소타주나 이 주의 경제에 대한 투자를 거부할 이유가 없다는 것도 알려준다. 베키 롬은 내게 "우리는 다른 사람들처럼 이곳에 뿌리내리고 있어요"라고 강조했다.[6]

전후 기간 미네소타주에서 광업이 위세를 떨치긴 했지만 올슨 같은 자연보존 활동가들도 가만히 있지 않았다. 1950년대 후반 윌더니스 소사이어티와 다른 환경단체들은 이 지역의 야생지대 수천 제곱킬로미터에서는 채굴을 막아야 한다고 제안했다. 어찌 보면 역사가 그들의 편이었다.

1872년 통과된 연방법은 미네소타주를 포함해 연방정부가 소유한 광활한 땅에서 채굴을 허용했다. 1년 뒤 이 법안에서 미네소타가 제외되면서 광업계에 타격을 입혔다. 1909년 시어도어 루스벨트 대통령은 슈피리어 국유림Superior National Forest 주변에 채굴을 금지했다. 또한 같은 해에 미국과 캐나다는 어느 나라도 두 나라 사이를 자유롭게 흐르는 물줄기를 오염시켜서는 안 된다고 규정한 바운더리 워터스 조약Boundary Waters Treaty에 서명했다.[7] 1950년대 후반이 되자 자연보존 활동가들은 수천 제곱킬로미터가 넘는 숲과 습지 전역에 새로운 도로의 건설뿐 아니라 (모터보트와 승용차를 포함해) 엔진이 달린 장비를 이용하는 여행까지 금지하는 야생지대법Wilderness Act을 밀어붙여서 보호구역을 확장할 시기라고 판단했다.

마음대로 이 지역을 탐험해온 주민들에게는 논란의 여지가 다분한 법안이었다. 1962년 엘리에 있는 워싱턴중학교 7학년 학생이었던 베키 롬은 학교 회의에서 새로운 법안을 지지해달라는 요청을 받왔다. 그는 열정적으로 법 조항을 설명했고, 특히 이 지역의 캠핑 시장에 어떠한 영향이 있을지 강조했다. 다른 학생은 반대편에서 연설했다. 두 사람의 연설이 끝나고 학생들의 투표가 진행되었다. 롬은 148대 2로 패했다. 게다가 당시 남자 친구가 마음을 바꾸면서 최종 결과는 149대 1이 되었다. 롬은 이날의 실험으로 상처를 받는 대신 더 대담해졌다. 그는 "누군가의 의견에 동의하지 않더라도 여전히 친구로 남을 수 있다는 걸 배웠죠"라고 회상했다.[8]

롬은 열네 살에 아버지의 응원을 등에 업고 여성 청소년으로는 처음으로 미네소타주 공식 야생지대 안내원이 되었다. 롬은 손님들을 숲으로 이끌었고, 카누로 짐을 나르도록 도왔으며, 모닥불로 저녁을 요리해 대접했다.[9] 그는 "제게는 당시 다른 소녀들이 갖지 못했던 기회를 주시는 비범한 아버지가 있었어요"라고 내게 자신의 특별한 배경을 일깨웠다.[10]

롬은 이듬해 여름에도 다시 야생지대 안내원으로 일했다. 미국 의회는 논의 끝에 결국 야생지대법을 통과시켰고 9월에는 존슨 대통령이 법안에 서명했다. 하지만 1978년 제출된 후속 법안은 더욱 뜨거운 논쟁을 불러왔다. 카터 행정부에서 승인된 후속 법은 미네소타 북부의 숲과 습지 지역에 벌목과 모터보트를 통한 접근을 제한했다. 이 지역은 현재 미국에서 가장 많은 이가 방문하는 야생지대가 되었다.

당시에는 스스로 깨닫지 못했지만 롬에게 활동가로서의 자아가 생겨난 때는 바로 1966년이었다. 미국 토지관리국은 바운더리워터스에 인접한 대지에 구리 광산을 지으려는 인터내셔널 니켈 컴퍼니International Nickel Co.에 소리 소문 없이 두 종류의 임대권을 내주었다. 계약 기간은 20년이었다. 하지만 채굴은 진행되지 않았다. 1989년 레이건 행정부가 임대 계약을 10년 더 갱신했고, 2004년 부시 행정부가 다시 10년을 벌어주었다.[11]

아무런 일이 없었던 것도 임대 계약이 갱신된 것도 어느 정도는 20세기 후반 걷잡을 수 없이 초과 성장하며 폭락한 구리 가격 때문이었다. 국제시장에 구리가 너무 많았다. 하지만 21세기 초 중국 경제가 부상하고 친환경 에너지 혁명이 시작되면서 상황이 바뀌었다. 곧 구리의 수요가 치솟았다.[12] 그리고 미네소타 북부가 매력적인 후보지로 드러나기 시작했다. 오바마 대통령이 취임한 2008년 12월에는 이미 임대권의 주인이 몇 번이나 바뀐 후였다. 2010년 덜루스 메탈스Duluth Metals Ltd.라고 알려진 회사가 매장층을 조사했고, 칠레에서 가장 부유한 가문이 소유했다고 알려진 기업 안토파가스타와 함께 트윈 메탈스Twin Metals Limited를 세웠다.[13] 2014년에는 안토파가스타가 신생 회사의 지분을 모두 매입했다.[14]

롬을 비롯한 자연보존 활동가들은 한순간도 마음을 놓을 수 없었다. 바운더리워터스 때문이었다. 안토파가스타가 구리와 니켈에 접근하려면 약 1370미터 깊이까지 지하 광산을 파야 할 수도 있다. 예정된 광산 부지는 미네소타주를 흐르는 레이니강에서 캐나다의 허드슨만으로 흘러드는 지류가 갈라지는 지점 바로 아래에 있었다. 또한 매장층의 물리적 특성 역시 롬과 다른 이들의 우려를 샀다. 물에 노출되면 산성 물질이 만들어지는 황화물을 함유하고 있었기 때문이다.

이제 롬은 단순히 광산을 드나드는 트럭이나 다이너마이트 발파 작업이 싫어서 개발을 반대하는 것이 아니었다. 그에게 이 문제는 트윈 메탈스의 광산이 레이니강을 오염시키고 이 강의 물줄기가 신체의 동맥처럼 흐르는 수천 제곱킬로미터의 바운더리워터스 일대를 영원히 망가뜨리게 되리라는 두려움으로 다가왔다. 미국에서는 유출 사고나 다양한 사건이 터질 때를 대비해서 정화 작업에 들어갈 자금을 확보하기 위해 광업 기업들이 채권이라는 금융 상품을 의무적으로 구매하게 하지만 이런 안전장치도 의미가 없었다. 롬은 내게 직설적으로 "바운더리워터스를 복구하겠다고 보증할 수 있을까요? 그야말로 광대한데요"라고 물었다.[15]

갈팡질팡하는 백악관

뜻밖에도 엘리라는 도시 자체는 골드러시 덕분에 만들어졌다. 미국 남북전쟁이 끝을 향해가던 1865년 이 지역에 금맥이 많다는 풍문이 돌았고 온 나라에서 사람들이 몰려들었다. 결국 금은 많지 않다는 사실이 밝혀졌지만 대신 강철을 만드는 데 쓰이는 철광석이 풍부했다. 엘리의 광업 호황이 시작되었다.[16] 엘리 안팎과 근방 곳곳에 지하 광산이 생겨났다. 고되고 위험한 노동에 걸맞은 높은 수입을 기대하는 광부들 때문에 인구도 급증했다.

엘리의 광부들은 지하에서 8000만 톤에 가까운 암석을 캐냈다. 처음에는 노천 광산에서 작업했고 나중에는 이 지역 곳곳을 파 내려간 갱도를 통해 지하에서 채굴을 이어갔다. 결국에는 도시의 가장자리를 따라 광산 다섯 곳이 점점이 사업을 이어갔고 1967년 파이어니어 광산을 마지막으로 모두 문을 닫았다. 다섯 개의 광산은 결국 빗물로 메워져서 마이너스호Miners Lake, 즉 '광부 호수'가 되었다.[17] 도시 외곽의 도로 마이너스 드라이브Miners Drive가 마이너스호를 인접해 지나간다.

엘리의 몇몇 사람이 오랫동안 다시 돌아오길 기다려온 역사다. 세러핀 롤랜도Seraphine Rolando와 빌 얼자Bill Erzar는 이 도시의 외곽 지역에서 불꽃을 되살리기 위해 애썼다. 두 은퇴 광부는 옛 파이어니어 광산의 갱도 위에 자리 잡은 파이어니어 박물관을 운영한다. 두 사람은 일주일에 며칠씩 방문객들에게 좋았던 일과 나빴던 일, 아주 추했던 일을 포함해 엘리에 존재했던 광업의 역사를 들려준다. 박물관 건물 위로 솟아 있는 것은 두 층을 오르내리는 곤돌라를 지탱했던 A 모양 틀이다. 곤돌라는 열 시간 동안 적철석赤鐵石을 파내게 될 지구의 깊고 어두운 곳으로 한 번에 25명씩 광부를 실어 나르곤 했다.

나는 2022년 6월의 따뜻한 봄날 두 사람이 정한 폐관 시간 한 시간 전에 이곳을 방문했다. 내가 왜 엘리를 찾았는지 제대로 설명하기도 전에 얼자가 내 팔을 잡고 박물관의 다양한 전시품으로 이끌었다. 안전모에 초를 꽂은 채 광석을 깎아내는 1890년대 광부들의 사진이 있었다. 그는 내게 미네소타에서 생산된 철광석들이 실려 간 지역들을 추적해 표시한 노랗게 바랜 지도를 보여주었다. 철광석들은 선박과 고층 건물, 다리, 도로가 될 운명이었다. 안전 장비를 두고 벌어진 1916년의 파업을 설명하는 거대한 포스터도 있었다. 넓고 하얀 콧수염과 다부진 체격을 자랑하는 얼자는 1955년 진흙이 광산의 벽을 뚫고 밀려들어 그의 아버지가 지하에서 쓸려갈 뻔했던 사고를 다룬 미니애폴리스판 《스타 트리뷴》 기사도 설명해주었다.[18] 하지만 일곱 살 때 일어난 아버지의 사고는 얼자가 광산에서 일하는 것을 막지 못했다. 그는 남쪽으로 약 한 시간 정도 떨어져 있는 US스틸의 철광석 광산에서 34년간 일했다. 엘리의 마지막 광산이 1967년 만우절, 즉 4월 1일에 문을 닫으면서 약 450명의 노동자가 일자리를 잃었고 지역경제가 휘청였다.[19] 존슨 대통령이 바운더리워터스 일대를 새로운 국립 야생보호 체계에 편입시킨 것이 불과 3년 전이었기 때문에 광업을 엘리와 근처 지역의 존재 이유로 생각했던 이들은 연속해서 강펀치를 맞은 셈이었다.

얼자는 내게 "사람들이 좋아하든 싫어하든, 광산이 이 도시를 만든 것은 사실입니다"라고 강조했다. "우리는 젊은이들을 다시 데려올 수 있는 일자리를 원합니다." 엘리의 인구는 제2차 세계대전이 발발하기 전인 1930년 광업 호황에 힘입어 6200명에 근접했지만 2022년에는 약 3200명까지 줄어들었다. 도시 중심가의 벽화에는 붉은 안전모를 쓰고 탐조등으로 무장한 광부가 그려져 있어 이 지역의 과거를 떠올리게 한다.[20]

트윈 메탈스 프로젝트를 이야기하는 얼자의 목소리에는 거의 신앙에 가까운 믿음이 묻어났다. 그는 지하 깊은 곳에서 구리와 니켈, 코발트를 채굴해 과거의 엘리를 되살릴 수 있기를 기도했고 소망했다. 어떤 면에서 얼자의 싸움은 2016년 미국 대통령 선거기간에 불거졌던 갈등을 떠올리게 했다. 경제적으로 성장한 지역의 일부 주민들이 더는 존재하지 않는 과거를 그리워하며 강조해서 긴장이 고조되었었다.

내게 "이 광산이 환경에 해를 끼치지 않는다면 해봅시다"라고 말하는 얼자의 목소리에 한층 생기가 더해졌다.

"우리는 여기 있는 호수들에서 수영을 하고 거기서 나온 물을 마십니다. 환경이 오염되기를 원하지는 않습니다. 그리고 러시아나 중국에 이런 금속들을 의존해서도 안 되고요."

마지막 문장을 뱉으며 그는 자신의 아이폰을 들고 흔들어 보였다. 손에 쥔 장치에 다양한 금속이 들어 있지만 그중 미국 땅에서 채굴된 것은 얼마 되지 않는다는 사실을 알고 있다는 신호였다. 얼자와 롤랜도의 열망에도 불구하고 이 광산이 지역경제에 봄을 불러올지는 확실하지 않다. 2020년 하버드대학교의 한 경제학자가 발표한 연구에 따르면 광업은 "이 지역경제에 부정적인 영향"을 미칠 수도 있다.[21] 트윈 메탈스는 물론이고 얼자, 롤랜도를 비롯해 광산을 지지하는 이들에게는 안타깝게도 이 연구는 그들이 몇 년 동안 열렬히 반복해온 주장과 달리 구리 광산을 바탕으로 지역경제를 구축하려는 시도가 아웃도어 산업에 기반한 경제에 비해 한참 부족한 성과를 거두게 되리라 추정했다.[22] 롬과 같은 사람들이 몇 년 동안 열렬히 반복해온 주장이었다. 그사이 워싱턴은 탁구공처럼 광산을 반대하는 쪽과 찬성하는 쪽을 오가고 있었다.

2012년 임대권 계약 기간의 종료가 2년 앞으로 다가오자 당시 임대권을 소유했던 이들이 오바마 행정부에 다시 10년간 계약을 갱신해달라고 요청했다. 이때만큼은 워싱턴도 다른 접근법을 취했고, 지난 계약 기간에 채굴이 전혀 이루어지지 않았기 때문에 임대권 계약을 갱신할 필요가 없다는 것을 알아냈다. 갱신 의무가 없었기 때문에 자유롭게 임대 계약을 거절할 수도 있었다. 오바마 행정부의 관료들은 트럼프에게 정권을 내주기 한 달 전인 2016년 12월, 실제로 임대 계약을 종료했다.[23] 또한 이들은 안토파가스타 외의 누군가가 이 땅과 땅에서 나는 구리에 대한 통제권을 확보할 때를 대비해 이 지역에 20년간 광산 건설을 막기 위한 계획에도 착수했다. 오바마 행정부의 농무부 장관 톰 빌색은 "바운더리워터스는 매년 15만 명이 찾아 카누와 낚시, 취미를 즐기는 이 나라의 보물이다. 자연 그대로의 천연자원에 의존하는 지역 산업에는 경제적 생명줄이기도 하다"라고 주장했다. 그는 연방정부에 협력하는 과학자들에게 "바운더리워터스 근처에 있는 연방정부 소유의 땅 어디에라도 미래에 광업을 허가해도 될지 시민들을 참여시키며 철저한 환경 분석"을 진행하라고 요청했다.[24]

이듬해 트럼프가 백악관에 입성했고, 새 행정부의 관료들은 일을 시작한 지 몇 주 만에 빌색이 지시한 조사를 중단시켰다.[25] 안토파가스타는 트럼프의 고문들과 이메일을 주고받았다. 이 회사를 지배하는 집안의 어른 한 명은 워싱턴 D.C.에 550만 달러짜리 대저택을 사들였고 그 집을 대통령의 딸 이방카와 그의 남편 재러드 쿠슈너에게 빌려주었다.[26] 동시에 트럼프 행정부가 임대 계약을 재검토하기 시작했다. 2019년 6월 트럼프 행정부는 이 프로젝트를 둘러싼 어지러운 주도권 다툼을 강조하며 트윈 메탈스와의 임대 계약을 갱신했다.[27] 내무부는 오바마 행정부가 "문밖으로 뛰쳐나가며 내놓은 잘못된 결정"을 바로잡으려 한다고 밝혔다.[28]

이러한 결정은 광산뿐 아니라 트럼프도 반대했던 롬과 동료들의 열정을 확고히 할 뿐이었다. 2020년 선거를 앞두고 트럼프는 2016년 선거에서 근소한 차이로 패했던 미네소타주에서 승리하고자 했다. 하지만 선거에서 트럼프가 패하자 바이든 대통령이 익숙한 얼굴을 이 문제에 다시 끌어들였다. 빌색이 다시 농무부 장관이 되었다. (지금부터 워싱턴의 관료체계가 더욱 복잡해지는 지점이니 정신을 바짝 집중하자.) 빌색이 지휘하는 농무부는 바운더리워터스 지역의 지표면을 관리하는 산림청을 감독한다. 하지만 지하의 구리·코발트·니켈 매장층을 통제하고 광물을 채굴할 계획을 허가하는 권한은 내무부 산하의 토지관리국에 있다. 백악관은 20년간 이 지역에 채굴을 금지할 수 있지만 영구적으로 막을 권한은 의회에만 있다. 트윈 메탈스의 드라마는 결국 미국 의회까지 흘러갔다.

바이든이 임명한 내무부 장관 데브 할런드Deb Haaland는 2021년 의회 청문회 중 지역구에 엘리와 트윈 메탈스의 광산 부지가 포함되어 있는 미네소타주 공화당 하원의원 피트 스타우버Pete Stauber에게 이 프로젝트에 관한 질문을 받았으나 직접적인 답변을 피했다.

스타우버는 할런드에게 "장관님 (…) 왜 이 정부는 이러한 금속을 조달하기 위해 더는 이 나라의 광부들을 활용하려 하지 않죠?"라고 물었다.[29]

"의원님, 질문해주셔서 감사합니다. 제가 할 수 있는 말은 바이든 대통령이 우리나라의 에너지 독립을 지지한다는 것입니다. 우리 정부는 미래의 에너지 수요를 위한 핵심 광물의 공급을 확보하는 것이 미국의 에너지 독립에 아주 중요하다는 데 동의합니다."

"장관님, 우리나라 안에서 이런 광물들을 조달하겠다는 건가요? (…) 외국에서 들여오는 대신 국내에서 채굴하길 원하지는 않습니까?"

"의원님의 질문과 정보에 진심으로 감사드립니다. 앞으로도 기꺼이 이 문제에 관해 대화를 이어가도록 하겠습니다."

바이든이 아직 대통령 선거 후보였던 2020년, 그의 선거캠프는 트윈 메탈스를 비롯해 미국 내에서 광업 프로젝트를 진행 중이던 다른 기업들에 바이든이 전기차나 태양 전지판처럼 기후 위기 대처 계획에 필요한 프로젝트에 원료로 투입될 금속들을 미국 내에서 생산할 수 있도록 지원할 거라고 살짝 귀띔했다. 미네소타나 애리조나처럼 경합주면서 우연히 구리와 니켈의 대량 매장층이 존재하는 지역 노동조합들의 지지를 강화하기 위해 의도된 발언인 듯했다.[30]

조용히 진행된 비공식 선거운동이었지만 자연보존 활동가들을 격정시키기에는 충분했다. 오바마 행정부는 집권 동안 미국 광업계의 성장이 정체될 정도로 엄격한 환경 규제를 도입했었기에 더욱 그랬다. 오바마의 부통령이었고 자연보존 활동가들 사이에서 좋은 평가를 받았던 바이든은 원래 이러한 기조를 이어갈 것으로 기대되었다.[31]

하지만 피할 수 없는 친환경 에너지 전환이 광업계에 긍정적인 전조를 전하는 듯했다. 실제로 월가에서는 바이든이 승리하면 몇 년간 전기차 수요로 인한 구리 호황이 이어질 것으로 보았다. 전기차에는 내연기관 자동차의 두 배에 달하는 구리가 들어간다. (다만 월가는 트럼프가 재선에 성공해도 구리 시장은 호황일 거라고 점쳤다. 두 후보 모두 흡족해할 예측이었다.) 트윈 메탈스는 바이든의 은밀한 선거운동을 믿었고 자신들이 안전하게 광산을 개발할 수 있다고 공언했다.[32]

그리고 물론 바이든이 승리했다. 그는 대통령 선거 직후나 취임 이후 트윈 메탈스에 관해 공개적인 발언을 전혀 내놓지 않았다. 하지만 2021년 5월 바이든 행정부는 지난해 가을 광업 기업들을 표적으로 삼았던 비밀 선거운동을 떠올리게 하는 은밀한 작전을 시작했다. 하지만 이번에는 환경운동가들이 대상이었다. 연방정부는 전기차를 생산할 때 필요한 금속 대부분의 공급을 동맹국들에 의존하는 대신 이 금속들을 국내에서 배터리 부품으로 가공하는 데 집중하려 한다는 말을 흘렸다.[33] 환경운동가들을 달래기 위해 계획된 전략의 일환이었다.

바이든 팀은 미국 안에 더 많은 광산을 허가하는 대신 금속들을 처리하는 일자리를 만드는 데 집중했다. 전기차 산업의 선두 주자인 중국에 대한 원료 의존도를 낮추는 동시에 제조업 일자리를 기반으로 하는 조합들을 끌어들이려는 계획이었다. 트윈 메탈스를 반대하는 이들에게 큰 힘이 실렸다.[34]

미니애폴리스를 지역구로 하는 민주당 하원의원 베티 매콜럼은 "국방을 생각하는 척하면서 [미국 경제를] 녹색 경제로 만들어가기 위해 새로운 광산을 지어야 한다고 주장하는 사람들의 말은 공허하게만 들린다"라고 꼬집었다.[35] 매콜럼은 바운더리워터스로 퍼져나가는 물줄기 근처에 황화광물 구리 광산의 건설을 영원히 금지하는 법안을 발의한 바 있었다. 백악관이 추구하는 듯한 방향과 유사한 접근법으로 계획한 법안이었다.

빌색은 바이든의 농무부 장관으로 지명된 후에도 몇 달 동안 결정을 미뤘다. 처음에는 아직 결정을 내리지 못했다고 했다. 빌색은 바이든이 "자연 그대로의 지역을 보호하는 것과 지방에 일자리를 늘리고 지역경제를 성장시킬 방법을 도모하는 것 사이에서 균형을 찾으려 하고 있다. 그게 우리가 하려는 일이다"라고 주장했다.[36] 몇 달 후 그는 법적인 판단을 내리려면 할런드 내무부 장관의 변호사들이 필요하다고 덧붙였다.[37] 할런드는 전해 봄 의회 청문회에서 스타우버의 질문에 답한 이후 말을 아꼈다. 바이든은 여전히 핵심 광물 채굴에 관해 공개적으로 입장을 표명하지 않았다.

하지만 가을이 되자 상황이 바뀌기 시작했다. 그 해 10월 빌색은 2년간 바운더리워터스 내에 구리 광산을 건설할 수 없게 막았고 내무부에 향후 20년간 이 지역에서 채굴을 금지해달라고 요청했다.[38] 트럼프가 취소했던 환경 조사도 다시 돌아왔다.[39] 이듬해 1월에는 할런드가 침묵을 깨고 트윈 메탈스와 맺은 바운더리워터스 일대의 임대 계약을 취소했다. 롬과 다른 환경운동가들에게는 중요한 승리였다. 할런드는 트럼프가 해당 계약을 "부적절하게 갱신"했다며 자신이 이끄는 부처는 "어떠한 임차인에게도 특별한 대우를 제공하지 말아야" 할 책임이 있다고 주장했다.[40] 이러한 결정은 전기차를 생산하는 데 들어가는 금속들의 수요가 하늘 높이 치솟는 와중에도 바이든이 점점 미국 내에서 진행되는 자연보존 활동을 우선시하고 있다는 증거로 여겨졌다.

바운더리워터스 내 구리 광산 건설을 영원히 금지하는 자신의 법안을 의회에서 통과시키려 애쓰던 매콜럼은 빌색과 할런드의 결정에 환호했다. 하지만 지역구에 광산 부지가 있는 미네소타주 공화당 하원의원 스타우버는 과학이 아니라 정치에 기반한 결정이라며 거세게 비난했다. 스타우버는 "이 행정부는 육체노동을 하는 미국인들을 뒤로하고, 적대국들에 이러한 금속들을 의존하는 쪽을 선호하는 급진주의자들의 압력에 굴복했다"라고 평했다.[41]

트윈 메탈스 프로젝트는 미국을 고민에 빠뜨렸다. 미국 땅에는 자국에서 수백만 대의 전기차를 생산할 수 있는 금속들이 묻혀 있었다. 2022년이 되자 이 나라가 막대한 금속 매장층들을 활용할 수는 있는지가 핵심적인 질문이 되었다.[42]

바이든을 강력히 지지해온 노동조합들조차도 백악관에 영향력을 행사하려 했다. 트윈 메탈스 광산의 건설을 원하는 이들을 비롯해 미국 내 몇몇 광업 기업에 속한 노동자를 대변하는 노동조합인 미국 철강노조의 대표 톰 콘웨이Tom Conway는 바이든 행정부의 전기화 목표가 "배터리 금속을 공급하는 동시에 환경도 보호하는 책임 있는 광산 경영을 통해서 일하는 사람들에게 훌륭한 보상을 제공하고 고용도 보장하는 일자리를 의미한다"라고 주장했다.[43]

롬은 승리를 만끽했다. 그는 "정직하게 결정을 내리는 행정부가 있다는 것은 가슴 벅찬 일이다. 트윈 메탈스의 임대 계약은 처음부터 갱신되지 말았어야 했다. 이번 결정으로 트윈 메탈스 광산이라는 위협을 멈춰 세워야 한다"라고 소감을 밝혔다.[44]

트윈 메탈스와 모기업 안토파가스타는 광업에 대한 바이든의 접근방식이 터무니없다고 보았다. 프로젝트가 무산되고 두 달 후 트윈 메탈스의 경영진 중 한 명인 줄리 파딜라Julie Padilla는 의회 청문회에서 미국이 "더는 안정적인 규제 환경을 갖추고 있다고 생각하지 않는다"라고 증언했다.[45] 분명히 미리 계획하고 세심하게 어휘를 고른

날카로운 발언이었다. 미국은 오랫동안 규범과 원칙, 법을 따르는 국가임을 자임해왔다. 하지만 트윈 메탈스와 안토파가스타는 그러한 믿음이 사실에 근거하지 않은 신기루이자 자기 눈속임이며 희극에 불과하다고 말하고 있었다. 이 회사는 규제력을 가진 결정이 백악관에 앉아 있는 누군가의 순간적인 판단에 따라 내려진다고 주장했다.

파딜랴는 미국 상원 에너지·천연자원위원회에서 "이러한 조치로 인해 결정된 선례는 (…) 한 회사가 특정 프로젝트를 발전시키기 위해 10년을 투자하고도 아무런 환경적 검토 없이 제멋대로 취소되는 것을 지켜보기만 해야 할 수도 있다는 것이다"라고 간결하게 정리했다.[46] 파딜랴는 임대 계약이 폐기된 후 트윈 메탈스가 직원의 3분의 1을 해고했으며, 바이든의 결정이 나온 뒤에는 "수백만 달러에 달하는 지역 업체들과의 하도급 작업"을 중단했다고도 덧붙였다.[47] 그 주 초에는 파딜랴의 상사인 안토파가스타의 최고경영자 이반 아리아가다Iván Arriagada가 바이든의 결정에 맞서 싸우겠다고 맹세하며 비슷한 평가를 내놓은 바 있었다. 아리아가다는 바이든이 움직이기 시작한 후에도 프로젝트가 필요한 허가를 받지 못했다는 사실을 무시하며 2020년대가 끝날 즈음에는 광산을 열 수 있을 거라 기대한다고 밝혔다.[48]

아이러니하게도 파딜랴가 상원에서 증언한 날은 바이든이 미국은 친환경 에너지 기술의 구성 요소들을 "신뢰할 수 없는 외국의 원천"에 의존하고 있다며 냉전 시대의 국방물자생산법Defense Production Act을 언급한 날이었다.[49] 바이든은 "우리는 미래의 동력을 위해 투입하는 자원들을 오랫동안 중국과 다른 나라에 의존해온 관행을 끝내야 한다"라고 주장했다. 새로 광산을 파거나 정부 비축품으로 금속을 매입하거나 규제·허가 기준을 우회하도록 자금을 투입할 수는 없었지만, 백악관은 이날의 발언이 바이든이 광업을 지지하고 있다는 강력한 신호로 받아들여지길 바랐다. 하지만 그는 막 트윈 메탈스 프로젝트를 무산시키면서 광업계 전반에 혼란을 퍼뜨린 참이었다.

안전한 광산에 대한 믿음

미니애폴리스와 세인트폴은 엘리에서 약 400킬로미터 떨어져 있다. 35번 주간고속도로를 타고 두 도시를 벗어나 북쪽에 있는 캐나다와의 국경지대로 향하면 미네소타주의 아름다움과 경제, 미래를 대략 감지할 수 있다. 미네소타에 등록된 자동차 번호판에는 이 주의 비공식적인 표어인 '만 개의 호수를 가진 땅'이라는 문구가 새겨져 있다. 북쪽으로 달리는 동안 그런 문구가 왜 나왔는지 쉽사리 알 수 있다. 미네소타주 전체가 야외 활동에 열광하는 이들의 꿈같다. 북쪽으로 달릴수록 점점 더 많은 숲과 연못과 호수와 강이 나타난다.

미네소타주라는 이름 자체도 '깨끗한 물'로 옮길 수 있는 미국 원주민 다코타족의 말 'Mnisota'에서 유래했다.[50] 유럽 출신 정착민들이 이 지역에 침입하기 몇천 년 전부터 원주민들은 이 땅에서 물이 그 자체로 중요하고 자신들의 공동체를 돌봐준다는 사실을 알고 있었다.[51] 1909년 당시 영국의 영토였던 미국과 캐나다는 두 나라가 공유하는 수로를 감독하기 위한 조약을 맺었다. 국제경계수역조약은 어느 나라도 "해당 수역의 천연 수로를 막거나 방향을 바꾸는 것을 일절" 금지했다.52 영국 왕 에드워드 7세가 이듬해 이 조약을 승인했다. 이 지역에서는 물을 중요하게 생각해왔지만 흙 아래 묻혀 있는 금속들도 중요했다. 20세기 들어 타코나이트taconite(철이 풍부한 퇴적암의 일종 – 옮긴이) 철 광산이 미네소타 전역에 퍼져나가면서 주정부도 이러한 사실을 깨닫기 시작했다.

철 줄기에 닿기 위해 주간고속도로 237번 출구로 빠져나와 33번 주도로를 타고 북쪽으로 향했다. 그레이트호의 가장 큰 지류인 세인트루이스강을 따라 계속 북쪽으로 달리면 미국 아이스하키 명예의 전당이 있는 에벌리스Eveleth에 도착한다. 하키의 역사를 기리기 위해 멈추지 않는 이상 광산들을 놓칠 일은 없다. 엄청난 규모를 자랑하는 거대한 타코나이트 노천 광산들은 고속도로에서 바로 보인다. 대기에 먼지가 퍼진다. 이 지역에 들어서고 얼마 지나지 않아 나는 자동차의 공기정화 장치를 켰다.

에벌리스의 경제는 US스틸, 클립스클리블랜드Cliffs-Cleveland 등이 소유하고 있는 이러한 광산에 의존한다. 그리고 타코나이트 광산의 운영은 예측할 수 없는 국제 광물 시장의 변동성에 휘둘린다. 이곳의 광산에서는 강철을 만드는 데 쓰이는 철광석 펠릿Pellet을 생산한다. 트윈 메탈스가 구리 채굴에 활용하려 했던 기법과는 다른 방식이지만 마찬가지로 자연을 해친다. 나는 필요 이상으로 에벌리스에 머무르지 않기로 했다.

엘리 바로 바깥에는 이 지역의 흑곰들에 관한 교육적인 행사가 열리는 '북아메리카 곰 센터'가 있다. 도시 안은 광부들이 긴 교대 노동 끝에 생필품을 사러 나오는 곳이라기보다는 동식물 연구가의 놀이터처럼 보인다. 파이러지스 노스우즈Piragis Northwoods Company에서는 카누, 의류, 모자를 비롯해 숲과 호수를 탐험할 때 필요한 각종 장비를 판매한다. 경쟁 관계에 있는 다른 가게들도 마찬가지다. 광업에 종사했던 전통은 오래전에 뒤로하고, 빗물로 채워진 광부 호수나 중심가를 벗어나면 바로 만날 수 있는 마이너스 드라이브도 깨끗이 잊은 듯하다.

트윈 메탈스가 친환경 건축 인증을 받은 2층짜리 본사 건물을 지은 곳은 바로 마이너스 드라이브다. 건물 외부는 구리 색조로 장식했고 지붕에는 태양 전지판을 설치했다. 다만 무슨 건물인지 알리는 간판은 없다. 방문객들은 광업계의 안전 기준에 따라 자동차를 후방 주차하라고 안내받는다. (비상 상황에서 차를 후진하는 것은 안전상의 위험으로 간주된다.) 2022년 트윈 메탈스 사무실을 방문했던 날은 공기가 후텁지근했고 하늘이 맑았다. 전날 밤은 카누에 미친 사람들과 캠퍼들에게 음식을 제공하는 엘리의 한 산장에 묵었다.

건물 로비는 고대 이집트까지 거슬러 올라가는 구리의 역사에 관한 정보가 가득한 포스터로 장식되어 있었다. 직원이 없는 안내 창구 근처에는 '우리는 트윈 메탈스를 지지합니다'라는 문구가 들어간 차량용 스티커 한 무더기가 쌓여 있었다. 입구 맞은편의 벽화는 이 회사가 노렸던 지하 금속 매장층을 한 화가가 나름대로 해석한 작품이었다. 다양한 색조가 여러 유형의 암석들을 떠올리게 했다. 거무스름한 색깔은 반려암처럼 물을 통과시키지 않는 암석층을 의도했을 것이다. 트윈 메탈스가 특유의 색을 지닌 검은 바위들 아래 깔려 있는 구리에 닿으려면 이 암석층을 뚫어야 했다. 여러 암석층이 뚜렷하게 구분되어 있어서 트윈 메탈스가 개별 암석층을 보여주려 의도한 그림 같았다. 하지만 현실은 훨씬 더 복잡하다.

니콜 호프먼Nicole Hoffman은 건물 뒤편에 있는 커다란 산업용 창고에서 내부를 왁스로 코팅한 골판지 상자 위로 몸을 숙이고 있었다. 상자 안에는 원통형으로 잘라낸 바위들이 가득 차 있었다. 그는 분무기를 집어 들고 우리 둘 사이에 놓여 있던 암석 조각 중 하나를 완전히 적셨다. 창고를 밝히는 형광등 불빛 아래서 반짝이는 부분들이 있었다.

호프먼은 내게 "바로 여기에 구리와 니켈을 함유한 황화광물이 있는 겁니다"라고 설명했다.[53]

나는 "꽤 괜찮은데요?"라고 답했다.

그는 "그럼요!"라며 기분 좋게 웃었다. 키가 173센티미터 정도로 훤칠한 호프먼은 바랜 금발 머리를 뒤로 묶고 있었다. 미네소타에서 나고 자란 그는 2012년 엘리에 와서 이 도시의 사람이 되었다. 두 살짜리 아들, 남편과 함께 사는 집도 바로 근처였는데 뒷마당에 깊이가 30미터 정도 되는 버려진 철광석 광산의 갱도가 있다고 했다. 평생을 지질학에 바친 사람에게 딱 맞는 일화였다. 호프먼은 나를 데리고 트윈 메탈스의 창고를 한 바퀴 돌며 온갖 암석 표본을 보여주었다. 그리고 월급 때문이 아니더라도 자신이 왜 광산을 지지하는지 설명해주었다.

영겁의 시간 전 지금은 북아메리카 대륙이라 부르는 것이 거의 조각날 뻔하면서 중앙대륙 균열Midcontinent Rift이 형성되었다. 완전히 분리가 이뤄졌다면 남아메리카와 아프리카가 갈라졌듯이 북아메리카도 두 개의 대륙으로 나뉘었을 것이다. 하지만 북아메리카는 여전히 하나로 남았고, 지구 중심 깊은 곳에서 용암이 뿜어져 나와 균열이 생겼던 부분에 있던 다른 암석들과 섞였다. 그 결과 오늘날 덜루스 콤플렉스Duluth Complex라 알려진 미네소타 북부 지역에 자동차 업계가 높이 평가하는 구리·니켈·기타 금속들의 그물망이 남았다.

트윈 메탈스가 채굴하려 했던 구리와 니켈 일부는 근처의 버치호Birch Lake 아래에 있었다. 트윈 메탈스는 지하수면이나 대수층보다 훨씬 깊은 곳에 있는 구리와 니켈 매장층을 가로지르도록 120미터 깊이의 대각선 갱도를 파려 했다. 호프먼은 두 금속을 안전하게 채굴할 수 있다는 회사의 주장을 몇 번이고 되풀이했다. 나는 그에게 트윈 메탈스와 이 회사를 소유하고 있는 칠레 기업 안토파가스타가 미네소타의 땅과 물에 그다지 관심이 없다는 환경운동가들의 주장을 어떻게 생각하는지 물었다.

호프먼은 "그건 사실이 아니에요"라고 응수했다.

"안토파가스타는 이곳에서 무엇이 중요하고, 중요하지 않은지 알려주는 우리에게 의존하고 있어요."

곧 호프먼의 동료 케빈 버스트Kevin Boerst도 합류했다. 하와이안 셔츠를 입고 얼마 안 되는 턱수염을 기른 이 남자는 수십억 달러를 주무르는 회사에서 일하는 지질학자라기보다는 넷플릭스 드라마 시리즈 〈기묘한 이야기〉에서 튀어나온 캐릭터 같았다. 하지만 그는 15년 넘게 이 분야에서 경력을 쌓았고, 호프먼을 비롯한 동료들과 함께 미네소타주 동부의 땅에 구멍을 뚫고 또 뚫으며 550킬로미터 넘게 주요 암석 표본을 채취하고 기록해왔다. 그가 트윈 메탈스에 합류했을 때는 땅에 구멍이 일곱 개밖에 없었지만 2022년 내가 방문했을 즈음에는 그 수가 496개 이상으로 늘어나 있었다. 버스트와 호프먼이 고되게 작업한 결과였다.

호프먼은 내게 "우리는 채굴을 하게 될 때 알고 있으면 좋은 취약 지대를 조사하고 있습니다"라고 설명했다. 나는 표본 채취를 위해 뚫은 구멍을 몇 군데 직접 보고 싶다고 부탁했다. 같은 날 호프먼의 상사 딘 데벨츠Dean DeBeltz가 자원해 나를 안내했다. 엘리 토박이인 데벨츠는 경력 대부분을 광업계에서 쌓았다. 그의 아버지는 광부였다. 할아버지는 미네소타주의 원로 상원의원 에이미 클로버샤Amy Klobuchar의 할아버지와 함께 일했다. 데벨츠는 주말이면 바운더리워터스에서 낚시를 했다. 그의 트럭을 함께 타고 가는 동안 데벨츠는 안전하게 광산을 개발할 수 있다는 자신의 믿음을 반복해서 강조했다. 거의 신앙을 토로하는 듯했다.

데벨츠는 내게 "우리가 이 광산을 안전하게 개발할 수 있다는 것을 증명하지 못하면 광산을 건설해서는 안 됩니다"라고 확인해주었다.

"규제기관은 과학적인 결론을 내야 하니까요."[54]

나는 그의 마지막 말을 듣고 빙그레 웃을 수밖에 없었다. 코로나바이러스 대유행 동안 널리 퍼진 주장에서 빌려온 말이 분명했기 때문이다. 데벨츠는 트윈 메탈스의 로고가 들어간 폴로셔츠와 밝은 카키색 바지를 입고 있었다. 그와 함께 트윈 메탈스의 사무실을 나설 때 나는 이 회사의 로고가 들어 있는 창립 10주년 기념 커피잔을 받았다. 2020년에 만든 컵이었다. 그리고 2024년이 된 지금까지 이들은 구리나 니켈을 전혀 채굴하지 못했다. 미국에서 논란을 낳고 있는 다른 프로젝트들과 달리 트윈 메탈스 프로젝트는 사실 허가를 받기 위한 절차조차 시작하지 않았다. 금속이 묻혀 있는 땅에 접근을 허용할지 자체가 논쟁 대상이기 때문이다. 데벨츠는 휘발유로 움직이는 포드의 픽업트럭을 몰았다. 우리는 호프먼이 작업 중인 현장으로 가기 위해 엘리 근처의 조그마한 다리를 건넜고 오른쪽으로 방향을 틀어 흙길을 따라 내려갔다. 호프먼은 큰길에서 400미터 정도 떨어진 곳에 픽업트럭을 세워두었고 그 뒤에 텐트를 쳤다.

호프먼과 버스트는 음파 영상기acoustic televiewer, ATV라는 장치를 조종해서 미리 뚫어둔 구멍으로 내려보내 매장층을 살피고 더 많은 데이터를 모았다. 여름의 절정이었고 나는 계속 내 얼굴을 때리며 각다귀(파리목이지만 다리가 긴 곤충-옮긴이)를 쫓았다. 나로서는 임신 중인 호프먼이 어떤 느낌일지 상상해볼 뿐이었지만 그는 전혀 불편한 기색을 보이지 않았다. 호프먼은 1분에 약 30미터의 속도로 ATV를 천천히 내려보냈다. 구멍의 깊이는 760미터 정도였다. 그가 작업을 끝내면 주의 법에 따라 모든 구멍을 시멘트로 메워야 했다.

나는 데벨츠에게 광산이 허가되면 우리 주위에 어떤 시설들이 건설되는지 물었다. 그는 환기를 위한 갱도 몇 개와 지하에서 캐낸 구리를 처리할 약 0.5제곱킬로미터 규모의 농축 시설이 들어선다고 설명했다. 햇빛이 자작나무를 뚫으며 비쳤고 멀리서 새들이 재잘댔다. 데벨츠는 숲이 우거진 이 지역에 0.5제곱킬로미터 규모의 시설이 세워지는 것은 그다지 큰일이 아니라는 자신의 믿음을 강조하기라도 하는 듯이 "그게 다입니다"라고 덧붙였.

그는 내게 짐 보여Jim Bowyer의 《무책임한 천국 추구*The Irresponsible*

Pursuit of Paradise》를 읽어보라고 권했다. 가난한 나라들이 자기 뒷마당에서 구리와 다른 금속들을 채굴하도록 떠넘기면서, 부유한 나라들은 어떻게 "[금속] 소비가 환경에 미치는 영향에는 최소한으로 노출되고 의기양양하게 높은 소비 수준을 누리"고 있는지를 고발하는 책이었다.[55] 이 책의 논지는 미국 안에 새로운 광산을 열려고 하는 여러 회사의 구호가 되어가고 있었다. 이들은 사회정의운동의 대본을 활용해서 언뜻 보기에는 논리적인 듯한 질문을 던졌다. 왜 미국은 탄소 감축 기술의 구성 요소들을 조달하기 위해 다른 나라들에 의존해야 하는가?

엘리로 돌아오는 길에 데벨츠는 사우스카위시위강 야영장South Kawishiwi River Campground에 들렀다. 버치호를 향해 남쪽으로 흐르는 강둑을 따라 만들어진 연방정부의 야영장이었다. 그는 차에서 내려 주위를 바라보며 풍경에 감탄했다. 어린 시절 몇 번이나 이곳에서 야영을 했고 미래 세대도 그런 즐거움을 누리길 바란다는 이야기도 했다. 우리가 서 있는 곳 바로 아래에 트윈 메탈스의 광산이 만들어질 수도 있다는 사실에 전혀 동요하지 않는 듯했다. 데벨츠는 내게 "광산이 문을 열어도 사람들은 계속 이곳에서 수영을 할 수 있고, 캠핑을 할 수 있고, 낚시를 할 수 있을 거예요"라고 주장했다. 바람이 그의 머리를 흩뜨려 놓았다.

"누구든 그러길 바라지 않겠어요?"[56]

전날 함께 이 지역을 찾았던 롬 역시 나를 정확히 같은 곳에 데려왔다. 우리는 야영장 선창에서 엔진 없이 떠다니는 보트에 올라 호수를 살폈고, 외상 후 스트레스 장애를 앓는 참전 군인들의 재활을 돕는 근처의 야생 학교도 방문했다. 롬은 여름의 햇살을 즐기며 내게 "정말 눈부시지 않나요?"라고 물었다.

"이곳이 영원히 변하지 않았으면 해요."

엘리에서 보낸 시간이 끝났다. 나는 샤가와호Shagawa Lake 가장자리에서 50종 이상의 햄버거를 판매하는 스토니 리지 카페로 차를 몰았다(나는 "망고하바네로 소스, 세 번 훈제한 베이컨, 원통형으로 자른 파인애플, 뮌스터 치즈"가 들어간 북유럽 버거를 먹었다). 엄마 오리와 갓 부화한 새끼 오리들이 호숫가 근처에서 첨벙거리고 있었다. 미루나무에서 떨어진 솜털이 호수 표면에 떠다녔다. 다른 새들도 정박한 채 손님을 기다리는 소형 모터보트 주위를 헤엄쳐 다녔다. 나는 나중에 소셜미디어에 올릴 생각으로 주위 풍경을 휴대전화로 촬영했다(하지만 업로드하는 걸 잊어버렸다). 그리고 헤엄치는 오리들을 더 잘 찍기 위해 선창으로 걸어 나가서 나를 둘러싸고 있는 호수를 바라보며 숨을 들이마셨다.

내가 서 있는 곳 아래 깊은 곳 어딘가에는 전기차·잔디깎이·낙엽 청소기·풍력발전용 터빈·태양 전지판 그리고 친환경 에너지 혁명에 필요한 수많은 장치와 도구를 만들 수 있는 구리와 코발트, 니켈이 묻혀 있다. 사람들은 이 행성이 살아남으려면 반드시 친환경 에너지 전환이 이뤄져야 한다고 말한다. 나는 내 발아래에 있는 금속들을 안전하게 캐낼 수 있는지 그리고 캐내게 될지 궁금해졌다. 미래에도 새들이 이 호수에서 새끼를 품고 키우며 세대를 이어갈 수 있을까? 구명조끼를 입은 남자 어르신 둘이 낚시 도구 상자를 들고 지나갔다. 두 사람은 꼬리 부분에 모터가 달린 자그마한 알루미늄 보트에 뛰어올라 시동을 걸고 호수 한가운데로 나아갔다. 만선을 기원합니다.

CHAPTER 6

중국,
희토류를 집어삼키다

미국 델라웨어주 윌밍턴 중심가의 노스마켓스트리트 824번지에는 유리와 벽돌로 단장한 10층짜리 건물이 있다. 약국, 샌드위치 가게, 은행, 이동통신사를 비롯해 다양한 소매업체와 전문직 사무실이 이 건물을 들락거렸다.¹ 하지만 1982년에 지어진 이 건물에서 가장 넓은 공간을 차지하고 있으며 가장 유명하기도 한 세입자는 미국 파산법원이다. 부채가 자산보다 커져서 더는 회사를 운영할 수 없을 지경이 된 기업들이 미국 파산법 제11장에 따라 파산 보호를 신청하러 오는 법정이 여러 층에 나뉘어 자리 잡고 있다. 파산 절차의 핵심은 가능한 한 채무자에게 새로 시작할 기회를 주는 동시에 가능한 한 채권자들에게 모든 것을 돌려주는 것이다. 부채를 해결하기 위해 자산을 매각해야 할 수도 있는데, 일부 기업의 파산에서는 독소나 독성 물질이 버려진 땅을 돌봐야 하는 법적 책임이 부채에 포함되기도 한다. 파산 절차를 진행하려면 당연히 능수능란한 접근이 필요하다. 불가사의한 계약서를 헤쳐가며 대립하는 주장을 저울질하고 환경복원이나 지역경제 개발처럼 복잡한 문제까지 다루려면 특별한 법률 기술이 필요하다.

델라웨어 파산법원은 이러한 복잡성 때문에 번창하고 있다. 이곳에서는 판사, 서기, 변호사를 비롯한 다양한 직종의 무수한 법률 전문가가 미국의 파산 사례 중 많은 수를 처리한다. 델라웨어주와 이 주의 과세 체계가 지역경제에 힘을 불어넣을 수 있는 엔진인 법인 설립에 우호적이기 때문이다.[2] 특히 노스마켓스트리트 824번지의 6호 법원은 2017년 6월 23일 오후 2시, 몰리코프Molycorp라는 회사가 판사 크리스토퍼 손치Christopher S. Sontchi를 마주했던 곳이다.[3]

몰리코프는 제1차 세계대전 종전 직후까지 그 뿌리를 거슬러 올라가는 회사로, 석유계의 거물 셰브론을 비롯해 여러 소유주의 손을 거쳤다. 이 기업은 희토류의 채굴과 가공에서 세계적으로 손꼽히는 회사로 성장했다. 희토류라고 하면 보통 원소주기율표에서 찾을 수 있는 다음 17가지 원소를 총칭한다. 란타넘·세륨·프라세오디뮴·네오디뮴·프로메튬·사마륨·유로퓸·가돌리늄·터븀·디스프로슘·홀뮴·어븀·툴륨·이터븀·루테튬·스칸듐·이트륨. 모두 생산과정이 복잡하고 환경을 해칠 수 있어서 생산 비용이 높은 반면 알려진 대체재는 없다.

희토류 금속은 경제의 모든 부문에 활용되며 다양한 가전제품에 들어가는데, 보통은 소량씩 쓰인다. 스테이크에 후추를 치는 것과 비슷하다. 도자기·유리·원자력 산업·휘발유 정제뿐 아니라 텔레비전과 여러 전자제품에도 희토류가 활용된다. 1960년대 미국군 소속 과학자들이 희토류로 만드는 특정한 유형의 자석을 개발했다.[4] 이 자석은 철을 기반으로 하는 동종 제품보다 훨씬 작고 가벼워서 저렴한 경량 전자제품의 파도를 불렀다. 전기차·컴퓨터·컴퓨터 디스플레이를 비롯한 다양한 기술 제품은 희토류 자석이 있어야만 작동한다. 풍력발전용 터빈 한 대마다 희토류로 만든 자석이 적어도 2톤씩 들어간다.[5] 군대에서는 레이저 유도 미사일·야간 투시경·엑스레이 기술 등 많은 장비에 희토류를 활용한다.[6] 한 예로, 록히드마틴이 생산하는 F-35 전투기에는 희토류 417킬로그램이 포함되어 있는데 모두 중국에서 생산된 금속이다.[7] 애플은 휴대전화를 진동하게 하는 아이폰의 촉각 엔진haptic engine에 중국산 희토류를 사용한다. 미국 방산업체 제너럴 다이내믹스General Dynamics는 버지니아급 잠수함을 구축할 때 희토류를 사용한다. 희토류라는 이름은 세계적으로 구할 수 있는 곳이 많지 않다는 것을 암시하고 있지만 특별히 지구상에서 희귀한 금속이라고는 할 수 없다(대표적으로 세륨은 지구 표층에서 구리만큼이나 흔하다[8]). 이들이 귀한 이유는 대량으로 묻혀 있는 곳을 찾기 어렵기 때문이다.

20세기 중반 17종의 희토류 중 몇 개 금속이 오늘날 마운틴패스Mountain Pass 광산이 된 곳에서 대량으로 발견되었다. 라스베이거스에서 남쪽으로 120킬로미터 떨어져 막 캘리포니아주 경계를 넘은 곳이었다. 몰리코프는 이곳에 미국 경제의 엔진을 구축하고 자국 군대와 원자력 산업, 초기의 전자제품 제조업체들에 귀한 원재료를 공급했다.[9] 1964년 유로퓸을 사용하면 텔레비전 음극선관용 형광제의 붉은색을 밝게 만들 수 있다는 사실을 발견한 가전회사 역시 몰리코프에서 희토류를 조달하는 업체였다. 1980년이 되었을 즈음에는 몰리코프의 마운틴패스 광산이 국제적으로 유통되는 희토류의 70퍼센트를 공급하고 있었다.[10] 미국 연방정부에 속한 과학자들과 산업의 협업이 이러한 발전을 가능하게 했지만 1980년대부터 유대가 느슨해졌다. 중국은 20세기 후반에 걸쳐 서서히 자체적으로 희토류 산업을 발전시켰고, 자국 제조업체들이 (그리고 중국에 진출한 국제적인 기업들이) 국내에서 생산된 희토류를 소비하도록 독려했다. 베이징은 점차 희토류를 강력한 경제 무기로 인식했다.

몰리코프가 2017년 여름 델라웨어 파산법원을 찾게 된 이유는 바로 이 경제 무기 때문이었다. 그곳에는 중국을 등에 업은 투자자들이 구성한 컨소시엄이 기다리고 있었다.

희토류 사냥꾼들

현대에 들어 희토류의 수요가 치솟은 것은 무엇보다도 램프 제조업자들 때문이었다.[11]

1880년대 오스트리아의 화학자 카를 아우어 폰 벨스바흐Carl Auer von Welsbach가 토륨과 특정 희토류를 섞으면 가스등의 필라멘트를 만들 수 있다는 사실을 발견했다. 그는 이 공정을 더 개선해서 담배 라이터의 발화 장치에도 사용되는 미슈메탈misch metal을 만들어냈다.[12] 린지 라이트Lindsay Light라는 미국 회사가 이 공정을 모방했고, 제1차 세계대전으로 독일에서의 수입이 막힌 후에는 인도의 모나자이트monazite(희토류 금속을 포함하는 인산염 광물 – 옮긴이) 광산에서 희토류를 조달하기 시작했다.13 (형광등 역시 희토류를 이용해 만들어진다.)

희토류는 1788년 스웨덴의 이테르뷔Ytterby 마을 근처 광산에서 채굴한 특이한 검은 암석에서 처음 확인되었다. 앞서 발견된 적이 없어서 '희rare'라는 형용사를 쓰고, 당시 산酸에 녹는 암석에 붙이던 지질 용어인 '토류earths'를 더해 명명했다.14 (2023년 스웨덴의 한 광업 기업은 대략 100만 톤이 묻혀 있는 희토류 매장층을 발견했다고 밝혔다. 희토류 생산을 중단했던 대륙에 찾아온 뜻밖의 선물이었다.15)

그때나 지금이나 희토류를 생산하는 가장 일반적인 방법은 모나자이트와 바스트네사이트bastnaesite라는 광물에서 채취하는 것이다. 모나자이트는 대체로 인도와 마다가스카르, 미국 남동부, 오스트레일리아에서 발견된다. 하지만 안타깝게도 보통 방사성이어서 가공이 더 어렵고 비용도 많이 드는 토륨이 함께 확인되곤 한다. 미국과 중국은 바스트네사이트가 가장 많이 매장되어 있는 나라다. 이러한 매장층은 대체로 아주 약한 수준의 방사성을 띤다.

특히 전기가 대중화되면서 희토류의 새로운 용도가 급격히 부상했다. 희토류는 탐조등과 영사기를 밝히는 전극에 쓰였고, 1941년이 되자 국제 수요의 절반이 이러한 용도로 소비되었다.16 희토류는 유리 연마에도 활용되었다. 제2차 세계대전 동안에는 원자폭탄을 만들기 위한 경쟁이 펼쳐지면서 토륨의 가치가 뛰어올랐다. 전 세계에서 개발되는 신기술과 무기에서 점점 희토류가 중요해지면서 최초의 원자폭탄 제조에 활용된 토륨을 포함해 거의 모든 희토류 조달을 인도에 의존하던 미국에는 한 가지 사실이 분명해졌다.17

미국 연방정부가 1946년 작성한 보고서는 "수입 모나자이트 입수의 어려움으로 인해 소비처들은 국내에서 상업 규모의 매장층을 찾는 데 모든 노력을 기울이고 있다"라고 지적했다.[18] 전쟁이 끝날 즈음 미국을 포함해 전 세계 대부분의 나라에 희토류를 공급하던 인도에 새로 들어선 정부 역시 이러한 사실을 알고 있었다. 이 나라는 원래 오늘날의 케랄라주Kerala에 있는 검은 모래 해안 매장층에서 전략 광물들을 생산하고 있었다. 뉴델리의 의사 결정자들은 1946년 국가적 자원의 활용 방안을 검토하기 위해 모나자이트 모래의 수출을 막았다.[19] 20세기 후반 중국이 보였던 행태와 무척 흡사하게 인도 역시 희토류 금속들을 국내에 묶어둔 채 무궁무진한 제품을 생산하는 데 활용함으로써 자국 제조업을 부양하려 했다.

또한 인도는 자체적으로 희토류 가공 산업을 구축하고 자국산 토륨을 활용해 국내 원자력 산업을 육성하려 했다(인도는 1956년 최초의 자체 개발 원자로를 내놓게 된다[20]). 하지만 새 정부의 뜻과 달리 제2차 세계대전 직후 몇 년간 식량 부족 사태가 빚어지면서 인도는 3억 4000만 인구를 위한 밀이 급히 필요해졌다. 미국의 해리 트루먼 대통령은 인도와의 새로운 외교적 기회가 찾아온 것을 감지했고,[21] 인도주의적 지원의 일부로 곡물 180만 톤을 배에 실어 보내려 했다. 미국 의회와 산업계의 일부 인사들은 인도의 희토류 수출 금지 조치 해제와 구호 식량을 엮어보려 했다. 1951년 의회는 인도에 미국산 밀 구매를 위한 자금 1억 9000만 달러를 대출해주는 것을 승인했다.[22] 인도는 확고한 태도를 고수하면서 수출 금지 조치 완화를 대출과 연계하지 않았다.[23]

워싱턴은 이러한 경험에서 교훈을 얻지 못했다. 미래에 또다시 (아군이든 적군이든) 다른 나라가 미국에 경제적 영향을 미치게 되는 사태를 경계하려 하지 않았고, 미국 경제가 필요로 하는 전략 물질이 있을 때는 국내에서 더 많이 생산해야 한다는 사실도 제대로 인식하지 못한 듯했다. 미국은 인도의 희토류 수출 금지 사태와 1970년대의 아랍 석유 금수 조치 때 이런 사실을 배웠어야 했다.

미국이 일본 나가사키와 히로시마에 터뜨린 폭탄은 사실상 제2차 세계대전을 끝냈을 뿐 아니라 특히 미국을 비롯한 전 세계의 광물 사냥꾼들이 맹렬히 핵분열 과정의 열쇠가 되는 방사성 금속인 우라늄을 찾아 나서게 했다. 미국 원자력위원회는 소련이 준비하는 것으로 알려진 핵 위협에 맞서기 위해 우라늄을 간절히 원했고, 새로운 매장층 발견에 대해 경우에 따라 (2023년 기준으로 12만 5701달러에 해당하는) 1만 달러까지[24] 솔깃한 금액을 약속했다.[25] 1949년 3월 말 허버트 우드워드Herbert S. Woodward가 네바다주 굿스프링스Goodsprings의 조그마한 교사 사택으로 향한 것도 이 때문이었다.[26] 네바다주 교육부는 마티 헤스Marty Hess라는 엔지니어를 불러 캘리포니아주 경계와 가까운 라스베이거스 남쪽 지역에 우라늄이 얼마나 많은지 설명하게 했다. 헤스는 즉흥적으로 코발트와 뒤섞인 형태의 우라늄도 찾을 수 있다는 이야기를 했다. 푸른색을 띠는 금속인 코발트의 소규모 매장층이 이 지역 곳곳에 퍼져 있다는 사실은 오래전부터 알려져 있었다. 훈련받은 엔지니어였던 우드워드는 주위의 건조한 땅에 우라늄이 함유되어 있을 거로 추측했다.[27]

그에게는 한 가지 문제가 있었다. 우라늄을 찾는 가장 쉬운 방법은 특유의 짧고 날카로운 소음을 내며 방사성을 탐지하는 장치인 가이거 계측기Geiger counter를 사용하는 것이었다. 매우 비싼 장비라 우드워드와 학교 선생님인 아내 앨리스의 벌이로는 손에 넣을 수 없었다.[28] 그래서 그는 근처에 모텔과 정비소를 소유하고 있는 '팝' 사이먼P. A. "Pop" Simon과 손을 잡았다. 사이먼이 가이거 계측기를 구입할 돈을 내고 우드워드는 기술 노하우를 제공하기로 했다.[29] 우드워드는 처음부터 열심이었고 아마 지나치게 열심이었던 듯하다. 둘은 방사능을 찾기 위해 주위의 오래된 광산에 있는 쓰레기 구덩이를 샅샅이 뒤졌다. 성과는 없었고 우드워드는 겨우 두 주 만에 포기할 뻔했다. 그는 같은 지역에서 역시 우라늄을 찾고 있던 프레드 필Fred B. Piehl에게 울분을 토했다.

필은 네바다주 설파이드퀸Sulphide Queen 광산 근처에서 단체로 암석들을 조사해보자고 제안했다. 다른 광물 사냥꾼들까지 몇 명 더 합류한 우드워드 무리는 필이 제안한 곳으로 달려갔고, 그곳에서 가이거 계수기가 요란하게 반응하기 시작했다. 몇 년 전 필이 이미 납과 금을 찾아 이 지역 대부분을 살핀 적이 있었으므로 우드워드는 설파이드퀸 매장층에서 북서쪽으로 약 1.6킬로미터 떨어진 곳까지 범위를 넓혀 확인하기로 했다. 그리고 우드워드의 생일이었던 1949년 4월 2일, 이들 무리는 이후 지질학의 차가운 언어로 "광맥이 노출된 부분을 따라 강렬한 방사능"이 탐지되었다고 기록된 매장층을 발견했다.[30]

우드워드와 그의 팀은 모하비사막 동쪽 모서리에 자리한 야트막

한 구덩이에서 황갈색 금속을 확인했다. 하지만 정확히 어떤 금속이 함유되어 있는지는 알 수 없어서 이 매장층에 대한 자신들의 권리를 확인한 후(1872년에 제정된 미국 광업법 덕분에 비용을 전혀 지불하지 않고도 권리를 확보할 수 있었다) 근처 우체국에서 표본을 미국 광산국으로 보냈다. 물질의 화학적 조성을 검사하는 분광 분석 결과 이 광물은 바스트네사이트였고 플루오린과 함께 희토류가 대량 함유되어 있었다. 우드워드는 우라늄을 발견하지 못했지만 대신 (아직은) 널리 쓰이지 않는 광물들의 방대한 매장층을 찾아냈다. 가이거 계수기가 강렬하게 반응한 이유는 주로 다른 희토류 광물과 뭉쳐 있는 토륨 때문이었다.[31] 한 달 뒤 지질조사국이 우드워드의 발견에 대한 소문을 들었고 암석 표본을 확인하게 해달라고 요청했다. 그 해 여름 늦게 지질조사국에서 우드워드와 그의 팀을 찾아왔고, 가을에는 연방정부와 캘리포니아주 정부의 과학자들이 16만 제곱미터 규모의 지역에서 지질도를 작성했다. 추수감사절이 일주일도 남지 않았던 1949년 11월 18일, 미국 내무부는 우드워드의 발견을 발표했고 '생일에 선물 받은 권리Birthday Claim'라는 이름도 붙였다. 이때까지 전 세계에서 발견된 희토류 매장층 중 최대 규모였다.[32]

우드워드의 발견 이후 해당 지역에 수많은 광물 사냥꾼이 몰려들었고 이들은 곧 자신의 소유권을 주장하고 나섰다. 희토류는 대부분 지표면 가까이 있어서 땅을 깊이 파지 않아도 채굴할 수 있고 돈을 아낄 수 있다. 새로운 희토류 공급처를 찾고 있던 아메리카 몰리브데넘Molybdenum Corporation of America에는 반가운 소식이었다. 몰리코프로 알려진 이 회사는 1919년 미국 뉴멕시코주 케스타에서 비료와 금속 합금에 쓰이는 은색 금속 몰리브데넘을 생산하며 사업을 시작했다. 이 회사의 회장 마크스 허슈Marx Hirsch는 라스베이거스와 로스앤젤레스 사이라는 편리한 위치에 어마어마한 희토류 매장층이 발견되었다는 소식을 그냥 넘길 수 없었다.[33] 허슈는 자신의 회사가 새 매장층을 기반 삼아서 강철의 경화제로 소량 첨가하는 등 희토류 금속의 새로운 용도를 개발할 수 있길 바랐다.[34] 업계의 한 잡지는 마운틴패스 주위 지역을 "쾌적한 기후와 건조한 공기, 햇빛을 누릴 수 있는 곳. 고속도로를 약간 벗어나 위치하며, 근처에 멋진 모텔과 식당이 있고, 거의 가동 준비가 끝난 공장이 있으며, 흙으로 덮이지 않은 독특한 고품질의 매장층과 언덕만 넘어가면 라스베이거스의 즐거운 장소들도 있다"라고 긍정적으로 묘사했다.[35] 1951년 몰리코프는 우드워드에게서 '생일에 선물 받은 권리'를 사들였고 이듬해에는 마운틴패스에 구멍을 파기 시작했다. 이 회사는 136만 톤 이상의 희토류를 손에 넣은 것으로 추정했다.[36] 경쟁을 예상한 이는 많지 않았다. 1952년 기사에서 마운틴패스 주위의 "쾌적한 기후"를 찬양했던 잡지는 이 광산의 잠재적인 경쟁자는 중국이 아니라 미국의 같은 지역에 개발되는 광산들일 것으로 예측했다.

> 지금 가이거 계수기를 들고 수천 명의 광물 사냥꾼과 사냥꾼 지망생이 사방을 뒤지며 치열한 경쟁을 벌이고 있지만, 대량 판매 시장이 만들어질 만큼의 희토류를 발견하지 않는 이상, 몰리코프가 충분한 수익을 내면서 흥미진진하기까지 한 미래를 기대할 수 있는 건 분명해 보인다.[37]

한동안은 그랬다.

몰리코프의 성장은 주로 에임스연구소Ames Laboratory와의 공생적인 협력 관계에서 기인했다. 에임스연구소는 1947년, 지금은 아이오와주립대학교로 알려진 곳에 설립되었다. 이 연구소는 제2차 세계대전 동안 맨해튼 프로젝트에 참여했던 과학자들의 연구를 기반으로 만들어졌고, 희토류를 분리하고 처리하는 방법에 초점을 맞추며 연구 성과 대부분을 기업들과 공유했다.[38] 하지만 희토류를 생산하는 공정은 암석에서 금을 추출하는 공정과 달리 비용이 많이 들었고 엄청난 시간과 노력을 요구했다.

금은 보통 광석을 채취한 뒤 산성 용액을 바른 거대한 패드에 그 광석을 올려서 생산한다. 광석에서 침출된 금이 패드의 바닥에 모이고, 몇 가지 처리를 더 거치면 금괴가 된다.

희토류를 생산하려면 더 많은 단계를 거쳐야 한다. 마운틴패스에서 캐낸 바스트네사이트를 조그마한 자갈 크기로 부순 뒤 더욱 잘게 분쇄해 고운 흙 같은 가루로 만든다. 그 가루를 염산을 비롯한 다른 화학물질과 섞고 용액 속에 넣어 부유flotation라는 단계를 시작한다. 부유 단계에서는 암석에 존재할 수도 있는 다른 광물들을 제거한다. (마운틴패스에서는 대략 암석의 8퍼센트에서 10퍼센트 정도가 희토류였다.) 바스트네사이트 가루는 용액이 가득 찬 탱크 제일 위에 거품 형태로 떠 있는데, 그 막을 걷어서 다시 정제한다.[39] 17가지 희토류는 각각의 공정을 거치며 보통 정확한 순서에 따라 채취된다. 한 예로, 네오디뮴을 얻으려면 먼저 세륨을 분리해야 한다. 이 모든 과정을 마치면 가루 형태의 희토류 산화물이 만들어지고 다시 가공을 거쳐야 자석과 합금, 기타 재료를 만드는 데 사용할 수 있는 희토류 금속을 손에 넣을 수 있다. 시간과 비용을 들여야 하는 과정이다.[40]

이러한 과정 대부분이 주로 아이오와의 에임스연구소에서 일하는 미국 연방정부 소속 과학자들의 도움 덕분에 완벽해졌다. 1960년대 중반이 되자 레이저와 자석, 기타 신흥 기술을 이용해 연구를 수행하는 이 연구소가 "현대 희토류 산업의 발생지"로 알려졌을 정도였다.[41] 이런 기술력은 몰리코프의 이점이자 특정 기업을 넘어서는 미국 산업 전체의 성장 동력이 되었다. 1960년대 몰리코프는 희토류 생산을 확대했고, 특히 부상 중인 텔레비전 시장을 위해 유로퓸의 생산을 늘렸다. 또한 자사보다 규모가 작은 경쟁 상대를 여럿 인수하기도 했다. 몰리코프는 신기술의 발전을 활용하면서 계속 제품 구성에 새로운 희토류를 추가했다. 복잡하고 번거로운 희토류 생산에 점점 통달하고 있음을 보여주는 발전이었다.[42]

1960년 미국은 이 특별한 금속들을 1600톤가량 소비했지만, 1980년에는 소비량이 2만 900톤으로 뛰어올랐다.[43] 그리고 에임스연구소에서 내놓은 연구가 또 다른 돌파구도 제시했다. 1965년 미국 공군 과학자들이 사마륨-코발트 영구 자석을 발명했다. 철을 기반으로 한 자석보다 더 강력하지만 크기는 작아서 항공기 설계의 열쇠가 될 수 있는 발명품이었다. 당시 자이르(콩고의 옛 이름-옮긴이)라 불리던 나라에 발생한 분쟁으로 인해 코발트 수급이 어려워지면서 희토류로 자석을 만드는 연구에 더욱 불이 붙었다. 1983년 GM과 일본의 스미토모 특수금속Sumitomo Special Metals이 각각 네오디뮴-철-붕소NdFeB 자석을 만들어냈다고 발표했다.[44] 개인용 컴퓨터의 시대가

도래하던 시기에 딱 맞춰 찾아온 기념비적인 발명이었다. 월가도, 중국도 이러한 성장을 놓치지 않았다. 1977년 유노칼Unocal로 알려진 캘리포니아 유니언 오일이 (2023년 기준 12억 5000만 달러에 해당하는) 2억 4000만 달러에 몰리코프를 인수했고 이 회사를 독립적으로 운영하겠다고 밝혔다.

중동의 석유, 중국의 희토류

몰리코프가 라스베이거스 외곽에서 '생일에 선물 받은 권리'를 사들였던 1951년, 뉴욕의 컬럼비아대학교는 쉬광셴徐光憲에게 화학 박사학위를 수여했다. 그는 앞서 1949년 세인트루이스의 워싱턴대학교에서 화학 석사학위를 받았다. 미국 의회는 자국에서 공부한 학생들이 새로 출범한 중화인민공화국으로 돌아가는 것을 막는 법률을 막 통과시키려던 참이었다.[45] 쉬광셴과 그의 아내이자 화학자였던 가오샤오샤高小霞는 뉴욕을 떠나 쉬광셴이 일자리를 얻은 베이징대학교가 있는 중국으로 향했다.[46] 고국에서 연구에 매진하던 두 사람은 문화대혁명이 진행된 6년간 감금 생활을 해야 했다. 이후 자유의 몸이 된 쉬광셴은 희토류 연구에 투입되었고, 특히 프라세오디뮴과 루비듐을 집중적으로 파고들었다. 1970년대 중반, 중국에 세계 최대 규모의 희토류가 매장되어 있다는 사실이 밝혀졌다. 쉬광셴의 연구에 힘입어 중국은 자국산 희토류의 가공과 분리에 박차를 가할 수 있었다.[47]

중국은 자국의 희토류 산업을 체계적으로 육성하기 시작했다.

1985년 본질적으로 아이오와의 에임스연구실에서 이뤄지는 미국 희토류 연구 체계를 모방한 중국희토류정보센터CREI가 만들어졌다. 중국의 희토류 생산 중심지는 네이멍구자치구의 바이윈어보로, 대형 철광석 광산에 바스트네사이트가 다량 묻혀 있는 매장층도 있는 것으로 확인되었다. 따라서 중국은 희토류를 생산하는 동시에 강철을 위한 철광석도 생산할 수 있어서 비용을 대폭 절감할 수 있었고, 이 사실이 전략적 이점이 되었다. 이 나라의 희토류 생산은 1978년부터 1989년까지 매년 40퍼센트씩 증가했다.[48] 미국과 캐나다, 일본의 기업들 역시 중국 회사들과 손을 잡고 자신들의 기술을 중국 본토에 전해주면서 아직 초기 단계였던 이 나라의 희토류 산업이 발전할 수 있게 도왔다.[49]

마운틴패스 광산은 여전히 세계에서 희토류를 가장 많이 생산하는 곳이었고, 제1차 걸프전쟁에 참전한 미국 군인들 역시 이곳에서 나온 광물들을 활용했다. 하지만 희토류를 등에 업고 점점 더 발전하는 미국 국방부의 기술력에 허점을 찔린 베이징은 희토류 연구를 확대했다.[50] 중국의 지도자 덩샤오핑은 1980년대에 선견지명을 발휘해 "중동에는 석유가 있다. 중국에는 희토류가 있다"라는 논평을 내놓았고[51] 자신의 나라가 이러한 경제적 이점을 더 활용하도록 격려했다.[52] 그의 후계자 장쩌민은 1999년, 중국이 "희토류의 개발과 활용을 발전시키고 이 자원에서 얻은 이점을 경제적 우위로 바꿔야 한다"라고 주장했다.[53]

중국 과학자들이 희토류 연구에 박차를 가하던 그때 미국의 대학교들은 조금씩 관심을 거두기 시작했다. 바이오 연료나 다른 재생 에너지 기술 연구가 활성화된 것도 영향을 미쳤다. 1960년대 후반 미국 연방정부가 희토류 업계에서 중요한 역할을 하던 한 전문 매체에 자금 지원을 중단하면서 이러한 변화가 서서히 시작되었다.[54] 기업들이 후원에 나섰으나 해당 매체는 2002년 문을 닫았다.[55] 1990년대가 되자 에임스연구소의 학자들이 아이오와대학교 학생들을 상대로 인기리에 진행했던 희토류 강의도 중단되었다.[56] 1996년 광업계와 관련한 연구와 안전 기준을 감독하던 미국 광산국이 예산 절감 차원에서 폐지되었다.[57] 2010년 3월, 미국 의회에 출석한 몰리코프의 최고경영자 마크 스미스Mark Smith는 자사의 과학자 17명이 중국에서 희토류를 집중적으로 연구하는 과학자 600명과 경쟁하고 있다고 불평했다. 당시 몰리코프는 시장 상황이 나쁜 탓에 마운틴패스 광산의 운영을 중단한 상태였다.[58] 스미스는 하원 과학기술위원회에서 "미국에 있는 어느 대학이든 희토류를 조금이라도 다뤄본 학생을 찾을 수 없다"라고 주장했다.[59] 미국의 희토류 연구에서 가장 걸출한 학자 중 한 명으로 인정받은 에임스연구소의 칼 그슈나이드너Karl Gschneidner 교수도 같은 공청회에 참석했다. 그는 자기 또래 연구자들이 은퇴하거나 사망하거나 단순히 다른 분야를 연구하게 되면 "지식의 공백"이 발생할 수 있다고 경고했다.[60] 같은 해 미국 연방정부의 국방 비축 물자에서 희토류가 전량 매각되었다. 이 광물들은 처음부터 정부의 목적을 위한 전략 물자로 지정된 적이 없었다.[61]

중국의 노동·환경·안전 기준은 미국과 비교하면 덜 엄격했기 때문에 이 나라에서 생산된 희토류는 확실한 가격상의 이점이 있었다. 바이윈어보 근처에 있는 광미 폐기물용 연못은 너비가 약 8킬로미터에 달하는데 이 나라에서 희토류를 생산할 때 발생하는 가장 위험하고 끈적거리는 폐기물로 가득 차 있다.[62] 2014년 발표한 연구에 따르면 광산 근처 지역에서 비정상적으로 높은 수준의 플루오린 화합물이 검출되었으며 특히 먼지 입자에서 농도가 높았다.[63] 2015년 이 지역을 방문한 영국 BBC 기자는 직설적으로 "네이멍구자치구의 한구석에는 스마트폰과 소비자용 기기, 친환경 기술을 향한 전 세계의 갈망이 만들어낸 악몽 같은 유독한 호수가 숨어 있다"라고 전했다.[64] 2010년까지 매년 거의 처리를 거치지 않은 폐수 910만 톤 이상이 바이윈어보 인근 지역에 버려졌다. 근처에는 중국의 주요 수로 중 하나인 황허강이 흐르는데, 주민들은 이 지역에서 잡은 물고기를 먹지 않는다.[65]

바이윈어보 외곽에는 중국 전역에 생겨나고 있는 불법 희토류 광산들이 퍼져 있다. 이러한 광산들은 보통 근처 주민들의 노동을 착취하고 암시장에 금속을 판매한다.[66]

미국에서는 1970년 환경보호국이 창설되면서 희토류 업계에 대한 규제가 강화되었다. 따라서 마운틴패스 주위에는 중국이 바이윈어보 인근에 건설한 것 같은 광활하고 엉성한 폐기물 연못이 허가되지 않았을 것이다. 하지만 캘리포니아에 있는 이 광산의 소유주들은 환경 규제에 맞지 않게 설비를 운영하고 있었고, 적어도 한 가지 면에서는 의식적으로 규제를 어기고 있었다. 1980년 몰리코프는 광산 현장에서 근처의 이반파호Ivanpah Lake까지 약 22.5킬로미터 길이의 파이프라인을 건설했다. 이반파호는 라스베이거스로 향하는 15번 주간고속도로를 가로지르는 건호乾湖였다. 이 회사가 받은 폐수 배출 허가에 따르면 광산에서 발생한 소금물을 파이프라인을 통해서 이반파호로 보내 증발하게 할 수 있었다. 하지만 몰리코프가 이후 16년간 내다 버린 것은 희토류 생산 과정에서 나온 방사성 입자와 중금속이 섞인 폐수였고 회사도 그 사실을 알고 있었다.[67] 1984년부터 1993년까지 몰리코프의 마운틴패스 설비에서 40회에 걸쳐 총 275만 리터의 유독성 폐수가 배출되었다.[68] 캘리포니아주는 1995년 부적절한 폐기물 관리를 이유로 이 회사에 10만 달러의 벌금을 부과했다.[69] 공무원들은 배출된 폐수가 소금물이라고만 생각했다. 이 회사가 받은 폐수 배출 허가는 소금물에 관한 것뿐이었고, 이에 따라 간헐적인 검사만 이루어졌기 때문이다. 1994년 여름 파이프라인을 청소하려다가 더 많은 배관에 균열이 발생했고, 공무원들은 11군데가 넘는 파열 지점에서 약 144만 리터의 방사성 폐수가 모하비사막으로 새어 나갔다는 사실을 알게 되었다.[70] 희귀 거북이가 서식하는 지역도 피해를 보았다. 이반파호 바닥에 계속 방사성 폐수가 쌓이는 동안에도 몰리코프는 규제기관과 옥신각신하며 1년 넘게 꾸물거렸다. 1997년 7월까지 정화 작업자들이 수공구手工具를 이용해 1840개의 강철 드럼통에 폐기물을 수거했는데, 절반 이상이 방사성을 띠었다.[71] 수거된 폐기물은 매립되었다. 마운틴패스 광산은 1998년 일시적으로 운영을 중단했고 몰리코프는 41만 달러의 벌금을 내야 했다.[72] 1984년부터 총 419만 리터에 달하는 방사성 폐수가 파이프라인에서 유출되어서 미국에 희토류 산업의 기반을 닦으려 했던 이 회사의 노력에 오점을 남겼다.[73]

(21세기에는 네바다주에 리튬 광산을 세우려는 아이어니어의 계획에 맞서

싸우게 될) 생물다양성센터Center for Biological Diversity는 1990년대 후반 이미 몰리코프의 이런 파이프라인 활용에 반기를 든 적이 있었다. 하지만 이 회사가 파이프라인을 폐쇄하고 복원을 위한 절차를 밟겠다고 약속하자 생물다양성센터도 물러났다. 이 단체의 대변인은 희토류 광산에서 벌어지는 일은 더러울 수밖에 없지만 적어도 그곳에서 나온 생산물은 친환경 에너지 장치에 활용되지 않느냐고 이유를 설명했다.[74]

규제기관의 압력이 거세지는 가운데 1999년 봄, 몰리코프는 향후 13년간 마운틴패스 광산에서 사용되는 물의 양은 62퍼센트, 발생하는 폐수의 양은 50퍼센트 줄이겠다는 야심 찬 계획을 발표했다. 또한 이 회사는 파이프라인을 통한 폐수 운반을 중단하고 현장에서 폐수를 처리하겠다고도 약속했다.[75] 하지만 중국산 희토류의 가격 압박이 거세지면서 더 광범위한 시장의 힘이 광산 운영에 영향을 미쳤다. 결국 마운틴패스 광산은 2002년 문을 닫았고, 장비들은 따뜻한 캘리포니아의 태양 아래서 녹이 슬었다.[76]

2021년 12월 초 GM이 깜짝 발표를 내놓았다. 앞으로 생산할 전기차를 위한 희토류 자석을 미국에 있는 제조 시설 두 곳에서 구매한다는 발표였다.[77] 예상할 수 없었던 도전적인 목표였다. 이 회사는 같은 해 앞선 시기에 바이든 대통령이 정부 보유 차량을 두고 세운 목표에 발맞춰 2035년부터는 배기가스를 배출하지 않는 경량 차량만을 판매하겠다고 선언한 바 있었다.[78]

놀라운 점은 두 가지였다. 먼저, 미국에는 전기차 배터리에 저장된 에너지를 운동으로 바꾸는 역할을 해서 사실상 모터로 기능하는 네오디뮴-철-붕소 자석을 자동차 업체에 공급할 수 있는 제조 시설이 없었다. 두 번째로, 미국 안에 그런 제조 시설이 없는 이유는 바로 GM 때문이었다. 아이러니하게도 GM은 과거 자사의 마그네퀜치Magnequench 부서 덕분에 국제 희토류 자석 산업에서 선두를 달렸다. 하지만 1995년 해당 부서와 특허들을 중국 협력사 두 곳이 포함된 컨소시엄에 매각하기로 합의했는데, 두 중국 회사 중 하나는 이 나라의 전前 지도자 덩샤오핑의 사위가 이끄는 기업이었다.

GM은 마그네퀜치 매각 계약 덕분에 중국에 더 많은 자동차를 판매할 수 있었고, 중국은 미국에서 처음 개발된 희토류 자석 기술에 접근할 수 있었다. 중국 제조업체들이 미국 산업계에서 점점 밀려나는 듯한 분야에 주목하고 해당 분야를 키우려 나섰던 또 다른 사례다. 이러한 거래를 감시할 책임이 있는 규제기관인 미국 외국인투자위원회는 마그네퀜치가 이후 몇 년간 인디애나주에 있는 자석 공장을 계속 운영한다는 조건으로 이 인수를 승인했다. 약속한 기간이 지나자 인디애나주 공장은 문을 닫았고, 자석 생산 기지는 중국 본토로 옮겨졌다.[79]

2005년 오클라호마주의 공화당 상원의원 제임스 인호프는 이를 두고 "미국은 이제 정밀유도탄에 필요한 희토류 자석을 국내에서 조달할 수 없다. 이것은 분명히 안보 문제라고 해야겠다"라고 한탄했다.[80]

GM은 마그네퀜치 부서를 매각하면서 앞으로 30년이 채 흐르기 전에 이 부서에서 생산하는 제품이 있어야만 생존할 수 있는 때가 오리라고는 전혀 짐작하지 못했다. 사실 당시만 해도 GM은 주로 자동차 좌석을 위아래나 앞뒤로 움직이는 모터에 희토류 자석을 썼다. 미국 군대는 미사일 추적 시스템을 비롯해 다양한 무기에 희토류 자석을 활용했지만 2008년 국방부는 "[희토류] 공급망에 다른 국가들과 관련이 있는 취약성이 존재하는지는 알려지지 않았다"라고 평가했다.[81]

GM이 2021년 12월 발표한 계약은 이제는 비록 자사가 희토류 자석과 관련된 특허를 보유하고 있지 않더라도 미국의 희토류 산업을 되살려 과거의 실수를 만회하려는 시도였다. GM의 국제 조달 및 공급망 담당 부회장 실판 아민Shilpan Amin은 "북아메리카에서 배터리와 전기차를 위한 천연자원을 더 많이 찾아내고, 그 자원들을 이곳에서 가공해서 생산할수록 (…) 우리는 더 많은 가치를 창출할 수 있다"라고 밝혔다.

"우리의 전략은 우리의 운명을 스스로 통제하는 것이다."[82]

1980년대의 마그네퀜치 매각을 떠올리면 "운명을 스스로 통제"하겠다는 GM의 계획은 분명히 역설적이었다. 이 새로운 계획을 거슬러 올라가면 캘리포니아주의 마운틴패스에 닿아 있었고, 간접적으로는 중국 자체와도 관련이 있었다.

마운틴패스 광산의 운영이 중단되면서 미국 희토류 산업이 사실상 멈춰 섰던 2005년부터 2009년까지 중국은 외국 기업이 중국산 희토류가 들어간 중국 제품을 구매하도록 부추기기 위해 희토류 수출을 한층 더 제한했다.[83] 2005년 셰브론은 중국 국영 기업 중국해

양석유총공사CNOOC와의 경쟁 끝에 마운틴패스를 소유한 유노칼을 180억 달러에 인수했다.[84] 광업은 셰브론의 관심 분야가 아니었으므로 이 석유계의 거물은 2008년 마운틴패스를 8000만 달러에 대형 투자은행 골드만삭스가 포함된 컨소시엄에 매각하기로 합의했다.[85] 몰리코프라는 이름까지 함께 손에 넣은 이 컨소시엄은 2010년 7월 공모주 청약에서 3억 9400만 달러를 모았다.[86] 경영진은 점점 커지는 중국의 희토류 권력에 맞설 중요한 보루로 이 회사를 홍보했다. 새로운 회사는 공모주 청약을 통해 확보한 자금으로 광산을 다시 열고 환경보호 장치를 개선할 수 있을 거라고 밝혔다.[87]

한편 오스트레일리아 웨스턴오스트레일리아의 마운트 웰드Mount Weld 매장층에서 희토류를 채굴해왔던 오스트레일리아 기업 라이너스Lynas는 2010년 다른 나라들을 배제하고 생산량 대부분을 일본에 공급하기로 합의했다.[88] 라이너스는 몰리코프처럼 중국이라는 포장지로 자사를 포장하려 했다. 2014년 최고경영자에 올라 이 회사의 소생을 이끈 어맨다 라카지Amanda Lacaze는 "우리는 중국과 완전히 독립적"이라고 주장했다.

> 우리는 희토류 시장에서 리더로 남으려 한다. 소비자들이 공급을 확신하기만 하면 중국 밖에서도 상당한 성장이 이루어질 것이다.[89]

2010년 몰리코프는 예상치 못했던 중국의 지원을 받았다. 이 나라가 일시적으로 일본으로의 희토류 수출을 막으면서[90] 희토류의 국제 가격이 급등했다. 새로운 몰리코프는 기세등등했다. 중국의 움직임은 무기 등급 광물에 대한 국제 쟁탈전을 유발했고, 몰리코프의 경영진은 이 기회를 활용하려 했다. 이 회사의 주식 가치는 신규 상장 이후 6개월 동안 두 배 이상이 되었다.[91] 당시 몰리코프의 최고경영자였던 스미스는 2010년 12월 로이터에 "이 사업에 거의 25년 가까이 몸담았지만 지금처럼 기회가 넘쳤던 때는 없었다"라고 밝혔다.[92] 외교적 마찰에 이어 중국이 일본으로의 전략 광물 수출을 금지하자 3개월간 희토류 가격이 하늘 높이 치솟았다. 실은 미국 국방부가 오랫동안 자국에 닥칠까 봐 두려워했던 상황이었다. 이러한 두려움은 대중문화에까지 흘러갔다. 2012년 끝매된 비디오게임〈콜 오브 듀티: 블랙 옵스 2 Call of Duty: Black Ops II〉는 중국의 국제적인 희토류 독점으로 인해 아프리카 대륙에 전쟁이 발발한다는 시나리오를 전개한다.[93]

희토류 가격이 급등하는 사이 일본의 스미토모는 몰리코프에 1억 3000만 달러를 투자했다. 히타치금속 Hitachi Metals은 희토류의 안정적인 공급을 확보하기 위해 몰리코프와 합작 투자회사를 설립했다.[94] 몰리코프는 주식 상장 후 얼마 지나지 않아 프로젝트 피닉스 Project Phoenix라는 15억 5000만 달러 규모의 확장 계획을 발표했고, 이를 통해 마운틴패스 광산의 전 소유주들보다 더 안전하고 저렴하게 희토류를 생산할 수 있게 되길 바란다고 밝혔다.[95] 그리고 2012년에는 세계 희토류 수요의 20퍼센트를 공급하겠다는 목표를 내놓았다.[96] 몰리코프는 2012년 3월 13억 1000만 달러를 내고 네오 머터리얼즈 테크놀로지스 Neo Material Technologies Inc.라는 캐나다의 희토류 가공 업체를 인수하기도 했다.[97] 모두 새로운 몰리코프를 위해 스미스가 마련한 비전에 따른 것이었다. 그는 "광산부터 자석까지" 전략으로 중국에 내주었던 영토를 되찾아오려 했다.

스미스는 "내가 보는 모든 공급과 수요의 핵심이 이러한 전략이 지속가능하다고 말해주고 있다"라고 떠벌렸다.[98] 하지만 막대한 지출과 높은 기대에도 현장에서는 새로운 설비들을 제대로 운용하지 못하고 있었다. 몰리코프의 이사진이 적절한 테스트도 생략한 채 작업자들을 급하게 다그쳤기 때문이다.[99] 몰리코프는 자신들이 마운틴패스라는 엄청난 광산을 보유하고 있다는 것을 알았지만 프로젝트 피닉스는 생산 목표에 도달하지 못했다.[100] 중국은 2012년 수출을 늘리며 희토류 국제 가격을 폭락시켰다.[101] 2012년 12월 미국 증권거래위원회가 "이 회사가 공개한 정보의 정확성"을 조사하고 있다고 밝힌 뒤, 최고경영자 스미스는 몰리코프를 떠났다.[102] 또한 2012년 환경보호국이 사전 통지 없이 이 회사의 마운틴패스 시설을 점검하다 현장에서 납과 철이 빗물에 유출되는 것을 확인했다. 이 폐수가 인접한 땅으로 흘러들어 토양을 오염시킬 수 있다는 우려가 제기되었다. 회사는 2만 7300달러의 벌금을 내야 했다.[103]

몰리코프는 2013년 1억 9720만 달러의 적자를 기록했다. 하지만 2014년에는 일부 장비를 처음으로 가동했고, 2015년 말에는 현금 흐름이 흑자로 돌아설 것으로 기대되었다.[104] 그러나 이 회사는 끝까지 생산 목표를 달성하지 못했다. 중국이 희토류 수출을 봉쇄한다는 결정을 뒤집으면서 국제시장에 물량이 밀려들었고, 가격이 폭락하면서 몰리코프의 대차대조표도 망가졌다. 손치 판사가 기다리는 델라웨어의 법정에 모습을 드러내기까지 2년 정도 남았던 2015년

6월, 이 회사는 미국 파산법 제11장에 따라 파산 보호를 신청했다. 몰리코프는 24억 9000만 달러가 넘는 자산을 보유하고 있었지만 7억 5000만 달러 정도를 빌린 미국 은행 웰스파고Wells Fargo를 포함해 1000여 명에 달하는 채권자에게 17억 9000만 달러의 채무가 있었다.[105] 그래서 미국 유일의 희토류 광산을 비롯해 전 세계에 자산을 보유한 이 회사를 분할해서 매각해야 할지를 확인하는 24개월간의 절차가 시작되었다.

마운틴패스 광산의 새 주인

2016년 8월 첫 번째 단추가 끼워졌다. 몰리코프의 일부가 파산 보호에서 벗어나 2012년 인수한 기업인 네오 머터리얼즈 테크놀로지스의 이름으로 재출발하게 되었다. 옛 네오를 몰리코프에 팔았던 사람들이 새로운 네오를 이끌게 되었고 옛 네오의 자산도 대부분 유지했다.[106] 역설적인 전개였지만 네오의 경영에는 훨씬 도움이 되었다. 하지만 분리된 네오에는 캘리포니아의 마운틴패스 광산이 포함되어 있지 않았다. 많은 채권자와 잠재적인 구매자들은 이 광산을 몰리코프라는 회사 전체를 파산으로 끌고 간 '닻'이라고 부르며 저주하는 듯했다.[107] 몰리코프는 부채를 청산하기 위해 가장 비싼 값을 부른 주체에 이 광산의 자산을 매각하려 했다. 델라웨어 파산법원 판사 손치는 마운틴패스 광산의 운명이 "유동적"이라고 밝혔다.[108]

시카고를 기반으로 하는 헤지펀드이자 몰리코프의 회사 채권 소유자 중 하나인 JHL 캐피털은 역시 회사 채권을 가진 다른 이들과 합의해 100만 달러를 내고 마운틴패스 광산에 묻혀 있는 광물에 대한 권리를 인수하기로 했다. 광산 부지에 대한 권리는 포함되지 않았다. JHL 캐피털의 대리인들은 2016년 3월 법정에서 익명의 외국 기업과 함께 광산 전체에 대한 입찰도 고려하고 있다고 밝혔다.[109] 이 땅의 전략적 중요성에도 불구하고 처음에는 법정에 매입 의사를 밝히는 이가 없었다.[110] 채권을 회수해 채권자들에게 배분할 책임이 있는 파산관재인들을 점점 불안하게 만드는 상황이었다. 막후에서 몇 달간 협상이 오간 뒤, 2017년 2월 법원은 마운틴패스를 위한 경매를 열기로 했다.[111]

러시아에서 태어났지만 독일 시민이 된 억만장자 블라디미르 이오리치Vladimir Iorich와 관계가 있는 한 투자회사가 4000만 달러를 제안했다.[112] 이오리치의 인수 제안은 바로 안보 측면의 우려를 낳았다. 미국 외국인투자위원회가 이 응찰과 다른 제안을 세심히 검토해야 한다는 여론이 일었다. 이오리치는 그 해 봄 늦게, 별다른 설명 없이 제안을 철회했다.[113]

그다음에는 버지니아에서 양로원을 운영하며 부를 일군 기업가이자 환경운동가인 톰 클라크Tom Clarke가 등장했다. 그는 이전에도 미국의 오래된 석탄 광산을 사들여 정화 작업을 벌인 적이 있었고, 이러한 경험이 마운틴패스에 도움이 될 거로 생각했다. 파산관재인 폴 하너Paul Harner와 손을 잡은 클라크는 경매에 활기를 더하기 위해 처음 금액을 부르는 '바람잡이'가 되기로 했다. 클라크는 120만 달러를 제안했고, 석탄 광산에서의 경험을 비춰 볼 때 이 지역에서 환경과 관련된 법적 책임을 다하는 비용이 1억 달러에 달할 것으로 추정한다고 밝혔다. 하지만 경매 절차가 진행되고 클라크가 마운틴패스에 대한 권리를 거의 손에 넣은 것처럼 보이던 순간, MP 마인 오퍼레이션스MP Mine Operations LLC.라는 회사가 자신들도 흥미가 있다며 끼어들었다.

MP 마인 오퍼레이션스는 시카고의 헤지펀드 JHL 캐피털, QTV 파이낸셜QVT Financial이라는 투자 펀드, 중국 희토류 기업 성허자원盛和資源의 컨소시엄이었다.[114] MP 마인 오퍼레이션스에 투자한 두 미국 기업은 광업 분야에 경험이 없었지만 세계 최대 희토류 기업 중 하나였던 성허자원은 경험이 풍부했다. 전해에 JHL 캐피털이 법정에서 언급했던 외국 회사가 중국에 기반을 둔 성허자원이었던 듯하다. 그리고 MP 마인 오퍼레이션스는 광업에서의 경험이 꼭 필요했다.

입찰자들은 2017년 6월 14일, 경매를 위해 필라델피아의 한 법무법인에 모였다. 파산법원을 위해 경매를 진행하는 변호사 빈센트 매리엇Vincent Marriott이 경매가 어떻게 진행될지 설명했다. 클라크의 응찰로 첫 번째 기준가는 120만 달러로 정해졌다. 그리고 MP 마인 오퍼레이션스가 140만 달러를 부르며 입찰에 참여해서 이 금액이 다시 기준가가 되었다. 경매는 가격을 5만 달러씩 올리며 진행하기 때문에 145만 달러에서 시작하게 되었다.[115]

구두로 진행되는 경매가 시작되기 전 클라크의 변호사 오스카 핀커스Oscar Pinkas가 절차를 중단시키려 했다.[116] 클라크와 핀커스는 전날 밤 손치 판사에게 MP 마인 오퍼레이션스의 경매 참가 자격을 박탈해달라고 요청했다.[117] 이들은 무엇보다 성허자원이 마운틴패스를 통제하려는 중국 정부의 도구일 수 있다는 의혹을 제기했다.

MP 마인 오퍼레이션스는 법정에서 컨소시엄과 성허자원의 관계 때문에 미국 외국인투자위원회의 조사를 받게 되지는 않을 거라 믿는다고 주장했지만, 성허자원이 이 컨소시엄의 지분 9.9퍼센트를 보유하고 있다는 사실은 자세히 설명하지 않고 넘어갔다. (당시 외국인투자위원회 규제는 경제 안보를 반드시 포함하지는 않는 국방 안보에 협소하게 초점을 맞추고 있었다. 하지만 2020년 워싱턴은 외국인투자위원회가 두 가지 안보를 모두 관할하게 했고, 구체적으로 핵심 기술을 생산하는 미국 산업체들을 겨냥했다.[118])

메리엇은 손치 판사가 결정을 내리기 전에 경매를 진행해도 될 거라고 생각했고, 이 경매는 파산 절차와 별개라는 자신의 신념을 밝혔다. 메리엇은 "법원으로부터 경매를 연기하라는 지시를 받지 않는 한 그리고 그런 지시를 받기 전까지는 그대로 경매를 진행하려 합니다. 이제 시작하겠습니다"라고 선언했다.

핀커스는 잠시 클라크와 대화할 시간을 달라고 요청하며 다시 경매를 멈춰 세우려 했다. 흩어졌던 사람들이 다시 모이자 핀커스는 방 안에 있던 알 수 없는 이를 가리켰다. "이들이 경매에서 어떤 역할을 하는지 알고 싶습니다." 파산법원 경매의 신비로운 규정에 따르면 경매가 이뤄지는 장소에 있을 수 있는 사람은 직접 투자자들뿐이었다.

핀커스가 지목한 이는 MP 마인 오퍼레이션스의 지분을 10퍼센트 가까이 보유하고 있는 성허자원의 창립자이자 대주주인 왕취안건王全根이었다. 세계 최고의 희토류 처리 전문가 중 하나로 인정받는 왕취안건은 성허자원과 함께 전 세계에서 희토류에 투자했다. 핀커스는 직접적이지는 않게 베이징과 성허자원의 관계를 부각하려 했던 듯하다. 성허자원의 최대 주주는 중국 정부가 통제하는 중국지질과학원中国地质科学院이었다.

핀커스는 "그래서 성허자원이 현재 [MP 마인 오퍼레이션스의] 투자자고 소유권에 관심이 있다는 건가요?"라고 물었다.

변호사 매슈 클레멘테Matthew Clemente는 "맞습니다. 성허자원은 현재 MPMO(MP Mine Operations의 머리글자를 딴 약칭 – 옮긴이)의 소수 지분을 보유하고 있는 투자자입니다"라고 답했다.

핀커스가 "입찰 서류 어디에 그런 내용이 있나요? 저는 어디서도 못 봤는데요"라고 받아쳤다. 매리엇은 "오스카, 이건 시간 낭비예요"라며 만류했다. 바로 경매를 시작해서 가장 높은 금액을 정하고 싶은 마음이 간절한 게 분명했다.

핀커스는 법원이 지정한 경매 감독관을 애칭으로 부르며 "빈스Vince, 그게 아니죠"라고 쏘아붙였다. "입찰 절차를 보면 경매에 참여한 각 입찰자의 신원은 통지받은 당사자에게 완전히 공개된다고 분명히 규정되어 있습니다. 저희도 그중 하나고요."

매리엇은 핀커스의 요구에 직접 답하는 대신 "오스카, 응찰할 건가요?"라고 물었다. 그리고 입찰하지 않는다면 경쟁자에게 유리한 방향으로 경매가 마무리될 거라고 경고했다.

기세가 약간은 누그러진 핀커스가 145만 달러를 부르며 경매를 시작했다. 하지만 그는 최종적으로 판사가 자신에게 유리한 판결을 내린다면 어떤 일이 벌어질지 알고 싶었다. 방금 경매에서 부른 금액을 내야 할까, 아니면 처음 제안한 120만 달러를 내야 할까? 짜증이 쌓인 매리엇은 핀커스에게 판사가 어떤 판결을 내리든 그와 클라크는 경매의 결과를 따라야 한다는 것을 알고 전제 조건 없이 응찰하라고 지시했다.

핀커스는 "이 경매가 법원의 명령 외에 무엇의 대상이 될지 모르겠습니다. 그런 근거에 따라 145만 달러에 응찰합니다"라고 못 박았다.

매리엇이 못 믿겠다는 듯이 응수했다. "오스카, 내가 들어야 할 말은 그게 아니에요. 내가 입찰이라고 간주할 수 있게 당신이 해야 할 말을 할 수 있도록 한 번 더 기회를 드리겠습니다. 그다음 이 경매를 끝낼지 결정하죠."

핀커스는 5분의 휴식을 요청했다.

"아니요. 더 이상 휴식은 없습니다. 당신에게는 충분한 시간이 있었어요. 당신이 실제로 시도하고 있는 일은 경매가 진행되는 중에 손치 판사가 판결을 들고 나타나는 것을 볼 수 있게 지연작전을 쓰는 거죠."

핀커스는 "저는 제 고객과 전략적인 논의를 하려는 겁니다. 손치가 어떤 판결을 내리든 중요하지 않다고 당신이 확실히 확인해주었으니까요"라고 반박했다.

그때 핀커스의 고객인 클라크가 개입했고 경매에 대한 협상은 불가능하며 결과를 취소할 수도 없다는 원칙에 동의했다. MPMO의 변호사 클레멘테는 150만 달러를 불렀다. 이후 한 시간 동안 양쪽은 엎치락뒤치락하며 응찰을 이어갔다. MPMO가 응찰가를 180만 달러까지 올렸다.

클라크는 500만 달러로 응수했다. 그러자 MPMO가 520만 달러를 불렀다. 클라크는 750만 달러로 금액을 올렸고 MPMO도 똑같은 금액을 올렸다. 클라크는 1000만 달러까지 지르며 마운틴패스의 통제권을 손에 넣고 싶다는 의지를 분명히 드러냈다. 그의 변호사가 손치 판사에게 전화를 걸기 위해 방 밖으로 뛰쳐나갔고 몇 분 후 돌아왔다.

핀커스는 방에 모인 사람들에게 "우리는 이러한 절차 전체에 계속해서 이의를 제기합니다"라고 선언했다.

매리엇이 "무슨 뜻이죠?"라고 물었다.

MPMO의 변호사 클레멘테가 "유령과 경매를 하는 느낌이네요"라고 빈정거렸다.

핀커스는 "우리도 같은 기분입니다"라고 받아쳤다.

경매가 몇 시간이나 계속되자 양쪽 모두 진이 빠졌다. 클라크 쪽에서 가격을 1060만 달러까지 올렸다. MPMO도 물러서지 않았다.

"1080만."

"1200만."

"1220만."

"1500만."

"1520만."

"1600만."

"1620만."

클라크가 "아내에게 문자 메시지를 보내야겠습니다. 허락을 받아야 하거든요. 잠시 쉴 수 있을까요?"라고 물었다.

매리엇은 휴식을 요청하는 이유가 "당신의 다른 투자자에게 재가를 받아야 하기 때문"인지 물었다.

클라크가 "저는 재가가 필요합니다"라고 답했다.

매리엇이 "5분 쉬겠습니다"라고 허락했다.

슬슬 힘이 빠지고 있던 MPMO의 변호사들은 이 휴식 덕분에 다시 기운을 차렸다. 클라크가 자신에게도 한계가 있다는 신호를 보냈기 때문이다. 그는 돌아온 후 2000만 달러를 불렀고 MPMO가 2050만 달러로 응수했다.

클라크는 "저는 입찰을 마치겠습니다"라고 물러났다.

여섯 시간의 입씨름 끝에 마침내 클라크가 항복했다. 경매가 이뤄진 방 뒤쪽에는 시카고의 헤지펀드 JHL 캐피털을 이끄는 남자이자 MPMO 컨소시엄의 지휘자이기도 한 짐 리틴스키Jim Litinsky가 앉아 있었다. 그는 경매가 진행되는 동안 한 번도 입을 열지 않고 자신의 변호사들이 대신 이야기하게 했다.

9일 후 양측의 변호사들이 델라웨어의 법정에서 손치 판사 앞에 모였다. 매리엇은 몇 년간 옥신각신한 협상이 이어진 끝에 드디어 판사에게 경매 결과를 제출할 수 있게 되어 안도했다. 그는 법정에서 "우리는 이런 결과가 무척 성공적이라고 믿습니다"라고 주장했다.[119]

MPMO는 현금 입찰가에 더해 이 지역에서 환경과 관련된 법적 책임을 다하는 비용까지 책임져야 했다. 법원이 중요하게 생각한 조건은 이 회사가 광산을 계속 운영해야 한다는 것이었다. MPMO는 현장에서 놀고 있는 각종 장비의 가격에 훨씬 못 미치는 2050만 달러에 마운틴패스 광산에 대한 권리와 책임을 모두 가지게 되었다.

몰리코프가 캘리포니아의 광산뿐 아니라 새로운 희토류 회사를 설립하는 복잡한 과업에 쏟아부은 몇십억 달러에 비하면 그야말로 푼돈에 불과했다.

캘리포니아주 샌버너디노군San Bernardino郡을 대리하는 변호사 조지프 휴스턴Joseph Huston은 "우리는 매각을 지지합니다"라고 밝혔다. "솔직히 말씀드리자면 놀라운 가격이라고 생각합니다."

샌버너디노에서는 이 매각이 무산되면 현장에 저장된 화학물질의 유출을 막기 위해 자신들이라도 서둘러 판사에게 부지 인수 허가를 받아야 하는 게 아닐지 두려워했다. 하지만 이 모든 위험을 짊어지면서 법정과 주, 군을 비롯해 온갖 정부 기관의 시간과 두통, 자금을 아껴주겠다는 회사가 있었다.

전화 연결로 법정에 출석한 핀커스는 자신은 이 매각에 반대하지 않고, 자신의 고객이 반복해서 광산을 사들이려 시도했던 것이나 경쟁을 촉발한 것이 "마운틴패스를 살리는 데 도움이 되었을 것"이라고 주장하며 "판사님, 지금 불만스럽게 이 자리에 앉아 있다고는 하지 않겠습니다"라고 말했다.

이러한 절차는 경매 결과를 기정사실로 만들었다. MPMO는 마운틴패스를 인수할 것이고, 중국의 도움을 받아 몰리코프가 실패한 곳에서 성공하기 위해 노력할 것이다. 2006년부터 판사로 법정을 이끌어온 법학 교수 손치도 만족했다. 그는 "파산관재인들이 몹시 어려운 자산을, 적어도 매각에는 성공한 대단한 결과입니다"라고 평가했다. 그리고 무심한 표정을 유지한 채 "저는 오후 내내 여러분과 함께할 거라 기대했습니다"라고 농을 던졌다.

친환경 에너지 전환에서 미국이 할 역할을 두고 아주 많은 것을 약속했던 캘리포니아의 마운틴패스 광산은 이제 새 주인을 맞이하게 되었다. 손치 판사는 법정을 열고 40분도 되기 전에 "휴정합니다"라고 선언했다.

미국인 경쟁 상대보다 겨우 5만 달러를 더 불렀다는 이유로 시카고의 헤지펀드와 중국의 광업 기업이 이끄는 컨소시엄이 오늘날 거의 모든 가전제품에 (그리고 더 중요하게는 미국 군대가 사용하는 무기에) 들어가는 금속을 미국에서 얻을 수 있는 유일한 원천을 소유하게 되었다.[120]

친환경 무기를 앞세운 경제적 냉전

라스베이거스에서 남쪽을 향해 구불구불하게 뻗어 있는 15번 주간 고속도로는 버려진 카지노 몇 군데를 지나고 회갈색 사막을 통과해 캘리포니아에 닿는다. 주 경계의 검문소에서는 캘리포니아주의 중요한 산업인 농업에 해를 끼칠 침입종을 반입하지는 않는지 차량을 조사한다. 고속도로는 태양 전지판이 깔린 이반파호를 지난 뒤 오른쪽으로 꺾이고, 고도가 천천히 상승하면서 클라크산맥에 진입하면 1500미터에 다다른다. 그리고 여러분을 바로 마운틴패스 광산으로 안내할 281번 출구 표지판이 보인다. 1950년대에 발행한 업계 간행물이 설명했던 대로 마운틴패스는 접근이 편한 곳에 있다. 고속도로에서 몇십 미터만 벗어나면 산등성이를 따라 광산의 거대한 구덩이와 폐광석 무더기, 우람한 장비들이 보관된 대형 창고가 있다. 이 현장에서 일하도록 광부들을 설득하기는 그다지 어렵지 않았을 듯하다. 캐나다 북부처럼 춥지도 않고, 웨스트오스트레일리아처럼 바위투성이도 아니다. 여흥을 즐길 수 있는 '환락의 도시Sin City'가 가까이 있고 반대쪽으로 몇 시간만 달려가면 로스앤젤레스 해변이다.

내가 고속도로를 타고 처음으로 마운틴패스 광산을 방문한 날은 2020년 1월의 맑고 바람이 부는 날이었다. 경비소 근처에는 미국 국기와 MPMO의 새 이름인 MP 머터리얼스MP Materials의 깃발이 나부끼고 있었다. 나는 몇 가지 안전 장비를 착용한 뒤 현장의 주 사무실 건물에서 리틴스키를 만났다. 새까만 머리와 함박웃음이 인상적인 리틴스키는 40대의 자신만만한 남자였다. 청바지 위에 걸친 상의는 최전선으로 향하는 광부들의 전형적인 의상을 모방해 빛을 반사하는 초록색 줄무늬가 들어간 현장용 셔츠였다. 시카고 출신인 리틴스키는 법학 박사와 경영학 석사를 취득한 뒤 2006년 JHL 캐피털을 설립했고 배릭골드Barrick Gold Corp, 《뉴욕 타임스》 같은 회사의 주식을 15억 달러 이상 규모로 보유하면서 투자 포트폴리오를 운용했다. 그는 마운틴패스의 다른 이들은 실패한 지점에서 성공할 기회를 보았다고 했다.

리틴스키는 주위 시설들을 가리키며 "우리가 2017년 이 광산을 인수했을 때는 (…) 경제성이 있다고 생각하는 사람이 아무도 없었습니다"라고 회상했다.[121] 2020년 이 회사는 현장에서 채굴을 재개했고 어느 정도 정제된 농축 희토류 혼합물을 생산하기 시작했다. 생산된 제품은 이 시설을 매입할 수 있게 도와준 중국 회사에 판매되고 있었다. 리틴스키는 몰리코프가 프로젝트 피닉스를 추진하며 현장에 설치했던 장비들이 제대로 작동하지 않았던 게 어느 정도 영향을 미쳤다고 설명했다. 그리고 MP 머터리얼스의 엔지니어들이 이 장비들을 가동하기 위해 작업 중이며, 그러면 중국에 의존하지 않을 수 있을 거라고도 덧붙였다.

주위를 둘러싼 산들의 그림자에 가려진 건물 중 일부는 거의 비워진 채 미래를 기약하고 있었다. 땅에 난 거대한 구멍은 노천 채굴을 위해 150미터 이상 수직으로 파 들어간 것이었다. 캐터필러의 초대형 트럭들과 불도저들이 드나들 수 있는 널찍한 도로가 그 바닥까지 구불구불하게 이어져 있었다. 새로운 소유주들은 근처 건물들의 위치를 조정해서 구덩이를 더 깊게 파고 둘레도 넓히려 했다. 안전모와 빛을 반사하는 조끼로 무장하고 구덩이의 바닥에 서자 이들이 계획하는 작업의 규모 자체에 사로잡혔다. 사방이 벽으로 둘러싸여서 부분적으로만 햇빛이 비쳤고 바람 소리는 완전히 사라졌다.

MP 머터리얼스의 거대한 장비가 구멍에서 나온 암석을 지상으로 옮기면 가공을 거쳐 중국 성허자원에 판매되는 희토류 산화물 농축물이 만들어졌다. 공장 바로 밖에는 농축물이 1500킬로그램씩 들어 있는 거대한 백색 자루가 쌓여 있었다. 지게차 한 대가 현장을 누비며 아직도 몰리코프의 이름이 적혀 있고 파란색과 붉은색이 섞인 로고로 장식된 트레일러에 자루를 하나씩 싣고 있었다.

내가 현장에서 만난 직원들은 모두 미리 입이라도 맞춘 듯, 아니면 기도문이라도 외우듯 "미국 연방정부와 테슬라, 도요타"에 희토류를 공급한다는 목표 아래 마운틴패스를 되살리기 위해서 일하고 있다는 데 자부심을 표했다. 근처에 있는 축구장 두 개 반 규모의 건물 안에는 몰리코프가 프로젝트 피닉스의 일부로 설치한 오수 탱크 수십 개가 자리하고 있었다. 거대한 염소-알칼리 설비는 근처 공장에서 배출되는 폐수를 처리하기 위해 설계되었다. 이 모든 시설이 북아메리카에서 희토류 금속을 만들어낼 수 있는 유일한 설비였지만 몰리코프의 성급한 운용 탓에 개점휴업 상태에 놓이고 말았다.

마운틴패스 광산을 찾기 전 만난 희토류 업계의 저명한 분석가는 "MP 머터리얼스는 가공 공장이라는 하얀 코끼리를 사들였습니다. 설계대로 그 설비들을 돌릴 수 있는 사람은 아무도 없어요"라고 단정했다.[122]

리틴스키는 나와 대화하는 동안 몰리코프의 실패는 (그리고 암묵적으로는 셰브론과 유노칼, 아메리카 몰리브데넘까지 거슬러 올라가는 실패는) 환경오염 문제가 아니라 실행의 문제라고 반복해서 강조했다. 그리고 이 광산의 새 소유주, 즉 자신이 지휘하는 MP 머터리얼스는 이 현장을 이전에 운영했던 이들과는 다른 화학물질과 가공 기술을 활용하면서 완전히 차별화된 방식으로 생산 일정을 관리하고 있다고 설명했다. 내가 앞서 이 광산을 소유했던 기업들이 직면해야 했던 환경 관련 처벌과 다른 문제들에 관해 묻자 발끈하기도 했다.

리틴스키는 몰리코프에 관해 "그들은 공정의 많은 부분을 진행하지 못했습니다"라고 주장했다.

"환경과 관련해서 생긴 문제는 없었어요. 그러니 그냥 분명히 해두고 싶습니다. 그렇게 결론을 내리는 건 부당합니다. [광산을 소유했던] 이전 기업들은 환경과 관련해서 문제가 없었어요."

하지만 명확하게 선을 긋기는 어렵다. 희토류를 생산하려면 자연히 소량의 방사성 폐기물이 발생할 뿐 아니라 양이 많으면 유독할 수 있는 플루오린화물 폐기물도 나오기 때문에 더욱 그렇다. 한 예로, 과거 파이프라인에서 발생한 유출 사건으로 인해 마운틴패스 현장에서 나오는 방사성 폐기물을 플라야playa로 알려진 사막의 저지대로 흘려 보낼 수 없게 되었고, 대신 현장에 저장하거나 주 밖으로 실어 보내게 되었다. 리틴스키가 씨름해야 할 문제 중 하나였지만 아직은 딱히 고민하지 않는 듯했다.

MP 머터리얼스는 과거에 이 현장에서 범했던 실책의 결과로 남은 플루오린화물 폐기물을 중국의 구매자들에게 팔아치우고 있었다. 다시 캘리포니아에서 희토류 금속을 만들게 되면 그때는 이 문제에 어떻게 대처할지 알 수 없었다.

하지만 이 나라에서 조금이라도 희토류를 생산할 수 있는 것이 전혀 생산하지 못하는 것보다는 나았다. 리틴스키와 그의 팀은 나에게 이 사실을 지겹도록 반복했을 뿐 아니라 월가 이곳저곳에서 진행된 면담과 수많은 기자와의 만남에서도 몇 번이고 강조했다. 그는 미국이 "미래를 위한 친환경 군비 경쟁" 중이며 "우리는 국가 안보의 문제로서 이를 주도해야 합니다"라고 주장했다. 리틴스키가 자신이 마운틴패스에서 수행하는 역할을 단순한 투자자 이상으로 보고 있는 건 분명했다. 그의 새로운 회사가 생산하려 하는 제품을 지금은 수입에 의존하고 있는 만큼 리틴스키는 자신이 이 현장에서 하는 일이 직접적으로 미국과 이 나라의 친환경 에너지 목표를 뒷받침하고 있다고 믿었다. 그는 "우리는 필요한 만큼 지지를 받지 못하는 영웅이 된 느낌입니다"라고 털어놓았다.

"미국이 희토류 역량을 가지게 된다면 우리에게서 시작될 겁니다. 우리가 이끌 거예요."

중국의 국제 희토류 산업 장악은 친환경 에너지 공급망에서 리턴스키가 "실패로 이어질 한 지점"이라 칭한 치명적인 취약성을 드러냈다. 미국인들이 직면해서 맞서 싸워야 할 문제였다. 따라서 미국은 암석을 첨단 기기로 바꾸는 데 필요한 광업과 다양한 단계의 제조업을 지원해야만 한다.

중국인들은 친환경 무기 경쟁에서 앞서 있습니다. 그들은 전 세계적으로 일종의 경제적 냉전이 벌어지고 있다는 사실을 알고 미래의 산업을 주도하길 원합니다.

중국의 위협을 빌미로 새로 재개장한 광산에 미국의 지원을 요구하는 것은 국가 안보 측면에서 합당해 보였다. 하지만 MP 머터리얼스는 2017년 '의무 인수' 조항 중 하나에 따라 자신들이 생산한 희토류 농축물을 성허자원에 판매하는 계약을 맺었다. 2022년 갱신된 이 합의는 MP 머터리얼스의 매출과 수익을 중국과 연결했다.[123] 이 회사는 캘리포니아 사막에서 파낸 모든 암석의 가공을 성허자원에 의존했다. 매년 약 4만 톤의 농축된 희토류가 캘리포니아에서 중국으로 실려 간다는 뜻이었다. 인수 시 맺은 계약의 일부로, 성허자원은 자사의 초기 투자금 5000만 달러를 회수할 때까지 MP 머터리얼스의 모든 수익을 가져가게 된다.[124]

MP 머터리얼스는 현장을 되살리느라 분주한 중에 2020년 7월 회사를 뉴욕 증권거래소에 상장하겠다고 밝혔다. 앞서 마운틴패스 광산을 소유했던 기업들의 행보를 따라가는 결정이었다. 신규 상장을 통해 회사 자체를 위해서는 5억 달러를, 리틴스키를 포함한 투자자들을 위해서는 대략 10억 달러를 모으는 것이 목표였다. 벤처 투자자이자 과거 페이스북의 경영진이기도 했던 차마트 팔리하피티야Chamath Palihapitiya의 지원을 받고 있다고 해도 코로나바이러스 대유행 국면에서는 공격적인 숫자였다.125 하지만 역설적으로 미국인의 일상에 필수적인 제품들의 공급망에 대한 공포를 활용할 기회이기도 했다. 파산법정에 2050만 달러를 내고 손에 넣은 광산에서 일궈낸 어마어마한 반전이었다. 조지 W. 부시 행정부에서 합참의장을 지냈던 리처드 마이어스Richard Myers와 국방부에 납품하는 전투기를 만들 때 희토류 자석을 사용하는 방위산업체 록히드마틴의 경영진 메리앤 라반Maryanne Lavan이 리틴스키와 함께 새로 상장된 기업의 이사회에 합류했다.126

월가의 일부 투자자들은 MP 머터리얼즈가 상장되고 몇 달간 신경질적인 반응을 보였다. 대표적으로 그리즐리 리서치Grizzly Research는 2021년 10월 이 회사와 중국의 관계가 미국에 안보 우려를 낳고 있다고 주장하는 27페이지짜리 문건을 공개했다.127 그 여파로 MP 머터리얼즈의 주가가 13퍼센트 이상 하락했다. 그리즐리 리서치의 분석가는 "MP는 (이하는 원문 그대로 옮김) 실패한 뒤 재포장된 사업체지만 비싼 가격에 투자자들에게 떠넘겨졌다. 이 회사의 가장 큰 고객이자 지배 주주가 중국 재무부의 통제를 받고 있다는 사실을 고려하면 MP가 중국 생산자들과 경쟁할 수 있는 유일한 기업이라는 주

장은 완전한 사기극이다"라고 썼다.[128]

　미국 연방정부에도 이 회사를 경계하며 지켜보는 이들이 있었다. 정부에서 이뤄지는 희토류 연구의 중심지이자 보통은 기업들과 긴밀히 협업하는 에너지부 산하 핵심소재연구소Critical Materials Institute의 소장 톰 로그래소Tom Lograsso는 2020년 초 성허자원이 이 프로젝트에 참여하는 데 우려를 표했다. 마운틴패스 현장을 방문하고 얼마 지나지 않아 만났던 로그래소는 "MP 머터리얼스의 소유 구조는 분명히 문제가 있습니다"라고 경계했다.[129]

　리틴스키는 성허자원의 도움이 경제적 투자라는 차가운 계산에서 나왔다고 보았다. 나와 대화하는 동안 그는 "광산을 다시 열 수 있게 도와준 중국의 기술 협력사가 없었다면 이만큼 해낼 수 없었을 겁니다"라고 주장했다.[130] 그는 성허자원이 MP 머터리얼스의 이사회에 참가할 수 없고 제품을 어디에 팔지 결정할 때도 영향력을 발휘할 수 없는 기술 협력사일 뿐이라고 몇 번이나 반복했다. 그리고 마운틴패스에서 일하는 200명이 넘는 직원 중 미국인이 아닌 사람은 몇 명 되지 않는다고도 덧붙였다. 다만 성허자원은 이 회사가 판매하는 단 한 가지 제품을 구매하는 유일한 소비자였다.

　맞다. 리틴스키는 중국에 의존하고 있었다. 하지만 동시에 그는 중국을 공격하고 있었다. 전 세계에서 벌어지고 있는 일들을 생각하면 호기심을 자아내는 대조다. 대표적으로 GM은 2021년 MP 머터리얼스가 지금까지 단 한 번도 만들어보지 않은 희토류 자석을 공급받는 계약을 이 회사와 체결했다.

　MP 머터리얼스는 캘리포니아의 광산을 어느 정도는 프로젝트 피닉스가 추진되기 전으로 되돌리려 했다. 복잡한 화학 공정을 되살리는 것 역시 이러한 단순화 작업의 일부였다. 리틴스키는 나와의 인터뷰에서 2020년 말까지는 현장의 가공 설비들을 수리하고 싶다고 했다. 2021년이 되자 회사는 목표를 2022년으로 연기했다. 2021년 말 GM이 MP 머터리얼스와의 계약에 서명했을 때 이 회사는 앞으로 몇 년 안에 현장에서 가공을 시작하게 될 것이라고 밝혔다. MP 머터리얼스는 GM에 앞으로 희토류 가공뿐 아니라 희토류 자석도 만들겠다고 약속했다. 이 회사는 희토류 자석을 제조한 경험이 없었고 관련 특허도 없었다. 아무리 중국 기업이 투자자로 참여하고 있다고 해도 마운틴패스 프로젝트가 성공할 수 있도록 도와야 할 것 같았다.

2020년 4월 미국 국방부는 무기류에 희토류가 광범위하게 사용된다는 사실을 고려해 MP 머터리얼스가 캘리포니아에서 희토류를 가공할 수 있게 자금을 지원할 예정이라고 발표했다. MP 머터리얼스는 이 자금을 설계 작업에 활용하겠다고 밝혔다.[131] 하지만 이 결정은 한 달 뒤에 뒤집혔다. 국방부가 비공개로 MP 머터리얼스에 "추가적인 조사"가 필요하다고 통보한 후였다.[132] 텍사스주 공화당 상원의원 테드 크루즈를 비롯한 여러 정치인이 이 기업과 중국의 관계를 우려한 데 대한 반응이라고 알려졌다. 하지만 국방부는 MP 머터리얼스를 재정적으로 지원해서 희토류 생산 프로젝트를 성공키는 것이 미국 연방정부에 가장 큰 이익이 된다는 사실을 깨달았고, 2020년 7월 MP 머터리얼스에 대한 자금 지원을 재개했다.[133]

미국과 중국 사이에 희토류 전쟁이 격화하는 사이, 다른 나라들도 손을 놓고 있지는 않았다. 바이든 대통령이 전기차에 관해 야심 찬 목표를 발표했던 2020년 늦여름, 러시아 정부는 현재 수입 중인 전략 금속들을 2025년에는 국내 생산으로 대체하기 위해 11개 프로젝트에 15억 달러를 투자할 예정이라고 밝혔다. 모스크바는 2025년까지 희토류를 전 세계에서 두 번째로 많이 생산하는 나라가 되는 것을 목표로 한다고 직설적으로 선언했다.[134] 전 세계 매장량의 약 10퍼센트에 달하는 1200만 톤이 매장된 것으로 추정되는 자국 내 매장층을 활용해 이러한 목표를 달성한다는 계획이다. 2021년 말 베이징은 록히드마틴과 다른 방위산업체들이 미국 국방부를 위해 전투기를 비롯한 전쟁 무기를 생산하지 못하게 하려고 미국으로의 희토류 수출을 막는 방안을 만지작거리기도 했다.[135]

미국으로 돌아오면, 2022년 초 애리조나주의 마크 켈리 상원의원과 아칸소주의 톰 코튼 상원의원이 아직 초기에 머물러 있는 미국의 희토류 산업을 간접적으로나마 부양하려는 시도로 방위산업체들이 중국산 희토류를 구매하지 못하게 막는 법안을 발의했다.[136] 그 전해에 하원에 제출된 한 법안은 미국산 희토류로 자석을 만드는 기업에 대한 세금 공제를 확대하려 했다. 캘리포니아주 민주당 하원의원 에릭 스월웰이 펜실베이니아주 공화당 하원의원 가이 레센탈러와 함께 내놓은 법안이었다.[137] 두 법안 모두 소속이 다른 의원들이 초당적으로 협력하는 흔치 않은 순간을 보여주었지만 각각 상원과 하원을 통과하지 못했다. 핵심 광물의 미국 내 생산과 비축을 개선하려는 입안 시도가 성공한 것은 1970년대 미국 의회까지 거슬러 올라간다.[138] 당시에도 일부 법안만 성공을 거뒀을 뿐 일부는 문턱을 넘지 못했다.

당을 뛰어넘는 의회의 우려에도 국방부와 백악관은 계속 MP 머티리얼스를 지원했다. 2022년 말에는 리틴스키가 백악관 원탁회의에 초대되기도 했다. 그는 처음으로 공개적인 자리에서 바이든 대통령을 만났고 칭찬뿐 아니라 정부의 추가 자금 지원까지 얻어냈다. 친환경 에너지 미래로 향하는 길이 충성심과 겹치는 듯했다.

CHAPTER 7

광물 자립의 미로에 갇힌 미국

트럼프는 대통령 집무실을 차지하고 열흘이 지나기 전에 과도하다고 여겨지는 연방정부의 환경·재정·보건 규제를 대폭 낮추겠다던 선거 유세 기간의 약속을 이행했다. 직업 공무원들은 새로운 규제를 하나 제안할 때마다 기존의 규제 두 가지는 없애야 했다. 무엇을 남기고 무엇을 폐지할지는 백악관이 결정했지만 규제의 실제 내용을 제안하는 것은 공무원들의 몫이었다.[1]

신임 대통령은 자신의 행정명령을 이 나라가 경험하게 될 "규제 측면에서 역대 최대 규모의 감축"이라고 칭했다.[2] 트럼프는 여우가 닭장에 들어왔다고 우려하는 이들에게 "규제가 있고 통제가 있을 것이다. 하지만 사업을 시작할 수 있고 아주 쉽게 확장할 수도 있는 정상화된 통제일 것이다. 그것이 바로 우리나라가 추구해온 것이다"라고 쏘아붙였다.[3]

백악관에서 몇 블록 떨어져 있지 않은 스튜어트 리 유돌 빌딩Stewart Lee Udall Building에도 이 메시지가 아주 분명하게 전해졌다. 스튜어트 리 유돌 빌딩은 미국 내무부가 자리하고 있는 뉴딜 시대의 현대적인 건물이다. 1849년 창설된 내무부 산하에는 토지관리국을 비롯한 다양한 기관이 있고 연방정부의 토지 대부분을 관리하고 있어 "서부의 지주landlord of the West"라는 별명을 얻었다.[4]

트럼프가 행정명령에 서명하고 8개월이 지난 2017년 8월, 당시 내무부 차관이었던 데이비드 베른하르트는 대통령의 행정명령에서 영감을 얻은 제3355호 명령Order No. 3355에 서명했다. 내무부 차관은 4페이지짜리 명령에 보통 'NEPA'라 불리는 국가환경정책법National Environmental Policy Act에 규정된 검토 절차에 따라서 이루어지는, 연방정부의 환경 감독을 요구하는 프로젝트들이 너무 지연되고 혼란스러우며 복잡해지고 있다고 적었다.

베른하르트는 이후 트럼프 행정부의 기억을 기록한 저서 《당신이 내게 보고하세요: 행정국가의 실패 책임You Report to Me: Accountability for the Failing Administrative State》에서 "이 명령은 NEPA에 규정된 요구 조건의 목적이 서류 작업을 만들어내는 것이 아니라 충분한 정보를 바탕으로 환경에 미치는 결과를 이해하고, 이에 따라 타당한 결정을 내리는 것이라는 사실에서 나왔다"라고 회상했다.[5]

베른하르트는 부담스럽고 번거로운 정부의 규제를 직접 경험한 적이 있었다. 열여섯 살 때 그는 자신이 설립하는 청소년 센터에 설치할 아케이드 게임에 부과되는 세금을 면제받을 수 있도록 시의회를 설득했다. 세금 부담으로 인해 청소년 센터 설립 자체가 어려워질 수도 있었기 때문이다. 그는 고향 콜로라도주에서 로스쿨을 다녔고 미국 연방대법원에서 인턴 생활을 했다. 서른일곱 살에 조지 W. 부시 행정부에서 변호사 신분으로 오를 수 있는 가장 고위직인 내무부 법무관을 역임한 베른하르트는 이후 석유와 가스 산업의 로비스트로 몇 년을 보냈다.

트럼프 대통령의 선택을 받아 본질적으로 내무부의 최고위 운영 책임자라고 할 수 있는 내무부 차관이 된 베른하르트는 직원이 7만 명에 달하는 부서에서 효율적인 흐름을 만들어내야 했다. 세부 사항에 집착하는 관료제가 내무부 전체를 장악하고 있었다. 그는 휘하 직원들에게 제3355호 명령이 "공공이나 민간 프로젝트를 개발하는 과정에서 불필요하게 복잡한 NEPA 분석으로 인해 발생할 수 있는 비효율적인 장애물"을 없애기 위해 계획되었다고 설명했다. 그는 환경보고서에 150페이지라는 분량 제한을 두었다(하지만 "복잡한" 프로젝트의 경우에는 300페이지까지 늘릴 수 있었다). 내무부 산하 기관들은 환경보고서 작업에 들어간다고 발표한 때로부터 1년 이내에 작성을 마무리해야 했다.[6] 2019년에는 결국 내무부 장관으로 승진하게 될 베른하르트는 이 명령이 부서 내부의 관리 역량을 향상해줄 거라고 주장했다.[7]

이 결정은 지금까지도 온전히 파악되지 않은 광범위한 영향을 미쳤다. 분명한 사실은 내무부의 평직원들이 트럼프와 베른하르트가 승인한 명령들을 더 빨리 움직이라는 분명한 요구로 이해했다는 것이다. 그리고 이러한 움직임은 북아메리카 최대의 리튬 매장층과 세계에서 손꼽히는 자동차 제조업체에 어마어마한 반향을 낳게 된다.

새커패스에 울려 퍼지는 트럼프의 명령

1975년 미국은 워터게이트 사건으로 휘청이고 있었고 4년 후에는 스리마일섬Three Mile Island 원전 사고의 악몽까지 찾아올 예정이었다. 셰브론은 네바다주 북부에서 오래전 화산 작용으로 만들어진 더블에이치Double H 산악지대와 몬태나산맥의 험준한 산마루들 사이에 자리한 골짜기 한 곳을 파 내려가기 시작했다.[8] 셰브론은 이 지역의 퇴적토에 우라늄이 섞여 있으리라 기대하고 있었다. 자연에 존재하는 우라늄이 특히 미국 서부에서는 진흙과 함께 굳어 있다는 점을 생각하면 논리적인 추측이었다.[9] 서류만 보면 셰브론이 성공할 가능성이 커 보였다. 이 회사는 넓은 땅을 파헤치는 대신 방사선 센서가 장착된 항공기를 활용해 대부분의 조사를 수행하면서 비용을 줄였다.[10]

미국 지질조사국은 이 일대에 오래된 화산대가 존재하므로 당시 주로 약과 윤활유의 재료로 쓰이던 리튬도 대단히 농축된 형태로 존재할 수 있다고 생각했다. 그래서 셰브론의 임무가 늘어났다. 이 회사는 1980년부터 1987년까지 흙을 파헤치며 우라늄뿐 아니라 리튬도 찾았다. 조사 결과는 몹시 성공적이었다. 지역 전체가 백색 금속 리튬의 대형 매장층이었다. 하지만 흙에서 리튬을 추출해본 적이 단 한 번도 없다는 것이 걸림돌이었다. 게다가 당시에는 리튬의 가격도 정체 상태였다. 셰브론은 1986년 이 지역에 대한 권리를 임대했고, 1991년에는 완전히 매각해버렸다.[11]

두 산 사이의 골짜기로 거의 움푹한 그릇 형태를 이루고 있는 새커패스의 위치는 중요한 매력으로 작용했다. 293번 주간고속도로가 골짜기를 관통해 지나가서 대중교통을 이용하기 좋았다. 대용량 송전선이 있었고 철도 지선도 그리 멀지 않았다. 주민이 거의 없는 지역이었지만 차로 40분만 가면 알찬 소도시가 있었다. 내가 만난 리튬 업계의 한 경영자는 이후 "어떤 프로젝트 현장에는 물류와 사회 기반 시설이 제한되어 있지만 여기에는 모든 게 다 모여 있었어요"라고 새커패스를 회상했다.

"이런 특징들이 모두 가능성을 보여줬죠."[12]

네바다주와 오리건주를 가르는 직선 경계에서 남쪽으로 32킬로미터 떨어져 있으며 미국에서 인구가 가장 적은 지역 중 하나인 이 계곡에 대한 권리는 셰브론보다는 규모가 작은 몇몇 기업의 손을 거쳐 2007년 웨스턴 리튬 USA Western Lithium USA Corp의 손에 떨어졌다. 웨스턴 리튬은 새커패스가 리튬을 찾기에 좋은 장소인지 정확히 파악하기 위해 다시 조사에 나섰고 리튬 매장층을 확인하기 위한 탐사용 구멍을 팠다. 2015년 6월 이 회사는 자사보다 작은 규모지만 아르헨티나에서 리튬 프로젝트를 추진하던 기업 리튬 아메리카스를 6500만 달러에 인수했다. 같은 해 11월 마우리시오 마크리가 아르헨티나 대통령으로 선출되었다. 제임스 캘러웨이가 오로코브레와 함께 제안했던 프로젝트를 비롯해 이 나라에서 진행되는 리튬 프로젝트들은 몇 년간 불확실성으로 인해 골머리를 앓아야 했다. 하지만 이제는 아르헨티나 산업 분야에 대한 신뢰를 얻으려는 신임 대통령 덕분에 빠르게 추진할 수 있을 듯했다. 마크리는 규제와 재정에 다양한 변화를 불러왔을 뿐 아니라 리튬을 비롯한 원자재에 부과하던 수출 관세를 폐지했다. 오로코브레는 "모든 수준에서 긍정적인 변화가 이뤄지는 속도와 강력한 지원 약속에 감명을 받았다"라고 밝혔다.

"이 모든 것이 아주 강력한 미래가 아르헨티나를 기다리고 있다는 중요한 신호다."

2016년 초 웨스턴 리튬은 십여 년 전 인수한 기업의 이름을 따 회사 이름을 리튬 아메리카스로 바꾸었고 두 개의 리튬 프로젝트를 계획했다.[13]

아르헨티나에서 진행되는 프로젝트를 확보한 것이 중요했다. 전통적인 리튬 염수 매장층이어서 아마도 광산 건설과 운영이 더 쉬울 것이기 때문이었다. 네바다주에서 진행한 추가 조사 결과 리튬 아메리카스는 북아메리카 최대 리튬 매장층을 손에 넣은 것으로 밝혀졌고, 특히 진흙과 결합한 리튬으로는 가장 많은 양이어서 거의 50년간 이 금속을 공급할 수 있었다.[14] 하지만 지금까지는 상업적 규모로 진흙에서 리튬을 얻었던 사례가 없었다. 이 회사가 네바다주에서 착수하려는 일은 기본적으로 과학 실험이었다. 따라서 먼저 매출을 창출할 수 있는 리튬의 다른 주요 공급처, 즉 아르헨티나 프로젝트를 확보하는 게 도움이 될 터였다. 도전이 시작되었다.

2018년 3월 리튬 아메리카스는 새커패스에서 리튬을 추출할 수 있게 미국 연방정부의 허가를 받기 위한 공식 신청 절차에 들어갔다. 광산이 문을 열면 영향을 받을 수 있는 수자원·소리·소음·기타 요인들의 기준치를 정하기 위해 40가지 이상의 환경 조사를 요구하는 과정이었다.[15] (여기서 리튬 아메리카스는 미국 연방정부에서 이 땅을 사들이거나 다른 땅과 교환하려는 의도가 전혀 없었다는 사실을 짚고 넘어가야겠

CHAPTER 7 광물 자립의 미로에 갇힌 미국 | **221**

다. 반면 리오틴토는 레절루션 프로젝트를 위해 애리조나주의 땅을 교환하려 했다.) 오리온 마인 파이낸스Orion Mine Finance라는 금융사가 이 프로젝트를 위한 사용권을 확보했다. 리튬 아메리카스는 이 땅의 소유자인 미국 납세자들이 아니라 한 금융회사에 영구적으로 돈을 내놓게 된다는 뜻이다.[16] 이 프로젝트를 위한 허가 절차가 시작될 즈음 트럼프의 내무부가 활동을 개시했다.

제안된 광산을 검토하는 직원들의 귓가에는 처음부터 트럼프와 베른하르트의 명령들이 울려 퍼지고 있었다. 해당 광산의 검토를 지휘하는 네바다주 위네머카Winnemucca의 토지관리국 사무실 직원들은 이 프로젝트를 예산 한도 내에서 빠르게 검토해야 한다는 사실을 확실히 알고 있었다.

그들이 절차를 무시한 주요 쟁점 중 하나는 산쑥들꿩sage grouse에 관한 것이었다. 산쑥들꿩은 닭을 닮은 조류로 산쑥 지대에 살며 현란한 짝짓기 춤을 추는 것으로 유명하다. 미국 서부 그리고 특히 새커패스는 산쑥으로 덮여 있다. 수컷 산쑥들꿩은 매년 산쑥 틈에 마련한 둥지로 돌아와서 암컷을 향해 춤을 추고 짝짓기를 한다. 산쑥은 이들이 포식자들의 눈을 피할 수 있게 도와준다. 산쑥들꿩은 인간들의 활동에 방해를 받기 쉬우며 특히 인공조명에 민감하다고 알려졌다.[17]

제안된 광산 부지와 산쑥들꿩의 서식지가 겹치기 때문에 평소대로였다면 전면적인 검토가 이뤄졌을 것이다. 하지만 '전면적'이라는 게 무엇일까? 광산이 새들에게 영향을 미치지 않을지 어느 범위까지 조사해야 할까? (노천 광산을 파려면 아마 주위의 생명체들을 불편하게 할 것이고 날개가 있는 생명체들 역시 예외일 수 없다.) '대大 산쑥들꿩 수정 안Greater Sage Grouse Amendment'으로 알려진 연방 규칙은 광산이 산쑥들꿩의 둥지에서 어느 정도의 완충거리를 확보해야 한다고 규정한다. 하지만 토지관리국 직원들은 이 회사가 전체 토지에 대한 "타당한 권리"를 가지고 있다는 이유로 리튬 아메리카스에 이런 완충거리 규칙을 적용하지 않고 조용히 넘어갔다. 결정을 정당화할 수 있는 법적인 설명은 없었다. 정부 기관 간에 오간 이메일을 보면 직원들은 제안된 광산이 '계절적 시기 제한', 즉 한 해의 특정 시기에는 산쑥들꿩의 둥지 근처에서 소란을 일으키는 행위를 금지한다는 규칙을 만족시키지 못하리라는 사실을 인지하고 있었다. 그들은 이 프로젝트를 진행시키려 했다.[18]

또한 규제기관들은 내부 문서에서 이 광산이 해당 지역의 아름다운 경관에 막대한 영향을 미칠 수 있다는 사실도 인정했다. 원칙대로라면 경관자원관리Visual Resource Management 기준 탓에 규제기관이 그냥 넘어갈 수 없는 문제였다. 내무부 직원들은 이를 반영하여 광산에 대한 환경보고서를 바꾸어야 했지만 결국 수정하지 않았다. 토지관리국의 지질학자 켄 로다Ken Loda는 한 동료에게 보낸 이메일에 베른하르트의 메모를 인용하면서 보고서를 수정하려면 환경보고서의 초안 발행이 "확실히 지연될 것이다"라고 썼다.[19] 직원들이 초과 근무를 해가며 과로하지 않고는 "제3355호 명령에 규정된 기한을 지킬 수 있는지에 심각한 영향을 미칠 것이기 때문"이었다. 로다의 동료인 로빈 미첼Robin Michel은 "여기가 바로 프로젝트의 삼각형

이 (이하는 원문 그대로 옮김) 무너지는 부분이다"라고 회신했다.[20]

빠르게 처리하는 데만 초점이 맞춰져 있어서 질과 비용은 뒷전으로 밀려났다.

규제기관들은 일반 시민에게 2020년 1월까지 이 프로젝트가 환경에 미칠 수 있는 영향에 대한 의견을 제시해달라고 요청했다. 허가 절차를 계속 진행하려면 필요한 단계였다. 규제기관들은 코로나바이러스 대유행에도 시민들의 의견을 수렴하는 일정을 늦추지 않아 네바다주의 두 상원의원을 화나게 했다.[21] 로다는 자신의 사무실에 부과된 일정에 점점 불만이 커졌다. 그는 2020년 4월 토지관리국의 동료들에게 보낸 이메일에 "[우리는] 1년이라는 기한을 맞추지 못할 것이다"라고 썼다.[22]

제안된 프로젝트와 관련해서 다루어야 하는 쟁점들의 복잡성에도 불구하고 이 절차를 계속 진행해야 함에 완전한 좌절감을 느낀다. (…) [우리는] 여전히 두세 가지의 환경 문제를 적절히 다루기 위해 고군분투하고 있다.[23]

모든 것이 계획대로 진행된다면 리튬 아메리카스는 1년 이내에 허가를 받을 수 있을 테고 경영진이 "이정표로 삼을 만한 중요한 업적"을 확보할 수 있을 터였다.[24] 하지만 시민 의견 수렴 절차가 시작되고 겨우 2주 뒤 아르헨티나가 경기 침체에 빠지고 리튬 아메리카스의 채무가 눈덩이처럼 불어나면서 이 회사는 아르헨티나 프로젝트의 지배 지분을 중국의 간펑리튬贛鋒鋰業에 매각했다.[25] 온전히 네바다주에 집중하기 위한 결정이었다. 리튬 아메리카스는 희망에 차 있었고 2021년에는 새커패스에서 공사를 시작할 수 있을 거로 기대했다. 광산은 41년간 운영될 예정이었고 폐광된 후에는 땅을 파헤치기 전과 비슷한 모습으로 되돌리기 위해 몇 년 동안 복구 작업을 진행해야 할 것이었다.

미국 대통령 선거가 진행되고 코로나바이러스 대유행이 계속되었던 2020년 하반기, 로다의 사무실은 광산이 근처 지역에 미칠 영향을 다룬 보고서에서 아무것도 바꾸지 않기로 했다. 로다는 2020년 6월 "우리는 수정이 (…) 필요하지 않다고 (…) 결론 내렸다"라고 썼다.[26] 그 전날 토지관리국 홍보실은 규제기관들에 각 기관이 가지고 있는 자료에서 자신들이 2019년에 발견한 사실을 언급한 내용이 있으면 모두 "지워 없애라"고 통보했다.[27] 광산이 이 지역의 경관에 영향을 미칠 수 있다는 증거를 인멸하려는 시도였다. 트럼프와 베른하르트가 의도했던 결과였든 아니든, 최전방의 부대들은 이들의 명령들을 자체적으로 해석해 움직였다.

대통령 집무실을 떠나기 5일 전 (그리고 1월 6일의 국회의사당 습격 사건으로부터 9일 후), 트럼프는 새커패스 리튬 광산을 건설하겠다는 리튬 아메리카스의 계획을 승인했다. 이 프로젝트는 허가 검토 절차를 엄청난 속도로 통과하면서 네바다주 북부의 추위에도 불구하고 현장에 진을 치고 반대운동을 이어가려 했던 환경운동가들을 분노하게 했다.

허가된 광산은 시설을 완전히 가동하면 매년 6만 6000톤의 탄산리튬을 생산하는 것을 목표로 했다.²⁸ 하지만 환경운동가들이 집중하는 숫자는 탄산리튬의 생산량이 아니었다. 대신 그들은 약 23제곱킬로미터 부지에서 진행되는 프로젝트를 위해 이 땅에 매년 약 30만 8666톤의 용융 황이 유입된다는 데 주목했다. 그리고 약 3억 톤에 달하는 광미 폐기물이 근처에 있는 높이 107미터의 산에 저장될 예정이었다. 게다가 이 회사가 확보한 수자원에 대한 권리는 매년 약 1912만 리터에 불과했지만, 결국에는 매년 약 64억 1414만 리터가 넘는 물이 필요할 터였다.²⁹ 리튬 아메리카스가 네바다주 북부로 수입하려 하는 엄청난 양의 황은 퇴적암에서 리튬을 추출하는 데 쓰일 예정이었다. 아직 상업 규모에서는 검증되지 않은 새로운 시도였다.

충분히 짐작하겠지만 트럼프가 결정을 내린 시기와 리튬 아메리카스의 세부적인 계획은 바로 격렬한 반응을 불렀다. 이 회사와 앞선 다른 기업들이 허가 검토 절차를 시작한 것은 몇 해 전이었는데도 그랬다. 인생에서도 그렇지만 정치에서는 사람들의 의견이 중요하다. 트럼프는 반발을 부를 만한 시기에 이 광산을 허가하면서 리튬 아메리카스에 되려 폭탄을 안긴 셈이 되었다.

새커패스에서 소를 키우는 에드워드 바텔Edward Bartell은 이 결정에 폭발했다. 그와 다른 농장주들이 우려하는 것은 기본적으로 이 지역의 수위였다. 새커패스 프로젝트는 처음부터 약 32억 707만 리터의 물을 소비할 예정이었고 나중에는 그 규모가 64억 1414만 리터까지 늘어날 전망이었다.³⁰ 바텔은 농장의 소들에게 물을 먹이기 어려워질 뿐 아니라 멸종위기에 처한 송어를 비롯해 주위의 토착종 생명체들이 고통을 겪게 될 거라고 우려했다. 목장주들과 그들의 변호사들은 트럼프의 승인이 떨어지고 한 달도 되기 전에 제기한 소송에서 규제기관들이 광산을 검토한 과정이 "편파적이고, 커다란 결함이 있으며, 제안된 프로젝트와 그로 인해 벌어질 수 있는 부정적인 환경 효과를 불완전하게 분석하고 정의"했다고 공격했다.[31] 바텔과 그의 공동 고소인들은 리튬 아메리카스가 광산을 세우려 하는 네바다주의 부지가 "지질학적·생태학적 다양성이 풍부하고 야생 생물들이 서식하며 휴양지로서의 가능성이 충만한 인상적인 지역"이라고 설명했다.[32] 그들은 광산이 이 지역을 척박한 사막으로 바꿀 수도 있다고 주장했다.[33] 바텔은 트럼프의 결정이 번복되어야 한다고 간청했다.

법정 드라마가 펼쳐지는 사이 광산 현장에서는 조촐한 모임이 진행되고 있었다. 마치 노스다코타를 떠올리게 하는 모임이었다. 5년 전 나는 로이터 소속으로 다코타 액세스 파이프라인 사태를 밀착 취재한 바 있었다. 노스다코타에서는 석유 파이프라인에 반대하는 사람 몇 명이 모닥불을 둘러싸고 모이기 시작했고, 그로부터 1년이 지나기 전에 5000명이 넘는 인원이 얼어붙을 듯한 북부에서 야영 생활을 하고 있었다. 새커패스 광산 건설을 승인한 트럼프의 결정을 두고 격렬한 반응이 퍼져나가자 네바다주 북부에서도 같은 패턴이 반복될지 궁금해졌다. 하지만 당장 광산 건설에 반대해 새커패스에 모인 이들은 소수에 불과했다. 나는 지켜보며 기다리기로 했다.

하지만 이 시위대는 《뉴욕 타임스》 1면에 등장하면서 바로 대의를 인정받고 국제적인 관심을 모았다.[34] 시애틀 출신 야생지대 안내원 맥스 윌버트Max Wilbert는 자신을 지역사회 조직가라 소개했고, 거의 종교 용어에 가까운 단어들을 동원하며 새커패스 광산을 막기 위한 자신의 싸움을 설명했다. 그는 이 싸움이 친환경 에너지로 전환하는 과정에서 미국과 세계가 맞닥뜨린 긴장 상태를 제대로 보여주는 예라고 했다. 유명 환경운동가 빌 맥키번Bill McKibben은 《뉴요커》에 실린 글에서 새커패스 사태를 "대단히 흥미로운 논란"이라 칭했다.[35] 윌버트는 "마케팅으로 장난을 치는 사람들이 아무리 과장을 해도 산 하나를 폭파하는 것은 친환경적이지 않다"라고 꼬집었다.[36] 윌버트가 광산을 처음으로 반대한 사람은 아니고 마지막도 아닐 것이다. 네바다주 북부에서 아이어니어와 티엠의 메밀 사이에 벌어진 싸움, 애리조나주에서 샌카를로스 아파치족과 리오틴토 사이에 벌어진 싸움, 미국의 중요한 수로 아래를 깊숙이 파 들어가겠다는 안토파가스타의 계획에 반대해 미네소타 주민들이 벌이고 있는 작은 충돌 모두 더 광범위한 긴장 상태를 가리키고 있다. 하지만 이 모든 사태를 부른 원인은 이미 몇 년 동안 고여 있었다. 새롭게 쏟아지는 언론의 관심이 윌버트를 들뜨게 했다.

2020년 7월 말 네바다주 리노 연방법원의 미란다 두Miranda Du 주심 판사는 바텔과 동료 목장주들의 요청 일부를 기각했다. 그는 자신이 트럼프가 광산을 허가하는 과정에서 실수를 범했는지 더 광범위한 사안을 고려하는 사이 리튬 아메리카스가 현장에서 땅을 파기 시작해도 좋다고 판결했다. 다만 이렇게 조건부로 진행되는 땅파기 작업은 이 지역에 지나치게 많은 영향을 미쳐서는 안 되었다.[37]

며칠 뒤 두 판사가 월버트는 이끄는 사람들과 현지 원주민 부족들도 소송에 가세할 수 있다고 결정했고, 재판은 더욱 커졌다. 덕분에 이 재판에서는 광산이 주위 생태에 미칠 부정적 영향뿐 아니라 19세기에 대학살을 겪어야 했던 원주민들의 역사적인 장소를 파괴할 가능성까지 검토하게 되었다. 두 판사는 이 모든 것을 검토하려면 시간이 걸릴 것이라고 밝혔고, 리튬 아메리카스에는 불길한 신호였다.[38]

현지 원주민 부족들이 모인 단체인 피플 오브 레드 마운틴People of Red Mountain의 회원 게리 매키니Gary McKinney를 만났을 때 그는 "녹색 전환은 그냥 돈 문제입니다. 환경이나 멸종위기에 처한 종들은 이야기하지 않고, 이 모든 것이 해를 입는 게 생태계에 어떻게 작용할지도 고민하지 않죠"라고 꼬집었다. "그런 광산이 들어선다면, 원주민들이나 그들이 신성시하는 대상에는 관심을 가지지 않는 광산들이 여기 네바다주에도 들어선다는 전체적인 줄거리에 한 줄이 추가되는 셈입니다."[39]

관련 소송이 계속되는 사이 반대 세력들이 모인 캠프는 악명을 얻기 시작했다. 열기가 최고조에 올랐을 때는 조직 측 추산으로 200명에 달하는 사람들이 모였고, 대부분이 주말에 도착했다가 주중에 떠났다. 월버트는 앞서 위스콘신주 커노샤Kenosha에서 국선변호사로 일했던 윌 포크Will Falk와 함께 캠프를 이끌었다. 두 사람 모두 2020년 여름에야 뒤늦게 새커패스 프로젝트에 관해 알게 되었다. 월버트와 포크는 딥 그린 리지스턴스Deep Green Resistance라는 환경단체의 회원이었는데, 이후 확인한 바로는 그린피스Greenpeace를 완전히 기업 친화적이고 경직된 단체로 보이게 하는 조직이었다. 실제로 딥 그린 리지스턴스는 "급진적" 조직임을 자칭했고 회원들도 이러한 수식을 부끄러워하지 않았다.

그린피스는 수로와 공항, 은행, 고속도로를 멈춰 세우는 등의 이벤트로 사람들의 이목을 끌며 공격적으로 화석연료 기업들과 싸우지만, 그 자체도 21세기에 단단히 뿌리내리고 있는 것처럼 보인다. 반면 딥 그린 리지스턴스는 이 세상이 기후 변화의 낭떠러지에 서 있어서 화석연료 소비를 끝내는 것으로는 충분하지 않다고 본다. 지구가 스스로를 덥히며 자멸하는 것을 막는 유일한 방법은 현대 사회의 산업적 기반을 해체하고 농업에 기반한 삶의 방식으로 돌아가는 것이라고 믿는다.

실제로 윌버트와 딥 그린 리지스턴스는 자신들의 관점에서 지구의 대기로 탄소를 내뿜는 데 기여해서 결국 기후 변화를 유도하는 모든 운송 수단과 기술, 농업 관행의 단계적 퇴출을 지지한다. 윌버트가 2021년 공동 집필한 책 《희망찬 녹색 미래가 기다린다 Bright Green Lies》는 리튬이온배터리를 비롯해 현대적인 환경운동이 기후 변화에 대처하기 위해 제안한 해결책들에 대해 "이 행성을 죽이지 않는 척하면서 지속가능하지 않은 삶의 방식을 유지할 수 있게 하는 거짓말"이라는 저자들의 시각을 담고 있다.[40] 그들은 "풍력과 태양열은 지구 살해를 멈추지 못할 것"이라고 주장했다.[41]

결국 광산을 반대하는 윌버트와 동료들은 연방정부 기관들이 소유한 땅에서 쫓겨났다. 광산 부지 대부분에 금속제 울타리로 경계가 표시되었고, '접근 제한: 운영 중인 광산 현장, 새커패스 프로젝트'라는 문구가 적히고 요란한 경고음이 나는 표지판들이 세워졌다. 윌버트와 포크는 반대 캠프를 운영했다는 이유로 5만 달러에 가까운 벌금을 부과받았다.[42] 사실상 무단침입에 대한 벌금이었다. 리튬 아메리카스는 2022년 7월까지 현장에서 대대적인 작업을 진행하지 않았는데 두 판사가 더 포괄적인 결론을 내리길 기다렸던 듯하다.[43] 이 회사는 2022년 9월 말이면 결정이 나올 거라 기대하고 있었다. 소들은 건조하고 광활한 땅에서 경고 표지판을 무시하고 울타리 사이의 틈을 자유롭게 넘나들며 가장 좋은 풀을 찾아다녔다.

윌버트의 신념

2022년 여름, 나는 새커패스 현장을 직접 보기 위해 리노에서 출발해 네바다주와 오리건주의 경계로 향하는 80번 주간고속도로에 올랐다. 윌버트가 제일 처음 꾸렸던 반대 캠프는 해산되었지만 그는 여전히 몇 주에 한 번씩은 현장을 방문했고, 이전 캠프에서 몇 킬로미터 떨어진 황무지에서 1인 항의 시위를 이어가고 있었다.

이때쯤 새커패스 프로젝트는 다른 환경운동가들까지 갈라놓고 있었다. 미국 서부에서 생물다양성 운동에 집중하는 비영리단체로 바텔과 다른 목장주들이 제기한 최초의 소송에 가담했던 그레이트 베이슨 자원 감시단Great Basin Resource Watch은 공동창립자 글렌 밀러Glenn Miller가 리튬 아메리카스를 지지한다고 선언한 뒤 최근 그와 갈라섰다. 이 사건은 특히 유명 환경운동가가 공개적으로 노천 광산을 지지했다는 이유로 세간의 이목을 끌었다. 리노에서 만난 밀러는 "모든 사람이 기후 변화를 몹시 걱정하죠. 가치의 문제입니다. 저는 리튬이 필요하다는 사실을 받아들였어요"라고 설명했다. 그는 네바다대학교의 교수로 재직하다 은퇴했다.

"제가 아는 광산 계획 중에 가장 [자연에 미치는] 영향이 적은 계획입니다."[44]

밀러의 말을 떠올리며 80번 주간고속도로를 따라 북쪽으로 달리는 사이 옥외 광고판 몇 개를 보았다. 한 광고판에는 '리튬 위에 존재하는 생명: 새커패스 프로젝트. 피히무허 Pee hee Mu'huh'(피히무허는 미국 원주민 파이우트족Paiute이 새커패스를 부르는 말이다 – 옮긴이)라고 적혀 있었다. 윌버트나 딥 그린 리지스턴스가 아니라 피플 오브 레드 마운틴이 모금을 통해 세운 광고판이라는 것을 알고 있었다. 무더운 8월이었고 날이 흐렸다. 대여한 트럭의 창문을 열고 달리던 중에 왼쪽에서 고대 화산의 테두리처럼 보이는 무언가가 나타났다.

네바다주와 오리건주에 걸쳐 있는 맥더밋McDermitt에는 화산 활동으로 만들어진 거대한 지대가 남아 있으며 새커패스는 이 중 일부를 일컫는다. 이제는 활동을 멈췄지만 초대형 화산이 폭발하며 칼데라(화산 폭발 후 화산 일부가 무너지면서 생긴 분지 – 옮긴이)가 네 개나 생기고 리튬이 섞인 유문암 암석들이 만들어졌다. 물이 이 암석과 섞여 리튬을 침출시키다가 수십만 년간 칼데라의 움푹한 부분에 모여 호수가 되었지만 그 역시 결국 진흙과 다른 퇴적암으로 덮였다. 새커패스가 형성되는 사이 쌓인 퇴적물 대부분은 두께가 160미터에 이르는 리튬이 풍부한 진흙층이다.[45] 개발업자들이 해야 할 일은 그 진흙층 위를 덮은 표토를 제거하고 상업적 규모로 진흙에서 리튬을 생산할 수 있는 경제적인 방법을 찾아내는 것이다. 특히 미국 최대의 리튬 매장층이며 세계의 다른 어떤 곳과 비교해도 뒤떨어지지 않는 수준으로 리튬이 농축되어 있다는 사실을 고려하면 이 지역이 매력적일 수밖에 없다.[46]

나는 잘못된 출구로 나왔고 덕분에 포장되지 않은 흙길을 헤매다가 새커패스를 포함하는 지대의 뒤쪽을 제멋대로 통과하고 있다는 사실을 깨달았다. 온 사방이 봉우리와 골짜기였다. 옛날 옛적에 존재했던 화산의 자손들 같았다. 나는 언덕을 오르내리며 달렸다. 한순간에는 뿔 달린 사슴 한 마리가 내 앞을 쏜살같이 지나가기도 했다. 어디에나 산쑥이 있었다. 그러다 결국 농지가 가득한 거대한 골짜기를 마주쳤다. 매 한 마리가 도로가 움푹 팬 곳에서 목을 적시다가 내 차가 다가가자 날아올랐다. 사방에 아름다운 농지가 펼쳐져 있었다. 왜 바텔과 동료 농부들, 농장주들이 리튬 아메리카스를 가장 맹렬히 반대하는 세력 중 하나가 되었는지 어느 정도 이해가 갔다.

내가 스쳐 지나온 어떤 농장에는 트럼프의 '가자, 브랜던Let's Go Brandon'(2020년 미국 대통령 선거에서 바이든을 비하하기 위해 사용된 정치적 구호이자 밈 - 옮긴이) 깃발이 성조기와 함께 걸려 있었다. 이후 만난 윌버트가 이곳에서 열리는 파티에 초대받았다고 이야기한 장소인 험볼트 헌팅 클럽Humboldt Hunting Club도 지나쳤다. 농업과 전원생활에 기반한 문화가 분명히 드러났다. 나는 윌버트가 임시변통으로 꾸린 캠프로 향하는 길에 우연히 경로를 벗어난 것에 감사했다. 마침내 그를 찾아낸 곳은 네바다의 가혹한 태양이 내리쬐는 바위투성이 언덕 아래에서였다. 차를 몰고 다가갔을 때 키가 175센티미터 정도 되는 윌버트는 셔츠를 입지 않은 상태였다. 대신 갈색 반바지에 깃

털이 꽂힌 녹색 펠트 페도라를 쓰고 하이킹 샌들을 신고 있었다. 거대한 바위 그늘에 자리 잡은 그는 고요한 오후를 활용해 컴퓨터로 보도자료를 작성하던 중이었다.

그늘에서 윌버트와 대화를 나눌 자리를 찾는 동안 매 한 마리가 머리 위에서 원을 그리며 날았다. 우리는 그가 해온 작업 대부분을 뒷받침하는 법철학에 관해 이야기했다. 자연은 그 자체로 정체성과 인격을 가진다는 철학이었다. 그가 공동 집필한 책《희망찬 녹색 미래가 기다린다》에서는 자연을 언급할 때 의식적으로 대명사를 골라 쓰고 그 이유를 설명한다. 나무를 가리킬 때는 '그것that'이 아니라 '그who'라 지칭한다. "세계를 말하는 방식이 세계를 인식하고 경험하는 방식에 심오한 영향을 미치고, 결국에는 이 세계에서 어떻게 행동하는지에도 심오한 영향을 미친다고 믿기" 때문이다.[47] (윌버트와 공저자들만의 생각은 아니다. 뉴질랜드는 2007년 황거누이강Whanganui River에 인격권을 부여했다.[48])

윌버트는 제안된 광산이나 리튬 아메리카스, 트럼프, 토지관리국에 관해 이야기하는 동안 예의에 벗어나지 않는 수준까지 완고하게 자신의 의견을 고집했지만 단 한 번도 목소리를 높이거나 열기에 들뜨지 않았다. 그는 그저 그들 모두를 멈추는 것이 자신의 임무라고 설명했다. 윌버트는 앞서 유타주에 제안된 오일샌드oil sand(원유를 포함하는 모래 또는 사암 - 옮긴이) 프로젝트에 반대했고, 워싱턴주에서는 석탄 수출을 막아섰다. 1년 넘게 계속되며 에너지와 관련한 모든 논의에서 원주민 권리를 중심으로 끌어온 다코타 액세스 파이프라인 사태에도 참여했다.

그는 "우리에게는 경제의 계획적인 수축과 계획적인 역성장이 필요합니다"라고 주장했다. 태양이 이동해 새커패스의 바위 근처에 자리 잡은 우리 두 사람을 뜨겁게 비추고 있었다. 윌버트는 나와 만나기 얼마 전 약혼을 했다. 대화 중 그는 아이를 가지지 않는 것도 인간이 탄소 발자국을 줄이는 방법이라고 언급했다. 기회를 감지한 나는 윌버트의 계획을 물었다. 그는 생물학적 자식은 원하지 않으며 대신 입양을 하게 될 것 같다고 밝혔다.

윌버트는 "근본적으로 우리는 가능한 한 빨리 산업주의를 버려야 합니다. 아니면 재앙으로 향하게 될 거예요"라고 정리했다.

"친환경 기술로 지구 온난화 문제에 대처할 수 없다는 사실은 아주 분명합니다."

이쯤에서 잠시 멈추고 윌버트가 자신이 직접 활용하는 현대의 기술과 편리한 기반 시설을 어떻게 생각하는지 짚고 넘어가야 했다. (아마 모두 같은 생각을 했을 것이다.) 그렇다. 그는 휘발유로 움직이는 자동차를 몰고 휴대전화를 쓴다. 하지만 이러한 행보가 위선적이라고 생각하지는 않는다.

그는 "현재로서는 개인적으로 순수함을 지키는 것보다 효과적으로 움직이는 것이 더 중요하다고 생각합니다"라고 설명했다.

"우리가 보고 싶은 방향으로 움직이는 것이 중요하죠."

윌버트는 평소에 생활하는 오리건주 유진Eugene에서는 작은 오두막 한 채를 빌려서 지낸다. 사냥을 자주 하고, 약초로 약을 만들며, 낚시를 하고 농사를 지어 음식 대부분을 구한다. 그의 표현을 빌리면 "소비지상주의에 대한 대안을 만들기" 위한 계획의 일부다.[49]

나와 만났을 때 윌버트는 구형 아이폰과 맥북을 쓰고 있었다. 내가 빌린 2022년형 도요타 타코마 트럭과 61만 킬로미터를 달린 그의 1999년형 타코마 트럭도 확실한 대조를 이뤘다. (그의 트럭 범퍼에는 스티커 두 개가 붙어 있었다. 표면적으로는 유카산Yucca Mountain에 핵폐기물을 저장하려는 계획에 반대하는 것처럼 보이는 '네바다는 쓰레기장이 아니다'라는 스티커와 '우리는 당신들이 절대 불태울 수 없었던 모든 마녀의 자손들이다'라는 스티커였다.) 윌버트는 자동차를 사치품으로 보았고 이 세계가 자동차 생산을 멈춰야 한다고 했다.

그는 "제가 급진주의자 같지는 않아요."라고 주장했다.

"급진주의자들은 '음, 그냥 차 보닛 아래 다른 것을 넣고 계속 운전합시다' 같은 말을 하는 사람들이죠. 제가 보기에 그건 그냥 임시방편일 뿐입니다."

윌버트는 자신의 관점을 접한 대부분의 사람들이 그가 사용하는 현대의 기술들은 어떻게 생각하는지 질문을 던지리라는 것을 아는 듯했다. 그는 과거 세대의 사람들이 벌였던 싸움을 언급하면서 암묵적으로 자신의 대의를 그들과 연결했다.

"많은 노예해방론자가 노예들이 생산한 목화로 만든 옷을 입었습니다. 당시 시장에서 구할 수 있는 옷이 그런 옷이었고, 그렇다고 항상 벗고 다니고 싶진 않았기 때문이죠."

나는 "흥미로운 관점이네요."라고 답했다.

"식민화에 맞서 싸웠던 미국 인디언들은 유럽인들이 가져온 소형 화기를 사용했어요. 많은 경우 그들이 확보할 수 있는 무기보다 훨씬 강력했으니까요."

나는 "맞습니다"라고 인정했다.

"저는 각 상황에서 어느 쪽이 효과적인지에 관한 문제라고 생각합니다. 여기서 오리건주까지 걸어가는 쪽을 택할 수도 있죠. 하지만 그러면 여섯 달쯤 걸릴 거예요. 저도 항상 영화 〈뛰는 백수, 나는 건달Office Space〉에서처럼 야구 배트를 들고 컴퓨터를 부수는 망상을 합니다. 다시는 이메일을 확인할 일이 없다면 행복할 거예요. 하지만 그게 우리가 사는 세상이죠."

윌버트는 "오늘날 한 사람이 마음대로 이용할 수 있는 에너지의 양은 두어 세대 전의 사람이 이용하던 양에 0이 몇 개나 붙습니다"라고 정확히 지적했다. 부분적으로는 현대 의학과 수송 수단, 식량 재배 덕분에 세계 모든 곳에서 기대수명이 훨씬 길어진 것도 사실이다. 어느 순간 윌버트는 성교육을 통해 인구를 통제할 필요가 있다며 (그 많은 나라 중에) 이란을 언급했다. 1980년대부터 이란에서 시행된 가족계획운동은 정관 수술과 자궁관 묶음, 경구 피임약, 콘돔을 권장하는 사회적 프로그램을 통해 인구 증가율을 연간 약 3퍼센트에서 2020년 0.7퍼센트까지 낮췄다.[50]

윌버트와 딥 그린 리지스턴스가 개인적으로는 현대 기술을 활용하면서도 이러한 기술을 만들어내는 기업들에 맞서 싸우는 사이, 젠더에 관한 이들의 시각은 새커패스를 반대하는 진영 전체를 위태롭게 하고 있었다. 윌버트와 동료들은 미국과 세계 곳곳에서 논쟁을 일으키고 있는 트랜스젠더 담론에 강경한 태도를 유지하고 있다. 그들은 리튬 광산을 막기 위한 싸움 중에도 자신들의 신념을 감추거나 억누르는 대신 오히려 가장 중요하게 내세웠다. 윌버트와 공저자들은 2019년 발표한 글에 "자신을 '트랜스젠더'라 칭하는 남자들이 여전히 남자라는 것을 (⋯) 지적하면 (⋯) 갑자기 유해한 존재가 된다"라고 적었다.[51]

윌버트와 동료들의 문제는 새커패스 광산에 맞서는 싸움에서 그들과 함께하는 동료 중 많은 이가 '투 스피릿two spirit'으로 알려진 제삼의 젠더가 반드시 존재한다고 믿는 원주민 공동체의 사람들이었다는 것이다. 이들 간의 긴장은 주로 2002년 워싱턴에 기반을 둔 에너지·환경 전문매체 'E&E 뉴스'의 보도를 통해 노출되었지만 그 반향은 워싱턴 지역을 넘어섰다.[52] 딥 그린 리지스턴스의 공식 웹사이트에는 자신들이 생물학적 여성을 지지하는 "급진 페미니스트" 철학을 고수한다고 공개적으로 명시되어 있었다. 이 단체의 논리에 따르면 실제로 트랜스젠더 여성에게 여성용 화장실 사용을 허용하지 말아야 했다. 지혜롭게도 새커패스에서 광산을 막기 위해 싸우며 미국 원주민들과 공개적으로 관계를 맺기 전까지는 이러한 신념을 철저히 숨겼을지 모르지만, 인터넷이나 소셜미디어 계정에 남은 흔적까지 없애지는 않았다. 윌버트와 포크는 광산 반대 캠프에서 지역 원주민 그룹과 협력하며 소송에 참여하기 위해 '새커패스를 지키자Protect Thacker Pass'라는 조직을 만들었지만 자신들이 딥 그린 리지스턴스에 가입했다는 사실은 언급하지 않았다.

둘과 협업했고 80번 주간고속도로에 광고판을 세우기도 했던 피플 오브 레드 마운틴의 한 회원은 윌버트와 포크가 이 단체와의 관계를 밝혔어야 했다고 지적했다. 피플 오브 레드 마운틴의 대변인 매키니는 "[딥 그린 리지스턴스가] 우리를 위축시켰다고 생각한다.

[딥 그린 리지스턴스와] 그 공동체 사이에 심각한 문제가 있었기 때문이다. 그리고 그건 우리가 싸울 문제가 아니었기 때문에 우리는 공개적으로 배제되었다고 느꼈다"며 "이는 성전환자 혐오transphobia를 넘어서는 문제였다"[53]라고 분노했다.

하지만 "여성들의 기본적인 경계를 침해하려는" 사람들은 "숲과 강, 대초원의 경계를 침해하는" 사람들과 다를 게 없다고 주장한 딥 그린 리지스턴스의 공동창립자 중 하나는 이 문제에서 빠져나갈 수 없었다. 포크는 몇 주 만에 피플 오브 레드 마운틴을 대리하는 변호사직에서 사퇴하는 서류를 연방법원에 제출했다. 이 단체의 구성원들은 윌버트와 포크가 꾸린 반대 캠프를 버리고 떠났다. 새커패스 광산에 맞서는 싸움이 완전히 사그라들지는 않았지만 전기차와 광업, 친환경 에너지 전환을 둘러싼 국내 투쟁에 끼어들 거라고는 예측하지 못했던 문제 때문에 타격을 입은 것은 사실이었다.[54]

태양이 하늘을 가로지르다 지평선을 향해 하강할 즈음 윌버트는 내게 광산 현장 주위를 하이킹하고 싶은지 물었다. 우리는 각자 물과 과자를 배낭에 챙기고 걷기 시작했다. 그는 하이킹 샌들을, 나는 달리기용 운동화를 신고 있었다. 우리는 마라톤 훈련에 관해 이야기하며 산쑥 덤불을 헤치고 천천히 언덕을 올랐다. 발길이 닿는 곳에 작게 먼지가 일었다.

윌버트는 현대의 환경운동을 혐오하는 게 분명했고 때로는 비유가 극단으로 치닫기도 했다. 현대적인 기후운동은 성폭행이 "진실한 진짜 성생활과 타인과의 연결을 유해하게 모방"하는 방식으로 "환경운동을 유해하게 모방"했다는 것이다. 그는 캐나다 회사가 미국에서 상대적으로 가난한 지역을 파헤치고 싶어 한다는 이유로 새커패스 프로젝트를 일종의 "신식민주의" 광업 프로젝트라 칭했다. 기후 변화를 옹호하는 이들은 자신들은 희생하지 않고 타인들을 이용하려는 "반사회적 인격 장애자sociopath"였다. (대화 중에 나는 윌버트에게 카를 마르크스의 《공산당 선언》을 읽어본 적이 있는지 물었다. 그는 읽지 않았다고 했다.)

그는 제2차 세계대전 동안 히틀러 정권에 질문을 던지지 않은 평범한 독일인들과 오늘날 친환경 기술을 위한 금속이 어디서 어떻게 조달되는지 묻지 않는 환경운동가들 사이에 분명한 공통점이 있다고 보았다. 테슬라의 최고경영자인 머스크는 "몇 가지 심각한 사회적인 문제"가 있었다. 계몽운동은 땅을 신성시하는 이교도의 전통을 "자연 세계를 기계적으로 이해하는 세계관"으로 바꾸었기 때문에 결국 해로웠다. 우리는 한참 걷다가 땅 위로 솟아 나온 하얀 진흙 덩어리들을 마주쳤다. 나는 하나를 집어 그 안에 리튬이 있는지 확인했다. 이런 암석이 풍경 여기저기에 흩어진 채 이 지역의 잠재력을 보여주고 있었다.

석양이 보라색과 주황색으로 주위를 물들일 때쯤 우리는 맥더밋 칼데라의 맞은편에 있는 산의 가장자리에 다다랐다. 바람이 귀를 간지럽혔다. 멀리서 코요테 한 마리가 울었다. 새들이 근처에 있는 둥지에서 재잘거렸다. 말 그대로 목가적인 곳이었다. 이곳이 언젠가 북아메리카 최대의 리튬 광산이 될 거라고는 상상하기 어려웠다.

나는 윌버트에게 그의 견해가 불러온 논란과 이러한 논란이 원주민 단체들과의 협업에 미친 영향을 묻기 위해 적당한 때를 기다리고 있었다. 골짜기를 내려다보며 앉아 있었을 때 놀랍게도 그가 먼저 그 주제를 꺼냈다. 윌버트는 'E&E 뉴스'의 보도가 "상당히 부정확하고 유치"했다고 주장했다. 그리고 그 내용을 완전히 기억하지는 못한다고 암시라도 하듯 "그 기사를 읽은 게 한참 전"이라고도 덧붙였다. 윌버트는 "젠더에 비판적인 시각이나 급진 페미니스트의 시각에 관해" 자신이 "대변인은 아니"라고 했지만 문제의 2019년 글에 공저자로 이름을 올린 바 있었다. 해당 기사에서 몇몇 부족 지도자의 발언을 직접 인용했던 내용과 달리 그는 다양한 원주민 단체가 자신의 견해를 알고 있었다고 주장했다.

윌버트는 "살면서 자신을 레즈비언, 게이, 논바이너리nonbinary나 다른 무언가로 정체화하는 이들을 많이 만났습니다"라고 설명했다. "제게 편협한 인간이나 폭력적인 사람, 혹은 그와 비슷한 무언가의 캐리커처를 덧입히려는 시도에 정말 화가 납니다. (…) 그건 제가 여기에 싸우러 온 문제가 아니에요. 진심으로 내 삶을 헌신한 문제도 아니고요."

그는 오히려 견해가 다른 사람들도 공동의 적으로 인식한 상대에 함께 맞서 싸울 수 있지 않느냐고 물었다. 윌버트는 "우리는 누군가가 근본적으로 완전히 재수 없는 인간이 아니라면 그냥 함께 일할 거예요"라고 주장했다. 그리고 자신은 백인 우월론자라도 이 리튬 광산에 반대한다면 함께 일할 수 있다고 덧붙였다.

"저는 상대가 생각을 바꿀 수 있고 세상을 보는 눈이 변할 수 있다는 희망을 품은 채 [견해가 다른] 사람들과 이야기하고 그들과 함께하고 싶습니다."

그리고 내가 문제를 지적하기도 전에 윌버트가 자신의 허점을 짚었다.

"제가 유색인종이고 그런 상황을 맞닥뜨렸다면 그냥 그 사람과 함께하지 않거나 근처에 있고 싶지 않았을 거예요."

나는 윌버트에게 여성용 공간은 오직 생물학적 여성에게만 제공되어야 하는지 직설적으로 물었다. 그는 고개를 끄덕였다. 나는 바로 특히 많은 원주민 부족이 젠더에 관해 서구의 전통에 부합하지 않는 관점을 가지고 있다는 점을 고려할 때 이 지역에서 여러 부족을 변호하는 동안 이러한 관점이 어떠한 영향을 미쳤는지 물었다. 윌버트는 원주민들과의 관계가 소원해졌다고 이해하는 것은 정확하지 않다고 했다.

"몇 년을 거슬러 올라가서 이 운동을 시작한 후부터 젠더 문제를 포함해 온갖 다양한 이유로 나와 함께 일하고 싶어 하지 않는 사람들이 있었어요. 그래도 괜찮습니다."

하지만 그는 이 문제가 "커다란 분열을 초래한 쐐기"는 아니었다고 고집했다.

윌버트의 모든 말을 종합해보면 그는 자신이 나무 때문에 숲을 놓치고 있다는 사실을, 즉 어디서나 논쟁을 부르는 사회적 쟁점에 관한 그의 견해가 자신과 다른 이들이 거대한 광업 프로젝트에 맞서고 있는 더 큰 싸움의 가치를 깎아내리고 있다는 사실을 의도적으로 모르는 체하고 있는 듯했다. 윌버트는 광산을 옹호하는 이들이 그의 평판을 망치기 위해 부추긴 일이라고 생각하는 것 같았다. 그는 "[리튬 아메리카스] 회사와 정부는 이런 갈등이 터져 나올 때마다, 사회 운동 안에서 자신들에게 경제적으로 도움이 되는 내분이 일어날 때마다 무척 행복할 겁니다"라고 주장했다.

땅거미가 내리고 별들이 고개를 내밀기 시작했다. 우리는 몇 킬로미터를 걸어 윌버트의 조촐한 캠프로 돌아왔다. 그는 천연가스를 태우는 캠프용 휴대 난로에서 저녁으로 먹을 마카로니와 치즈를 요리했다. 나는 같은 날 일찍 가방에 챙겨두었던 샌드위치를 먹었다. 어느새 해가 졌고 은하수가 수놓은 띠가 광대한 하늘을 가로질렀다. 내가 기억하는 한 별들이 만들어내는 풍경을 온전히 바라본 것은 이때가 처음이었다. 빛으로 오염된 장소를 벗어나 여행한 적이 없었던 탓이었다.

어둠 속에 앉아 있는 동안 윌버트는 새커패스에 발을 들이기도 전에 꾸었던 꿈 이야기를 들려주었다. 그는 이 지역을 촬영한 화질이 좋지 않은 사진을 한 장 본 적이 있었지만 그 외에는 다른 정보가 없었다. 꿈에서는 강력한 힘이 불시에 그를 덮쳐서 새커패스가 내려다보이는 산 위로 데려갔다.

"저는 거기에 1600만 년 동안 앉아서 동물과 사람이 오고 가는 걸 지켜보기만 했어요."

그리고 "폭발이 일어나고, 산이 무너지고, 산을 열고 발파해서 노천 광산을 만들려는 것들"이 등장하면서 그 꿈이 점점 악몽으로 변해갔다고 회상을 이어갔다.

나는 한동안 침묵을 지키다가 윌버트에게 결국 새커패스에 광산이 들어설 거로 생각하느냐고 물었다. 그는 아마도 어느 정도 규모의 광산이 생길 거라고 인정했다. 어쩌면 윌버트가 꿈에서 보았던 풍경은 그의 대의가 실패하리란 것을 알리는 무의식적이고 개인적인 전조였을 것이다.

그날 밤 윌버트는 23년 된 자신의 타코마에 마련한 잠자리로 기어들어 갔고 나 역시 새 타코마 안에 몸을 누이고 별 아래에서 잠이 들었다. 나는 달이 환한 횃불처럼 머리 위로 떠올라 은하수를 가리기 전에 코요테의 울음소리를 들으며 잠에 빠졌다.

다음 날 아침 헤어질 준비를 하던 중 윌버트가 내게 19세기에 대학살이 일어난 장소를 볼 생각이 있는지 물었다. 내가 이곳으로 오던 길에 고속도로 광고판에서 보았던 '피히무허', 즉 '썩은 달Rotten Moon'이라고 불리는 장소였다. 구전으로 전해오는 이야기에 따르면 19세기 파이우트족이 이 장소에서 다른 종족에게 학살당한 뒤 부족원들의 내장이 초승달 모양으로 흩어져 있었다고 한다. 윌버트와 파이우트족 사람들은 리튬 광산이 건설되면 이 역사적인 장소에서 벌어진 일에 대한 공포가 더욱 배가될 거라고 주장한다.[55]

우리는 광산이 예정된 부지에서 몇 킬로미터를 더 달리다 왼쪽으로 틀어 커다란 구멍이 메워져 있는 비포장도로에 들어섰다. 그리고 하늘을 가리키는 손가락을 닮은 거대한 바위를 향해 올라갔다. 주위 평지를 기준으로 적어도 몇십 미터는 올라갔을 것이다. 멀리 몇 킬로미터 밖에 새커패스의 측면에 자리한 산 두 개가 선명하게 보였다. 나는 차를 세우고 윌버트에게 우리가 바로 그 장소에 있는 건지 물었다.

그는 "맞습니다, 여기가 거기예요"라고 대답했다. 리튬 아메리카스가 파 내려가고 싶어 하는 곳은 겨우 눈에 들어올 정도로 멀었다. 우리는 고요한 바람 속에 몇 분 정도 앉아 있다가 일어났다. 나는 북쪽으로 방향을 잡았다.

리튬 업계의 줄다리기

2022년 8월 네바다주의 캐서린 코테즈 매스토 상원의원은 재선을 위해 애덤 랙솔트Adam Laxalt와 인정사정없는 싸움을 벌이는 중이었다. 공화당 소속 상원의원으로 주 검찰총장을 역임한 랙솔트는 임기 동안 엑손모빌에 기후 변화의 책임을 물으려 했던 매사추세츠주의 조사에 반대하는 법정 의견서를 제출하기도 했다.[56] 미국 상원이 50 대 50으로 나뉘어 해리스 부통령이 결정표를 행사하게 된 상황에서 두 사람의 대결은 국가적인 영향력을 가졌다. 코테즈 매스토가 패하면 상원에서 민주당이 밀릴 수도 있었다. 이 상원의원은 자신이 친환경 에너지 전환을 수용한다는 사실을 보여주기 위해 오랫동안 싸워왔다. 심지어 2021년에는 양당이 합의해 통과시킨 기반 시설 관련 법에 미국에서 이뤄지는 전기차 배터리 생산에 자금을 제공하고 국내에서 이러한 배터리를 위한 공급망, 즉 리튬을 포함하는 공급망을 확보하도록 지원하는 조항들을 포함시키기도 했다.[57]

또한 코테즈 매스토 상원의원은 커다란 힘을 발휘하는 상원 에너지·천연자원위원회의 회장이자 웨스트버지니아주 상원의원인 조 맨친에게 더 나은 재건법Build Back Better Act에 규정된 연방정부 소유 토지의 사용료를 광물에는 적용하지 않게 막겠다는 약속을 얻어냈다. 관련 규정은 당시 워싱턴에서 뜨거운 논란의 대상이었다(해당 법안은 여러 번의 수정과 재제출을 거쳐 2022년 IRA로 통과되었다). 맨친은 코테즈 매스토에게 한 약속을 지켰고, 최종 법안에는 최초에 제안된 조치가 포함되지 않았다. 제일 처음 상원에 제출된 법안에서는 기존 광산에 총 8퍼센트의 사용료를, 신규 광산에는 4퍼센트의 사용료를 부과하려 했다. 지지자들은 암석을 1톤 옮길 때마다 7센트의 부담금도 추가한 이 조치가 매년 연방정부에 20억 달러에 가까운 수입을 올려줄 거로 예상했다. 최초의 법안을 제안한 상원의원들은 1872년부터 미국 광업계를 통제해온 법에 가장 근본적인 변화를 주려 했다. 광업법을 처음 제정할 당시에는 미국 서부의 발전을 촉진하기 위해 사용료를 부과하지 않았기 때문이다. 하지만 코테즈 매스토가 새로운 변화를 막았다.[58]

'은의 주Silver State'라는 별명으로 불리는 네바다주는 오랫동안 미국에서 가장 많은 은과 금을 생산하는 지역이었다. 따라서 이 주에서 이러한 금속의 채굴을 반대하는 것은 도박을 반대하는 것과 비슷했다. 바꿔 말하면 선거에서 패하는 확실한 길이었다. 하지만 과열된 중간선거에서는 주를 대표하는 중도 성향의 정치인이 대처해야 하는 새로운 문제로 리튬이 부각되었다. 코테즈 매스토가 미국은 리튬을 더 생산해야 한다고 발언한 적이 있긴 했지만, 새커패스 프로젝트는 거액의 정치 후원금을 내는 부유한 목장주들과 집단으로 표를 던지는 경향이 있는 원주민 부족들이 상황을 판단하는 데 중요한 역할을 할 것으로 보였다.[59] 그리고 코테즈 매스토 상원의원은 2019년 말 리노의 리튬 아메리카스를 방문해 한 시간 동안 회사의 설비를

돌아본 뒤 경영진들과 함께 웃으며 카메라 앞에 선 적이 있었다.[60]

당시 연방정부는 새로운 광산의 허가 절차를 간소화하기 위한 법안을 제출했으나 의회에서 계류 중이었다. 코테즈 매스토는 리튬 아메리카스의 설비를 살피던 중에 연방정부의 해당 법안을 지지한다는 뜻을 밝히려 "우리가 이 새로운 기술을 받아들이기 시작하지 않으면 뒤처질 것이다"라고 주장했다. (해당 법안은 글을 쓰는 지금도 통과되지 않았다.[61])

다시 2022년 8월로 돌아와서, 나는 서퍽대학교에서 내놓은 흥미로운 여론조사 결과를 읽었다. 코테즈 매스토가 랙솔트에 7퍼센트포인트 앞서 있다는 뉴스로, 현직 상원의원이 반가워할 소식이었다. 나는 이 여론조사의 결과를 트위터에 올리면서 코테즈 매스토는 새커패스 프로젝트를 강력히 지지하고 있다고도 덧붙였다. 몇 분 뒤 내 반려견과 산책하고 있는데 휴대전화 벨이 울렸다.

"안녕하세요. 로이터에서 일하시는 어니스트 샤이더 씨 맞으시죠? 저는 코테즈 매스토 상원의원 선거캠프에 있는 조시 마커스블랭크Josh Marcus-Blank라고 합니다. 오늘 올려주신 트윗은 감사드립니다만, 혹시 지워주실 수 있을까 해서 전화를 드렸습니다."

당황스러운 요청이었다. 코테즈 매스토는 리튬 아메리카스를 직접 찾아 경영진을 만났고,[62] 전기차 공급망 관련 조항들의 입법을 주관했으며, 1982년 광업법의 현상 유지를 위해 직접 나섰기에 더욱 그랬다. 리튬 아메리카스 역시 2021년 하반기에 주주들에게 이 상원의원이 "우리의 신흥산업을 지지"한다고 홍보하기도 했다.[63] 내가 잘못 생각한 걸까? 나는 그에게 "전화주셔서 감사합니다"라고 답했다.

CHAPTER 7 광물 자립의 미로에 갇힌 미국 | **247**

"제가 틀렸을 수 있겠네요. 하지만 상원의원께서 이 프로젝트를 지지한다고 밝히시지 않았나요? 제가 틀렸다고 하시면 틀린 거겠죠. 그 트윗은 지우겠습니다."

"비공개를 전제로 드리는 말씀입니다만, 의원님은 그 광산 자체에 대해서는 입장을 밝히신 적이 없습니다. 그 트윗은 지워주시면 감사하겠습니다."(여기서 잠시 멈추고 "비공개를 전제로" 하려면 양쪽이 모두 동의해야 한다는 점을 짚고 넘어가야겠다. 나는 동의한 적이 없다.)

내 반려견 테오가 쉴 새 없이 목줄을 당기는 사이 나는 마커스 블랭크에게 집으로 돌아가서 다시 전화하겠다고 이야기했다. 그쯤 되자 더욱 궁금해졌다. 실제로 코테즈 매스토는 내가 기억하는 대로 입법을 주관했다. 나는 인터넷에서 2019년 9월 리튬 아메리카스의 리노 설비를 방문한 코테즈 매스토의 생생한 컬러 사진을 찾아냈다. 이 상원의원이 친환경 에너지 혁명을 위해 미국의 광물 생산을 늘려야 한다고 여러 차례 열정적으로 웅변하긴 했지만, 그렇다고 해서 특정 광산을(특히 이 특정 광산을) 지지한다고 하는 건 지나친 억측 같았다.

미국 서부에 있는 대부분의 광산은 1872년 제정된 일반광업법General Mining Law을 적용받는데, 이 법은 당시 개발이 뒤처졌던 서부 변두리의 발전을 촉진하기 위해 만들어졌다. 해당 지역에 미국 연방정부가 소유한 땅 약 142만 제곱킬로미터에서 이뤄지는 모든 경암 광업이 이 법을 따른다.[64] 이 법은 연방정부의 땅에서 광업 사업을 하는 기업들이 사용료를 내지 않아도 된다고 규정해서 오랫동안 워싱턴의 많은 사람에게 짜증을 유발해왔다.[65]

뉴멕시코주 상원의원 마르틴 하인리히는 특히 버려진 광산의 정화 작업에 들어가는 자금을 확보하기 위해 연방정부 소유의 땅에서 광물 추출 사용료를 신설하는 것을 강력히 지지했다. 2022년 선거에서 재선에 도전하지 않아 목장주, 원주민, 기후 변화를 우려하는 시민들로 구성된 강력한 반대 세력과 균형을 잡을 필요가 없었던 하인리히는 "경암 사용료를 부과하지 않고 지나가는 하루하루는 우리의 서쪽 지역에 더 많은 유독성 금속이 생겨난다는 것을 의미한다"라고 주장했다.[66]

나는 문제의 트윗을 지웠다. 그리고 코테즈 매스토가 미국이 더 많은 리튬을 생산해야 한다는 발언을 하긴 했지만 새커패스 프로젝트를 지지한다고 밝힌 적이 없다는 사실을 명확히 정리한 또 다른 트윗도 올렸다. 이 프로젝트가 미국 상원의 통제권을 두고 벌어지는 싸움에까지 끼어드는 듯했다.

코테즈 매스토는 총 102만 850명이 참여한 투표에서 7928표 차이로 간신히 랙솔트를 누르고 승리했다.

존 에번스Jon Evans는 종이도 자를 법한 날렵한 턱선을 가졌다. 얼굴 옆선에 바짝 붙여 깔끔하게 다듬은 머리는 그가 한때 군인이었다는 사실을 떠올리게 했다. 그의 조부모는 동부 유럽을 떠나 미국에 정착한 이민자였고, 자식과 손주 들에게 교육이라는 도구를 활용해서 출세하고 안정적인 삶을 찾아야 한다고 가르쳤다. 에번스의 아버지는 그 뜻을 이해했다. 그는 유기화학 분야에서 박사를 취득했고 아이들에게도 과학이나 공학 분야로 진학하라고 권했다.

하지만 어린 에번스는 증권중개인이 되고 싶었다. 아버지는 과학·기술·공학·수학 분야에서 지식을 쌓으면 경영이나 연구, (꼭 가야 한다면) 월가에도 진출할 수 있다고 주장하며 끝내 아들을 설득했다. 에번스는 기계공학을 택했다. 그는 4년간 예비 장교 훈련단 장학금으로 등록금을 충당했다. 정부의 지원을 받은 대신 그는 3년간 미국 육군에 복무해야 했고 제1차 걸프전쟁에 장갑차 기갑 장교로 참전해 전투를 치렀다.

에번스는 내게 "스물두 살에 탱크를 몰면 상당히 성숙해집니다"라고 설명했다.[67]

제대 후 그는 제너럴 일렉트릭의 플라스틱 사업부에 들어갔지만 해당 부서가 결국 매각되었다. 그 후 에번스는 2년간 잠시 제약 판매업을 경험한 뒤 2008년 흥미로운 기회를 제안하는 인사 담당자를 만났다.

"필라델피아에 본사가 있는 회사 FMC에서 리튬 사업을 해볼 생각이 있는가?"

에번스는 구미가 당겼지만 리튬이 원소주기율표 어디에 있는지만 알았지 그 외에는 관련 지식이 거의 없었다. 2008년 금융위기는 전 세계를 요동치게 했고 많은 이가 윤활유와 제약, 유리를 제치고 리튬의 주요 소비처가 될 거로 예측했던 휴대용 전자기기 산업의 성장세도 꺾였다. 어쨌든 에번스는 제안을 받아들였고 가족과 함께 이사해 황급히 칠레 기업 SQM, 앨버말의 전신인 록우드 홀딩스Rockwood Holdings와 맞붙는 경쟁에 뛰어들었다. 당시 전 세계를 통틀어 주목할 만한 리튬 제조업체는 이 셋밖에 없었다. 이후 앨버말의 리튬 사업부를 이끌게 된 에릭 노리스Eric Norris와 리튬 업계에서 수많은 이가 찾는 컨설턴트가 된 조 라우리Joe Lowry를 비롯해 그가 경쟁했던 사람들과 고용했던 사람들 모두 에번스의 친구가 되었다. (2019년 리튬 사업부를 리벤트라는 기업으로 분리한) FMC와 앨버말, SQM은 여전히 리튬 업계의 거물로 여겨진다.

에번스는 "그야말로 과점 체제였죠"라고 인정했다.

"아주 작은 세계였습니다."

2010년 FMC의 최고경영자가 은퇴한 뒤 그는 신임 경영진 아래서 어려움을 겪었고 새로운 기회를 얻고 싶어 안달이 났다. 2013년 소비자가 스스로 법적인 문제를 처리할 수 있게 관련 자문이나 서비스를 제공하는 회사 리걸줌LegalZoom과 남성 의류 브랜드 휴고 보스를 소유하고 있던 사모펀드 회사가 에번스를 찾았다. 그에게 맡겨진 임무는 생명과학 기업부터 공조설비 회사까지 포트폴리오를 구성하는 여러 기업을 운영하는 것이었다. 그는 세 기업을 매각하거나 분리하며 주택담보대출을 청산했고 아이들의 대학 등록금으로 쓸 돈을 벌었다. 하지만 그때 리튬이 다시 그를 불렀다.

2016년 리튬 아메리카스는 아르헨티나 북부에 리튬 프로젝트를 개발하려 하고 있었다. 에번스가 FMC에서 일하며 많은 정보를 접했던 지역이었다. (흥미롭게도 불과 몇 년 전까지 작은 회사에 불과했던 중국의 간펑리튬이 리튬 아메리카스의 아르헨티나 프로젝트를 돕고 있었고, 이 회사의 최대 주주가 되었다. 에번스는 "그들[간펑리튬]은 작은 회사였죠. 하지만 상황이 얼마나 변했는지 놀라울 뿐입니다"라고 평했다.)

같은 해 리튬 아메리카스는 웨스턴 리튬에 인수되었다. 웨스턴 리튬은 네바다주 북부에 새커패스 리튬 광산 프로젝트를 추진하려 했다. 에번스는 2017년 이 회사의 이사로 합류했고 이듬해에는 회장이 되었다. 책임이 커진 만큼 새로운 리튬 광산이 미국에서 어떤 역할을 할 수 있는지에 대한 그의 비전도 커졌다.

에번스는 "언젠가는 사람들이 지금처럼 분산되지 않은 공급망을 원하리라는 것을 알고 있었습니다"라고 설명했다. 코로나바이러스 대유행이 이러한 상황에 속도를 더했다. 다른 기업의 경영자들과 마찬가지로 에번스 역시 여러 국가와 국제기구의 관련 정책들이 얼마나 자신들에게 유리한지 재빨리 깨닫지는 못했지만, 기후 변화에 대처하는 싸움도 긍정적인 영향을 미쳤다.

"이제는 전기차 보급률 통계가 나올 때마다 계속 증가하고 있습니다. 그리고 우리는 이러한 수요를 공급하려면 정말 중요해진 미국의 자산을 보유하고 있죠."

갑자기 에너지 안보가 석유와 가스를 훨씬 넘어서는 문제가 되었다.

"10년이나 15년 전만 해도 리튬이 국가 안보의 쟁점이 되리라고는 누구도 생각하지 못했을 겁니다. 하지만 오늘날에는 그렇습니다."

새커패스에 광산 건설을 추진하는 진영과 반대하는 진영이 서로 주고받은 수많은 법적 폭탄뿐 아니라 그 땅에서 윌버트와 함께 보낸 시간까지 생각하면서 나는 에번스의 의견을 물었다. 그는 주저하지 않고 답을 내놓았다.

"이 프로젝트, 즉 새커패스에서 추진 중인 프로젝트는 그 두 남자 [윌버트와 포크]가 나타나 《뉴욕 타임스》의 지지를 얻기 전에는 뜨거운 감자가 아니었어요. 《뉴욕 타임스》는 그들의 싸움을 일종의 발판으로 활용하려 했죠. 그리고 그 사람들은 우리 프로젝트를 멈춰 세우려고 달라붙는 거라면 뭐든지 던져댔습니다. 그들이 집중하는 건 탈산업화예요."

에번스는 시에라 클럽Sierra Club과 생물다양성센터를 비롯한 다른 환경단체들이 새커패스 프로젝트를 반대하지 않았다는 점을 지적했다. 그는 월버트의 공격이 어느 정도 바이든 행정부에 대한 공격이라 믿고 있다고 밝혔다. 에번스는 소셜미디어에서 중국과 다른 나라 정부에서 지원한 자금으로 미국에서 진행 중인 희토류 프로젝트에 대한 공격이 이뤄지고 있다고 언급했고, 아무 증거가 없는데도 진지하게 월버트 역시 같은 출처에서 자금을 지원받고 있을 거라고 암시했다. 대표적으로, 중국 정부는 텍사스와 오클라호마에서 추진되는 희토류 프로젝트에 대한 온라인 공격과 관련이 있었다.[68]

그는 내게 "정치적인 이유로 새커패스 프로젝트가 추진되지 않기를 바라는 사람들이 있습니다. 충분히 가능한 일이에요"라고 주장했다.

"왜 특정 분야에서 어떤 나라가 자립하도록 허용하고 싶어 하겠어요? 저는 여기에도 같은 논리가 적용되고 있다고 봅니다."

에번스는 다른 원주민 부족이 모두 윌 포크와의 관계를 끊었음에도 적어도 한 부족은 계속해서 그를 변호사로 두려는 것에 불만을 표했다.

에번스는 내게 아마도 일부 부족은 돈을 원할 거라고 귀띔했다. 착각이었다. 동시에 그는 어느 부족이든 FPIC, 즉 자유의사에 따른 사전 인지 동의라는 개념을 이용해 광산을 막을 생각이라면 터무니없는 발상이라고도 못 박았다. 에번스는 이러한 시도가 워싱턴에 있는 정책 결정자들의 지지를 받지 못할 거라고 확신했다. 물론 새커패스 광산을 둘러싼 모든 문제는 바이든 팀이 해결해야 할 문제였고, 그보다 책임이 덜하긴 하지만 바이든보다 먼저 행정부를 이끌었던 두 전임자의 팀이 해결해야 했던 문제였다. 어쨌든 어느 시점에는 결정을 내려야 한다. 아니면 다른 국가들이 기꺼이 전기차에 들어가는 금속들을 판매하면서 경제 무기로 활용할 것이다.

에번스는 "이 문제는 미국 연방정부에 아주 중요합니다. 원주민들의 땅에 리튬이 많기 때문입니다"라고 짚었다. (네바다주의 한 부족은 리튬 아메리카스가 743제곱미터 규모의 커뮤니티 센터를 지어주기로 약속한 뒤 새커패스 프로젝트를 지지하고 있다는 사실을 짚고 넘어가기로 한다.)[69]

나는 그에게 미국이 리튬의 주요 생산국이 될 가능성이 있다고 생각하는지 물었다. 그게 가능할까? 에번스는 그렇다고 답했지만 잠시 숨을 골랐다.

"우리는 여기서 리튬을 어떻게 캐내야 할지, 어떻게 가공해야 할지 모르는 게 아닙니다. 단지 그러지 않길 선택하고 있을 뿐이에요. 우리는 다시 그러기를 선택해야 합니다. 우리는 그저 스스로 벽을 치고 있을 뿐입니다."

또한 그는 아이어니어의 캘러웨이와 마찬가지로 리튬이 지구를 돕는 자신의 방식, 자신의 유산이 될 수 있다고 믿었다. 에번스는 "미국인이라면 여기에 리튬 광산 개발을 추진하지 못할 이유가 없습니다"라고 결론 내렸다.

법원과 윌버트가 길을 막고 있을지 몰라도 에번스는 2023년의 시작을 축하할 이유를 찾았다. 세계에서 가장 큰 자동차 제조회사 중 하나인 GM이 1월, 에번스와 리튬 아메리카스가 새커패스 광산을 개발할 수 있게 돕겠다고 밝혔기 때문이다. GM은 6억 5000만 달러에 달하는 리튬 아메리카스의 지분을 인수하겠다는 뜻도 밝혔다. 그러면 GM이 중국의 간펑리튬을 대신해 이 회사의 대주주가 되고, 리튬 아메리카스에 대출을 해줄지 고민 중인 워싱턴 규제기관들과의 긴장도 없앨 수 있다. 에번스는 GM이 성장 중인 자신의 회사에 "딱 맞는 총체적인 파트너"이며 1년이 넘는 기간 동안 50군데가 넘는 후보를 인터뷰한 뒤 택한 상대라고 밝혔다. 그는 "기다릴 가치가 있습니다"라고 평했다.[70]

GM과의 거래에는 8일 후 두 판사의 법정에서 이 회사에 우호적인 결과가 나온다는 조건이 붙었다. 두 판사는 사소한 몇 가지 지질조사가 필요하긴 하지만 광산 건설을 시작해도 좋다고 판결하며 에번스와 리튬 아메리카스의 손을 들었다. 리튬 아메리카스가 윌버트와 목장주, 자연보존 활동가, 몇몇 원주민 부족들에 승리했지만 이들은 모두 판결에 맞서 싸우겠다고 맹세했다. 원고로 참여한 웨스턴 워터셰드 프로젝트Western Watersheds Project의 회원 그레타 앤더슨Greta Anderson은 "우리는 스스로를 더욱 극심한 생물다양성 위기로 끌고 들어갈 것이 아니라 기후 위기를 위한 공정하고 지속가능한 해결책을 찾아야 한다"라고 목소리를 높였다.[71]

윌버트와 헤어져 일요일 아침의 햇살을 뚫고 달리는 동안 도로 밖에서는 소들이 아침 산책을 즐기고 있었다. 라디오를 켰지만 FM 방송이나 AM 방송의 주파수를 찾을 수 없었다. 20분쯤 달리자 오로

바다Orovada라는 작은 마을에 도착했다. 광산이 제안된 땅까지 이어지는 도로 바로 옆에 자리한 이 마을의 유일한 학교에서는 유치원부터 8학년까지의 학생들을 가르친다. (리튬 아메리카스는 최소 1000만 달러인 이전 비용을 부담해서 이 학교의 위치를 옮겨주겠다고 약속했다.[72])

차는 휘발유가 떨어져가고 나는 절박하게 카페인을 원했다. 나는 셸Shell 상표의 휘발유와 진한 자바산Java産 커피를 파는 소투스Sawtooth 휴게소에 들렀다. 휴게소 뒤에 있는 주차장 구석의 모퉁이에 초록색 벽으로 둘러싸인 전기차 충전 칸이 두 개 있었다. 여기, 북아메리카 최대의 리튬 산지 옆에 자리한 별 볼 일 없는 동네에서 미래가 더 가까워지기 시작했다.

CHAPTER 8

연어와 안티모니

아이다호주 보이시Boise에서 55번 주간고속도로를 타고 북쪽으로 210킬로미터 정도 갔을까. 단단히 다져진 비포장도로를 따라 아이다호 중부의 험준한 산들을 향해가다 보면 옐로파인Yellow Pine이 나온다. 해발 고도가 거의 1600미터나 되고 정주 인구는 32명에 불과한 아주 작은 마을이다.[1] 이곳의 우체국은 일주일에 6일 문을 열지만 매년 처리하는 우편물은 평균 70개에 불과하다.[2] 존슨크리크로드Johnson Creek Road와 프로필스트리트Profile Street의 모퉁이에 있는 코너 레스토랑Corner Restaurant은 일주일에 나흘만 영업한다. 2022년 여름 내가 이 마을을 찾았을 때는 식당 옆집에 부착된 깃대에 '트럼프 2024: 네 감정 따위 누가 신경 써TRUMP 2024: FUCK YOUR FEELINGS'라고 적힌 깃발이 자랑스레 나부끼고 있었다. 매년 8월이면 이 아이다호의 외딴 시골에서 '옐로파인 음악·하모니카 축제'가 열려서 자신의 연주를 선보이려는 수천 명의 사람이 작은 마을을 가득 채운다.³ 그 시기를 제외하면 고요한 이곳엔 여름에는 오토바이족이, 겨울에는 스노모빌을 즐기는 이들이 잠시 멈춰갈 뿐이다.

예전에는 옐로파인의 이웃 마을이 있었다. 남동쪽으로 약 23킬로미터 떨어져 있는 스티브나이트Stibnite였다. 하지만 스티브나이트가 사실상 사라지면서 이 마을만 외딴 황야에서 홀로 외롭게 울부짖는 목소리로 남았다. 모두 나무로 지어진 스티브나이트의 집들은 몇십 년 전 해체되어 트럭 뒤에 실려 갔다. 교회와 체육관, 커뮤니티 센터, 식당, 소규모 점포들도 사라졌다. 하지만 제2차 세계대전 동안⁴ 스티브나이트와 옐로파인은 연합군의 끝없는 안티모니antimony 수요 덕분에 번창했다. 안티모니는 내화 처리제의 원료일 뿐 아니라 총알, 탱크, 볼 베어링을 비롯해 다양한 무기를 경화硬化하는 데 쓰인다. 안티모니의 수요가 폭증한 것은 간접적으로 중국 때문이었다.

후난성湖南省 시쾅산錫礦山 지구에 이 금속이 200만 톤이나 묻힌 매장층을 보유한 중국은 20세기 초부터 세계 최대의 안티모니 생산국이 되었다.⁵ 제1차 세계대전이 안티모니에 대한 국제 수요를 늘렸고 미국은 중국과 볼리비아의 생산자들뿐 아니라 네바다주의 소규모 시설에도 더욱 의존하게 되었다. 이후 1930년대에 내연기관이 인기를 얻자 그 안에 들어가는 납축전지의 재료인 안티모니의 수요가 다시 폭발적으로 증가했다. 제2차 세계대전 동안 일본이 중국을 침략하면서 공급과 수요의 균형이 완전히 무너졌고, 국제적으로 증가하던 이 금속에 대한 수요는 치열한 쟁탈전으로 양상이 바뀌었다. 일본이 이 전략 금속의 수출을 금지하면서 대체 공급처를 찾으려는 움직임이 분주해졌다. 1939년 미국 의회와 프랭클린 루스벨트 대통령은 전략·핵심자재비축법Strategic and Critical Materials Stock Piling Act을 통과시켜 미국군과 내무부에 국가 안보에 중요한 광물과 자재의 목록을 작성하게 했다. 안티모니도 이 목록에 포함되었고 광산국은 국내 공급처를 뒤지기 시작했다.[6]

옐로파인과 스티브나이트 근처에 있는 산들은 1900년의 선더산Thunder Mountain 골드러시(아이다호 중부 산악지대 깊숙이 자리한 산으로 대형 금 매장층이 있어 당시 기반 시설이 부족했는데도 일확천금을 꿈꾸는 사람들이 몰려들었다 - 옮긴이)에 이미 금과 안티모니가 대량 매장되어 있는 곳으로 알려졌다. 당시에는 지질학적 조건이 복잡하고 아이다호주 북부가 완전히 고립되어 있었던 탓에 광산 개발까지 이어지지는 않았다. 현장까지 채굴 장비를 운반하려고만 해도 감당할 수 없는 비용이 들었다.[7] 이후 30년간 몇몇 기업이 이 지역에 대한 권리를 주장했고, 1930년대에는 샌프란시스코를 기반으로 하는 브래들리 마이닝Bradley Mining Co.이 인근의 채굴권을 매입했다. 이전에 스쳐 갔던 이들과 마찬가지로 브래들리 마이닝은 안티모니에서 금을 분리하며 수익성을 유지하기는 어렵다는 사실을 깨달았다. 1939년 루스벨트가 서명한 법은 예상하지 못했던 행운이었다. 해당 지역을 파헤친 정부의 지질학자들은 안티모니의 새 매장층을 찾아냈을 뿐 아니라 마찬가지로 전시에 수요가 급증했던 금속인 텅스텐의 매장층까지 발견했다. 미국 연방정부는 전략·핵심자재비축법이 부여한 권한으로 브래들리 마이닝에 보조금을 주었고 이 회사는 생산에 박차를 가했다. 미국이 실제로 참전하기도 전이었던 1941년 4월 브래들리 마이닝은 첫 번째 지하갱도를 팠고 8월에는 생산을 시작했다. 지하에서 채굴이 전속력으로 이뤄지던 1942년, 회사와 정부는 거대한 노천 광산으로 운영을 확대하려 했지만 그러려면 강의 방향을 바꿔야 했다. 1943년 커다란 강줄기의 경로를 바꾼 뒤 노천 광산이 만들어졌고 안티모니와 텅스텐이 생산되기 시작했다. 채굴된 광물은 남쪽으로 3킬로미터 정도 떨어진 가공 공장으로 옮겨졌고 그곳에서 분쇄된 뒤 화학물질 처리를 거쳐 각 금속이 고도로 농축된 제품이 되었다. 생산된 제품은 130킬로미터 떨어진 기차역으로 실려 갔다. 전쟁이 끝날 때까지 24시간 내내 이런 과정이 계속되었다.[8] 안티모니는 총알을 만드는 데도 쓰였지만 가장 중요하게는 액체 형태로 항공모함의 목재 갑판에 활용되었다.[9] (2017년 런던에서 발생한 그렌펠 타워Grenfell Tower 화재는 발화 지연제로 안티모니가 얼마나 중요한지 다시 일깨웠다. 건물 일부를 이 금속으로 처리하지 않아서 작은 불이 건물 단열재를 통해 퍼졌고 결국 전체 구조물을 삼켜 72명이 사망했다.[10])

새먼강Salmon River에서 동남쪽으로 흘러가는 지류를 따라 광산이 성장하면서 지역사회 역시 발전했다. 1943년 말에는 스티브나이트에 무료 공익시설을 포함해 100채 이상의 단독 목조주택이 들어섰을 뿐 아니라 공용합숙소에도 1500여 명이 살았다. 학교와 우체국이 문을 열었고 다른 주요 시설도 만들어졌다. 동네 병원에는 아이다호주에서 처음으로 엑스레이 장비가 설치되었다. 스티브나이트에서는 다섯 명으로 구성된 마을 이사회를 선출했다. 징집 대상이었던 남자들도 광산에서 일하는 것으로 병역을 이행할 수 있어서 가족이 있는 이들이 몰려들었다. 추운 겨울에도 스티브나이트에 생겨난 공동체는 따뜻하고 활기가 넘쳤다. 정도가 덜하긴 했지만 근처 옐로파인에서도 모두가 전쟁을 지원했다. 1945년 전쟁이 끝날 때까지 브래들리 마이닝과 미국 관료들은 이 지역의 모든 텅스텐을 파냈다. 또한 안티모니도 1만 톤이나 채굴했는데, 미국이 전쟁 기간 필요로 했던 수요의 약 90퍼센트에 달하는 양이었다.[11]

이 지역의 성장은 미국의 환경 관련 법들이 강화되기 전 몇 년 사이 이뤄졌다. 이는 비용을 얼마나 들이든 승리하고자 하는 갈망이 가득했던 전쟁의 열기 속에서 가능했던 것이기도 했다. 한 예로, 1943년 광산에 안정적이고 저렴한 수력발전 전기를 연결하기 위해 몇백 킬로미터에 달하는 송전선이 빠르게 건설되기도 했다. 송전선이 이 지역의 생태에 어떤 영향을 미칠지에 관한 공개 의견 수렴이나 검토는 거의 없었다. 21세기 미국의 관료 체제에서는 상상도 할 수 없는 일이었다.[12]

광산은 제2차 세계대전이 끝난 후에도 계속 운영되었고 한국전쟁 기간에도 연합군에 광물을 제공했다. 노천 광산은 1952년 폐광되었다. 가공 시설은 몇 년 더 돌아갔지만 비축했던 암석을 모두 처리한 후에는 역시 가동이 중단되고 해체되었다. 1958년이 되자 스티브나이트는 완전히 버려졌다.[13] 광산이 운영되었던 땅도 그대로 침묵에 빠졌지만 1970년대 결국 모빌오일Mobil Oil Corp에 인수된 (그리고 다시 매각된) 한 회사를 비롯해 몇몇 소규모 기업이 일부 지역에서 채굴을 진행했다.[14] 대부분의 땅은 전쟁 기간의 활동으로 인해 오염된 상태였다. 1000만 톤이 넘는 광미 폐기물이 제대로 저장되지 않아서 수로로 화학물질이 침출되었다. 환경보호국이 만들어지기 몇십 년 전 인근 개울에 버려진 일부 암석 폐기물은 그대로 거기 쌓인 채 천천히 비소와 다른 유독물질을 아이다호주의 황야로 배출하고 있었다. 용광로를 비롯한 오래된 광산 설비들은 지하에 묻혔다.[15] 다수의 산불로 막대한 침식이 일어나면서 쏟아져 내려온 퇴적물들이 오래전 연어들이 산란했던 물길을 막았다. 스티브나이트는 미국 의회가 산업화로 인한 환경 위협에 대응하기 위해 법으로 조성한 슈퍼펀드Superfund를 투입할 지역으로 지정되었다. 금과 안티모니의 대형 매장층이 남아 있는데도 이후 몇 년간 이 땅에 대한 권리를 소유한 이가 계속 바뀐 이유를 어느 정도 설명해주는 사건이다. 이 땅을 정화하면서 동시에 안티모니와 금을 채굴할 수 있다면 수익성이 매우 좋았을 터였다. 특히 급성장하는 전자공학 분야에서 안티모니 수요가 증가하고 금 가격도 오르고 있다는 사실을 고려하면 더욱 그랬다. 21세기에 접어들자 안티모니는 비록 수요가 아주 많지는 않아도 점점 미래 기술에 꼭 필요한 광물로 인식되었다.

안티모니는 사람의 건강에 해로울 수 있어서 채굴과 가공 시에 특별한 처리가 필요하다. 한 예로, 세계보건기구 지침에서는 안티모니가 20피피비parts per billion, ppb(10억분의 1) 이상 농축되면 건강에 해롭다고 본다. 중국의 광업 안전 기준은 서구 사회에서 모범 사례로 여겨지는 것들과 일치하지 않는 부분이 있다. 2011년 시쾅산의 안티모니 광산들을 조사한 결과 인근 300제곱킬로미터 지역에서 채취한 식수 표본에서 8.5피피비에서 152피피비에 달하는 안티모니가 검출되었다.[16] 근처 주민들은 쌀이나 채소를 섭취하고 물을 마시는 형태로 이 금속을 흡수해왔다. 스티브나이트 프로젝트의 걸림돌은 그곳에 존재하는 안티모니를 안전하게 생산할 수 있는지였다. 20여 년이 흐르는 동안 미다스 골드Midas Gold라는 회사가 서서히 스티브나이트 지역에 대한 권리를 사들이기 시작했다. 그리고 2016년에는 존 폴슨John Alfred Paulson의 눈에 띄었다.

연어는 돌아올 수 있을까

네바다주를 떠난 후 나는 계속 북쪽을 향해 달렸고 오리건을 지나 1890년 'Esto Perpetua', 즉 '영원하라'는 표어를 채택한 아이다호주에 다다랐다.[17] 이 주는 오랫동안 보존과 천연자원 생산 사이에서 균형을 맞추며 복합적인 성공을 거두려 했다. 아이다호주가 보유하고 있는 천연자원은 금과 안티모니 같은 금속부터 목재, 미국에서 가장 많은 양이 생산되는 감자까지 다양했다.

캐스케이드Cascade에서 밤을 보내고 다음 날 아침 옛 스티브나이트 광산을 보러 옐로파인으로 향했다. 산에서 불어오는 8월의 청량한 바람에 어린 소나무들이 살랑거리고, 그 사이로 햇살이 비치는 아름다운 길이었다. 웜레이크 로드Warm Lake Road를 타고 북쪽으로 달리는 동안 다른 차와 마주치는 일은 거의 없었고 휴대전화의 안테나 표시가 늘어났다 줄어들기를 반복했다. 길은 가장 최근 일어난 산불에 피해를 본 게 분명한 산을 따라 올라갔다. 아직도 대기 중에 메케한 연기가 느껴졌고 죽은 나무들의 몸통만이 마른 성냥개비처럼 땅 위에 솟아나 있었다. 비포장도로인 존슨크리크 로드에 이르러 왼쪽으로 방향을 틀었다. 그리고 산림청 관리소와 옐로파인까지 40킬로미터가 남았다고 알려주는 표지판을 지나쳤다. 나는 대여한 트럭을 사륜구동 모드로 몰고 있었다. 실은 비싼 타이어를 써야 좋을 거라는 경고도 들었었다. 종종 경사가 10도 이상인 급격한 내리막을 만나기도 했다. 도로의 오른쪽으로 좁은 개울이 나타나서 트럭이 그리로 추락할 것만 같았다. 이렇게 외딴 오지에 광산이 있다는 사실을 믿기 어려웠다. 물자들을 어떻게 운반했을까? 어떻게 광석을 트럭으로 운반했지? 메인주에서 자란 나는 미국의 시골에 익숙했다. 하지만 이건 완전히 차원이 다른 시골이었다. 대형 산업을 갈구하면서도 완전한 고립 역시 수용하고 있었다. 내가 존스크리크로드를 달리고 있다는 사실을 알려주는 신호라고는 몇 킬로마다 놓여 있는 '비상 대응 키트'라고 적힌 조그마한 상자들뿐이었다. 이후 이런 상자에는 사고가 났을 때 산업용 트럭에서 새어 나오는 윤활유를 치우기 위한 장비가 들어 있다는 사실을 알게 됐다. 드디어 길이 존스크리크의 물줄기와 평행하게 이어지기 시작했고 종종 연어를 잡는 올가미와 댐도 보였다. 내가 북쪽으로 향했던 이유가 조금이라도 헷갈린다면 이 지류의 이름을 떠올리면 된다. 바로 안티모니크리크Antimony Creek다.

한 줄로 서 있는 소나무 너머로 옐로파인이 나타났다. 탁 트인 넓은 대지에 건물들이 있었고 몇몇 건물은 버려진 듯했다. 식당은 영업 중이었지만 직원 두 명은 밖에 있었다. 나는 트럭을 세웠고 건너편에 정차한 SUV 차량을 알아보았다. 맥킨지 라이언Mckinsey Lyon이 차에서 내려 내게 다가왔다.[18]

라이언은 얼굴 가득 환한 미소를 띠우며 "오셨군요!"라고 인사를 건넸다. 퍼페투아 리소시스Perpetua Resources Corp라는 광업 기업에서 일하는 그는 등산복 차림이었다. 아이다호주에서 나고 자란 라이언은 함께 점심을 먹으며 제2차 세계대전 때처럼 트럭들이 내가 막 거쳐온 길을 오가는 일은 없을 거라고 설명했다. 그는 "이 광산이 문을 열어도 그 길로 물자를 운송하진 않을 거예요"라고 확인해주었다. 라이언의 회사는 옛 광산 부지까지 새 도로를 건설하려 했다. 아이다호주 북부를 위한 광범위한 계획의 첫 단계였다.

퍼페투아는 2021년까지 캐나다에 본사를 두었고 미다스 골드로 알려졌다. 신화 속의 미다스왕은 오늘날 터키로 알려진 지역을 통치했으며 손에 닿는 것을 모두 금으로 바꿀 수 있는 힘을 가졌다.[19] 근본적으로 탐욕에 대한 우화라고 할 수 있다. 이 회사는 옛 우화와 자사를 연결하는 사명이 지역사회나 규제기관들에 좋은 인상을 주지 않으리라는 것을 깨달았다. 더 중요한 사실은 이 이름이 친환경 에너지 전환에 꼭 필요하지 않은 금속인 금에 집중하게 한다는 것이었다. 미다스 골드는 아이다호주의 표어에서 빌려온 단어를 넣어 이름을 퍼페투아 리소시스로 바꿨고 본사를 보이시로 옮겼으며 뉴욕의 나스닥 증권거래소에 상장했다. 이 새로운 회사는 "보다 안전하고 지속가능한 미래를 위해 우리나라가 필요로 하는 핵심 자원"을 개발하는 데 초점을 맞추겠다고 약속했다.[20] 기민한 전략이었다. 이 회사는 친환경 에너지 전환에 집중하는 바이든 행정부에 전략적으로 응하며 안티모니를 내세워 친환경 에너지로 치장했지만 뒤에는 금 채굴 계획을 효과적으로 숨기고 있었다.

라이언은 내게 "우리는 안티모니를 이 프로젝트의 영원한 한 부분으로 만들려고 계획하고 있습니다. 갑자기 핵심 광물에 관해 이야기하고 싶어 하는 정부를 갖게 되었잖아요. 그게 성공할 수 있는 길이라고 생각했죠"라고 설명했다.[21]

"그렇다면 그 메시지를 좀 더 전면에 내세워볼까요? 당연히 그래야죠. 그럼 이 프로젝트가 좀 더 시급해질 테니까요."

스티브나이트를 위한 퍼페투아의 계획은 핵심 재료들을 직접 생산하기 위한 미국의 경로에 흥미로운 우회로를 제공했다. 미국 연방정부가 스스로 오염시켰고 이후에는 다른 이들이 오염시키게 놔둔 땅을 이 회사가 정화할 비용과 위험을 떠맡겠다고 한 것이다. 아이다호주의 조용한 귀퉁이에서 금만 채굴하겠다고 했다면 이 회사는 결코 허가를 받지 못했을 것이다. 하지만 안티모니가 차이를 만들어냈다.

정화 작업에만 1억 달러가 들어갈 예정이다. 다른 긴급한 요구들을 고려할 때 미국 납세자들이 낸 돈이 투입되지는 않을 듯하다. 글을 쓰는 시점을 기준으로 전체 프로젝트의 비용은 대략 13억 달러에 달할 것으로 전망된다. 하지만 이 땅에는 최소 17만 킬로그램의 금이 묻혀 있어서 2023년 말 가격을 반영하면 114억 달러 이상의 가치가 있을 것으로 평가된다.[22] 같은 기준으로 안티모니 8573만 킬로그램은 약 9억 9000만 달러의 가치를 가진다. 퍼페투아는 다음과 같이 설득했다. 이 땅에 일어난 일을 바로잡게 해달라. 대신 우리는 금속들을 채굴하고 싶다.

우리는 식당을 떠나 라이언의 차에 탔고 한 시간 동안 약 23킬로미터를 달려 스티브나이트 광산 현장에 도착했다. 퍼페투아는 일부 지역에서 천천히 정화 작업을 진행하고 있었다. 도로는 1차선이었다. 위치 표지판이 나타날 때마다 라이언은 무전으로 관제탑에 우리의 위치를 알려야 했다. 가장 큰 이유는 반대편에서 달려오는 누군가와 마주치는 것을 피하기 위해서였지만 몇몇 지점에서는 바로 옆에 있는 몇십 미터 아래의 제방으로 추락하지 않고 살아 있다는 사실을 알리기 위해서기도 했다. 종종 초록색 카펫이 깔린 듯한 아이다호주의 평원이 눈앞에 펼쳐지는 놀라운 경관을 만나기도 했다.

세 아이를 키우는 40대 초반의 엄마인 라이언은 확실한 자부심을 가지고 자신이 살아온 주와 이 주의 경제에 관한 설명을 이어갔다. 그는 퍼페투아에 몸담기 전, 앞서 아이다호를 이끌었던 민주당주 정부와 함께 로비스트로 일했다. 스스로 인정했듯이 지금의 회사에 합류할 때는 친구들에게 광업 회사에 취직했다는 이야기를 별로 하지 않았다. 역풍이 두려워서였다. 하지만 라이언이 옛 광산 현장을 정화하고 친환경 에너지 전환에 필요한 금속들을 생산하는 데 집중하겠다는 이 회사의 메시지에 주목하도록 유도하면서 분위기가 바뀌었다. 안티모니는 무기 제조에 필요할 뿐 아니라 태양 전지판과 휴대전화에 쓰이는 유리를 만들고, 전기차에 들어가는 구리 배선을 코팅하며, 반도체를 생산하는 데도 활용되었다. 우리 둘이 대화를 나누기 1년 전쯤 퍼페투아는 빌 게이츠가 후원하는 스타트업 앰브리Ambri에 안티모니를 납품하기로 합의하며 이러한 접근법을 더욱 강하게 밀어붙였다.[23] 앰브리는 안티모니와 소금만을 함유하는 액체 금속 배터리를 개발하고 있었다. 이 회사의 기술이 매력적인 이유는 태양 전지판과 풍력발전용 터빈으로 생산한 에너지를 리튬이온배터리보다 훨씬 더 오래 저장해 발전의 대중화까지 유도할 수 있기 때문이었다.

라이언은 1990년대에 방영된 자연보호를 촉구하는 어린이 텔레비전 프로그램을 언급하며 "지금 이 산업에 종사하는 사람 중 많은 이가 〈출동! 지구특공대Captain Planet〉를 보며 자랐습니다"라고 지적했다.

"우리는 환경에 대한 책임이 당연시되는 시대에 성장했죠. 그리고 거의 모든 구성원이 아이다호 사람인 회사가 있잖아요. 이곳은 우리의 뒷마당이라고요."

또한 몇 세기 동안 지금은 아이다호라고 불리는 곳에 살아온 원주민 부족들의 뒷마당이기도 했다. 점점 더 많은 부족이 퍼페투아의 계획에 반대하고 있었다. 네즈퍼스족은 19세기 오리건통로Oregon Trail(19세기에 이주를 위해 건설된 도로 – 옮긴이)를 통해 개척자들이 들어와 선조들의 땅을 어지럽히기 전부터 북아메리카 대륙의 이 지역에서 수 제곱킬로미터의 영역을 어슬렁거리며 살았다. 그리고 곧 광부들이 몰려와서 1855년과 1863년 잇따라 워싱턴과 조약을 맺은 후 자신들의 땅이 오그라드는 것을 지켜봐야만 했던 네즈퍼스족과 다른 부족들에게 새로운 근심을 안겼다.[24] 자신들을 니미푸Nimiipuu라 칭하는 네즈퍼스족 사람들은 연어에 커다란 가치를 부여한다. 제2차 세계대전 이후 이들은 태평양부터 아이다호주의 산까지 1450킬로미터 가까이 이어지는 연어들의 여정에서 마지막 단계를 돕기 위해 이들을 댐 너머로 옮겨주는 장비와 부화장, 트럭 등에 많은 투자를 했고 이 지역을 찾는 어류의 양을 복원하는 데도 노력을 기울였다. 네즈퍼스족은 대대로 전해 내려오는 구전 역사에서 종교적인 용어로 연어를 이야기한다. 이 부족의 지도자는 "연어가 우리를 살렸다. 우리를 살리면서 자신을 우리에게 주겠다고 했고, 자신을 우리에게 주면서 자신은 목소리를 잃게 될 거라고 했다. 그러니 그때부터는 우리가 그의 목소리가 되어야 했다"라고 설명했다.[25]

오래된 오염을 정화하겠다는 퍼페투아의 제안에도 네즈퍼스족은 설득되지 않았다. 오히려 그들은 광산이 앞으로 20년간 더 많은 해를 끼칠 수 있다고 우려한다. 환경보호국은 이 광산이 수은과 다른 중금속으로 물줄기와 지하수를 오염시킬 수 있다는 사실을 알아내면서 네즈퍼스족의 주장에 어느 정도 힘을 실어주었다.[26] 퍼페투아는 환경보호국의 문제 제기에 동의하지 않았지만 폐암석을 위한 보호 덮개를 추가해 수자원 오염을 제한하는 방향으로 계획을 수정했다. 또한 광산의 규모를 13퍼센트 축소하고, 채굴하고자 하는 암석의 양도 10퍼센트 줄였다.[27] 퍼페투아는 2027년에는 현장에서 다시 안티모니와 금을 생산할 수 있게 되길 바란다고 밝혔다.

네즈퍼스족은 퍼페투아의 광산에 반대하고 샌카를로스 아파치족은 레절루션 프로젝트에 맞서고 있지만, 북아메리카뿐 아니라 이 대륙을 넘어 전 세계에 퍼져 있는 원주민 부족의 많은 지도자가 실은 서서히 친환경 에너지 전환에서 자신들의 공동체가 맡는 역할을 반기고 있다. 자신들의 땅에 보통 구리·리튬·안티모니 등 전기차에 들어가는 금속의 매장층이 있다는 사실을 알고, 은연중에 협상 테이블에 앉으면 생기는 힘에 주목한다. 그리고 이러한 금속이 채굴되는 방식을 통제함으로써 경제적 보상을 얻고 금속의 생산을 보장해주는 전략이다.

IRMA의 사무총장 불랑제는 내게 "수많은 원주민 부족이 이미 궁지에 몰려 있어요. 전통적으로 식량을 얻어온 원천은 위험에 노출되어 있고 산업혁명은 그들에게 불리하게 작용했죠. 그리고 이제는 그들의 땅에 광업을 허용하면서 친환경 에너지 전환에 긍정적인 방식으로 참여하라는 요청을 받고 있습니다. 당연히 모두 만족할 만한 공평한 해결책을 들고 나타나지 않는 이상 갈등이 있을 거예요"라고 지적했다.[28]

스티브나이트 주위를 달리는 동안 나는 라이언에게 네즈퍼스족의 주장을 어떻게 생각하는지, 특히 퍼페투아가 상황을 더 악화시킬 거라는 그들의 우려를 어떻게 생각하는지 물었다. 그는 자신이 보기엔 양쪽 모두 이 지역의 수질을 개선하고 결국 연어들에게 혜택이 돌아가기를 바라는 것 같다고 이야기했다. 라이언은 "물고기들의 길이 복원되는 것을 보고 싶어 하고, 수질이 개선되길 바라고, 원주민 부족들과 기업의 관계를 바로잡을 기회를 찾으려고 하니 공통점이 아주 많은 거죠"라고 주장했다.

하지만 네즈퍼스족에게는 도움이 되지 않는 위로였다. 애리조나의 샌카를로스 아파치족이나 네바다의 피플 오브 레드 마운틴을 비롯한 다른 원주민 공동체들 역시 동의하지 않을 것이다.

라이언과 나는 이후 몇 시간 동안 스티브나이트 프로젝트의 현장 구석구석을 돌아보았다. 기술적으로는 부지 대부분이 사유지지만 중요한 일부 지역은 미국 연방정부가 소유하는 땅이고 공공도로가 지나간다. 내가 직접 차를 몰고 돌아볼 수도 있겠지만 라이언의 설명을 듣는 쪽이 퍼페투아가 하려는 일을 이해하는 데 더 도움이 되었다. 이 회사는 야심 차게도 제2차 세계대전 동안 위치를 옮겼던 강의 흐름을 다시 바로잡으려 한다. 연어들이 전쟁 이후 버려졌던 기존의 노천 광산을 통과해 올라와서 다시 산란하게 하려는 의도다. 또한 오래된 폐암석 더미에 보호용 안감을 대고, 일부 폐암석 더미를 옮기며, 침식된 언덕들을 복원하고, 부지에서 중금속이 침출되어 오염된 부분도 정화할 계획이다. 비판적인 사람들은 새 노천 광산을 파고 현장의 전체 규모를 확대해 지금까지는 자연 그대로였던 땅을 건드리는 것 역시 퍼페투아의 계획에 포함되어 있다고 지적한다. 이 회사는 현장 전체의 정화 작업을 위해 자신들에게 책임이 없는 과거의 환경 피해에 대해서는 앞으로 소송을 당하는 일이 없도록 보장해달라고 연방정부에 요청했다. 이른바 착한 사마리아인 법과 관련된 조치다.[29] 라이언은 "우리는 몇 세대 전에 왔던 사람들의 법적 책임까지 물려받고 싶지는 않습니다"라고 인정했다. 또한 퍼페투아가 현장을 정화한 후에 광업에 필요한 허가는 받지 못할 위험도 있었다.

라이언은 "대중과 광업 사이의 신뢰가 무너졌어요. 우리가 얼마나 진지한지 보여주고 싶다는 것도 아주 중요한 요소였죠. 우리는 이것이 이 회사를 끌어가는 비전이라는 사실을 보여주는 신호로 기꺼이 투자하려고 합니다"라고 설명했다.

나는 라이언에게 내 낙엽 청소기에 관한 이야기를 들려주었다. 집 뒤쪽에 있는 테라스에서 낙엽을 치우는 데 쓰는 장비가 어디에서 온 금속으로 만들어졌는지 알아내려 했던 이야기 말이다. 그는 "이 공급망에는 투명성이 전혀 없어요"라고 동의하면서 이러한 공급망을 "신식민주의 경제"라고 단정했다. 미네소타의 트윈 메탈스 프로젝트에 반대하는 이들이 사용했던 표현과 유사한 단어였다.

"우리가 쓰는 물건들이 어디에서 왔는지 더 오래 더 열심히 생각해야 합니다. 미국 안에서 이러한 제품들을 생산해야 한다는 사실을 받아들일 수 있을 때까지 충분히 생각해봤으면 해요. 아니면 지금처럼 필요한지라도요. 어쩌면 이쪽이 더 좋은 방법일 수도 있죠. 무언가가 필요하다면 마땅히 여기서 생산해야 하지 않을까요? 저는 그렇다고 생각합니다."

라이언과 퍼페투아가 사회정의라고 칭하는 문제는 미국 안에서 더 많은 광물을 생산하는 것, 특히 이제는 이 나라에서 상식으로 통하는 환경 기준을 따라 광물을 생산하는 것이다. 나는 라이언에게 미국 전역에 퍼져 있는 긴장 상태에 관해 물었다. 이 나라가 친환경 에너지 전환을 위한 전략 광물들을 어디서 어떻게 조달하길 바라느냐는 질문이었다. 그는 이 나라의 일부 지역은 어쩌면 광산을 건설하기에 너무 특별한 곳일 수도 있다고 인정했다. 왜 종교적인 땅을 파헤쳐야 하나? 아니면 주요 휴양지를? 하지만 라이언은 거듭 스티브나이트처럼 과거 광업이 이루어졌던 지역을 다시 파헤쳐서는 안 될 이유가 있는지 물었다. 그는 과거 몇십 년 동안 서로 싸우는 데 익숙했던 두 집단, 광업계와 환경단체가 이제는 어느 정도 화합할 수 있으리라 기대했다.

"불편할 수 있어요. 광업계에서는 일부 환경운동가들과 협력하며 프로젝트를 다른 방식으로 생각해야 하니 편치 않을 겁니다. 그리고 환경계는 다른 적을 택해야 하는 상황에 놓이겠죠. 기후 변화를 막고 싶다면 광업계도 해결책의 일부가 되어야 해요."

폴슨의 계획

친환경 에너지 혁명에 관한 논의는 2021년 퍼페투아에 도움을 주었을 뿐 아니라 2016년 금융인 존 폴슨이 이 회사에 약 4000만 달러를 대출해줄 때도 결정적인 영향을 미쳤다.[30] 폴슨은 계약 조건에 따라 향후 7년간 언제든 원할 때면 대출금을 주당 0.26달러에 (당시 미다스 골드였던) 퍼페투아의 지분으로 전환할 수 있었다. 당시 이 회사의 주식은 2.40달러에 거래되고 있었으므로 폴슨에게 엄청난 부를 안겨줄 수 있는 합의였다. 또한 폴슨은 회사 이사회의 두 자리도 손에 넣었다. 사실상 엄청난 할인가에 주식을 손에 쥘 수 있다는 뜻이었다. 퍼페투아가 이렇게 불리한 거래에 동의한 이유는 대차대조표에 있었다. 당시 이 회사가 은행에 보유하고 있던 돈은 450만 달러에 불과했고 폴슨의 대출이 재정적 생명줄이었다.[31] 이 금융인은 퍼페투아의 경영에도 영향을 미치기 시작했다. 같은 해 말 로럴 세이어Laurel Sayer가 회장으로 선임되어 미국 내 주요 광업 프로젝트를 이끄는 흔치 않은 여성 경영인이 되었다.[32] (2022년에는 이 회사의 경영진 여섯 명 중 3분의 2가 여성이었다. 국제 광업계에서 사실상 전례가 없는 일이었다.[33])

심지어 폴슨은 2020년 3월 퍼페투아에 추가로 돈을 빌려주었다. 그가 이 회사에 대출해준 총액은 6000만 달러에 달했다. 이때 퍼페투아의 주식은 3.63달러 언저리에 거래되고 있었다. 같은 해 8월 아이다호주에서 추진 중인 프로젝트의 환경영향평가보고서 초안이 공개되었다. 자사가 제안한 광산이 강과 산, 수로 등을 포함하는 이 지역의 생태에 어떠한 영향을 미칠 거로 생각하는지 상세하게 분석한 자료였다. 프로젝트를 진행하는 데 중요한 단계이자 (말로만 떠들며 시간을 보낸 것이 아니라) 얼마나 많은 진전을 이뤘는지 월가에 보여주는 단계이기도 했다. 폴슨은 바로 자리를 박차고 일어나 자신이 빌려준 돈을 모두 주식으로 전환했고 즉시 퍼페투아의 최대 주주가 되었다. 이제는 어디든 자신이 원하는 방향으로 회사를 끌고 갈 수 있었다. 또한 그는 주식 가격이 얼마나 높아지든 (그리고 암묵적으로는 얼마나 낮아지든) 지분을 팔지 않겠다고 맹세했다.[34]

흥미롭게도 폴슨이 대출금을 주식으로 전환한다는 사실을 발표할 때도 친환경 에너지 전환은 언급되지 않았다. 2020년은 이미 이러한 전환이 진행 중이었는데도 그랬다. 안티모니는 태양 전지판과 풍력발전용 터빈, 전기차 배터리의 핵심 재료로 여겨질 뿐 아니라 "미국의 경제 안보와 국가 안보에 필수적인" 광물로 지정된 터였다. 폴슨이 염두에 둔 것은 금뿐이었다.[35]

뉴욕의 퀸스 지역에서 나고 자란 폴슨은 투자은행 베어스턴스Bear Stearns에서 일한 뒤 1990년대 후반과 2000년대 초 자신의 헤지펀드를 설립했다. 2006년경 그는 미국 주택 가격과 서브프라임 모기지(비우량 주택담보대출-옮긴이)에 관한 거시경제 데이터에서 문제점을 발견했다. 폴슨의 다음 선택은 그레고리 저커만Gregory Zuckerman이 《가장 위대한 거래The Greatest Trade Ever》에 전문적으로 기술했듯이 서브프라임 모기지 시장의 흐름을 추적하는 지수에 복잡한 베팅을 하는 것이었다. 폴슨의 펀드는 이러한 베팅으로 2007년까지 150억 달러의 수익을 올렸고 이 중 적어도 30억 달러가 그의 몫이었던 것으로 추정된다.[36] 그의 선택은 투자 역사상 가장 많은 이익을 남긴 베팅으로 널리 인정받는다.[37] 이후 폴슨은 금 가격 상승을 예상하고 금으로 시선을 돌렸다. 그의 예측은 현실이 되었고 2010년에만 50억 달러를 벌어들인 것으로 알려졌다.[38] 폴슨의 펀드는 월가에서 가장 규모가 큰 헤지펀드 중 하나가 되었다.

폴슨이 금에 걸었던 베팅 중 일부는 성공을 거두지 못했고, 특히 제약 산업을 비롯한 다른 분야에서는 시기에 맞지 않는 투자를 하기도 했다. 하지만 금 투자에서 비교적 초기에 거두었던 성공 때문에 그는 이 금속과 관련된 주식을 눈여겨보게 되었다. 당시 금 산업에는 전략적 감각이 부족하면서도 연봉은 두둑이 챙겨가는 경영자들이 많았다. 많은 경영자가 자신에게 후한 급여를 지급하고 회사 자금을 함부로 사용했는데, 폴슨이 이런 문제를 공개적으로 지적하기 시작했다.

퍼페투아의 지분을 취득하고 1년도 되지 않았던 2017년 폴슨은 형편없는 금 채굴 수익률과의 '전쟁'을 시작하기로 했다. 그의 공격 계획에 따르면 투자자들은 자신이 투자하는 금 채굴회사의 전략에 더 직접적으로 참여하고, 자금을 낭비할 수 있는 합병에 이의를 제기하며, 경영진에 대한 지나친 보상에 단호하게 반대해야 했다.[39] 폴슨은 퍼페투아에 대한 자신의 투자를 광업계의 다른 이들이 따라야 할 예시로 꼽았다.[40]

이런 태도를 고려할 때 나는 폴슨이 미국 전역에서 아주 느리게 진행되는 핵심 광물 프로젝트들을 둘러싼 광범위한 긴장 상태를 어떻게 생각하는지 궁금했다. '퍼페투아 리소시스'라는 이름은 이 회사가 보유한 아이다호의 광산이 미국의 친환경 에너지에 아주 중요하다는 사실을 알리려고 의도적으로 선택한 이름이었다. 폴슨의 승인을 받았을 법한 전략이었다. 나는 궁금증을 풀기 위해 뉴욕 맨해튼에 있는 이 투자가의 사무실을 찾았다. 타임스 스퀘어에서 불과 몇 블록 떨어져 있는 6번가에 자리한 폴슨의 사무실은 빨강과 파랑, 노랑을 다양한 형태로 흩뿌리는 기발한 작업 방식으로 작품을 창조했던 20세기 미국의 화가 알렉산더 콜더의 작품으로 꾸며져 있었다. 그리고 2009년부터 폴슨과 함께해온 마르셀로 킴Marcelo Kim이 그림 사이에서 일하고 있었다. 2016년 폴슨이 퍼페투아와의 대출 계약을 연장한 후에 이 회사의 회장으로 취임한 이가 바로 킴이었다. 스티브나이트 광산을 위한 규제기관의 허가 절차가 시작되고 6년이 지난 시점이었지만 여전히 끝이 보이지 않았다. 킴은 확실히 이러한 상황에 짜증이 나 있었다.

"미국에서의 문제는 허가를 받는 겁니다. 일정을 예상할 수 없는 고루한 절차예요."[41]

산뜻한 하얀 셔츠에 줄무늬가 들어간 정장 바지를 입은 킴은 자신이 이 프로젝트의 장점이라 생각하는 것들을 강조했다. 업계 용어로 '재개발'에 해당하는, 이미 채굴이 이루어졌던 지역이다. 폴슨이 이점이라 생각하는 대형 금 매장층이 있다. 수력발전 전기를 이용해 탄소 배출을 줄일 수 있다. 미국의 친환경 에너지 혁명을 위해 중국이 시장을 장악하고 있는 금속인 안티모니를 생산할 수 있고, 동시에 금까지 채굴하며 안티모니 생산의 수익성을 보장할 수 있다. 게

다가 현장도 정화될 것이다. 그는 "우리는 해결책의 일부를 제공하고 있는 겁니다. 정부는 아니죠"라고 지적했다.

"지금까지 이 현장을 정화한 기업은 없었습니다. 말만 많았지 행동으로 옮기진 않았어요."

암흑과도 같은 미국의 허가 절차를 뚫고 나갈 방법이 없다는 게 킴과 폴슨을 포함하는 그들의 팀에게 좌절감을 안기는 장애물이었다. 퍼페투아는 이미 자금을 투자했는데도 언제쯤 광산 개발을 위한 허가(혹은 불승인)를 받을 수 있을지 전혀 알지 못했다. 하지만 바이든이 취임 직후보다 한층 열린 태도를 보이고 있기는 했다. 킴은 "왜 그렇게 부서가 많은 거죠? 그냥 너무 복잡합니다"라고 한탄했다.

내가 굳이 설득하지 않아도 킴은 안토파가스타와 글렌코어가 각각 미네소타에 제안한 트윈 메탈스 프로젝트와 폴리멧 프로젝트를 비롯해 국제 광업 기업들이 미국에 추진하려 했던 프로젝트에 바이든 행정부가 취한 행동들에 관해서 이야기하기 시작했다.

"왜 미국은 전 세계의 주요 광업 기업들의 제안을 모두 거절하고 있을까요? 정치인들은 이 중요한 프로젝트들의 상세한 내용을 들여다보지 않습니다."

킴이 허가 절차에 관해 지적한 내용 모두 한 가지 면에서는 옳았다. 스티브나이트 부지는 이미 광물들을 채굴한 적이 있었기 때문에 특히 퍼페투아와 폴슨이 다른 기업들보다 출발이 빨랐던 것은 사실이었다. 그리고 연방정부의 일부 조직에서는 이러한 이점을 인정하는 듯했다. 2022년 말 국방부는 다시 아이다호주로 시선을 돌렸고, 퍼페투아가 허가 절차를 마치는 데 도움이 되도록 2500만 달러 가까이 지원했다. 미국 의회가 러시아와 전쟁 중인 우크라이나를 돕기 위해 통과시킨 법안에서 나온 자금이었다. 국방부의 한 관료는 "국가 안보에 필수적인 전투기 운용을 위한 국내 산업 역량을 복원"하기 위해서라고 지원 의도를 설명했다. 그리고 퍼페투아가 "우리의 핵심 광물 공급망에 탄력성을 높여주는 동시에 적대적 공격을 억제"하는 데도 도움을 줄 수 있다고 덧붙였다.[42] 이제 연방정부의 다른 조직들, 즉 허가를 내주는 조직들만 국방부의 생각에 동의하면 되었다.

페블 프로젝트와 알래스카

아이다호주의 이름 모를 지역을 달리는 동안 나는 어쩔 수 없이 미국에서 가장 큰 주이자 석유·천연가스·구리·금·기타 광물들의 대형 매장층을 깔고 앉아 있는 알래스카와의 공통점을 떠올리고 있었다. 알래스카의 이누이트족처럼 어업을 통해 생계를 꾸리는 다양한 경제생활이 가능할 정도로 야생 생물이 풍부하다는 점도 비슷했다. 매년 3000만 마리가 넘는 홍연어sockeye salmon 성체들이 알래스카주 최대의 도시 앵커리지에서 남동쪽으로 약 400킬로미터나 떨어진 지역까지 이동해 산란한다. 또한 알래스카에는 세계에서 가장 큰 구리와 금 매장층도 있다. 페블 프로젝트가 제안된 습지대 아래에는 구리 3629만 톤, 금 3033톤, 몰리브데넘 254만 톤을 비롯한 여러 금속이 묻혀 있는 것으로 알려졌다.[43] 금은 대체로 장식용 금속으로 가치를 갖는다. 하지만 구리는 전 세계적인 친환경 에너지 전환에 필요한 광물이며, 중요성은 덜하지만 몰리브데넘 역시 마찬가지다.

하지만 퍼페투아의 프로젝트와 달리 페블 프로젝트의 현장은 지금까지 인간의 손이 닿은 적 없는 야생지대다. 그리고 이 땅을 파헤치려는 계획들은 오랫동안 이 주 전역과 인근 지역의 많은 주민에게 격렬한 반발을 일으켰다. 이들은 광산에서 배출되거나 유출된 화학물질이 알래스카주의 땅뿐 아니라 어부들에게 중요한 지역인 브리스틀만까지 오염시킬 거라고 우려한다.

이 매장층은 1987년 처음 발견되었고 2001년에는 노던 다이너스티 미네랄스Northern Dynasty Minerals Ltd라는 캐나다 기업이 개발 권리를 사들였다. 이 회사는 이후 몇 년간 추가 지질 검사를 실시한 후 2007년 세계에서 가장 큰 광업 기업 두 곳, 리오틴토와 앵글로 아메리칸에서 대규모 투자를 받았다.[44] 구리 수요가 증가할 것으로 예상되면서 두 회사는 예상치 못했던 좋은 기회를 얻은 듯했다. 하지만 이 프로젝트는 시작부터 알래스카주 국내총생산의 상당 부분을 책임지며 이 주에 강력한 영향력을 발휘하는 어업계의 거센 반대에 직면했다. 연어 어업은 2019년에만 알래스카주에 약 3억 1000만 달러를 안겼다.[45] 연방정부가 공인한 이 지역의 15개 원주민 부족을 대표하는 브리스틀만부족연합의 한 임원은 "습지와 어장이 해를 입으면 원주민이라는 우리의 정체성 역시 완전히 무너질 것이다"라고 주장했다.[46]

이 프로젝트는 알래스카주를 뚜렷한 전선 없이 갈라놓았다. 공화당 소속 정치인들도 광산 개발에 통일된 태도를 보이지 않았다. 실제로 과거 미국 상원에 상당한 영향력을 발휘했던 베테랑 정치인 테드 스티븐스Ted Stevens 상원의원은 약 3.2킬로미터 너비로 520여 미터 깊이의 노천 광산을 건설하려는 이 프로젝트에 반대했다. 광산을 운영하려면 현장에 천연가스 배관과 발전소도 만들어야 했다.[47] (당시 아이다호주 주지사였던 세라 페일린은 막후에서 이 프로젝트를 조용히 지지하고 있었다.[48]) 공화당 소속 정치인이 광업 사업에 반대하는 것은 흔치 않은 일이지만 세계가 얼마나 구리를 필요로 하든 페블 프로젝트만은 예외였다. 그래도 기업들은 지역 주민들의 환심을 사려 했다. 앵글로 아메리칸은 앵커리지 근처의 대형 광고판을 대여해 '공존: 광산과 어류는 공존할 수 있습니다'라고 주장하는 홍보 캠페인을 시작했다.[49]

하지만 2012년 환경보호국은 페블 프로젝트로 인해 이 지역에서 최소 89킬로미터의 물줄기와 10제곱킬로미터의 습지가 파괴될 수 있다는 사실을 알아냈다. 게다가 지진이 잦은 주에 광미댐을 활용하려 한다는 것도 걱정거리였다.[50] 자주 찾아오는 지진 중 하나가 광미 폐기물을 저장한 시설을 손상하고 일부 유독성 금속이 브리스틀만으로 침출된다면? 알래스카주의 원주민 부족과 어업 공동체의 많은 이가 근심에 휩싸였다. 환경보호국이 접수한 시민 의견 대부분은 이 프로젝트를 반대한다는 것이었다.[51]

페블 프로젝트에 대한 반대와 구리에 대한 수요가 모두 꺾이지 않는 상황에서 《내셔널 지오그래픽》은 페블 광산이 "알래스카의 천연자원을 둘러싼 갈등의 게티즈버그(미국 남북전쟁 최대의 격전지였던 도시-옮긴이)"가 되었다고 선언했다.[52] 앵글로 아메리칸은 이 프로젝트에 5억 4100만 달러를 쏟아부었지만 2013년 손을 털고 나갔다. 이 회사는 앞으로 "가치는 가장 크고, 위험 요소는 가장 작은 프로젝

트에" 시간과 돈을 쏟겠다며 신랄한 비난을 남겼다.⁵³

오바마 행정부는 2014년 알래스카주의 어업과 생태에 대한 우려를 근거로 공병단Army Corps of Engineers이 습지 사용 허가를 내주는 것을 막으면서 전체 프로젝트를 중단시켰다. 두 달 후 리오틴토 역시 프로젝트에서 발을 뺐고 19퍼센트의 지분을 알래스카의 두 자선단체에 기부했다. 자신들의 지분을 매입할 투자자를 찾을 수 없으니 투자금을 포기하는 게 낫다고 판단했다는 뜻이다. 이 프로젝트의 실행 가능성을 선명하게 보여주는 결정이었다.

자연스레 미네소타주의 트윈 메탈스 프로젝트에 벌어진 일을 떠올리게 하는 행보로, 트럼프 행정부의 관료들은 2017년 오바마의 결정을 뒤집기 위한 조치를 했다. 이들은 환경보호국이 광산을 상대로 제기한 소송 몇 건을 해결했고 페블 프로젝트가 공정한 발언 기회를 얻게 될 거라고 약속했다.⁵⁴ 2019년 트럼프 행정부는 이 프로젝트를 위한 검토 절차를 다시 시작하겠다고 밝혔다.⁵⁵ 코로나바이러스가 무섭게 퍼지고 미국 대통령 선거가 한참 진행 중이던 2020년 7월 트럼프 행정부 관료들은 페블 프로젝트에 대한 승인이 떨어지기 직전이라며 이 프로젝트가 미국의 구리 생산에 꼭 필요하다고 주장했다. 이들은 광산이 알래스카주의 생태에 일부 해를 입힐 것은 분명하지만 노던 다이너스티가 환경을 최소한으로 손상하는 대안을 찾으려 노력해왔다고 주장했다.⁵⁶ 트럼프 역시 미국 안에서 손에 넣을 수 있는 광물들을 찾기 시작했고, 어느 시점에는 덴마크에 속하는 그린란드를 매입하자고 제안하기도 했다.⁵⁷

그런데 그때, 일이 예기치 않았던 방향으로 흐르기 시작했다.

2020년 8월 4일 닉 에이어스Nick Ayers가 트윗 하나를 올렸다. 트럼프 대통령이 환경보호국에 페블 프로젝트를 중단시키라고 지시하길 바란다는 트윗이었다. 마이크 펜스 부통령이 2018년 사임하기 전까지 그의 비서실장을 맡았던 에이어스는 "캐나다의 한 회사가 불필요하게 미국 최대의 어장을 파헤쳐서 커다란 대가를 치르게 할 수도 있다"라고 우려했다. 몇 시간 뒤 대통령의 아들인 도널드 트럼프 주니어가 에이어스의 트윗을 리트윗하며 "브리스틀만의 수자원과 주위의 어장은 위험한 모험을 감수하기에는 지나치게 특별하고 취약하다"라고 덧붙였다.[58]

며칠 뒤 뉴욕의 부촌 브리지햄프턴에서 열린 기금 모금 행사에서 트럼프 주니어는 아버지에게 다가가 페블 프로젝트를 중단시켜달라고 직접 간청했다. 금속정제 사업으로 막대한 부를 쌓은 앤드루 세이빈Andrew Sabin도 합세했다. 두 사람은 광산을 개발하려는 시도를 멈춰야 하며 알래스카는 흙을 몇십억 톤이나 파내기에 적합한 장소가 아니라고 주장했다. 대통령은 고개를 끄덕였지만 아무런 약속도 하지 않았다. 세이빈은 트럼프에게 "이 광산은 말이 안 됩니다"라고 애원했다.

"페블 광산이 생기면 그 피해를 바로잡을 방법이 없을 겁니다. 어류는 영원히 사라질 거고요."[59]

세이빈과 트럼프 주니어는 대통령에게 그가 막 공공토지를 보존하려는 노력에 자금을 지원하는 '위대한 미국인 야외활동법Great American Outdoors Act'에 서명한 것을 상기시켰다. 트럼프는 그 법안을 승인하며 "언젠가는 우리가 환경보호와 다른 수많은 전선에서 해온 놀라운 일들과 공화당을 떠올려야 할 것이다"라고 밝혔다.[60] 트럼프 주니어와 세이빈은 대통령이 진심으로 자신이 막 서명한 법안의 내용과 거기에 담긴 정신을 믿는다면 페블 프로젝트를 멈춰 세워야 한다고 주장했다.

하지만 이 프로젝트의 반대 세력들이 대통령을 설득하기 위해 활용했던 가장 강력한 무기는 아마 트럼프가 가장 선호하는 텔레비전 채널인 〈폭스 뉴스〉였을 것이다. 8월 14일 이 채널의 앵커 터커 칼슨은 페블 프로젝트가 알래스카주의 어업에 심각한 피해를 유발할 수 있다는 5분짜리 꼭지를 내보냈다. 칼슨은 제45대 미국 대통령을 포함해 자신을 지켜보는 수백만 명의 시청자에게 "갑자기 당의 주요 정치인 몇몇과 무척 보수적이라 알려진 몇몇을 포함해 수많은 공화당 정치인이 '잠시만요, 어쩌면 페블 광산은 좋은 아이디어가 아닐지도 모르겠네요. 어쩌면 자연을 훼손하지 않기 위해 뭐든 해야 할 수도 있고, 어쩌면 환경을 보호한다는 게 꼭 기후 문제만은 아닐 수도 있어요'라고 말하는 걸 보게 됩니다"라고 전했다.[61] 하지만 이타적인 판단에서 나온 발언은 아니었다. 칼슨과 트럼프 주니어는 알래스카의 브리스틀만 지역에서 낚시와 사냥을 즐겼다.[62]

공화당 전당대회가 진행되는 사이 노던 다이너스티와 페블이 대통령을 겨냥한 광고 캠페인을 시작했지만 트럼프는 〈폭스 뉴스〉의 뜻을 알아차렸다. 칼슨의 방송이 전파를 타고 열흘이 지난 8월 24일 공병단은 수질정화법에 따라 광산 허가를 내줄 수 없다고 밝혔다. 광산이 "환경을 심각하게 악화시키는 결과로 이어질 수 있고 수계나 인간 환경에 상당히 부정적인 영향을 초래할 수 있어서"였다.[63] 알래스카주를 대표하며 상당한 영향력을 가졌던 두 공화당 상원의원 리사 머카우스키와 댄 설리번도 프로젝트에 대한 지지를 철회했다.[64] 노던 다이너스티의 주식 가격은 40퍼센트 이상 급락했다. 월가의 한 유명 분석가는 노던 다이너스티가 기업으로서 얼마나 큰 가치를 가지는지 더는 확신할 수 없다고 밝혔다. (모건스탠리는 이보다 몇 달 앞서 자사가 보유했던 노던 다이너스티의 지분을 매각했다.)[65]

이 회사는 충격에 빠졌다. 이미 페블 프로젝트에 6억 달러를 투자했을 뿐 아니라 알래스카의 생태를 보호하기 위해 습지에서 사이안화물(사이아노기-CN를 포함하는 화합물로 독성이 강하다-옮긴이)을 사용하지 않기로 약속하는 것을 포함해 충분히 타협해왔다고 생각했기 때문이다.[66] 노던 다이너스티의 최고경영자 론 티센Ron Thiessen은 내게 "우리는 머저리처럼 가만히 앉아서 지켜보고 있습니다"라고 한탄했다.[67] 공병단의 결정이 발표된 다음 날 이 회사의 시장 가치는 "5억 달러 가까이 증발"했다.

페블 프로젝트에 대한 지지를 접은 사람은 트럼프만이 아니었지만 2020년 대통령 선거에서 그와 맞붙었던 이는 아예 단 한 번도 이 프로젝트를 응원한 적이 없었다. 2022년 말 환경보호국은 페블 프로젝트를 영구적으로 중단하라는 권고를 받았다.[68] 또한 자연보존 활동가들은 노던 다이너스티가 통행에 필요한 도로에 접근하는 것을 막기 위해 프로젝트 현장 주위의 땅을 사들이기 시작했다.[69] 알래스카의 사람들은 줄곧 목소리를 내왔다. 친환경 에너지 전환을 정의하는 금속의 주요 매장층 하나는 개발되지 않을 터였다.

아이다호주 북부의 비포장도로를 달리는 사이 대여한 트럭의 뒤쪽 오른쪽 타이어에서 바람이 빠지기 시작했다. 한때 버려졌던 광산이 주는 온전한 고립감이 다시 나를 덮쳐왔다. 계기판의 경고 신호가 타이어의 공기압이 서서히 떨어지고 있음을 알렸다. 숫자가 (다른 세 타이어와 같은) 30에서 25로 바뀌었고 20, 15, 10, 5가 되었다.

공기압이 5프사이Pound per Square Inch, PSI(압력의 단위 - 옮긴이)로 떨어지자 길 한쪽에 차를 대고 문제의 타이어를 직접 교체해야 한다는 현실을 받아들였다. 감사하게도 라이언이 나와 헤어진 후에도 근처에 남아 있었다. 몇 분 뒤 그가 나타났다. 우리는 흙먼지가 날리는 길에서 타이어를 교체하며 일상에서 누리는 현대의 모든 편의와 멀어진 채 이런 일을 홀로 처리해야 할 때 느끼는 좌절감에 관해 농담을 나눴다. 미국 자동차서비스협회에 전화를 걸 수도 없었고 다른 긴급출동 서비스의 도움을 받을 수도 없었다. 어쩔 수 없이 펑크 난 타이어야말로 이 시골 지역에 광산을 소생시키려는 싸움에 딱 들어맞는 은유라는 생각이 들었다.

그날 일찍 있었던 다른 사고는 이렇게 외딴 지역에서 광산처럼 복잡한 시설을 운영하는 것이 얼마나 위험한지 더 분명히 깨닫게 했다. 쌍둥이 형제 마크 해로Mark Harro와 대니얼 해로Daniel Harro는 퍼페투아가 제안한 광산이 있는 아이다호주의 오지에서 야영을 한 뒤 존슨크리크공항에서 소형 비행기를 타고 이륙했다. 바람이 거의 없다시피 한 따뜻한 날이었는데도 낮에 출발한 2인승 비행기가 근처 개울에 추락했다. 그들의 반려견은 살아남았지만 두 형제는 사망했다.[70] 둘은 퍼페투아가 광산을 열면 사용하려고 하는 공항에서 이륙한 참이었다.

CHAPTER 9

40만 대의 전기차 vs. 티엠의 메밀

2020년 9월 12일, 패트릭 도널리Patrick Donnelly가 오후 늦게 리오라이트 리지에 도착했을 때는 이미 너무 늦은 터였다. 이곳이 아니면 지구상 어디에서도 찾아볼 수 없는 종인 티엠의 메밀 수천 포기가 정체를 알 수 없는 공격자에게 희생된 후였다. 리튬이 풍부한 화산토 사이에 뿌리가 뜯겨 생기를 잃은 줄기와 암술이 널려 있었다. 식물계와 동물계의 희귀종들을 돌보는 환경단체 생물다양성센터에서 일하는 도널리는 "이 아름답고 조그마한 야생화들이 소멸된 것을 발견하고 엄청난 충격을 받았다"라고 밝혔다. 그는 이러한 제거가 "지구에서 가장 희귀한 종 중 하나를 완전히 없애려 한, 어느 정도 조직적이고 계획적인 대규모 작전"처럼 보였다고 주장했다.[1] 그는 그 토요일, 이 식물 무리 중 한 작은 군락에서 입은 피해를 살펴본 뒤, 다음 날 돌아와 리오라이트 리지의 나머지 지역을 조사했다. 그리고

수천 포기가 넘는 티엠의 메밀이 대학살된 사건을 기록했다.[2]

도널리는 사람들이 다른 이의 죽음을 애도하듯 이 사건을 애통해했다. 그가 이 식물을 얼마나 인격화했는지 보여주는 증거일 것이다. 이 식물에 대한 유대감은 2018년 6월, 연방정부가 소유한 땅 대부분을 감독할 책임이 있는 기관인 내무부 산하 토지관리국의 한 직원이 생물다양성센터에 연락해오면서 시작되었다.[3] 많은 이유에서 흔치 않은 요청이었다. 어쨌든 토지관리국과 생물다양성센터는 법률 사건에서 서로 다투는 경우가 잦았다. 보통 정부가 자신들이 소유한 땅에서 한 행동 혹은 하려는 행동 때문에 어류나 개구리, 다른 생물이 피해를 보면 생물다양성센터가 대신 나서는 패턴이었다.

2015년 토지관리국에 합류했던 환경보호 전문가 대니얼 패터슨Daniel Patterson[4]이 도널리에게 정보공개법을 활용해 티엠의 메밀이라 알려진 희귀종에 관한 정보를 청구하라고 제안했다. 토지관리국은 추가적인 주의와 보호가 필요하다는 미국 연방정부의 우려를 반영해 오랫동안 이 식물을 민감종sensitive species으로 분류해왔다. 다량의 종자를 생산하는 식물로 알려진 티엠의 메밀은 소형 포유류나 수분을 돕는 곤충과 새들에게 먹이를 제공하는 탁월한 공급원이기도 했다.[5] 패터슨의 말대로 법에 따라 정보공개를 청구하면 네바다주와 캘리포니아주의 경계에서 가까운 실버피크의 외딴 언덕 리오라이트 리지에서 리튬과 붕소를 추출하겠다는 조그마한 오스트레일리아 회사의 계획이 이 꽃에 어떠한 영향을 미칠 거라 판단했는지 정부가 보유한 관련 정보를 받아볼 수 있었다.

도널리는 2018년 패터슨의 제안을 듣고 얼마 지나지 않아 리오라이트 리지로 차를 몰아갔고 티엠의 메밀과 사랑에 빠졌다. 그는 내게 "꽃을 피우고 있었는데 완전히 반했죠"라고 회상했다.

"꽃이 필 때면 매력이 넘치는 식물이에요."[6]

패터슨은 도널리에게 토지관리국 배틀산Battle Mountain 지구 사무실을 운영하고 있으며 해당 지역의 허가 검토를 책임지고 있는 더그 퍼타도Doug Furtado를 만나 티엠의 메밀을 어떻게 보살피려 하는지 들어보라는 조언도 했다. 이 지역의 토지관리국 사무실, 제리 티엠과 네바다대학교 리노캠퍼스의 식물학자 동료들, 아이어니어를 제외하면 이 식물이 위험에 처했다는 사실은 물론이고 존재 자체를 아는 사람도 거의 없었기 때문에 상당히 도발적인 제안이었다. 패터슨은 기본적으로 당시 트럼프 대통령의 지휘를 받던 토지관리국이 자신이 감시해야 할 대상인 산업들에 너무 호의적이며, 그 결과 연방정부가 소유한 땅이 고통을 겪고 있다고 주장하고 있었다.

도널리가 정보공개를 청구하자 토지관리국에 비상이 걸렸다. 퍼타도는 패터슨이 티엠의 메밀을 기다리고 있는 운명을 파헤치도록 도널리를 부추겼다고 논리적으로 추론했다. 그가 아니면 누가 이 환경단체를 끌어들일 수 있겠는가? 패터슨은 닷새간 유급 정직이라는 징계를 받았다. 표면적인 이유는 그가 동료와 언쟁을 벌였다는 것이었지만 패터슨은 도널리에게 정보를 제공했기 때문이라고 주장했다. 그는 자신이 공식적인 징계를 넘어서는 "가혹한 보복"의 대상이 되었다는 주장도 폈다.[7]

2019년 10월 패터슨은 토지관리국을 상대로 내부 고발자 소송을 제기했다. 그는 13페이지에 달하는 소장에서 "환경보호 전문가로서 패터슨 씨의 직업적 책임은 지구 책임자 퍼타도의 목표와 충돌합니다"라고 주장했다.[8] 그리고 토지관리국에 "법을 지키지 않는 패턴이 만연"해 있으며, 특히 환경에 미치는 영향에 관한 적절하고 심각한 고려 없이 광산 건설을 제안하는 프로젝트들을 일상적으로 빠르게 처리하고 있다고도 지적했다. 소송 과정에서 뒤늦게 패터슨 본인이 과거 생물다양성센터에서 일한 적이 있다는 사실이 밝혀졌다.[9] 토지관리국의 상급자들과 암묵적으로 대립적인 관계에 서게 된 이유를 설명해주는 듯한 정황이었다. (패터슨은 이외에도 애리조나의 한 노동조합과 미국 우편국, 라스베이거스 소방서, 애리조나주 하원 등 다채로운 직장을 거쳤다.) 패터슨은 네바다주의 한 뉴스 웹사이트에 "내 일이 시민들에게 공공정보를 제공하는 것이라 믿는다"라고 밝혔다.

"우리는 천연자원과 공유지를 국유화하고 있다. 나는 시민을 위해 일한다."[10]

2020년 4월 패터슨은 토지관리국과 합의했고 이 기관을 떠났다.[11] 그는 코로나바이러스 대유행 중 몇 달간 소방서에서 일한 뒤 2022년에는 기명투표로 진행된 네바다주 상원의원 선거에 무소속으로 출마했다. (그리고 낙선했다.) 퍼타도는 토지관리국에 남았고 바이든이 백악관에 입성한 이후에도 계속 아이어니어의 프로젝트를 감독했지만 이미 방아쇠가 당겨진 후였다. 생물다양성센터 그리고 특히 도널리는 티엠의 메밀에 관해 최대한 많은 것을 알아내려 했고 가능하면 이 식물을 구하려 했다.

도널리의 정보공개 청구는 놀랍게도 지체 없이 처리되었다. 그가 패터슨의 조언을 받아들이고 5개월이 지난 2018년 11월 토지관리국은 티엠의 메밀에 관한 1291페이지짜리 자료를 도널리와 생물다양성센터에 제공했다. 도널리는 이 자료가 어느 정도 도움이 되었다고 회상했지만 디지털화되지 않은 알짜 정보는 개인적으로 사무실을 방문했을 때 얻었다. 특히 아이어니어가 리오라이트 리지에서 리튬을 탐사하는 범위를 추가로 2만 제곱미터가량 확장할 수 있게 허가한 것과 관련된 정보가 중요했다. 도널리는 탐사 가능 범위가 넓어지면서 티엠의 메밀이 커다란 피해를 보았을 수 있다고 생각했다.[12]

패터슨이 2019년 내부 고발자 소송을 제기하고 3일 뒤 도널리와 생물다양성센터는 어류·야생동물관리국에 티엠의 메밀을 멸종위기종으로 지정해달라고 요청하는 긴급 청원을 제출했다.[13] 도널리는 내게 "멸종위기에 처한 식물은 많습니다. 하지만 지구 표면에서 한 종을 싹 쓸어버릴 만한 실존적 멸종 요인을 맞닥뜨린 식물은 거의 없어요"라고 설명했다.[14] 도널리와 생물다양성센터는 암석 표본을 조사하기 위한 구멍 파기 작업을 포함해 아이어니어의 탐사 활동이 이 꽃의 생존에 "즉각적인 위협"으로 작용한다고 주장했다.[15] 티엠의 메밀은 아이러니하게도 리튬이 풍부한 이 지역의 땅에서만 자라는 듯했고 결과적으로 리오라이트 리지 안팎의 여섯 군데에 2만 2500여 개체만이 존재했다.[16] 이 식물은 아이어니어만큼이나 리튬을 사랑하는 듯했다. 도널리는 바로 이러한 이유로 티엠의 메밀이 멸종위기종으로 지정되어야 하며 미국 법체계에서 가능한 모든 보호를 받아야 한다고 주장했다. 도널리는 "우리는 [정부가] 티엠의 메밀을 멸종위기종에 포함하고 미래 세대를 위해 이 식물이 생존할 수 있는 보존 서식지를 지정하길 강력히 촉구한다"라고 썼다.[17]

바로 몇 주 뒤 생물다양성센터는 아이어니어를 향한 두 번째 공격을 위해 다시 법원으로 향했고 트럼프 행정부가 희귀식물을 보호하도록 한 법을 무시하고 있다고 주장했다. 이들은 특히 티엠의 메밀을 멸종위기종으로 지정할지 검토가 이루어지는 사이에 트럼프는 시민 의견 수렴 절차도 없이 아이어니어에 리오라이트 리지의 땅을 2만 제곱미터 이상 추가로 조사할 수 있는 허가를 내주면서 법을 어겼다고 단정했다.

"다른 국가기관이 이 꽃을 멸종위기종으로 지정할지 결정하는 사이 토지관리국이 광업 기업에 이 식물의 서식지를 파괴할 수 있도록 허가한 것은 잘못되었다. 돈을 쉽고 빨리 벌기 위해 한 식물을 지구상에서 지워버리는 것을 방관해서는 안 된다."[18]

'쉽고 빨리 번 돈'이 기후 변화를 멈추려는 노력에서 중요한 역할을 하는 금속의 생산을 돕더라도 마찬가지인 듯했다.

이 지역에서 탐사용 구멍을 파는 작업을 시작한 기업은 아이어니어뿐이 아니었다. 리오라이트 리지에는 1890년대에 이미 두 개의 갱도가 건설되었다. 하지만 대부분의 땅은 자연 그대로 남아 있었던 이곳에 1962년 한 화학회사가 찾아왔고 1987년에는 붕사borax(붕산염의 주요 자원-옮긴이) 기업이 등장했다. 2010년 무렵에는 금을 노리는 회사도 있었다. 그리고 2019년 아이어니어는 주로 지하의 리튬 매장층과 지하수의 분포를 확인할 목적으로 리오라이트 리지의 주요 표본을 얻기 위해 땅을 1만 5000미터 가까이 파 내려갔다.[19]

아이어니어는 멈추지 않았다. 기술적으로 따지면 이 기업은 소송과 상관이 없었다. 2019년 말 아이어니어는 확정 타당성 조사보고서 작업[20]을 위한 자금을 확보하려고 금융계의 거물 골드만삭스의 도움을 받아 주식을 추가 발행했다.[21] 확정 타당성 조사보고서는 투자자들에게 프로젝트 전체의 경제성을 제시하는 자료다. 또한 이 기업은 리오라이트 리지에 광산을 열고 운영하게 되면 여기서 생산된 붕소의 절반을 한 중국 회사에 판매하는 계약도 체결했다. 리오라이트 리지에는 리튬뿐 아니라 세제와 다른 가사용품을 만드는 데 쓰는 붕소도 묻혀 있어서 앞으로 두 상품 중 하나의 가격이 오르내릴 때도 자연스레 보완하며 이 프로젝트의 경제성을 뒷받침할 터였다.[22]

2020년 1월이 되자 상황이 아이어니어에 불리한 방향으로 빠르게 진행될 수도 있다는 사실이 분명해졌다. 이 기업은 소송에 개입했고 현장에서 티엠의 메밀을 해치는 일이 없도록 추가 예방책을 마련하겠다고 다짐했다. 이 식물이 모여서 자라는 지점의 9미터 이내에서는 탐사로 인한 손상이 발생해도 모두 복구할 수 있도록 산업용 장비 대신 수공구를 사용하겠다는 약속도 예방책에 포함되어 있었다.[23] 하지만 궁극적으로 티엠의 메밀을 보존하면서 동시에 리튬을 추출하는 게 가능할까? 아이어니어는 가능하다고 장담했다. 도널리는 이들처럼 확신하지 않는다며 이 식물이 한 포기라도 다친다면 광산 전체를 아예 열지 못하게 막겠다고 맹세했다.[24]

2020년 4월 아이어니어는 확정 타당성 조사보고서를 공개했고, 리오라이트 리지 프로젝트가 자신들에게 수익을 안겨줄 뿐 아니라 몹시 높은 수익률을 기록할 거라 예상했다. 이 회사는 이 지역에서 리튬 1톤을 생산하는 비용이 당시 업계 평균인 7000달러보다 훨씬 낮은 2510달러 정도 될 것으로 추정했다. (2022년 말 리튬 가격은 톤당 6만

2500달러까지 뛰었다.²⁵) 2021년부터 광산을 건설하기 시작해 2023년부터 운영에 들어간다는 계획이었다. 아이어니어는 광산에서 (비록 이 자동차 회사와 금속 공급에 관해 어떠한 계약도 맺지 않았지만) 테슬라의 거대한 기가팩토리까지 차로 금방이라고 열심히 강조했다. 캘러웨이가 요약한 대로 이들의 확정 타당성 조사보고서는 "우리의 네바다주 프로젝트는 규모가 가장 크고 비용은 가장 낮은 참가자로 리튬 산업에 합류할 준비가 되었다"는 것을 보여주었다.²⁶ 아이어니어는 리오라이트 리지에 최소 30년간 매년 40만 대에 가까운 전기차를 만들 수 있는 리튬이 묻혀 있다고 주장했다.²⁷

코로나바이러스가 이 회사의 투자자들과 경영자 다수를 본사가 있는 오스트레일리아에 묶어두고 맹렬한 공격을 이어가던 대유행의 초기였지만 전망은 낙관적이었다. 아이어니어의 직원이 아니라 이 사회 의장이었던 캘러웨이는 곧 자신이 물리적으로 미국에 머무는 아이어니어 관계자 중 가장 직위가 높은 사람이라는 것을 알게 되었다. 2020년 7월에는 캘러웨이가 실질적으로 이 회사의 리오라이트 리지 프로젝트를 지휘하고 있었다.²⁸

다음 달이 되자 상황이 아이어니어에 유리하게 흘러갔다. 토지관리국은 이 회사의 광산 운영 계획을 승인했다. 허가 절차로 나아가기 위한 기술적이고 관료적인 단계였다. 지난 2년간의 탐사는 이 단계를 위한 것이었고, 앞으로 1년 안에 필요한 모든 허가가 마무리될 예정이었다.²⁹

그때 그 일이 일어났다.

2020년 9월 스스로 '정기적 방문'이라 칭한 활동을 위해 리오라이트 리지를 찾았던 도널리는 티엠의 메밀 수천 포기가 대규모로 뽑혀 있는 것을 발견했다. 그와 다른 동료는 1만 8646포기가 소실된 것으로 추정했다. 조그마한 삽으로 식물들을 파낸 듯했다. 땅에 구덩이만 남은 곳도 있었고 식물의 일부나 뿌리가 발견된 곳도 있었다. 많은 수의 발자국은 적지 않은 사람들이 이 현장에 있었음을 짐작하게 했다. 도널리는 이후 규제기관들과 만난 자리에서 이 사건을 "불법 포획 사건"이라 칭했고 "뿌리째 뽑힌 식물이 얼마 남아 있지 않은 걸 보면 가해자들이 제거한 식물 대다수를 현장 밖으로 옮긴 게 분명하다"라고 주장했다.[30]

그는 당시부터 지금까지 티엠의 메밀을 죽인 범인으로 캘러웨이나 아이어니어의 다른 인물을 지목한 적은 없지만 강력하게 둘 사이의 연관성을 암시했다.

도널리는 "어떤 괴물들이 꽃을 피우고 있는 시기에 무엇으로도 대체할 수 없는 식물 수천 포기를 파괴했다"라고 분노했다.[31] 한 기자에게는 가해자들이 꽃을 찾기 위해 위성 항법 장치Global Positioning System, GPS와 지도를 사용했을 거라는 의혹을 제기하며 "다수의 사람이 여러 단계로 진행한 활동"이라 주장하기도 했다.[32]

그는 미국 연방정부가 즉시 티엠의 메밀을 멸종위기종으로 지정하고, 남아 있는 개체들이 생존할 수 있다는 사실이 명확해질 때까지 아이어니어의 리오라이트 리지 프로젝트 허가 검토를 중단해야 한다고 애원했다. 도널리는 정부 관료들에게 "우리는 여러분의 즉각적인 행동을 기다리고 있다"라고 편지를 보냈다.[33]

캘러웨이 역시 나름대로 격분했다. 특히 자신이나 아이어니어의 누군가가 한밤중에 리오라이트 리지에서 식물들을 없앴을 거라는 암시가 분노에 불을 지폈다. 그는 "누군가 삽을 들고 뛰어다니며 벌인 짓이 아니라는 게 100퍼센트 확실하다. 누구든 왜 그런 짓을 하겠는가?"라고 반박했다.³⁴ 아이어니어는 네바다대학교 리노캠퍼스의 연구자들이 같은 달 초 현장을 방문했을 때도 티엠의 메밀이 일부 죽어 있었던 것을 증거로 제시했다. 연구자들은 네바다주에 가뭄이 이어지는 동안 수분을 찾던 설치류들이 이 식물의 뿌리를 갉아 먹었을 거로 추측했었다. 주 정부 관료들도 인간이 개입했다는 증거를 찾지 못했다고 밝혔다.³⁵

두 달 뒤 어류·야생동물관리국이 DNA 분석을 통해 네바다대학교 연구자들의 추리가 옳았다는 것을 확인했다. 이들은 손상된 티엠의 메밀 뿌리를 분석한 결과와 주변에 있던 동물 배설물을 토대로 들다람쥐가 가장 유력한 범인이라고 의견을 모았다. 이미 이 지역에 땅을 파고 들어가 식물 뿌리를 갉아 먹는 것을 좋아하는 흰꼬리영양다람쥐 *Ammospermophilus leucurus*가 서식한다는 사실이 알려져 있었다.³⁶ 연방정부는 아이어니어가 아니라 설치류가 티엠의 메밀을 살해했다고 공식적으로 정리했다.³⁷

이 식물이 대량으로 손상되고 한 달 뒤 어류·야생동물관리국은 생물다양성센터에 "최근 에리고늄 티에미 식물을 잃게 된 직접적인 이유와는 별개로, 우리는 이 사건과 이 사건이 이 종의 생존력에 미치는 영향에 관해 무척 우려하고 있다"라고 밝혔다.³⁸

티엠의 메밀과 살아남기

티엠의 메밀이 파괴된 사건을 둘러싸고 초기의 격렬한 반응이 이어지는 동안 바이든이 신임 미국 대통령으로 선출되었다. 선거기간에 그는 광업 기업들에 국내에서 진행하는 사업을 지원하겠다고 은밀히 약속했다.[39] (민주당의 충실한 지지자였던 캘러웨이는 바이든 선거캠프에 후원금을 기부했다.) 또한 바이든은 공개적으로 더 엄격한 환경 규제를 약속했다. (역시 민주당 지지자인 도널리는 2020년 대통령 선거기간에 바이든을 후원하지는 않았으나 좌파 성향의 지지단체 몇 곳에 후원금을 냈다.[40]) 티엠의 메밀 사건은 새롭게 들어서는 행정부에 딜레마를 제공했다. 환경 보호와 친환경 에너지 중 무엇이 더 중요할까? 도널리는 티엠의 메밀이 "우리 시대의 상징"이라고 선언했다.[41]

바이든의 야심 찬 친환경 에너지 목표들 달성하려면 더 많은 리튬이 필요하다는 사실은 분명했다. 신임 대통령은 약 64만 대에 달하는 미국 정부 소유의 자동차를 모두 전기차로 바꾸겠다고 약속했다. 한 싱크탱크가 추정한 바에 따르면 이를 위해 2030년까지 미국내 리튬 생산을 12배로 늘려야 했다.[42] 로이터는 바이든이 환경 관련 법들을 더 엄격하게 개정하도록 요구하는 대신, 기존 법들을 고수하며 전기차에 필요한 금속을 생산하는 광산을 허가하는 방안을 고려하고 있다고 보도했다. 또한 석탄 산업에도 비슷한 태도를 보일 것으로 예상되었다.

바이든의 당선이 확정된 날 어류·야생동물관리국은 아이어니어에 "광산이 운영되는 내내 티엠의 메밀을 보호하고 보존하는 가장 좋은 방법"을 알아내기 위해 협업하고 싶다고 제안했다.⁴³ 하지만 신임 대통령이 업무를 시작한 후 아이어니어의 리오라이트 리지 프로젝트에 보인 태도는 아무리 좋게 봐도 혼란스러울 뿐이었다. 2021년 7월 새 행정부는 티엠의 메밀을 멸종위기종으로 지정할지 검토 중이라고 밝혔다. (아이어니어가 "피상적이고 단정적이며 불완전한" 데이터에 기반했다고⁴⁴ 비판한 판단이었고, 2022년 말에는 최종적으로 멸종위기종에 포함되었다.⁴⁵) 어류·야생동물관리국은 광산과 설치류가 끼치는 피해가 이 식물의 70퍼센트 이상을 파괴하리라는 것을 알아냈다. 리튬이 풍부한 땅에서만 생존하는 탓에 이식 시도도 실패할 가능성이 컸다.⁴⁶ 그 해 안에 공사를 시작하려 했던 아이어니어에는 커다란 타격이었다. 대신 이 회사는 희귀한 식물의 멸종을 피할 방법을 고심하는 동시에, 어류·야생동물관리국이 멸종위기종 지정을 검토하는 사이 토지관리국이 중단시킨 허가 절차를 되살리기 위해 노력했다.⁴⁷ 분노한 캘러웨이와 아이어니어는 기후 변화가 기세를 멈추지 않고 계속된다면 결국 티엠의 메밀도 죽게 된다고 지적했다. 이들은 수백만 달러를 투자해 식물학자를 상근으로 고용하고, 온실을 운영할 공간을 대여하고, 흙의 조성을 연구하기 시작했다. 광업 기업이 전통적으로 중시해온 분야는 아니었다. 캘러웨이는 "우리는 이 광산이 티엠의 메밀과 공존하기 위해 필요한 것이라면 무엇이든 할 준비가 되어 있다"라고 장담했다.⁴⁸

바이든이 지휘하는 한 기관이 티엠의 메밀을 멸종위기종으로 지정해야 할지 논의하는 동안 다른 기관은 아이어니어에 수억 달러를 빌려줄지 검토하고 있었다. 2021년 12월 이 회사는 미국 에너지부의 대출 프로그램을 신청했고 총 4단계 중 세 번째 심사를 받고 있다고 밝혔다.⁴⁹ 10년 전 테슬라가 활용하며 유명해진 프로그램이었다. 미국 연방정부의 또 다른 기관도 이 광산 프로젝트 전체를 무산시킬지 검토하는 과정에 있었다는 점을 생각하면 놀라운 진행이었다. 리튬 아메리카가 네바다주에 제안한 새커패스 프로젝트나 애리조나주의 레절루션 프로젝트에서도 그럴 때가 많았지만, 워싱턴의 왼손은 오른손이 하는 일을 모르는 듯했다.

2019년 9월에는 연방정부의 엇갈리는 반응으로 인해 만들어진 흥분과 긴장의 아수라장에 아이어니어가 광업 기업 시반예스틸워터Sibanye-Stillwater와 맺은 계약이 추가되었다. 남아프리카공화국을 기반으로 하는 시반예스틸워터는 리오라이트 리지 프로젝트에 대한 지분 50퍼센트를 인수하는 대가로 아이어니어에 4억 9000만 달러를 지급하기로 했지만 아이어니어가 미국 연방정부의 허가를 받아낸다는 전제 조건이 붙었다. 즉 티엠의 메밀이 멸종되지 않을 때만 성사되는 계약이었다.⁵⁰

같은 달 캘러웨이는 라스베이거스의 코즈모폴리턴 호텔에서 포드의 대표들을 만났고 이들이 아이어니어의 리튬을 구매하도록 설득하려 했다. 같은 해 초 캘러웨이는 아이어니어가 생산하게 될 리튬 중 소량을 한국의 배터리 제조업체 에코프로에 팔기로 했다.⁵¹ 그리고 2026년에는 전기차를 연간 200만 대 판매한다는 목표를 수립한 포드 역시 아이어니어의 리튬을 활용하길 바랐다.⁵² 이 자동차 회사의 회장인 빌 포드는 2019년부터 이미 리튬 조달 계약을 맺으려 한다고 밝힌 바 있었다.⁵³ 포드의 직원들은 캘러웨이에게 티엠의 메밀에 관한 질문을 퍼부었다. 포드는 앞서 IRMA 표준을 따르기로 했고 이 때문에 아이어니어와의 계약이 어려워질 수도 있었다. 캘러웨이는 이 회사와의 회의에서 계약을 따내지 못했다.

2021년에서 2022년으로 넘어가는 사이 바이든 행정부는 더 많은 광산을 허용하는 데 호의적인 듯했고 아이어니어와 업계 동료들도 희망을 품었다. 에너지부 장관 제니퍼 그랜홈은 에너지 업계 경영자들과 투자자들이 모인 한 콘퍼런스에서 "신규 허가를 받기까지 엄청난 시간이 걸립니다. 얼마나 말도 안 되는 일입니까?"라고 지적했다. 관중들은 열광적인 박수로 호응했다.[54] 장관 본인도 전기차 애호가였고 쉐보레의 볼트를 임대해서 몰았다. 그는 "내가 가져본 차 중 최고다"라고 높이 평가했다.[55]

2022년 초 바이든은 대통령으로 취임한 이래 처음으로 광업 분야에 관해 공개적으로 발언했다. 그는 미국이 해외 공급에서 벗어나려면 국내에서 더 많은 리튬을 생산해야 한다고 했다. 바이든은 "오늘과 내일의 상품에 동력을 공급하는 재료들을 중국에 의존한다면 미국에서 만들어질 미래를 건설할 수 없다"라고 주장했다. 또한 그는 워런 버핏이 캘리포니아주 남부에 소유한 실험적인 리튬 회사에 보조금을 주기도 했는데, 그것은 바이든에게 계속 골칫거리를 안길 결정이었다.[56]

오래지 않아 포드가 다시 캘러웨이에게 연락해왔다. 이 초대형 자동차 기업은 리튬 구매에 관심이 있었다. 캘러웨이도 여전히 판매할 생각이 있었을까?

그는 "물론입니다!"라고 답했다. 다만 캘러웨이는 광업계에서 일반적인 계약 형태대로 산출량에 따라 일정 지분을 구매하기로 하는 구속력 없는 계약nonbinding offtake 대신 구속력이 있는 계약binding offtake을 원했다. 2022년 7월 발표한 내용에 따르면 포드는 캘러웨이가 리튬을 출하하기로 한 2025년부터 매년 17만 5000대의 전기차를 생산할 수 있는 양을 구매하기로 했다. 리튬 가격을 보수적으로 추정해도 아이어니어는 이 5년 계약만으로 8억 달러 이상을 손에 넣을 수 있었다.[57] (또한 포드는 빌 게이츠가 후원하는 스타트업의 기술을 활용하는 아르헨티나의 리튬 추출 프로젝트와도 공급 계약을 맺었다.[58])

결론적으로 포드는 아이어니어와의 계약을 포기할 정도로 티엠의 메밀을 걱정하지는 않았다. 포드는 미국 내 리튬 생산에 힘을 더한다는 사실이 가장 매력적이었다고 밝혔다.[59] 나는 캘러웨이에게 규제와 관련한 불확실성에도 불구하고 세계에서 가장 큰 기업 중 한 곳에 자신이 이끄는 프로젝트의 리튬을 판매한 비결이 무엇인지 물었다. 캘러웨이는 "우리는 그 메밀을 건드리지 않을 겁니다"라고 대답했다.[60]

하지만 도널리는 포드가 너무 무신경하다고 생각했다. 그는 곧바로 아이어니어의 급소를 노리는 성명을 발표했다.

> 포드는 아이어니어의 리튬과 함께 멸종을 구매했다. 이 형편없는 결정을 재고해야 한다. 끝까지 생물을 한 종도 멸종시키지 않을 다른 리튬 공급처도 많다. 전기차가 멸종이라는 대가를 치러야 할 필요는 없다.[61]

2020년의 대학살 후 티엠의 메일 수천 포기를 없애버린 사건과 캘러웨이가 어떤 식으로든 연관되어 있을 거라고 강력히 암시했던 도널리의 공격을 다시 떠올리게 하는 한 방이었다. 캘러웨이와 아이어니어의 경영진은 분노했다. 자신들이 포드나 다른 자동차 제조업체와 판매 계약을 맺을 기회가 무산될 수도 있는 때에 왜 그 식물을 파괴하겠는가? 캘러웨이와 도널리는 단 한 번도 만난 적이 없었고, 어쩌면 그래서였는지도 모르지만, 서로를 향한 적대감은 점점 커져 갔다. 캘러웨이는 자신에게 그럴 만한 동기가 있다고 생각하는 상대를 이해할 수 없었다. 그는 자신이 지구를 구하기 위해 리튬을 생산하려 하고 있다고 되뇌었다. 캘러웨이는 공개적으로 광산을 안전하게 운영하고 꽃들도 살릴 수 있다고 약속하고 있었다. 도널리는 지구를 위한 우리의 선택이 그렇게 이분법적이지 않으며 단 한 종의 손실이라도 지나친 대가라고 확신했다. 그리고 둘 다 상대의 주장에서 진실성을 보지 못했다. 둘의 싸움은 점점 인신공격이 되어갔다.

캘러웨이는 내게 "패트릭 도널리는 개자식이에요"라고 내뱉었다. "그대로 쓰셔도 됩니다."

소중한 것을 지키기 위해 싸우는 사람들

몇 년간 전화로 도널리를 인터뷰했지만 2022년 8월의 덥고 칙칙한 오후까지는 직접 만난 적이 없었다. 나는 네바다주 리오에서 하루를 시작했다. 그리고 미네랄카운티를 통과하고 고도 1220미터부터 1870미터까지 퍼져 있는 버려진 금 광산과 자갈 광산 들을 지난 뒤

고독하지만 경이로운 미국 서부를 떠올리게 하는 산쑥 들판과 황량한 사막 초원을 지나치며 남쪽으로 달렸다. 광업이 엮여 있는 이 주의 과거를 관통하며 미국의 유일한 리튬 광산이 있는 실버피크에 도착하기까지 네 시간이 걸렸다. 현재 앨버말이 소유하고 있는 실버피크 광산은 1960년 처음 문을 연 이후 다양한 기업의 손을 거쳤다.

실버피크 마을은 허허벌판 한가운데 자리하고 있어서 아포칼립스물인 영화 〈매드맥스〉 시리즈에 나오는 외딴 건물들을 떠올리게 했다. 중심가로 이어지는 도로 곁에는 버려진 트럭과 승용차 들이 흩어져 있었다. 마을에는 초록색으로 꾸며진 앨버말 사무실과 조그마한 언덕 위에 있는 산업 공장뿐 아니라 사용하지 않는 우체국과 놀이터도 있었다. 자동차를 세워두고 차에서 하룻밤을 보낼 수 있는 조그마한 공원과 술집을 겸하는 작은 가게가 있었지만 주유소나 자동차 충전소는 없었다. 과거 시프팅 샌즈Shifting Sands 술집이었던 곳을 비롯해 수십 채의 건물은 판자로 입구를 막아둔 채 사막의 태양에 바래가고 있었다. 농구장과 테니스장은 잡초들이 점령했다. 어린이 운동장은 흙으로 뒤덮였다. 도로변에 발이 묶인 차 한 대는 '시속 40킬로미터. 뒈지기 전에 속도 줄여!'라고 명령하는 표지판을 하늘 높이 받치고 있었다. 이 마을에는 200여 명이 살고 있었다. 오렌지색과 검은색 스프레이 페인트로 장식한 합판 표지판은 라스베이거스로 향하는 길을 가리켰다.

수요가 빠르게 증가하고 있는 금속을 미국 안에서 생산하는 유일한 곳이지만 실버피크는 별다른 혜택을 보지 못한 게 분명했다. 마을의 중심을 벗어나자 몇십만 제곱미터에 달하는 사막이 펼쳐졌다.

앨버말이 네바다의 풍경 아래에 자리한 매장층에서 염수를 퍼 올린 뒤 리튬을 걸러내는 증발 연못으로 이용하는 곳이었다.

나는 앨버말 사무실 근처에 있는 흙밭이긴 해도 오거리라 할 수 있는 곳에서 도널리를 기다렸다. 몇 분 뒤 그가 하얀색 SUV 차량을 몰고 도착해서는 차에서 내려 악수를 청했다. 내 창백한 손에 지나치게 많이 발라둔 자외선 차단제가 일부 그의 손으로 옮겨 갔다.

도널리는 고갯짓으로 근처에 있는 앨버말 사무실을 가리키며 "이동하는 게 좋겠네요"라고 제안했다.

"저는 이 마을에서 별로 인기가 없거든요."

대유행 중인 코로나바이러스를 우려해(도널리는 두 번 이상 이 바이러스에 감염되었다) 우리는 각자 차를 몰고 실버피크를 떠나 리오라이트 리지까지 20분간 산을 향해 달렸다. 도로가 계속 상승하는 것 같아서 이 모험을 위해 픽업트럭을 대여한 나를 스스로 칭찬했다. 승용차로는 쉽지 않았을 길이었다. 고도가 2164미터까지 오르자 타오르는 파이퍼피크Piper Peak에 가까워졌다. 멀리서 바라본 그 산꼭대기에는 붉은빛과 자주빛이 스며든 듯 자리 잡고 있었다.

우리는 험준한 바위가 골절된 손가락처럼 갑작스레 땅에서 돌출하는 좁은 협곡을 통과하며 계속 달렸고 세 마리의 암소와 그들을 위해 임시로 급조한 듯한 울타리를 지나쳤다. 그때였다. 언덕을 내려와 조그마한 골짜기로 들어서면서 나는 멀리 보이는 언덕이 하얀 재처럼 보이는 물질로 덮여 있는 것을 알아챘다. 오래전 이 존재가 제리 티엠의 주의를 끈 이유를 바로 알 수 있었다. 우리는 도로를 벗어나 토지관리국이 설치한 울타리로 둘러싸인 하얀 언덕 근처에 차를 세웠다. 차에서 내리자 도널리가 입구를 통과하고 조그마한 언덕을 오르며 나를 현장으로 이끌었다. 나는 티엠의 메밀을 직접 본 적이 없었고 이 순간을 기다려왔다.

그는 "발 조심하세요"라고 지시하며 지금처럼 온도가 높을 때면 이 꽃이 휴면기에 들어간다고 설명해주었다. 우리는 죽은 화초와 거의 구분하기 어려운 작고 시든 개체를 찾아냈다. 하지만 티엠의 메밀은 생생하게 살아서 더 시원하고 비가 많은 계절에 찾아올 수분을 기다리고 있었다. 그리고 그때까지 리튬과 붕소의 혼합물을 빨아들이고 있을 것이다. 모든 것을 희생하며 이 식물만을 바라보는 도널리의 집착은 몇 년 전에 만났던 다른 열정적인 자연보존 활동가를 떠올리게 했다.

에드워드 애비 Edward Abbey는 점잖게 말하면 다듬어지지 않은 사람이었다. 소문에 따르면 그는 제2차 세계대전의 여파 속에 2년간 군인으로 복무했고 몇 번 진급도 했지만 거수경례를 거부해 두 차례 계급이 강등되었다고 한다.[62] 그는 관습적인 예의를 버렸고, 자신의 말을 입증하기 위해 보통 상대의 급소를 노리곤 했다. 미국 서부와 이 지역의 자연을 지키러 나섰을 때도 그랬다. 애비는 차를 달리며 창밖으로 캔을 던지는 기행으로 유명해졌는데 그가 판단하기에는 이미 해당 지역이 자신이 달리는 도로로 망가졌기 때문이었다. 미국인들이 자연을 존중하지 않고 도로 건설을 승인했는데 작은 쓰레기 따위에 진지하게 신경을 쓸까?[63]

애비는 "황무지가 불법화되면 무법자들만이 황무지를 구할 수 있다"라는 유명한 말을 남기기도 했다. 후손들은 아마 그를 많은 이에게 영감을 준 소설과 논픽션 작품을 다수 남긴 작가로 기억할 것이다. 애비는 개인이 자신의 이해나 상상을 초월하는 힘에 홀로 맞서 싸우는 이야기에 매료되었다. 그의 소설 《용감한 카우보이The Brave Cowboy》는 1962년 〈로니 브레이브Lonely Are the Brave〉라는 영화로 만들어졌다. 커크 더글라스가 미국을 휩쓸며 그가 고수하는 삶의 방식을 위협하는 급격한 기술 발전을 외면하는 목장 노동자 역할을 맡았다. 이 소설은 애비의 대표작으로 전후 미국인들의 삶의 방식이 이 나라뿐 아니라 환경 자체에 어떤 영향을 미치고 있는지 우려하는 그의 시각이 또렷이 드러난다.

1982년 애비는 애리조나주 지역 텔레비전 방송에 출연해 다음과 같이 이야기했다.

> 그래서 나는 우리가 (…) 합법적이고 정치적인 수단을 통해 미국에 (…) 남은 것들을 구할 수 있길 바란다. (…) 나는 여전히 선거에 참여한다. (…) 투표를 해가며 찬성하거나 반대할 것이 많지 않은 것 같을 때도, 선택지가 많지 않은 것 같을 때도 마찬가지다. 충분한 수의 사람들이 충분히 관심을 둔다면 여전히 우리가 변화를 만들어낼 수 있다고 믿는다. (…) 이 나라에 필요한 변화를, 정치적 방법으로 말이다. (…) 맙소사, 나는 그러길 바란다.[64]

몇 년 뒤 도널리는 미국 서부를 관통하던 배낭여행 중 우연히 애비의 책들을 접했고, 미국의 침략적인 실험에서 자연 그대로의 땅을 지켜내고 보호하기 위해 모든 수단을 동원해야 한다고 외치는 문장들에서 영감을 얻었다. 애비의 글은 어린 시절 이 나라의 동부 해안 곳곳에 있는 영국 성공회 교회에서 성직자로 봉사하는 부모님을 따라 자주 이사를 다니며 자란 젊은 도널리에게 깊은 울림을 주었다.

스무 살이 된 도널리는 서부로 이주했고 다시는 뒤를 돌아보지 않았다. 그는 "서부로 왔을 때 여기, 더 구체적으로는 사막이 내가 있을 곳이라는 걸 깨달았어요"라고 회상했다. 도널리는 탁 트인 하늘과 아름다운 풍경을 사무실 삼아 자연 탐방에 나선 무리와 배낭여행 원정대를 이끄는 특이한 직업을 택했다. 캘리포니아주에서는 토지관리국 소속 공원 관리원으로 일하기도 했고, 그 후에는 와이오밍주의 한 야생 리더십 학교에서 실습 지도자를 맡기도 했다. 2004년 토지관리국에서 일했던 기간에는 이례적으로 캘리포니아주 남부의 사막에 비가 많이 내렸고 6개월 동안 꽃이 만개했다. 그는 "저는 그냥 거기 앉아서 제 주위에서 끊임없이 성장하는 꽃들을 바라보곤 했어요. 엄청난 효과가 있었죠"라고 설명했다.

도널리는 8년간 비영리조직의 일원으로 손상된 자연의 회복과 복구를 도왔고 동시에 버클리에 있는 캘리포니아대학교에서 학사 학위 과정을 밟았다. 그리고 2014년 서른한 살의 나이에 학위를 취득했다.

그는 "저는 한쪽을 옹호하는 데 관심이 많아서 공청회에 가면 어떤 환경 문제를 논의하든 소란을 일으키곤 했어요"라고 털어놓았다.

"자연 복원을 돕는 본업 외의 취미였다고 할까요."

광업에 우호적인 네바다주에서 공청회가 열려도 종종 광업을 반대하는 누군가가 나타나곤 했다. 도널리도 예전에는 과거부터 미래까지 네바다주와 떼어놓을 수 없는 광업 때문에 '은의 주'라는 별명을 가진 지역에서 이 산업에 맞서 싸우는 우둔해 보이는 이들을 마주하면 웃어버리곤 했다.

"멍청이라고 생각했죠. 그런데 지금은 제가 멍청이가 됐네요. 제가 소중히 여기는 것이니까 싸워야 한다면 싸워야죠."

그는 대학교에서 글 쓰는 법을 배웠다. 조사를 하는 방법과 정부에 진정을 내는 방법도 배웠다. 도널리가 또 다른 애비가 되기 위해 그리고 가능한 한 많은 야생지대를 구하기 위해 사용할 도구들이었다. 그가 캘리포니아대학교에서 쓴 졸업 논문의 주제는 태양열발전과 지역 동식물의 상호작용이었다. 이들이 조화를 이루며 살 수 있을까? 만일 그러지 못한다면? 도널리는 "누군가는 살면서 온종일 공구를 휘두르는 게 인생의 역할일 수도 있지만 저는 다릅니다"라고 정리했다.

"저는 정책에 진정한 열정을 품고 있다는 사실을 깨달았어요."

그는 2017년 자연의 희귀한 존재들을 옹호하는 조직으로 잘 알려진 생물다양성센터에 일자리를 얻었다. 생물다양성센터는 악착같이 틈새에서 대의를 찾아내고 절대 포기하지 않는 조직으로 정평이 나 있었다. 도널리에게는 완벽한 곳이었다. 이 조직은 그가 내면의 반항심을 쏟아내게 해주었다. (도널리는 자신의 트위터 프로필에 스스로를 "좋은 밤을 순순히 보내지 않는" 사람이라 묘사했다.)

그는 내향적인 면이 있었다. 나와 몇 차례 대화를 나누는 동안 가장 감정적인 반응이 나왔을 때는 티엠의 메밀에 관해 이야기할 때였다. 리오라이트 리지를 처음 방문해 오래전 제리 티엠의 마음을 사로잡았던 꽃을 봤을 때 도널리는 바로 그 자리에서 승산이 얼마나 되든 이 희귀하고 독특한 꽃을 위해 싸우기로 했다. 그가 이 이야기를 들려줬을 때 나는 티엠의 메밀이나 생물다양성이라는 대의에 대한 열정이 부모님이나 그들의 목회 활동과 상관이 있는지 물었다. 도널리는 자신의 신념 체계가 무엇인지 고심하는 듯이 잠시 말을 멈추었다가 "종교란 삶의 공허함 속에서 의미와 목적을 찾으려는 게 아닐까요? 저는 생명이라는 신비가 생물다양성을 드러내고 그게 제가 자연과 연결되는 방식이라는 걸 알았어요"라고 답했다.

도널리는 자연과 연결되기 위해 종종 특이한 전략을 활용하기도 한다. 2021년 4월의 맑고 따뜻한 봄날, 태양이 거의 머리 꼭대기에 도달한 정오에 도널리와 두 동료는 리오라이트 리지의 땅에 꽂힌 막대기에 카메라가 단단히 고정되어 있는 것을 보았다. 이 카메라와 여기저기에 설치된 다른 장비들은 표면적으로는 2020년 9월의 대학살에도 죽지 않고 남아 있는 개체들을 관찰하기 위한 도구였다. 도널리는 카메라 뒤로 다가가 그 앞에 손을 내밀고 가운뎃손가락을 들어 보인 뒤 카메라 앞으로 걸어가 칼하트에서 산 갈색 재킷과 감청색 셔츠가 제대로 렌즈에 담기게 했다. 그러고는 천천히 뒤로 돌아가서 동료들에게 장난스레 소리를 질렀다.

"오, 카메라에 내 엉덩이를 보여줄래! 그걸 금지하는 법은 없잖아!" 여성 동료가 "안 돼! 하지 마, 패트릭! 하지 마!"라고 애원했다. 목소리에 짜증이 묻어났다.

도널리는 그의 간청을 무시하고 바지를 내려 카메라에 엉덩이를 내보였고, 어린이용 애니메이션에 흔히 등장하는 곰들처럼 엉덩이를 좌우로 흔들었다. 그가 아이어니어를 어떻게 생각하는지 보여주는 반항적인 행동이었다. 일반적인 사무실에서 용인되는 짓은 아니었다.[65]

"어휴!"

도널리를 말리려던 동료가 탄식했다.

아이어니어에 대한 경멸과 그러한 인식을 보여준 다채로운 방식에도 불구하고 도널리는 결국 리오라이트 리지에 리튬 광산이 들어설 거로 생각한다고 여러 차례 인정했다. 그는 리튬이 중요하다는 사실을 알고 있지만 티엠의 메밀도 똑같이 중요하다고 믿는다. 둘이 공존할 수 있다면 더 좋다. 도널리의 사고 체계에서는 하나가 다른 무언가를 대체해서는 안 되었다.

그와 생물다양성센터는 생물다양성이 이 지구를 유일무이하고 살 가치가 있는 곳으로 만들며, 이러한 생물다양성을 조금이라도 잃게 된다면 기후 변화에 맞서 이 지구를 지키는 것도 의미를 잃는다고 믿는다. 과학계는 점점 생물다양성을 기후 변화와 같은 규모의 전 지구적 도전으로 보고 있다. 2022년 말 유엔 회원국들이 캐나다 몬트리올에 모여 농약 사용 제한을 비롯한 여러 조치를 통해 생태계를 보호하자고 결의했던 콘퍼런스에서 강조했던 사실이기도 하다. 이 콘퍼런스에서 채택된 내용은 기후 변화에 대처하기 위한 파리협약과 같이 생물다양성을 지키기 위한 전 지구적 합의로 널리 받아들여졌다.[66]

탄소 배출을 둘러싼 전 지구적 긴장을 기록한 책 《우리를 구하기

《Saving Us: A Climate Scientist's Case for Hope and Healing in a Divided World》를 집필한 기후 과학자 캐서린 헤이호Katharine Hayhoe는 "기후 변화는 인류 문명의 미래에 단기적인 위험을 초래한다. 생물다양성 위기는 인간종의 생존에 장기적인 위협을 초래한다"라고 지적했다.[67]

희귀 달팽이, 멸종위기의 올빼미, 조그마한 꽃. 모두 이 행성을 우리의 지구이게 하는 것들이다. 우리는 정말 자연 그 자체보다 전기차를 택하고 있는 걸까? 지난 몇 년간 나와 인터뷰를 하며 어떤 형태로든 이 질문을 받았던 투자자들이나 경영자들은 항상 먼저 보도하거나 혹은 신원은 밝히고 인용하지는 말아달라고 요청하며 운을 뗀 뒤 조용히 '그렇다'라고 속삭였다. 심지어 아이어니어의 관계자들조차 티엠의 메밀보다 리튬을 더 중요시한다는 조짐을 비치면 홍보 측면에서 재앙을 겪을 수 있다는 사실을 알고 조심스러워했다. (물론 이 회사는 정원을 조성하기 위해서가 아니라 리튬을 채굴하기 위해 만들어졌다.) 하지만 이러한 조심성도 서서히 누그러지고 있다. 미국 연방정부로부터 자신이 운용하는 자금 일부를 지원받고 있는 광업 분야의 유명 투자자 한 명은 2022년 늦은 여름 침묵 속에 합의를 이뤘던 결론을 소리 내어 말하기 시작했다. 어쩌면 이 꽃은 구할 만한 가치가 없을지도 모른다고.

광업 투자회사 테크멧Techmet의 수장 브라이언 메넬Brian Menell은 직설적으로 다음과 같은 의견을 밝혔다.

우리에게는 "물론 우리는 야생화를 사랑하며 환경적·사회적 거버넌스 기준을 존중할 것이다. 우리 문화의 일부이기 때문이다"라고 말하는 정부가 필요하다. 하지만 어느 시점에는 "야생화 단체 여러분, 여러분은 할 말을 다 했으니 이제 닥치고 꺼지시라. 우리는 야생화의 서식지를 파괴하게 되어 모두가 유감스러워 하더라도 이 광산을 개발할 것이다. 기후 변화로 이 세계가 파괴되는 것보다는 낫다"라고 말해야 한다.[68]

나는 도널리에게 메넬의 주장에 관해 물었다. 그는 잠시 낄낄대더니 이 투자자가 무신경한 인간이라 생각한다고 했다. 하지만 도널리는 리오라이트 리지에 광산이 들어서긴 할 것 같다는 자신의 의견을 다시 언급했다. 어쩌면 수용할 수밖에 없다는 신호거나, 적어도 이 광산의 마지막 계획에 영향을 미치려는 전략 변화를 보여주는 신호인 듯했다.

도널리는 캘러웨이와 아이어니어가 광산 부지를 리오라이트 리지에서 1.6킬로미터 떨어진 곳으로 옮겨야 한다고 주장했다. 내가 리튬 매장층은 1.6킬로미터 떨어진 지점이 아니라 리오라이트 리지에 있다고 지적하자, 그는 이러한 제안이 나름대로 진지한 것이며 좋은 의도에서 해결책을 제시하는 중이라는 점을 호소하는 듯이 당황한 표정을 지었다. 도널리는 진심으로 광산 건설 계획을 조금만 바꾸면 모두가 행복해질 거라고 생각했다. 티엠의 메밀이 안전하다는 것만 확인하면 그도 떠날 생각이었다.

도널리는 "제 목표는 리튬 광산 건설을 중단시키는 게 아니었어요. 티엠의 메밀을 구하는 거였죠"라고 확인했다.

"우리는 리튬이 필요하다는 사실을 알고 있습니다. 기후 변화와 싸워야 한다는 것도 알고요. 하지만 티엠의 메밀은 리튬 채굴이 생물다양성에 미치는 영향에 관한 논의를 촉발했어요." 아이어니어가 리튬이 아니라 금을 파내려 했다면 "우리는 온 힘을 다해 싸우며 '엿이나 먹어. 너희들은 금이 필요 없어'라고 했을 거예요."

도널리는 178센티미터 정도 되는 키에 검은 머리였고 조용한 성격이었다. 그리고 보통 등산화에 등산바지를 입었다. 이름 모를 땅에서 희귀한 동식물과 많은 시간을 보내는 이들이 선호하는 복장이었다. 나와 만났을 때 그는 '나는 티엠의 메밀을 지키는 메밀 팀의 일원이다'라는 문장이 선명히 새겨진 티셔츠를 입고 있었다. 직접 만나면 말이 많지 않은 사람이었지만 트위터에서는 시끄러웠다. 도널리는 내게 "저는 논란이 많은 것을 말하고 실행하죠"라고 인정했다.

"이 옹호 활동을 하면서 친구가 많이 생기지는 않았어요."

그는 주말이면 기존 가수들의 곡을 연습해 연주하는 한 밴드에서 기타를 친다. 때로는 블루그래스bluegrass(미국 전통 현악기를 포함하는 구성으로 연주하는 미국 음악의 한 갈래 – 옮긴이)를 연주하고, 때로는 고전적인 록을 연주한다. 실은 요청이 들어오면 뭐든 한다. 나는 도널리에게 어떤 곡을 가장 좋아하는지 물었다. 그는 망설임 없이 바로 글로리아 게이너의 〈나는 살아남을 거야I Will Survive〉라고 답했다.

티엠의 메밀이 살아남을 수 있을까? 지난 몇 년간 도널리의 머릿속을 떠나지 않는 질문이자, 그가 죽거나 이 식물이 멸종되기 전까지는 결코 떠나보내지 못할 질문이다. 도널리는 자신의 싸움이 미국인들과 전 세계의 소비자들에게 친환경 에너지 혁명을 위한 균형점이 무엇인지 생각하도록 강제하는 계기가 되길 바랐다.

"티엠의 메밀이 멸종하도록 내버려둔다면 에너지 전환이 진행되는 향후 50년은 매우 암울할 겁니다. 그렇다면 생각해야 할 게 많아요. '이 사례는 다른 생물 종의 멸종을 막기 위한 우리의 싸움에 관해 무엇을 말해주는가?'라고 질문할 수밖에 없게 만듭니다."

잠시 침묵이 흘렀다. 나는 도널리가 평소보다 더 자기 내면으로 파고드는 것 같다고 생각했다. 그는 우리가 있는 곳에서 바로 북쪽에 있는 네바다주와 오리건주의 경계에 제안된 새커패스 리튬 광산과 미네소타주의 트윈 메탈스 구리 광산, 애리조나주의 레절루션 구리 광산을 막으려 했던 싸움을 언급했다.

"티엠의 메밀은 이런 싸움이나 앞으로 벌어질 싸움에 관해 무엇을 말해줄까요?"

그는 자신이 새커패스 프로젝트를 포함해 미국 서부 전역에 제안된 리튬 광산 프로젝트 98개를 추적해왔다고 설명했다. 우리가 대화를 나누는 시점까지 정식으로 연방정부에 허가를 신청한 프로젝트는 네 개뿐이었다.

"이 98개 회사 중 절반은 티엠의 메밀에 어떤 일이 벌어지는지 지켜보고 있다는 데 제 돈을 걸 수도 있어요. 우리가 패하면 사냥이 시작될 겁니다."

세계가 맞닥뜨린 냉혹한 현실

도널리와 나는 이후 두 시간 동안 리오라이트 리지 바로 아래에 펼쳐진 언덕들을 걸었다. 리오라이트 리지가 오후의 하늘을 떠받치고 있었다. 아이어니어가 정부 규제기관에 밝힌 바에 따르면 전체 프로젝트는 약 29제곱킬로미터의 땅을 포함하며 그중 9.8제곱킬로미터는 광산 개발로 인해 물리적인 변화를 겪게 된다. 293미터 깊이의 노천 광산이 만들어지거나 리튬과 붕소를 생산하는 화학 공장 설비가 들어서는 구역이다. 트럭이 현장에서 생산한 리튬과 붕소를 실어 나르고 이곳에 필요한 물자를 공급할 예정이다. 1년 365일 날마다 100대가 넘는 견인 트레일러가 광산의 전체 부지를 반으로 가르는 케이브스프링스 로드Cave Springs Road를 따라 오르내리게 된다.[69]

도널리와 나는 이 도로의 북쪽에서 출발했다. 조그마한 언덕 위에 거대한 하얀 암석이 노출된 부분의 색채가 몇십 년 전 티엠의 눈을 사로잡았던 흰색과 꼭 닮아 있었다. 휴면기인 탓에 티엠의 메밀이 활짝 핀 모습을 볼 수 없어서 아쉬웠다. 아이어니어의 광산 운영 계획에 따르면 폭발력을 이용해 지표면을 열고 리튬을 노출하는 데 쓰는 작은 구슬 형태의 암모니아 질산염 펠릿을 저장하는 시설이 이 식물 군락이 서식하는 한 지점 인근에 건설된다.[70]

현장에서 가동될 예정인 화학 공장은 매일 1200톤에 가까운 황을 사용할 예정이다. 리오라이트 리지에서 채굴한 암석에서 리튬과 붕소를 추출하는 데 쓰이는 황산을 만들기 위한 황은 캐나다의 오일 샌드 설비에서 온다. 황산을 생산하는 과정에서 막대한 증기가 발생하는데, 아이어니어는 이 증기로 매일 35메가와트의 전력을 얻을 계획이다. 해당 발전 시설은 네바다의 전력망에 연결되지 않는다.[71]

노천 광산을 건설하며 퍼낸 흙을 운반하기 위해 20대 이상의 화물 운반 트럭이 현장에서 운용될 예정이다. 한 대당 136톤 이상을 나를 수 있는 트럭이다. 굴착 장비들과 타이어식 불도저 한 대, 소형 다목적 건설 장비인 스키드 스티어 로더skid steer loader 한 대, 굴삭기 두 대, 먼지 발생을 최소화하기 위한 급수차 세 대도 현장을 누비게 된다. 이 모든 장비가 매년 1779만 리터의 석유를 탕진한다. 20개의 조명탑은 야간 작업자들을 위해 현장을 밝힌다. 휴대전화 통신을 위한 기지국도 다섯 개 세운다. 다음 세기 중반쯤 광산이 문을 닫으면 약 0.8제곱킬로미터의 채석장은 서서히 빗물에 잠기게 될 것이다.[72]

캐터필러의 자율주행 트럭들이 현장을 누비면서 이 광산은 북아메리카에서 처음으로 무인 장비를 운용하는 광산이 될 전망이다. 아이어니어가 특유의 노란색 외관으로 유명한 장비 제조업체와 맺은 1억 달러짜리 계약의 일부다.[73]

리오라이트 리지에서 파낸 모든 암석에 리튬이나 붕소가 포함되어 있지는 않을 것이다. 가공 후 남은 암석은 현장 근처에 저장되는데 2019년 브라질에서 일어났던 참사를 막기 위해 수분을 모두 제거하더라도 높이는 76미터, 무게는 5400만 톤에 달할 것이다. 도널리와 내가 이곳에 오기 위해 차를 몰아온 도로 케이브스프링스 로드는 저장 시설을 위한 자리를 마련하기 위해 약간 북쪽으로 옮겨질 계획이다.[74]

아이어니어는 계획을 갱신할 때마다 티엠의 메밀을 보호하기 위한 조치를 추가했다. 이러한 변화는 어느 정도 도널리와 생물다양성센터가 주도한 것이었다. 이들은 어류·야생동물관리국을 압박했고, 결국 이 규제기관은 리튬을 추출할 수 있는 아이어니어의 역량을 식물의 운명과 직접적으로 연결하며 계속 이 회사의 숨통을 조였다.

처음에 아이어니어는 티엠의 메밀을 옮길 예정이었다. 하지만 당연히 이 식물이 리튬이 풍부한 리오라이트 리지의 땅을 좋아한다는 게 문제가 되었다. 그러자 아이어니어는 2022년 광산 건설 과정에서 발생하는 소음과 먼지가 티엠의 메밀에 닿지 않도록 울타리를 친 정원을 조성하는 이른바 '메밀 제한 구역' 계획을 내놓았다. 이들이 제안한 구역 중 하나는 도로의 북쪽에 자리했지만 세 구역은 도로의 남쪽에 있었고 아이어니어가 약 293미터 깊이로 조성하는 채석장에 바로 면해 있었다. 즉 남쪽의 세 구역은 운영 중인 광산에 둘러싸인 채 우뚝 솟아 연결된 지협이 될 예정이었다. 아이어니어가 제안한 울타리는 식물 개체들로부터 4미터에서 39미터가량 떨어져 있었다. 이 회사는 티엠의 메밀 개체가 총 2만 1474개라고 파악했고 이 숫자가 계속 늘어나길 희망했다.[75]

도널리와 케이브스프링스 로드의 바로 남쪽을 걷는 동안 나는 어느 날 내가 서 있는 바로 이 지점에 구멍이 생긴다고 상상해보았다. 우리는 조그마한 언덕을 올라 휴면기에 들어간 티엠의 메밀이 펴져 있는 들판을 바라보았다. 혹시나 건드리기라도 할까 봐 들판에 들어서지는 않았다. 아이어니어의 계획이 통과된다면 무리 지어 있는 꽃들 바로 너머에 강낭콩 형태의 거대한 채석장이 들어설 것이다. 기후 변화에 맞서 싸우려면 반드시 필요한 금속을 생산할 채석장이다.

충분히 짐작할 수 있듯이 도널리는 아이어니어의 제안에 찬성하지 않았다.

"저는 '메밀섬Buckwheat Island에서의 휴가'라고 부르고 있어요. 서식지 주변에 조그마한 다각형을 만들겠다는 거죠. 그런 계획을 통과시키면 절대 안 돼요."

그는 티엠의 메밀 근처에서 땅을 파 내려가겠다는 생각조차 용납할 수 없다는 듯이 광산 건설 계획을 도로 아래쪽으로 약 1.6킬로미터 옮겨야 한다는 자신의 제안을 다시 꺼내 들었다. 도널리는 "우리는 1.6킬로미터 이내의 광산에서 발생하는 먼지가 쌓이면 희귀식물들에 재앙과 같은 영향을 미친다는 사실을 보여주는 각종 데이터를 가지고 있어요"라고 설명했다.

"노천 광산으로 둘러싸인 조그마한 생물다양성의 섬을 가질 수는 없습니다." (아이어니어의 제안은 섬보다 지협에 가까운 형태를 만드는 것이었지만 '메밀지협에서의 휴가'라고 하면 울림이 덜한 게 사실이었다.)

도널리가 이 식물에 인생의 많은 부분을 투자한 것은 분명했다. 또한 그는 이 식물이 어떤 식물인지, 무엇을 좋아하고 좋아하지 않는지, 어떤 환경에서 가장 잘 성장하는지도 배웠다. 나와 함께 리오라이트 리지를 찾은 것이 그에게는 46번째 방문이었다. 그리고 도널리는 자신의 노력 덕분에 티엠의 메밀이 "세계에서 가장 유명한 조그마한 야생화"가 되었다고 믿었다. 전 세계 언론이 이 싸움을 다뤘고 친환경 에너지로 전환하는 과정에서 미국과 세계가 맞닥뜨린 냉혹한 선택을 강조했다.

"정말 많은 조명을 받았고, 어떻게 해야 친환경 에너지를 정말 친환경으로 만들 수 있을지에 관한 논의의 중심에 제가 자리하게 되었습니다. 그리고 이제는 리튬에 관한 논의에서도 중심에 서 있죠. 심지어 에너지와 관련이 있는 사람이 아닌데도 말이에요. 저는 희귀종을 돌보는 생물학자예요."

도널리는 상당히 최근에 나온 SUV 차량을 몰았다. 스마트폰과 다른 전자기기도 사용했다. 그는 자신이 리튬 광산 자체나 오늘날의 경제 체제에 반대한다고는 생각하지 않았고, 그래서 새커패스에 맞선 월버트의 싸움에서 공통점을 거의 찾지 못했다. 도널리는 월버트의 대의를 두고 "전기를 없애자는 건 현실적인 주장이 아니에요"라고 평했다.

"그들은 반문명화라는 의제를 영구화할 기회를 보고 새커패스에 매달렸어요."

그는 월버트의 전략과 거리를 두기 위해 애썼고("우리는 대화를 나누지 않습니다") 티엠의 메밀과 광산이 조화롭게 공존할 수 있다는 것만 알게 되면 자신은 리오라이트 리지를 떠날 거라고 거듭 강조했다. 하지만 캘러웨이에게 리튬이 그렇듯이 이 식물이 그에게 존재의 이유가 된 것 또한 분명했다. 도널리는 "이토록 많은 관심을 받은 희귀식물은 없어요"라고 장담했다.

CHAPTER 10

테슬라와 개스턴 광산의 수호자

미국 노스캐롤라이나주의 개스턴카운티는 이 나라에서 가장 큰 도시 20위 안에 드는 근처 샬럿의 번잡함과는 완전히 동떨어진 곳이다. 지도를 보면 모루(대장간에서 가열한 소재를 올려놓고 망치로 두드려 가공하는 대臺 - 옮긴이)의 형태를 하고 있는 이 카운티는 동쪽 경계가 샬럿의 서쪽 경계에 닿아 있다. 1846년 건설된 개스턴은 하원의원을 역임했고 이곳이 생기기 2년 전 세상을 뜬 법학자 윌리엄 개스턴William Gaston의 이름에서 따왔다. 개스턴은 남부연합(미국 남북전쟁 당시 노예제도를 지지했던 남부의 주들이 이루었던 정부 - 옮긴이)에서 가장 활발하게 활동하게 될 주州에 살면서 한동안 노예를 소유한 적이 있었지만 역설적이게도 열정적인 노예 폐지론자였다. 노스캐롤라이나주 대법원의 일원으로서 그는 노예가 자신을 소유하고 있다고 주장하는 이의 부당한 공격에 맞서 스스로를 방어할 수 있다고 판결했다. 미국 연방대법원의 벤저민 커티스Benjamin Curtis 판사는 악명 높은 드레드 스콧 사건(미주리주에서 노예가 되었지만 주인을 따라 노예 금지 지역인 일리노이주에서도 거주한 적이 있었던 흑인 드레드 스콧이 자유를 얻기 위해 소송을 제기했던 사건. 연방대법원에서 그의 자유를 인정할 수 없다고 최종 판결했다 – 옮긴이)에서 소수 의견을 내면서 노스캐롤라이나주의 흑인들도 이 주의 시민이라는 개스턴의 판결을 인용하기도 했다.[1]

1832년 노스캐롤라이나대학교 졸업생들을 대상으로 한 연설에서 개스턴은 노예제를 "어떠한 이유보다 우리를 발전의 경로에서 뒤처지게 하는 것"이라 칭하며 "기술을 갈고닦을 의욕을 꺾기 때문에 경제와 섭리에 치명적이며, 공동체로서의 힘을 약화시키고, 그 원천에서 도덕성을 오염시킨다"라고 비판했다.[2] 또한 졸업생들에게 서로 다른 영역에서 균형을 이루며 발전해야 한다고 당부했다. 친환경 에너지 혁명이 시작되면서 다시 그 현명함이 증명될 조언이었다.

> 여러분의 나라가 성장함에 따라 과학과 문학·예술·교양도 함께 성장해야 합니다. 국가가 가진 자원을 개발하고 증식하며, 성장 과정에서 방식의 문제는 없는지 점검하고, 근면성과 절제·온건함·정당성·도덕성·종교라는 대의를 발전시키는 것이 여러분의 몫입니다.[3]

이후 두 세기 동안은 방적 공장이 완만한 산업화를 이끌었지만 농업은 여전히 이곳 경제의 핵으로 남아 있었다. 목가적인 언덕 곳곳에 벽돌로 지어진 오래된 주택들이 늘어서 있었고 농가에는 농산물과 가축이 넘쳐났다. 유럽이 제1차 세계대전의 고통을 겪고 있던

1916년 7월의 어느 습한 날 이곳에서 폴 에드워드 헤이스팅스Paul Edward Hastings가 태어났다.⁴ 자라며 농사에 익숙해진 그는 성인이 되자 땅을 사들이기 시작했다. 처음에는 애더홀트 로드Aderholdt Road에서 떨어진 필지를 매입했고 다음에 한 필지를 더 샀다. 결국 헤이스팅스는 굴곡이 심한 언덕과 소나무들, 미국 독립전쟁과 남북전쟁의 참전용사가 가득 묻히고 이끼가 그 위를 덮은 묘지, 조그마한 개울들을 포함해 0.8제곱킬로미터가 넘는 땅을 소유하게 되었다. 애더홀트 로드가 그의 땅을 둘로 나누었다. 바로 북쪽에는 비버댐크리크Beaverdam Creek의 물줄기가 흘렀다.⁵

우물을 파기에 좋은 장소를 찾을 기술은 없고 먼저 구멍을 파볼 자금도 없었던 탓에 헤이스팅스는 물을 구할 수 있는 우물을 만들고 집도 지을 장소를 정하기 위해 아주 오래된 도구를 활용하기로 했다. 바로 미국식 수맥 탐지봉이었다. 그와 다른 형제는 물이 있다고 알려주는 진동이 오길 기대하며 Y 모양으로 갈라진 나뭇가지를 들고 헤이스팅스의 땅을 누볐다. 이 오래된 도구는 애더홀트 로드의 서쪽에 있는 작은 흙밭에서 신호를 보냈고, 두 사람은 양동이로 부드러운 흙을 파기 시작했다. 쉽게 드나들 수 없을 정도로 구멍이 깊어지자 둘은 구멍 밖에 삼각대를 만들어서 파낸 흙을 올렸다. 9미터 넘게 파 내려가자 물이 나왔다. 헤이스팅스는 자신의 집을 세울 장소를 찾았다.

그는 도로 바로 옆에 자신의 땅에서 얻은 목재로 침실이 세 개인 아담한 집을 지었다. 2층 복도가 좁긴 했지만 조그마한 욕실도 있었다. 역시 자신의 땅에서 구한 돌들이 집의 토대가 되었다. 헤이스팅스는 옥수수·오크라·아열대 채소·토마토를 비롯해 여러 작물을 심었다. 그리고 젖소도 키우기 시작했다.

헤이스팅스와 아내 클라라는 두 딸 실비아와 폴라를 얻었다. 이 가족은 해가 뜨기도 전인 새벽 다섯 시부터 젖소들의 젖을 짜고 외양간에 쌓인 배설물을 치운 뒤 신선한 건초를 깔아주었다. 이러한 의식은 같은 날 늦게 한 번 더 반복되었고 헤이스팅스 가족은 점점 이 생활 리듬에 익숙해졌다. 막내딸 폴라가 대학에 진학했을 때 폴은 젖소를 팔고 블랙앵거스 육우를 키우기 시작했다. 이 지역의 식당들이 찾는 훌륭한 품종이었다.

폴라는 결혼해서 딸 소냐를 낳았고 함께 폴과 클라라의 시골집을 방문해 일요일 오후를 보내곤 했다. 계절에 따라 옥수수 껍질을 벗기기도 하고 오크라를 따기도 했다. 가을이면 헤이스팅스 일가가 모여 호박 조각 대회를 열었고 어떤 작물이 들어간 파이가 가장 맛있는지 즐거운 논쟁을 벌이기도 했다. 소냐는 할아버지가 닭과 돼지를 돌보는 것을 도와서 달걀을 모으고 돼지우리를 치우며 여름을 보냈다. 소냐는 오래전 돌아가신 할아버지의 기억을 떠올리며 "그 땅에는 아름다움과 평화가 있었어요"라고 회상했다.

헤이스팅스가 채굴을 무조건 반대했던 것은 아니었다. 적어도 1900년 이후에는 노스캐롤라이나주와 사우스캐롤라이나주에 걸쳐 주석-리티아휘석 벨트Tin-Spodumene Belt라는 암석들의 얇은 띠가 존재한다는 사실이 알려져 있었다. 얇은 띠를 이루는 암석 대부분은 사우스캐롤라이나주 경계 가까이에 자리하고 있었지만 헤이스팅스는 이 중 일부 암석이 자신이 소유한 땅 아래 있다는 것을 알고 있었다. 그는 심지어 소규모로 땅을 파고 탐사하는 것을 허용하기까지 했다. 1982년에는 그의 땅에 있는 약 12미터 깊이의 지하 광산에서 장석feldspar과 주석석cassiterite, 석영quartz의 매장층을 조사하기도 했다. 이 광산의 목적은 주석을 얻는 것이었다. 리튬이 존재하긴 했지만 당시에는 이 금속을 활용하는 곳이 많지 않았다. (리튬이온배터리는 불과 몇 년 전에 발명된 참이었다.) 지하 광산은 소량의 광물을 생산했고 지금은 봉쇄되었다.[6]

소냐는 "우리 할아버지가 생각하는 광업은 지금 피드몬트Piedmont가 제안하는 것과 완전히 달랐어요"라고 못 박았다. 목소리에는 기억에 대한 향수뿐 아니라 새로운 이웃을 향한 분노도 묻어났다. 대학에 들어가고 가족의 시골집을 방문하는 횟수가 줄긴 했지만 소냐는 여전히 열성적이었다. 그는 채플힐Chapel Hill에 있는 노스캐롤라이나대학교에서 키가 크고 건장하며 자신감에 가득 차 있는 학생 워런 스노든Warren Snowdon을 만났다. 우연은 아니었겠지만 그는 힘도 좋았다. 소냐는 다시 농장을 방문할 때 스노든과 건초를 나르는 데 도움이 될 그의 근육을 데리고 갔다.

"그 덕분에 제가 결혼을 할 수 있었던 거죠. '건초를 얼마나 들 수 있어?'"

스노든이 농담을 던졌다. 하지만 건초 더미는 그를 겁먹게 하는 대신 개스턴카운티를 사랑하게 만들었다. 스노든은 결국 소냐와 결혼해 세 아이를 가졌고, 폴과 클라라 부부와 그들의 땅을 방문하기 위해 샬럿부터 애더홀트 로드까지 차로 30분을 달려가곤 했다.

2004년 폴이 88세에 세상을 뜨자 그의 땅에 어떤 일이 벌어질지 그리고 그 땅을 누구에게 넘겨야 할지 불분명해졌다. 폴의 자손 중 일부는 현금이 급했고, 일부는 언제든 원할 때면 찾을 수 있게 땅을 그대로 두고 싶어 했다. 이후 16년간 이 땅은 주인 없이 남아 있었다. 그사이 스노든과 소냐는 샬럿에서 부동산관리회사를 창업해 성공을 거두었다. 하지만 코로나바이러스 대유행이 미국 전역을 휩쓸기 시작했던 2020년 3월, 개스턴카운티에 오랫동안 떠돌았던 소문이 점점 힘을 얻고 있었다. 오스트레일리아의 한 회사가 근처 어딘가에서 리튬을 채취하려 한다는 것이었다.

개스턴과 경계를 접하고 있는 다른 카운티에서 20세기 중반까지 리튬 광산을 운영했던 두 회사, 앨버말과 리벤트는 이 지역의 리튬 중 대다수가 채굴하기에는 경제성이 떨어진다고 보았다. 스노든과 소냐는 가족의 농장을 지키기 위해 도박을 감행했고 집을 옮겼다. 둘은 헤이스팅스의 땅과 그가 오래전에 지었던 농가를 84만 9000달러에 매입했다.[7] 소냐는 내게 "헤이스팅스가의 다른 사람들은 이 땅에 우리 같은 열정이 없었죠"라고 설명했다.

"그리고 앨버말과 리벤트 같은 회사가 이 지역의 리튬 매장층은 끔찍한 형태로 묻혀 있다고 하잖아요. 그러니 이 땅을 사들이는 게 이미 파악한 위험을 감수할 만큼 가치 있는 일로 여겨졌어요."

테슬라와 인연을 맺은 피드몬트

2020년 여름 테슬라는 맹렬한 성장세를 자축하며 주주들에게 중요한 배터리 기술을 선보이려 준비하고 있었다. 이 회사는 코로나바이러스 대유행으로 인해 생산을 일시 중단해야 했는데도 같은 해 말까지 판매량이 36퍼센트 증가해 거의 50만 대에 육박했다.⁸

더 많은 미국 시민이 기후 변화에 어떻게든 손을 써야 한다는 이 자동차 제조업체의 핵심 미션에 동의하고 있었다. 테슬라의 최고경영자 머스크는 2020년 미국에 신규 건설된 전기발전 용량 중 75퍼센트가 풍력발전과 태양열발전으로 구성되었고 석탄화력발전소에 대한 의존이 줄어들고 있다는 사실을 지적했다. 그리고 더 큰 노력이 필요하다고 주장했다.⁹ 그는 2020년 9월 말 열린 테슬라의 배터리데이Battery Day 행사에서 "지난 5년은 사상 최고로 더웠다. 행동에 나서는 것이 정말 중요하다"라고 역설했다.

> 미국은 지속가능한 에너지를 향해 나아가고 있습니다. 시간이 가면 광업 역시 지속가능한 에너지를 이용해 이루어질 것이고, 결국 탄소 배출량이 사실상 0에 도달할 것입니다.¹⁰

미국은 자체적으로 기초 재료부터 전기차용 리튬이온배터리를 만들어본 적이 없었다. 중국은 이러한 배터리를 만드는 데 필요한 리튬과 니켈, 기타 금속들을 23퍼센트만 보유했으면서도 세계 전기차 배터리 시장의 약 80퍼센트를 점유하고 있었다. 테슬라 역시 오랫동안 배터리 양극 부품들을 아시아에 관련 공장을 운영하는 파나소닉에 의존해왔다. 이 회사는 해상 운송 시 탄소를 배출해 기후 변화를 악화시키는 공급망을 단축하기 위해 텍사스주 오스틴에서 대체품을 생산할 새 공장을 건설하려 했고, 이 공장에 '기가팩토리'라는 이름을 붙였다. 또한 텍사스에서 채굴되는 리티아휘석이라는 경암에서 리튬을 추출해 수산화리튬으로 바꾸는 화학 공장도 세우려 했다. 수산화리튬은 기상 조건과 관계없이 배터리의 주행 거리를 늘릴 수 있게 한다. 테슬라에서 자체적으로 화학물질을 생산하려는 첫 번째 시도였고 리튬 관련 비용을 3분의 1로 절감할 수 있는 계획이었다. 또한 이 회사는 황산을 사용하지 않아도 되는 새로운 화학 공정을 도입해 전기차 배터리를 위한 리튬 추출 과정을 전통적인 방식보다 훨씬 안전하게 구현하려 했다.[11]

테슬라의 엔지니어 터너 콜드웰Turner Caldwell은 배터리데이 행사에 모인 청중에게 "우리가 주목해야 하는 것은 광산에서 음극까지의 가공 경로를 단축하는 수직적 통합이다"라고 설명했다.

이 성장은 진짜입니다. 우리는 이 배터리의 모든 것을 만들 것이고, 모두가 우리와 함께 성장해야 합니다. 전체 공급망이 우리와 함께 성장해야 합니다.[12]

테슬라와 머스크의 유일한 문제는 북아메리카에 경암 리튬 광산이 없다는 사실이었다. 경암이 아닌 형태로 채굴하는 일부 미국 내 예정된 프로젝트들로부터 리튬을 구매할 수는 있었지만, 그러면 비용과 탄소 배출이 증가할 터였다. 이미 화려하게 예고한 공급망 단축 계획이 사실을 왜곡한 것으로 밝혀지면 그린워싱(실제로는 환경에 악영향을 끼치는 기업 활동을 친환경으로 포장하는 것 - 옮긴이)이라는 비난을 살 수 있었다. 머스크는 반드시 미국 내 경암 광산에서 리튬을 구해야 했다. 테슬라가 피드몬트 리튬Piedmont Lithium에 연락한 것이 바로 그때였다.

투자은행가 한 무리와 오스트레일리아의 주식 홍보전문가들이 창립한 피드몬트는 개스턴카운티의 목가적인 농경 지역에 깊이 150미터가 넘는 노천 광산을 포함해 미국에서 가장 큰 리튬 광산을 건설하려 했다. 그곳에서는 헤이스팅스 가족이 소유한 농지를 비롯해 대부분의 땅이 자손들에게 대대로 상속되었다. 이 지역의 많은 농부가 옥수수와 다른 작물들이 줄지어 자라는 자신들의 땅 아래에 이 대륙에서 가장 큰 리튬 매장층 중 하나가 누워 있다는 사실을 알고 있었지만 지난 몇십 년 동안은 이 초경량 금속에 대한 수요가 많지 않았다. 게다가 테슬라로서는 텍사스의 공장에서 중국보다 노스캐롤라이나가 훨씬 가깝다는 사실이 중요했다. 피드몬트는 미국 내 다른 소규모 리튬 프로젝트들과 마찬가지로 이 프로젝트를 몇 년 동안이나 느릿느릿 진행해왔다. 하지만 이 회사의 프로젝트는 미국에서 리티아휘석을 채굴하는 것이었고 테슬라의 흥미를 끌었다.

머스크 본인이 피드몬트와의 리튬 공급 계약을 밀어붙였고 자신의 참모에게 직접 이 회사와 협상하라고 지시했다. 크지 않은 광업 기업에게는 하늘이 준 선물이었다. 이 정도 규모의 회사가 자동차 제조업체와 공급 계약을 맺으려면 보통 애원하며 매달려야 한다.[13]

테슬라의 배터리데이 행사가 열리고 일주일이 지나기 전 피드몬트는 2022년 7월부터 2023년 7월 사이 가동을 시작하려 계획 중인 테슬라의 새 화학 공장에 리튬 리티아휘석을 공급하는 5년 계약을 체결했다고 발표했다. 공급량은 이 회사가 계획한 총생산량의 절반에 못 미쳤지만 전기차 업계의 거물이 보여준 신뢰가 피드몬트의 주식을 날아오르게 했고, 이듬해에는 주가가 무려 10배나 치솟아 주당 70달러에 달했다. 아직 아무것도 생산하지 않은 소규모 광업 기업에는 흔치 않은 일이었다. 비슷한 위상을 가진 다른 기업의 주식은 대체로 주당 1달러 이하에 거래되었으며 당시 아이어니어의 주가도 비슷한 수준이었다. 테슬라와의 인연은 피드몬트의 주식이 광채를 내뿜게 했다. 월가는 사랑에 빠졌다. 피드몬트의 (그리고 더 나아가 테슬라의) 유일한 문제는 결정적인 이해관계자 집단 하나를 간과했다는 것이었다. 바로 소냐와 스노든을 비롯한 노스캐롤라이나주의 이웃들이었다.

투자자들은 광업 프로젝트에 돈을 넣어야 할 이유가 항상 있었다. 이들의 열기에 들뜬 피드몬트의 경영진은 노스캐롤라이나 주민들에게 구애하는 대신 월가의 사람들에게 구애하는 데 더 많은 시간을 쏟았다. 이 회사는 4년이 넘는 시간 동안 배터리용 화학물질을 생산하기 위한 시설의 건설 비용을 포함해 총 8억 4000만 달러가 소요되는 자사의 프로젝트에 돈을 댈 투자자를 찾기 위해 투자은행들을 고용했다.

한 언론은 피드몬트가 기후 변화와 싸우며 중국의 친환경 에너지 역량을 따라잡으려는 미국의 노력에서 "가장 앞자리"를 차지하고 있다며 이 회사에 찬사를 보냈다.[14] 백악관은 피드몬트가 테슬라와 맺은 계약이 미국 내 전기차 활용을 늘리기 위한 자신들의 노력을 대세로 만들고 있다고 홍보했다.[15] 하지만 피드몬트는 주의 광업 허가나 카운티의 용도 변경 허가를 신청하기도 전에 테슬라와 계약을 맺었다. 이 회사는 본사를 리튬이 있는 개스턴으로 옮긴 뒤에야 카운티 행정위원회에서 자신들의 계획을 발표했다.

그 공백 사이에 불신과 잘못된 정보가 퍼졌다. 소냐와 스노든이 수백 명의 이웃과 함께 자신들의 목가적인 낙원이 친환경 에너지 전환을 위해 희생되는 것을 용납하지 않겠다며 반발한 것도 그때였다.

땅을 지키기 위해 나서다

나는 2021년 7월의 후텁지근한 날에 소냐와 스노든을 처음 만났다. 내 휴대전화는 아무런 신호도 잡지 못했다. 샬럿에서 서쪽으로 향하는 고속도로에 오르기 전 이미 스노든에게 주변 지도를 출력해두라는 충고를 들었다. 애더홀트 로드로 방향을 틀어 잘 익은 옥수수 대열을 지나자 소냐의 할아버지가 노스캐롤라이나의 바위와 목재로 지은 집이 시야에 들어왔다. 비바람에 씻기고 빛이 바랜 집은 미루나무와 소나무에 둘러싸여 있었다. 길가에는 선거 공보물 크기의 조그마한 표지판이 세워져 있었다. 동그라미 안에 '개스턴카운티 광산'이라는 글자가 적혀 있었지만 그 위에 다시 줄을 그어 지웠다.

193센티미터의 장신인 스노든은 등산화와 등산바지에 희끗희끗한 머리를 돋보이게 하는 파란색 줄무늬 폴로셔츠를 입고 있었다. 마찬가지로 등산화를 신은 소냐는 얼룩무늬 바지에 흰 티셔츠 차림이었다. 바랜 금발 머리가 어깨에 닿았다. 이제 쉰 살과 마흔여덟 살이 된 두 사람에게는 쌍둥이인 10대의 두 딸과 10대 초반의 아들 하나가 있었다. 소냐의 할아버지가 지은 집은 가까이서 보니 사랑스러웠지만 오래된 티가 났다. 스노든이 내게 "이 집을 수리하려고 해요. 원대한 계획도 있죠. 하지만 피드몬트와의 일이 어떻게 될지 알 수 있을 때까지는 불확실한 상태입니다"라고 설명했다.

두 사람의 말에 따르면 피드몬트는 두 차례 그들의 땅을 모두 매입하겠다고 제안했다. 그리고 둘은 두 번 모두 거절했다. 소냐와 스노든의 땅은 피드몬트의 땅과 2400미터 이상 경계를 맞대고 있지만 노스캐롤라이나주의 광업법은 광산과 이들의 땅을 분리하기 위해 작은 완충지대만 두면 된다고 규정하고 있다. 둘은 광산에서 진행되는 발파 작업이 자신들의 집과 땅에서 자라는 옥수수·대두·보리에 미칠 영향을 우려했다. 노스캐롤라이나의 이 지역에서는 보통 바람이 서쪽에서 동쪽으로 분다. 피드몬트가 제안한 광산이 바로 서쪽에 있어서 소냐와 스노든은 광산에서 날아드는 입자의 공격을 피할 수 없을 거라 걱정하고 있었다.

두 사람은 이후 두 시간 동안 서서히 우거지는 숲을 따라 내려가고 옥수수밭을 관통하면서 내게 자신들의 땅을 구경시켜 주었다. 우리는 그들의 땅을 피드몬트의 땅과 분리하는 조그마한 개울도 확인했다. 멀리 회사가 토지의 경계를 표시해놓은 표지가 보였다. 습한 7월의 공기 속에서 한 시간쯤 걷자 땀이 등을 타고 흘러내렸다. 중간에 미국에서 벌어진 두 번의 중요한 전쟁에서 전사한 이들이 묻힌 묘지를 맞닥뜨리기도 했다. 리튬 광산을 위해 고인들을 옮길 수 있을까? 과거는 미래에 자리를 내주어야 하는 걸까?

스노든은 내게 "기후 변화에 대응하기 위해 미국을 파괴할 필요는 없어요"라고 단언했다.

"이 광산은 환경 문제에 대처하기 위한 시도에서 환경 문제를 만들어낼 거예요."

두 사람은 자신들이 환경을 위해 어떤 노력을 해왔는지 열심히 설명했다. 대표적으로, 스노든 가족은 내추럴 캐피털 익스체인지Natural Capital Exchange(직역하면 '자연자본 거래소'이며, 탄소 상쇄량을 비롯해 자연에 우호적인 토지 관리를 통해 얻은 자원을 거래할 수 있게 지원하는 미국 기업이다 - 옮긴이)를 통해 탄소 배출권을 마이크로소프트에 판매했다. 즉, 이 가족은 탄소를 흡수하는 나무들을 심었고 소프트웨어 업계의 거물은 그로 인해 상쇄된 탄소만큼의 탄소 배출권을 사들였다. 이들은 자신들의 땅에 태양 전지판과 풍력발전용 터빈을 설치할 계획이었다. 그리고 하이브리드 차량도 소유하고 있었다.

스노든은 요점을 짚어주겠다는 듯이 내게 "우리는 다른 대부분의 사람들보다 훨씬 친환경적입니다"라고 주장했다.

"그리고 우리는 리튬을 반대하지도 않아요. 다만 다른 곳에서 얻길 바랄 뿐이죠."

우리가 대화를 나누는 동안 매 한 마리가 머리 위로 날아갔고 축축한 여름 공기 속에 벌들이 떼 지어 날았다. 스노든 가족이 소유한 땅에는 칠면조와 사슴은 물론이고 미국의 국조인 흰머리독수리도 살고 있었다.

"이 땅을 파괴하면 인간을 위한 것들뿐 아니라 동물을 위한 것들 역시 파괴될 거예요."

두 사람은 4년 전부터 피드몬트가 주위의 땅을 사들이고 있다는 사실을 막연히 알고 있었다. 하지만 이 회사의 계획이 무엇이고 광산의 규모가 얼마나 될지는 전혀 몰랐다. 그렇지만 그들은 모든 광산을 반대했다. 2020년 가족의 옛집을 매입했을 즈음 소냐와 스노든은 어떤 대가를 치르든 피드몬트에 맞서기로 했다. 그리고 두 사람은 피드몬트에 만만치 않은 골칫거리가 되었다. 소냐는 삼대를 거슬러 올라가는 이 지역의 토박이였다. 남편 스노든은 상업용 부동산 개발업자였기 때문에 토지 취득이라는 치열한 게임이 어떻게 진행되는지 알았다.

피드몬트가 투자자들에게 한 설명을 모아 퍼즐을 맞춘 스노든 가족과 다른 사람들은 비로소 이 회사가 얼마나 큰 광산을 건설하려 하는지 깨닫기 시작했다. 14.6제곱킬로미터가 넘는 엄청난 규모였다. (약 4.9제곱킬로미터인 샬럿 시내 지역의 3배에 달했다.) 스노든 가족의 부동산은 겨우 4.6미터 높이의 울타리만 사이에 두고 땅을 파고든 거대한 구멍과 붙어 있을 예정이었다. 광산이 수십억 리터의 물을 게걸스레 삼키면 지하수면이 낮아질 것으로 예측되었다. 발파 작업이 정해진 시간 없이 이루어져 야생동물을 쫓아버릴 수도 있었다. 두 사람이 이 땅을 산 이유였던 목가적인 삶이 사라질 터였다.

그래서 소냐와 스노든은 몇몇 이웃과 함께 '피드몬트 리튬을 멈추자Stop Piedmont Lithium'라는 풀뿌리단체를 만들었다. 내가 노스캐롤라이나주를 방문하기 바로 전이었던 2021년 6월, 이들은 이웃들에게 한 장짜리 노란색 전단을 나눠주며 자신들과 함께하자고 호소하기 시작했다. 피드몬트의 광산은 "이 풍경을 영원히 망치고 심각한 오염을 유발"할 수 있을 뿐 아니라 "많은 산업이 근처에 커다란 노천 광산이 있는 지역을 피하는 경향"을 고려할 때 "다른 형태의 경제 발전을 저해"할 수 있기 때문이었다. 전단에는 노천 광산에서 리튬을 채굴하는 것은 "과거의 방식이며, 우리의 미래에는 발붙일 곳이 없어야 한다"라고 적혀 있었다. 또한 흥미롭게도 리튬 직접 추출direct lithium extraction, DLE이 "많은 물이나 토지를 소모하지 않고도 염수에서 빠르게 리튬을 채취할 수 있게 개발되고 있는 신기술"이라고도 주장했다.[16]

에너지엑스EnergyX, 라일락 설루션스Lilac Solutions, 스탠더드 리튬Standard Lithium을 비롯한 DLE 개발 업체들이 경험하고 있는 바와 같이 마지막 주장에는 논란의 여지가 있지만, 스노든 가족이나 이들과 함께 피드몬트를 반대하는 동료들은 아마 님비NIMBY 현상에서 흔히 동원되는 주장을 무심코 가져오려 했을 것이다. '이 일을 하기에 더 나은 장소가 있다'는 주장이다. 전단은 피드몬트의 광산을 반대하는 이들에게 2021년 7월 20일, 붉은 셔츠를 입고 개스턴카운티 법원 청사에 모이자고도 독려했다. 정기회의에 참석하는 카운티 행정위원회 위원들에게 자신들이 피드몬트의 광산을 어떻게 생각하는지 보여주기 위해서였다. 피드몬트가 처음으로 자신들의 계획을 공개하는 날이었고 긴장이 고조되고 있었다. 소냐와 스노든은 광산에 대한 분노를 표출하려 했고 전단에 다음과 같이 썼다.

> 피드몬트는 갈 길이 멀다. 아직 구역 재지정을 요청하지 않았고 여러 중요한 허가도 받아야 한다. 웹사이트에 게시한 정보는 완전하지 않은 부분이 많다. 피드몬트가 강력한 회사처럼 보일 수 있지만 종이호랑이에 불과하다.

소냐와 스노든의 집에서 북쪽으로 약 60미터 정도 가면 단층집이 하나 나온다. 휴 카펜터Hugh Carpenter와 리비 카펜터Libby Carpenter는 1970년대 초반 처음 이곳에 왔고 2만 제곱미터의 땅에서 아이들을 키운 후 이제 노년을 즐기려 했다. 그런데 그때 전화벨이 울렸다. 피드몬트의 경영진은 아무 때나 전화를 걸어 그들의 땅을 팔 생각이 있는지 묻곤 했다.

휴는 "아니, 우리는 팔지 않을 거요"라고 답하곤 했다.[17]

나는 소냐, 스노든과 함께 풀뿌리단체에서 활동하고 있는 두 사람의 손자 윌 볼드윈Will Baldwin을 통해 휴와 리비를 만났다. 윌은 막 대학을 졸업한 참이었고 분명히 조부모에게 남다른 애착이 있었다. 두 사람은 최신 기술에 능한 이들이 아니어서 현대적인 방식으로 이뤄지는 단체 활동에 익숙하지 않았다. 그래서 윌이 대신 나섰다. 나는 스노든 가족을 만난 날 휴와 리비의 집을 찾았고 아늑한 거실에서 광산에 관해 이야기를 나누었다. (리비는 일로 자리를 비웠지만 조만간 그의 의견을 확인할 수 있을 것이다.)

휴는 품위 있게 나이가 들고 미스터 로저스(어린이 방송에 주로 출연하며 친절하고 진심 어린 태도로 인기를 누렸던 미국의 유명 방송인 프레드 로저스의 별명 – 옮긴이)처럼 차려입은 친절한 어르신이었다. 그는 바로 내게 피드몬트가 제안한 광산을 어떻게 생각하는지 털어놓았다. 휴는 직설적으로 "우리 집 앞마당에 광산이 들어서는 건 싫소"라고 밝혔다. 말 그대로 앞마당은 아니었지만 사실상 길만 건너면 바로였다. 뒷마당에 있는 우물은 어떻게 될까? 말라버리지 않을까? 몇 년이나 공을 들인 끝에 뒷마당에서 꽃가루를 나르고 물도 마시게 된 새들이 날아가버리진 않을까? 그리고 광산에서 나온 폐기물과 오염물은 어디에 저장될까?

82세의 휴는 광산 건설이 허가된다 해도 떠날 생각이 없었다. 그래서 그에게 남은 제일 좋은 선택지는 맞서 싸우는 것이었다. 그리고 휴는 한 사람의 이웃으로도 화가 난 나머지 져줄 생각이 없었다. 그는 피드몬트가 순서에 맞지 않게 움직였다고 주장했다.

"진짜 광업 회사긴 해요? 가장 비싼 값을 부르는 입찰자에게 팔아치우려고 조사만 해보는 게 아니고? 아직 허가도 신청하지 않았잖소! 투자자들이 듣기 좋으라고 거창한 얘기만 하고 있는 걸."

그렇다면 테슬라와의 계약은? 휴는 "피드몬트는 그 시한을 맞추지 못할 거요. 머스크는 이 회사에 의존하면 안 돼요"라고 못 박았다. 그와 손자는 나름대로 리튬 산업에 관한 사실과 통계로 무장하고 있었다. 피드몬트가 매년 이 하얀 금속을 3만 톤 생산한다 해도 미국이 전기차로 완전히 전환하는 데 필요한 리튬 300만 톤의 1퍼센트 정도에 불과했다. 그걸 위해서 지금 여기를 파헤칠 가치가 있을까? 휴는 아니라고 생각했다. 그는 "국가적으로 더 많은 리튬을 얻기 위해 이곳에 광산을 건설할 필요는 없어요"라고 주장했다.

휴와 손자는 반대운동에 열심히 참여하고 있었고 다음 주로 예정된 카운티 행정위원회 정기회의에서도 자신들의 분노를 보여줄 생각이었다. 내가 작별 인사를 건네자 그들은 자신들이나 스노든 가족보다 피드몬트 때문에 더 많은 것을 잃었을 사람과 대화해보라고 제안했다. 휴와 월이 알려준 이름은 에밀리 넬슨Emilie Nelson이었다.

넬슨의 집을 보고 처음 받은 인상은 온전히 아름답다는 것이었다. 알파벳 A 모양으로 지어진 통나무집은 조밀한 숲과 탁 트인 땅 사이에 자리 잡고 있었다. 차를 세우자 넬슨과 그의 곱슬곱슬한 금발 머리가 나를 반겼다. 누구를 만나든 쾌활하며 통통 튀는 사람, 처음 만나도 평생 알고 지낸 듯한 느낌을 주는 사람이었다.[18]

넬슨은 내게 어디서 묵느냐고 물었고 호텔이 성에 차지 않는다면 이곳에서 자기 가족과 함께 지내도 좋다고 했다. 나는 정중하면서도 친절한 제안을 거절하며 피드몬트와 엮인 사연을 들려줄 수 있는지 물었다. 그는 2016년 처음 개스턴카운티로 이사했던 때부터 이야기를 시작했다. 넬슨과 남편은 평생을 보낼 생각으로 이 집을 지었고 이듬해에는 커다란 수영장도 만들었다. 그는 항상 동물을 사랑했으며 개스턴으로 이주하는 데도 이러한 성향이 영향을 미쳤다. 넬슨은 2016년 다치거나 부모를 잃은 야생동물을 보살피는 NC 야생동물 재활센터NC Wildlife Rehab를 설립했다. 개스턴카운티로 터전을 옮긴 것은 날다람쥐·주머니쥐·돼지·닭을 비롯한 여러 동물의 새끼를 돌보는 넬슨의 활동에 박차를 가하기 위해서였다.[19]

그는 30대 초에 심장마비를 일으켜 일주일이나 혼수상태에 빠졌던 사건이 쉼터를 여는 계기가 되었다고 털어놓았다. 정부의 지원 없이 동물들을 돌보는 것은 순수하게 자기만족을 위한 일이었다. 2018년 허리케인 플로렌스Florence가 노스캐롤라이나주를 덮쳤을 때 사람들은 몇 시간이나 차를 몰아가며 그에게 다친 동물들을 데려왔다. 넬슨은 집 지하실과 집 밖에 우리를 마련해 매년 수백 마리의 동물을 돌봤고 동물들을 먹이느라 비상 자금을 쓸 때도 많았다. 그와 남편은 휴가를 가지 않고 아낀 돈을 동물들에게 썼다. 동물들이 회복되면 일부는 근처 숲에 풀어주었다. 거대한 리튬 매장층을 깔고 있는 숲이었다.

2018년 피드몬트가 집 주위의 땅을 매입하기 시작하자 넬슨은 불안해졌다. 곧 이 회사의 임원들이 방문해 그들의 땅을 사겠다고 제안했고 넬슨의 의사를 적어도 다섯 번은 확인한 후에야 시도를 멈췄다. 그는 부엌에서 대화를 나누는 사이 내게 "우리가 매각을 거부하면 집 주위에 광산을 만들겠다고 하더라고요"라고 설명했다.[20] 눈가가 젖어들었고 넬슨은 눈물을 숨기기 위해 고개를 들어 천장을 바라보았다.

그는 그 전까지 기업을 위해 일하는 중개업자를 만난 적이 없었고 (2008년부터 2015년까지 계속된 셰일가스 호황 동안 석유업계와 천연가스 업계가 활용했던 여러 전략을 떠올리게 하는) 광업계의 극악무도한 전술에 관해서도 잘 알지 못했다. 넬슨은 리튬이 많아지는 것이 지구를 건강하게 하는 데 도움이 되는지도 확신할 수 없었다. 그는 "전기차가 없어도 환경을 지킬 방법은 많아요"라고 주장했다.

광산을 둘러싼 불확실성이 넬슨을 짓눌렀고 그는 2020년 1월 동물 쉼터의 운영을 중단했다. 우리가 만났을 즈음 넬슨은 인터넷에서 피드몬트의 계획에 관한 정보를 찾아보고 광산에 반대하는 이웃들을 조직하는 데 대부분의 시간을 쓰고 있었다. 그와 남편은 거주가 가능한 캠핑용 차량을 구매하기도 했다. 피드몬트가 강제로 자신들의 땅을 빼앗기 위해 수용권을 청구할 수 있다는 우려 때문이었다.

나는 몇 차례나 땅을 팔고 싶진 않은지 물으며 넬슨을 압박했지만 그는 두루뭉술한 답만 내놓았다. 도움을 베풀며 살고 싶다는 꿈은 악몽이 되었고, 남편은 다른 곳에서 출퇴근해야 하는 일을 하고 있다. 그렇다면 둘은 이 땅에 매여 있을 이유가 없는 셈이다. 넬슨은 피드몬트의 광산이 건설되기는 할지 알 수 없는 상황에서 불확실성의 한가운데 살고 있었다. 몇몇 이웃은 자신들의 땅을 절대 팔지 않겠다고 그에게 맹세하기도 했다. 하지만 우리가 만날 무렵에는 70가구 이상의 이웃이 반대운동의 기세가 꺾인 후 마지막으로 남는 이가 될 수도 있다는 공포와 피드몬트의 금전적 제안에 굴복해 약속을 깼다. 넬슨 역시 피드몬트가 필요한 허가를 모두 받으면 자신의 땅을 팔아야 할 수도 있었다. 하지만 나와 대화하던 시점에 이 회사는 신청서조차 쓰지 않은 상태였다.

뒷마당에서 텅 비어 있는 우리와 새장을 돌아보고 있을 때 넬슨은 "저는 자연을 도우려 했는데 제게 무슨 일이 일어났는지 보세요"라고 이야기했다. 그나마 남았던 꿈마저 내려놓은 듯했다.

또 다른 게임 체인저

2016년 초 WCP 리소스라는 오스트레일리아 회사는 예멘에서 몇 년째 금을 찾으려 애쓰고 있었다. 2014년 이란이 후원하는 후티Houthi 반군이 아라비아반도 남동쪽에 있는 수도 사나Sanaa에서 사우디아라비아를 등에 업은 정부군을 공격하면서 격화된 예멘내전이 WCP의 계획을 대부분 망치고 있었다. 내전은 곧 예멘인들에게 악몽을 안겼고 광업을 포함해 이 나라의 여러 산업을 중단시켰다. WCP의

금 프로젝트는 중단되었다. 2016년 초 예멘에서 프로젝트를 지휘하던 WCP의 경영진은 이 나라를 떠났다.[21]

예멘의 상황이 악화하기만 하면서 WCP는 다른 곳에서 새로운 사업 기회를 찾았다. 이 회사의 이사회는 현명하게도 금이 내재적인 가치를 지니기는 하지만 다가오는 친환경 에너지 전환에 직접 활용되는 사례는 많지 않다는 것을 깨달았다. 전 세계 정부들은 화석연료와 이별하는 대신 리튬을 비롯한 실용적인 금속들이 더 많이 필요한 재생 에너지 프로젝트로 눈을 돌리고 있었다.

2016년 9월 WCP는 자신들이 한 번도 진출한 적 없는 대륙에서 새로운 국가에 투자하겠다고 발표했다. 미국이었다. 이 회사는 샬럿의 바로 서쪽에 있는 농업 지역에서 총 1.7제곱킬로미터의 땅을 매입하거나 임대하기 위한 비용으로 16만 5000달러를 썼다.[22] 광업계에서는 얼마 되지 않는 돈이었지만 WCP는 이 지역에 대한 향수에 편승하려 했다. 노스캐롤라이나주는 제2차 세계대전 직후부터 세계 최대의 리튬 산지로 성장했다. 앨버말과 리벤트에 앞서 이 지역을 찾았던 기업들은 거대한 리튬 노천 광산을 운영했고, 자신들이 캐낸 암석을 전 세계 어디서나 활용할 수 있는 다양한 형태의 금속으로 가공했다. 소니의 캠코더도 이 지역에서 나온 리튬을 사용했다.

2010년에는 리튬 가격이 폭락했다. 당시에는 자동차 시장에서 전기차가 그다지 중요하지 않았기 때문에 리튬 시장 자체가 무척 작았다. 그 결과 이 지역에서 소규모로 광산을 운영하려 했던 기업들이 겁을 먹고 달아났다. WCP는 다른 회사들이 실패한 곳에서 성공을 거두길 기대했다. 2017년 이 회사는 미국에서 새로운 계획을 이 끝 신임 최고경영자를 영입했다. 키스 필립스Keith Phillips는 30년이 넘는 세월 동안 JP모건, 메릴린치Merrill Lynch, 베어스턴스를 비롯한 여러 투자은행의 최고위직을 두루 거친 인물이었다. (메릴린치와 베어스턴스는 2008년 금융위기의 여파로 각각 뱅크오브아메리카와 JP모건에 인수되었다.) 필립스는 투자은행가 중에서도 기업들이 인수자를 찾도록 돕고 구매자들은 시장에 나온 적당한 매물을 찾도록 돕는 중개인이었다. 그의 전문 분야는 소위 추출 산업extractive industry이었다. 추출 산업이란 땅에서 석유와 천연가스·금·기타 광물들을 얻는 기업을 총칭하는 업계 용어다.

이 분야는 여러 이유로 투기적인 요소가 많다. 어쨌든 기존 기술을 이용해서 개발업자들이 파산하지 않을 정도로 많은 양을 채취할 수 있는 매장층을 찾아내는 것 자체가 광물의 종류와 관계없이 상당히 어려운 일이다. 많은 소규모 기업이 이런 탐사 작업에 몰두하며, 무언가를 찾아내면 자신들이 발견한 것을 필립스와 같은 투자은행가에게 건넨다. 그러면 투자은행가들은 이들이 찾아낸 것 또는 기업 자체를 가장 높은 가격을 부른 입찰자에게 판매하거나 적어도 개발을 도우려는 투자자들을 모은다. 필립스는 30년 가까이 경력을 쌓으며 1000억 달러가 넘는 매각과 대출에 관여했다. 새로운 최고경영자의 능력치를 짐작하게 하는 어마어마한 금액이다. 또한 필립스는 세계에서 가장 큰 금 회사 두 곳, 배릭Barrick과 뉴몬트Newmont와도 함께 일한 적이 있어서 그의 인맥이 업계 정상급 기업들에 뻗쳐 있다는 사실을 짐작하게 했다.

미국 독립기념일 휴가가 끝나고 이틀 뒤 WCP는 주주들을 위해

"가치를 창출"할 목적으로 필립스를 새로운 최고경영자로 영입했다고 발표했다. 월가에 전하는 의미는 분명했다. 이 회사를 매각하거나 주가를 한껏 올리겠다는 뜻이었다. 또한 WCP는 사명을 자신들이 개발하고자 하는 노스캐롤라이나주의 땅을 더 연상시키는 이름으로 바꾸기로 했다. 바로 피드몬트였다.[23]

나는 2019년 2월 전화 통화를 하며 처음으로 필립스와 대화를 나눴다. 이전에도 미국 리튬 업계에 몸담은 여러 경영자에게 연락을 취했지만 비교적 규모가 작은 회사가 대부분이었고 최고경영자나 다른 간부들 모두 프로젝트를 위해 언론의 호의적인 관심을 얻으려 하는 이들이었다. 필립스는 따뜻하고 사교적인 태도로 투자은행가에서 실제 회사를 운영하는 기업가로 변신하게 된 이유를 설명했다. 그는 화석연료에서 재생 에너지로의 전환을 시작한 더 포괄적인 경제를 목격했다고 했다. 그리고 그 배를 놓치고 싶지 않았다.

필립스는 "전기화가 진행되고 있습니다"라고 정리했다.

"미국에서 자동차를 생산하는 기업은 리튬을 비롯한 재료들을 모두 국내 생산지에서 조달하는 쪽을 선호할 겁니다."[24]

그리고 그는 피드몬트가 이 하얀 금속의 핵심 공급처가 될 수 있다고 확고히 믿었다. 이 회사가 확보한 지하 매장층이 금이나 은과는 전혀 다른 방식으로 채굴되고 가공되어야 하는 리티아휘석으로 주로 채워져 있어 지질학적으로 좋은 조건이었기 때문이다. 거대한 굴착기로 땅에서 이 암석을 꺼내고 잘게 분쇄한 뒤 화학 공정을 통해 리튬과 다른 구성 물질을 분리해야 한다. 테슬라와 BMW를 비롯한 자동차 제조업체들이 선호하는 특수 수산화리튬을 만들기에 유리한 방법이기도 했다. 따라서 피드몬트는 주요 자동차 업체들이 탐내는 형태의 리튬을 미국 내에서 생산할 가능성이 있는 유일한 기업이었다.

필립스는 이 회사가 조용히 해당 지역에 토지를 소유한 약 35명에게 땅이나 땅을 이용할 권리를 사들였다고 설명했다. 총면적은 7.3제곱킬로미터 정도였다. 이들은 12.1제곱킬로미터 이상을 확보해야 했고 모든 땅이 인접해야 했다. 피드몬트는 이 프로젝트를 성공시키기 위해 땅을 가진 지역 주민 수백 명을 상대해야 했는데 경쟁사 중 누구도 성공하지 못했던 일이었다. 이런 회사들은 대부분 미국 연방정부가 단독으로 모든 토지를 소유하고 있는 미국 서부로 몰렸다. 필립스는 "앨버말처럼 더 큰 기업의 DNA에서는 개별적인 땅을 모두 모은다는 발상이 나올 수 없죠"라고 주장했다.

"이러한 거래는 사적인 토지 거래입니다. 땅을 소유한 이들과 대화를 나누고, 그들의 땅을 조사해서 리튬을 발견하면 어떤 기회가 있는지 설명해야 하죠. 때로는 대화에만 몇 년이 걸리는 긴 과정입니다."[25]

사명을 바꾸고 필립스를 영입하긴 했지만 피드몬트의 뿌리는 여전히 오스트레일리아에 있었다. 여러 언론이 이 기업을 "오스트레일리아의 광업 기업"이라 소개했고 오스트레일리아에 기반을 둔 주주의 수 역시 적지 않았다. 이 회사의 주식이 시드니에 있는 오스트레일리아 증권거래소에서 거래되고 있었기 때문이다. (한때 피드몬트 이사회의 의장이었던 레비 모킨Levi Mochkin은 2001년 일부 광업 기업의 주가를 조작했다는 혐의가 제기된 후 오스트레일리아에서 금융서비스업에 종사하는 것이 금지되었다.[26]) 2020년이 끝나갈 즈음 피드몬트는 주식을 미국의 나스닥 증권거래소에 상장하고 본사도 이전하기로 했다. 이 회사는 새로운 사무실을 뉴욕이나 워싱턴에 두는 대신 노스캐롤라이나주에 자신들이 제안한 광산 근처에 마련했다. 벨몬트라는 그림 같은 소도시였다.

나는 필립스에게 광산 예정지의 이웃들이나 지역 선출직 공무원들 대신 투자자들에게 더 많은 시간을 들이는 이유를 물었다. 당시 이 회사는 프로젝트에 5800만 달러를 지출한 상태였다. 적은 금액이 아니었고, 이 회사가 보여주는 전략의 불확실성을 생각할 때 적당하다고 느껴지는 금액도 아니었다. 특히 테슬라와의 계약은 주민들과 공무원들을 짜증 나게 했다.

개스턴카운티 행정위원회 의장 톰 케이거Tom Keigher는 내게 "그 사람들은 왜 광산 허가를 받기도 전에 테슬라와 계약을 맺었답니까?"라고 물었다. 그는 피드몬트가 "말을 사기도 전에 유명한 수레를 먼저 산 셈"이라고 덧붙였다.[27] 필립스를 비롯한 피드몬트의 경영진 중 누구도 카운티 행정위원회에 계획을 밝히지 않아서 많은 이를 불안하게 하는 정보 공백을 부추겼다. 피드몬트가 리튬을 생산할 예정이고 리튬이 미국의 친환경 에너지 계획에 아주 중요한 요소라고 해서 이 카운티나 다른 카운티에서 성공을 거두리라 보장할 수는 없었다. 2018년에 그리고 다시 2019년에 피드몬트는 조만간 인허가를 신청할 것이며, 지역 규제기관이나 관료들과 대화를 나눠본 적이 없으면서도 아직 잠재적인 장애물을 발견하지 못했다고 월가에 홍보했다. 이 회사는 2021년 6월까지는 해당 지역에서 광산 건설을 위한 허가를 받을 수 있을 거라고 긍정적으로 전망했다.[28] 또한 아카데미상을 받은 배우 모건 프리먼과 목소리가 굉장히 흡사한 성우를 고용해 프로젝트 홍보 영상의 내레이션을 맡겼다.²⁹

필립스는 2021년 중반 내게 "[카운티 행정위원들에게] 계속 상황을 공유했다면 더 좋았을 수도 있겠죠. 하지만 정말 그럴 만한 시간이나 자원이 없었습니다. 지금까지는 그들에게 무슨 말을 해야 할지 알 수도 없었고요"라고 주장했다.³⁰ 케이어와 카운티의 다른 관료들은 피드몬트가 정식으로 정보를 공개할 때까지 판단을 미루고 있었지만 이들의 인내심은 점점 바닥나고 있었다. 2021년 7월 필립스가 마침내 카운티 행정위원회를 찾았고 광산을 반대하는 수백 명의 사람이 개스턴카운티 법원 청사에서 열린 발표를 지켜보았다.

회의가 시작되자마자 긴장감이 감돌았다. 몇몇 행정위원은 계획을 공유하기까지 너무 오래 걸렸다고 피드몬트를 질타했다. 이 회사는 너무 늑장을 부린 탓에 친환경 에너지 전환을 마치 할 수 있는 건 뭐든 해도 좋다는 위임장처럼 생각하는 건 아닌지 의심하게 했다. 필립스가 피드몬트를 대표해 사과하며 더 활발히 소통하겠다고 약속했지만 이미 우물에 독이 퍼진 후였다. 필립스의 발표가 끝나자 18명의 카운티 주민이 광산을 반대한다는 의견을 밝혔다. 찬성한다는 목소리를 낸 이는 단 한 명뿐이었다. 이미 1500명이 넘는 주민이 광산을 막아달라는 탄원서에 서명했다. 남편 휴와 광산 예정지 근처에 거주하는 리비는 행정위원들에게 "파괴를 불러오리라는 걸 알면서 이방인들이 우리 지역사회에 밀고 들어오는" 것을 허락해서는 안 된다고 호소했다.³¹

정보를 제공하기 위한 회의였고 공식적인 투표가 진행되지는 않았다. 하지만 반대 세력을 잠재우기에는 한참 부족했다. 긴장감이 넘쳤던 회의가 끝나고 몇 주 뒤 피드몬트와 테슬라의 계약이 무기한 연기되었다. 구체적인 이유는 공개되지 않았다.[32] 나흘 뒤 개스턴카운티 행정위원들은 일시적으로 관할 구역 내에서 광업을 금지했다. 미국 최초의 광업법을 이 카운티에 맞게 다듬기 위한 첫 번째 조치였다. 행정위원들은 피드몬트가 지역사회의 "건강과 안전, 복지를 보호하기 위해 현지에서의 적절한 통제 없이는 신뢰받을" 수 없다고 못 박았다.[33] (2022년 머스크는 테슬라가 직접 리튬 "채굴과 정제에 뛰어들어야" 할 수도 있다고 공개적으로 떠들고 있었다.[34])

피드몬트는 같은 달 말 공식적으로 노스캐롤라이나주에 광산 허가를 신청했다. 몇 주 뒤 발표한 개스턴카운티의 새 광업법에는 울타리와 조명 관리, 소음 완화뿐 아니라 암석 발파에 관한 새로운 규정도 추가되었다. 이 카운티는 광업법 수정이 좋은 출발이라 판단했지만 행정위원회는 피드몬트가 주에서 광업 허가를 받을 때까지 해당 구역의 용도 변경을 표결에 부치지 않기로 했다.[35] 노스캐롤라이나주의 검토 절차는 계속 늘어지며 2023년 말까지 결론이 나지 않았다.

필립스는 2022년 이 주의 지역 방송에 출연해 자신들이 제안한 광산이 주위에 아무런 해도 미치지 않을 거라는 당혹스러운 주장을 폈다.

> 설령 그러길 원한다 해도 환경에 우호적이지 않거나 안전하지 않은 광산은 건설할 수 없습니다. 주민들은 걱정할 필요가 없다고 생각합니다.[36]

CHAPTER 10 테슬라와 개스턴 광산의 수호자 | 345

하지만 스노든 가족과 다른 이웃들은 걱정해야 할 문제들이 있다고 생각했고 피드몬트도 점점 이런 사실을 깨닫고 있었다. 이 회사는 캐나다 퀘벡주와 가나의 리튬 광산 프로젝트에 투자했다. 2022년 여름에는 노스캐롤라이나주의 광산에 앞서 두 지역의 광산을 먼저 개발하게 될 거라고 투자자들에게 예고했다. 또한 가나와 퀘벡에서 생산한 리튬을 자동차 제조업체가 활용하는 형태로 바꾸는 가공 공장을 미국 테네시주에 짓기로 하고 백악관에서 1억 4200만 달러를 지원받았다.[37] 이런 발표가 이어지는 사이 피드몬트는 노스캐롤라이나주에 광산을 건설하기 위한 허가를 언제 따낼 수 있을지는 미지수라고 인정했다.[38]

피드몬트는 개스턴카운티에서 강력한 반대를 맞닥뜨렸지만, 이들의 경쟁 상대인 앨버말은 퍼페투아가 아이다호에서 추진하는 프로젝트와 유사하게 인접한 클리블랜드Cleveland카운티에 한동안 방치되었던 리튬 광산을 다시 열기 위한 계획을 진행하고 있었다. 중요한 사실은 앨버말이 백악관과 지역 관료의 지지를 등에 업고 있었다는 것이다. 이 회사는 이미 세계에서 가장 큰 리튬 기업이었고 아직 초기 단계인 미국의 리튬 업계를 정복하려 했다. 2022년 중반 앨버말은 미국에 매년 리튬 10만 톤을 가공하는 공장을 건설하겠다고 밝혔다. 당시 이 회사가 중국과 칠레, 오스트레일리아에 퍼져 있는 전 세계 공장에서 처리하던 리튬의 총량을 뛰어넘는 규모였다. 미국에 세워지는 최초의 대규모 리튬 가공 공장이 될 터였다. 앨버말의 리튬 산업을 지휘하는 노리스는 내게 "우리는 5년에서 10년 사이에 미국에서 가장 많은 리튬을 생산하는 기업이 되길 원합니다"라고 정리해주었다.

"우리의 열망은 거기서 끝나지 않습니다."[39]

이들의 계획대로라면 앨버말은 자신들의 가장 큰 고객 중 하나인 테슬라와의 경쟁에서도 우위를 점하게 된다. 머스크는 2020년 네바다주에 테슬라를 위한 리튬 가공 공장을 건설한다는 계획을 발표했다. 이 주에 숨어 있는 40제곱킬로미터 규모의 진흙 매장층에서 리튬을 생산하기 위한 시설이었다. 이전에는 상업적인 규모로 진흙에서 리튬을 생산한 사례가 없었고 리튬 아메리카스가 새커패스 프로젝트를 위한 해결책을 찾고 있었다. 머스크는 아주 기초적인 지식을 동원해 이 회사가 진흙을 "식용 소금"과 물에 섞어서 리튬을 침출시키는 반응을 유발할 것이라고 설명했다. 리튬 아메리카스는 19페이지짜리 특허 출원을 미국 연방정부에 신청하기도 했다.[40] 머스크는 "리튬을 얻는 매우 지속가능한 방법이다"라고 장담했다.[41] 하지만 테슬라는 이후 3년간 이 계획에서 아무것도 얻지 못했고, 2022년 9월에는 텍사스주에 리튬 정제 시설을 건설하려 한다고 발표하면서 계획 자체를 완전히 보류한 듯했다.[42] 하지만 이 회사는 리튬을 어디서 조달할지는 밝히지 않았다.

노리스는 앨버말의 확장 계획에 관해 대화를 나누던 중 내게 "머스크가 최근에도 식용 소금 이야기를 많이 하던가요?"라고 물었다. 테슬라가 텍사스주에 리튬 정제 시설을 건설한다는 계획을 발표하고 두 주가 지났을 때였다. 그사이 앨버말은 자신들의 계획을 월가와 규제기관, 노스캐롤라이나주 사람들에게 부단히 홍보하고 있었다. 피드몬트에 닥친 위험을 피하기 위한 전략적 조치였다. 앨버말은 자신들이 리튬 광산을 건설하고 운영하면서 여전히 환경에 도움을 줄 수 있다는 사실을 알려, 자사보다 규모가 작은 동료 기업이 범한 실수를 반복하지 않으려고 열심이었다. 노리스는 "광업과 깊은 인연이 있는 지역에 이미 존재하는 광산입니다"라고 강조했다. 분명히 앨버말에 유리한 지점이었다. 테슬라는 리튬 매장층을 확보하지 못했고 피드몬트는 앞서 리튬을 가공한 적이 없었다. 하지만 앨버말은 양쪽에 모두 경험이 있었다. 이 회사는 그러한 이점을 활용해 바이든과 다른 이들이 간절히 원하는 미국의 리튬 산업을 지배하겠다는 강력한 의지를 드러내고 있었다. 나는 해당 지역의 선출직 관료들과 실업단체들에 전화를 걸어 개스턴카운티의 선출직 지도자들에게 했던 질문을 그대로 던졌다. 클리블랜드카운티에서 앨버말의 계획에 반대하는 사업가나 주민, 선출직 관료를 찾으려 했지만 허사였다.

이 회사는 회사 전체로도 몹시 야심 찬 목표를 설정하고 있다. 2030년 앨버말은 전 세계에서 생산될 것으로 예상하는 리튬 370만 중 60만 톤을 공급하는 것을 목표로 한다.[43] 16퍼센트에 달하는 점유율은 앨버말이 국제 리튬 시장에 엄청난 영향력을 발휘하게 할 것이다. (반면 엑손모빌은 2022년 전 세계에서 생산되는 석유의 2.4퍼센트를 점유하는 데 그쳤다.[44])

바이든 대통령은 미국 의회가 2021년 리튬 가공 설비의 건설을 돕기 위해서 초당적으로 지지해 승인한 기반 시설 법안을 근거로 앨버말에 1억 5000만 달러에 가까운 자금을 제공했다.[45] 그는 2022년 10월 백악관에서 진행한 온라인 행사에서 해당 보조금을 발표하며 앨버말의 계획을 "미국 내 배터리 공급망을 위한 게임 체인저(특정 상황에서 전개나 결과를 완전히 바꿀 주요 사람이나 사건, 아이디어 – 옮긴이)"라고 설명했다. 피드몬트가 빠진 늪을 의식했는지 바이든은 앨버말의 최고경영자 켄트 매스터스Kent Masters에게 지역사회는 이 기업의 계획에 어떻게 반응하고 있느냐는 날카로운 질문을 던졌다.[46]

매스터스는 대통령에게 "우리는 지역사회와 대화할 겁니다. 어떤 일이 벌어질지 이야기하고, 그들의 의견을 들을 겁니다. 그에 따라 계획을 조정하면서 이 과정을 함께할 겁니다"라고 답했다.

바이든은 매스터스에게 "제가 이런 질문을 던진 이유는 앨버말이 어떤 일을 하고 있는지, 그곳에서 어떤 일이 벌어질지 그리고 어떤 식으로 안전하게 진행될지 등을 지역사회에 알리고 싶어서였습니다. 저는 사실을 알고 있었지만 여러분이 지역사회에 접촉하고 있다는 것을 분명히 해두고 싶었습니다. 중요한 문제니까요. 여러분의 노력에 감사드립니다"라고 화답했다. 대통령은 광산 근처에 거주하는 사람들이 실제로 광산을 원하길 바라는 게 분명했다.

그날 바이든에게 지원금을 받은 기업이 또 있었다. 그때까지 개스턴카운티에서 8.5제곱킬로미터의 땅을 매입했고 그곳에 광산을 개발하기 위해 1억 달러 이상을 쏟아부었던 피드몬트였다.[47] 하지만 이 회사가 받은 1억 4200만 달러는 노스캐롤라이나주에서 추진하는 프로젝트와 전혀 상관이 없었다. 협력사가 퀘벡과 가나에서 생산한 리튬을 처리할 가공 공장을 테네시주 농촌 지역에 건설한다는 계획을 위한 자금이었다. 개스턴카운티의 언덕에 리튬 광산을 개발한다는 계획은 이제 다른 곳에서 미래를 보고 있는 피드몬트의 우선순위에서 밀려난 듯했다.

CHAPTER 11

불공정한 코발트 그리고 중국

뉴욕 맨해튼의 중심, 6번가가 지척이고 플라타너스의 일종인 단풍버즘나무¹가 우거진 브라이언트 파크Bryant Park의 북쪽 구역에는 윌리엄 얼 도지William Earl Dodge의 위엄 있는 청동 조각상이 서 있다. 높이가 2.4미터에 가까운 이 조각상은 책 두 권이 놓인 기둥에 몸을 기댄 채 왼손으로 오른손을 쥐고 있는 모습을 형상화했다. 그의 두 눈은 단호하게 앞을 바라보고 있다. 1885년 뉴욕 헤럴드 스퀘어에서 공개된 이 조각상은 1941년 현재 위치로 옮겨져 화강암 받침대 위에 자리를 잡았다. 미국 기독교청년회의 창립자 중 한 명이며 절제의 미덕을 강조했던 것으로 잘 알려진 남자를 기념하는 작품이다. (헤럴드 스퀘어에서는 도지의 금주禁酒 철학을 기리기 위해 분수 위에 설치되어 있었다.²)

도지는 1834년 장인 앤슨 펠프스Anson Phelps와 무역회사를 설립했고 그에게 거상이라는 칭호를 안긴 제국으로 키워냈다. 도지는 목재·부동산·철로·은행·면직물 등 모두 열거할 수 없을 정도로 다양한 산업 분야에 광범위한 자산과 지분을 보유했다. 심지어 짧은 기간 뉴욕 제8선거구를 대표하는 하원의원으로 활동하기도 했다. 1866년부터 1867년까지 입법부에서 일하는 동안 50여 명의 상원의원과 하원의원이 금주를 선언하도록 설득했다고 한다.[3] 그의 회사가 전 세계에서 가장 큰 구리 채굴 기업 펠프스 도지Phelps Dodge로 변모한 것은 20세기 초였다.[4]

구리 채굴 기업으로의 변신은 서서히 진행되었다. 독립전쟁 전까지 거슬러 올라가는 미국 구리 산업의 역사는 당시 코네티컷주에 속했지만 지금은 미시간주에 해당하는 지역에서 시작되었다. 원주민 공동체들이 서부 전역에서 반복해서 맞닥뜨리게 될 공격성을 예고라도 하듯 미국 연방정부는 1842년 미시간주 키위나우반도Keweenaw Peninsula의 구리 광산 지역을 오지브웨족Ojibwe에게서 몰수했다.[5]

미국이 성장을 이어간 19세기 후반 동안 광물을 찾는 이들이 서부에 몰렸고 오늘날 클리프턴Clifton과 모렌시Morenci가 된 지역 주위의 언덕을 파헤치기 시작했다. 이들은 금을 찾으려 했지만 대신 산화구리가 노출된 부분을 발견했고, 더 많은 사람이 운을 시험하려 달려들었다. 모렌시의 구리를 찾아 서쪽으로 온 탐사자들이 훗날 레절루션 프로젝트에 맞서 싸우게 된 샌카를로스 아파치족이나 다른 원주민 부족들에게 엄청난 고통과 괴로움을 안겼다는 사실은 그다지 놀랍지 않다.

도지가 사망하기 두 해 전인 1881년 윌리엄 처치William Church

는 당시의 애리조나준주Arizona準州(1862년 애리조나 지역이 공식적으로 미국 영토가 되었을 때는 인구수가 많지 않아 주가 아닌 준주로 지정되었고, 1912년에 주가 되었다-옮긴이)를 출발해 뉴욕에 있는 펠프스 도지 앤 코Phelps, Dodge & Co의 사무실로 향했다. 구리 제련소를 건설할 5만 달러(2023년 기준으로 약 150만 달러에 해당하는 금액)를 빌리기 위해서였다. 디트로이트 코퍼 마이닝Detroit Copper Mining Company을 소유했던 처치의 요청은 여러모로 이례적이었다. 무엇보다 도지와 그의 사업 동반자는 그때까지 광업에 발을 들인 적이 없었다. 흥미를 느낀 두 사람은 처치가 채굴권을 확보한 지역 주위를 탐사하기 위해 모렌시Morenci라는 이름의 지질학자를 고용했다. 모렌시의 열정적인 추천에 고무된 펠프스 도지는 해당 지역에 광산을 개발하기 시작한 처치의 회사 지분을 50퍼센트 인수하기로 했다.[6] 1921년 (회사 이름을 간소화한) 펠프스 도지는 해당 광산에 대한 권리를 모두 사들였다. 이 광산은 대공황 기간 잠시 문을 닫았지만 제2차 세계대전이 발발하자 다시 가동되기 시작했다.[7]

모렌시가 미국의 주요 구리 산지로 떠올랐던 19세기 말과 20세기 초는 토머스 에디슨이 전화와 전동기, 전자석 등 구리를 이용한 수백 가지의 발명품을 내놓은 시기이기도 했다.[8] 모두 광업계가 환영할 수밖에 없는 발명품이었다. 1911년 미국 광업기술자협회는 특히 1879년 최초로 실용적인 백열전구를 만들어낸 것을 비롯한 에디슨의 평생 업적을 기려 그에게 훈장을 수여하기도 했다. 에디슨은 일반적인 상패나 조형물 대신 자신의 실험실 도서관에 보관할 1세제곱피트(약 0.028세제곱미터, 1피트는 0.3048미터다-옮긴이)의 고체 구리

를 요청했다.⁹ 티파니에서 가공한 구리의 무게는 약 227킬로그램에 달했다.¹⁰

북아메리카 구리 산업에서 모렌시 광산이 가지는 의미는 거의 전설이 되었다. 특히 2007년 프리포트맥모런이 이 광산을 인수한 후에는 중요성이 더욱 커졌다. 공식적으로 전 세계에서 가장 많은 구리를 거래하는 광업 기업이 소유하고 있는 북아메리카 최대의 구리 광산이 이웃인 샌카를로스 아파치족에게서 물을 얻어 사용한다는 사실은 놀라웠다.

북아메리카 구리왕, 프리포트맥모런

피닉스에서 동쪽으로 320킬로미터 정도 떨어진 모렌시에는 약 1500명의 주민이 거주한다. 이 마을에 사는 사람은 거의 모두 프리포트맥모런에서 일하거나 적어도 이 대형 광업 기업을 위해 일하는 누군가와 이어져 있다. 도시를 둘러싼 먼지투성이 언덕들에는 연간 500센티미터가 되지 않는 강수량에도 살아남는 노간주나무juniper tree와 산쑥이 점점이 박혀 있다. 로키산의 큰뿔야생양들은 파도 모양을 이루는 언덕들을 배회하면서 보초를 선다. 좁은 도로는 울퉁불퉁한 땅을 따라 휘어지고 경사를 오르내린다. 19세기에 구리를 찾을 꿈에 부풀었던 광부들이 자동차도 발명되기 전에 이 지역에서 어떻게 거대한 광산 장비를 옮겼을지 상상도 할 수 없었다. 하지만 모렌시를 고립시키는 것은 주위를 둘러싼 자연환경이 아니다. 1880년대부터 서서히 제멋대로 뻗어 나가 지금은 거의 259제곱킬로미터(서울

특별시 면적의 약 42.8퍼센트에 해당한다-옮긴이)를 덮고 있는 구리 광산 때문이다. 이 광산은 북아메리카 대륙에 있는 모든 금속 광산 중 가장 규모가 크고, 2022년에만 40만 8000톤 이상의 구리를 생산하는 등 꾸준히 채굴 작업을 이어온 곳이다.[11]

프리포트맥모런은 모렌시 광산을 포함해 애리조나주에만 다섯 개의 광산을 소유하고 있다. 2022년 7월 초, 나는 미국 내 구리 광산이 어떻게 운영되는지 제대로 이해하기 위해 직접 찾아가 보기로 했고 특히 노천 광산이 지상에 노출된 곳을 원했다. 2019년 칠레의 지하 구리 광산을 방문한 적이 있지만 폐쇄된 공간에서는 광산 프로젝트의 규모와 범위를 파악하기가 쉽지 않았다. 모렌시 광산의 어마어마한 규모와 미국이 소비하는 구리(그리고 미래에 소비할 것으로 예상하는 구리) 중 상당량을 공급하는 이 광산의 위상이 흥미를 자극했다.

모렌시는 19세기 후반 지하 광산으로 개발되었고 지금의 뉴멕시코주와의 경계에 있는 구리 매장층까지 뻗어 나가며 빠르게 규모를 키웠다. 1939년 이 광산은 구리가 매장된 땅을 파 들어간 일련의 노천 갱도를 따라 지상으로 올라왔다.[12] 20세기 대부분 동안 이 광산을 소유했던 펠프스 도지는 학교, 병원, 체육관 등 미국의 탄탄한 중산층 계급을 위한 기반 시설뿐 아니라 노동자와 가족을 위한 주택도 건설했다. 모렌시고등학교는 1909년 광산에서 나온 폐기물 암석 무더기 위에 미식축구장을 만들었고 이 학교의 선수들은 종종 광업 작업을 활용해 경쟁자들을 위협하기도 했다. 한 예로, 모렌시의 구리 제련소가 내뿜는 황 연기가 미식축구장 위로 퍼져나가 예방 조치를 하지 않은 선수들이 기침을 하거나 호흡에 어려움을 겪기도 했다.[13]

이 제련소는 1984년에 철거되었다.[14]

오늘날 높은 곳에서 광산을 내려다보면, 유명 드라마 시리즈 〈왕좌의 게임〉에 나오는 신비한 대륙 웨스테로스Westeros의 지도처럼 좁고 긴 무늬가 이어지다가 서쪽 끝에 이르면 침출 연못과 광미 연못을 비롯한 저장소들이 모여 있다. 광대한 노천 광산들은 북쪽에 점처럼 박혀 있는데, 너비가 6미터 정도 되는 좁은 땅을 두고 다음 층을 파 들어가서 폭이 넓은 계단이 땅속까지 이어지는 듯한 벤치 형태가 광산 바닥까지 완만하게 이어진다. 이 광산에서는 매일 154대의 트럭이 81만 5000톤의 암석을 운반하며 각 트럭은 한 번에 236톤을 나를 수 있다. (1970년대까지는 트럭이 아니라 채석장까지 진입하는 기차를 이용했다.) 트럭과 굴착기, 드릴을 비롯한 여러 장비가 모렌시 광산의 운영을 돕고 있고 3600명의 작업자는 구리 매장층에서(기본적으로 구리가 암석에 어떻게 섞여 있는지에 따라 구분되는) 세 가지 유형의 광물을 파낸다. 모렌시 광산 매장층의 암석 대부분은 구리를 0.23퍼센트에서 0.5퍼센트 정도 함유하는 저급 광물이다. 트럭으로 암석 100톤을 옮길 때마다 구리는 0.25톤 정도 얻을 수 있다는 뜻이다. 많은 암석을 파내야 하고 다른 곳에 저장해야 할 폐기물도 많이 나온다. 모렌시라는 도시 자체도 광산의 변덕에 맞춰 형태를 바꿔야 했고, 1980년대에는 확장하는 광산에 자리를 내주기 위해 도시 전체가 이주하기도 했다.[15] 2015년에는 모렌시로 향하는 길을 만들기 위해 프리포트맥모런이 제공한 자금으로 191번 국도를 옮겼다.[16]

이 광산의 책임자 로버트 '보비' 폴록Robert 'Bobby' Pollock은 평생 프리포트맥모런에서 일했고 삼대째 광부라는 직업을 이어가고 있다. 그를 만난 곳은 이 광산의 지휘 본부였다. 수십 대의 텔레비전 모니터가 광산 내에서 이동 중인 암석의 수와 가공 공장의 처리 속도, 광미 무더기의 안전성 등을 비롯해 온갖 데이터를 띄우고 있었다. 사무실 한쪽 구석의 표지판은 열두 시간씩 교대로 근무하는 작업자들이 달성하려 노력 중인 목표치를 보여주고 있었다. 바로 36만 톤의 암석을 옮기는 것이었다. 밖에 세워진 전광판에는 이 회사의 회장 캐슬린 퀴크와 프리포트맥모런이 대형 광산을 여럿 운영하고 있는 칠레의 대통령 가브리엘 보리치의 사진이 있었고, 이 회사의 주식 가격도 계속 갱신되며 표시되었다. 구리의 항균성을 자랑하려는 듯 문손잡이는 모두 구리로 코팅되어 있었다.[17] 프리포트맥모런은 자신들이 "구리에서는 첫 번째Foremost in Copper"라는 이미지를 만들어왔다. 어디서나 이들이 붉은 금속을 추출하기 위해 막대한 비용을 지출하고 있다는 증거를 확인할 수 있었다. 모렌시는 프리포트맥모런의 위상을 보여주는 왕관이었고 지금도 마찬가지다. 이미 한 세기 넘게 채굴이 이뤄졌음에도 불구하고 2021년 말 이 광산에 여전히 680만 톤 이상의 구리가 묻혀 있다는 사실이 확인되었다.[18] 또한 모렌시 광산은 이 회사가 미국에 보유하고 있는 다른 광산들과 마찬가지로 주 정부나 연방정부에 사용료를 전혀 내지 않는다.

프리포트맥모런의 관리자들은 21세기 초 중국의 급격한 경제 성장이 구리 수요를 증가시킨 데 이어 두 번째로 찾아온 구리의 황금기를 모렌시 광산과 자사의 다른 광산들이 떠받치고 있다고 생각한다. 이 회사의 최고경영자 애드커슨은 내게 "전 세계가 점점 전기화되고 있습니다"라고 주장했다.

"전기는 곧 구리를 뜻하죠. 세계 곳곳에는 여전히 막대한 인구가 있고 저개발국의 낙후된 환경에서 살아가는 사람들이 있습니다. 그들에게는 더 나은 삶을 살고 싶다는 열망이 있고요. 더 많은 전력과 더 많은 자동차, 더 많은 가전제품을 원합니다."[19]

그리고 모렌시 광산과 프리포트맥모런의 다른 광산에서 나온 구리가 이런 미래를 만들어가는 데 핵심적인 역할을 할 것이다. 또한 애드커슨은 구리의 미래를 기후 변화에 맞서 싸우기 위한 노력과도 연결했다.

"세계 곳곳에서 사회가 발전해온 방식이 탄소 배출을 만들어내는 것이라는 데는 의문의 여지가 없다고 생각합니다. 그리고 우리는 이 문제에 관해 무언가를 할 수 있는 유일한 존재죠."[20]

모렌시 광산에서는 구덩이를 파고 발파한 뒤 암석들을 트럭에 실어 두 가지 기본적인 공정 중 하나로 보낸다. 첫 번째 공정에서는 매일 24시간 돌아가는 거대한 회전 기계에 암석을 넣고 미세한 분말로 분쇄한다. 그다음 구리 농축이라 알려진 과정을 가볍게 거친 뒤 근처 제련소로 보내서 농축된 구리를 녹이고 파이프를 비롯한 다양한 제품의 형태로 만든다. 두 번째 공정에서는 침출 연못에 암석을 쌓은 뒤 점적관개點滴灌漑, drip irrigation(원하는 위치에 액체가 한 방울씩 떨어지거나 천천히 흘러나오도록 해서 액체를 지속적으로 공급하는 방법 - 옮긴이)로 산酸 혼합물을 가해서 구리를 침출시킨다. 1리터당 구리를 2그램씩 포함하는 귀침출액Pregnant Leach Solution이라는 산성 용액이 침출 연못의 바닥에 모이면 전류를 이용해 구리 양극copper cathode이라 알려진 평평한 구리판으로 가공한다. 모렌시 광산을 이루는 약 259제곱킬로미터의 땅 중 4분의 1이 채굴 과정에서 발생한 진흙 폐기물을 보관하는 광미 연못이다. 프리포트맥모런은 먼지가 발생하지 않도록 이 거대한 연못 위에 염화마그네슘을 뿌린다. 그 결과 공중에서 보면 꼭대기는 넓고 평평하지만 측면은 비스듬히 기울어져서 수백 가구가 모여 있는 마을의 가장자리까지 서서히 이어지는 형태가 만들어진다. 이러한 시설은 '무방류 시스템zero-discharge'으로 간주된다. 비나 다른 이유로 인해 광산에서 발생한 폐수가 유출되는 일이 없도록 설계된 시스템이라는 뜻이다. (2012년 프리포트맥모런은 광미 시설에서 황산이 누출되어 조류와 다른 야생동물에 해를 입혔다는 혐의를 받았고 이를 무마하기 위해 680만 달러를 썼다.[21])

모렌시 광산에서 생산되는 구리 대부분은 프리포트맥모런이 소유하고 있는 텍사스주 엘패소의 엘패소 구리 정련 공장으로 실려 가고 그곳에서 전기차와 태양 전지판, 풍력발전용 터빈을 포함해 수백만 개의 제품에 활용되는 구리선으로 가공된다.

나는 빠르게 모렌시가 진정한 의미에서 기업 하나에 의존하는 도시라는 사실을 깨달았다. 도시 경계 안에 있는 거의 모든 것은 프리포트맥모런이 비용을 대거나 직접 운영했다. 상대적으로 높은 광업계의 임금이(이 회사의 2021년 임금 중앙값은 미국 전체 중앙값보다 약 9퍼센트 높았다[22]) 노동자들을 행복하게 붙잡아두려는 시도라면, 프리포트맥모런이 지역사회에 제공하는 것은 노동자의 배우자와 아이들을 만족시키기 위한 수단이었다. 광산 책임자인 폴록은 사실상 모렌시의 시장이기도 했다. 회사가 도서관과 병원, 철물점뿐 아니라 모든 주택과 소매점까지 소유하고 있기 때문이다. 폴록은 프리포트맥모런이 말 축사를 비롯한 특정 시설을 어떻게 운영할지 시 당국에 주기적으로 정보를 제공했지만 주민들은 투표로 시장이나 시 관료를 선출할 수 없다.[23] 프리포트맥모런이 곧 도시이기 때문이다. 또한 이 회사는 운동 장비와 야외 수영장, 인공 암벽장, 농구장, 실내 물놀이장이 들어찬 휴양 시설 건물도 직접 소유하고 운영한다(가족 단위 월 이용 요금은 30달러다). 모렌시 커뮤니티 센터의 외관을 장식하고 있는 커다란 A 모양 프레임은 광산을 연상시킨다. 광산에서 만난 폴록은 내게 "모두 광산 운영을 사회적으로 허가받기 위한 것입니다"라고 설명했다. 우연히도 모렌시의 가족들이 실내 물놀이장으로 향하는 뜨거운 여름이었다.

혜택이 많긴 하지만 광산의 요구사항이 가장 중요하다. 191번 국도를 벗어나면 바로 나오는 갈색 단층 건물의 모렌시 광산 본사를 방문한 후 내가 분명히 알게 된 사실이다. 도로 건너편에 커다란 골짜기가 있었고 왼편에는 조금 북쪽으로 멀리 산이 하나 보였다. 광산에서 나온 폐기물 암석이 이 골짜기를 채우면서 산이 남쪽으로 조금씩 확장될 거라고 폴록이 때맞춰 설명해주었다. 끝없이 구리를 좇는 결과의 하나로, 앞으로 20년 혹은 30년 동안 여러 산에서 구리가 침출되는 사이 이 산은 점점 커지며 광산의 본사에 가까워져서 그 위로 그늘을 드리우게 될 것이었다.

광산에 물을 공급하는 아파치족

1992년 미국 의회가 통과시키고 조지 H. W. 부시 대통령이 서명한 개간사업인가·조정법은 수자원에 대한 특정 권리를 샌카를로스 아파치족에게 다시 부여하는 조항을 포함하는 중대한 법이었다.²⁴ 항상 건조한 땅에 살아가는 부족에게는 커다란 의미가 있는 승리였다. 이 법은 이전 세기 동안 성문화되지 않았던 협정과 관행들을 공식화했고 약 7284제곱킬로미터 규모의 샌카를로스 아파치족 보호구역 안을 흐르거나 이 땅을 지나가는 물줄기에 대한 통제권을 이 부족에게 부여했다. 또한 샌카를로스 아파치족을 위해 4100만 달러의 신탁 기금을 조성했고, 이들에게 물을 판매할 권리도 주었다.²⁵ 이제 이 부족은 자신들의 땅을 지나 네 개의 강과 지류로 흐르는 지표수뿐 아니라 보호구역 내 지하수에 대한 권리도 가지게 되었다.²⁶

이 법은 샌카를로스 아파치족이 자신들의 물을 이미 사용하고 있던 이들도 마음대로 처분할 수 있게 했다. 20세기 초 보호구역 근처에 물을 저장하고 홍수를 방지하는 댐을 건설할 수 있게 도왔던 펠프스 도지 역시 이들의 물을 활용하고 있었다. 자신들이 소유한 물에 대한 통제권을 얻은 이 부족은 구리 광업계의 거물과 1999년부터 시작되는 50년 공급 계약을 맺었다.²⁷ 원주민보호국을 지휘하는 내무부는 수백 시간에 걸친 협상 끝에 성사된 이 계약을 "획기적인 합의"라 칭했다.²⁸ 펠프스 도지는 모렌시 광산에서 이 물을 사용할 계획이었다. 이 계약은 샌카를로스 아파치족이 구리 채굴 자체를 반대하지는 않으며 광산을 대하는 이들의 태도에 미묘한 차이가 존재할 수도 있다는 것을 시사했다.

실제로 그랬다. 샌카를로스 아파치족 회장 테리 램블러와 여러 차례 대화를 나누다 이 주제를 한번 꺼낸 적이 있었다. 나는 그에게

"거대한 광산에 물을 판매하는 부족이 어떻게 동시에 친구들에게 레절루션 구리 광산에 맞서는 싸움에 동조해달라고 할까요?"라고 물었다. 램블러는 부족의 자치권이라는 문제를 꺼내 들었다. 그는 샌카를로스 아파치족에게는 자신들의 운명을 선택할 권리가 있으며 자신들의 땅과 물을 가지고 무엇이든 원하는 대로 할 수 있다고 적절하게 지적했다. 어떤 구리 프로젝트는 지지하면서도 다른 프로젝트는 반대한다면 이 또한 그들의 특권이었다. (또한 이 부족은 근처 주택단지에도 수자원에 대한 권리를 판매했다.[29]) 램블러는 "우리는 이러한 일들에 할 말이 있어요. 그리고 우리가 목소리를 냈다는 걸 사람들이 기억하는 게 무척 중요합니다"라고 덧붙였다.[30]

그렇다면 왜 레절루션 프로젝트를 추진하는 리오틴토는 몇 번이고 반복해서 확실히 실패한 반면 펠프스 도지는 (그리고 이 광산을 미래에 소유하게 되는 프리포트맥모런은) 성공을 거둔 걸까? 물을 확보하는 일과 종교적이고 문화적인 땅을 파괴하는 광산을 건설하는 일이 굉장히 다르긴 하지만, 펠프스 도지와 샌카를로스 아파치족이 맺은 물 판매 계약은 이 부족이 정책적으로 구리나 친환경 에너지 전환을 반대하지 않는다는 사실을 증명한다. 그리고 새로운 광산을 지으려는 계획은 우리가 살펴본 대로 점점 더 많은 사람의 강렬한 분노를 사고 있다.

램블러와 대화를 나눈 뒤 나는 애드커슨에게 같은 질문을 던졌다. 어쩌면 당연할지 모르지만 그는 동료이자 경쟁자인 특정 기업에 관해 말하기를 꺼렸다. 특히 리오틴토와 프리포트맥모런을 비롯한 광업 기업들이 모여 있는 단체인 국제광업금속협의회 회장을 2년간 역임했기에 더욱 곤란했을 것이다. 애드커슨은 "우리는 샌카를로스 아파치족과 무척 가깝습니다"라며 자신의 회사가 애리조나의 원주민 공동체들과 맺고 있는 관계에 자부심을 느낀다고 밝혔다. 애드커슨은 개인적으로 작고한 전 상원의원 존 매케인과 가까웠지만 (애드커슨은 애리조나에서 열린 매케인의 추도식에서 만일을 대비해 관의 뒤를 따라가는 명예 운구자를 맡기도 했다.[31]) 그와 별개로 샌카를로스 아파치족과도 우정을 쌓았다. 매케인은 2014년 국방부 예산 조율 과정에서 마지막 순간 리오틴토가 오크플랫 야영장에 접근할 수 있는 근거가 되는 조항을 삽입해 이 부족의 분노를 산 바 있었다.

"레절루션 프로젝트를 추진하려는 땅은 미국 원주민 부족들이 성스럽게 여기는 땅입니다."

애드커슨은 리오틴토가 오스트레일리아에서 주칸고지의 동굴들을 파괴했던 사건을 언급했다. 또한 이 회사가 광산 허가를 받더라도 상당한 지질학적 복잡성을 맞닥뜨리게 되리라는 사실도 지적했다. 그는 "새로운 것을 시도할 때와 이미 존재하는 광산을 운영하려 할 때의 차이입니다"라고 정리했다.[32]

2007년 뉴올리언스에 본사를 둔 프리포트맥모런이 피닉스에서 창립한 펠프스 도지를 인수했다. 상대적으로 규모가 작은 회사가 더 큰 경쟁사를 인수한 흔치 않은 사례였다. 당시 펠프스 도지는 미국과 아프리카, 남아메리카 곳곳에 광산을 운영하고 있었다. 반면 프리포트맥모런이 소유한 광산은 단 하나뿐이었다. 2023년 생산량 기준으로 세계에서 두 번째로 큰 구리 광산이자 세계 최대의 금 광산인 인도네시아의 그래스버그Grasberg 광산이었다. (인도네시아 파푸아 Papua주 서부의 매장층에 두 금속이 섞인 채 묻혀 있다.)

프리포트맥모런은 당시 세계 광업계를 휩쓸던 인수합병 열풍을 놓칠까 봐 두려워했다. 경력이 풍부한 회계사 출신으로 2003년 이 회사의 최고경영자가 된 애드커슨은 "우리는 이 분야의 탄탄하고 규모가 더 큰 기업 몇 개를 살펴보고 있었습니다. 하지만 우리가 끼어들 자리가 없었어요"라고 회상했다.[33] 그는 원래 프리포트맥모런을 펠프스 도지에 매각하려 했지만 상황이 뒤집혀서 프리포트맥모런이 그 뿌리가 뉴욕시에 기념 조각상이 세워진 남자까지 거슬러 올라가는 회사를 인수하기에 이르렀다.

애드커슨은 내게 "피라미가 고래를 삼킨 꼴이었죠. 프리포트맥모런과 함께 무엇을 할지 전략적으로 판단하려 했습니다. 자산이 하나뿐인 회사는 지속가능하지 않다고 생각했어요"라고 설명했다.[34]

"계속해서 우리 회사를 인수할 기업을 찾았지만 진행이 되지 않았습니다. 그리고 그때 금융시장에서 펠프스 도지를 인수할 기회가 열렸어요. 절호의 기회라 생각했습니다."

프리포트맥모런의 그래스버그 광산은 드물게 품질이 뛰어난 구리와 금을 제공했다. 따라서 두 금속 중 하나의 가격이 내려가더라도 수익성을 유지할 수 있었다. 펠프스 도지가 보유한 다수의 광산은 대체로 품질이 낮은 금속을 생산했지만 다양한 지역에 분포해서 금속 가격이 상승할 때는 수익성이 매우 높았다. 두 기업의 포트폴리오는 좋은 균형을 이룰 수 있었다. 거래가 성사되었다. 2007년 프리포트맥모런은 지분과 현금을 합쳐 296억 달러에 펠프스 도지를 인수했다.

두 대형 기업이 합병하면서 처음부터 두 회사의 문화를 융합하는 것이 중요한 과제가 되었다. 펠프스 도지는 이름을 잃었다. 프리포트맥모런은 뉴올리언스의 본사를 버리고 모렌시를 비롯한 애리조나의 광산들과 가까운 피닉스로 이전했다. 또한 이 기업은 창립 이후 악화 일로를 걸어온 펠프스 도지의 평판을 끌어올려야 했다. 창립자 도지는 술을 멀리하고 선행을 펼친 인물로 유명했지만, 그의 이름을 딴 회사는 창립자가 사망한 후 수익성만 우선시하는 것으로 알려진 정체불명의 거대 기업으로 성장했다. 1917년 펠프스 도지는 애리조나주의 비스비Bisbee 구리 광산에서 파업 중이던 노조원 1200명을 총으로 위협해 기차의 가축 운반차에 태운 뒤 278킬로미터나 떨어진 뉴멕시코주 사막에 던져 놓았다. 미국 역사에서 사기업에 의해 이뤄진 가장 규모가 큰 강제 추방으로 알려진 사건이다. 1983년에는 구리 가격이 하락해 회사의 수익이 떨어진 상황에서 펠프스 도지가 운영하는 모렌시 광산과 다른 세 광산의 노동자들이 임금 협상 중에 일손을 놓았다. 이 회사는 노조에 속한 노동자들과 협상하는 대신 임시로 일할 사람들을 데려왔고 노조 사무실을 폐쇄했다. 결국 3년 가까이 파업이 이어졌고 펠프스 도지는 끝내 노조 인가를 철회했다. 두 번의 파업에 관한 상세한 서술은 미국 노동계가 광업을 비롯한 다양한 산업에 미친 영향을 정리한 킴 켈리Kim Kelly의 연대기 《끝까지 싸워라: 숨겨진 미국 노동사 Fight Like Hell: The Untold History of American Labor》에서 찾을 수 있다.[35]

반면 프리포트맥모런의 그래스버그 광산은 껄끄러운 환경 문제를 안고 있었다. 고도 4877미터에 위치한 광산 현장은 인도네시아에서 가장 외딴 지역에 속했고 지진에 취약했다. 전통적인 광미댐을 건설하기에는 너무 위험해서 이 회사는 광미를 해안선에 인접한 강과 저지대에 폐기하기 시작했다. 애드커슨은 "물리적 위치 때문에 전통적인 방식으로 광미를 처리할 수 없었습니다. 그래서 기존의 수로를 이용하는 방식을 제안해야 했죠"라고 주장했다.

"광미를 저지대로 옮기고 제방을 만들어 보관했습니다."[36]

놀랄 것도 없이 이러한 관행은 광산이 있는 섬의 생태와 환경에 영향을 미쳤고, 이 글을 쓰는 현재까지 그 여파가 계속되고 있다.

두 기업의 문화가 서서히 섞이고 있었지만 다시 대형 인수가 있었다. 2012년 프리포트맥모런은 석유와 가스 호황을 그냥 지나칠 수 없다고 판단했다. 그 해 크리스마스 직전 이 회사는 200억 달러를 들여 자사보다는 규모가 작은 두 석유 회사를 인수할 예정이라고 발표했다. 당시 미국산 원유의 가격은 배럴당 100달러에 육박해서 기대감을 품게 했다. 당시 프리포트맥모런의 최고경영자이자 애드커슨의 상사였던 제임스 모펫James Moffett이 이 거래를 적극적으로 지지했다. 그는 두 계약이 자신의 회사를 "규모가 훨씬 더 크고 자본이 탄탄한 플랫폼"으로 변모시킬 거라고 월가를 향해 떠들어댔다. (모펫은 프리포트맥모런이 사들인 두 회사 중 한 곳의 지분을 일부 보유하고 있었다.) 월가는 여러 이유로 수긍하지 않았다. 무엇보다 이 기업이 주주들의 승인을 받아야 하는 하한선 아래인 8퍼센트의 주식만 발행해 두 회사의 인수를 완료하는 방식으로 주주들의 동의를 받는 절차를 피해 갔기 때문이다.[37]

석유와 가스 분야에서 무모하게 사업을 벌이는 것으로 이름난 모펫은 투자자들에게 몇 년간은 금의 수익성이 상당할 거라고 주장했다. 몇 년간 석유나 천연가스가 괜찮을 수도 있었다. 아니면 구리가 좋을 수도 있었다. 기본적으로 그의 주장은 '한 지붕 아래에 이 모든 프로젝트를 몰아넣는 게 합리적이지 않으냐?'라는 것이었다.

기업들의 전략을 평가하는 게 직업인 주식분석가들은 모펫의 전략이 타당하다고 보지 않았다. 특히 그가 프리포트맥모런이 인수한 석유 기업들의 지분을 가지고 있었기에 더욱 그랬다. 금융계의 논객들도 같은 생각이었고 한 기명 평론은 "인도네시아에서 금을 파내는 것과 미국에서 석유와 가스를 채취하는 것 사이에는 분명한 시너지 효과가 없다"라고 지적했다.[38]

결국 시장의 변동성이 프리포트맥모런을 뒤흔들었다. 펠프스 도지를 인수하고 몇 년이 지난 2010년 12월, 이 회사의 주식은 주당 60달러 이상에 거래되고 있었다. 2016년 초 석유 가격이 배럴당 26달러 정도로 하락하기 시작하자 프리포트맥모런의 주식도 같은 추세를 보였다. 2016년 12월 이 회사의 주가는 4달러 이하를 맴돌았고 한 분석가는 프리포트맥모런이 파산할 수도 있다고 전망했다. 회사 가치는 48억 달러였지만 부채는 200억 달러가 넘었다.[39] (모펫은 2015년 회장직에서 물러났다.[40] 애드커슨은 이후 투자자들이 "그 거래를 몹시 싫어했다. 그들은 '우리가 석유나 가스에 투자하고 싶다면 [프리포트맥모런에 투자하는 대신 석유 회사나 가스 회사에] 할 수 있다'라고 생각했다"라고 인정했다.) 전 세계에 석유와 금·천연가스·구리·기타 원자재를 제공하는 중요한 공급처 중 여러 곳을 관리하고 있었던 애드커슨과 휘하 직원들에게 엄청난 스트레스를 안기는 상황이었다. 프리포트맥모런은 그래스버그 광산만 매각해도 그 가치가 162억 달러에 달한다고 추정했다.⁴¹

또한 이 회사는 특히 중국의 경쟁 상대들이 눈여겨보는 중요한 광산을 보유하고 있었다. 애드커슨은 나와의 대화에서 "우리는 그야말로 곤경에 빠진 상태였습니다"라고 회상했다.

"아주 아찔한 시기였죠."⁴²

한 경영 칼럼니스트의 표현을 빌리면, 프리포트맥모런은 필사적인 판매자였다.⁴³

프리포트맥모런은 거물 투자자 칼 아이컨Carl Icahn의 압박을 못 이기고 2016년 9월 자사의 석유 부문을 20억 달러에 매각했다.⁴⁴ 그리고 얼마 지나지 않아 미국 캘리포니아주의 석유 관련 자산을 7억 4200만 달러에 팔아치웠다.⁴⁵ 이미 같은 해 일찍 모렌시 광산의 지분 13퍼센트를 일본의 스미토모 메탈 마이닝Sumitomo Metal Mining에 넘긴 터였다.⁴⁶ 10억 달러를 현금으로 지급한 이 일본 회사는 앞서 보유했던 지분에 더해 북아메리카 최대 광산의 지분 28퍼센트를 손에 넣었다. 하지만 이러한 거래들은 본행사를 앞두고 벌어진 사전 행사에 불과했다.

2016년 5월 애드커슨과 프리포트맥모런은 막대한 부채로 인한 부담을 털어내기 위해 콩고에 있는 텐케Tenke 구리·코발트 광산의 지배지분을 중국 몰리브데넘China Molybdenum이라는 회사에 매각해야만 했다. 매각 금액은 26억 5000만 달러였다. 프리포트맥모런은 수년간 텐케 광산을 운영하기 위해 상당한 자본을 투입했으나 초기에 1500명 이상의 주민을 이주시키며 지역사회의 분노를 사기도 했다.[47] 하지만 이후 다양한 사회·보건 프로젝트를 추진하며 주민들의 마음을 얻었고, 이 광산은 엄격한 노동자 안전 프로그램으로 널리 알려지게 되었다.[48] 애드커슨은 내게 "우리는 콩고에 가장 많이 투자했습니다. 그곳에 가서 사람들을 고용하고 지역사회의 보건과 수자원을 개선하면서 교육 시설을 지을 수 있어서 정말 기뻤습니다. 노동자와 주주들, 다른 모든 사람에게 성공을 안겼을 뿐 아니라 특별한 감정도 느끼게 해준 프로젝트였죠"라고 설명했다.[49]

프리포트맥모런은 구리 가격 약세에 부채로 인한 부담까지 더해지면서 이미 텐케 프로젝트의 2016년 예산을 50퍼센트 줄인 터였다.[50] 또한 2009년부터 콩고 남부의 구리·코발트 벨트로 광산을 확장해온 계획도 축소했다. 코앞의 불을 끄기 위한 염가 판매였고 프리포트맥모런의 고통이 중국 몰리브데넘의(그리고 중국이라는 나라 자체의) 이익이 되었다. 애드커슨은 "우리는 진심으로 이 광산을 회사 포트폴리오의 일부로 두고 싶었습니다. 그래서 여러 상황으로 인해 이 광산을 매각하게 됐을 때 모두 실망했어요"라고 인정했다.[51] 2016년 프리포트맥모런은 콩고에서 손꼽히는 코발트 제조업체 중 하나였다. 하지만 곧 이 나라에서 사업 기반을 잃게 되었다.

코발트 광산의 아이들

미국 외교관 출신으로 4년간 프리포트맥모런의 콩고 사업을 도왔던 멀리사 샌더슨Melissa Sanderson은 매각 결정에 충격을 받은 이 회사의 직원 수천 명 중 하나였다. 그는 내게 "전략적 차원에서 미국에 재앙이 되었습니다. 특히 중국 회사에 매각해서 더 그랬죠. 회사 차원에서도 재앙이었어요. 부정적인 결과밖에 없는 시나리오였죠. 그리고 개인적으로는 제가 그런 문제들을 계산해서 결정을 내려야 하는 리처드 애드커슨의 자리에 있지 않다는 게 기뻤습니다"라고 정리해주었다.[52] 프리포트맥모런이 콩고에서 발을 빼야 했던 이유에는 몇 년 전 성급히 이뤄진 석유 사업 투자도 있었지만 중국이 아프리카 대륙 전역에서 미친 듯이 전략 광물에 달려들고 있었다는 사실도 영향을 미쳤다. 중국 몰리브데넘에는 구리도 중요했지만(당연히 구리는 어마어마하게 중요했다) 중국의 일대일로 전략에 엄청난 매력을 발휘한 것은 텐케의 코발트였다. 일대일로 전략은 시진핑 주석이 2013년 중국이 기반 시설에 가지는 우위를 활용해 아프리카와 아시아, 라틴아메리카에 걸쳐 "공통의 관심사를 가지는 광범위한 공동체를 구축"하겠다는 목표로 추진하기 시작한 외교정책이다.[53] 2020년이 되자 콩고의 코발트 광산 19곳 중 15곳은 중국 기업이 자금을 대거나 직접 운영하고 있었다.[54]

당시 세계 광업계의 거인 글렌코어의 수장이었던 이반 글라센버그는 "중국 주식회사는 얼마나 코발트가 중요한지 깨달았다"라고 지적했다.[55] 코발트는 수천 년 동안 도자기와 유리, 여러 예술품에 푸른색부터 녹색까지 표현하기 위해 사용된 금속이다. 희토류와 마찬가지로 최초의 몇몇 광산은 오늘날의 스칸디나비아반도에 만들어졌다. 19세기 중앙아프리카에 막대한 양의 코발트와 구리가 묻혀 있다는 사실이 알려지면서 유럽인들의 관심이 높아졌다. 그중에는 콩고자유국Congo Free State이라고 알려진 지역을 직접 지배하며 악랄한 잔혹 통치를 펴, 그 상세한 기록이 애덤 혹실드Adam Hochschild의 책 《레오폴드왕의 유령King Leopold's Ghost》으로 전해지게 된 벨기에의 왕 레오폴드 2세Leopold II도 있었다. 제2차 세계대전이 끝난 후 미국에서도 특히 아이다호를 중심으로 코발트 채굴이 이루어졌으나 2023년에는 생산량이 아주 적었다.

코발트는 전기차 배터리가 과열되거나 인화하지 않도록 하는 데 활용되므로 이러한 현실은 특히 친환경 에너지로 전환 중인 미국에 문제가 되었다.[56] 또한 이 금속은 전기차 배터리의 수명 연장에도 도움을 준다.[57] 프리포트맥모런은 콩고의 광산을 매각하면서 코발트가 세계에서 가장 많이 묻혀 있고 실제로 가장 많은 양을 생산하기도 하는 자산을 더는 통제하지 않게 되었다. 이제는 중국 몰리브데넘이 텐케 광산을 넘겨받았고, 이 광산의 안전 관행이나 지역사회와의 관계 모두 전前 소유주와 비교해 불안정한 상태가 되었다. 하지만 가장 중요한 것은 중국이 채굴하지 않은 코발트일 것이다. 콩고에서 생산되는 코발트의 3분의 1 정도는 이른바 영세 광부들에게서 온다. 종종 어린아이들까지 포함된 평범한 콩고 시민들이 때로는 자신들이 사는 집 아래를, 때로는 숲을, 때로는 몰래 숨어든 광산의 땅을 곡괭이와 삽으로 파서 얻어낸 코발트다.[58]

한 콩고인 남성은 "우리는 밤에 영업장에 간다"라고 설명했다. "경비원들에게 돈을 주면 채석장에 들여보내 준다. 거기서 코발트를 찾는 게 더 확실하다. 돈을 줄 수 없을 때는 몰래 숨어 들어가

서 땅을 판다. 때때로 개들에게 쫓길 때도 있지만 보통은 방해받지 않는다."⁵⁹

영세 광부들은 정교한 장비를 사용하지 않으며, 때로는 파고 있던 코발트 매장층 터널이 붕괴해서 사망하기도 한다. 중국 몰리브데넘과 같은 회사들은 아마추어 광부들에게 금속을 사들이며 암묵적으로 이들의 작업을 부추긴다. 이들이 생산한 금속 중 일부는 대형 기업들을 거쳐 국제 공급망에 유통되고 수백만 가지 소비재로 변신한다. 코발트는 피부를 자극할 수 있고 코발트 먼지에 반복해서 노출되면 폐에 흉터가 형성될 수 있다. 모든 아마추어 광부에게 닥칠 수 있는 위험이며 특히 어릴수록 위험하다. 국제앰네스티는 2016년 한 보고서에서 다음과 같이 경고했다.

> 어린이들은 매일 미화 1달러에서 2달러를 벌기 위해 광산에서 하루에 열두 시간 가까이 20킬로그램에서 40킬로그램을 운반하는 장시간의 고된 노동을 감내하고 있다고 했다.

보고서는 계속해서 아동 노동의 실태를 전한다.

> 많은 아이가 종일 아무것도 먹지 않았다. 열두 살부터 광산 노동을 시작한 열네 살의 폴은 종종 '터널 아래에서 24시간을 보낸다. 아침에 도착해서 다음 날 아침에 나오기도 한다'라고 했다.⁶⁰

애플과 마이크로소프트를 비롯한 주요 기술 기업이 점점 더 우려하고 있는 문제다. 한 인권단체는 2023년 "전기차 생산업체와 전자 회사들은 한 눈은 뜨고 한 눈은 감은 채 운영되고 있다. 이들이 영세 광업으로 생산한 코발트를 배제하는 건 사실상 불가능하다. 이렇게 생산된 금속들이 콩고나 중국에 있는 제련소와 정제 공장으로 보내질 때는 더욱 그렇다"라고 경고했다.[61] 대표적으로 장거리를 주행하는 테슬라의 전기차를 한 대 만들려면 코발트 4.5킬로그램이 필요하다.[62] 휴대전화 한 대에 들어가는 양의 400배에 달한다. 일론 머스크와 테슬라는 수년간 코발트 없이 전기차를 생산하려고 노력해왔다. 하지만 향후 몇 년 동안 전기차 생산량이 꾸준히 증가할 것을 고려하면 세계 시장에는 더 많은 코발트가 흘러넘칠 것이고 대부분은 콩고에서 올 것이다.[63]

워싱턴도 이 문제를 놓치지 않았다. 2022년 말 미국 국무부 장관 토니 블링컨은 콩고, 잠비아와의 양해각서에 서명했다. 전기차 산업을 위해 두 나라가 더 많은 코발트 광산과 구리 광산을 개발하도록 돕겠다는 문서였다. 이 합의는 해당 지역에서 점점 커지고 있는 중국의 영향력을 약화하는 데 어느 정도 목적이 있었다. 블링컨 역시 "이것이 미래고, 콩고와 잠비아에서 일어나고 있는 일이다. (…) 전기차 배터리 공급망을 발전시키기 위한 이 계획은 아프리카에 계속 더 많은 가치를 더하고자 하는 미국 그리고 미국과 뜻이 비슷한 투자자들에게 기회를 줄 것이다. 전기차는 탄소 배출 감축을 도와준다. 전기차는 기후 위기에 대한 전 세계의 대응을 지원할 것이다"라고 암묵적으로 인정했다.[64]

이미 중국이 막대한 투자를 한 지역이자 미국의 한 회사가 소중한 자산을 팔아야 했던 지역, 어린이들의 노동이 광업이라는 산업을 돌아가게 하는 수레바퀴의 한 부분을 이루는 지역의 광산을 워싱턴이 지원한다는 결정은 미국의 주요 정치인들의 반발을 불렀다. 특히 미국 내에서 더 많은 광업이 이뤄지길 바라는 이들이 격렬하게 반응했다. 피트 스타우버 하원의원은 "미국은 자국의 납세자들이 낸 달러를 콩고처럼 아동 강제 노동을 활용하는 나라에 계속 보내는 대신 바로 여기서 노조가 보호하는 고임금 일자리를 통해 우리가 가진 광대한 광물 자원을 개발해야 한다"라고 주장했다. 미네소타 북부에 자리한 그의 선거구는 트윈 메탈스가 개발하고 싶어 하는 부지에서 가까운 바운더리워터스 일대를 비롯해 이 나라에서 발견된 구리와 코발트, 니켈의 가장 큰 매장층 중 일부를 포함한다.[65] 전 세계에 10억 신도를 거느리고 있는 가톨릭교회의 정신적 지도자 프란치스코 교황도 스타우버의 분노에 공감했다. 교황은 "콩고에 손대지 마라. 아프리카에 손대지 마라. 아프리카의 목을 조이는 것을 멈춰라. 이 대륙은 벗겨내기 위한 광산이 아니고 약탈하기 위한 땅도 아니다"라고 일갈했다.[66]

프리포트맥모런의 애드커슨과 다른 경영진들은 과거에 머무르는 대신 자신들의 포트폴리오에 있는 모렌시 광산과 미국 내의 다른 광산들로 시선을 돌렸다. 이들이 보유한 구리 매장층 1억 659만 톤 중 대략 절반이 미국에 묻혀 있는 것으로 추정된다. 이 회사는 8억 5000만 달러를 투자해 자사의 애리조나 광산 중 한 곳을 확장했고 2020년 운영을 시작했다. 리오틴토와 BHP가 이때까지 레절루션 프로젝트에서 해내지 못한 일이었다. 하지만 프리포트맥모런의 애리조나 광산이나 레절루션 프로젝트 모두 구리를 생산하는 게 목적이었다. 프리포트맥모런이 전기차에서 두 번째로 중요한 금속을 생산하던 시절은 끝난 듯했다.

하지만 이 회사는 광산을 확장해 문을 열자마자 새로운 문제에 부딪혔다. 누가 이 광산에서 계속 일할 것인가? 프리포트맥모런과 미국 서부의 동종업체 대다수에 정년퇴직 바람이 불었다. 2021년 이 지역에서 일하는 광부의 절반 이상이 45세를 넘겼다. 20퍼센트는 60대에 접어들었고 은퇴를 앞뒀다. 미국 연방정부는 "광업의 본질에 대한 대중의 인식"을 재정립하면서 노동력의 노화에 대처하기 위한 위원회를 조직하기에 이르렀다. 반면 2020년 중국에서는 광업학교 한 곳에 입학한 학생들의 수가 같은 해 미국 내 모든 광업학교에 입학한 학생들의 수를 넘어섰다. 애드커슨과 프리포트맥모런의 다른 경영진들은 학생들에게 전공을 광산공학으로 바꾸라고 설득하기 위해 여러 대학교를 방문했다.[67]

친환경 에너지 전환에서 구리가 차지하는 위상에도 불구하고 미국 서부에는 이 금속을 직접 생산하려는 젊은이가 많지 않은 듯했다. 프리포트맥모런의 회장으로 사실상 애드커슨과 함께 이 회사를 지휘하고 있는 퀘크는 내게 "더 많은 사람이 우리 산업에서 일하려고 하는 걸 보고 싶습니다"라고 털어놓았다.

"이 산업에는 모두를 위한 자리가 있습니다. 더러워 보이지만 상당히 현대화되었어요."[68]

이러한 노력은 실패했거나 최소한 그다지 성공적이지 않았다.

2023년 프리포트맥모런의 미국 내 구리 생산량이 감소한 이유에는 저물가와 날씨, 경제적 긴장감도 있었지만 노동력을 충분히 확보하지 못한 것도 영향을 미쳤다. 그리고 쿼크와 애드커슨은 이 문제가 점점 심각해질 거라고 경고했다. 애드커슨은 "우리가 하는 일은 힘든 일입니다"라고 인정했다.

"대형 트럭은 아마존이나 UPS, 페덱스의 트럭보다 더 몰기 어려운 법이죠."[69]

CHAPTER 12

폐배터리와 도시 광산의 탄생

2017년 4월 23일의 이른 저녁, 휴스턴의 하늘은 맑았고 가벼운 산들바람이 불었다. 타시 가르시아Tashi Garcia는 이 도시의 부산한 도심에서 북쪽으로 조금만 이동하면 나오는 노스사이드 빌리지Northside Village에 픽업트럭을 세웠다.[1] 차에서 내려 집 뒤쪽 베란다로 걸어갈 때 갑작스러운 폭발로 발생한 충격파가 공기를 가르고 그의 몸을 현관 앞까지 날려버렸다. 귓속에 이명이 일었지만 다행히 심각한 부상은 없었다. 그래도 예상치 못한 충격에 몸이 떨렸다. 가르시아의 집 유리창 몇 개가 산산조각 났고 일부 벽에도 금이 갔다.[2]

그는 "무슨 일이 벌어진 건지 전혀 알 수 없었어요. 내가 들어본 소리 중 가장 컸습니다"라고 회상했다.[3] 휴스턴은 텍사스주 최대 도시이자 미국의 동부 해안과 서부 해안을 오가는 기차들의 중간 기착지였고, 가르시아는 이 도시를 양분하는 주요 철로에서 107미터 정도 떨어진 곳에 살았다. 그로부터 몇 분 전 미국 최대의 철도회사 유니언 퍼시픽Union Pacific의 한 운영 관리자는 이 도시로 들어오는 기차 UMXU 27757호가 연기를 내뿜고 있는 것을 알아챘다. 그는 자신이 맡은 기차의 한 부분에 불이 났다는 사실을 인지하지 못한 승무원에게 상황을 알렸다. 승무원은 기차를 세우고 휴스턴 소방서에 연락했다. 그리고 저녁 6시 1분 문제의 화물차가 폭발했다. 처음 출동한 소방관들이 두 시간 안에 불길을 잡았고 기차는 근처 차량기지로 이동해 불이 난 화물차를 분리했다.[4] 그리고 나머지 화물차들을 연결한 후 운행을 계속했다. 사망자는 없었지만 휴스턴 도심에 악취가 퍼졌다.[5] 이 사고로 유니언 퍼시픽은 5000달러에서 2만 5000달러 사이의 수리비와 폭발 인근 지역 정화 비용 5000달러, 휴스턴시가 부과한 벌금 1만 5000달러를 부담해야 했다.[6]

가르시아는 자신을 날려버린 폭발이 애틀랜타에서 출발해 휴스턴을 거쳐 로스앤젤레스의 재활용 시설로 운반되던 리튬이온배터리 때문에 발생했다는 사실을 알지 못했다. 폭발을 일으킨 화물차에는 휴대전화를 비롯한 가전제품에서 수거한 리튬이온배터리가 들어 있는 208리터짜리 통들이 가득 실려 있었다. 덮개가 없는 통이어서 내용물이 그대로 비바람에 노출되었다. 그 무렵 연방정부 공무원들은 대기에 노출된 배터리들이 일정 시간이 지나면 자연 발화할 수 있다는 사실을 배우기 시작했다. 업계에서는 '열폭주'라 부르는 현상으로, 리튬이온배터리가 과충전되거나 단락되거나 고온에 노출되면 발생할 수 있다.[7] 이 사고는 상대적으로 규모가 작았는데도 영국을 중심으로 자동차 공급망을 취재하는 업계 간행물 《오토모티브 로지스

틱스Automotive Logistics》의 관심을 끌었다. 이 잡지는 휴스턴 폭발 사고를 다룬 기사에서 선견지명을 발휘해 불길한 예언을 내놓았다.

> 전기차는 주로 리튬이온배터리에서 동력을 얻기 때문에 이 소식은 성장하고 있는 전기차 시장과 이를 지원하는 공급망 운영에 관여하는 이들에게 영향을 미칠 것이다.[8]

휴스턴 폭발 사고는 리튬이온배터리가 언제든 폭발할 가능성을 시사했지만, 동시에 재활용을 위해 이러한 배터리를 장거리 운송할 때의 위험도 주목하게 했다. 리튬이온배터리에 대한 수요가 상대적으로 적고 널리 활용되지 않았을 때는 크게 경계할 필요가 없었다. 2016년 발표한 연구에서 이러한 배터리의 고장률은 대략 100만 분의 1이었다.[9] 하지만 배터리 제작을 위해 만들어지는 리튬이온 셀의 수가 매년 증가해 2007년 약 30억 개에서 2017년에는 약 70억 개까지 늘어났다.[10] 이러한 형태의 배터리가 인기를 얻기 시작하면서 그로 인한 폭발 사고도 늘어났다. 2013년 리튬이온배터리 관련 화재를 보고한 미국 내 시설은 두 곳밖에 없었다. 하지만 2020년에는 65곳으로 증가했다.[11] 리튬이온배터리는 대체로 안전하며, 특히 승객들이 말 그대로 폭발성 액체 연료 위에 앉아 있는 내연기관 자동차와 비교하면 더욱 그렇다. 하지만 리튬이온배터리를 이용하는 곳이 늘어나면서 폭발 사고가 발생하는 확률도 증가했다.

휴스턴 폭발 사고는 물류뿐 아니라 기반 시설에 관해서도 질문을 던지게 했다. 정확히 어떤 이유로 수많은 배터리로 가득 찬 대형 화물차가 미국의 한쪽 해안에서 다른 쪽 해안으로 향하게 되었을까? 근처에는 이러한 배터리를 분해해 재료로 들어간 금속들을 수거할 수 있는 시설이 충분하지 않았던 걸까? 이 질문에 대한 답은 간단하게 '그렇다'였다.

휴스턴에서 폭발이 일어나고 몇 년 동안 리튬이온배터리가 선사할 수 있는 잠재적 피해에 대한 불안은 더욱 커졌다. 배터리의 양극과 음극 사이에 있는 전해질 용액은 가연성이 매우 높고, 배터리의 가장 중요한 목표라고 할 수 있는 높은 에너지 밀도로 인해 이러한 특성이 더욱 강화된다. 리튬이온배터리가 손상되거나 가열되면 이 용액이 발화해서 진화하기 매우 어려운 화재를 일으킬 수 있다. 2022년 초에는 고급 차량을 4000대 이상 실은 화물선에 화재가 발생해 포르투갈 해변에 침몰했다.[12] 관계 당국은 이 선박에 실려 있던 전기차에서 열폭주가 일어났을 것으로 의심했다.

2015년 독일의 루프트한자는 항공사 중 처음으로 리튬이온배터리의 화물 수송을 금지했다.[13] 2019년 미국 연방정부는 리튬이온배터리를 여객기 화물로 싣는 것을 금지했다.[14] 보잉787 드림라이너Dreamliner 비행기에서 몇 차례 배터리로 인한 화재가 발생하고 이 항공기의 안전성에 대한 우려가 커지면서 나온 조치였다.[15] 뉴욕시의회는 재활용된 배터리가 최초에 탑재된 기기가 아닌 다른 제품에서 사용될 때 더욱 위험하진 않을지 우려해 리튬이온배터리의 재활용을 금지하는 방안을 검토하기도 했다.[16] 전기차 혁명이 진행되는 가운데 리튬이온배터리의 활용이 더 증가하고 있다는 사실은 다양한 금지 조치를 마련하는 데서 더 나아가 리튬이온배터리로 무엇을 할 수 있을지 그리고 이러한 배터리를 어떻게 재활용 센터로 운반해야 할지 고민하게 했다.

라이스대학교의 베이커공공정책연구소에서 에너지와 광물, 자재 분야를 연구하는 미셸 미쇼 포스Michelle Michot Foss는 내게 "아무도 리튬을 운반하려 하지 않습니다"라고 확인해주었다.

"하지만 어디에도 배터리 재활용에 투자하는 사람이 없으니 리튬이온배터리를 운반해야만 하겠죠."[17]

리튬이온배터리에 들어가는 리튬·구리·기타 금속들은 내연기관에 동력을 공급하기 위해 연소되는 휘발유나 디젤과 달리 배터리에서 분리해 재활용하면 다시 사용할 수 있다. 20년간 배터리에 들어 있었다고 해서 리튬이 전하를 붙잡아두는 능력을 잃어버리는 것은 아니다. 하지만 많은 나라가 이러한 목표를 달성하기 위한 기반 시설을 마련하지 않았다. 전자기기 폐기물을 처리할 수 있는 재활용 시설이 더 많이 만들어졌다면 화물차가 폭발하는 일도 줄어들었을 것이고, 많은 금속이 고물상에 쌓여 있거나 가정집의 서랍과 수납장에 되는대로 처박혀 있는 대신 새로운 배터리에 들어갔을 것이다. 휴스턴에서 폭발 사고가 있었던 2018년에는 미국에서 판매된 전기차가 20만 대도 되지 않았으나[18] 리튬이온배터리가 포함된 휴대전화와 다른 전자기기의 판매량은 수억 개에 달했다. 유엔은 2019년 전 세계에서 5360만 톤의 전자기기 폐기물이 발생했지만 재활용을 위해 수집된 양은 17.4퍼센트에 불과하다고 추정했다. 결과적으로 570억 달러 이상의 가치를 가진 구리와 여러 금속이 그대로 방치된 채 낭비되었다.[19] (유럽 여섯 개 국에서 진행된 설문 조사에는 응답자의 절반 가까이가 재활용할 수 있는 가전제품을 보관하고 있다고 답했다. 언젠가는 쓸 일이 있다고 생각했기 때문인데, 재활용이라는 방법으로 다시 사용할 수 있다는 사실을 간과한 판단이다.[20] 재활용을 위해 배터리를 분해하려면 배터리 셀에 충격을 가해야 하는데 이는 곧 폭발로 이어질 수 있는 조건을 유발하는 것이다. 따라서 배터리를 재활용하려는 시설은 폭발 가능성에 대비해야 한다. 배터리 재활용 시설에서 폭발이 일어날 위험은 아이폰 한 대를 비행기에 싣는 것과 비교가 되지 않을 정도로 크다. 하지만 친환경 에너지 전환은 기후 변화에 맞서 싸우려면 더 많은 금속을 재활용해야 한다는 깨달음에 힘을 실어주고 있다. 광업 기업들조차 동의하는 듯한 현실이다. 2020년 초에는 전기차 배터리를 제조하는 과정에서 나온 잔여 폐기물들이 재활용 업계의 주요 원료였다. 2030년대 중반에는 폐기된 전기차 배터리가 가장 중요한 재료가 될 것으로 전망한다.[21]

광업 기업들은 재활용이 자신들의 사업 모델에 위협이 될 수 있다는 데 대체로 동의하지만 그 시기가 임박했다고는 생각하지 않는다. 네 대륙에서 사업을 진행하고 있는 리튬 기업 올켐Allkem의 수장 마르틴 페레스 데 솔라이Martín Pérez de Solay는 2022년 초 열린 광업 콘퍼런스에서 "지질학적으로 천연 광물 자원들을 개발할 수 있는 기간은 30년에서 50년 정도로 제한되어 있다. 지금부터 50년 후에는 불가능할 것이다. 하지만 계속 리튬이 필요할 테고 다른 방법이 있을 것이다"라고 예측했다.[22]

하지만 재활용 산업은 친환경 에너지 혁명처럼 빠르게 성장하지 못하고 있었다. 이러한 사실은 전기차의 인기 상승뿐 아니라 미국과 세계 전역의 재활용 센터 부족으로 인해 더욱 도드라졌다. 그리고 휴스턴에서 화물차가 폭발했던 무렵부터 이 문제를 해결하려 했던 두 엔지니어가 있었다.

아이폰을 분해하는 로봇

리튬이온배터리를 싣고 덜커덩거리며 휴스턴과 전 세계의 주요 도시들을 통과하는 화물차들은 대체로 긍정적인 발전의 전령이라 할 수 있다. 어쨌든 오래된 전자기기들이 그대로 버려지는 경우가 너무 많다. 더 많은 전자제품을 재활용하지 않으면 지구에서 코발트와 니켈, 다른 금속들의 매장층이 고갈되는 사이 쓰레기 매립장만 도저히 감당할 수 없는 규모로 커질 것이다. 매년 약 5000만 톤의 전자제품 폐기물이 발생하는데 이는 대략 지금까지 제작된 모든 상업용 항공기의 무게에 상당하는 양이다. 하지만 이들 중 단 5퍼센트만이 재활용된다. 변화가 일어나지 않는다면 2050년에는 전자제품 폐기물의 양이 매년 1억 2000만 톤으로 뛰어오를 것이다.[23] 2019년에는 도로를 달리던 전기차가 만들어낸 배터리 폐기물의 양이 약 50만 톤이었지만 2040년이면 800만 톤에 달할 전망이다.[24]

특히 전기차를 비롯한 제조업체들은 2020년에 들어서야 재활용이 쉬운 제품을 어떻게 설계할 수 있을지 고민하기 시작했다. 이것은 특히 배터리의 화학적 설계에 차이가 있는 전기차에서 까다로운 문제다. 일부 자동차 회사들은 주행 거리를 늘릴 수 있게 니켈을 많이 함유한 배터리를 선호한다. 다른 제조업체들은 비용이 적고 철이 많이 들어가는 리튬인산철배터리Lithium iron phosphate battery를 채택한다. 배터리가 아닌 전자제품의 경우 재활용이 항상 가능하거나 쉬운 것은 아니지만 경제적인 이유로 반드시 필요하다. 대표적으로 희토류를 재활용하면 금속을 채굴해 생산하는 것과 비교해 88퍼센트의 에너지를 아낄 수 있다.[25]

친환경 에너지 전환의 초창기에도 분명히 노스스타NorthStar(납축전지를 생산하는 미국 배터리 회사로 재활용을 고려해 제품을 설계한다-옮긴이) 같은 성공 사례가 많았지만 리튬이온배터리를 재활용하는 사업 모델은 만들어지지 않았다. 전설적인 맥주회사 쿠어스Coors는 1959년 처음으로 알루미늄 캔을 내놓았을 때 소비자들이 캔을 하나 반납할 때마다 1센트씩 돌려받을 수 있게 해서 재활용을 유도했다. 이 회사는 새 캔을 만드는 것보다 기존 캔을 재활용하는 것이 엄청나게 저렴하다는 사실을 알고 있었다.[26] 20세기 말이 되자 일반 쓰레기 매립장에 납축전지를 폐기하는 것이 불법화되었다. 이러한 배터리는 제조업체와 관계없이 같은 방식으로 생산된다는 특징도 있다. 결과적으로 이제는 거의 모든 납축전지가 재활용되고 있다. 1930년대에 납은 이미 판매 대상이 아니라 기업에서 소비자들에게 대여하는 물품으로 여겨졌다.[27] 하지만 전기차와 다른 친환경 에너지 장치들이 주류가 되고 있음에도 불구하고 여기에 들어가는 배터리를 재활용하기 위한 재정적 유인을 제공하거나 매립장에 고스란히 폐기하는 것을 광범위하게 금지하는 조치를 마련한 사례는 찾아보기 어렵다.

중국은 친환경 에너지 광물들이 유통되는 국제시장을 지배하는 것과 마찬가지로 리튬이온배터리 재활용 시장을 좌지우지한다. 중국에서 현재 운영 중이거나 운영 예정인 재활용 시설의 용량은 미국의 세 배가 넘는다.[28] 또한 이 나라는 연구 역량에서 가장 근접한 일본·한국·미국과 커다란 격차를 유지하며 배터리 재활용 연구를 주도하고 있다.[29] 배터리의 화학적 조성은 시대에 따라 달라지지만 2030년까지 재활용해야 하는 오래된 리튬이온배터리의 다수가 다량의 코발트를 포함한다. 대다수가 콩고에서 채굴되며 많은 제조업체가 반대하는 안전 기준과 노동 기준에 따라 생산되는 금속이다. 따라서 코발트가 들어 있는 배터리를 많이 재활용할수록 이 푸른 금속을 확보하기 위해 콩고의 광산에 의존하지 않아도 된다.[30] 또한 전기차 한 대를 생산할 때 전통적인 내연기관 자동차보다 더 많은 온실가스가 배출되지만 배터리를 반복해서 재활용하면 환경에 유리할 수 있다.

오바마 행정부에서 환경보호국을 이끌었던 리사 P. 잭슨Lisa P. Jackson은 내게 "이미 땅 밖에 나와 있는 재료들을 원천으로 하는 광업을 다시 생각할 기회입니다"라고 설명했다.[31] 화학공학을 전공한 잭슨은 기술 기업들이 환경에 미치는 영향을 줄이기 위해 어떤 노력을 하는지 감독하는 규제기관을 떠난 뒤 대표적인 기술 기업인 애플에 합류했다. 2017년 애플은 "언젠가는 광업에 대한 의존을 완전히 끝낸다"라는 목표를 설정했다.[32] 2019년 나와 대화를 나누었던 때는 잭슨과 애플이 유엔이 선정하는 글로벌기후행동상Global Climate Action Award을 받은 직후였다. 유엔은 "지구에서 취하는 것 없이도 제품을 만들어"내려는 애플의 노력을 높이 샀다.[33] 같은 해 말 애플은 애플워치와 아이폰의 생산을 위해 알코아Alcoa와 리오틴토 두 회사에서 탄소를 배출하지 않고 생산한 알루미늄을 공급 받는 계약을 맺었다.[34] 일반적으로 탄소를 집중 발생시키는 공정에서 온실가스 배출을 없애려는 시도였다. 하지만 원자재 구매 관행을 바꾸는 것과 자사의 오래된 제품들을 재활용하는 것은 완전히 다른 문제였다. 제조업체들이 겪는 문제 중 하나는 리튬이온배터리를 포함하는 장치가 온갖 다양한 형태와 크기를 가진다는 것이다. 디자인에 까다롭기로 유명한 애플 역시 같은 문제를 겪었다.

아이폰을 유리와 알루미늄 틀·배터리·기타 부품으로 빠르게 분해할 수 있도록 설계하고 제작한 로봇 데이지Daisy가 도입되었다. 잭슨은 "광업계가 기후와 수자원, 책임 있는 조달에 관심이 있다면 혁신을 추구해야 한다는 것을 알아야 합니다"라고 주장했다. 데이지는 이른바 폐루프 제조업체closed-loop manufacturer, 즉 '순환 경제'라는 원리를 고수하는 제조업체가 되려는 애플이 준비한 계획의 일부다. 오래된 전자제품들을 분해해 새로운 제품을 만들면 이론적으로는 새로운 광산을 개발할 필요성이 줄어든다. 전 세계에서 전자제품을 향한 갈망이 나날이 커지는 현실을 생각하면 실질적인 목표라기보다는 야심 찬 포부에 가까울 수 있다. 하지만 순환 경제를 목표로 삼으면 소비와 폐기라는 끝없는 순환을 줄이는 데 도움이 될 것이고, 결과적으로 자원으로 인해 긴장이 높아지고 있는 이 행성의 부담을 덜어줄 수 있을 것이다.

사우스다코타광업기술학교의 교수 존 켈러Jon Kellar는 내게 "우리는 철이나 알루미늄 같은 특정 금속을 재활용하는 법을 가르치고, 그러지 않으면 죄책감을 느끼게 합니다. 하지만 여전히 보크사이

트bauxite(알루미늄의 원광석 - 옮긴이)와 철광석을 채굴하고 있죠"라고 설명했다.³⁵

잭슨과 대화를 나누고 오래지 않아 나는 직접 데이지를 보러 가기로 했다. 애플은 텍사스주 오스틴의 평범한 상업지구에 있는 사무실에서 바깥에 특별한 표지판 하나 세우지 않은 채 재활용 작업에 투입할 로봇을 준비하고 있었다. 나는 입구 밖에서 애플 직원을 만나기로 했다. 간단한 안전 수칙을 들은 뒤 작동 중인 데이지의 사진을 촬영하지 않는다는 조건으로 투어를 허락받았다.³⁶

데이지는 공상과학 영화에서 자주 보았던 기다란 로봇 팔처럼 생겼다. 길이가 18미터 정도 되는 이 로봇은 유리 상자 안에서 네 단계로 아이폰을 분해했다. 대략 섭씨 영하 80도 정도 되는 기체를 분사하자 휴대전화의 유리 스크린뿐 아니라 희토류 자석으로 만들어져 휴대전화를 진동하게 하는 장치인 촉각 엔진과 배터리팩도 분리되었다. 데이지의 앞에서 이어지는 컨베이어 벨트는 덜거덕거리며 거대한 자루로 향했다. 자루 안에 모인 아이폰의 조그마한 배터리 부품과 다른 부품들은 재활용 시설로 보내서 금과 다른 금속들을 추출할 예정이었다. 애플은 데이지가 매년 휴대전화 120만 대를 분해할 수 있다고 밝혔다.³⁷ 폐루프화를 추진한다고 해서 반드시 목표를 달성할 수 있는 것은 아니지만 이 회사는 상당한 진전을 이뤘다. 2021년에는 컴퓨터와 다른 제품의 20퍼센트 정도를 재활용된 재료로 만들어 역대 최고의 재활용률을 기록했다.³⁸ 콜로라도광업대학 크롤야금학연구소Kroll Institute for Extractive Metallurgy의 재활용 전문가 코비 앤더슨Corby Anderson은 내게 "미래에도 금속 수요는 계속 증가할 겁니다"라고 설명했다.

"이러한 수요에 대응하는 한 가지 방법이 재활용입니다. 하지만 재활용으로 모든 수요를 공급할 수는 없을 거예요."[39]

애플의 데이지를 내 눈으로 확인한 후에도 이 로봇을 거친 배터리 부품에 어떤 일이 벌어지는지 궁금증이 사라지지 않았다. 애플은 오스틴의 시설에서 배터리를 분해하지 않았다. 그렇다면 그다음에는 무엇이 기다리고 있을까? 캐나다 토론토의 한 스타트업이 어느 정도 답을 주었다.

친환경 에너지 전환의 씨앗

아제이 코차르Ajay Kochhar와 팀 존스턴Tim Johnston은 의식처럼 함께하는 시간이 있었다.

두 엔지니어는 자신들이 일했던 기술 컨설팅 회사 해치Hatch의 온타리오주 사무실 지하에 있는 조그마한 가게에서 일주일에 몇 번이나 함께 커피를 마셨다. 더는 두 사람의 의견이 충돌하는 일은 없었지만 어쨌든 아무 제한 없이 자유롭게 아이디어를 공유하는 시간이었다. 인도 출신 이민자의 아들인 코차르는 누구든 바로 편안하게 만드는 따뜻하고 전염성 있는 미소를 가졌다. 장신의 오스트레일리아인 존스턴은 상냥했지만 내향적이었고 언제나 다음 계획을 생각하고 있었다. 커피는 사무실에서 진행되는 회의에서 꺼내기에는 너무 "괴짜 같은" 특이한 아이디어를 풀어놓을 구실이 되었다. 2016년 9월 중순, 역시나 커피를 마시는 자리에서 존스턴이 색다른 요청을 했다. "밖에서 만날 수 있을까?"

코차르는 "바로 '이런, 존스턴이 떠나려는 거군'이라고 생각했죠"라고 회상했다.

기업가의 아들인 코차르는 어린 시절 의사를 꿈꿨지만 토론토대학교에 입학하며 전공으로 화학공학을 택했다. 화학공학을 공부한 이들 대다수가 전통적으로 석유나 천연가스 업계에 진출했지만 그가 대학에 입학했던 2009년에는 친환경 에너지 전환의 씨앗이 싹트고 있었다. 코차르는 2013년 졸업했고 해치의 '비철 기체 폐기물non-ferrous off-gas 처리' 부서에 합류해달라는 제안을 받았다. 이름은 투박해도 신생 청정기술을 다루는 부서였다. 그는 고객사의 엔지니어들이 공정에서 방출되는 기체 폐기물을 감축할 수 있게 도왔다. 캐나다 온타리오주에 있는 니켈 정제 공장들이 걱정하던 문제였다. 코차르는 내게 "이론적인 영역에서 벗어나 실제로 무언가를 만들어볼 수 있게 한 경험이었어요"라고 설명했다.[40]

2013년 코차르는 부서를 옮겨 광업 기업들을 포함한 고객의 신규 프로젝트 개발을 돕는 일을 하게 되었다. 제일 처음 그에게 떨어진 프로젝트는 리오틴토가 세르비아에 새 리튬 광산을 건설하는 계획이었다. 이 회사가 미국 애리조나주에서 샌카를로스 아파치족과 싸우는 동안 함께 발목을 잡았던 프로젝트였다. 코차르는 리오틴토가 광산을 어떻게 만들 수 있을지 제시하는 보고서의 작성을 도왔고, 그 과정에서 당시 브리즈번에 거주하던 존스턴과 함께 일하기 시작했다. 무엇보다도 이 프로젝트는 코차르가 리튬 생산의 기술적인 측면에 눈을 뜨게 했다.

몇 년 후 존스턴은 미국으로 이주했고 코차르에게 리튬에 집중하며 경력을 쌓으라고 조언했다. 테슬라와 다른 관련 기업들이 사업을 확장하면서 전 세계에서 리튬 수요가 급증하기 시작했다. 세계 곳곳의 다양한 리튬 프로젝트를 평가해달라는 고객들이 꾸준히 해치를 찾아와 신생 분야에 뛰어들려는 코차르의 열망을 부추겼다. 2016년 존스턴이 회사 밖에서 커피를 마시자고 제안했을 때 코차르는 이미 경력에 변화를 주고 싶어 안달이 나 있었다.

존스턴은 실제로 해치를 떠났다. 그의 머릿속에는 한동안 숙성되어 온 사업 아이디어가 몇 가지 있었다. 그중 하나가 리튬이온배터리를 구성하는 금속들, 특히 리튬을 분리해 재활용하는 것이었다. 코차르는 재활용으로 성공할 수 있는 사업 모델이 있는지 확신할 수 없었고 존스턴이 퇴사한 후 다양한 학술 논문과 업계의 보고서를 파고들었다. 그는 리튬이온배터리를 재활용하는 산업이 아직 자리를 잡지 못했지만 재활용한 리튬과 다른 금속을 판매할 사업 모델만 찾는다면 몇 년 사이 상황이 바뀔 가능성이 크다는 것을 알아냈다. 그리고 코차르는 그런 시장을 만드는 데 기여하고 싶었다.

존스턴이 퇴사하고 두 달 뒤 코차르도 같은 길을 택했다. 그리고 일주일 후 두 사람은 오래된 배터리에서 금속을 추출하는 데만 집중하는 사업 모델을 만든다는 목표 아래 리사이클Li-Cycle을 창립했다. 첫해에는 두 사람의 임금도 챙길 수 없었다. 이러한 상황은 존스턴과 운명적인 커피를 마시기 직전에 아내가 될 여성을 만났던 코차르에게 개인적인 갈등을 선사했다. 잠재적인 투자자들은 지나친 선행 투자가 필요하다거나 허무맹랑한 일을 하려 한다는 이유로 자금 지원을 주저했다.

코차르는 "사람들은 오랫동안 이 사업이 과학 프로젝트라고 생각했어요"라고 회상했다.

"우리가 성공하지 못할 거라고 했던 사람들의 이름을 1000명은 댈 수 있을걸요."

또한 이들은 주방용 믹서기로 배터리를 조각내는 것을 포함해 온갖 생뚱맞은 실험을 벌였다.

코로나바이러스 대유행이 리사이클과 코차르, 존스턴에게 뜻밖의 행운을 안겼다. 전 세계가 일상용품들을 위한 긴 공급망과 씨름하게 되면서 친환경 에너지 전환에 힘이 실렸다. 미국을 비롯한 서구의 국가들이 더 많은 광업을 고려하도록 부추긴 힘이 재활용 분야의 성장도 부추겼다. 전기차의 인기가 점점 올라가면서 수명이 다한 배터리로 무엇을 할 수 있는지에 관한 논의도 점점 늘어났다. 또한 리튬이온배터리를 제조하는 과정에서도 재활용해야 하는 잔여 폐기물이 발생했다.[41]

코차르와 존스턴이 리사이클을 창립한 이듬해, 테슬라 창립 초기에 중요한 역할을 해서 머스크가 이 회사의 공동창립자로 여기기도 했던 J. B. 스트로벨이 두 사람과 비슷하게 오래된 배터리를 재활용한다는 목표를 가지고 레드우드 머터리얼스Redwood Materials를 세웠다. 막후의 실력자 스타일로 뛰어난 지성을 자랑하는 스트로벨은 기존의 배터리를 개량하고 재활용할 새로운 방법을 찾는 데 혈안이 되어 있었다.[42] 테슬라가 사용했던 최초의 배터리를 설계했고 2003년 로스앤젤레스의 한 해산물 식당에서 함께 점심을 먹는 동안 이 자동차 회사에 투자하도록 머스크를 설득한 것으로⁴³ 유명한 스트로벨은 "우리 미션에서 중요한 부분은 이 재료들을 최대한 빠르고 효율적으로 배터리 공급망에 다시 투입하는 것이다. 말로는 참 간단하다"라고 설명했다.⁴⁴

목표는 비슷했지만 레드우드와 리사이클의 전략은 거의 처음부터 차이를 보였다. 스트로벨과 레드우드는 전기차 배터리를 위한 양극재를 만드는 게 목표였다. 스트로벨이 레드우드를 창립했을 때는 물론이고 심지어 2023년 말에도 북아메리카에는 양극재를 생산하는 시설이 없었다.⁴⁵ 스트로벨과 레드우드는 회사 내부에서 진행되는 공정에서 최대한 재활용된 재료를 사용하려 했지만 그 양이 부족하다면 광업 기업에서 리튬과 다른 금속들을 구매해야 할 수도 있었다. 레드우드의 최고경영자는 "우리는 가능한 한 재활용률을 높이려 하지만 사실 이 문제는 재활용된 재료의 확보 가능성에 달려 있다"라고 인정했다.

"최종적으로 50퍼센트 정도만 자연에서 새로 채굴한 재료를 쓰게 된다면 나쁘지 않다."⁴⁶

근본적으로 레드우드는 자신들을 재활용업체가 아닌 양극재 제조업체라 생각했고 재활용은 목표를 이루기 위한 수단이 되었다.

반면 리사이클은 계속 배터리를 분리해 이를 구성하는 요소들을 시장에 되파는 데만 집중했다. 코차르는 내게 "우리는 우리의 DNA를 굳게 지키기로 했습니다"라고 확인해주었다.

"우리가 씹을 수 있는 것만 입에 넣을 거예요."⁴⁷

두 회사 모두 자국의 전기차 금속 생산을 늘리기 위해서라면 무엇이든 하려 드는 미국 에너지부에서 커다란 액수를 대출 받았다. 에너지부의 한 관료는 "재활용의 이점 중 하나는 광물 자원을 확인하고 본격적인 생산을 하기까지 다소 시간이 걸리는 일부 광업 기업과 비교하면 더 확실하게 금속을 시장에 가져올 수 있다는 것이다"라고 주장했다.[48]

레드우드와 리사이클은 재활용을 보는 시각에서 차이가 있었다. 두 회사 모두 니켈과 리튬, 코발트를 포함하는 배터리 셀들의 조각인 블랙 매스black mass를 만들기 위해 배터리를 분쇄하는 것으로 작업을 시작했다. 하지만 레드우드와 중국의 일부 대형 재활용업체들은 건식 야금冶金 공정을 활용한다. 블랙 매스에서 금속들을 침출시키기 위해 섭씨 1482도의 열을 가하고 이를 위해 엄청난 에너지가 소비되는 공정이다. 건식 야금을 거치고 남은 금속 가루를 추가 화학물질들로 처리하면 코발트와 다른 금속들을 얻을 수 있다.[49]

반대로 리사이클이 선호하는 습식 야금 재활용 기술은 에너지 소모가 훨씬 적은 반면 여러 종류의 산酸과 다른 화학물질들이 대량 투입된다.[50] 또한 이 회사는 2017년 휴스턴에서 가르시아의 집을 뒤흔든 폭발과 같은 사고를 피하고자 용액을 이용해 배터리를 분리해서 블랙 매스를 만든다. 그다음 여러 종류의 산과 다른 화학물질들을 활용하는 일련의 복잡한 단계들을 거쳐 황산니켈과 황산코발트, 탄산리튬이 침출된다.[51] 리사이클은 오래된 배터리에 있는 니켈과 코발트, 리튬을 95퍼센트 이상 회수했다.[52]

레드우드는 스트로벨이 지분 대다수를 보유한 비공개 기업으로 남기로 했다. 하지만 리사이클은 이 회사의 가치를 16억 7000만 달러로 평가한 거래 이후 2021년 뉴욕 증권거래소에 주식을 상장했다.53 주식이 거래되기 시작하면서 리사이클은 배터리 부품회사인 LG화학과 복합 기업 코크 인더스트리스Koch Industries, 세계 최대의 광업 기업 중 하나인 글렌코어를 비롯한 신규 투자자와 고객을 유치할 수 있었다.54 또한 글렌코어와 안정적인 황산 공급 계약을 맺어 더 많은 배터리를 처리할 수 있게 되었다.

레드우드는 오래된 배터리를 선박 운송으로 조달할 수 있는 미국 네바다주에 재활용 및 가공 공장을 건설하기로 했지만, 리사이클은 이른바 대도시 거점 모델hub-and-spoke model을 택했다. 미국과 캐나다 곳곳에 세워진 소규모 시설에서 오래된 배터리를 모아 블랙 매스로 만든 뒤 뉴욕주 로체스터의 중앙 공장으로 보내 금속들을 분리하도록 한 것이다.

재활용 공정과 다른 요인들에 따라 차이가 있긴 하지만, 리튬이온배터리를 운송하는 비용이 전체 재활용 과정에서 발생하는 비용의 70퍼센트에 달할 수도 있다.55 리사이클이 대도시 거점 모델을 선택한 이유를 알려주는 놀라운 숫자다. 미국과 다른 나라들은 친환경 에너지 전환을 위한 금속들을 자체적으로 더 많이 생산하기 위해 노력하는 동시에 자국에서 사용된 배터리를 더 많이 재활용하기 위해 애쓰고 있다. 2020년 말 오랫동안 세계의 쓰레기를 받아들였던 중국이 유럽연합과 미국에서 전자기기 폐기물을 비롯한 재활용품들을 수입하는 것을 막기 위해 기준을 강화하면서 재활용이 더욱 시급한 문제가 되었다.56

리사이클은 2023년까지 뉴욕과 앨라배마·온타리오·애리조나에 앞서 설명한 소규모 시설을 만들었고 대다수가 이 회사의 고객인 전기차 공장 옆에 자리를 잡았다. 한 예로, 앨라배마주의 시설은 메르세데스뿐 아니라 미국 남동부에 빠르게 공장을 건설하고 있는 다른 자동차 제조업체들에서 나오는 잔여 금속을 가공하기 위해 세워졌다.[57] 피닉스 근교의 시설[58]에서는 루시드 그룹이라는 전기차 브랜드의 공장을 비롯해 미국 남서부에 영역을 넓히고 있는 전기차 시장을 활용하려 했다.

나는 2022년 6월의 어느 따뜻한 날 피닉스 바로 외곽에 있는 6317제곱미터 규모의 시설에서 코차르를 만났다. 리사이클은 한 달 전 이곳으로 이전했다. 아직 건물 밖에는 회사의 이름이 적힌 간판이 없었다. 건물 안에 있는 거대한 창고에는 검은색 원통이나 다른 용기에 보관된 배터리 폐기물이 팔레트 3500개를 채우고 있었다. 일부는 오래된 아이폰 배터리였고 현대자동차와 다른 제조업체에서 온 대형 배터리들도 있었다. 배터리가 자연 발화할 때를 대비해 천장에는 거대한 스프링클러가 박혀 있었다. 첫 번째로 든 생각은 재활용할 배터리 부품을 쌓아두기 위해 어마어마한 규모의 창고가 필요하다는 것이었다. 분명히 수요가 있었다. 재활용은 2030년이나 2040년의 문제가 아니었다.

코차르도 "지금은 2022년이지만 벌써 창고가 가득 찼어요. 현재 우리를 제한하는 문제는 배터리 재료를 처리하는 속도지 처리해야 하는 양이 아닙니다"라고 정리했다. 리사이클은 최근 도로를 따라 몇 킬로미터만 가면 도착하는 곳에 배터리를 블랙 매스로 바꾸는 시설을 열었다. (미국의 안전 규제는 배터리를 수집해두는 시설과 처리하는 시설을 분리하도록 규정했다.) 처리 시설은 규모가 더 커서 1만 3000제곱미터에 달한다. 건물 안의 거대한 창고에는 비교적 폭이 좁은 기계가 있다. 2층 건물 높이에 길이가 몇십 미터는 되는 이 장치는 3단계로 휴대전화를 분해한다. 첫 번째 단계에서는 배터리를 분리해 1.8미터 너비의 컨베이어 벨트에 올려놓는다. 컨베이어 벨트에 실려 간 배터리는 특허를 받은 액체가 담긴 대형 용기에 떨어져서 조각나고 플라스틱 덮개가 제거된다. 두 번째 단계에서는 구리가 추출되고, 세 번째 단계에서는 블랙 매스가 쏟아진다. 그리고 각 단계에서 나온 산출물이 모인다. 블랙 매스를 직접 본 것은 처음이었다. 아주 곱게 갈린 숯 같았다. 내가 방문했던 날 이 분쇄 장비는 한 시간마다 약 1100킬로그램의 배터리를 처리했다. 여기서 만든 블랙 매스는 로체스터의 거점 시설로 보내져 각종 금속으로 분리된다.

현장을 돌아보던 중 코차르는 로체스터 공장이 최대 용량으로 가동되는 2024년부터는 매년 약 8500톤의 탄산리튬을 생산하려 한다고 무심히 이야기했다. 하지만 나는 그가 제시한 숫자에 놀랐다. 당시 미국에서 매년 생산되는 탄산리튬은 네바다주에 있는 소규모 시설에서 만들어지는 5000톤에 불과했다. 리튬 아메리카스, 아이어니어, 피드몬트를 포함하는 기업들이 새 리튬 광산의 운영을 시작하기는커녕 개발에 필요한 허가조차 받지 못하고 있었기 때문이다.

나는 코차르에게 "그렇다면 이 대륙에서 가장 큰 리튬 생산업체가 될 거예요"라고 말했다.

그는 미소를 지으며 고개를 끄덕였다. 북아메리카 대륙에서 가장 많은 리튬을 공급하는 원천은 광산이 아니라 오래된 배터리가 될 것으로 보였다. 충격적인 사실이었다. 그는 "이러한 가능성을 알아챈 사람이 많지 않았던 것 같습니다"라고 덧붙였다. 리사이클은 유럽과 아시아로 사업을 확장하면서 애리조나주에 있는 시설들과 다른 소규모 시설들의 규모를 키울 계획이었다.

리튬이온배터리 재활용 산업은 아직 완전한 순환 경제라는 애플의 꿈을 뒷받침할 정도로 성장하지 못했지만 더는 과학 실험이라 치부할 수 있는 수준도 아니다. 2020년 리튬이온배터리 시장의 규모는 13억 3000만 달러로 평가되었고 2030년이면 382억 1000만 달러로 성장할 전망이다.[59] 그만큼 리튬과 다른 금속의 전통적인 공급원들이 주목받기 시작했다. 그렇다, 친환경 에너지 전환의 초기 단계에는 금속들을 공급하기 위해 새 광산이 필요할 것이다. 하지만 궁극적으로는 더 많은 배터리를 만드는 데 필요한 금속을 재활용으로 얻는 비율이 더 커질 것이다.

레드우드의 스트로벨은 "우리가 배터리와 전기차에 투입하는 모든 재료는 어디로도 가지 않는다. 여전히 거기 있다. 성능이 저하되지도 않고 손상되지도 않는다. 이러한 금속들의 99퍼센트, 아니 어쩌면 더 많은 양이 몇 번이고 반복해서 재사용될 수 있다. 그야말로 몇백 번 혹은 몇천 번도 가능하다"라고 지적했다.[60]

코차르와 존스턴이 함께하는 리사이클과 스트로벨이 이끄는 레드우드를 비롯한 재활용업체들이 미국과 전 세계에 더 많은 금속을 공급하려 하는 사이 다른 기술 전문가들은 이전까지 상업적 규모로 시도된 적이 없는 새롭고 환상적인 방식으로 리튬을 만들어내려 하고 있다. 하지만 이들은 다양한 문제를 맞닥뜨리고 있었다.

CHAPTER 13

깨끗한 리튬을 만드는 연금술

"개빈, 잘 지냈어요? 이렇게 보니 좋네요!"

주름 하나 없는 흰 셔츠에 줄무늬 넥타이를 매고 짙은 감색 정장을 걸친 바이든 대통령은 조그마한 탁자 앞에 앉아 전면에 설치된 대형 디지털 디스플레이를 향해 인사를 건넸다. 캘리포니아 주지사 개빈 뉴섬과 몇몇 경영인의 얼굴이 보였다. 에너지부 장관 그랜홈은 바이든의 오른쪽에 앉아 있었다. 당시 대통령의 국가 기후 고문이었던 지나 매카시Gina McCarthy와 국방부 차관 캐슬린 힉스Kathleen Hicks는 맞은편에 자리를 잡았다.[1]

바이든은 2020년 대통령 선거기간에 여러 차례 미국의 경제를 화석연료에서 친환경 에너지로 전환하기 위한 상세한 계획을 제시했다. 하지만 이러한 목표를 달성하기 위해 필요한 광물들을 이 나라의 어디에서 어떻게 조달할지는 공개적으로 밝힌 적이 없었다. 이 점에 있어서는 나를 믿어도 좋다. 나는 선거운동이 한창이던 2020년 10월 말 로이터 기자 12명과 함께 소규모 기자단을 꾸려 일주일간 당시 부통령의 선거캠프와 함께 플로리다와 펜실베이니아, 조지아를 누볐다. 폭풍우가 몰아치던 탬파Tampa에서도, 바람이 불었던 필라델피아에서도, 프랭클린 루스벨트가 건강을 되찾으러 갔던 (하지만 결국 눈을 감게 된) 웜스프링스Warm Springs 리조트에서도 나는 기회가 날 때마다 바이든에게 같은 질문을 던졌다.

"당신의 청정 에너지 계획을 실행하려면 더 많은 금속을 채굴해야 할까요?"

하지만 바이든은 미끼를 물지 않았다. 이 주제에 말려들지 않겠다는 본인의 의지였을 수도 있고, 선거를 앞두고 (코로나바이러스나 러시아, 아들 헌터Hunter처럼) 더 시급한 문제에 집중하느라 그랬을 수도 있다.

물론 바이든은 선거에서 트럼프에 승리했고 2021년 1월 대통령으로 취임했다. 그리고 이후 1년간 광물이나 광업에 관해 공개적인 발언을 내놓지 않았다. 본인과 그랜홈이 반복해서, 미국은 더 많은 전기차와 태양 전지판, 풍력발전용 터빈을 만들고 활용해야 한다고 목소리를 높이는 와중에도 그랬다. 나는 계속해서 나 자신과 로이터의 동료들에게 "바이든은 이 나라가 어디서 이런 전기차를 얻을 거라고 기대하는 걸까?"라고 물었다. 어쨌든 테슬라의 자동차가 나무에 열릴 일은 없었다.

2021년 8월 바이든은 2030년 판매될 신규 승용차와 소형 트럭의 절반 이상을 전기차로 채우는 것을 목표로 하는 행정명령에 서명했다.² 포드, GM 그리고 디트로이트에서 가장 큰 자동차 제조업체 스텔란티스Stellantis가 지지하는 계획이었다. 하지만 바이든이 이 행정명령을 승인한 시점까지 기존 자동차 업체나 리비안Rivian, 로드스타운 모터스Lordstown Motors 같은 신흥 경쟁 상대 중에서 전기차를 만들기 위한 광물들을 어디서 조달하려 하는지 밝힌 기업은 거의 없었다. 이렇게 무책임한 태도는 대중의 눈총을 받았고 자동차 산업의 역사에서도 찾아보기 힘든 것이었다. 헨리 포드는 성장하는 자신의 자동차 제국에 고무를 공급하기 위해서 브라질의 아마존에 마을 하나를 통째로 건설하기도 했다.³

같은 해 7월 한 가지 전조가 있긴 했다. 캘리포니아주 남부의 작은 스타트업이 인공호수의 깊은 곳에서 실험적인 기술을 활용해 만든 리튬을 GM에 공급하기로 했다는 소식이 전해졌다. 솔턴호Salton Sea는 로스앤젤레스에서 258킬로미터 정도 떨어져 있다. 20세기 초 콜로라도강의 강물이 관개수로를 뚫고 들어와 호수를 형성했고, 이후 빗물을 비롯해 주위 농장에서 살포한 농약과 물이 모였다.⁴ 솔턴호의 약 1.6킬로미터 깊이에는 리튬과 칼슘, 기타 금속들이 풍부하고 온도가 섭씨 371도에 달해 아주 뜨거운 염수가 소용돌이치고 있다. 물의 끓는점보다 두세 배나 높은 온도다. 버크셔 해서웨이 에너지는 몇 년간 이 염수에서 솟아나는 증기로 터빈을 돌려 생산한 전기를 캘리포니아주 남부 일대에 공급해왔다. 또한 이 염수에는 바이든이 이 나라를 위해 생산하고 활용하려 하는 전기차를 몇십 년간 만들 수 있는 리튬이 함유되어 있다.⁵

이론적으로는 (어느 지역에서도 원하지 않는) 거대한 노천 광산이나

(리튬을 생산하기까지 몇 달이나 걸리고 수백만 리터의 물을 소비해야 하는) 대형 증발 연못이 필요 없다. 노천 광산은 (특히 피드몬트가 노스캐롤라이나주에서 겪고 있는 일에서 가장 확연히 드러나듯) 많은 이가 결사반대하며 다른 프로젝트들 역시 수계나 기타 생태계에 해를 끼칠 수 있다. 하지만 리튬 직접 추출, 즉 DLE 기술은 염수 저수지에서 효율적으로 리튬을 걸러내면서 경관에는 최소한의 영향만을 미치겠다고 약속한다. 환경단체 네이처 컨서번시Nature Conservancy는 2022년 리튬 생산법을 다룬 보고서에서 "모든 추출법은 잠재적으로 자연에 영향을 미칠 수 있지만 DLE 기술은 노천 채광이나 증발에 의한 추출보다 적은 영향을 미칠 가능성이 있다"라고 밝혔다. 74페이지짜리 보고서의 표지에는 티엠의 메밀 사진이 있었다.[6]

그렇다면 이런 질문을 던질 수밖에 없다. 캘리포니아주 남부의 뜨거운 염수뿐 아니라 유타주의 그레이트솔트호Great Salt Lake나 아칸소주의 오래된 유전처럼 온도가 더 낮은 염수에서도 리튬을 걸러낼 수 있는 특정한 유형 혹은 여러 유형의 DLE 기술이 존재할까? 몇 년간 연구실에서 진행한 실험을 통해 일부 염수에서 금속들을 추출할 수 있었지만 가장 중요한 곳, 즉 현실에서는 이러한 DLE 공정이 원하는 결과를 만들어낸 적이 없었다.[7]

디지털 화면 속의 뉴섬이 바이든에게 "오늘 이 회의가 계획대로 진행될지 전전긍긍하고 있었어요. 감동적이네요"라고 감사 인사를 전했다.

"우리와의 만남을 취소하지 않은 데 감사드립니다."

(러시아의 우크라이나 침공이 임박했던 때였다.)

"농담하는 거죠?!"

바이든은 자신이 하려는 말이 본인에게도 얼마나 중요한지 강조하기 위해 목소리에 힘을 실었다. 희토류 채굴 기업 MP 머터리얼스의 리틴스키와 레드우드의 스트로벨, 버크셔의 계열사 BHE 리뉴어블스BHE Renewables를 이끄는 얼리샤 냅Alicia Knapp이 대통령과의 화상 회의에 참석하고 있었다.

뉴섬은 특히 자신이 이끄는 주는 물론이고 미국 전체에서 "깨끗하고 지속가능한 방식"으로 리튬을 추출할 수 있다는 자신의 믿음을 전파하기 위해 회의에 합류했다. 대통령과도 공유하는 신념이었다.[8]

바이든은 "우리는 지나치게 많은 채굴이 이루어지면서 미국의 여러 고장에 남긴 역사적 불의를 피해갈 수 있습니다"라고 주장했다.

바이든은 본질적으로 전기차 경제를 위한 광물들의 새로운 공급처가 환경을 훼손한 후 지역사회가 씨름해야 하는 폐허만 남기고 떠난 광업계의 옛 죄악을 반복해서는 안 된다고 이야기하고 있었다. 미국이 친환경으로 나아가야 하고 그러한 전환에 금속들이 필요하다면 파괴라는 여파를 남기지 않는 방식으로 생산되어야 했다. 야심찬 목표였다. 바이든은 냅에게 캘리포니아주 솔턴호에서 리튬을 얻으려는 버크셔의 계획이 자신의 포부에서 "커다란 부분"을 차지한다고 밝혔다.

DLE 기술은 식수에서 금속들을 제거하는 일반적인 가정용 정수기와 비슷하다. 업계의 한 분석가는 내게 2030년이면 세계 리튬 공급량의 25퍼센트를 DLE 공정을 통해 확보할 수 있을 거라 예상한다고 했다. 이 공정을 활용하면 평균적인 크기의 창고에서 몇 시간 만에 리튬을 걸러낼 수 있다. 반면 기존의 증발 연못은 규모가 몇십만 제곱미터에 달할 수 있고, 지하수가 포함된 주위의 대수층을 영구적으로 고갈시키며, 리튬을 생산하는 데 몇 년이나 걸린다. 하지만 대부분의 DLE 기술은 햇빛을 이용하는 증발 연못보다 운영 비용이 많이 든다.

냅은 대통령에게 버크셔가 "세계에서 가장 친환경적인 기술을 이용해 미국 최대의 리튬 산지를 조성하려 노력"하고 있다고 설명했다.

"야심만만해 보일 수 있지만 실제로 그렇습니다. 그리고 이렇게 야심 찬 시험에 임할 기업으로 버크셔만 한 회사가 없죠."

2021년 1월 20일 바이든이 신임 대통령으로 취임하기 겨우 몇 시간 전, 미국 에너지부는 솔턴호에서 자동차 업계를 위한 리튬을 생산하겠다는 계획을 밝힌 버크셔를 정부 보조금 대상으로 선택했다. 떠나는 트럼프 행정부가 악의로 남긴 선물이자 바이든의 백악관을 괴롭히려는 결정 같았다.

이 보조금은 솔턴호 염수의 리튬을 수산화리튬을 바꿀 수 있을지 확인하는 연구에 투입될 예정이었다. 버크셔는 3000만 달러가 들어가는 프로젝트의 나머지 비용 절반을 부담하기로 했다. 이 회사는 이미 한 해 전 캘리포니아주 에너지위원회에서 600만 달러를 지원받아 초고온의 솔턴호 염수에서 리튬을 걸러낼 수 있는지 시험했다. 그리고 이제는 연방정부의 보조금을 받아 이 연구를 보완하려 했다. 염수를 냉각하려면 더 많은 에너지를 소비하게 되어 프로젝트 전체의 비용이 커지기 때문에 초고온 그대로 염수를 처리할 수 있어야 했다. 아직 과학적 방법을 찾지 못했지만 버크셔는 희망에 차 있었다.

이 프로젝트가 주는 함의는 분명했다. 솔턴호에서 물과 염수를 여과하기만 해도 리튬을 생산할 수 있다면 미국은 새커패스나 리오라이트 리지 같은 장소를 파헤칠 필요가 없었다. 산쑥들꿩이 짝짓기를 하는 장소나 원주민들이 의식을 행하는 땅, 티엠의 메밀이라는 희귀식물을 희생시켜야 할지 결정할 필요도 없었다. 대신 지저분하고 위험했던 과거의 채굴 관행을 뒤로하고 진짜 친환경 경제로 나아갈 수 있었다.

하지만 실은 냅이 이 자리에서 밝히지 않은 사정들이 바이든의 계획이나 솔턴호에서의 리튬 생산에 관해 더 많은 것을 알려준다. 버크셔는 지난 13개월 동안 비밀리에 보조금의 조건을 두고 에너지부와 씨름해왔다.[9] 연방정부가 지원한 자금을 통해 얻은 특허권을 어떻게 관리할지 그리고 언젠가는 리튬 사업 부문을 매각할 수 있는지 등이 쟁점이 되었다. 심지어 버크셔는 아직 보조금을 공식적으로 수락하지 않은 상태여서 냅을 바이든과의 화상 회의에 참석시킨 것도 이 기업을 옭아매려는 의도인 듯했다.

에너지부의 관료는 이메일에서 자신들이 "기술적 측면에서 이 프로젝트의 방향을 설정하고 이후 방향을 바로잡는 데도 실질적으로 참여"하려 한다고 밝혔다. 하지만 버크셔는 "기존의 개발 계획에 따라 [프로젝트를] 관리하려 한다"라고 답했다.[10]

에너지부는 바이든이 광물을 주제로 화상 회의를 열기 두 달 전인 2021년 12월 14일, 버크셔에 둘 사이의 대화가 "막다른 골목"에 다다랐으며 이 회사가 보조금과 보조금을 놓칠 수 있는 위험 중 하나를 택해야 한다고 경고했다. 하지만 이러한 경고가 백악관까지 전해지지는 않았다. 2022년 1월 에너지부의 한 고위 관료는 버크셔에 만남을 요청하면서 이 회사의 솔턴호 프로젝트가 미국 내 광물 생산량을 늘리려는 연방정부의 계획에서 중요한 부분을 차지하고 있다고 시인했다.

바이든에게 버크셔의 기술적 역량을 자랑하긴 했지만 냅은 자신의 회사가 솔턴호에서 엄청난 기술적 도전에 맞서고 있다는 사실을 고백하지 못했다. 이 지역의 초고온 염수는 장비를 부식시키고 배관을 막히게 했다. 한 야금 전문가는 솔턴호의 염수를 "때로는 산성까지 띠는 끔찍하고 뜨거운 수프"라고 묘사하며 버크셔가 맞닥뜨린 강력한 저항을 시사했다.[11]

바이든은 알지 못하는 사실이었지만, 공개적으로 워싱턴의 친환경 에너지 목표에서 중요한 역할을 하게 될 거라는 찬사를 듣고 있는 회사가 실은 무대 뒤에서 언제든 바이든 행정부에 반기를 들 태세였고, 목표한 바를 얻기 위한 기술적 노하우도 갖추지 못한 듯했다. 미국 대통령이 내세운 기후 목표뿐 아니라 캘리포니아주에서 가장 가난한 지역이 된 솔턴호 인근의 경제에도 불길한 징조였다.

바이든이 광물 화상 회의를 연 바로 그날, 버크셔의 로비스트 조너선 와이스갤Jonathan Weisgall은 에너지부 장관 그랜홈의 수석 고문에게 이메일을 보냈다.

와이스갤은 "아시다시피 대통령과 BHE 리뉴어블스의 최고경영자는 막 화상으로 진행되었던 핵심 광물 관련 회의에서 우리가 (하나는 캘리포니아주에서, 하나는 미국 에너지부에서 받은) 두 번의 실증 보조금을 활용해 (…) 염수에서 리튬을 회수할 수 있다는 것을 (…) 증명하기 위한 작업을 시작했다고 밝혔습니다"라고 적었다.

이렇게 허세를 떨어놓고도 버크셔는 다음 날 에너지부를 찾아 계획 변경을 요청했다. 기술적 난이도가 덜한 형태로 리튬을 생산하기 위해서였다. 자신들이 바이든에게 공개적으로 자랑했던 기술적 역량을 가지지 못했다는 사실을 암묵적으로 인정하는 행동이었다. 비밀리에 이어진 줄다리기 끝에 나온 이 요청으로 버크셔는 몇 주 뒤 보조금을 받을 수 없게 되었다.

버크셔의 기술이 친환경 에너지를 향한 본인의 야심은 물론이고 솔턴호의 경제에도 도움을 줄 거라 장담했던 바이든의 공개적인 약속은 그를 향한 공격으로 되돌아왔다. 문제가 많은 노천 광산이나 수자원을 낭비하는 증발 연못 없이 리튬을 생산할 수 있는 최첨단 기술이라는 약속은 아직 실현되지 않았다.

리튬에 홀린 과학자들

버크셔에 앞서 솔턴호 지역에서 성공을 거두면서 이 회사에 희망을 선사했던 이들이 있었다. 카덱스 웨스턴Cardex Western Company은 1932년부터 이 지역에 있는 100미터 깊이의 모래 퇴적층에서 이산화탄소를 추출해 기동차(내연기관을 설치하고 그 동력을 이용해 운행하는 철도차량 – 옮긴이)를 냉각하는 데 쓰는 드라이아이스를 만들었다. 이들은 저온 기동차가 등장하면서 사업을 접었다.

1970년대에는 모턴 솔트Morton Salt Co.가 이 지역에서 (소금의 한 형태인) 염화칼슘을 추출했다.[12] 버크셔도 2000년대 초반 캐나다의 한 아연 회사와 계약을 맺고 조그마한 시험 설비를 만들어 솔턴호의 지열 염수에서 아연을 생산한 바 있었다. 하지만 버크셔의 프로젝트는 처음부터 어려움을 겪었고 2004년 아연 가격이 폭락하면서 완전히 폐기되었다.[13]

성공과 실패가 엇갈린 역사를 볼 때 솔턴호에서 리튬을 생산하려는 계획 역시 결과를 장담할 수 없었다. 시도가 없었던 것은 아니다. 과학자들은 1970년대 후반부터 미국과 세계 전역에 형성되어 있는 염호에서 상업적 규모로 리튬을 여과할 수 있는 기술을 개발하려 했다. 2000년대 말 캘리포니아주와 에너지부는 심볼Simbol Inc.이라는 스타트업에 버크셔의 사례와 거의 유사한 형태로 보조금을 제공할 뻔했다. 묘한 능력을 발휘해 화학 공정과 화학공학 분야의 가장 탁월한 인재 몇몇을 끌어들인 이 회사는 자사의 과학자들과 함께 솔턴호의 지열 염수에서 리튬을 여과하는 것과 관련한 특허를 19건 이상 신청했다. 이들은 자신들의 운명을 시험하기 위해 정부에 보조금을 신청했지만 일론 머스크와 충돌한 끝에 결국 실패했다.

솔턴호의 리튬은 계속해서 과학자들을 홀렸다. 바이든이 2030년까지의 목표를 설정하기 한 달 전 자동차 업계의 거물 GM은 컨트롤드 서멀 리소시스Controlled Thermal Resources라는 오스트레일리아의 조그마한 스타트업이 솔턴호에서 리튬을 생산할 수 있도록 지원하는 계약을 체결했다. GM은 얼마나 많은 자금을 투입하는지 (공개적으로는 "수백만 달러를 투자"하고 있다고만 했다) 그리고 얼마나 많은 리튬을 생산하려 하는지 (솔턴호가 "우리가 필요로 하는 리튬 중 상당한 양을 공급할" 것이라고만 했다) 상세한 내용을 거의 밝히지 않았다.[14]

컨트롤드 서멀은 황홀경에 빠졌고 (비꼬는 뜻 없이 정직하게 "지옥의 주방Hell's Kitchen"이라는 별명을 붙인) 자신들의 솔턴호 프로젝트가 GM의 지원에 힘입어 2040년부터 매년 6만 톤의 리튬을 생산할 수 있을 거라고 떠벌렸다. 해마다 전기차 배터리를 수백만 개 만들 수 있는 양이었고 리튬 아메리카스가 새커패스에서 채굴하려 했던 리튬의 세 배 정도였다. 이 회사는 솔턴호 염수에서 리튬을 여과하면 당시 세계 최대 리튬 산지였던 오스트레일리아의 리튬 광산에서 이 금속을 생산할 때와 비교해 15분의 1 수준의 이산화탄소를 배출하게 될 거라고도 덧붙였다.[15]

하지만 이 프로젝트를 시작하려면 발전소를 건설해야 했다. 이전까지 이곳에서 추진된 리튬 프로젝트들과 다른 점이었다. 솔턴호에서 리튬을 생산해 수익을 내려면 먼저 전기를 생산해야 했다. 리튬을 여과하는 것은 그다음이었다. 하지만 이미 이 지역에 열 곳 이상의 발전소를 보유하고 있으면서 리튬을 생산하려 안달이 난 기업이 있었다. 바로 당시 세계에서 가장 부자였던 워런 버핏이 소유한 회사 버크셔 해서웨이였다. 하지만 버크셔의 리튬 처리 기술에는 한계가 있었다.

캘리포니아는 버크셔, 컨트롤드 서멀 그리고 에너지소스 미네랄스EnergySource Minerals라는 세 기업의 시도에 많은 것을 걸었다. 세 회사 모두 이 지역에서 리튬을 생산하고 싶어 했지만 연방정부가 보조금을 제공하기로 한 기업은 버크셔였다. 또한 2022년 2월 바이든과 뉴섬이 만나는 화상 회의에 함께할 기업으로 선택된 것 역시 버크셔였다.

리튬보다는 합성염료를 비롯해 다양한 제품에 활용되는 브로민bromine에 더 관심이 많긴 했지만, 허버트 헨리 다우Herbert Henry Dow는 오랫동안 염수에 매혹되어 있었다. 발명가의 아들이자 본인 역시 다양한 작품을 세상에 내놓은 발명가였던 다우는 스물세 살에 처음 특허를 냈다. 그리고 1897년 오늘날 세계 최대의 화학회사 중 하나로 성장한 다우케미컬Dow Chemical Co.을 설립했다. 다우는 브로민을 생산하면서 자신의 기술적 역량과 여러 특허, 미시간주에 대량으로 형성된 염수를 활용해 독일의 경쟁사들보다 비용을 대폭 절감했다.[16]

제1차 세계대전이 끝나기까지 아직 한 해가 더 남았던 1917년 다우의 딸 루스는 미시간주 앤아버 출신으로 공학을 전공한 릴런드 돈Leland Doan과 결혼했다. 같은 해 장인의 회사에 합류한 돈은 영업직에서 경력을 쌓으며 서서히 승진했다.[17] 다우케미컬의 창업주는 몇 년간의 꾸준한 음주가 불러온 간경화증을 이기지 못하고 1930년 사망했다.

돈은 대공황과 제2차 세계대전을 거치며 회사의 경영을 도왔고 1949년에는 다우케미컬의 회장으로 취임했다. 족벌주의가 힘을 발휘했는지 아니면 경영 능력을 인정받았는지는 알 수 없다. 하지만 둥그런 얼굴에 작은 뿔테 안경을 즐겨 썼던 돈은 자신에게 기업을 지휘할 역량이 있다는 것을 증명했다. 다우케미컬은 그가 수장을 맡은 13년간 연간 매출이 네 배 가까이 증가해 9억 달러에 달했다.[18]

돈의 리더십을 전형적으로 보여주는 일화는 정기적으로 이 회사에서 가장 뛰어난 인재들을 미시간주 북부의 한 오두막에 불러 모아 미래의 기술들을 논의하게 한 것이다. 이들은 다우케미컬이 이러한 기술들을 만들어내려면 어떻게 방향을 전환해야 하는지 그리고 왜 그런 선택이 필요한지도 토론했다. 미국의 여러 세대가 권위 있는 이들이 말하는 바를 그대로 받아들이는 법을 배웠던 전쟁 직후라는 점을 생각하면 특히 더 혁신적인 접근법이었다. 돈은 반대 의견을 권장하고 자유롭게 사고하길 요청하면서 솔직한 대화를 요구하는 리더였다.

1950년대 초 미시간주의 오두막에서 진행된 회의에서 제2차 세계대전에 참전했던 한 참석자가 손을 들었고 다소 떨리는 목소리로 미래에 관한 예언 한 가지를 내놓았다.

"50년 안에 모든 사람이 주머니에 전화기를 넣고 걸어 다니게 될 겁니다."[19]

방 안이 키득거리는 웃음소리로 가득 찼다. *저 바보는 대체 무슨 생각을 하는 거야?*

하지만 돈은 웃지 않고 사람들을 진정시켰다. 그는 참전용사였던 부하 직원에게 "왜 그럴 거로 생각하죠?"라고 물었다.

"음, 누구도 전화기가 전선으로 벽에 묶여 있길 원하지 않으니까요."

"그렇다면 당신의 예언이 현실이 되기까지 가장 큰 제약은 무엇일까요?"

대중적인 통신 수단을 이동식으로 만들 수 없는 이유는 무엇일까?

"음, 너무 무거워서요."

이 직원은 전쟁에 참여하는 30개월 동안 지휘관이 사용하는 휴대용 무전기의 18킬로그램짜리 배터리를 등에 진 채 유럽 전역을 걸어 다니는 게 얼마나 끔찍한 일이었는지 설명했다. 그는 이런 경험을 통해 더 나은 기술이 필요하다고 확신했다. 근본적인 문제는 무거운 납축전지였다.

신선한 지적을 접한 돈은 연구 책임자인 빌 바우먼Bill Bauman에게 "가장 효율적인 배터리 재료가 될 수 있는 물질을 찾아내세요"라고 지시했다.

돈의 갑작스러운 요청을 받은 바우먼은 다음 날 보고서를 들고 나타났다. 리튬은 전하를 붙잡아두는 능력이 대단히 뛰어났을 뿐 아니라 원소주기율표에서도 가장 가벼운 금속이어서 미래 배터리를 위한 탁월한 후보였다.

그리고 다우케미컬은 이미 미국 전역의 염수에서 브로민을 생산하고 있었다. 돈과 바우먼, 회사 모두 이 염수가 리튬의 좋은 공급처가 될 수 있다고 생각했다. 돈은 바우먼에게 고속 성장 중인 이 화학 회사가 미래에 대규모 시장이 형성될 리튬을 생산할 방법을 연구하는 프로그램을 맡겼다. 이미 여러 기업이 세계 곳곳에서 대형 증발 연못을 이용해 리튬을 생산하고 있었지만 돈은 (특히 칼슘과 마그네슘을 포함해) 시장에 판매할 수 없는 다른 염들이 너무 많이 생산된다는 이유로 이러한 접근방식을 피하려 했다.

다우케미컬이 염수에서 브로민을 생산할 수 있다면 마찬가지로 염수에서 리튬도 생산할 수 있을 것이었다. 이 회사의 과학자들은 10년 넘게 방법을 찾았다. 그리고 대부분의 시도는 성공을 거두지 못했다. 다우케미컬은 리튬이 원소주기율표의 다른 친구들과 무척 친해서 혼자 있고 싶어 하지 않는다는 사실을 알았다. 10년 넘게 많은 돈을 쏟아부었던 다우케미컬은 1960년대 후반 리튬 연구를 보류했다.

하지만 바우먼은 계속 이 하얀 금속에 흥미를 느꼈다. 그는 다우케미컬의 최고기술책임자 자리에서 내려온 후에도 다우 펠로Dow Fellow라는 사내 과학자로 남게 되었다. 바우먼은 텍사스주의 다우케미컬 본사에 자신의 연구실을 마련해 고급분리연구실Advanced Separations Lab이라 명명했고, 리튬 연구를 비롯해 오랫동안 자신을 괴롭혔던 다양한 문제와 씨름하기 시작했다.

그는 자신의 팀원들에게 "우리는 리튬을 어떻게 얻을지 알아낼 겁니다"라고 선언했다. 그리고 그들은 작업을 시작했다. 1970년대 말 바우먼과 존 리John Lee라는 다우케미컬의 과학자는 특정 금속을 제거하는 일종의 필터인 이온교환수지와 알루미늄을 포함하는 금속염을 결합했다. 수많은 실험 끝에 둘을 적절한 비율로 합치면 염수에서 리튬을 추출할 수 있다는 것을 발견했지만 그 원리는 알 수 없었다. 그래도 바우먼과 리는 자신들이 만든 합성수지에서 리튬을 분리해냈고 결과적으로 이 금속을 얻을 수 있게 되었다.[20]

하지만 다우케미컬의 연구팀이 온전히 이해하지 못한 이 공정에는 여전히 많은 문제가 있었다. 분자 수준에서 실제로 어떤 일이 벌어지는지 알아내지 못하면 상업 규모로 확대 적용하는 게 사실상 불가능했다. 1979년 막 물리화학 전공으로 박사학위를 받은 젊은 과학자 존 버바John Burba가 바우먼의 팀에 합류했다.

버바는 "내가 처음으로 맡은 일은 이 망할 것이 무엇인지, 구조는 어떤지, 그리고 왜 이런 일을 하는지 알아내는 것이었다"라고 회상했다. 그는 바우먼과 리를 비롯한 다우케미컬 연구실의 동료들과 함께 일하며 이 공정을 개선하기 위한 수많은 특허를 출원했다.[21] 1979년 다우케미컬은 최초의 DLE 공정을 선보였고 새로운 공정을 시험하기 위해 텍사스주의 프리포트Freeport에 조그마한 시설을 세웠다. 당시 이 회사는 아칸소주에도 브로민을 생산하는 설비를 보유하고 있었다. 아칸소주의 시설에서 브로민을 생산하는 염수에 리튬이 풍부한 것으로 확인되면서 다우케미컬은 이곳에도 시험 설비를 설치했다. 해당 시설은 9개월간 운영되었고 제대로 작동했지만 비용이 너무 많이 들어갔고 해결해야 할 문제들도 있었다. 하지만 전기차는 고사하고 휴대용 전자기기도 유행하기 전이라 리튬 가격이 매우 낮았다.

다우케미컬은 1987년 바우먼, 버바, 리를 비롯한 연구원들이 피와 땀, 눈물을 쏟았던 리튬 연구를 포함하는 염수 사업 분야를 이후 앨버말이라 알려질 회사에 매각했다.[22]

바우먼은 은퇴했고 사는 곳을 옮겼다. 버바는 다우케미컬의 다른 프로젝트에 합류했다. 이렇게 두 사람 모두 가장 마음을 쏟았던 리튬을 떠나보냈다.

1992년 초 버바는 자기 집 처마에 망치질을 하고 있었다. 그는 다우케미컬을 떠나 그레이트 레이크스 케미컬Great Lakes Chemical Corporation로 이직한 참이었다. 버바는 텍사스주의 집을 팔고 가족과 함께 아칸소주로 이사하기 전 살던 집을 몇 군데 수리할 수 있게 개인 시간을 몇 주 확보해두었다. 사다리에 걸터앉아 있던 그는 전화가 왔다고 외치는 아내의 목소리를 들었다. 사다리를 내려온 버바는 전화를 넘겨받았다. 바우먼이었다.

"버바, 어떻게 지내요?"

버바는 잘 지낸다고 대답했고 마찬가지로 바우먼의 안부를 물었다.

"지루해서 죽을 지경이죠. 우리는 리튬을 생산할 더 좋은 방법을 찾아내야 해요."

버바는 화학자들만이 가질 법한 흥분을 애써 감추며 "그럼요. 동감합니다"라고 화답했다.

"좋아요. 그러면 내일 비행기로 가죠."

두 사람은 기존에 개발했던 수지resin를 개선할 방법을 논의한 뒤 버바의 아내에게 빌린 주방용품으로 다양한 실험을 진행했고 새로운 리튬 추출법 두 가지를 개발했다. 하지만 당시 리튬은 주로 유리와 윤활유, 약제에 활용되고 있어서 시장 규모가 크지 않았다. 바우먼과 버바는 주방용품을 활용한 발명으로 몇 가지 특허를 취득했지만 이들이 개발한 방법은 이후 몇 년간 거의 활용되지 않았다.

버바의 도전

버바는 1994년 아칸소주를 떠나 뉴저지주 프린스턴으로 향했다. 그는 지난 10년 사이 세계에서 가장 큰 리튬 생산업체였던 리튬 코퍼레이션 오브 아메리카Lithium Corporation of America를 인수한 FMC에서 연구를 맡게 되었다. 버바가 합류할 때 FMC는 그가 보유한 특허의 목록을 제출해달라고 요청했다. 그 목록에는 FMC가 사용 허가를 취득해 회사 내 연구실에서 실험 중인 기술도 있었다.[23]

이때만 해도 시장 규모가 크지 않았던 리튬의 주요 생산업체로 입지를 굳히고 싶었던 FMC는 아르헨티나 정부와 안데스산맥의 옴브레무에르토염호Salar del Hombre Muerto에서 리튬을 생산하는 계약을 맺었다. 약 4270미터 고도에 위치한 이 거대한 염호에는 리튬이 풍부한 염수가 가득 차 있었다. FMC 내부에서는 자사의 모든 리튬을 생산하는 노스캐롤라이나주의 광산이 5년 안에 고갈될 거로 추정하고 있었다. 압박감이 컸다.

FMC는 염수에서 리튬을 생산한 경험이 많지 않았으므로 한 경쟁 업체가 네바다주의 비슷한 시설에서 운영하는 공정을 모방하려 했다. 이후 앨버말에 인수된 푸트 미네랄Foote Mineral은 규모가 몇십만 제곱미터에 달하는 증발 연못을 여러 개 만들었고, 각 연못에서 서로 다른 화학물질을 증발시켜 마지막에 리튬을 얻었다.

이론적으로는 아르헨티나에서도 같은 공정을 활용하는 게 합리적이었다. 하지만 FMC는 곧바로 문제에 봉착했다. 아르헨티나의 염수는 푸트 미네랄이 가공하는 염수보다 황과 붕소뿐 아니라 마그네슘의 함량도 훨씬 높았다. 즉, 일련의 증발 연못을 활용하는 공통 이온 효과Common Ion Effect 화학 공정을 적용할 수 없다는 뜻이었다. 일단 이 공정에서 출발점이 되는 마그네슘이 분리되지 않고 리튬에 달라붙어 있을 것이다. 많은 이가 이 문제를 해결하는 방법으로 증발 연못에 석회를 주입하는 방안을 제안했지만, 그러면 젤리와 비슷한 젤라틴 물질이 생성될 뿐이었다. 버바는 결과를 예측하고 새로운 상사들에게 알렸지만 무슨 말을 하는지 모르겠다며 버바의 말을 묵살할 뿐이었다. 버바는 프린스턴으로 복귀했다.

아르헨티나 현장에서 FMC 경영진에 제출하던 보고서가 끊겼다. 에너지가 넘치는 밥 버트Bob Burt가 비행기에 오른 건 그때였다. FMC의 농약 분야와 제1차 걸프전쟁에서 광범위하게 활약했던 브래들리 탱크Bradley tank를 만드는 부서에서 18년간 일하며 점점 승진한 그는 2년 전 마침내 이 회사의 최고경영자가 되었다.

리튬이 FMC의 미래에 중요하고 그래서 리튬의 새로운 공급처가 필요하다면 아르헨티나에서 무슨 일이 벌어지고 있는지 알아야 했다. 하지만 현장에 도착한 버트는 냉랭한 대접을 받았다. 작업자들은 그에게 모든 것을 보여주었지만 정작 최고경영자가 보고 싶어 하는 연못만은 예외였다. 점점 화가 쌓인 버트는 마침내 직접 전체 부지를 걸어 다니며 뒤져서라도 연못을 찾아내고야 말겠다고 협박했다.

작업자들은 마지못해 그를 시험 연못으로 데리고 갔다. FMC의 수장 앞에 펼쳐진 수만 제곱미터의 연못이 젤리 같은 수산화마그네슘으로 가득 차 있었다. 훗날 프리포트맥모런에 인수되는 구리업체 펠프스 도지에서 한동안 이사를 역임하기도 했던 버트는 격분했다. "당신들은 8만 제곱미터를 망할 젤리로 채우는 데 성공했군요!" 그는 연못의 한쪽 가장자리에서 발을 구르며 고함쳤고 버트가 만들어낸 물결이 반대쪽 모서리까지 파도 모양을 만들며 이어졌다.

이러한 사태를 빚은 과학자들 일부를 해고한 뒤 본사로 복귀한 버트와 FMC의 경영진들은 버바의 이야기를 들어봐야 한다는 사실을 깨달았다. 연구실에서 호출된 버바는 그와 바우먼이 특허를 낸 기술을 이용해 리튬을 얼마나 생산했는지 상세히 설명해달라는 요청을 받았다.

버바는 "우리는 약 2.5그램을 만들었습니다"라고 대답했다. 여기저기서 한숨이 새어 나왔다. 버바의 기술은 사실상 과학 실험에 불과했다. FMC의 경영진이 실제로 궁금해했던 것은 둘의 기술을 아르헨티나에 적용할 수 있을지였다.

버트는 버바에게 "그 기술을 작업 공정으로 바꿀 수 있겠어요?"라고 물었다.

"네."

"확신이 있는 것 같네요."

"저는 할 수 있다고 확신합니다."

"그렇다면 확신을 현실로 바꾸기 위해 뭘 해야 합니까?"

버바는 자신에게 필요한 인력과 연구 환경을 설명했고 그들이 정말로 원하는 정보도 제공했다.

"2~3년이 걸릴 거고 800만 달러에서 1000만 달러가 들어갈 겁니다."

시장의 압박을 느끼고 있었던 버트는 6개월과 400만 달러를 허락했다.

"3년을 기다리면 이 사업은 끝납니다."

6개월이 지나기 전 버바는 자신의 기술을 아르헨티나의 염호에 적용해 리튬을 생산할 수 있다는 사실을 증명했다. FMC는 속도를 늦추지 않고 현장의 증발 연못에 버바의 DLE 기술을 접목하는 계획을 승인했다. 아르헨티나의 리튬 생산 시설은 4년간의 공사 끝에 1998년 6월 문을 열었다. 당시 이 광산은 세계 리튬 생산량의 3분의 1을 공급했다. 그리고 배터리 산업을 중심으로 이 금속의 수요가 폭

증하기 시작했다.[24]

 이 시점에는 이미 소니의 워크맨이 매년 1억 5000만 개 이상 판매되고 있었다. 재충전이 가능한 혁신적인 리튬폴리머배터리를 탑재해 열 시간 동안 음악 재생이 가능했던 애플의 아이팟은 2001년 공개되었다.[25]

 버바는 "아르헨티나[의 생산 시설]는 딱 제때 문을 열었습니다"라고 회상했다. 전 세계 곳곳에 그와 FMC가 이룬 성취에 주목하며 자신들에게는 어떤 의미를 가지는지 고민하는 이들도 생겼다. 볼리비아도 그중 하나였다.

 버바는 2013년 초 은퇴했다. 하지만 리더를 찾고 있던 심볼이라는 스타트업이 그를 찾았다. 휴스턴의 라이스대학교에서 대학원을 다니며 만난 두 엔지니어 루카 얼세그Luka Erceg와 존 콘리John Conley가 2006년 창립한 이 회사는 지열발전소에 자신들의 기술을 더해 솔턴호에서 리튬을 채취하려 했다. 둘은 로런스리버모어 국립연구소Lawrence Livermore National Laboratory의 과학자들도 영입했다.[26] 몇 년 후면 같은 지역에 이들의 계획을 모방하는 회사들이 출몰하게 된다.
 2012년에는 에너지소스라는 회사가 4억 달러를 투자해 솔턴호에 지열발전소를 열었다. 이 지역에 20년 만에 들어선 지열발전소였다. 휴양지로 이름난 코첼라계곡Coachella Valley에서 멀지 않은 이 시설은 부산물이나 폐기물을 거의 발생시키지 않고 전기를 생산할 수 있게 지열발전소를 대폭 개선한 과학자 존 페더스톤John Featherstone의 이름을 따서 명명되었다. 지열발전소에서는 지구 표면 아래 깊숙한 곳에 있는 초고온 액체를 끌어올려 증기를 분출시키고 그 증기로 터빈을 돌려 전력을 생산한다. 그리고 사용한 물은 다시 지하에 주입한다. 이 발전소는 대략 50메가와트의 전력을 생산해 인근 5만 가구에 전기를 공급할 수 있었다.[27] (2016년에는 솔턴호 주변에 이런 지열발전소가 19개 운영되고 있었다.[28])

심볼의 계획은 기본적으로 페더스톤발전소에 자신들의 기술을 접목하는 것이었다. 즉, 이들은 에너지소스가 깊이 3000미터 이상의 지하에서 끌어올린 물에서 리튬을 추출하려 했다. 서류상으로는 합리적인 계획이었다. 2008년 심볼은 국제 리튬 시장의 규모가 2015년이면 15억 달러에 달할 것으로 추정했다.[29] 솔턴호의 염수는 막대한 양의 리튬을 함유하고 있으므로 초고온 액체에서 이 하얀 금속을 분리할 수만 있다면 누구라도 탐낼 만한 사업이었다.

본인의 표현을 그대로 가져오면 버바가 심볼에 합류하기로 한 이유는 이 회사가 리튬을 "근본적으로 아무 오염 없이", 즉 "온전히 친환경적"으로 생산할 잠재력을 가졌다고 봤기 때문이었다.[30] 이러한 성취는 버바가 다우케미컬과 FMC에서 개척해온 길의 연장(혹은 그가 꿈꾸는 대로라면 정점)으로, 그가 40년 이상 쌓아온 경력의 유산을 공고히 하는 방법일 수 있었다.

2013년 심볼은 솔턴호에서 자사의 기술을 시험하기 위한 조그마한 시설을 건설했다. 이 시설은 1년 넘게 운영되었다. 심볼이 맞닥뜨린 가장 중요한 문제는 모래의 주요 구성 요소 중 하나인 화학물질 실리카silica였다. 리튬을 채취하려면 염수를 냉각해야 했지만 그 과정에서 실리카가 유리를 형성해 배관과 다른 장비들을 막히게 하는 것이 제일 큰 장애물이었다.

버바와 다른 과학자들의 노력 덕분에 심볼은 실리카가 일으키는 문제에 대처할 수 있는 기술을 고안했다. 이 회사에는 커다란 진전이었고, 캘리포니아주 멘로파크Menlo Park에 본사가 있는 모어 데이비도 벤처스Mohr Davidow Ventures, MDV의 투자자들도 기쁨에 들떴다. 이 기술은 시험 프로젝트에서도 대단한 성공을 거두었다.[31]

실리카 문제를 해결했고 시험 설비도 문제없이 운영되었으니 이제 상업용 설비를 건설하기 위한 자금을 댈 투자자를 사냥해야 할 때였다. 아니면 회사 전체를 매입하겠다는 제안도 환영이었다. 버바는 머스크가 흥미를 보일 거라고 생각했다.

당시 테슬라는 파나소닉에서 리튬이온배터리 셀을 공급 받고 있었다. 또한 미국에 자사의 자동차를 조립할 기가팩토리를 짓기 위해 적당한 땅을 찾아 헤매는 중이기도 했다. 캘리포니아주 남부가 머스크와 대형 전기차 업체에 딱 맞는 장소라는 소문이 돌고 있었다. 테슬라가 인근에서 리튬을 공급 받을 수 있다면 더욱 좋지 않을까?

하지만 버바는 머스크에게 접근할 방법이 없었다. 그는 3페이지짜리 프리젠테이션 초안을 만들고 어떻게 해야 이 신출귀몰하는 최고경영자에게 다가갈 수 있을지 머리를 짜내기 시작했다. 버바는 곧 자신의 지인 중 한 명이 머스크에게 접촉할 방법을 알 수도 있는 월가의 분석가와 연락하는 사이라는 사실을 알게 되었다. 2014년 초 버바는 이 느슨한 연결망을 통해 자신의 프리젠테이션을 전달했고 부디 의도한 목적지까지 도착하길 기도했다.

성공이었다.

몇 달 뒤 테슬라의 최고재무책임자 디팍 아후자Deepak Ahuja와 공동창립자 스트로벨이 버바에게 연락해왔고 심볼과 이들의 기술, 솔턴호에 관해 더 알고 싶다고 했다. 그리고 6월 테슬라는 3억 2500만 달러에 심볼을 인수하겠다고 제의했다.[32] 테슬라가 이 계약을 간절히 원하며 또한 빠르게 진행하려 한다는 신호였다. 제안에 따르면 심볼은 3억 2500만 달러에 상당하는 테슬라의 지분을 받게 될 예정이었다. 매수하는 기업은 현금을 지키고, 매수 대상인 기업은 인센티브를 얻는 일반적인 전략이었다. 인수 계약의 일부로 획득한 기술이 기대한 효과를 내지 못하고 이에 따라 인수한 기업이 고통을 겪게 되면, 이론적으로는 인수된 기업도 고통을 분담하게 되는 구조였다.

아후자는 정식으로 인수를 제안한 이메일에서 버바에게 테슬라가 심볼의 "인재들과 혁신적인 기술, 친환경적인 방식으로 리튬 공급을 늘릴 수 있는 잠재력" 덕분에 커다란 혜택을 보게 될 것으로 전망했다. 제안서에는 머스크 본인이 버바와 심볼의 이사회에 보낸 공식 서한이 포함되어 있었다.

> 테슬라와 심볼이 함께하게 될 가능성을 무척 기대하고 있습니다. 여러분들도 혁신적인 두 회사가 전 세계에서 깨끗하고 지속가능한 에너지를 발전시킨다는 미션 아래 하나가 될 흥미진진한 기회라는 우리의 생각을 공유하고 있길 바랍니다. 우리는 여러분과 심볼의 경영진이 이뤄낸 업적에 깊은 인상을 받았습니다. 여러분과 심볼의 경영진이 계속해서 이 세상에 진정한 변화를 불러올 방법을 함께 논의할 수 있게 되길 기원합니다.[33]

머스크는 버바에게 자신들의 제안에 관해 언론 등에 알리지 말아 달라고 강조했다.

그때 상황이 흥미롭게 돌아가기 시작했다.

심볼의 주요 투자자였던 투자회사 MDV는 1980년대와 1990년대 몇몇 대형 기술 기업의 지분을 취득하며 투자로 커다란 수익을 올리는 데 익숙해져 있었다. 이들은 세계경제가 화석연료에서 벗어나려는 시도에 실제로 심볼의 기술이 도움 된다면 3억 2500만 달러로는 부족하다고 생각했다. (심볼의 기술을 적용해 상업 규모의 시설을 건설하려면 600만 달러 이상이 필요하고 최소 3년이 소요된다는 사실은 잠시 잊기로 하자.[34]) 그래서 버바는 공식적인 수정 제안 없이 이 계약을 성사시키고 싶다고 솔직하게 밝힌 머스크에게 연락했다.

머스크가 버바에게 "우리가 어떻게 해야 할까요?"라고 물었다.[35]

버바는 "제프리스Jefferies에 프로젝트의 가치를 평가해달라고 할 수 있을 거예요"라며 뉴욕의 한 투자은행을 지목했다. 그는 테슬라가 독립적인 주체를 고용해 심볼의 가치를 평가하고 얼마가 됐든 그 금액을 반영해 수정 제안을 내놓길 바랐다.

머스크는 "제프리스가 가치를 매기고 우리가 계속 주식을 활용할 수 있다면 거래가 될 거예요"라고 버바에게 화답했다.[36]

제프리스는 '극비'라고 표시된 20페이지짜리 보고서에서 심볼을 버바의 전 직장이자 당시 리튬 업계의 선도 기업이었던 FMC, 칠레의 SQM, 록우드 홀딩스와 비교했다.[37] 이 보고서는 FMC, SQM, 록우드 홀딩스를 비롯한 다른 기업들이 "고품질의 수산화리튬을 요구하는 전기차 제조업체들의 거대한 수요에 부응하지 못한다"며 심볼의 기술이 시장의 다른 경쟁 상대보다 "우월하다"고 덧붙였다. 또한 심볼이 생산하려는 수산화리튬이 "지속적인 희소성"으로 인해 2020년에는 2014년 가격의 두 배에 가까운 톤당 평균 1만 3464달러에 거래될 것으로 추정했다. 무엇보다도 제프리스는 심볼의 계획이 다른 회사들의 리튬 프로젝트보다 환경에 훨씬 우호적이라고 평가했다. 이 투자은행은 심볼의 계획에는 광산이나 가공 공장, 대형 광미 연못, 광산 폐쇄 이후의 복원 비용이 필요하지 않다는 점을 지적했다.

이 모든 상황을 고려해 제프리스는 심볼의 가치가 약 25억 달러에 달한다고 결론 내렸다. 폭증할 것으로 예측되는 국제 리튬 수요가 반영된 거액이었다.

당시 중국 출장 중이었던 버바는 이 보고서를 머스크에게 보냈고 머스크도 자료를 검토했다. 미국과 시간대가 정반대인 중국의 업무 시간에 맞춰 머스크가 버바에게 전화를 걸어왔다.

머스크는 "나는 우리 이사회에 멍청이처럼 보이고 싶지 않을 뿐이에요"라고 했다.

버바는 "그럼요, 이해합니다"라고 답했지만 제프리스가 공정하고 철두철미하게 평가했다는 사실을 강조했다.

"그 점을 생각해주세요. 그다음 이야기합시다."

두 사람은 그다음 주에 직접 만났다. 하지만 머스크는 격앙되어 있었다. 그는 제프리스가 만든 보고서의 출력본을 둘 앞에 있는 탁자에 내던졌다.

머스크는 방에 있는 이들을 둘러보며 "누군가 내게 존 버바는 거짓말쟁이라고 하더군요"라고 했다.

버바는 말문이 막혔다.

머스크는 "누군가는 내게 10년간 톤당 600달러에 리튬을 살 수 있을 거라고 했고요"라고 말을 이어갔다.

버바는 제프리스가 수산화리튬 가격을 예측한 부분을 짚으며 "그건 사실이 아닙니다"라고 끼어들었다. 그리고 톤당 600달러면 이익을 내는 것은 고사하고 생산 비용도 되지 않는다고 지적했다.

"그럴 순 없어요. 불가능한 일입니다."

하지만 머스크는 버바가 이미 머릿속에서 저주하고 있는 누군가의 영향을 받아 마음을 정한 후였다. 머스크는 심볼에 제안한 가격을 1억 2500만 달러로 낮추겠다고 선언했다.

버바는 "그 제안은 받아들일 수 없습니다"라고 답했다.

"하지만 적어도 심볼에 투자는 해주시겠습니까?"

머스크는 "싫습니다"라고 쏘아붙였다.

버바는 자리에서 일어나 방을 나왔다. 그는 다시는 머스크와 대화하지 않았고 누가 계약에 독을 풀었는지도 알아내지 못했다. 테슬라는 이후 심볼의 거의 모든 경쟁 상대와 계약을 맺게 된다. 초고온 염수에서 실리카를 제거하는 중요한 기술을 포함해서 심볼의 기술과 특허들은 결국 클레이 워커라는 컨트리 음악 가수가 이끄는 스타트업에 매각되었다. 이 글을 쓰는 현재 해당 기업과 협력사 옥시덴털 퍼트롤리엄Occidental Petroleum은 리튬을 생산하는 데 과거 심볼의 기술들을 거의 활용하지 않고 있다.

버바가 심볼에서 경험한 모든 것이 그에게 좌절을 안겼으나 얻은 것도 있었다. 버바는 테슬라와 머스크가 분명히 저렴한 가격에 심볼의 기술을 손에 넣으려 하긴 했지만 결국 (최소 3년 이상 소요되는) 상업 규모의 공장을 건설하는 기간이 걸림돌이 되었으리라는 사실을 깨달았다. 테슬라는 자체 공장을 건설하는 데 모든 자금을 쏟아부어야 했다. 아마 리튬 공장 건설에 6억 달러를 투자할 생각이 없거나 그럴 돈이 없었을 것이다. (머스크와 버바가 만났을 당시 테슬라는 7억 4600만 달러의 현금을 보유하고 있었다.)

버바는 DLE 기술로 리튬을 여과하면서 트럭에 실어 옮길 수 있는 이동형 리튬 설비가 해답일 수 있다고 생각했다. 그는 다우케미컬과 FMC, 심볼에서 보낸 시간 덕분에 리튬 수요가 계속 증가하리란 걸 알았다. 또한 전 세계를 통틀어도 솔턴호처럼 리튬이 풍부한 염수가 대량으로 모인 곳은 극히 드물지만 규모가 이들보다 훨씬 작은 소규모 리튬 염호는 많다는 사실도 알고 있었다.

이동형 리튬 설비가 미래일까? 버바는 그렇다고 생각했다. 그래서 버바는 심볼에 불행한 결말을 선사한 머스크의 무모한 협상 전략에 분개하며 주저앉는 대신 직접 새로운 회사를 시작하기로 했다. 너무나 많은 사람이 실패한 지점에서 성공할 회사였다. 버바가 해야 할 일은 더 많은 특허를 출원하는 것뿐이었다. 그가 아주 잘 아는 일이었다. 버바의 경쟁 상대 중 하나가 세계에서 가장 많은 리튬을 보유한 것으로 추정되는 나라, 즉 볼리비아에서도 활용할 수 있다고 판단한 전략이기도 했다.

CHAPTER 14

볼리비아를 둘러싼 자원 쟁탈전

볼리비아의 포토시와 우유니를 잇는 203킬로미터의 길은 기이하고 일그러진 역사 그리고 투쟁과 희망을 품고 있다. 도요타 4러너4Runner의 뒷자리 가운데 끼어 앉은 나는 스노클snorkel(공기 흡기 장치의 파이프. 보통 오프로드에서 웅덩이 등을 건너더라도 물이 엔진으로 유입되지 않도록 파이프를 높이 장착하는 옵션을 뜻한다-옮긴이)을 비롯한 각종 오프로드 장비를 장착한 차가 곡예를 이어가는 동안 나란히 앉은 두 사람과 부딪히지 않기 위해 온몸을 들썩여야 했다. 때로는 NASA의 화성 탐사 장비 퍼서비어런스Perseverance가 지구에 전송했던 사진들을 떠올리게 하는 거대한 바위들이 길을 떠받치고 있었다. 때로는 도로 주위 절벽의 경사가 너무 가팔라서 여기서 추락한다면 한 명이라도 살아남을지 궁금해지기도 했다.

고속도로 배수로 벽에 남아 있는 빛바랜 선거 전단에는 '2020~

2025 에보(2006년부터 2016년까지 볼리비아 대통령을 지낸 에보 모랄레스를 의미한다 - 옮긴이)에게 투표하세요!'[1] 라는 문구가 적혀 있었다. 전기차 배터리를 만드는 데 사용되는 하얀 금속을 전 세계의 다른 어느 곳보다 많이 보유하고 있는 볼리비아다민족국(볼리비아의 정식 명칭은 원래 볼리비아공화국이었으나 2009년 모랄레스 대통령이 현재의 이름으로 국명을 변경했다 - 옮긴이)에서 리튬이 어떻게 당시 현직 대통령을 끌어내렸는지 상기하게 하는 흔적이었다. 길을 건너는 라마와 타조를 경고하는 도로 표지판이 보였다. 앞으로 어떤 풍경이 기다리고 있을지 짐작하게 하는 힌트는 없었다. 마침내 커브가 줄었고 고도도 떨어졌다. 덕분에 3660미터의 고도에 적응하지 못하던 머리의 통증도 잦아들었다. 풍경이 변하면서 종종 불규칙한 언덕들이 광대한 초원과 경이로운 지질 구조에 자리를 내주었고 존 웨인의 서부 영화에서 볼 법한 자연이 펼쳐졌다.

포토시에서 제조되는 맥주의 광고는 '세계 정상의 맥주La cerve za más alta del mundo'라고 홍보한다. 믿을 만했다. 볼리비아에서는 모든 것이 가능하고 그 무엇도 가능하지 않은 듯하다. 양극단이 이해할 수 없는 조화를 이루며 존재한다. 볼리비아의 면적은 대략 110만 제곱킬로미터로 콜롬비아와 비슷하다.[2] 하지만 이 나라에 만들어진 도로의 길이는 약 9만 928킬로미터에 불과해 면적이 훨씬 작은 가나나 아일랜드보다도 짧다.[3] 그 결과 안데스산맥으로 양분되고 '아메리카의 티베트'라 불리는 볼리비아를 돌아다니려면 많은 시간이 소요되어 경제 발전에 걸림돌이 되고 있다. 포토시에서 만난 한 여성은 약 478킬로미터를 이동해 이 도시에 도착하기까지 열두 시간 이상이 걸렸다고 했다. 미국에서는 보통 보스턴에서 필라델피아까지 갈 수 있는 시간이다.

포토시는 볼리비아의 주요 도시일 뿐 아니라 주와 같은 이름을 가진 주도다. 지역 주민들이 포토시에 가장 많이 요청하는 사항 중 하나가 길을 포장해달라는 것이다. 내가 달리는 도로는 드물게 포장된 길이었다.[4] 길이 평탄해질수록 흙과 풀로 덮인 계곡이 자주 보였고 라마의 일종인 비쿠냐vicuna와 어린 양도 출몰했다. 계곡을 둘러싼 언덕들은 눈이 아닌 소금으로 덮여 하얗게 빛났다. 지표면 아래가 염화나트륨 매장층으로 가득 차 있기 때문이다. 지역 주민들은 이 계곡에서 풀을 뜯은 사냥감은 근육에 소금기가 배어 쉽사리 잊을 수 없을 정도로 기막힌 맛이 난다고 했다. 바람에 나부끼는 종이처럼 파도 모양을 이루는 언덕들이 보였다. 울퉁불퉁하고 구멍이 숭숭 나 있어서 피부에 올라오는 사마귀처럼 보이는 언덕들도 있었다. 이곳에는 특유의 아름다움이 있었다. 특히 태양이 언덕을 향해 떨어지기 시작하고 달이 서서히 하늘에 모습을 드러내는 해 질 녘이면 두 천체의 빛이 합쳐지며 주위를 호박색으로 물들이는 풍경이 장관이었다.

백미러에 비치는 포토시는 한때 스페인제국의 엔진이 계속 돌아가게 했던 은 대부분을 공급했다. 문자 그대로 '은의 산'이 발견되며 1545년에 만들어진 이 도시는 스페인과 중국[5]을 비롯해 이 금속에 탐닉하는 전 세계의 고객들에게 꾸준히 은을 공급했다. 17세기 초 은이 포함된 광석을 분쇄하고 수은에 섞은 뒤 태양에 노출해 뜨겁게 구워내는 새로운 추출법이 알려졌다. 이 새로운 기술은 끔찍한 강제 노동 체계와 결합해 포토시의 경제에 호황을 몰고 왔다.[6] 이 도시는 "첫 번째 자본주의 도시"로 알려졌고 스페인에 막대한 부를 선사했다.[7]

17세기 초에는 한때 포토시의 인구가 런던을 넘어서기도 했다.[8] 오늘날 이곳에는 미국 아칸소주의 주도 리틀록Little Rock보다 약간 적은 17만 6000명이 거주하고 있다. 스페인인들은 결국 '엘도라도'를 찾지 못했지만 포토시는 확실한 위로를 주는 보상이었다. 스페인 제국은 16세기 후반 이 도시에 서반구 최초의 화폐 주조소를 세워 '스페인의 옛 은화'로 통하는 스페인 달러를 쏟아냈고 전 세계 해적들의 부러움을 샀다. 제국은 포토시 곳곳에 아름다운 건축물을 건설하기도 했다. 이제는 세월의 흔적이 드러나지만 유네스코 세계문화유산으로 지정되며 가치를 인정받았다.

하지만 포토시도 서서히 이 도시의 사람들이 은을 채취하며 치러야 했던 비싼 대가를 살피기 시작했다. 작가 에두아르도 갈레아노는 《라틴아메리카의 열린 광맥Las venas abiertas de América Latina》이라는 유명한 책에서 은을 채취하다 사망한 800만 명의 이야기를 풀어낸다. 2009년 우고 차베스(베네수엘라의 4선 대통령 – 옮긴이)가 오바마에게 선물했던 책이기도 하다. 얼마나 정확한지는 알 수 없지만 이 숫자는 천연자원을 추출하며 치러야 했던 엄청난 비용에 대한 증거로 볼리비아인들의 뇌리에 각인되어 있다.

18세기가 되자 은 매장층 대부분이 고갈되었고 스페인인들은 멕시코 등지의 광산으로 이동했다.[9] 결국 주석 판매량이 은을 앞섰지만 두 금속이 만들어내는 부는 비교가 되지 않았다. 애덤 스미스가 자본주의 지침서라 할 수 있는 《국부론》에서 경고한 대로였다.

유럽의 광산들보다 훨씬 우월한 포토시의 광산들보다도 더욱 우월한 광산들이 발견되면, 포토시의 광산들조차 운영할 이유가 없을 정도로 은의 가치가 크게 떨어질 것이다.[10]

언제나 더 푸르른 잔디가 있기 마련이다.

은은 볼리비아인들에게 세대에서 세대로 이어지는 부를 주지 않았다. 부의 대부분은 스페인제국으로 흘러 들어갔고 이 나라는 '천연자원의 저주'로 고통받아야 했다. 광물이 풍부한 식민지들이 대체로 국민에게 기본교육이나 기반 시설을 제공하지 못하는 현상을 일컫는 용어다. 21세기의 볼리비아는 서반구에서 가장 가난한 나라 중 하나다. 은 매장층이 있는 세로리코산Cerro Rico은 서서히 붕괴하고 있다. 영세 광부들은 이 산에 있는 4000개 이상의 갱도를 뒤져 은 찌꺼기를 모으고 그걸 판 돈으로 식량을 마련한다.[11] 이들은 지하에서 힘겹게 일하는 동안 에너지를 유지하기 위해 보통 코카잎(원산지가 남아메리카인 식물 코카coca의 잎에 들어 있는 코카알카로이드계 성분은 마취작용을 일으키며, 실제로 이 잎을 가공해 코카인을 만든다 – 옮긴이)을 씹는다.[12]

포토시의 역사가 스페인 왕 필리페 2세까지 거슬러 올라가는 반면 우유니는 상대적으로 늦게 주목받기 시작했다. 1890년 식민지를 개척하러 온 시리아인들과 슬라브인들이 세운 이 조그마한 소도시는 한때 태평양에 면한 볼리비아의 보석이었지만 이제는 칠레에 속하는 도시 안토파가스타로 향하는 기차의 주요 정차역이었다.[13] 약 1만 명이 거주하는 우유니에는 공사가 끝나지 않은 건물들과 소금으로 덮인 거리, 케누아 나무queñua tree, 이제는 전 세계에 슈퍼 식품으로 알려졌지만 특히 고도가 높고 선선하며 소금기가 많은 볼리비아에서 잘 자라는 식물 퀴노아가 흩어져 있다.[14] 특히 이 도시는 그 규모가 대략 1만 제곱킬로미터에 달해 하와이섬과 비슷한 세계 최대 소금 평원 우유니와 가깝다.[15] 안데스산맥의 두 줄기 사이에 자리 잡은 이 염호는 보는 이를 사로잡는 경이로운 풍경을 자랑한다. 포토시에서 출발해 구불구불한 길을 따라가다가 염호와 맞닿은 지점에 다다르면 하얀 양탄자가 끝없이 펼쳐진 평원이 나타난다. 우주인 닐 암스트롱은 1969년 달에서 우유니를 보고 거대한 빙하라 생각했다고 한다.[16] 조용히 불어오는 바람이 유일한 소음을 만들어낸다. 고요하고 광활한 백색의 풍경은 내가 꿈을 꾸고 있는 건 아닌지 자문하게 한다.

2017년 라이언 존슨 감독은 〈스타워즈: 라스트 제다이〉에 등장하는 신화 속 행성 크레이트Crait의 배경으로 우유니를 점찍은 뒤 로케이션팀에게 눈이 아니라 소금으로 가득 찬 이 지역에서 촬영을 진행해야 한다고 고집했다.[17] 완성된 영화를 홍보하는 동안 존슨은 크레이트가 "아주 멀고" "매우 외떨어진" "미지의" 땅이라 묘사했고 "광물이 많아서 광산들이 들어선 행성"이라고도 덧붙였다.[18] 볼리비아는 〈스타워즈: 라스트 제다이〉에 등장하는 신비로운 행성을 품고 있는 듯했다. 아주 먼 은하계에 있는 게 아니라는 사실만 예외였다.

신화에 따르면 이 소금 평원을 둘러싼 화산들이 아주 오래전에는 삼각관계를 이루며 사랑에 빠진 거인들이었다고 한다. 원주민 케추아족에게 대대로 전해 내려오는 전설에서 여신 야나 폴레라Yana Pollera는 투누파Thunupa와 코스코Q'osqo라는 두 남자와 관계를 맺었다. 폴레라가 임신하자 둘이 아버지의 자리를 두고 격렬한 싸움을 벌였고, 겁에 질린 폴레라는 아기를 먼 곳으로 보냈다. 하지만 아기가 배가 고프진 않을지 걱정이 된 그는 소금 평원을 아기가 먹을 우유로 가득 채웠다. 이 우유가 결국 소금으로 변했다는 것이 우유니의 전설이다.[19] 지질학자들의 이야기는 다르다. 이 소금 평원은 볼리비아 남부에서 갈라지는 안데스산맥의 두 줄기 사이에 자리 잡고 있다. 몇천 년 전 이 지대는 오늘날 민친호Lake Minchin라고 알려진 호수였다. 물이 유입되기는 했지만 흘러갈 곳이 없어서 지리학자들이 '닫힌 집수 구역endorheic basin'이라 일컫는 환경이 조성되었다. 시간이 흐르면서 호수의 물은 서서히 증발했고 이 과정에서 형성된 소금만 남았다.

 이러한 현상은 지금도 우기마다 반복되어 주위의 여러 산에서 빗물이 흘러내리지만 더는 갈 곳을 찾지 못한다. 빗물은 눈으로 덮인 산봉우리에서 많은 광물을 운반해 온다. 그리고 평원이 몇십 센티미터의 빗물에 잠기면 지구에서 가장 큰 거울이 만들어진다. 우유니는 평원 전체를 따져도 고도 편차가 1미터에 불과해 지구에서 가장 평평한 장소 중 하나여서 위성들이 센서를 보정하는 데 활용되기도 한다. 11월부터 3월까지는 홍학 무리가 찾아와 물에 몸을 담그고 번식한 후 떠난다. 계절이 바뀌어 건기가 오면 물이 증발하며 남긴 육각형의 소금 무늬가 모든 표면을 뒤덮어서 화려한 가정용 타일을 떠올리게 한다.

 이러한 증발 과정은 고맙게도 볼리비아에 엄청난 양의 광물을 선사한다. 염호의 단단한 소금층 아래에는 마그네슘, 탄산포타슘, 그리고 세계에서 가장 많은 리튬을 포함하는 염수가 있다. 수십억 대의 전자기기에 동력을 공급할 수 있는 리튬이다. 이웃한 칠레와 아르헨티나에도 리튬이 있고, 덕분에 세 나라가 함께 '리튬 삼각지대'로 알려지긴 했지만 가장 많은 리튬을 자랑하는 나라는 볼리비아다. 미국 지질조사국은 이 나라가 약 1900만 톤의 리튬을 보유하고 있는 것으로 추정했다. 하지만 생산이 거의 이루어지지 않은 탓에 볼리비아의 리튬은 '자원'으로 간주된다. 실제로 추출할 수 있는 양이 얼마나 되는지는 정확히 파악되지 않았다는 뜻이다. 광업계의 자본가들이 요청해 지질학적 분석을 진행하고 얼마나 많은 양의 금속을 기술적으로 확보할 수 있을지 추정한 매장량과는 다르다. 하지만 세계에서 가장 많은 리튬 자원을 보유하고 있다는 사실은 친환경 에너지 전환에서 볼리비아에 엄청난 힘을 선사했다. 2018년에는 이들의 리튬이 미국의 한 스타트업을 꾀어냈다. 이 회사는 자신들이 보유한 최첨단 기술을 활용해 볼리비아가 처음으로 이 금속을 대량 생산할 수 있게 돕겠다고 자신했다. 하지만 중국과 러시아는 생각이 달랐다.

볼리비아의 보석

19세기 들어 마드리드의 제국이 서서히 힘을 잃기 시작하자 라틴아메리카 전역의 스페인 식민지들이 식민 세력에서 벗어나기 시작했다. 베네수엘라 출신 시몬 볼리바르Simón Bolívar의 영향을 받은 이 대륙의 사람들은 독자적인 법과 관습, 경제를 가지는 새로운 나라를 세웠다. 차르카스Charcas 지역에 세워진 나라는 해방자를 기리며 국명을 '볼리비아'로 바꾸었다. 볼리비아는 인접한 국가들과 전쟁과 동맹을 반복하는 악순환에 빠졌고 특히 서쪽의 칠레와 사이가 좋지 않았다. 이렇게 일어난 전쟁은 대부분 이 나라에 상처를 안겼다. 볼리비아는 1879년부터 1938년까지 칠레와 아르헨티나·파라과이·브라질·페루에 원래 영토의 절반 이상을 내주었다.[20]

19세기 중반 칠레와의 전쟁에서 패한 후에는 태평양에 접근할 수 없게 되면서 사실상 육지로 둘러싸인 나라가 되었다.[21] (이 나라는 배가 다닐 수 있는 세계 최고 고도의 호수 티티카카호에 해군을 유지하고 있는데 이 호수 역시 페루와의 국경에 있다.) 19세기가 끝날 무렵에는 북쪽의 브라질과 전쟁을 벌였다. 또다시 패한 결과 볼리비아는 고무가 풍부한 아크리Acre 지역을 잃었다. 대공황이 전 세계를 휩쓸던 1930년대에는 파라과이와 싸운 끝에 차코Chaco 지역을 내주었다. 79년 후 파라과이는 차코에서 석유를 발견했다고 발표했다.[22] 이러한 역사로 인해 볼리비아인들은 자국의 보물을 노리는 외부인들을 깊이 불신하게 되었다. 1990년대에는 칠레의 한 기업이 이 나라의 리오그란데Rio Grande 지역에서 붕사를 생산할 수 있는 허가를 받았다. 외국 회사가 비누를 만드는 데 쓰이며 붕산나트륨으로도 알려진 이 광물에 접근할 수 있게 되었다는 사실을 알게 된 볼리비아인들이 분노하면서 곧 격렬한 반발이 일었다.[23]

이 나라는 한동안 아르헨티나와 브라질을 비롯한 인접국에 천연가스를 판매하면서 국가 재정을 불렸다. 하지만 1990년대에 과거를 좀처럼 생각하지 않는 멍청한 정치인 한 명이 과거 볼리비아에 속했던 칠레의 영토를 통과하는 배관을 만들어 천연가스를 미국에 수출하자고 제안했다. 이 계획은 바로 무산되었다. 미국에 가스를 팔수록 19세기에 벌어진 전쟁 덕분에 볼리비아에서 빼앗은 땅을 차지하고 있는 칠레인들에게만 좋은 일이 될 수도 있다는 사실을 일깨웠기 때문이다. 사법적 수단에 기대 태평양에 접근할 방법을 되찾으려 시도하기도 했지만 2018년 유엔 국제사법재판소는 5년간의 소송 끝에 볼리비아의 희망을 꺾었다.[24]

볼리비아의 리튬 매장층이 칠레와의 국경에서 가까운 이 나라의 남서쪽 가장자리에 있다는 점은 주목할 만하다. 볼리비아 국민의 집단의식에는 영토를 잃는 데 대한 공포가 깊숙이 자리하고 있다. 특히 전기차 제조업체들이 소중히 여기는 금속이 숨어 있는 곳이 국경 지역이라는 사실과 과거의 전적을 고려하면 그 공포가 더욱 커질 수밖에 없다. 이러한 우여곡절이 이 나라 전역에 퍼져 있던 억울함과 이방인들에 대한 불신에 기름을 부었다. 이방인들은 (맞을 수도 있고 틀릴 수도 있지만) 오로지 볼리비아와 이 나라의 부를 착취한 후 떠나려는 사람들로만 여겨진다. 1960년대에 미국 중앙정보국이 군사독재 정권을 지원한 탓에 워싱턴과의 관계도 좋지 않다.

볼리비아는 자국의 지질국과 미국 지질조사국, 기타 관련 기관들이 우유니와 인근 소금 평원에서 정밀 조사를 진행하고 그 결과를 발표했던 1970년대 말과 1980년대 초에 자신들이 보유한 리튬의 잠재력을 깨닫기 시작했다. 정밀 조사 결과는 놀라웠다. 우유니 아래 약 9.8미터 깊이에서 흐르는 염수는 세계 다른 어느 곳보다 많은 리튬을 포함하고 있다. 또한 분리해 판매하면 이익을 낼 수 있는 마그네슘과 탄산포타슘, 기타 광물도 함유하고 있다.[25]

이 나라는 몇백 년 전 자신들이 문자 그대로 은 광산 위에 앉아 있다는 사실을 알았다. 그리고 세계경제가 화석연료를 의심하며 재생에너지에 덤벼드는 지금 자신들이 리튬의 바다 위에 앉아 있다는 사실을 알게 됐다. 볼리비아의 역사를 보면 쉽게 예측할 수 있듯이 한 외국 기업이 빠르게 뛰어들었다. 이후 FMC에 인수되어 이제는 리벤트가 된 리튬 코퍼레이션 오브 아메리카는 1990년, 일련의 증발 연못을 활용해 모든 리튬을 채취하는 거래를 제안했다. 그리고 라파스(볼리비아의 행정수도-옮긴이) 정부에 이익의 8퍼센트를 돌려주겠다고 약속했다. 형편없는 수익 배분에 곧바로 우유니 인근 마을에서 항의 시위가 벌어졌다. 주민들은 자신들의 발아래에서 부를 얻으려 한다면 재정적으로 더 많은 지분을 나누어야 한다고 요구했다.

거래가 무산되었고 리튬 코퍼레이션 오브 아메리카는 이웃 아르헨티나로 향했다. 그리고 옴브레무에르토염호에서 존 버바가 개발을 도운 DLE 기술과 증발 연못을 결합해 리튬을 생산하는 계약을 성사시켰다.[26]

당시 이 회사의 경영진이었던 노리스는 자신의 회사가 아르헨티나로 떠난 이유로 볼리비아의 "정치 환경이 호의적이지 않았"고, 특정 기반 시설이 부재했으며, 우유니에서 리튬을 추출하는 데 기술적인 어려움이 있었다는 점을 꼽았다. 지금 생각해보면, 특히 첫 번째로 든 이유는 아이러니하게 느껴진다. 1990년대에 아르헨티나가 경제 개혁을 실험하기 시작하면서 이후 20년간 이 나라의 경제가 롤러코스터를 탔고 그 여파로 국제 금융 시스템에 끊임없는 두통을 선사했기 때문이다. 그사이 볼리비아는 2015년까지 150억 달러의 준비

금을 쌓아 국제통화기금International Monetary Fund, IMF의 찬사를 받았다.[27] 두 번째 이유 역시 이해하기 어렵다. 리튬 코퍼레이션 오브 아메리카는 계약을 제의하기 전에도 볼리비아의 도로 사정과 기반 시설 부족을 파악하고 있었다. 하지만 세 번째 이유는 리튬 생산까지 갈 길이 먼 이 나라가 맞닥뜨린 복잡성을 보여준다. 인접한 칠레에서 발견되는 염수와 달리 볼리비아의 염수에는 리튬뿐 아니라 마그네슘을 비롯한 여러 광물도 높은 농도로 농축되어 있어서 리튬을 채취하는 비용이 올라가고, 건조한 나라에서는 문제가 되는 물 사용량도 증가한다.

2005년 원주민 최초로 볼리비아 대통령으로 선출된 모랄레스는 자신의 나라가 전진하길 바랐다. 사회주의자를 자처했던 그는 동부와 남부의 농촌 지역에 거주하는 원주민과 다른 종족 들에게 더 많은 권한을 부여할 수 있도록 이 나라의 헌법을 개정했다. 2010년 모랄레스는 《뉴요커》에 한때 스페인제국의 은 왕관에서 빛나는 보석이었던 포토시의 역사가 "약탈과 착취, 굴욕을 상징"한다고 밝혔다.[28]

그는 주요 산업의 국유화를 옹호했고 통신회사들과 에너지회사들을 장악하면서 자신의 생각을 실행에 옮겼다.[29] 리튬의 잠재력이 빛을 발하기 시작하면서 모랄레스는 전임자들의 실수를 반복하는 것처럼 보이지 않으려 노력했다. 그는 "우리나라는 리튬에 대한 자주권을 절대 잃어버리지 않을 것이다"라고 선언했다.[30] 모랄레스는 자기 결정권을 지키기 위한 볼리비아의 싸움이 〈스타워즈〉 시리즈의 중심 줄거리와 비슷하다고 보았다. 이후 이 시리즈의 영화 중 한 편이 이 나라를 세계적인 경제 강국으로 만들 수도 있는 리튬 위에

서 촬영되었다는 사실을 생각하면 아이러니하다.³¹

모랄레스의 첫 번째 임기가 끝나가던 2009년, 볼리비아 정부는 4억 달러를 들여 우유니 근처에 국가가 소유하고 운영하는 리튬 생산 공장을 건설하겠다고 발표했다. 2014년부터 생산을 시작한다는 계획이었고 실제로 2013년에 문을 열었다. 이 나라의 정부는 자력으로 해내려 했다. 광업부의 고위 관료는 로이터에 볼리비아 정부가 "자원에 대한 온전한 통제권"을 원하기 때문에 협력사는 찾고 있지 않다고 밝혔다.³²

하지만 리튬 생산은 코카 재배보다 훨씬 까다로웠다. 공장에 투자된 4억 달러는 대부분 무의미하게 녹아내렸다. 시험 공장이 지어진 땅에는 이제 텅 빈 건물만 남았다. 리튬 생산에 대한 노하우 부족과 고립된 위치, 마그네슘의 함량이 높은 염수 모두 모랄레스의 환상을 복잡하게 만들었다.

자력으로 해결한다는 계획이 흐지부지되자 라파스의 모랄레스 행정부도 마지못해 외부의 도움이 필요하다는 사실을 인정할 수밖에 없었다. 이들은 2017년부터 YLB로 알려진 국영 리튬 회사인 볼리비아리튬공사와 함께 우유니의 막대한 자원을 이용할 사업 동료를 찾기 시작했다. 그리고 2018년의 마지막 날 리튬을 단 한 번도 생산한 적이 없는 독일의 가족 기업 ACI 시스템스ACI Systems를 택했다. 독일 정부의 명시적인 지원과 강력한 독일 자동차 업계의 암묵적인 지원을 받는 회사였다. 또한 이 나라의 경제를 더 확장해줄 전기차 배터리 공장을 볼리비아에 짓겠다는 약속도 중요하게 작용했다.³³

하지만 배터리 공장의 꿈은 몽상에 불과했다. 이웃한 칠레는 이미 대규모로 리튬을 생산하고 있었지만 전기차 배터리나 부품은 한 번도 만들어보지 못한 터였다. 상징적인 도시 디트로이트를 중심으로 오랫동안 자동차 산업이 발전한 미국조차도 전기차 배터리를 제조하지 않았다.

ACI는 아마 모랄레스의 필사적인 바람을 감지한 뒤 배터리 공장을 건설하겠다고 약속했을 테고, 덕분에 중국 기업을 제치고 값진 보상을 손에 넣었다.[34] 하지만 볼리비아에는 리튬이 넘쳐났고 정치인들의 욕망도 부족하지 않았다. ACI와 계약을 맺고 두 달이 지나기 전, 볼리비아는 우유니 근처에 있는 규모가 더 작은 염호들에서도 리튬을 채취하기 위해 중국의 한 컨소시엄과 23억 달러에 달하는 계약을 맺었다. 이 계약에는 배터리 공장을 건설한다는 조건이 붙지 않았다.[35]

이후 벌어진 일들은 아마 모랄레스도 예상하지 못했을 것이다.

더 큰 리튬 계약을 찾는데 너무 많은 에너지를 쏟은 탓인지 아니면 전례 없는 네 번째 연임을 노린 탓인지 알 수 없지만, 2019년 말 남부의 산악지대 전역에서 모랄레스의 통치에 반대하는 대규모 시위가 일어났다. 포토시와 우유니의 원주민 지도자들은 외국 기업들과 리튬 개발을 논의하는 모든 과정에 자신들이 배제되었다고 느끼며 분노를 키웠다. 많은 이가 1990년과 마찬가지로 사용료를 높이려 했고, 리튬 판매액 중 인근 지역에 제공되는 지분도 늘리려 했다.[36]

ACI와의 계약은 소리 소문 없이 취소되었다. 모랄레스 행정부는 이제 과거의 동료가 된 독일 회사에 전화조차 하지 않았다. 이 회사는 언론 보도를 통해 계약이 취소된 걸 알았다. ACI의 이사 볼프강

슈무츠Wolfgang Schmutz는 관련 보도를 접하고 "며칠 전까지 이 프로젝트는 계획대로 진행되고 있었다"라며 황망해했다.³⁷ 모랄레스는 대통령직에서 물러났고, 신임 대통령을 선출하기 위한 선거를 두고 논란이 벌어지는 사이 볼리비아를 떠났다. 두 달 뒤 볼리비아 정부는 중국 컨소시엄과의 계약 역시 재검토하겠다고 밝혔다.

이듬해에는 새 대통령이 이 나라를 지휘하고 있었지만 익숙한 흐름이 반복되었다. 볼리비아리튬공사 즉, YLB의 새로운 수장은 더는 국제 광업 기업들과 협업하지 않겠다고 밝혔다. 대신 자체적으로 노하우를 쌓아갈 수 있게 도와줄 도급업자를 고용할 계획이었다.³⁸ 그러자 갑자기 DLE 기술이 커다란 매력을 갖게 되었다. 외부인들에게 리튬 생산을 맡기는 대신 우유니의 염수에 가장 적합한 DLE 기술을 선택하고 YLB가 해당 기술의 사용 허가를 취득하면 되었다. 그러면 볼리비아 정부가 자신들의 맛있는 케이크를 독차지할 수 있었다. 적어도 계획은 그랬다.

바우먼, 리, 버바의 초기 실험 이후 DLE 기술은 필터, 막membrane, 세라믹 비드ceramic bead(원료를 마모시켜 분리·혼합·연마할 수 있는 구슬 형태의 세라믹 소재-옮긴이) 등 소규모 창고에 보관할 수 있는 각종 장비를 이용해 염수에서 리튬을 추출하는 여러 유형으로 발전했다. 하지만 볼리비아가 도입을 고려하는 시점에도 상업 규모에 단독 적용된 사례는 없었다. 결과적으로 이 나라는 DLE 기술이 제대로 작동하는지 자체에 베팅하게 되었지만 이런 도박에 나선 이는 볼리비아뿐이 아니었다. 세계적인 자동차 제조업체와 광업 기업 들은 물론이고 빌 게이츠, 제프 베이조스 같은 투자자들 역시 DLE 기술에 몇백만 달러씩 쏟아부으며 자신들이 전기차 혁명에 동력을 공급하기 위한 리튬을 만들어낼 수 있을지 시험하고 있었다.³⁹

2021년 말 볼리비아 정부는 자신들의 리튬 계획이 마침내 빛을 발하기를 간절히 염원하며 우유니의 염수로 리튬을 시험 생산할 기업 여덟 곳을 초청했다. 문자 그대로 '리튬 굽기 대회'였다. 자신들의 DLE 기술이 세계적인 리튬 생산에 새로운 엔진을 제공할 거라 믿는 기업이라면 세계 최대의 리튬을 보유한 나라만큼 사업을 시작하기에 좋은 장소도 없었다.

다음 여덟 개 기업이 입찰에 참여했다. 이때까지 리튬을 생산한 적이 없는 중국의 거대 배터리 제조업체 CATL寧德時代, 아르헨티나의 텍페트롤Tecpetrol, 러시아 국영 원자력발전회사의 계열사 우라늄 원Uranium One, 그리고 중국 기업 세 곳, 퓨전 에너텍聚能永拓科技開發, TBEA 特變電工, CITIC 궈안中信國安集團이 있었다. 미국의 스타트업 중에는 독일 자동차 제조업체 BMW가 지원하는 라일락 설루션스와 푸에르토리코에 본사가 있지만 텍사스주 오스틴에 연구소를 둔 조그마한 회사 에너지엑스(정식 사명은 에너지 익스플로레이션 테크놀로지스Energy Exploration Technologies)가 참여했다.⁴⁰

회사마다 기술에 장단점이 있었다. 볼리비아는 리튬으로 부를 만들어내려 했지만 라파스의 관료들이 맞닥뜨린 문제는 단순히 리튬 생산을 도와줄 동반자로 누구를 선택할지가 아니었다. 이들은 수많은 관광객을 끌어들이는 우유니 아래서 리튬이 풍부한 염수를 끌어 올리며 생태학적 비용을 감수할 가치가 있는지도 판단해야 했다.⁴¹

흰고래를 만난 젊은 기업가

티그 이건Teague Egan은 키가 크고 경쾌한 사람이었다. 바랜 금발은 귀에 닿을 길이였지만 젤이나 무스 같은 제품을 쓴 듯 머리 위에 고정되어 있었다. 어느 부분은 가마를 지난 머리카락 끝이 빳빳이 선 채 뒤쪽을 가리키고 있어서 바람 부는 터널 안에 영원히 갇힌 듯 보였다. 머리카락 몇 가닥은 의도와 달리 흐름에서 벗어나 굳어버린 것처럼 보이기도 했다. 플로리다 남부에서 태어나고 자란 그는 이후 캘리포니아 남부로 터전을 옮긴 개인사를 떠올리게 하는(일부에서는 '밸리 걸' 스타일이라고 하는) 느리지만 단호한 말투로 대화에 임했다. 하지만 말투나 헤어스타일과 달리 머릿속은 격렬한 생각들로 가득 차 있었다. 1988년에 태어난 이건은 진정한 밀레니얼 세대였다. 자신의 가능성을 확신하고, 변화를 일으키겠다는 열정에 차 있으며, 자신은 성공을 거둘 수 있다고 확신할 정도로 자신감이 넘쳤다.

또한 그는 화려함이 인간으로 체화된 사람이기도 했다. 2021년 1월, 그는 털이 달린 코트를 걸치고 개인용 제트기 봄바디어 챌린저Bombardier Challenger가 한 대 세워져 있는 콜로라도의 활주로를 걸으며 6만 명에 가까운 인스타그램 팔로워들에게 "여러분의 귀염둥이들은 어때?"라고 물었다. 1년 뒤에는 힙스터들의 성지인 멕시코 툴룸Tulum에서 새해를 맞이했고, 바닷가에서 상체를 드러낸 채 운동을 하고 친구들과 불꽃놀이를 하며 자축하는 영상을 공유했다. 그의 아버지 마이클 이건은 닉슨 행정부가 끝을 맞이할 즈음 알라모 렌터카Alamo Rent-A-Car에서 일하기 시작했고, 1986년 이 회사를 인수한 뒤 1996년 6억 2500만 달러에 매각했다. 마이클 이건은 차를 대여한 고객에게 한도 없이 마일리지를 제공한다는 독창적인 아이디어를 내서 인색한 소비자들이 습관을 바꾸고 휴가 동안 더 멀리 여행하게 했다.⁴² 덕분에 마이클 이건은 정체되고 고루하다고 여겨지던 산업에 엄청난 변화를 일으켰다. 아버지가 렌터카 업체를 판매할 때 여덟 살이었던 이건은 이러한 차이에 주목했다.

이건은 고등학교 시절 골프를 쳤고 육상선수로도 뛰었다.⁴³ 서던캘리포니아대학교University of Southern California, USC에 입학한 후 두 번째 해에는 파티를 홍보하는 사업을 시작했다. 그리고 음악으로 사업 범위를 넓혀 래퍼 새미 애덤스Sammy Adams와 계약을 맺었다. 이건은 자신의 회사를 퍼스트 라운드 엔터테인먼트1st Round Entertainment로 명명했고 자신만의 브랜드를 확장하려 했다. 리처드 브랜슨이 버진Virgin이라는 브랜드 아래 다양한 사업을 벌였던 방식이었다.⁴⁴

애덤스는 아이튠즈 순위 1위에 오른 2010년 앨범 〈보스턴스 보이Boston's Boy〉에서 "최고가 되지 않긴 어렵지, 세상이 바라보는 내게 주목해"라고 노래했다.⁴⁵

하지만 스물두 살의 대학생 이건이 이룬 가장 큰 성취는 자신에게 에이전트 자격을 부여하도록 미국 프로미식축구리그선수협회National Football League Players Association, NFLPA를 설득한 것이었다. 그는 2010년 10월 1일 미국 프로미식축구리그National Football League, NFL의 전도유망한 인재들을 대리할 수 있는 최연소 에이전트가 되었다.⁴⁶ 이해하기 어려운 일이었다. 무엇보다 NELPA는 에이전트들에게 대학 졸업장을 요구했지만 이건은 졸업 전이었다. 하지만 그는 자신이 협상가로서 쌓아온 경력을 고려해 해당 조건을 면제받아야 한다고 설득력 있게 주장했다. 애덤스와 거둔 성공이 유리하게 작용했다.[47]

이건은 대학생 사교 클럽인 파이 프사이Phi Psi에서 에버슨 그리펀Everson Griffen을 비롯한 네 명의 미식축구 선수와 의형제를 맺었다.[48] 특히 그리슨은 이후 프로선수가 되어 미네소타 바이킹스에서 10년 넘게 활약하기도 했다. 이건은 이 네 명의 의형제들에게서 자신의 경력을 화려하게 장식해줄 기회를 보았고 이들을 빅리그에 진출시키려 했다. 그는 자신이 다니는 대학교의 팀이자 미식축구 강호였던 USC트로전스USC Trojans 소속으로 그 해 NFL 드래프트에 참여해 프로 계약을 맺는 선수들을 목표로 삼았고, 최소한 자신의 친구 네 명은 영입하려 했다. 선물 제공에 관한 미국 대학체육협회National Collegiate Athletic Association, NCAA 규정으로 인해 더는 의형제들과 어울릴 수 없다는 사실은 중요치 않았다. 이건은 관련 규정들을 어겼고 USC트로전스의 선수들과 자주 공개적인 자리에 출몰했다.[49]

골프 카트를 타고 USC 캠퍼스를 누비며 존재감을 과시했던 그는 어느 날 같은 수업을 듣는 친구이자 이 학교의 미식축구 선수 딜런 백스터Dillon Baxter를 자신의 골프 카트에 태웠다. NCAA의 엄격한 규정에 따르면 이 역시 선물에 해당했고 선수와 에이전트 간에 허용되지 않는 행위였다. 백스터는 징계를 받아 오리건 덕스Oregon Ducks와의 경기에 출전하지 못했다(경기에서는 오리건이 21점 차로 승리했다).[50] 백스터는 이후 이건이 에이전트인 걸 몰랐다고 해명했지만 끝내 USC를 떠났고 여러 대학교를 전전해야 했다.[51] 그는 NFL 경기에 단 한 번도 출전하지 못했고, 결국 NFL보다 주목을 덜 받는 실내 미식축구리그Indoor Football League에서도 퇴출당했다.

NFL 에이전트로서 친구들을 대리하는 실험은 그 후 오래지 않아 끝났다. NELFA는 이 신동을 선수들의 대리인으로 택했던 결정을 철회했다.[52] 이건은 반발했다. 그는《로스앤젤레스 타임스》에 "나는 여러분이 살면서 만났던 누구보다도 큰 야심과 목표를 가지고 있다"라고 밝혔다. 2017년 이건은 이탈리아 베르가모Bergamo에서 자신의 새로운 사업체 카인드니스 이즈 쿨Kindness Is Cool에 관한 테드Ted 강연을 했다. 일상에서 이방인을 돕는 이들에게 할인을 제공하는 업체들을 지원하는 기업이었다. 그는 이탈리아어로 통역된 강의에서 청중에게 "수천 명 아니 수백만 명의 사람이 여기에 동참하게 되면 무작위적으로 친절을 베푸는 행동이 급격히 늘어나는 것을 보게 될 겁니다"라고 주장했다.[53]

이건은 테슬라의 주식이 9달러 정도에 거래되던 시절 이 회사에 투자했다. 우리가 2022년 볼리비아에서 만났을 때 테슬라는 전 세계에서 기업 가치가 가장 큰 자동차 제조업체가 되었고 주가는 750달러에 근접했다. 그는 푸에르토리코와 오스틴을 오가며 살고 있었다.

마이클 이건은 언젠가 아들에게 가장 열정을 느끼는 분야와 향후 몇 년간 맹렬한 속도로 성장할 거로 예측하는 산업 분야를 각각 다섯 개씩 적어보라고 조언했었다. 기후 변화와 재생 에너지는 두 목록에 모두 들어 있었다.[54] 이후 이건은 우연히 염수에서 리튬을 걸러주는 막 이용 기술membrane technology에 관한 학술 논문을 몇 편 접했다. 그는 저자에게 연락해 대화를 나누기 시작했고 그 연구자가 볼리비아인 교수를 한 명 소개해주었다. 이건은 해당 기술을 사용할 수 있는 권리를 손에 넣었고 에너지엑스를 설립했다. '막 이용 기술'은 GM과 포드를 비롯해 리튬을 더 빠르게, 하지만 환경에는 영향을 덜 미치는 방식으로 생산하고자 하는 자동차 제조업체들이 점점 더 눈독을 들이는 DLE 기술에 속했다.

2018년 1월 이건은 처음으로 볼리비아를 방문했다. 친구 한 명과 함께 남아메리카 대륙을 여행하던 그는 우유니를 맞닥뜨렸고 자연이 선사하는 경이로운 풍경에 매료되었다. 이건은 우유니의 리튬 클럽Lithium Club이라는 식당에서 잘게 썰린 건조 라마 요리를 씹으며 "'이곳이야말로 내가 정복할 곳이야'라고 생각했어요"라고 회상했다. 이름만 보면 바로 우리의 대화를 위해 준비된 듯한 곳이었다. (그리고 분명히 외지인들을 노리고 문을 연 식당인 듯했다. 스페인어로 리튬은 '리티오litio'다.)

나는 리튬 매장층이 전 세계에 흩어져 있다는 점을 지적하며 "왜 볼리비아였나요?"라고 물었다. 리튬이 풍부한 염수는 미국과 독일에도 있었다.

"아시다시피 세계에서 리튬이 가장 많은 곳이잖아요?"

이건에게는 볼리비아의 막대한 리튬이 흰고래(허먼 멜빌의 소설 《모비딕》에서 주인공 에이해브 선장이 집착하는 대상 – 옮긴이)였다. 장애물은 그를 가로막는 것이 아니라 즉흥적으로 대응하고 극복할 대상이었다. 나는 이건에게 독일 회사와의 계약을 설명 없이 파기했던 일을 포함해서 볼리비아가 리튬 개발을 둘러싸고 겪었던 과거의 문제들이 걱정스럽지는 않냐고 물었다. 그는 나를 똑바로 바라보며 "아니요"라고 단호하게 대답했다.

이건은 볼리비아가 자신들이 보유하고 있는 리튬이 세계적으로 얼마나 중요한지 알고 있다고 주장했다. 또한 세계도 리튬의 중요성을 이해하기 시작했다.

"사람들은 자기들이 사용하는 리튬이 어디서 왔는지 몰라요! 생활을 가능하게 하는 물건인데도 그렇죠."

그의 목소리와 억양이 강해지기 시작했다.

"내가 리튬을 아는 유일한 이유는 리튬이온배터리 때문이에요. 이름에 들어가 있잖아요. 우리는 리튬이 필요하다고요!"

이건은 이러한 에너지 전환에서 자신의 회사가 해야 할 역할이 있다고 믿었고 이를 팀원들에게도 각인시키려 했다. 그는 팀원들에게 에드먼드 모리스Edmund Morris가 집필한 토머스 에디슨의 전기를 한 권씩 나누어 주고 매달 독서 모임을 열어 이 발명가의 인생을 세세하게 파고드는 질문을 던졌다.[55] 분명히 에디슨과 자신의 비슷한 점을 찾으려는 시도였다.

하지만 그가 비교를 거부하는 기업가도 한 명 있었다. 혈액 검사 기술 스타트업 테라노스Theranos의 대표로 망신스러운 결말을 맞은 엘리자베스 홈스였다. 홈스는 이건보다 겨우 몇 살이 많아 연령대가 비슷했고 검증되지 않은 기술로 사업을 시작하며 자신감이 넘쳤다는 공통점도 있었다. 나는 2022년 초 오스틴을 찾아 이건을 만났고, 함께 차를 타고 에너지엑스의 설비를 보러 가는 사이 홈스의 이야기를 꺼냈다. 당시 홈스는 사기 혐의로 체포된 상태였다. 이건은 "홈스와 저의 차이점은 그가 사이코패스 거짓말쟁이라는 거죠"라고 주장

했다.56

"높은 도덕성과 윤리를 지키며 회사를 세우려 할 때 할 수 있는 일은 최선을 다하며 계속 노력을 더하는 것뿐이에요."

그는 에너지엑스에만 집중하느라 자신을 둘러싼 세상에는 관심을 잃은 듯했다. 지정학적 단층선이 빠르게 변화하는 지역에서 성장하려는 기업가에게는 위험한 실책이 될 수도 있는 태도였다. 같은 대화 중 나는 이건에게 최근 칠레의 대통령으로 선출된 보리치를 어떻게 생각하는지 물었다. 그가 언젠가는 에너지엑스의 사업을 확장할 수 있길 바라는 나라였다. 하지만 이건은 보리치가 누구인지 몰랐다. 내가 선거운동 기간 여러 차례 리튬 기업들을 비판했던 서른다섯 살의 사회주의자라고 설명하자57 그는 보리치의 나이에만 집중하는 듯했다.

"서른다섯이라고요? 맥주 마시기 게임을 하자고 해볼까 봐요."

우유니의 문을 두드리다

이건은 다른 건 몰라도 자신감이 부족한 사람은 아니다. 하지만 그도 2022년 5월 초, 한 연회장에서 포토시 주지사 호니 마마니Jhonny Mamani를 기다리는 동안에는 파란 세로줄 무늬 정장과 잘 다린 하얀 셔츠 안에서 심장이 뛰는 걸 느꼈다. 돼지고기와 하얀색 옥수수, 추뇨chuño라는 냉동 건조된 감자가 들어가는 볼리비아의 전통 수프인 프리카세fricasé 한 접시가 거의 손도 대지 않은 채 앞에 놓여 있었다. 그는 자신의 맥북 화면을 힐끗 바라보았다. 맥북 덮개에 회사 로고가 선명했다. 이건은 자신의 시계를 다시 확인했다.

그는 마마니의 보좌관에게 "곧 시작할 수 있을까요? 제가 3시에는 출발해야 해서요"라고 물었다. 이제 막 시곗바늘이 11시를 가리켰다.

스페인어 통역사 발레리아 아리아스 할딘Valeria Arias Jaldin이 "볼리비아식 시간 개념을 이해하셔야 해요"라고 설명했다.

"모든 일이 항상 늦게 진행되죠."

이건은 마마니가 그들이 있는 곳 바로 아래에서 다른 행사를 주최하고 있다고 들었다. 그는 분명히 늦을 터였다. 이해해달라는 부탁이나 사과는 없었다. 그저 상황을 전할 뿐이었다. 모든 일이 항상 늦어졌다. 임무가 있는 미국인에게 이런 지연은 무척 불편한 상황이었다. 방의 한구석에는 우아한 중국식 수납장이 있었다. 대각선으로 보이는 모서리에는 가스를 태우는 벽난로가 있어서 이 나라가 천연가스를 생산한다는 사실을 떠올리게 했다.

이건은 에너지엑스를 운영하기 위해 생각이 비슷한 과학자와 기술자 들을 마구 모았고, 켈리 칼릴Kellee Khalil이라는 마케팅 전문가도 영입했다. 이건과 마찬가지로 자신을 몰아붙이는 기업가였던 칼릴은 2012년 "결혼을 계획하는 오늘날의 커플들이 신뢰하는 디지털 종착지"를 목표로 회사를 만들었다.[58] 그는 초록색 '엑스x'가 아래쪽으로 돌아가 있는 에너지엑스의 자신만만하고 대담한 로고를 디자인했다. 이건은 이 로고가 무척 마음에 들었던 나머지 칼릴을 에너지엑스의 최고마케팅책임자로 영입했다.

이건이 서서히 예민해지는 동안 나는 구석에 앉아 칼릴과 소소한 대화를 나누었고 집을 고치는 이야기를 하다 중간중간 찍은 사진을 보여주기에 이르렀다. 이 주제가 대충 마무리되자 나는 칼릴에게 에너지엑스에 흥미를 느낀 이유를 물었다.

칼릴은 "벌들 때문에요"라고 대답했다.

그럴 시간이 많을 것 같진 않았지만 칼릴은 가끔 비는 시간을 이용해 뉴욕에서 멀리 떨어진 자신의 양봉장에서 수천 마리의 벌을 키운다고 설명했다. 생물다양성을 지키기 위한 싸움에 힘을 보태려는 의도에서였다. 칼릴은 에너지엑스에서 일하는 것도 이런 싸움과 직접 연관되어 있다고 생각했다. 칼릴은 내게 "우리는 지구를 지키기 위해 무엇이든 해야 해요"라고 강조했다.

"알죠?"

칼릴은 이건에게 맹렬히 충성했고, 에너지엑스에 맹렬히 충성했다. 오스틴에 있는 에너지엑스의 연구소에 더 가까워지기 위해 아예 이사를 하거나 임시로라도 거처를 옮기려 한다고 지나가는 말처럼 흘리기도 했다. 포토시에서 칼릴과 함께 주 정부와의 회의가 시작되기를 기다리면서 나는 2020년 대통령 선거기간 로이터 소속으로 바이든을 밀착 취재하면서 겪었던 일화를 들려주었다. 그가 내세우는 환경 목표를 달성하려면 더 많은 광물을 채굴해야 하지 않는지 계속 질문을 퍼부었다는 이야기였다. 칼릴은 미소를 짓더니 내 쪽으로 몸을 기울이고 "이곳 볼리비아에서는 미국 연방정부를 그다지 호의적으로 보는 것 같지 않아요"라고 속삭였다.

물론 나도 라파스와 워싱턴이 아주 가까운 사이가 아니라는 것을 알고 있었다. 두 도시는 특히 마약 정책을 비롯한 다양한 문제를 두고 불화해왔다. (조지 W. 부시 대통령은 2008년 볼리비아를 감시대상국 명단에 올리며 볼리비아 정부가 마약 불법 거래를 막기 위해 충분히 노력하고 있지 않다고 이유를 댔다.[59]) 그리고 가장 최근에는 리튬이 두 나라 사이에 긴장을 조성했다.

이때로부터 3주 전, 이건과 칼릴은 볼리비아 정부의 낙점을 받기 위한 싸움에서 자신들의 대의를 강화할 수 있는 아이디어를 떠올렸다. 이들은 우유니 소금 평원 주위의 지역사회에서 진행되는 보건·교육 프로그램에 10만 달러를 기부하기로 했다. 모랄레스가 2019년 축출된 이유를 볼리비아의 리튬을 향한 미국 연방정부의 탐욕과 연결하는 루머가 몇 년째 잦아들지 않고 있었다. 미국 지질조사국에 따르면 미국 역시 세계에서 다섯 번째로 많은 리튬을 보유한 나라라는 사실은 중요하지 않았다.[60] 거리의 사람들은 워싱턴이 모랄레스를 쫓아내고 싶어 했다고 속닥였다. 이런 상황을 생각할 때 미국 회사인 에너지엑스는 이 나라에서 그리고 특히 리튬과 가까운 지역에서 친구를 최대한 많이 만들어야 했다.

칼릴은 내게 "기부를 해야겠다고 결정한 후에 주지사, 시장과 통화하고 어떻게 하면 좋을지 확인도 받았어요"라고 설명했다. 에너지엑스는 볼리비아인들과 그들의 경제, 그들의 행복을 염려하고 있다는 점을 보여주려 열심인 듯했다. 이건은 내게 "이 리튬은 볼리비아의 것이니 이 나라에 도움이 될 겁니다"라고 주장했다.

포토시 중심가에 자리 잡은 주 정부 청사 내 '거울의 방The Hall of Mirrors'은 나무 기둥과 천장 테두리를 금빛 페인트로 화려하게 장식한 공간이었다. 남아메리카 전역에서 추앙받는 혁명의 상징이자 이

나라가 이름을 따온 시몬 볼리바르의 흉상이 원주민과 광부, 아이들로 구성된 청중들을 응시하고 있었다.

칼릴을 비롯한 에너지엑스의 직원들과 함께 입장한 이건은 스페인어를 쓰는 행사 담당자의 안내를 기다렸다. 광부처럼 옷을 차려입고 안전모와 랜턴을 들고 있는 아이들이 지나갔다. 볼리비아인들로 가득 찬 방 뒤쪽에는 텔레비전 방송 스태프들이 서 있었다. 이건은 무대에 놓여 있는 탁자 앞에 앉으라는 요청을 받았다. 의자는 다섯 개였고 이건의 통역사 할딘도 그의 왼쪽에 자리를 잡았다. 칼릴과 나는 이건과 무대를 바라보며 방 앞쪽에 놓인 의자를 차지했다. 칼릴은 내게 요점을 짚어주기라도 하듯 "아시겠지만 미국 연방정부는 우리를 전혀 도와주지 않고 있어요"라고 속삭였다. 중국과 러시아의 외교관들이 라파스에서 이 리튬 계약을 따내기 위해 로비 중이라는 사실은 잘 알려져 있었다. 볼리비아가 보유하고 있는 이 배터리 금속 자원을 논의하기 위해 블라디미르 푸틴이 루이스 아르세 대통령에게 두 번이나 전화를 걸기도 했다.[61]

"아마 워싱턴은 다른 문제를 걱정하고 있을걸요?"

나는 러시아의 우크라이나 침공과 코로나바이러스 대유행, 휘청거리는 경제를 떠올리며 답했다.

칼릴은 미소를 짓더니 무대 위에 앉아 있는 이건을 향해 몸을 돌렸다. 그리고 소리 없이 입 모양만으로 그에게 "이건 미친 짓이에요!"라고 자신의 속내를 전했다.

이건 역시 같은 방식으로 "내 말이요!"라고 답했다. 어느새 수염이 자라 거뭇거뭇해진 얼굴에 살짝 미소가 떠올랐다.

여기 불과 몇 년 전 아직 설익은 아이디어를 붙들어 회사를 세웠던 젊은 기업가가 있었다. 하지만 이제 그는 석유가 20세기를 정의했던 방식으로 21세기를 정의할 금속을 전 세계에서 가장 많이 보유하고 있는 정부의 문을 두드리고 있었다. 이건은 더는 골프 카트 때문에 NCAA와 다투지 않았다. 이 순간 그는 그야말로 빅리그에 서 있었고, 자신보다 먼저 출현했던 광업계의 경영진들이 수도 없이 걸었던 길을 따라 돈을 궁극적인 사회적 윤활유로 활용하며 천연자원에 대한 접근권을 얻을 수 있길 바라고 있었다.

이건은 청중을 향해 "볼리비아는 이 나라와 전 세계를 변혁하는 데 필요한 에너지를 가지고 있습니다"라고 목소리를 높였다.

"우리 회사의 기술이 볼리비아의 광대한 리튬 자원을 꺼낼 수 있는 열쇠라고 자신합니다."

청중은 열광적인 박수로 화답했다. 이건은 자신의 회사가 우유니의 학교와 의료체계에 각각 5만 달러를 기부할 것이라고 말을 이었다. 우유니의 에우세비오 로페스Eusebio López 시장은 "에너지엑스처럼 우리의 문제에 귀 기울이며 함께 올바른 해결책을 찾으려 하는 회사가 있다면 우리의 유산을 안전하게 지킬 수 있을 것입니다"라고 감사를 표했다.[62] 에너지엑스가 기부한 돈은 우유니의 여섯 개 학교에서 학생들에게 리튬의 화학작용을 가르치는 예산으로 쓰일 예정이었다. 또한 무료 안과 검사에도 배정되었다. 며칠 뒤 이건이 내게 알려준 바에 따르면 이 기부금은 목표를 달성했다는 사실을 증명하는 영수증이 제출된 후에야 배부될 예정이었다.[63]

주지사와 시장은 감사의 표시로 이건에게 이 지역의 원주민들이 몇 세기 동안 착용해온 전통 의복 판초와 전통 모자 솜브레로를 선물했다. 이건은 어색하게 판초를 걸치고 선물을 받아 들었다. 미국 안에서 백인 남성과 문화적 전유cultural appropriation, 전통문화에 대한 존중을 둘러싸고 이어지는 긴장 상태를 떠올릴 수밖에 없는 장면이었다. 하지만 오늘 이런 장면이 연출된 것은 선물 때문이었고 이건은 이때부터 내내 판초를 입고 있어야 했다.

원주민들의 머리 장식품과 모자를 착용한 어린 소년이 앞으로 걸어 나왔다. 그는 몇 분간 볼리비아의 일부 전통 공동체 의례에서 폭력적인 싸움을 재현하는 춤인 틴쿠Tinku를 재해석한 공연을 선보였다. 데이비드 핀처 감독의 1999년 영화 〈파이트 클럽〉의 실사판 같았다.[64]

다음에는 열 명 남짓한 소년이 세심한 안무를 선보이는 춤 공연이 이어졌다. 일부는 광부처럼, 일부는 악마처럼 차려입고 있었다. 주정부 공무원 한 명이 내게 볼리비아에서 땅 밖으로 나온 금과 은·리튬·기타 금속을 상징하는 악마라고 설명해주었다. 광부들은 이 악마를 '티오tío', 즉 '아저씨'라 부르며 많은 이가 붉은색 인형으로 만들어 집에 두기도 한다.[65] 악마는 정말 온갖 틈에 숨어 있는 듯하다.

거의 한 시간이 지난 후 이건과 주지사는 협정서에 서명했다. 이건은 공무원들과 사진을 찍은 뒤 근처 식당으로 향했다. 이동하는 사이 함께 사진을 찍어달라고 부탁하는 이들에게 붙들리기도 했다. 그는 점심으로 맥주와 물을 주문했다. 그리고 스무 명 남짓한 원주민 공동체 지도자들, 우유니 시장과 함께 건배했다. 나는 통역사 할딘의 옆에 앉아서 이웃 나라들에 대한 볼리비아의 불신과 길고 분열된 전쟁사, 자체적으로 광물 자원을 생산하려 했던 경직된 시도에 관해 생생한 대화를 나누었다. 할딘은 이 나라가 은이든, 고무든, 심지어 천연가스든 천연자원을 생산하려고만 하면 줄곧 험난한 길을 걸었다고 한탄했다.

나는 "리튬이 걸린 이번에는 차이가 있을까요?"라고 물었다.

할딘이 잠시 말을 멈추고 입을 다물었다. 그 후 나온 대답은 놀라웠다.

"솔직히 모르겠네요. 어쩌면, 희망? 우리가 볼리비아를 산업화할 거라는 희망이요."

케추아족 원주민 여성 한 무리에게 둘러싸인 칼릴이 통역사를 찾으면서 그의 대답이 그대로 끊겼다.

칼릴은 할딘에게 "나는 사업을 하는 여성이고, 여성이 사업을 한다는 게 어떤 건지 잘 알고 있다고 말해줘요. 우리는 여기에 도움을 주러 왔어요"라고 통역을 부탁했다. 이후 칼릴은 내게 에너지엑스가 25만 달러를 더 기부할 계획이라고 귀띔했다. 광산을 운영하는 데 대한 사회적 허가를 얻으려는 광업 기업들이 지역사회에 후한 기부를 베푸는 검증된 경로를 떠올리게 하는 계획이었다. 또한 칼릴은 에너지엑스의 투자자들이 ESG라 알려진 특정 환경·사회·지배구조 기준을 준수하겠다는 서약서에 서명하게 하고 싶다는 뜻도 비쳤다. 합법적인 계획인지 확신할 수 없었지만 나는 고개를 끄덕이며 미소 지었다.

고산병 때문에 가슴이 욱신거려 나는 손에 잡히는 대로 물과 맥주를 들이켰다. 메모 중인 연필은 점점 뭉툭해졌다. 볼펜은 4000미터에 가까운 고도를 견디지 못하고 계속 잉크를 흘리며 손을 더럽히는 통에 쏠 수 없었다.

나는 여전히 판초를 입고 있는 이건을 흘끗 보았다. 솜브레로는 그의 옆에 있는 테이블에 놓여 있었다. 손님들이 탁자 끝에서 그가 이해하지 못하는 언어로 수다를 떠는 사이 이건은 연신 아이폰의 화면을 넘기고 있었다.

이건의 다짐

우유니는 실수를 용납하지 않는 장소이기도 하다. 2008년 환한 대낮에 소금 평원의 한가운데서 버스 두 대가 충돌했다. 피로한 운전자가 일으킨 사고로 화재가 발생했고 이스라엘인 다섯 명, 일본인 다섯 명, 볼리비아인 세 명 등 관광객 13명이 사망했다.[66]

우유니 안에 있는 팔라시오 데 살Palacio de Sal 호텔을 지나 몇 킬로미터 더 이동하면 볼리비아의 예술가 가스톤 우갈데Gastón Ugalde가 설치한 '하늘로 향하는 계단' 에스칼레라 알 시엘로Escalera al Cielo가 보인다. 아주 오래된 계단처럼 디자인한 이 작품은 실제로 어디로도 향하지 않지만 예술적인 감각의 소유자 우갈데는 볼리비아가 어디로든 향할 수 있다는 것을 표현했다고 한다.[67] 나는 우유니로 드라이브를 가는 이건과 에너지엑스 직원들의 무리에 합류했고, 이 계단이 첫 번째 목적지였다. SUV 차량에서 내려 단단한 소금 바닥에 발을 디디자 멀리 안데스산맥이 보였다. 소금 평원이 끝없이 이어지는 듯했다.

바닥은 단단했고 손을 대면 차가운 기운이 올라왔다. 소금 결정이 이루는 층들이 바스락거렸고 발밑에 미세한 균열이 갔다. 미국 메인주에서 보낸 어린 시절, 특히 엄청난 폭설이 내린 후에 차도에 뿌리던 소금이 떠올랐다. 표백된 바다 위로 인정사정없는 햇볕이 쏟아져 노출된 피부를 공격했고 선글라스 없이는 눈을 뜰 수조차 없었다. 소금 벽돌로 만들어졌고 21개의 방이 있는 팔라시오 데 살 호텔은 '다른 세상을 경험하세요Experiencia de Otro Mundo'라고 광고한다. 견인 트레일러 한 대가 디젤 배기가스를 내뿜으며 쏜살같이 평원을 가로지르는 게 보였다. 이곳에는 포장되지 않은 길이 있어서 종종 산이 많은 나라의 끝자락을 가로지르는 볼리비아인들에게 지름길을 제공하기도 한다.

이건은 볼리비아에서 자신과 동행할 촬영팀을 섭외했다. 이들은 지역 텔레비전 방송국에 내보낼 30초짜리 광고를 만들 예정이었다. 우유니에서 리튬을 추출할 적임자로 에너지엑스의 기술을 선택하도록 볼리비아 정부를 설득하려는 몸부림의 일부였다.

우리는 거대한 계단 근처에서 한 시간 정도 머물렀고 촬영팀은 드론과 여러 카메라로 이건과 에너지엑스의 직원들을 찍었다. 이들은 함께 계단을 오르내리고, 소금을 집고, 지평선 너머를 바라보았다. 계단을 제외하면 눈에 닿는 모든 곳이 평평하고 하얬다. 이건은 촬영팀에게 저쪽에서 다른 장면을 찍어보라고 지시하며 바쁘게 움직였다. 그는 이 광고가 지역 주민들에게 호감을 얻는 데 도움이 되길 바랐다.

곧 이건이 모든 사람에게 높이가 거의 3.7미터에 달하는 계단 꼭

대기로 올라가라고 명령했다. 드론을 이용해 계단 위에서 춤추는 모습을 찍을 생각이었다. 나는 높은 곳을 좋아하지 않는 탓에 잠시 망설였다.

그는 고집을 꺾지 않았다. 내가 항복했다.

우리는 천천히 정상으로 올라갔고 이건은 멀리 있던 관광객 몇 명에게 같이하자고 소리를 질렀다. 어린아이들이 있는 5인 가족이었다. 결국 계단을 올라온 이들이 꼭대기에 다다르자 나는 어디에서 왔는지 물었다.

엄마가 아이들을 계단 위로 끌어올리며 "브라질이요!"라고 답했다. 브라질에서 온 그는 이건에게 영어로 무엇을 촬영하고 있는지 물었다.

그는 진지한 얼굴로 "볼리비아를 위한 광고예요"라고 설명했다.

우리는 다시 차에 끼어 타 서쪽으로 출발했다. 운전사 로비Robbie는 시속 97킬로미터로 광대한 하얀 평원을 가로질렀다. 우리는 우유니 소금 평원 한가운데 세워졌지만 이제는 문을 닫은 호텔을 지나쳤다. 계속 달리고 있는데도 여전히 끝없이 평평한 염호가 이어져서 제자리 달리기를 하는 기분이었다.

소금은 티 없이 깨끗한 하얀색이었다. 물이 고여 있거나 꾸준히 차가 다니는데도 얼룩 하나 없이 유지되는 이유가 궁금했다. 일부 지역에는 소금층의 두께가 약 10센티미터에서 20센티미터에 불과하다. 그 아래에 탄산포타슘과 리튬, 기타 광물들을 포함하는 염수가 있다. 과거 리오틴토에서 일했고 에너지엑스에 최고기술책임자로 합류한 아미트 파트와르단Amit Patwardhan은 이곳에 수백 년 치의 리튬이 있다고 설명했다.

곧 제한 구역이라는 표지판이 나타났다. 염호의 가장자리에 YLB의 시험 시설이 남아 있었다. 또한 볼리비아에서 가장 값진 천연자원을 지키는 군부대도 있었다.

기지를 향해 다가가자 염호의 바닥이 하얀 평지에서 코티지치즈(작은 알갱이가 있는 부드럽고 크림 같은 하얀 치즈 - 옮긴이)로 변했다. 갑자기 파트와르단이 "저기 물이 있어요"라고 소리쳤다. 우리는 무게가 2.3톤이 넘는 SUV를 타고 염호에서 가장 얇은 부분을 맞닥뜨린 참이었다. 정신이 번쩍 들었다.

파트와르단은 여름에 내린 비가 아직 완전히 증발하지 않아서 코티지치즈 같은 부분이 생겼다고 설명했다. 결정을 형성하는 초기 단계였다. 하지만 군기지로 다가가는 동안에도 수위가 낮아지지 않았다. 오히려 더 높아져서 차가 물을 헤치며 나아가고 있었다. 칼릴은 묵주 기도를 시작했다.

우리는 천천히 달리며 깊은 웅덩이를 피했다. 우리를 쫓아오던 차에 타고 있던 이건은 차를 나란히 붙인 뒤 "우리 앞으로 가고 있는 거 맞아요?"라고 물었다. 소년 같은 흥분이 얼굴을 물들이고 있었다. 파트와르단이 뒤를 돌아보며 박사의 권위를 실어 경고했다.

"땅은 꽤 괜찮아 보여요. 그 차로 우리를 끌어내야 할 수도 있으니 안전거리를 유지해요!"

며칠 후 이건과 같은 차에 탔던 한 사람이 내가 탄 SUV가 염호의 가장 깊은 부분 위를 지나가는 영상을 보내주었다. 그는 우리 차가 물구덩이를 빠져나와 군기지로 달리는 모습을 실시간으로 지켜보며 "미치겠다"라고 중얼거리고 있었다. 하지만 우리는 해냈다. 우리는 소금으로 덮인 군기지 근처의 작은 도로에 차를 세우고 경비병들의 환영을 받았다. 로비가 차에서 내리더니 트렁크에서 봉투에 든 점심을 꺼내 그들에게 건넸다. 우리는 현장을 보겠다고 미리 알렸던 터였다. 음식 덕분에 일이 빠르게 진행되었다.

우리는 검문소를 통과하고 두 건물을 지나쳤다. 녹색 지붕 건물에서는 이 염호에서 얻은 탄산포타슘을 가공한다. 정부가 운영하는 이 회사는 이미 증발 연못을 활용해 염호의 염수에서 비료 성분을 추출하고 있었다. 하지만 염수에 마그네슘이 고농도로 함유되어 있어서 증발 연못으로 리튬을 분리하기가 매우 어려웠다. YLB는 거의 10억 달러를 쏟아부었지만 리튬을 생산하지 못했다. 정부가 DLE 입찰을 시작한 것도 이 때문이었다.

이 지역에서 볼 수 있는 염호의 물은 카리브해의 바닷물과 같은 색을 띠고 있었다. 광대한 평원에 짙은 청록색과 옥색이 물결쳤다. 우리는 두 물웅덩이 사이로 몇 킬로미터를 더 달렸고 또 다른 군기지에 도착했다. 경비병들의 작업복에는 YLB의 패치가 붙어 있어서 이 국영 기업과 군대가 얼마나 밀접한 관계인지 짐작하게 했다.

조그마한 암석 절벽이 어렴풋이 보였고 그 아래 주유소가 자리 잡고 있었다. 근처에는 유리창이 없고 대신 얇은 천이 바람에 펄럭이는 3층짜리 건물이 있었다. 2013년 당시 처음으로 볼리비아산 리튬을 생산하려 애쓰던 모랄레스가 직접 이름을 지은 건물이었다. 이 건물이 드리우는 그림자 아래 온통 에너지엑스의 로고가 붙어 있는 화물 컨테이너가 있었다. 볼리비아와 DLE 계약을 맺고 싶다고 신청한 여덟 개 회사 중 에너지엑스만이 현지에 시험 설비를 보냈다. 다른 회사들은 중국이나 러시아, 미국에 있는 자사의 연구실로 이 염호의 염수를 실어 갔다. 2022년 초 오스틴에서 조립한 이 컨테이너는 휴스턴까지 이동한 뒤 콜롬비아의 카르타헤나Cartagena로 향하는 바지선에 실렸고 파나마운하를 통과해 칠레의 가장 큰 항구인 아리카Arica에 도착했다. 그리고 그곳에서 라파스로 보내진 뒤 트럭에 실려 이곳까지 왔다.

이건은 자신이 볼리비아의 리튬 계획을 얼마나 중요하게 생각하는지 이 나라 정부에 보여주기 위해 화물 컨테이너를 끌고 적도를 통과하고 산을 넘는 험난한 여정을 밀어붙였다. 컨테이너 안은 얼굴 가리개, 방독면, 눈 세척대를 비롯한 각종 안전 장비가 갖춰진 임시 화학 실험실이었다. 이건은 특히 염소가스를 모니터링하고 있다고 언급했다. 그리고 내게 LiTAS를 보여주며 "이게 정말 중요합니다"라고 강조했다.

LiTAS는 사실상 에너지엑스였다. 다시 말해서, 이건이 사용 허가를 취득한 기술을 활용해 서른 개의 막으로 염수에서 리튬을 걸러내는 장치였다. 그는 특대형 기타 앰프처럼 보이는 장치에서 뚜껑을 들어 올리더니 코앞에서 손을 흔들었다. 동네의 일반적인 수영장보다 훨씬 강한 염소 냄새가 공기 중에 퍼졌다.

LiTAS가 실제로 만들어내는 것은 염화리튬이다. 그리고 염화리튬을 가공하면 전기차 배터리에 쓰이는 두 유형의 리튬, 탄산리튬과 수산화리튬을 얻을 수 있다. 우유니의 현장을 둘러보던 중 이건은 에너지엑스가 이 중간 단계를 없앨 수 있는 기술을 연구하고 있다고 설명했다. 또한 그와 파트와르단은 우리가 방문한 시점에 LiTAS가 넉 달째 중단이나 막 교체 없이 계속 돌아가는 중이라고 덧붙였다. 그들의 말을 확인할 방법이 없었던 나는 염수에서 얼마나 많은 리튬을 추출할 수 있는지 더 자세히 알려달라고 요청했다. 이건은 기업 비밀이고 정부가 결정을 내리면 알게 될 내용이라며 거절했다. 볼리비아 정부가 결론을 내리기까지 불과 몇 주밖에 남지 않은 때였다.

나는 화학 공정에 관한 내용을 기록했고 LiTAS가 애플의 스티브 잡스가 디자인한 제품들을 떠올리게 한다고 이야기했다. 흥미롭게도 이건은 그게 의도였다고 설명했다. 그는 "스타일과 곡선, 비질을 한 것처럼 얇은 선이 새겨진 스테인리스 스틸, 조명까지. 예상했던 것과 다르죠"라고 으스댔다.

"스웨그가 있어요. 저한테는 그게 중요하거든요."[68]

물론 기업 비밀도 중요했다. 화물 컨테이너의 네 모서리에 달린 감시 카메라가 모든 곳을 비추고 있었다. 이건은 현지 업체와 계약해 본인이 없는 동안에도 시험 설비에 인력을 배치했다. 카메라는 그들을 감시하는 용도였다.

YLB가 리튬을 가공하는 데 썼던 거대한 건물 밖에는 조그마한 명판이 하나 달려 있었다. 2013년 모랄레스가 이 건물에 이름을 붙였던 행사를 기념하는 명판이었다. '볼리비아는 존엄성과 자주권을 가지고 산업화한다Bolivia Industrializa con Dignidad y Soberania'라고 적혀 있었다.

이건이 걷기 시작했다. 그는 파트와르단에게 "이제 가야 해요. 5시

30분에 리오틴토와 얘기하기로 했어요"라고 전하려 했지만 정작 내게 말했다는 것을 깨달았다. 파트와르단은 멈칫하며 이마에 흘러내리는 땀을 닦았다.

"그게 오늘이었어요? 어떤 발표 자료를 쓰려고요?"

이건은 "결합 기술을 설명하는 거요"라고 답했다.

돌아가는 동안 이건이 파트와르단과 함께 전화를 받을 수 있게 내가 자리를 바꾸었다. 60킬로미터를 달려 우유니로 돌아오는 동안 태양이 등 뒤에서 빛나다 점차 차분해졌다. 비포장도로에서 갑자기 왼쪽 뒷바퀴 타이어가 터져 고무 덮개가 길바닥에 나뒹굴었을 때도 나는 그다지 당황하지 않았다. 돌아가는 길을 함께한 운전기사 그레고리오Gregorio가 타이어를 교환하는 사이 나는 근처에서 쉬고 있던 라마 한 무리와 친구가 되었다. 해가 서쪽으로 떨어지는 동안 우리 눈앞에 광활한 염호가 펼쳐졌다.

6월 둘째 주 수요일, 볼리비아 정부는 에너지부 페이스북 페이지를 통해 에너지엑스와 아르헨티나의 텍페트롤이 이 나라의 막대한 리튬 자원을 개발하기 위한 DLE 입찰에서 실격되었다고 조용히 발표했다. 이유는 밝히지 않았다. 이건과 에너지엑스는 입장 발표를 거부했고 소셜미디어 계정도 침묵을 지켰다.[69]

다음 날 에너지엑스가 기초 염수량 데이터를 제출해야 하는 마감일을 지키지 않았다는 소식이 전해졌다. 미심쩍은 이유였다. 에너지엑스의 시험 설비가 문자 그대로 볼리비아의 군기지 안에 있다는 점을 생각할 때 더욱 그랬다. 처음부터 마감일이 정해져 있었고 에너지엑스가 해당 날짜를 놓쳤다면 군인 한 명이 시험 설비로 걸어가서 데이터를 요청할 수도 있지 않았을까? 경영진 사이에 균열이 생기기 시작했고 아무도 전화를 받지 않았다.

이건은 며칠 뒤 볼리비아의 사업을 다시 따내겠다고 다짐하며 나타났다. 그는 리오틴토와 올켐을 비롯한 여러 광업 기업과 대화를 이어갔다. 다음 달 한 사모펀드회사가 에너지엑스에 5억 5000만 달러를 투자하겠다고 발표했지만 주식을 공개한 후라고 조건을 달았다. 이 회사가 실제로 고객을 유치해야만 충족할 수 있는 조건이었다. 이건은 내게 "틀림없이 아직 볼리비아에 기회가 있다고 생각해요"라고 주장했다.

"그들이 마음을 바꿔서 서비스 공급자나 다른 형태의 사업 구조로 에너지엑스의 기술을 활용하고 싶어 한다면 우리는 협조할 용의가 있습니다."[70]

이건이 허세를 되찾는 동안에도 그의 경쟁 상대들은 계속 앞으로 나아가고 있었다. 미국의 리오라이트 리지에서는 티엠의 메릴을 둘러싼 긴장감이 더욱 고조되고 있었다.

CHAPTER 15

작은 꽃들의 운명

네바다주 리노에서 남쪽으로 한 시간쯤 달리면 농지 가운데에 산이 내려다보는 조그마한 온실이 하나 나온다. 아이어니어가 금이라도 되는 듯 애지중지하며 수백 포기의 모종을 기르는 곳이다. 네바다주에 본사가 있는 농업 자문회사 콤스톡 시드Comstock Seed의 땅에 세워진 이 온실을 돌아보는 동안 아이어니어의 최고경영자 버나드 로가 가이드를 자처했다.

온실 속의 모종들은 리오라이트 리지의 어느 구역에서 씨앗을 채취했는지에 따라 구분되어 있었다. 이 조그마한 꽃을 살릴 수 있다는 것을 증명하기 위해 필사적인 이 회사는 티엠의 메밀이 리오라이트 리지의 흙이 아닌 다른 흙, 즉 리튬과 붕소가 고도로 농축되어 있지 않은 흙에서도 잘 자란다는 것을 보여주려고 100만 달러 이상을 투자해 이곳에 있는 모든 농업 장비를 사들였다.

아이어니어가 고용한 상근 식물학자가 유리로 밀폐된 공간 안에서 조그마한 플라스틱 용기 수백 개를 돌봤다. 흙이 담긴 용기와 우리 머리 위로 햇볕이 쨍쨍 내리쬐는 오후에 그는 씨앗을 싹틔우고 있었다. 2019년 티엠의 메밀 표본에서 얻은 뒤 (네바다주 법에 따라 이 회사는 종을 불문하고 특정 식물이 보유한 씨앗 중 10퍼센트만 수집할 수 있었다) 올해 발아를 시도하기 전까지 냉동해두었던 씨앗이었다.

로는 "우리가 이 꽃들을 살리기 위한 해답입니다"라고 주장했다. "무엇이든 하려고 나서는 이가 없을 때보다는 지금 분명히 생존 확률이, 특히 장기적인 생존 확률이 훨씬 더 높습니다. 멸종위기종이 너무 많으니 정부가 모든 종에 관해 이런 연구를 할 수는 없어요. 자금이 부족하니까요. 하지만 우리는 최선을 다할 생각입니다."[1]

나는 오스트레일리아에서 태어나고 성장한 로에게 광업 분야에서 경력을 시작하며 언젠가 광산 자체를 건설하는 게 아니라 식물 하나에 이렇게 많은 공을 들일 때가 있을 거라 예상했는지 물었다. 광업 기업들은 광산과 직접 관련이 없는 활동에 많은 시간을 할애하는 데 익숙하지 않다. 그는 "아니요, 그런 생각은 못 했죠"라고 답했지만 바로 티엠의 메밀이 반드시 해결해야 할 문제라도 되는 것처럼 빠르게 설명을 덧붙였다.

"저는 도전을 좋아하고 문제 푸는 걸 즐깁니다."

나는 2020년 9월 티엠의 메밀 수천 포기가 희생되었던 사고에 관해 물었다.[2] 생명을 잃은 수천 포기 중 일부는 아이어니어가 처음으로 씨앗을 발아시켜서 현장에 다시 심었던 것이었다. 미국 연방정부의 과학자들은 목이 말랐던 설치류가 이 식물을 파괴했다고 결론

내렸지만 도널리와 다른 자연보존 활동가들은 의견이 달랐다.[3] 로는 수분을 찾던 설치류가 문제였다고 동의하면서도 자신과 회사 역시 어느 정도 책임이 있다고 했다.

로는 내게 "우리가 모종을 키웠습니다. 그리고 다시 현장에 심었지만 보호하지는 않았어요. 다람쥐들의 접근을 막기 위해 아무런 조치도 하지 않았습니다. 하지만 아마도 무언가를 해야 했어요"라고 인정했다. 그는 이번에 얻은 모종을 심을 때는 어떻게 지하 울타리를 설치하려는지 설명하기 시작했고 자칫 과잉보호처럼 느껴질 수도 있는 다른 안전 대책들도 나열했다. 하지만 나는 머릿속으로 이 기후 변화의 시대에 동물들은 어떻게 해서든 물을 찾아갈 거라는 생각을 했다.

2019년은 네바다주 서부의 구릉 언덕에 특별히 비가 많았던 해였고 덕분에 티엠의 메밀이 번성했다. 또한 설치류도 번성했다. 물이 많다는 것은 이 동물들이 부지런해지고 개체 수도 증가한다는 뜻이다. 이듬해 같은 지역에 가뭄이 찾아왔다.

"갑자기 이 동물들을 먹여 살릴 물과 음식이 부족해졌습니다. 그럼 어떻게 했을까요? 평소에는 먹지 않던 걸 먹기 시작했죠. 그래서 그 해에 풀을 뜯어 먹은 겁니다."

온실 안에 서서 나는 광산의 운명이 이 얌전해 보이는 꽃의 운명과 얼마나 연결되어 있는지 생각할 수밖에 없었다. 온실 안에는 다 자란 티엠의 메밀이 심겨 있는 커다란 화분 두 개가 있었다. 이상적인 조건에서 식물학자의 손길을 받으며 자란 꽃들이었다. 하지만 물을 비롯해 그늘·태양·양분 등 생존을 위한 것들을 정기적으로 제공

받지 못하는 야외에서도 살아남을 수 있을까?

하지만 아이어니어는 몇 년에 걸쳐 서서히 티엠의 메밀과 공존해야 한다는 사실을 깨달았다. 내가 온실을 방문하기 몇 주 전 이 회사는 미국 토지관리국에 운영계획 수정본을 제출했다. 아이어니어는 사실상 광산 계획을 바꾸었고, 이제는 연방 규제기관에 현재 존재하는 티엠의 메밀 개체들을 건드리지 않겠다고 이야기하고 있었다.

로는 "새로운 계획은 티엠의 메밀을 일절 건드리지 않고 주위에 완충지대도 두는 겁니다"라고 설명했다.

"처음에는 일부 개체를 옮길 수 있을 거로 생각했지만 새 계획에서는 원래 자리에 두기로 했어요."

수정된 계획에 따르면 리오라이트 리지의 거대한 노천 광산은 여섯 지점의 식물 보존 구역을 피해갈 수 있게 곡선으로 건설된다. 아이어니어의 제안일 뿐 토지관리국이 승인하지 않을 수도 있었다. 하지만 기나긴 문서에는 잎에서 먼지를 털어낼 방법(정기적인 급수)부터 벌을 포함해서 꽃가루를 옮겨줄 곤충들을 불러올 방법(주위에 꽃가루를 매개하는 곤충들이 좋아하는 식물로 정원을 조성)까지 상세한 계획이 담겨 있었다. 의도했든 아니든 이 계획 자체가 다른 결론을 기대하며 아낌없이 돈을 쏟아부었던 아이어니어도 결국 이 식물이 다른 흙에서는 자라지 못할 거라고 판단했다는 사실을 암묵적으로 보여주고 있었다.

고래 싸움에 휘말린 새우

도널리가 아이어니어의 광산과 싸우기 위해 준비하는 동안 이 회사는 티엠의 메밀을 다른 곳으로 옮겨도 잘 자랄 수 있을지 시험하는 심층 연구를 진행하기로 하고 네바다대학교 리노캠퍼스의 식물학자들을 고용했다.[4] 아마 평범해 보이는 이 식물을 이주시켜도 괜찮다는 근거를 얻기 위한 준비 작업이었을 것이다. 또한 아이어니어는 네바다주의 과학자들을 활용하면서 지역 내에서 자신을 도와줄 이들도 확보하려 했다.

캘리포니아대학교 리버사이드캠퍼스에서 박사학위를 받은 네바다대학교 소속 식물학자 베스 레거Beth Leger가 연구 책임자를 맡아 티엠의 메밀이 리오라이트 리지에서 벌·거미·기타 곤충들과 어떻게 상호작용하는지, 다양한 온도와 강수량에 어떻게 반응하는지, 해당 부지에 얼마나 많은 개체가 존재하는지 규명하기로 했다.[5] 아이어니어는 처음부터 이 식물을 이주시킬 수 있고 미국 연방정부의 멸종위기종 목록에 올릴 필요가 없다고 주장하는 데 레거의 연구를 활용하려는 듯했다. 레거는 연구에 집중하고 싶었지만 이 회사는 계속해서 초기 결과를 내놓으라고 닦달했다.[6] 아이어니어가 연구에 지급한 비용은 22만 8000달러였다.

레거는 2020년 4월 아이어니어에 보낸 이메일에서 자신이 연구를 서두르라는 과도한 압박을 받고 있다며 "아주 중요한 한 가지가 명확하지 않은 것 같습니다. 실험의 어느 단계에서든 이 식물들이 죽을 수도 있습니다"라고 지적했다.

"진행 중인 연구에 이렇게 관심이 쏟아지는 건 제게 익숙지 않은 일입니다."[7]

공립대학교는 시민들의 질의에 답할 의무가 있었고 도널리도 이러한 사실을 알고 있었다. 그는 레거의 연구와 관련한 모든 문서의 공공기록 공개를 신청했다. 덕분에 도널리는 연구진과 리튬회사 간에 오간 이메일을 포함하는 자료를 손에 넣었고, 물밑에서 연구진과 기업 사이에 긴장이 조성되었다는 사실을 발견했다. 그가 아이어니어보다 한 수 앞서 나가는 듯했다. 500페이지가 넘는 방대한 양의 이메일과 메모·보고서·기타 문서들에 따르면 아이어니어가 고용한 한 컨설턴트는 티엠의 메밀이 연방정부의 멸종위기종 목록에 올라갈 거라 예상했고, 이름이 삭제된 네바다대학교의 한 연구자는 이 식물을 옮겨 심을 수 있는지 자체를 결정하는 데 1년 이상이 걸릴 거로 추정했다. 하지만 아이어니어는 물론이고 리튬을 향한 전기차 업계의 갈망 역시 그만한 시간을 허락하지 않았다.

해당 연구자는 아이어니어의 컨설턴트에게 보낸 이메일에 "그들이 우리의 작업을 [멸종위기종] 등재가 필요 없다거나, 옮겨 심을 수 있으니 광산이 이 식물의 개체 수에 영향을 미칠 거라는 우려는 근거가 없다는 식으로 짜맞추려 하지 않았으면 합니다"라고 적었다.

> 초기 결과가 이 식물을 증식시키고 이식하려는 [아이어니어의] 노력에 힘을 실어주는 방향으로 나오더라도, 잠재적으로 몇 년 안에 새로운 개체들을 얻을 수 있을지는 알 수 없을 겁니다.[8]

레거는 점점 자신이 고래 싸움에 휘말린 새우 같다고 느끼기 시작했다. 레거는 2022년 작성한 이메일에서 "아이어니어의 언론 담당자들이 또 연락했네요. 연구의 진행 상황에 따라 상세하게 하나하나 알리고 싶은가 봐요"라고 적었다. 아이어니어가 또다시 추가 진행 상황을 알려달라고 요청하자 레거는 "실질적인 결과"를 기다리고 싶다며 강하게 반발했다.[9]

레거의 짜증이 쌓여가는 사이 아이어니어는 연방정부가 티엠의 메밀에 더 큰 관심을 보일 수도 있다는 사실을 알고 경악했다. 이 식물이 멸종위기종으로 지정되면 리오라이트 리지에서 리튬을 추출한다는 이들의 계획이 위태로워질 수 있었다. 레거의 연구가 이러한 위기를 막아줄 수도 있었다. 게다가 티엠의 메밀을 위협하는 것은 광업만이 아니었다. 2019년의 끝 무렵, 양 사냥꾼들이 모는 사륜바이크(어떤 지형에서든 운행이 가능하도록 이륜자동차의 차체 구조를 변형한 레저용 사륜형 자동차-옮긴이)가 티엠의 메밀 무리를 밟고 지나갔다.[10]

2020년 7월 어류·야생동물관리국은 도널리와 생물다양성센터가 1753년 제정한 멸종위기종보호법에 따라 티엠의 메밀을 보호해야 할 수도 있는 "상당한 과학적·상업적 정보"를 제시했다고 밝혔다. 이 규제기관은 공보자료에 "종합적으로 상태를 검토할 수 있게 이 종과 이들의 상태에 영향을 미칠 수 있는 요인에 관한 과학적·상업적 데이터와 기타 정보를 요청하고 있다"라고 밝혔다. 어류·야생동물관리국은 이렇게 수집한 데이터에 근거해 티엠이 발견한 식물을 멸종위기종으로 지정해야 할지 판단할 예정이었다.[11]

이듬해 1월 공개한 레거의 74페이지짜리 연구 보고서는 이 식물을 이식할 수 있을지도 모르지만 더 많은 연구가 필요하다고 결론 내렸다. 보고서는 티엠의 메밀이 "우리가 표본을 추출한 지역에 절지동물들과 꽃가루 매개자들이 다양하고 풍부하게 존재한다는 사실에 실질적으로 기여하면서 동시에 그 혜택을 보고 있다. (…) 추가 연구를 통해 [이 식물이] 모든 생애주기에 필요로 하는 조건을 충족하면서 비어 있는 땅을 찾아낼 수 있을지 확인할 수 있을 것이다"라고 정리했다.[12]

연방 규제기관 역시 상당한 기대를 걸었던 이 보고서는 아이어니어의 바람과 달리 티엠의 메밀을 둘러싼 논쟁을 끝내지 못했다. 오히려 티엠의 메밀을 멸종위기종 목록에 올릴지 고민 중이던 규제기관에 소중한 정보를 제공했다. 레거의 보고서가 발표되고 4개월 뒤 로이터는 바이든 대통령이 성장 중인 미국의 전기차 산업을 위한 금속들을 동맹국에서 수입해오는 방안을 고려하고 있다고 보도했다. 아이어니어를 포함해 미국 내에 광업 프로젝트들을 제안한 기업들을 열외로 제쳐놓을 수도 있는 전략이었다.

메밀섬에서의 휴가

다음 달 어류·야생동물관리국은 아이어니어의 광산이 티엠의 메밀에 "영구적이고 되돌릴 수 없는 악영향"을 미칠 수 있다며 이 식물을 멸종위기종으로 지정하라고 제안하는 보고서를 내놓았다. 이 기관은 "본 기관은 확보 가능한 과학적·상업적 정보를 검토한 끝에 미국 네바다주의 고유한 식물종인 티엠의 메밀을 멸종위기종 목록에 추가해달라는 청원이 정당하다고 판단했다"라고 밝혔다.[13] 간단히 말해서 아이어니어가 자체적으로 진행한 연구는 이러한 결론이 나오는 데 도움을 주었다. 어류·야생동물관리국은 티엠의 메밀이 리튬이 풍부한 리오라이트 리지의 흙을 좋아한다는 사실을 고려할 때 이 식물을 옮겨 심으려는 시도는 실패할 가능성이 크다고도 덧붙였다.[14] 시민들의 의견을 수렴하는 절차를 거친 후에야 최종적인 결론이 나올 예정이었지만 아이어니어에는 커다란 타격이었다. 하루 만에 주가가 10퍼센트 이상 하락했다.[15]

이 회사는 아직 필요한 허가를 모두 받지 못한 상태였고 티엠의 메밀이 멸종위기종 목록에 오르면 불리하게 작용할 수 있었다. 캘러웨이를 비롯한 경영진은 2022년 광산 건설을 시작해 이듬해에 운영을 시작할 계획이었다. 이 계획은 물거품이 되었다. 대신 같은 해 12월 공식적으로 티엠의 메밀이 멸종위기종으로 지정되었다.[16] 정부 관료들은 연구를 통해 에리고늄 티에미가 바로 리오라이트 리지에서 발견되는 유형의 흙을 매우 좋아한다는 사실이 밝혀졌다고 설명했다.[17]

하지만 아이어니어는 패배의 잿더미에서도 승리의 불꽃을 피워낼 수 있다는 듯이 재빨리 방향을 선회했다. 이들은 현장에 광산을 파면서도 티엠의 메밀이 자생하는 구역 근처에는 완충지대를 마련해 이 꽃을 지킬 방법을 제시했다. 도널리가 내게 "메밀섬에서의 휴가"라고 묘사했던 계획이자 캘러웨이가 자신의 회사가 택할 수 있는 최선의 길이라며 찬사를 아끼지 않았던 계획이다. 아이어니어는 이제 공식적으로 멸종위기종이 된 티엠의 메밀을 한 포기도 건드리지 않을 것이었다. 대신 광산이 문을 여는 시기는 2024년으로 늦춰지게 되었다.

새 계획을 제안하기 한 해 전 나와 대화를 나눴던 캘러웨이는 "그냥 편안하게 이주, 이식, 보호만 하자는 기존의 주장을 유지할 수도 있겠죠. 지금도 이러한 대책이 유효하다고 믿습니다. 하지만 우리는 결국 이 식물에 전혀 손대지 않고 주위에 완충지대를 두면서 일을 진전시킬 방법이 있다는 걸 깨달았어요. 그래도 광산을 개발할 수 있습니다"라며 새로운 대책을 준비하고 있다고 귀띔했다.[18]

"다른 쟁점은 제기될 수 없는 외딴곳에서 이러한 조치로도 충분하지 않다면 (…) 미국은 그냥 광업을 허용하지 않겠다고 선언합시다."

캘러웨이는 도널리와 어류·야생동물관리국을 상대로 싸움을 이어가는 동안에도 다른 연방 규제기관에 자금을 요청하고 있었다. 나와 만나기 전날 캘러웨이와 아이어니어는 에너지부의 첨단기술 자동차 제조Advanced Technology Vehicles Manufacturing, ATVM 대출 프로그램을 통해 몇백만 달러를 조달할 가능성이 커졌다고 발표했다.[19] 테슬라가 창립 초기 4억 6500만 달러를 빌렸던 프로그램이었다.

ATVM 대출 프로그램은 트럼프 행정부에서 중단되었으나 후임 바이든 대통령이 부활시켰다. 사모펀드 업계에서 경력을 쌓은 지거 샤Jigar Shah가 이 프로그램을 맡아 피드몬트와 포드·리튬 아메리카스·아이어니어를 비롯한 수백 개의 기업이 제출한 대출 신청서를 느리고 체계적으로 검토하기 시작했다. 미국 연방정부의 한쪽에서 아이어니어의 프로젝트에 치명적일 수도 있는 조치를 검토하는 사이, 다른 쪽에서는 이 회사에 거액을 대출해줄지 고민하고 있었다. 다시 한번 워싱턴식 용광로 효과가 일어나는 듯했다. 연방정부라는 기계의 하부 장치 하나하나는 자신들의 영역에서 발생하는 조그마한 문제들만 신경 쓸 뿐 전체적인 그림은 보지 못하는 것 같았다.

신중하고 사려 깊은 에너지부의 관료 샤는 이러한 직접적인 단절을 인식하지 못했고 대신 기관마다 역할이 다르다고 주장했다. 그는 내게 "그 자체로는 혼란스럽지 않다고 생각합니다"라고 우겼다.

"조직에 따라 확인해야 할 것들이 달라요. (…) 제 임무는 프로젝트를 추진하려는 사람들을 모두 찾아서 그들을 지원하는 겁니다. 그래서 그런 일을 하고 있죠. 하지만 정부에는 멸종위기종과 원주민 공동체를 보호하는지 확인하는 게 임무인 조직도 있습니다."[20]

만약 그 두 기관 사이에 갈등이 벌어진다면? 샤는 백악관이 최종적인 결정을 내릴 거라고 설명했다.

"우리는 누군가에게 조건부 승인을 해줄 권한이 있습니다. 프로젝트를 시작하는 데 필요한 모든 허가를 따낸다는 조건이 붙는 승인이죠. 따라서 우리는 그런 조건을 충족하기 전에는 [대출 자금을] 송금하지 않습니다."

티엠의 메밀이 멸종위기종으로 지정되고 나흘 후 리오라이트 리지의 소유주인 토지관리국은 아이어니어의 허가 절차가 마지막 단계에 진입했음을 알리는 의향서Notice of Intent를 발행하기로 했다.[21] 바이든 행정부에서 이 단계까지 진입한 리튬 프로젝트는 리오라이트 리지 프로젝트가 유일했다. 아이어니어는 2024년 이내에 광산 건설을 시작할 수 있길 바란다. 이러한 목표를 달성하려면 아이어니어와 이 회사의 식물학자들, 계약 업체들, 엔지니어들, 기타 모든 직원은 자신들의 광산이 티엠의 메밀을 해치지 않는다는 것을 증명해야 한다.[22] 다시 말해서 이들은 리오라이트 리지가 이 조그마한 꽃들의 천국으로 남도록 해야 했다.

나오는 말

끝나지 않은 선택

2023년 '마틴 루서 킹의 날'(흑인 인권운동가의 생일을 기념하는 미국 연방 공휴일로 1월 셋째 주 월요일 – 옮긴이)이 포함된 연휴가 코앞으로 다가온 금요일 아침, 샤와 미국 에너지부는 캘러웨이와 아이어니어에 리오라이트 리지 프로젝트를 추진하기 위한 자금 7억 달러를 대출해주기로 했다고 발표했다. 이 부서의 관료들은 포드와의 합의서와 티엠의 메일을 보호하기 위한 계획이 포함된 이 회사의 대출 신청서 수천 페이지를 2년 넘게 상세히 검토했다. 아이어니어가 필요한 모든 허가를 취득한다는 조건이 붙긴 했지만 이들을 대상으로 선정하고 공개한 것 자체가 바이든 행정부가 이 프로젝트의 운명을 신뢰한다는 의미였다.[1] 샤의 대출 프로그램에 (그리고 결과적으로 그랜홈 에너지부 장관과 바이든 대통령에게) 최초로 낙점된 미국 내 리튬 광산의 주인은 바로 캘러웨이가 이끄는 아이어니어였다. 샤는 리오라이트 리지 프로젝트가 매년 전기차 37만 대를 만들 수 있는 리튬을 생산할 것이며, 파리협약의 핵심 목표인 이산화탄소 배출량을 130만 톤 감축할 것이라고 설명했다.[2]

샤는 리오라이트 리지 프로젝트를 알게 된 바로 그 날 티엠의 메밀을 둘러싼 논쟁도 알게 되었다.[3]

"저와 이 대출 프로그램을 진행하는 동료들이 첫날부터 염두에 둔 문제였습니다. (…) 그들이 [티엠의 메밀을 보호하면서] 광산을 건설할 방법을 찾아내지 못했다고 판단했다면 (…) [심사 절차를] 진행하지 않았을 겁니다."

샤는 자신이 티엠의 메밀이나 이 식물을 멸종위기종으로 지정하는 문제에 관해 어류·야생동물관리국을 비롯한 다른 연방 기관들과 대화를 나누었다는 사실이 중요하다고 강조했다. 에너지부 대출 프로그램의 책임자는 아이어니어의 계획이 친환경 에너지 전환을 위한 중요한 진전이며, 그가 '환경에 책임을 다하는 방식'이라 지칭한 형태로 리튬을 생산할 수 있는 프로젝트라고 주장했다.[4] 여론도 중요하게 작용했다. 샤는 피드몬트, 리튬 아메리카스를 비롯한 다른 광업 기업들의 프로젝트보다 먼저 아이어니어에 대출을 제공하기로 했다. 그는 내게 "아이어니어는 준비가 아주 잘돼 있었고 무척 체계적이었습니다"라고 설명했다.

당연히 캘러웨이는 흥분을 감추지 않았다. 그는 내게 "이제는 등 뒤에서 바람이 불어오는 것 같네요"라고 소감을 밝혔다.[5]

"정부가 이제 광산을 짓게 해줄 때가 됐다는 강력한 신호를 보내고 있습니다."

코로나바이러스 대유행 이후 찾아온 인플레이션으로 인해 아이어니어가 2020년 추산했던 광산 건설 비용은 수정되겠지만 정부 대출로 상당한 금액을 충당할 수 있을 것이다. 발표 이후 이 회사의 주가는 급등했다.

캘러웨이는 "우리는 미국에서 가장 안전한 광업 프로젝트를 보유하고 있다는 사실을 분명히 하기 위해 몇백만 달러를 지출하고 있습니다"라고 주장했다. 나는 그가 샤보다 더 상세한 내용을 알려주길 기대하며 티엠의 메밀이 협상에 어떤 영향을 미쳤는지 물었다.

"에너지부도 이 문제에 얽혀 있었죠. [아이어니어가 제출한] 운영계획이 티엠의 메밀을 해치는 거였다면 더는 우리 프로젝트를 고려하지 않았을 거라 확신합니다. 우리가 가지고 있는 계획이 멸종위기종을 성공적으로 보호할 수 있다고 판단하지 않았다면 정부는 우리에게 의향서를 내주지 않았을 테고 대출 신청을 계속 검토하지도 않았을 거예요."

반면 도널리는 망연자실했다. 그는 내게 "덕분에 금요일을 아주 형편없이 시작하게 됐네요"라고 한탄했다.[6] 그는 샤와 에너지부가 캘러웨이와 아이어니어에 7억 달러를 대출해주고 싶을 수도 있지만 그렇게는 되지 않을 거라 예상했다. 티엠의 메밀이 멸종위기종으로 지정되고, 지난달 어류·야생동물관리국은 연방정부의 공보자료에 흥미로운 문장들을 실었다. 아이어니어가 2022년 여름에 제출한 수정 운영계획이 이 식물을 보호하기 위한 완충지대를(즉, "메밀섬"을) 더 포함하고 있긴 하지만 몇몇 구역은 리튬을 캐내는 채석장과 "우려스러울 정도로 가깝"다는 것이었다. 또한 식물의 서식지 자체는 그대로 남더라도 벌이나 거미를 비롯한 꽃가루 매개자들이 먹고 마시며 생활하는 보존 서식지가 38퍼센트 가까이 파괴될 것으로 예측되었다.[7] 티엠의 메밀을 보호하려면 적어도 500미터의 완충지대가 필요하지만 아이어니어의 계획에서 일부 구역은 채석장과의 거리가 4미터에 불과했다.[8]

도널리는 "에너지부는 본말을 전도하고 있어요"라며 씩씩댔다.

"그들이 제안한 광산은 계획대로 진행되지 않을 겁니다. 대부분의 사람들은 오스트레일리아의 광업 기업보다 티엠의 메밀을 더 걱정하고 있다고요."

도널리는 아이어니어가 샤의 팀을 설득하는 데는 성공했지만 결국 필요한 허가를 모두 따내지는 못할 거라고 장담했다.

에너지부의 자금은 이 회사가 티엠의 메밀이 안전하리라는 것을 증명한 후에야 제공될 예정이었다. 그들은 아이어니어의 코앞에서 당근을 흔들고 있었다.[9] 아이어니어가 끝내 이 당근을 손에 넣을 수 있을까? 그랜홈은 "이 회사는 가능하다고 답해왔다. 지속가능한 광업을 위한 모범 관행을 가장 높은 수준으로 고수하겠다고 한다. 하지만 우리는 확실히 해두고 싶다"라고 밝혔다.[10] 이 시점까지 아이어니어가 티엠의 메밀을 보존하기 위해 식물학자들을 고용하고 1300개의 모종과 600포기의 다 자란 식물을 보관할 수 있는 새 온실을 건설하면서 지출한 120만 달러가 도움이 되었다. 하지만 어찌 보면 더 힘든 작업이 막 시작된 참이었고 도널리도 칼을 갈고 있었다.

지속가능한 경제로의 전환

같은 달 볼리비아 정부는 우유니에서 리튬 생산을 도울 계약자로 중국의 배터리 제조업체 CATL이 이끄는 컨소시엄을 택했다. 미국은 IRA에 따라 자국과 자유무역협정을 체결한 나라에서 생산된 리튬에만 전기차 세액 공제를 확대하기로 했지만 볼리비아는 미국과 자유무역협정을 맺지 않았고 그래서 미국 기업과 손을 잡을 유인이 떨어졌다. 볼리비아인들은 마침내 자체적으로 리튬을 생산해 전 세계에 공급할 수 있게 되길 기원했다. 하지만 CATL이 이전까지 리튬을 생산한 경험이 없다는 게 위험 요소였다. 에너지엑스의 이건은 여전히 CATL이 실패해 자신들이 볼리비아로 돌아갈 수 있길 바라고 있었다.[11] 몇 달 후 GM이 이건의 스타트업에 5000만 달러를 투자하며 이 회사의 생명을 연장시켰다.[12] 북아메리카와 남아메리카의 DLE 시험 시설 다섯 곳에 투입할 자금이었다. 대신 GM은 에너지엑스의 기술로 생산된 리튬을 우선 매입할 수 있는 권리를 가졌다. 이건은 전 세계 더 많은 지역에서 DLE 공정을 활용하기 위해 막 이용 기술 외에 다른 기술들도 적용하며 자사의 공정을 수정했다.

    미국 에너지부가 아이어니어의 네바다주 광산 프로젝트에 대출을 지원한다고 발표하고 두 주가 지나기 전, 내무부는 향후 20년간 미네소타주 북부의 땅 913제곱킬로미터에 어떠한 광업도 허가하지 않겠다고 선언했다. 트윈 메탈스가 구리·코발트·니켈 광산을 제안한 부지를 포함하는 지역이었다. 바이든 행정부의 관료들은 친환경 에너지 전환을 예고하면서 동시에 트윈 메탈스 프로젝트는 막는 것이 모순은 아니라고 주장했다. 한 관료는 "에너지부는 핵심 광물이 어떤 가치를 갖는지 그리고 이 나라의 미래에 얼마나 중요한지를 본다"라고 밝혔다. 미네소타주 하원의원 스타우버는 "민주당 인사들이 진지하게 재생 에너지의 원천을 개발하면서 중국이 국제시장을 완전히 지배하는 현실을 타개하려 한다면 미국 안에서 책임 있게 광물을 발굴할 수 있도록 문을 열어젖혀야 한다"라고 주장했다.[13] 월가 역시 당혹감을 감추지 않았다. 대형 투자은행 크레디트 스위스Credit Suisse는 "미국이 탈탄소를 추진할 뜻이 있다면 구리가 필요하다. 구리를 충분히 확보할 수 있길 기대하면서 자국 내 광산 개발을 막는 전략은 합리적이지 않을 수 있다. 미국은 일부 프로젝트라도 승인해야 할 것이다"라고 지적했다.[14] 2023년 말 미국의 한 판사는 바이든이 취소한 미네소타주 토지의 임대차 계약을 회복시켜 달라는 트윈 메탈스의 요청을 기각했다. 그사이 전 세계에서 더는 영세 광부들이 채취한 코발트를 사용하지 말라는 압박이 커지고 있었다. 미국의 프로농구선수 카이리 어빙은 소셜미디어에서 "지금도 콩고의 코발트 광산에서는 아이들이 테슬라의 제품을 만들기 위해 일한다는 사실을 알면서 어떻게 내게 잘못이 없다고 할 수 있을까요?"라고 물었다.[15]

MP 머터리얼스와 마운틴패스 광산은 스미토모에 희토류를 판매하는 계약을 맺었지만 일본에 수출하는 전략 광물의 양이 얼마나 되는지는 밝히지 않았다. MP 머터리얼스는 여전히 수익의 상당 부분을 중국에 의존하고 있다. 이 회사의 경영진은 2023년 말 캘리포니아주에 있는 희토류 정제 설비를 보정하는 데 어려움을 겪고 있다고 인정했다. 이동형 DLE 장치를 만든다는 버바의 계획은 이미 석유와 천연가스를 추출할 때 함께 나오는 물에서 리튬을 걸러낼 방법을 연구하고 있던 엑손모빌과 셰브론의 흥미를 끌었다.[16] 리사이클과 글렌코어는 이탈리아에 배터리 재활용 허브를 건설할 계획이며 이후 사업을 확장할 나라로 베트남을 점찍었다.[17] 퍼페투아와 네즈퍼스족은 오랫동안 이어져온 수질 논쟁에서 합의점을 찾았고, 아이다호주에서 금과 안티모니를 생산하겠다는 폴슨의 꿈을 막아서던 가장 큰 장애물이 사라졌다.[18] 알래스카에서는 공화당 소속 마이크 던리비 주지사가 페블 광산을 무산시킨 연방 규제기관들의 결정을 뒤집고 빈사 상태의 프로젝트를 소생시키기 위한 마지막 시도로 2023년 미국 연방대법원에 판단을 요청했다.

원주민 공동체들은 새커패스 프로젝트를 상대로 다시 소송을 제기하며 GM이 이 땅에서 생산된 배터리 금속을 사들이지 않게 막으려 했다. 하지만 이미 광산을 건설하는 공사가 시작되었다.[19] 피드몬트는 노스캐롤라이나주에 노천 광산을 개발한다는 자사의 계획이 적어도 2020년대 말까지는 실현되기 어렵다고 인정했다.[20] 스노든 가족과 이웃들이 승리한 듯하지만 리튬은 여전히 그들이 사는 땅 아래 있고 앞으로도 광업 기업들을 끌어들일 것이다. 테슬라는 북아메리카에서 배터리 광물을 취급하는 가장 큰 시설이 될 텍사스 리튬 정제 시설의 공사를 시작했지만 사우스캐롤라이나주에서 빠르게 공장 건설에 돌입한 앨버말이 앞서 나가고 있다.[21]

2023년 6월 앨버말은 전 세계의 리튬 회사 중 처음으로 IRMA 감사를 마쳤다. IRMA의 사무총장 불랑제는 앨버말의 칠레 현장을 검토한 결과 "투명성과 지역사회 참여에 대한 헌신"을 확인할 수 있었다고 평했다.²² 이러한 발표가 있기 두 달 전 칠레의 보리치 대통령은 막대한 규모를 자랑하는 자국의 리튬 분야를 국유화하고 DLE 기술 활용을 의무화하겠다고 선언했다. 보리치는 "지금이야말로 지속 가능하고 선진적인 경제로 전환할 가장 좋은 기회다. 우리는 이 기회를 낭비할 여유가 없다"라고 주장했다.²³ 이러한 움직임은 칠레가 볼리비아, 아르헨티나와 협력해 배터리 금속 카르텔을 형성하거나 볼리비아의 아르세 대통령이 "리튬 버전의 OPEC"이라 칭한 조직을 만들 수도 있다는 전 세계적인 우려를 낳았다.²⁴

애리조나주에서는 노지와 아파치 스트롱홀드가 필요하다면 대법원행도 감수하겠다고 다짐하며 리오틴토와 레절루션 코퍼를 상대로 법정 싸움을 이어가고 있다. 아이러니하게도 미국 대통령이 원주민들에게 지지를 요청하는 사이에도 바이든 행정부의 변호사들은 법원에서 계속 리오틴토의 계획을 옹호했다. 샌카를로스 아파치족 중 소수는 레절루션 코퍼에서 일하고 있지만 대부분은 노지를 응원한다. 그는 이 부족의 신문에 보낸 편지에서 "아주 많은 이가 나와 함께하고 있습니다. 우리는 신이 이 세상에 주신 귀중한 선물인 생명의 정신을 파괴하는 데 이용당하지 않을 것입니다"라고 썼다.²⁵

그사이 캐나다 밴쿠버에 본사를 둔 작은 회사 브리티시 컬럼비아British Columbia는 땅에 구멍을 파지 않고도 친환경 에너지 전환을 위한 구리와 니켈을 공급할 수 있다고 약속하고 있었다. 더 메탈스 컴퍼니The Metals Co.는 압력 차이를 이용해 태평양의 바닥에서 광물이 풍부한 감자 크기의 단괴團塊를 빨아들인 뒤 배터리 부품으로 가공하려 했다. 놀랄 것도 없이 이들의 계획은 그린피스를 비롯한 환경단체들의 분노를 샀다. 환경단체들은 이러한 시도가 고래와 다른 수생 생물들에 영구적인 피해를 줄 수 있다고 지적했다. 학계 동료들의 평가를 통과한 한 연구에 따르면 "원격 조종 차량이 해저에서 내는 소리를 포함해 채굴 과정에서 발생하는 소음의 주파수는 고래목 동물들이 소통할 때 사용하는 주파수와 겹친다".[26]

친환경 에너지 전환에 필요한 금속을 생산할 대안적 방법을 찾으려는 시도가 계속되고 있지만 광업이 소음을 만들고 위험하며 파괴적이라는 사실에는 변함이 없고, 예측 가능한 미래 동안은 이러한 특성들이 그대로 유지될 것이다. 그리고 이러한 현실이 우리의 집합적인 미래를 두고 벌어지는 세계적인 싸움을 더욱 부채질한다.

WWF의 사무총장 마르코 람베르티니Marco Lambertini는 "이미 시작된 기후 위기를 완화하려는 노력에서는 어떠한 선택도 예외로 할 수 없다고 말하는 이들에게 동의한다"라고 밝혔다.

"나는 심각한 절박함을 공유하고 있다. 하지만 또다시 근본적인 문제를 더욱 크게 만들 수 있다는 예상된 결과를 무시하면서 해결책을 찾으려 해서는 안 된다. 지금 우리를 둘러싼 환경의 심각성은 지구의 생명 유지 장치, 즉 자연을 최대한 돌보면서 행동하기를 요구한다."[27]

캘러웨이의 꿈

거품처럼 부풀었던 캘러웨이의 자신감은 아이어니어가 미국 연방정부의 자금을 대출 받게 되었다는 발표가 나오고 일주일이 지나기 전에 꺼졌다. 이 회사와 계약을 맺은 업체 중 하나가 리오라이트 리지로 이어지는 도로 한쪽에 드릴 장비를 보관해서 연방 규제기관이 발부한 탐사 허가를 위반했다. 아이어니어는 곧바로 사과했고 다시는 이런 실수를 반복하지 않겠다고 맹세했다.[28] 샤와 에너지부가 아이어니어를 한껏 추어올린 뒤라 모두를 곤란하게 하는 사건이었다.

나는 몇 주 후 리오라이트 리지를 방문해 캘러웨이를 만날 예정이었지만 눈보라로 계획이 틀어졌다. 리오라이트 리지 안팎에 60센티미터가 넘는 눈이 쌓여 휴면기에 접어든 티엠의 메밀을 완전히 덮었다. 엄청난 눈 폭풍으로 인해 남쪽으로 몇백 킬로미터 떨어진 로스앤젤레스에도 흔치 않은 폭설 경보가 발령되었을 정도였다.[29] 우리는 현장을 찾는 대신 휴스턴의 편안한 식당에서 만나 점심을 같이 하기로 했다. 최근 아이어니어의 경영진들과 함께하는 기획 회의를 마치고 돌아온 캘러웨이는 며칠이나 이어진 회의에 지쳐 피곤하고 핼쑥한 모습이었다. 하지만 그는 프로젝트와 인허가 과정을 긍정적으로 전망했다.

아이어니어가 리오라이트 리지에서 생산할 리튬의 상당량을 매입하기로 한 포드는 며칠 전 35억 달러를 투자해 미시간주에 배터리 공장을 짓겠다고 발표했다.[30] 볼리비아의 리튬을 두고 벌어진 싸움에서 승리했던 세계 최대 배터리 생산업체 CATL이 함께할 예정이었다. 하지만 아이어니어가 포드와 맺은 계약은 이 자동차 회사가 켄터키주에 설립한 합작 투자회사 블루오벌에스케이 BlueOvalSK에 리튬을 공급하는 것이었다. 캘러웨이는 중국 배터리 기업에 금속을 공급하기 위해서가 아니라 미국이 중국의 공급처에 의존하지 않게 하려고 아이어니어를 설립했다. 캘러웨이는 내게 "당연히 우리는 바로 포드에 연락했습니다. 그들은 우리가 공급한 재료가 CATL로 넘어가지 않을 거라고 확인해주었고요"라고 설명했다.

"우리가 공급한 금속이 중국인들의 손으로 넘어가지 않도록 상당히 진지하게 대처하고 있습니다."[31]

캘러웨이는 지정학적인 문제를 넘어 환경에 관해서도 성찰하게 되었다. 리오라이트 리지에서 성공을 거두면 그는 하나가 아니라 두 개의 리튬 프로젝트를 일궈낸 인물이 된다. 기후 변화와의 싸움에서 중심에 있는 업계의 거물로 캘러웨이의 입지를 공고히 해줄 업적이다. 8개월 전 그는 첫 손자를 품에 안았다. 온갖 감정이 홍수처럼 쏟아지는 경험이었고 자신이 제일 처음 리오라이트 리지에 광산을 건설하려 했던 이유를 상기하게 했다. 캘러웨이는 내게 "이 땅을 내 아이들과 손주들이 더 살기 좋은 곳으로 만들기 위해 할 수 있는 모든 노력을 다했다고 확신하며 눈을 감고 싶습니다"라고 털어놓았다.

나는 1983년 네바다주의 척박한 야생지대를 찾았던 티엠의 운명적인 여정을 떠올렸다. 그날 그가 발견한 식물은 겨우내 활동을 멈추는 습성 그대로 오랫동안 사람들의 시선을 피해 있었다. 하지만 친환경 에너지 혁명이 꽃을 피우면서 티엠의 메밀은 기후 위기에 대처하는 최선의 방법을 찾으려 분투하는 이 세계가 맞닥뜨린 선택과 결과를 상징하게 되었다.

티엠을 만났을 때 나는 리오라이트 리지와 그곳의 리튬, 그의 이름을 딴 꽃을 둘러싼 싸움에 내재하는 갈등을 어떻게 생각하는지 물었다. 식물학자는 이 사안의 무게를 가늠하는 듯 잠시 생각에 잠겼다가 답을 내놓았다.

"흥미로운 서식지를 찾으면 흥미로운 식물도 찾기 마련이죠."

감사의 말

소설가 잭 케루악Jack Kerouac은 "언젠가 내가 적절한 표현들을 찾아 낸다면 간결하게 쓸 것이다"라는 말을 남겼다. 지구상의 모든 이에게 대단히 중요하지만 복잡한 주제를 파고드는 동안 시간과 지식을 공유해준 많은 이에게 진심 어린 감사를 전한다.

    나는 제임스 캘러웨이, 패트릭 도널리, 에이미 불랑제, 파얄 삼팟, 리처드 애드커슨, 존 버바 박사, 웬즐러 노지 박사, 크리스 베리, 제리 티엠, 캐슬린 쿼크, 존 에번스, 워런 스노든과 소냐 스노든, 맥스 윌버트, 지거 샤, 맥킨지 라이언, 티그 이건, 조 라우리, 키스 필립스, 테리 램블러 회장, 하이디 하이트캠프Heidi Heitkamp 상원의원, 에밀리 넬슨, 버나드 로, 아제이 코차르, 베키 롬, 제임스 리틴스키, 에릭 노리스, 리사 머카우스키 상원의원, 로드 콜웰Rod Colwell, 밀라 베시치 시장 등과 수차례 오랜 시간 토론하는 특권을 누렸다.

나의 편집자이자 발행인으로 열정과 지혜를 베풀어준 원시그널One Signal의 줄리아 카이페츠, 지원을 아끼지 않은 애비 모어와 니컬러스 치아니에게 깊이 감사한다. 앤드루 스튜어트는 처음부터 이 프로젝트의 잠재력을 알아보고 끊임없이 이 프로젝트를 위해 싸워주었다. 그의 지지를 받을 수 있어 영광이었다. 재닌 피네오는 젊은 기자에게 처음으로 언론계의 일거리를 주었고 몇 년 후에는 첫 번째 책을 위한 소중한 조언을 아끼지 않았다. 재닌, 정말 고마워요. 마셜 버크, 주디 버건, 에린 카발라로, 베스 엔슨은 초기 원고에 귀중한 피드백을 제공했고 니컬러스 자는 완벽하게 오류를 점검해주었다. 또한 줄리 위트머와 캐슬린 리조에게도 감사한다.

로이터에서는 앰렌 아보카르에게 많은 것을 빚졌다. 핵심 광물의 세계에 뛰어들 기회를 얻은 것도 그 덕분이다. 티파니 우, 알레산드라 갈로니, 로니 브라운, 트레버 허니컷, 헬렌 리드, 클레라 데니나, 폴 리너트, 케빈 크롤리키, 키런 머리, 크리스천 플럼, 벤 클레이먼, 케이티 데이글, 버드 시바, 조 화이트, 클로디아 파슨스, 데이브 셔우드, 알렉스 비예가스, 애덤 저던을 비롯한 많은 이에게 고마움을 전한다.

대니얼 예긴, 제이슨 보도프, 애비 울프, 코비 앤더슨, 스티브 엔더스, 콜린 베넷, 제프 그린, 데이비드 데아크, 앤드루 세이빈, 제프먼, 스콧 앤더슨, 존 켈러, 피터 해나, 로저 폴린, 애덤 매슈스, 조던 로버츠, 라이언 카스티유, 스탠 트라우트, 로저 페더스톤, 로드 에거트, 데이비드 샌딜로, 미셸 미쇼 포스, 샤비르 아메드 박사 등 다양한 전문가가 이 프로젝트를 위해 뛰어난 통찰력을 나누어 주었다.

또한 야콥 스타우스홀름, 마르셀로 킴, 볼드 바타르, 켄트 매스터스, 크리스 파파기아니스, 대니얼 포너먼, 폴 그레이브스, 존 체리, 팀 존스턴, 데이비드 스나이데커, 브라이언 메넬, 윌 애덤스, 에릭 스포머, 로버트 민택, 딘 데벨츠, 앤디 블랙번, 사이먼 무어스, 앤드루 밀러, 애나 크리스티나 카브랄 가드너, 로히테시 다완, 마이클 J. 코왈스키, 멀리사 샌더슨, 에밀리 허시, 장세바스티앵 자크, 채드 브라운 위원, 알란 메넨데스 회장, 샌드라 램블러, 조시 캐스트린스키, 이예진, 조 맨친 상원의원, 피트 스타우버 하원의원, 베티 매콜럼 하원의원, 가이 레센탈러 하원의원, 에릭 스월웰 하원의원에게도 감사를 표한다.

나와 협업해준 토드 매런, 맷 클라, 린다 헤이스, 후안 카를로스 크루스, 에밀리 올슨, 크리스티 골너, 맷 슬라우처, 브루스 리처드슨, 켈리 칼릴, 게리 매키니, 캐시 그롤, 킴 론킨 케이시, 켈리 홉미클로스키, 마틴 체이, 브라이언 라이징어, 베서니 샘, 제이미 돌런, 제니퍼 플레이크, 로버트 폴록, 윌 볼드윈, 수전 애새디, 발레리아 아리아스 할딘, 휴 카펜터, 벤 실츠, 애런 민츠, 윌 포크, 제러미 드러커, 대린 루이스, 잰 모릴, 보니 제스트링, 빌 얼자, 세러핀 롤랜도, 에밀리 플리터, 번미 이숄라, 케이트 워드, 줄리 티나리에게도 감사의 인사를 전한다.

지금까지 살아오는 동안 하비 카일, 팻 번스, 로빈 라이지그, 닉 레만, 주디스 크리스트, 리오 슈스터 목사, 필래나 패터슨, 그레그 맥머너스, 루스 라이트마이어, 짐 돌과 잰 돌, 에리카 디벨라와 마크 디벨라, 앤 섹스턴, 다이앤 웨스트, 조앤 배처, 욜란데 클라크, 토머스

클라크 목사라는 든든한 멘토들의 보살핌을 받았다.

뉴잉글랜드와 뉴욕, 노스다코타, 뉴멕시코, 그 사이 어딘가에 흩어져 있는 가족들과 친구들 모두 고마워요. 마틴, 네가 (그리고 테오가) 없었다면 이 책도 없었을 거야. 최선의 내가 되도록 독려해준 새아버지와 아버지에게도 감사드린다.

어머니와 할머니에게 가장 깊은 곳에서 우러난 사랑을 전하며 두 사람에게 이 책을 바친다.

"당신이 가신 곳으로 저도 갈게요. 그리고 당신이 계시는 곳에 함께할게요."

해제

조용한 전쟁, 전환의 딜레마

이예진 토탈에너지스 선임 마켓 애널리스트

2025년 초, 중국이 희토류 수출을 제한하면서 자동차 및 항공우주 제조사, 반도체 기업, 방산업체 등 관련 산업 전반에 비상이 걸렸다.[1] 트럼프 대통령이 중국산 수입품에 높은 관세를 부과하자 중국 정부가 이에 대응해 희토류를 무기화한 것이다. 희토류는 국방·전기차·에너지·전자 산업에 폭넓게 사용되는 17가지 광물을 가리키며, 오늘날 전 세계 시장의 약 90퍼센트를 중국이 차지하고 있다.

현재 미국 내에는 희토류 광산이 단 한 곳뿐이고, 대부분의 가공과 공급을 중국에 의존하고 있다. 이러한 상황에서 중국의 희토류 무기화는 단순한 관세 전쟁을 넘어 우리가 자원 지정학에 얼마나 취

---

[1] Keith Bradsher, "China Halts Critical Exports as Trade War Intensifies", 《뉴욕 타임스》, 2025. 4. 14.

약한지를 여실히 보여준다.

사실 중국이 핵심 광물을 협상 카드로 사용한 것은 이번이 처음이 아니다. 2010년에는 센카쿠 열도 영유권 분쟁을 계기로 일본에 대한 희토류 수출을 제한했고, 2019년에는 미국에 대한 희토류 수출 중단을 경고한 바 있다. 중국이 세계 희토류 공급망을 꽉 쥐고 있기에 중국의 협박은 매번 상당한 효과를 발휘해왔다.

이제 세계는 에너지 전환을 둘러싼 새로운 지정학적 대결에 접어들었다. 과거 석유가 중동의 운명을 바꿨다면, 오늘날에는 신에너지 기술에 사용되는 리튬·코발트·니켈 등의 핵심 광물들이 그 자리를 점차 대신하고 있다. 에너지 안보의 핵심 자원이 변화하고 있는 것이다.

IEA에 따르면, 2050년까지 탄소 중립 목표를 달성하려면 전기차 수가 현재보다 다섯 배 늘어나야 하며, 이에 따라 핵심 광물 수요도 지금보다 3.5배 이상 증가할 것으로 전망된다. 특히 리튬 수요는 2040년까지 여덟 배 이상 증가할 것으로 보인다.[2] 전기차에는 내연기관 자동차보다 네 배 많은 광물이 들어가고, 해상 풍력발전기는 석탄발전소보다 다섯 배 많은 광물을 요구한다. 더 깨끗한 에너지로 가는 길에 더 많은 광물이 필요하게 된 것이다.

《광물 전쟁》은 바로 이 조용했던 광물들의 이야기에 주목한다. 광물들의 이야기에서 멈추지 않고, 에너지 전환이 누구의 땅 위에서 누

---

[2] International Energy Agency, "Global Critical Minerals Outlook 2024", official website, last updated April 29, 2025, https://www.iea.org/reports/global-critical-minerals-outlook-2024.

구의 삶을 지나 완성되는지를 집요하게 추적한다. 미국·볼리비아·콩고·중국을 넘나들며 기자 어니스트 샤이더는 전환의 최전선에 선 사람들의 삶을 따라간다.

이 과정에서 우리는 또 다른 사실을 마주한다. 에너지 안보가 국가 전략의 핵심 과제가 되면서, 광물 수입국들은 더 이상 광물이 자연스럽게 공급될 것이라고 안일하게 생각할 수 없는 상황에 처했다. 만약 광물 공급국이 자원을 무기화한다면? 이런 불안은 최근 미국 내 '온쇼어링onshoring(광물과 배터리 생산 등을 자국 내로 이전하려는 움직임)'을 가속화시키고 있다. 전략적 자원을 중국을 비롯한 경쟁국에 넘기지 않기 위해 국내 광물 생산과 공급망 다변화를 추진하려는 것이다.

하지만 새로운 광산과 공장을 어디에 지을 것인지는 결국 어느 지역사회가 그 부담을 떠안을 것인가의 문제로 귀결된다. 환경단체의 반대와 지역 주민들의 님비 현상은 이러한 시도를 곳곳에서 가로막고 있다. 아이러니하게도, 단기적으로 환경을 보호하려는 반대가 장기적으로는 기후 변화 대응을 더욱 어렵게 만들 수 있다.

이 책은 이런 복잡한 현실을 정면으로 마주한다. 광업은 분명 환경에 악영향을 미친다. 그러나 에너지 전환을 위해서는 필연적으로 광물이, 그것도 막대한 양의 광물이 필요하다. 그렇다면 우리는 어디서, 어떻게 광업을 해야 할까? 우리 땅에서? 아니면 다른 나라에서? 다른 나라라면, 그들이 공급을 멈출 경우 우리는 어떻게 대응할 것인가?

우리는 종종 친환경 에너지 전환을 이야기하면서 그 뒤에 따르는 대가는 잊곤 한다. 그러나 그 이면에는 누군가가 감당해야 할 불편과 희생이 있다. 저자는 독자에게 단순한 찬반이 아니라 더 깊고 입체적인 고민을 요구한다. 저자가 보여주듯이 아파치족의 종교적인 성지나 티엠의 메밀과 같은 멸종위기에 처한 꽃들을 보호하는 것보다 광산 개발이 더 시급하다고 누가 쉽게 판단할 수 있을까?

친환경 에너지 전환은 단순한 기술 혁신만으로 이루어지는 것이 아니다. 정치적 결단과 윤리적 고민, 그리고 수많은 선택이 끊임없이 요구되는 과정이다. 이 책은 우리가 어떤 불편을 감수할 준비가 되어 있는지, 그리고 그 선택이 누구에게 어떤 영향을 미칠지를 진지하게 묻는다.

한국 독자에게도 이 질문은 결코 낯설지 않을 것이다. 한국은 세계 최대 배터리 생산국 중 하나며, LG에너지솔루션·삼성SDI·SK온 등 국내 주요 3대 기업이 전 세계 전기차 배터리 시장의 약 20퍼센트를 차지하고 있다.[3] 그러나 이 배터리 속에 담긴 광물들은 모두 다른 나라 땅에서 온 것이다. 그 나라들이 앞으로도 계속 광물을 공급할 것인지, 그리고 우리가 그들이 치러야 할 환경적·사회적 대가를 함께 감당할 준비가 되어 있는지는, 이제 우리 사회가 함께 묻고 답해야 할 문제다.

한국은 배터리 기술과 생산 능력에서는 세계 최고 수준을 자랑하지만, 광물 공급망에서는 여전히 취약하다. 전기차와 에너지 저장장

---

[3] "Korean battery makers' global market share drops amid intensifying competition",《코리아 타임스》, 2025. 12. 9.

치ESS 등 핵심 산업이 성장할수록 리튬·니켈·코발트·망가니즈와 같은 주요 광물에 대한 해외 의존도는 더욱 커지고 있다. 인도네시아·칠레·콩고와 같은 광물 부국과의 장기 계약과 투자, 공급망 다변화 전략이 시급해진 이유다.

그러나 단순히 광물 확보만으로는 충분하지 않다. 광물 채굴이 초래하는 환경 파괴나 인권 침해 문제는 이제 더 이상 먼 나라 이야기가 아니다. 장기적으로 한국이 글로벌 배터리 시장에서 리더십을 지키려면, 책임 있는 광물 조달 체계를 구축하고, 국제사회와 함께 공정하고 지속가능한 공급망을 만들어가는 데 적극적으로 나서야 한다. 이는 단순한 기업 차원의 문제가 아니라, 한국 사회 전체의 전략적 선택이 되어야 한다.

책장을 덮고 난 뒤에도 여러 질문이 머릿속을 맴돌 것이다. 우리가 사용하는 광물들이 어디서 왔는지, 누구의 땅에서 어떤 대가로 채굴되었는지에 대한 고민은 쉽게 사라지지 않을 것이다. 이 이야기는 책을 덮으면서 끝나는 것이 아니라, 지금도 계속되고 있고 앞으로도 계속될 논의다. 결국 에너지 전환은 기술이나 산업의 문제가 아니다. 우리가 어떤 세상을 만들고 싶은지에 대한 질문이다. 더 많은 전기차, 더 많은 태양 전지판을 넘어 그 기반을 이루는 자원과 그 자원이 지나온 길을 함께 고민해야 한다.

저자는 책 출간 이후에도 꾸준히 광물 관련 문제를 취재하고 있다. 관심 있는 독자라면 그의 최근 로이터 기사들도 함께 읽어보길 권한다.

주

들어가는 말 냉혹한 선택을 예견하는 작은 꽃

1   Author's interview with Jerry Tiehm, August 10, 2022.
2   Author's interview with Jerry Tiehm, July 7, 2022.
3   Josh Ong, "Witness the First Commercial Cellular Call Being Made in 1983," *The Next Web*, April 17, 2013, thenextweb.com/news/call-history-witness-the-first-commercial-cellular-phone-call-being-made-in-1983.
4   Adele Peters, "In a Battle Between This Endangered Flower and a Lithium Mine, Who Should Win?" *Fast Company*, January 25, 2022, www.fastcompany.com/90714243/in-a-battle-between-this-endangered-flower-and-a-lithium-mine-who-should-win.
5   James L. Reveal, "New Nevada Entities and Combinations in *Eriogonum* (Polygonaceae),"*The Great Basin Naturalist*, April 30, 1985, www.jstor.org/stable/41712129.
6   U.S. Fish and Wildlife Service, "Species Status Assessment Report for *Eriogonum tiehmii* (Tiehm's Buckwheat), Version 2.0," May 2022, ecos.fws.gov /ServCat/DownloadFile /220616.
7   Author's interview with Jerry Tiehm, July 7, 2022.
8   U.S. Fish and Wildlife Service, "Species Status Assessment Report for *Eriogonum tiehmii* (Tiehm's Buckwheat), Version 2.0."
9   Bill King, "The Plight of *Eriogonum tiehmii*," *Sego Lily: The Newsletter of the Utah Native Plant Society*, Winter 2021, www.unps.org/segolily/Sego2021Winter.pdf.
10 Barbara Ertter, "Floristic Surprises in North America North of Mexico," *Annals of the Missouri Botanical Garden*, 2000 edition, ucjeps.berkeley.edu/floristic_surprises.html.
11 "U.S. Energy System Factsheet," Center for Sustainable Systems, accessed December 30, 2022, css.umich.edu/publications/factsheets/energy/us-energy-system-factsheet.

서문 새로운 에너지를 위한 전환점

1. United Nations, UNFCC, "April 22 Paris Agreement Signing Ceremony in New York," press release, April 2, 2016, newsroom.unfccc.int/news/april-22-paris-agreement-signing-ceremony-in-new-york.
2. Doyle Rice, "175 Nations Sign Historic Paris Climate Deal on Earth Day," *USA Today*, April 22, 2016, www.usatoday.com/story/news/world/2016/04/22 /paris-climate-agreement-signing-united-nations-new-york/83381218/.
3. The White House, "President Obama Marks an Historic Moment in Our Global Efforts to Combat Climate Change," press release, October 5, 2016, obamawhitehouse.archives.gov/blog/2016/10/05/president-obama-marks-historic-moment-our-global-efforts-combat-climate-change.
4. International Energy Agency, "Global Energy-Related CO2 Emissions by Sector," official website, last updated October 26, 2022, www.iea.org/data-and-statistics/charts/global-energy-related-co2-emissions-by-sector.
5. U.S. Environmental Protection Agency's Office of Transportation and Air Quality, "Fast Facts: U.S. Transportation Sector Greenhouse Gas Emissions1990–2020," official website, May 2022, nepis.epa.gov/Exe/ZyPDF.cgi?Dockey =P10153PC.pdf.
6. David Owen, "The Efficiency Dilemma," *The New Yorker*, December 13, 2010, www.newyorker.com/magazine/2010/12/20/the-efficiency-dilemma.
7. Raymond Zhong, "For Planet Earth, This Might Be the Start of a New Age," *The New York Times*, December 17, 2022, www.nytimes.com/2022/12/17 /climate/anthropocene-age-geology.html.
8. International Energy Agency, "Executive Summary—the Role of Critical Minerals in Clean Energy Transitions—Analysis," official website, accessed January 7, 2023, www.iea.org/reports/the-role-of-critical-minerals-in-clean-energy-transitions/executive-summary.
9. International Energy Agency, "Global Supply Chains of EV Batteries," official website, accessed January 7, 2023, www.iea.org/reports/global-supply-chains-of-ev-batteries.
10. Rachel Coker, "The Nobel Journey of M. Stanley Whittingham: Distinguished Professor Earns Chemistry Prize for Lithium-ion Battery Development," *BingUNews*, May 6, 2020, www.binghamton.edu/news/story/2424 /the-nobel-journey-of-m-stanley-whittingham; and EnergyFactor Europe by Exxon-Mobil, "Pioneer of Innovation: The Battery That Changed the World," officialwebsite, November 29, 2019, energyfactor.exxonmobil.eu/news/

lithium-ion-whittingham/.
11 The Royal Swedish Academy of Sciences, "The Nobel Prize in Chemistry 2019," press release, October 9, 2019, www.nobelprize.org/prizes/chemistry/2019/press-release/.
12 Katrina Krämer, "The Lithium Pioneers," *Chemistry World*, October 17, 2019, www.chemistryworld.com/features/the-lithium-pioneers/4010510.article.
13 Evan Keuhnert and Alex Grant, "Big Lithium Will Be Built, but by Who? Why the Mining Industry Needs New People with New Ideas to Meet the Decarbonization Moment," *Mining Magazine*, March 8, 2022, www.miningmagazine.com/sustainability/news/1427933/big-lithium-will-be-built-but-by-who.
14 Science History Institute, "Rare Earth Elements and Why They Matter," 2019, www.sciencehistory.org/sites/default/files/rare-earth-elements-why-they-matter.pdf.
15 U.S. Department of Energy, Office of Energy Efficiency and Renewable Energy, "How Lithium-ion Batteries Work," official website, accessed February 20, 2023, www.energy.gov/eere/how-lithium-ion-batteries-work.
16 Author's interview with Dr. Shabbir Ahmed, December 16, 2021.
17 Argonne National Laboratory, "BatPac: Battery Manufacturing Cost Estimation," official website, accessed August 21, 2022, www.anl.gov/partnerships/batpac-battery-manufacturing-cost-estimation.
18 Chris Nelder, "Clean Energy 101: Electric Vehicle Charging for Dummies," RMI, June 10, 2019, rmi.org/electric-vehicle-charging-for-dummies/.
19 "2021 Tesla Model 3 Standard Range Plus RWD-Specifications and Price," EVSpecifications, accessed September 15, 2022, www.evspecifications.com/en/model/4ab310f.
20 John Voelcker, "EVs Explained: Consumption Versus Efficiency," *Car and Driver*, April 10, 2021, www.caranddriver.com/features/a36064484/evs-explained-consumption-versus-efficiency/.
21 "Tesla Model 3 Standard Range Plus," Electric Vehicle Database, accessed December 30, 2022, ev-database.org/car/1485/Tesla-Model-3-Standard-Range-Plus.
22 Fred Lambert, "Breakdown of Raw Materials in Tesla's Batteries and Possible Bottlenecks," *electrek*, November 1, 2016, electrek.co/2016/11/01/breakdown-raw-materials-tesla-batteries-possible-bottleneck/.
23 U.S. Geological Survey, "Minerals Commodity Summaries 2022—Lithium," accessed August 30, 2022, pubs.usgs.gov/periodicals/mcs2022/mcs2022-lithium.pdf.

24 Jonathon Davidson, "Eastern Resources Joins Chinese Lithium Giant to Target Lepidolite," *Market Index*, June 20, 2022, www.marketindex.com.au/news/eastern-resources-joins-chinese-lithium -giant-to-target-lepidolite.

25 "Minerals Commodity Summaries 2022—Copper," U.S. Geological Survey, accessed August 30, 2022, pubs.usgs.gov/periodicals/mcs2022/mcs2022-copper.pdf.

26 Wilda Asmarini, "Update 1—Indonesia Nickel Ore Export Ban to Remain—Mining Ministry Director," Reuters, June 3, 2020, www.reuters.com/article/indonesia -mining/update-1-indonesia-nickel-ore-export-ban-to-remain-mining -ministry-director-idUSL4N2DH17Q.

27 CreditSuisse, "US Inflation Reduction Act: A Tipping Point in Climate Action," official website, September 28, 2022, www.credit-suisse.com/about-us-news/en/articles/news-and-expertise/us-inflation-reduction-act-a-catalyst-for-climate-action-202211.html, 108.

28 U.S. Geological Survey, "Minerals Commodity Summaries 2022—Cobalt," accessed August 30, 2022, pubs.usgs.gov/periodicals/mcs2022/mcs2022 -cobalt.pdf.

29 Amy Joi O'Donoghue, "Elon Musk's Quiet Success with Cobalt-Free EV Batteries at Tesla," *DeseretNews*, May 6, 2022, www.deseret.com/utah/2022/5/6/23060115/elon-musk-and-his-success-with-a-cobalt-free-ev-battery -at-tesla-congo-lithium-child-labor-abuse.

30 "Minerals Commodity Summaries 2022—Cobalt."

31 U.S. Geological Survey, "Minerals Commodity Summaries 2022—Rare Earths," accessed August 30, 2022, pubs.usgs.gov/periodicals/mcs2022 /mcs2022 -rare-earths.pdf.

32 Ben Blanchard, Michael Martina, and Tom Daly, "China Ready to Hit Back at U.S. with Rare Earths: Newspapers," Reuters, May 28, 2019, www.reuters.com/article/us-usa-trade-china-rareearth/china-ready-to-hit-back-at-u-s-with-rare -earths-newspapers-idUSKCN1SZ07V.

33 Ernest Scheyder, "Nevada Copper Starts Production at Mine in Western U.S.," Reuters, December 16, 2019, www.reuters.com/article/nevada-copper-mine-idUKL1N28N1T8.

34 Ernest Scheyder, "U.S. Faces Tough Choices in 2022 on Mines for Electric-Vehicle Metals," Reuters, December 22, 2021, www.reuters.com/markets/commodities /us-faces-tough-choices-2022-mines-electric-vehicle-metals-2021-12-22/.

35 U.S. Department of Energy, Office of Energy Efficiency and Renewable Energy, Vehicle Technologies Office, "FOTW#1124, March 9, 2020: U.S. All-

Electric Vehicle Sales Level Off in 2019," official website, March 9, 2020, www.energy.gov/eere/vehicles/articles/fotw-1124-march-9-2020-us-all-electric-vehicle-sales-level-2019.

36 U.S. Department of Energy, "New Plug-In Electric Vehicle Sales in the United States Nearly Doubled from 2020 to 2021," official website, March 1, 2022, www.energy.gov/energysaver/articles/new-plug-electric-vehicle-sales-united-states-nearly-doubled-2020-2021.

37 Mike Colias, "U.S. EV Sales Jolted Higher in 2022 as Newcomers Target Tesla," *The Wall Street Journal*, January 6, 2023, www.wsj.com/articles/u-s-ev-sales-jolted-higher-in-2022-as-newcomers-target-tesla-11672981834.

38 "Tesla Q1 Earnings Call 2022 Transcript," Rev, April 21, 2022, www.rev.com/blog/transcripts/tesla-q1-earnings-call-2022-transcript.

39 Colias, "U.S. EV Sales Jolted Higher in 2022 as Newcomers Target Tesla."

40 Nivedita Balu and Maria Ponnezhath, "Tesla to Charge More for Cars in United States as Inflation Bites," Reuters, June 16, 2022, www.reuters.com/business/autos-transportation/tesla-hikes-us-prices-across-car-models-2022-06-16/.

41 Ernest Scheyder, "To Go Electric, America Needs More Mines. Can It Build Them?" Reuters, March 1, 2021, www.reuters.com/article/us-usa-mining-insight -idINKCN2AT39Z.

42 "Megafactories Hit 200 Mark," *Benchmark Minerals Magazine*, Q1 2021 edition, 28.

43 "China Controls Sway of Electric Vehicle Power Through Battery Chemicals, Cathode and Anode Production," Benchmark Source, May 6, 2020, source. benchmarkminerals.com/article/china-controls-sway-of-electric -vehicle-power -through-battery-chemicals-cathode-and-anode-production.

44 Sean McLain and Scott Patterson, "Rivian CEO Warns of Looming Electric-Vehicle Battery Shortage: Much of the Battery Supply Chain Isn't Built, Challenging an Industry Aiming to Sell Tens of Millions of EVs in Coming Years, RJ Scaringe Says," *The Wall Street Journal*, April 18, 2022, www. wsj .com /articles /rivian -ceo-warns-of-looming-electric-vehicle-battery-shortage -11650276000.

45 Joseph White, "China Has a 10,000 Euro Cost Advantage in Small EVs, Auto Suppliers Say," Reuters, January 5, 2023, www.reuters.com/business/autos-transportation/china-has-10000-euro-cost-advantage-small-evs-auto-supplier-says-2023-01-05/.

46 Ernest Scheyder, "Analysis: Biden's EV Minerals Cash Fruitless Without Permitting Reform," Reuters, October 24, 2022, www.reuters.com/

markets/commodities/bidens-ev-minerals-cash-fruitless-without-permitting -reform-2022-10-24/.

47   Howard Gleckman, "The IRA's Green Energy Tax Credits Lose Their Punch Because They Try to Do Too Much," TaxVox: Business Taxes, August 17, 2022, www.taxpolicycenter.org/taxvox/iras-green-energy-tax-credits-lose-their-punch-because-they-try-do-too-much.

48   The White House, "Building Resilient Supply Chains, Revitalizing American Manufacturing, and Fostering Broad-Based Growth," official website, June 2021, www.whitehouse.gov/wp-content/uploads/2021/06/100-day-supply-chain-review-report.pdf.

49   Sarah Kaplan, "Biden Wants an All-Electric Fleet. The Question Is: How Will He Achieve It?" *The Washington Post*, January 28, 2021, www.washingtonpost.com/climate-solutions/2021/01/28/biden-federal-fleet-electric/.

50   Author's interview with Mark Senti, April 30, 2021.

51   Bill Carter, *Boom, Bust, Boom: A Story About Copper, the Metal That Runs the World* (New York: Simon & Schuster, 2012), 115.

52   Jesse Vega-Perkins, Joshua P. Newell, and Gregory Keoleian, "Map Electric Vehicle Impacts: Greenhouse Gas Emissions, Fuel Costs, and Energy Justice in the United States," *Environmental Research Letters*, January 11, 2023, iopscience.iop.org/article/10.1088/1748-9326/aca4e6/pdf.

53   Reg Spencer, Timothy Hoff, and James Farr, "Lithium | 2H'22 Recharge: 'Giga-Demand' Needs Major Supply Growth," Canaccord Genuity note to clients, August 22, 2022.

54   Defense Logistics Agency, "About Strategic Materials," official website, accessed June 3, 2022, www.dla.mil/Strategic-Materials/About/.

55   Memorandum from U.S. Deputy Secretary of the Interior Katharine Sinclair MacGregor to Assistant to the President for Economic Policy Larry Kudlow, July 15, 2020, biologicaldiversity.org/programs/public_lands/pdfs/Department-of-the-Interior-Response-to-EO-13927.pdf.

56   Jeff Lewis, Yereth Rosen, Nichola Groom, and Ernest Scheyder, "Alaska's Pebble Mine Told to Offset Damage as Republican Opposition Grows," Reuters, August 24, 2020, www.reuters.com/article/us-usa-alaska-pebblemine -idUSKBN25K1W5.

57   Author's interview with Senator Joe Manchin, September 18, 2019.

58   Saeed Shah, "China Pursues Afghanistan's Mineral Wealth After U.S. Exit," *The Wall Street Journal*, March 14, 2022, www.wsj.com/articles/china-pursues -afghanistans-mineral-wealth-after-u-s-exit-11647172801.

59 Nicholas Bariyo, "In Congo, China Hits Roadblock in Global Race for Cobalt," *The Wall Street Journal*, March 12, 2022, www.wsj.com/articles/in-congo -china-hits-roadblock-in-global-race-forcobalt-11647081180.

60 "Spotlight: China's Lithium Business in Argentina and Chile," BNAmericas, September 15, 2022, www.bnamericas.com/en/features/spotlight-chinas -lithium-business-in-argentina-and-chile.

61 Neha Arora and Mayank Bhardwaj, "India Eyes Overseas Copper, Lithium Mines to Meet Domestic Shortfall," Reuters, January 11, 2023, www.yahoo.com/now/india-eyes-overseas-copper-lithium-111936828.html.

62 Andy Home, "Column: Europe Urgently Needs an Accelerator in Critical Metals Race," Reuters, May 1, 2022, www.reuters.com/markets/commodities/europe -urgently-needs-an-accelerator-critical-metals-race-2022-04-29/.

63 Peter Frankopan, *The Silk Roads: A New History of the World* (London: Bloomsbury, 2016), 318.

64 Niraj Chokshi and Kellen Browning, "Electric Cars Are Taking Off, but When Will Battery Recycling Follow?" *The New York Times*, December 21, 2022, www.nytimes.com/2022/12/21/business/energy-environment /battery -recycling -electric-vehicles.html.

65 Amitav Ghosh, *The Nutmeg's Curse: Parables for a Planet in Crisis* (London: John Murray, 2022).

66 Amos Hochstein, "Securing the Energy Transition," Center for Strategic and International Studies, October 29, 2021, www.csis.org/analysis/securing-energy -transition.

67 "The USA Hosts 24% of Global Lithium Resources but Benchmark Forecasts It Will Only Produce 3% of Global Requirements in 2030," Benchmark Mineral Intelligence, email newsletter, December 22, 2022.

68 Zachary J. Baum, et al., "Lithium-Ion Battery Recycling—Overview of Techniques and Trends," *ACS Energy Letters*, January 19, 2022, pubs.acs.org/doi/full/10.1021/acsenergylett.1c02602#, 715.

69 Melanie Burton, "Rio Tinto Reaches Historic Agreement with Juukan Gorge Group," Reuters, November 27, 2022, www.reuters.com/world/asia-pacific /rio-tinto-reaches-historic-agreement-with-juukan-gorge-group -2022-11-28/.

70 Gram Slattery and Marta Nogueira, "Brazil's Vale Dam Disaster Report Highlights Governance Shortcomings," Reuters, February 21, 2020, www.reuters.com/article/uk-vale-disaster-idINKBN20F2SM.

71 "Terrifying Moment of Brazil Dam Collapse Caught on Camera," *The Guardian*, February 1, 2019, www.youtube.com/watch?v=sKZUZQytads.

72 Moira Warburton et al., "The Looming Risk of Tailings Dams," Reuters,

December 19, 2019, updated January 3, 2020, www.reuters.com/graphics/ MINING-TAILINGS1 /0100B4S72K1 /index.html.
73 Alistair MacDonald, Kris Maher, and Kim Mackrael, "'Sense of Dread': How a Mining Disaster in Brazil Raised Alarms in Minnesota," *The Wall Street Journal*, October 14, 2019, www.wsj.com/articles/minnesotas-iron-range-likes-its-miners-a-deadly-brazil-disaster-is-giving-it-pause-11571064180.
74 John Eligon, Lynsey Chutel, and Ilan Godfrey, "The World Got Diamonds. A Mining Town Got Buried in Sludge," *The New York Times*, September 23, 2022, www.nytimes.com/2022/09/23/us/south-africa-diamond-mine-collapse.html.
75 John Kemp, "Critical Minerals and Mining Reform in the U.S.," Reuters, January 31, 2014, www.reuters.com/article/usa-mining-rare-earths/column-critical-minerals-and-mining-reform-in-the-u-s-kemp-idUSL5N0L52QP20140131.
76 Letter from U.S. Senator Lisa Murkowski et al. to U.S. Secretary of the Interior Deb Haaland and U.S. Secretary of Agriculture Tom Vilsack, November 14, 2022, www.murkowski.senate.gov/imo/media/doc/Letter%20to%20DOI_USDA%20on%20Sec.%2040206.pdf.
77 Angus Tweedie et al., "Electric Vehicle Transition: EVs Shifting from Regulatory to Supply-Chain-Driven Disruption," Citi GPS: Global Perspectives & Solutions, February 2021, icg.citi.com/icghome/what-we-think/citigps /insights/electric-vehicle-transition-20210216, 40.
78 Author's interview with Scot Anderson, October 21, 2022.
79 Helen Reid and Nelson Banya, "U.S. Bid for Battery Metals Has Africa Blind Spot," Reuters, December 9, 2022, www.reuters.com/markets/commodities/us-bid-battery-metals-has-africa-blind-spot-2022-12-09/.
80 Oralandar Brand-Williams, "Ford CEO Farley Calls for Making EVs More Affordable, Bringing Mining Back to US," *The Detroit News*, September 28, 2021, www.detroitnews.com/story/business/autos/ford/2021/09/25/ford-ceo-urges -making-evs-more-affordable-bringing-mining-back-us/5852516001/.

1. 네바다에서 터진 리튬 잭팟

1 Author's interview with James Calaway, November 11, 2021. Much of Calaway's history is based on this and subsequent interviews, as well as corroboration from contemporaneous news articles and other sources.
2 Chris King, "When Are Soft Rocks Tough, and Hard Rocks Weak?"

EarthLearningIdea.com, accessed March 15, 2022, www.earthlearningidea .com /PD/312_Hard_soft_rocks.pdf.
3   "Tesla Overtakes Toyota to Become World's Most Valuable Carmaker," BBC News, July 1, 2020, www.bbc.com/news/business-53257933.
4   Yuka Obayashi and Ritsuko Shimizu, "Japan's Sumitomo to Focus on Battery Material Supply to Panasonic, Toyota," Reuters, September 13, 2018, www.reuters .com/article/us-sumitomo-mtl-min-strategy/japans-sumitomo-to-focus -on -battery -material-supply-to-panasonic-toyota-idUSKCN1LT1SN.
5   Buzz Aldrin, *Reaching for the Moon* (New York: HarperCollins, 2008).
6   Ioneer, "Rhyolite Ridge Lithium-Boron Project, Definitive Feasibility Study (DFS) Report," official website, accessed December 30, 2022, rhyolite-ridge. ioneer .com/wp-content/uploads/2020/05/ioneer_DFS_Executive Summary_ Imperial_Units.pdf, 6.
7   Matt McGrath, "Climate Change: US Formally Withdraws from Paris Agreement," BBC News, November 4, 2020, www.bbc.com/news/science-environment -54797743.

2. 신성한 땅을 둘러싼 갈등

1   These events are recounted in Lauren Redniss's *Oak Flat: A Fight for Sacred Land in the American West* (New York: Random House, 2021). Additionally, they were relayed in a March 31, 2021, interview with Marlowe Cassadore, director of the San Carlos Apache Culture Center.
2   Redniss, *Oak Flat*, 41.
3   Ibid.
4   Diego Archuleta, "To the Editor of the New York Times," *The New York Times*, January 26, 1859, nyti.ms/3EiKHwk. Archuleta, a Mexican native, was appointed to his post as Indian agent in 1857 and reappointed by President Abraham Lincoln in 1865.
5   Redniss, *Oak Flat*, 18. Also author's interview with Dr. Wendsler Nosie, March 29, 2021.
6   Letter from San Carlos Apache Tribal Chairman Terry Rambler to U.S. Department of Agriculture's Tonto National Forest Supervisor Neil Bosworth, December 23, 2019.
7   Redniss, *Oak Flat*, 49.
8   San Carlos Apache Tribal Chairperson Kathleen W. Kitcheyan, "Oversight Hearing on the Problem of Methamphetamine in Indian Country," U.S.

Senate Committee on Indian Affairs, official website, April 5, 2006, www.indian.senate.gov/sites/default/files/Kitcheyan040506.pdf.

9 "2020 Needs and Assets Report," First Things First: San Carlos Apache Region, official website, accessed December 15, 2022, www.firstthingsfirst.org/wp-content/uploads/2022/08/Regional-Needs-and-Assets-Report-2020-San-Carlos-Apache.pdf.

10 "Superior, Arizona, Demographics," Data Commons, Place Explorer, accessed October 14, 2022, datacommons.org/place/geoId/0471300?utmmedium =explore &mprop =income&popt =Person&cpv =age%2CYears15Onwards&hl=en.

11 Ibid.

12 "Copper in the USA: Bright Future—Glorious Past," Copper Development Association, official website, accessed December 30, 2022, www.copper.org/education/history/us-history.

13 Bill Carter, *Boom, Bust, Boom: A Story About Copper, the Metal That Runs the World* (New York: Simon & Schuster, 2012), 116.

14 "Copper in the USA: Bright Future—Glorious Past."

15 Dan Yergin et al., "The Future of Copper: Will the Looming Supply Gap Short-Circuit the Energy Transition?" S&P Global, official website, July 2022, cdn.ihsmarkit.com/www/pdf/1022/The-Future-of-Copper_Full –Report_SPGlobal.pdf, 9.

16 Ernest Scheyder, "Net Zero Climate Target Could Fail Without More Copper Supply," Reuters, July 14, 2022, www.reuters.com/markets/commodities/net-zero -climate-target-could-fail-without-more-copper-supply-report-2022-07-14/.

17 Yergin et al., "The Future of Copper."

18 Ibid.

19 Federal Register, vol. 20, no. 192, pp. 7336–37, October 1, 1955. Public Land Order 1229.

20 Federal Register, vol. 36, no. 187, p. 19029, September 25, 1971. Public Land Order 5132.

21 Matthew Philips, "Inside the Billion-Dollar Dig to America's Biggest Copper Deposit: Miners Are 7,000 Feet Down and They Aren't Turning Back," *Bloomberg Businessweek*, March 14, 2016, www.bloomberg.com/features/2016-arizona-copper-mine/.

22 CME Group, "Copper's Role in Growing Electric Vehicle Production," Reuters sponsored content, May 5, 2021, www.reuters.com/article/sponsored/copper-electric-vehicle.

23 Ernest Scheyder, "Arizona Mining Fight Pits Economy, EVs Against Conservation, Culture," Reuters, April 19, 2021, www.reuters.com/article/us-usa-mining-resolution-insight-idTRNIKBN2C612L.
24 U.S. Department of Agriculture, Tonto National Forest, "Draft EIS for Resolution Copper Project and Land Exchange," official website, accessed December 30, 2022, www.resolutionmineeis.us/documents/draft-eis.
25 Arizona State Climate Office, "Drought," official website, accessed December 20, 2022, azclimate.asu.edu/drought/.
26 Letter from San Carlos Apache Tribal Chairman Terry Rambler to U.S. Department of Agriculture's Tonto National Forest Supervisor Neil Bosworth, December 23, 2019.
27 U.S. Department of Agriculture, Tonto National Forest, "Draft EIS for Resolution Copper Project and Land Exchange," official website, accessed December 30, 2022, www.resolutionmineeis.us/documents/draft-eis.
28 Resolution Copper, "Project Profile," official website, accessed October 20, 2022, resolutioncopper.com/wp-content/uploads/2022/03/RTRC –Project-Profile -Fact-Sheet-600x800-FINAL.pdf.
29 The White House, "Statement by the President on H.R. 3979," press release, December 19, 2014, obamawhitehouse.archives.gov/the-press-office/2014/12/19/statement-president-hr-3979.
30 U.S. Congress, "Carl Levin and Howard P. 'Buck' McKeon National Defense Authorization Act for Fiscal Year 2015," official website, accessed December 30, 2022, www.congress.gov/113/plaws/publ291/PLAW-113publ291.pdf.
31 Author's interview with Bold Baatar, April 8, 2021.
32 Ibid.
33 "Historic Hotel Magma," official website, accessed April 9, 2021, www.hotelmagmasuperior.com/index.php/history.
34 Resolution Copper, "Project Overview," official website, accessed December 2, 2022, resolutioncopper.com/project-overview/.
35 Rio Tinto, "Resolution Copper Project Enters Next Phase of Public Consultation," official website, January 15, 2021, www.riotinto.com/en/news/releases/2021/Resolution-Copper-project-enters-next-phase-of-public-consultation.
36 CreditSuisse, "US Inflation Reduction Act: A Tipping Point in Climate Action," official website, September 28, 2022, www.credit-suisse.com/about-us -news/en /articles /news-and-expertise/us-inflation-reduction-act-a-catalyst-for-climate -action -202211.html, 148.
37 Author's interview with Mayor Mila Besich, March 29, 2021.

38 "Superior Unified School District," AZ School Report Cards, accessed December 30, 2022, azreportcards.azed.gov/Districts/detail/4440.
39 Resolution Copper, "Resolution Copper Fulfills Back-to-School Needs for Hundreds of Local Students and Teachers," official website, September 22, 2020, resolutioncopper.com/resolution-copper-fulfills-back-to-school-needs-for-hundreds-of-local-students-and-teachers/.
40 Associated Press, "Old Copper Smelter's Smokestack Is Demolished in Superior," November 11, 2018, apnews.com/article/73f90300fc9644b3b8eacc37639d1642.
41 Ryan Randazzo, "Mining Co. Conundrum: $2M to Destroy Historical Smelter or $12M to Preserve It," *The Arizona Republic*, October 23, 2015, www.azcentral.com/story/money/business/energy/2015/10/23/resolution-copper-mining-faces -decision-smelter-stack-superior-arizona/74237478/.
42 Author's interview with Darrin Lewis, March 30, 2021.
43 Superior Lumber & Hardware, Facebook post, December 17, 2021, www.facebook.com/people/Superior-Lumber-Hardware/100063807983409/.
44 D. F. Hammer and R. N. Webster, "Some Geologic Features of the Superior Area, Pinal County, Arizona," New Mexico Geological Society, 1962, www.resolutionmineeis.us/sites/default/files/references/hammer-webster-geologic-features-superior-1962.pdf.
45 Nosie portions based largely on author's interview with him, March 29, 2021.
46 "Authorities Investigating Vandalism at Sacred Apache Site," *Arizona Daily Star*, March 19, 2018, tucson.com/news/local/authorities-investigating-vandalism-at-sacred-apache-site/.
47 Dale Miles, "Oak Flat Is a Sacred Site? It Never Was Before. Former Tribe Historian: A Mining Shaft Was Built There in the 1970s with No Protest fromthe Tribe," *AZ Central*, July 23, 2015, www.azcentral.com/story/opinion/op-ed/2015/07/23/oak-flat-sacred/30587803/.
48 University of Arizona's Office of Native American Advancement, Initiatives and Research, "San Carlos Apache Tribe Community Profile," official website, accessed September 29, 2022, naair.arizona.edu/san-carlos-apache-indian-tribe.
49 Laurel Morales, "For the Navajo Nation, Uranium Mining's Deadly Legacy Lingers," NPR, April 10, 2016, www.npr.org/sections/health -shots /2016/04 /10 /473547227/for-the-navajo-nation-uranium-minings-deadly-legacy-lingers.
50 Peter H. Eichstaedt, *If You Poison Us: Uranium and Native Americans* (Santa

Fe, N.M.: Red Crane Books, 1994).
51 Pope Francis, "Address of His Holiness Pope Francis to Participants at the Meeting Promoted by the Dicastery for Promoting Integral Human Development of the Mining Industry," Vatican, May 3, 2019, www.vatican.va/content/francesco/en/speeches/2019/may/documents/papa-francesco_20190503_incontro -industria-mineraria.html.
52 Carter, *Boom, Bust, Boom*, 161.
53 Joni Mitchell, "Big Yellow Taxi," official website, accessed February 20, 2023, jonimitchell.com/music/song.cfm?id=13.
54 Mark Mazzetti with Helene Cooper and Peter Baker, "Behind the Hunt for Bin Laden," *The New York Times*, May 2, 2011, www.nytimes.com/2011/05/03/world/asia/03intel.html?_r=2.
55 *American Experience: We Shall Remain*, Episode 4: "Geronimo," PBS, May 11, 2009, www-tc.pbs.org/wgbh/americanexperience/media/pdf/transcript/WeShallRemain_4_transcript.pdf.
56 Leandra A. Swanner, "Mountains of Controversy: Narrative and the Making of Contested Landscapes in Postwar American Astronomy," Harvard University doctoral dissertation, 2013, dash.harvard.edu/bitstream/handle/1/11156816/Swanner_gsas.harvard_0084L_10781.pdf?sequence=3&isAllowed=y.
57 U.S. Forest Service, "14 Day Stay Limit at National Forest Campgrounds and Dispersed Areas," official website, accessed December 16, 2022, www.fs.usda.gov/Internet/FSE_DOCUMENTS/fseprd491179.pdf.
58 McCain died in 2018 and his archives were sealed during the coronavirus pandemic.
59 Author's interview with Marlowe Cassadore, March 31, 2021.
60 Redniss, *Oak Flat*, 171.
61 Philips, "Inside the Billion-Dollar Dig to America's Biggest Copper Deposit."
62 Scheyder, "Arizona Mining Fight Pits Economy, EVs Against Conservation, Culture."
63 Nicholas K. Geranios, "Ferry County Gold Mine Opens After Decades of Wrangling," *The Seattle Times*, October 8, 2008, www.seattletimes.com/seattle-news/ferry-county-gold-mine-opens-after-decades-of-wrangling/.
64 U.S. Department of Agriculture, Tonto National Forest, "Draft EIS for Resolution Copper Project and Land Exchange," official website, accessed December 30, 2022, www.resolutionmineeis.us/documents/draft-eis.
65 Ernest Scheyder, "U.S. Copper Frenzy Grows as Rio Tinto Plans $1.5 Billion Utah Mine Expansion," Reuters, December 3, 2019, www.reuters.com/

article/us-rio-tinto-plc-utah/u-s-copper-frenzy-grows-as-rio-tinto-plans-1-5-billion-utah-mine-expansion-idUSKBN1Y7272.

66 Ernest Scheyder, "U.S. Copper Projects Gain Steam Thanks to Electric Vehicle Trend," Reuters, January 24, 2019, www.reuters.com/article/us-usa-copper-electric-focus-idUSKCN1PI0GZ.

67 Tiffany Turnbull, "Destruction of Ancient Aboriginal Site Sparks Calls for Reform in Australia," Thomson Reuters Foundation, May 29, 2020, www.reuters.com/article/us-australia-rights-mining-feature-trfn/destruction-of-ancient-aboriginal-site-sparks-calls-for-reform-in-australia-idUSKBN2351UK.

68 Gregg Borschmann, Oliver Gordon, and Scott Mitchell, "Rio Tinto Blasting of 46,000-Year-Old Aboriginal Sites Compared to Islamic State's Destruction in Palmyra," *RN Breakfast*, Australian Broadcasting Commission, May 29, 2020, www.abc.net.au/news/2020-05-29/ken-wyatt-says-traditional-owners-tried-to-stop-rio-tinto-blast/12299944.

69 Ibid.

70 Rio Tinto, "Rio Tinto Executive Committee Changes," press release, September 12, 2020, www.riotinto.com/news/releases/2020/Rio-Tinto-Executive -Committee-changes.

71 The National Congress of American Indians, "Resolution #ABQ-19-062," press release, October 20, 2019, www.aph.gov.au/DocumentStore.ashx?id=e2510a7c-2d0f-485e-932a-8ac7588a051c&subId=690788.

72 Ibid.

73 Ernest Scheyder, "In Arizona, Rio Tinto CEO Seeks 'Win-Win' for Resolution Copper Project," Reuters, September 29, 2021, www.reuters.com/business/energy/arizona-rio-tinto-ceo-seeks-win-win-resolution-copper -project -2021-09-29/.

74 Praveen Menon, "Rio Tinto Has Not Given Up on $2.4 Billion Serbian Lithium Project," Reuters, December 15, 2022, www.reuters.com/article/rio-tinto-lithium-serbia/rio-tinto-has-not-given-up-on-2-4-billion-serbian-lithium-project-idUSKBN2SY22N.

75 Clara Denina, "Analysis—Rio Tinto Has Few Options to Save Serbia Lithium Mine, None Good," Reuters, January 24, 2022, www.reuters.com/article/rio-tinto-serbia/analysis-rio-tinto-has-few-options-to-save-serbia-lithium-mine-none-good-idUSKBN2JY1SZ.

76 "Rio Tinto Mines," Andalucia.com, accessed December 15, 2023, www.andalucia .com/province/huelva/riotinto/home.htm.

77 Rio Tinto, "Rio Tinto Releases External Review of Workplace Culture," press release, February 1, 2022, www.riotinto.com/news/releases/2022/Rio-Tinto-

releases-external-review-of-workplace-culture.
78 Dalton Walker, "Joe Biden, Kamala Harris Meet with Tribal Leaders in Phoenix," *Indian Country Today*, October 8, 2020, indiancountrytoday.com/news/joe-biden-kamala-harris-head-to-phoenix-to-meet-with-tribal-leaders.
79 "Hundreds of Tribal and Indian Country Leaders Endorse Joe Biden for President," IndianZ.com, October 15, 2020, www.indianz.com/News/2020/10/15/hundreds-of-tribal-and-indian-country-leaders-endorse-joe-biden-for-president/.
80 U.S. Federal Election Commission records.
81 Ernest Scheyder, "Exclusive: Biden Campaign Tells Miners It Supports Domestic Production of EV Metals," Reuters, October 22, 2020, www.reuters.com/article/usa-election-mining/exclusive-biden-campaign-tells-miners-it-supports-domestic-production-of-ev-metals-idUSKBN27808B.
82 Brendan O'Brien, "Apache Tribe Marches to Protect Sacred Arizona Site from Copper Mine," Reuters, February 28, 2020, www.reuters.com/article/us-usa-oakflat-apache/apache-tribe-marches-to-protect-sacred-arizona-site-from-copper-mine-idUSKCN20M1QM.
83 Felicia Fonseca and Angeliki Kastanis, "Native American Votes Helped Secure Biden's Win in Arizona," Associated Press, November 19, 2020, apnews.com/article/election-2020-joe-biden-flagstaff-arizona-voting-rights-fa452fbd546fa00535679d78ac40b890.
84 U.S. Forest Service, "Tonto National Forest Releases Final Environmental Impact Statement Draft Decision for Resolution Copper Project and Land Exchange," press release, January 15, 2021, www.fs.usda.gov/detail/r3/home/?cid=fseprd858166.
85 Ibid.
86 Ibid.
87 Ernest Scheyder, "Trump Admin Set to Approve Arizona Land Swap for Mine Opposed by Native Americans," Reuters, December 7, 2020, www.reuters.com/article/us-usa-mining-resolution/trump-admin-set-to-approve-arizona-land-swap-for-mine-opposed-by-native-americans-idUSKBN28H0FW.
88 Patrick Reis and Greenwire, "Obama Admin, McCain Spar over Ariz. Copper Mine Bill," *The New York Times*, June 18, 2009, archive.nytimes.com/www.nytimes.com/gwire/2009/06/18/18greenwire-obama-admin-mccain-spar-over-ariz-copper-mine-72687.html.
89 Associated Press, "House Votes to Boost Huge Arizona Copper Mine," October 26, 2011, azcapitoltimes.com/news/2011/10/26/house-votes-to-boost-huge-arizona-copper-mine/.

90 Ryan Randazzo, "Sen. John McCain Visits Resolution Mine, Pledges Support," *Arizona Republic*, October 7, 2014, apnews.com/article/arizona-john -mccain-jeff-flake-forests-financial-markets-9acf7a87127757b11a080217 561db1f1.
91 John McCain, "McCain: Why I'll Vote for Resolution Copper," *AZCentral*, October 15, 2014, www.azcentral.com/story/opinion/op-ed/2014/10/15 / resolution-copper-arizona-mccain/17325487/.
92 Felicia Fonseca, "Apaches' Fight over Arizona Copper Mine Goes Before US Court," Associated Press, February 3, 2021, apnews.com /article/ arizona -john -mccain -jeff -flake -forests -financial -markets -9acf7a 87127757b11a080217561db1f1.
93 Shane Goldmacher, "Flake's Past as Lobbyist at Odds with His Image," *National Journal*, April 18, 2012, news.yahoo.com/flake-past-lobbyist-odds -image-181053586.html.
94 Fonseca, "Apaches' Fight over Arizona Copper Mine Goes Before US Court."
95 U.S. Department of the Interior, "Statement by Interior Secretary Sally Jewell on the National Defense Authorization Act for Fiscal Year 2015," press release, December 19, 2014, www.doi.gov/news/pressreleases/statement-by -interior-secretary-sally-jewell-on-the-national-defense-authorization-act-for-fiscal-year-2015.
96 Senator Bernie Sanders, "Sanders, Baldwin Introduce Bill to Stop Land Giveaway,Protect Native American Place of Worship," press release, November 5,2015, www.sanders.senate.gov/press-releases/sanders-baldwin-introduce-bill-to-stop-land-giveaway-protect-native-american-place-of-worship/.
97 Jessica Swarner, "Did Obama Just Block the Sale of Sacred Apache Land to a Foreign Mining Company? Well . . . ," *Indian Country Today*, March 17, 2016, indiancountrytoday.com/archive/did-obama-just-block-the-sale-of-sacred-apache-land-to-a-foreign-mining-company-well.
98 Reuters, "Timeline—Rio Tinto's 26-Year Struggle to Develop a Massive Arizona Copper Mine," April 19, 2021, www.reuters.com/business/ energy/rio -tintos -26-year-struggle-develop-massive-arizona-copper-mine-2021-04-19/.
99 Aluminum Corp. of China held roughly 15 percent of Rio Tinto's shares at the end of 2022, making it the company's largest shareholder.
100 Letter from San Carlos Apache Tribal Chairman Terry Rambler to U.S. Department of Agriculture's Tonto National Forest Supervisor Neil Bosworth, December 23, 2019.

101 Derek Francis, "Native Americans Sue Trump Administration over Rio Tinto's Arizona Copper Project," Reuters, January 13, 2021, www.reuters.com/world/us/native-americans-sue-trump-administration-over-rio-tintos-arizona-copper -project-2021-01-13/.

102 Ernest Scheyder, "Native Americans Say U.S. Does Not Own Land It Is About to Give to Rio Tinto," Reuters, January 14, 2021, www.reuters.com/article /us -usa-mining-resolution/native-americans-say-u-s-does-not-own-land-it -is -about-to-give-to-rio-tinto-idUSKBN29J2R9.

103 Reuters, "U.S. Judge Denies Native American Bid to Block Land Swap for Rio Tinto Copper Mine," January 14, 2021, www.reuters.com/business/legal /us-judge-denies-native-american-bid-block-land-swap-rio-tinto-copper -mine-2021-01-15.

104 Ernest Scheyder, "U.S. Judge Will Not Stop Land Transfer for Rio Tinto Mine in Arizona," Reuters, February 12, 2021, www.reuters.com/business/us-judge-will-not-stop-land-transfer-rio-tinto-mine-arizona-2021-02-12/.

105 Ibid.

106 Ernest Scheyder, "U.S. Appeals Court Hints at Support for Rio's Resolution Copper Mine," Reuters, October 22, 2021, www.reuters.com/legal/litigation/us -appeals-court-hints-support-rios-resolution-copper-mine-2021-10-22/.

107 Ibid.

3. 투명한 광산 프로젝트

1 *Blood Diamond*, directed by Edward Zwick (Warner Bros. Pictures, 2006).
2 Author's interview with Michael J. Kowalski, January 23, 2023.
3 "Michael J. Kowalski Biography," 16th Nikkei Global Management Forum offi- cial website, accessed January 15, 2023, www.ngmf.com/ngmf2014/speakers14 .html.
4 Victoria Gomelsky, "Jewelers Divided over Use of Coral," *The New York Times*, December 8, 2009, www.nytimes.com/2009/12/08/business/global/08iht-rbogcoral.html.
5 Jasen Lee, "Utah's Kennecott Mines Silver, Gold for Tiffany & Co.," *DeseretNews*, March 13, 2012, www.deseret.com/2012/3/13/20499939/utah-s -kennecott-mines -silver-gold-for-tiffany-co.
6 "Top 10 Deep Open-Pit Mines," *Mining Technology*, September 26, 2013, www.mining-technology.com/features/feature-top-ten-deepest-open-pit-mines.

7   Nicholas K. Geranios, "Environmentalists Lash Out at Jewelry," Associated Press, April 27, 2004, www.ocala.com/story/news /2004 /04 /27 / environmentalists-lash -out -at -jewelry /31304835007/.
8   Marc Gunther, "Green Gold?" CNN Money, September 3, 2008, money.cnn.com/2008/09/03/news/companies/gunther_gold.fortune/index2.htm.
9   Tiffany & Co., "Tiffany Blue: A Color So Famous, It's Trademarked," official website, accessed January 27, 2023, press.tiffany.com/our-story/tiffany-blue/.
10 *Washington Post* advertisement, March 24, 2004, A11.
11 Geranios, "Environmentalists Lash Out at Jewelry."
12 Michael J. Kowalski, "When Gold Isn't Worth the Price," *The New York Times*, November 6, 2015, www.nytimes.com/2015/11/07/opinion/when-gold-isnt-worth-the-price.html.
13 Author's interview with Michael J. Kowalski, January 23, 2023.
14 Tilde Herrera, "Jeweler Opposition to Bristol Bay Gold Grows," *GreenBiz*, February 14, 2011, www.greenbiz.com/article/jeweler-opposition-bristol-bay-gold-grows.
15 Joel Reynolds, "A Gem of an Ad: Tiffany's Applauds EPA for Action on Pebble Mine," *The Huffington Post*, March 6, 2014, www.huffpost.com/entry/a -gem-of-an-ad-tiffanys-a_b_4913482.
16 "IRMA Principles of Engagement," official website, accessed January 30, 2023, responsiblemining.net/wp-content/uploads/2018/09/IRMAPrinciples of Engagement.pdf.
17 IRMA, "Finance," official website, accessed January 30, 2023, responsiblemining.net/what-you-can-do/finance/.
18 "Mind Your Mines: The Push to Make Mining Safer and Cleaner," *How to Save a Planet*, March 24, 2022, gimletmedia.com/shows/howtosaveaplanet /meheke2/mind-your-mines-the-push-to-make-mining, 13:00 mark.
19 Ibid., 21:30.
20 Ibid., 17:00.
21 Ibid., 17:40.
22 IRMA, "Standard Development Process," official website, accessed January 30, 2023, responsiblemining.net/what-we-do/standard/standard-development/.
23 IRMA, "IRMA—Stillwater Field Test," official website, October 2015, responsiblemining .net /wp -content /uploads /2018 /09 /IRMA FieldTest Report_StillwaterMine.pdf.
24 IRMA, "IRMA—Anglo American Unki Mine Field Test Report,"

official website, November 2016, responsiblemining.net/wp-content/uploads/2018/09/Unki_Field_Test_Report_Nov2016.pdf.
25 Author's email with Aimee Boulanger, February 22, 2023.
26 "Mind Your Mines: The Push to Make Mining Safer and Cleaner," 20:00.
27 Tiffany & Co. Sustainability report 2016, 18.
28 IRMA, "Mines Under Assessment," official website, accessed underfebruary 21, 2025, responsiblemining.net/what-we-do/certification/mines-under-assessment/.
29 "Mind Your Mines: The Push to Make Mining Safer and Cleaner," 26:00.
30 Ibid., 24:00.
31 Author's interview with Aimee Boulanger, January 30, 2023.
32 Fred Lambert, "Tesla Releases List of Battery Material Suppliers, Confirms Long-Term Nickel Deal with Vale," *electrek*, May 6, 2022, electrek.co/2022/05/06/tesla-list-battery-material-suppliers-long-term-nickel-deal-vale/.
33 Ayanti Bera, "Ford Joins Global Initiative to Promote Responsible Mining," Reuters, February 15, 2021, www.reuters.com/article/us-fordmotor-mining/ford-joins-global-initiative-to-promote-responsible-mining-idUSKBN2AF1E9.
34 Ford Motor Company, "Ford Motor Company Is First American Automaker to Join Initiative Promoting Responsible Mining," press release, February 15, 2021, media.ford.com/content/fordmedia/fna/us/en/news/2021/02/15/ford-initiative-promoting-responsible-mining.html.
35 Author's interview with James Calaway, January 13, 2023.
36 Author's interview with Aimee Boulanger, January 30, 2023.

4. 낙엽 청소기의 탄소 발자국

1 Brian Palmer, "How Bad for the Environment Are Gas-Powered Leaf Blowers?" *The Washington Post*, September 16, 2013, www.washingtonpost.com/national/health-science/how-bad-for-the-environment-are-gas-powered-leaf-blowers/2013/09/16/8eed7b9a-18bb-11e3-a628-7e6dde8f889d_story.html.
2 Dennis Fitz et al., "Determination Particulate Emission Rates from Leaf Blowers," research paper presented to U.S. Environmental Protection Agency conference, accessed February 15, 2023, www3.epa.gov/ttnchie1/conference/ei15/session5/fitz.pdf.
3 Margaret Renkl, "The First Thing We Do, Let's Kill All the Leaf Blowers," *The New York Times*, October 25, 2021, www.nytimes.com/2021/10/25/opinion/

leaf-blowers-california-emissions.html.

4   Edmunds, "Leaf Blower's Emissions Dirtier Than High-Performance Pick-Up Truck's, Says Edmunds' InsideLine.com," press release, December 6, 2011, www.edmunds.com/about/press/leaf-blowers-emissions-dirtier-than-high-performance-pick-up-trucks-says-edmunds-insidelinecom.html.

5   James Fallows, "Get Off My Lawn: How a Small Group of Activists (Our Correspondent Among Them) Got Leaf Blowers Banned in the Nation's Capital," *The Atlantic*, April 2019, www.theatlantic.com/magazine/archive/2019/04 /james-fallows-leaf-blower-ban/583210/.

6   Tik Root, "California Set to Become First State to Ban Gasoline-Powered Lawn Equipment," *The Washington Post*, October 12, 2021, www.washingtonpost .com/climate-solutions/2021/10/12/california-newsom-law-equipment -pollution/.

7   Ibid.

8   Thomas Münzel et al., "Environmental Noise and the Cardiovascular System," *Journal of the American College of Cardiology*, February 13, 2018, www.sciencedirect .com/science/article/pii/S0735109717419309?via%253Dihub.

9   Palmer, "How Bad for the Environment Are Gas-Powered Leaf Blowers?"

10 The Home Depot, "The Home Depot Launches the Next Generation of Outdoor Power," press release, April 3, 2014, ir.homedepot.com/news -releases/2014/04-03-2014-014520700.

11 The Home Depot, "ONE+ 18V 100 MPH 280 CFM Cordless Battery Variable-Speed Jet Fan Leaf Blower with 4.0 Ah Battery and Charger," online sale page, accessed February 1, 2023, www.homedepot.com/p/RYOBI-ONE-18V-100-MPH-280-CFM-Cordless-Battery-Variable-Speed-Jet-Fan-Leaf-Blower-with-4-0-Ah-Battery-and-Charger-P2180/206451819.

12 Emma Bubola, "Europe Reaches Deal for Carbon Tax Law on Imports," *The New York Times*, December 13, 2022, www.nytimes.com/2022/12/13/world/europe /eu-carbon-tax-law-imports.html.

13 TTI, "Technical Data Sheet—Ryobi Lithium-Ion Battery Pack," accessed February 1, 2023, images.thdstatic.com/catalog/pdfImages/62/628a990d-1d88-478c-8829-43232ba26ae4.pdf.

14 Marcelo Rochabrun, "Peruvian Community Blocks Road Used by MMG Copper Mine, Source Says," Reuters, March 2, 2022, www.reuters.com/world/americas/peruvian-community-blocks-road-used-by-mmg-copper-mine-source-says-2022-03-02/.

15 Jon Emont, "EV Makers Confront the 'Nickel Pickle,'" *The Wall Street Journal*, June 4, 2023, www.wsj.com/articles/electric-vehicles-batteries-

nickel-pickle-indonesia-9152b1f ?page=1.

5. 미네소타의 구리 광산과 백악관이 만든 혼란

1. Author's interview with Becky Rom, June 8, 2022.
2. Ibid.
3. Josephine Marcotty, "Loved and Loathed, Longtime Activist Has Drawn a Line in BWCA," Minneapolis *Star Tribune*, November 27, 2016, www.startribune.com/bwca-girl-guide-is-now-a-woman-warrior/403115576/?refresh=true.
4. Jack Brook, "Conservation vs. Copper: Minnesota Town Debates Its Future with a Mine," Pulitzer Center, July 7, 2020, pulitzercenter.org/stories/conservation-vs-copper-minnesota-town-debates-its-future-mine.
5. Ben Cohen, "'Canoe King of Ely' Bill Rom Dies," Minneapolis *Star Tribune*, January 22, 2008, www.startribune.com/canoe-king-of-ely-bill-rom-dies/14014121/.
6. Author's interview with Becky Rom, June 8, 2022.
7. International Joint Commission, "The Boundary Waters Treaty of 1909," official website, accessed February 20, 2023, www.ijc.org/sites/default/files/2018-07/Boundary%20Water-ENGFR.pdf.
8. Marcotty, "Loved and Loathed, Longtime Activist Has Drawn a Line in BWCA."
9. Ibid.
10. Author's interview with Becky Rom, June 8, 2022.
11. United States Department of the Interior, "Principal Deputy Solicitor Exercising the Authority of the Solicitor Pursuant to Secretarial Order 3345," official memorandum, December 22, 2017, www.doi.gov/sites/doi.gov/files/uploads/m-37040.pdf.
12. Daniel Gross, "Obscure Economic Indicator: The Price of Copper," *Slate*, November11, 2005, slate.com/business/2005/11/obscure-economic-indicator-the-price-of-copper.html.
13. Christopher Cannon et al., "Bloomberg Billionaires Index," Bloomberg, March 1, 2017, www.bloomberg.com/billionaires/profiles/iris-fontbona/, #53, Iris Fontbona & Family.
14. "Twin Metals Mine, Minnesota," *Mining Technology*, accessed January 4, 2023, www.mining-technology.com/projects/twin-metals-minnesota -tmm-mine-minnesota/.

15 Author's interview with Becky Rom, June 8, 2022.
16 "The Ely Miner," Minnesota Digital Newspaper Hub (Minnesota Historical Society), accessed January 3, 2023, www.mnhs.org/newspapers/hub/ely-miner.
17 "It All Began with Mining: Ely Mines," Ely's Pioneer Museum, accessed January3, 2023, assets.simpleviewinc.com/simpleview/image/upload/v1/clients/elymn/file_1131_ad6c7d48-9b73-4e2e-93e4-9e832ab8ded1.pdf.
18 Richard Helgerson, "Miner Tells How He Ran from Death in Tons of Falling Mud," *Minneapolis Sunday Tribune*, October 2, 1955.
19 "Closing of Pioneer Mine in 1967 Was No April Fool's Joke," *The Ely Echo*, accessed January 3, 2023, www.elyecho.com/articles/2017/03/31/closing-pioneer-mine-1967-was-no-april-fool%E2%80%99s-joke.
20 Dennis Anderson, "Defined by Its Complex History, Ely Is a Colorful Town Minnesota Is Lucky to Have," Minneapolis *Star Tribune*, February 4, 2022, www.startribune.com/ely-minnesota-history-bwca-town-mining-wilderness-canoe-superior-forest-dennis-anderson/600142997/.
21 James H. Stock and Jacob T. Bradt, "Analysis of Proposed 20-Year Mineral Leasing Withdrawal in Superior National Forest," *Ecological Economics*, August 2020, doi.org/10.1016/j.ecolecon.2020.106663.
22 Ibid.
23 U.S. Department of Agriculture, "Obama Administration Takes Steps to Protect Watershed of the Boundary Waters Canoe Wilderness Area," press release, December 15, 2016, www.usda.gov/media/press-releases/2016/12/15/obama-administration-takes-steps-protect-watershed-boundary-waters.
24 Ibid.
25 Hiroko Tabuchi and Steve Eder, "A Plan to Mine the Minnesota Wilderness Hit a Dead End. Then Trump Became President," *The New York Times*, June 25, 2019, www.nytimes.com/2019/06/25/climate/trump-minnesota-mine.html.
26 Ibid.
27 Dan Kraker, "Feds Give Twin Metals New Lease on NE Minn. Mining," MPR News, July 14, 2019, www.mprnews.org/story/2018/12/20/feds-move-to-formally-renew-leases-for-twin-metals-mine.
28 Tabuchi and Eder, "A Plan to Mine the Minnesota Wilderness Hit a Dead End. Then Trump Became President."
29 U.S. House Natural Resources Committee, "Oversight: Hybrid Full Committee Oversight Hearing Notice—June 23, 2021," official website,

accessed June 23, 2021, naturalresources.house.gov/hearings/hybrid-full-committee -oversight-hearing-notice_june-23-2021.

30 Ernest Scheyder, "Exclusive—Biden Campaign Tells Miners It Supports Domestic Production of EV Metals," Reuters, October 22, 2023, www.reuters.com/article/usa-election-mining-idCNL1N2HD0RW.
31 Ibid.
32 Ibid.
33 Ernest Scheyder and Trevor Hunnicutt, "Exclusive: Biden Looks Abroad for Electric Vehicle Metals, in Blow to U.S. Miners," Reuters, May 25, 2021, www.reuters.com/business/energy/biden-looks-abroad-electric-vehicle-metals-blow-us-miners-2021-05-25/.
34 Ibid.
35 Ibid.
36 Andrea Shalal and Ernest Scheyder, "Biden Admin Still Undecided on Minnesota Copper Mine Project—Vilsack," Reuters, May 5, 2021, www.reuters.com/article/us-usa-biden-antofagasta-idCAKBN2CM1WS.
37 Trevor Hunnicutt and Ernest Scheyder, "Biden Administration Waiting for Legal Opinion Before Twin Metals Decision," Reuters, September 8, 2021, www.reuters.com/article/usa-mining-twinmetals-idCNL1N2QA2I4.
38 Ernest Scheyder, "U.S. Plan Would Block Antofagasta Minnesota Copper Mine," Reuters, October 20, 2021, www.reuters.com/business/environment/blow-twin-metals-us-proposes-mining-ban-boundary-waters-2021-10-20/.
39 Ashley Hackett, "The Biden Administration's Mining Study and the Future of Twin Metals, Explained," MinnPost, October 27, 2021, www.minnpost.com/national/2021/10/the-biden-administrations-mining-study-and-the-future-of-twin-metals-explained/.
40 Ernest Scheyder, "Biden Administration Kills Antofagasta's Minnesota Copper Project," Reuters, January 26, 2022, www.reuters.com/business /sustainable -business/biden-administration-kills-antofagastas-minnesota-copper -project-2022-01-26/.
41 Representative Pete Stauber, "Stauber Issues Statement Blasting Biden Administration for Political Decision on Twin Metals Permit," press release, January 26, 2022, stauber.house.gov/media/press-releases/stauber-issues-statement-blasting-biden-administration-political-decision-twin.
42 Ernest Scheyder, "U.S. Faces Tough Choices in 2022 on Mines for Electric-Vehicle Metals," Reuters, December 22, 2021, www.reuters.com /markets /commodities /us -faces -tough-choices-2022-mines-electric -vehicle -metals -2021 -12-22.

43 Ibid.
44 Scheyder, "Biden Administration Kills Antofagasta's Minnesota Copper Project."
45 Julie Padilla, "Prepared Testimony Before US Senate Energy and Natural Resources Committee," official website, March 31, 2022, www.energy.senate.gov/services /files/C226ADF6-F7D7-4024-AA0B-12663870816E.
46 Ibid.
47 Ibid.
48 Ibid.
49 The White House, "Memorandum on Presidential Determination Pursuant to Section 303 of the Defense Production Act of 1950, as Amended," official website, March 31, 2022, www.whitehouse.gov /briefing -room /presidential -actions /2022/03/31/memorandum-on-presidential-determination -pursuant-to -section -303-of -the -defense -production -act -of -1950 -as -amended/.
50 John S. Adams and Neil C. Gustafson, "Minnesota," *Encyclopaedia Britannica*, accessed November 9, 2022.
51 International Joint Commission, "The Boundary Waters Treaty of 1909," official website, accessed February 20, 2023, www.ijc.org/sites/default/files/2018-07/Boundary%20Water-ENGFR.pdf.
52 Ibid.
53 Author's interview with Twin Metals staff, June 7, 2022.
54 Ibid.
55 Jim L. Bower, *The Irresponsible Pursuit of Paradise* (Minneapolis: Levins Publishing, 2017).
56 Author's interview with Twin Metals staff, June 7, 2022.

6. 중국, 희토류를 집어삼키다

1 "Rental Space: 824 N Market St," Loopnet, accessed March 4, 2022, www.loopnet.com/Listing/824-N-Market-St-Wilmington-DE/19219572/.
2 Maureen Milford, "Companies Turn to Delaware to Survive Bankruptcy," *The News Journal*, September 19, 2014, www.delawareonline.com/story /15891887/.
3 *Molycorp Minerals LLC v. Debtors*, 15-11371 (U.S. Bankruptcy Court, District of Delaware), Document 374.
4 K. A. Gschneidner Jr. and J. Capellen, "Two Hundred Years of Rare Earths,

1787–1987," *Journal of the Less Common Metals*, January 1, 1987, www.osti.gov/biblio /6893525.

5   Lynas Rare Earths, "Did You Know—Rare Earths Magnets Mean Wind Turbines Are Now Highly Efficient?" official website, accessed November 15, 2022, lynasrareearths.com/products/how-are-rare-earths-used/wind-turbines.

6   U.S. Environmental Protection Agency, "Rare Earth Elements: A Review of Production, Processing, Recycling, and Associated Environmental Issues," official publication, January 17, 2013, fpub.epa.gov/si/si_public_record_report.cfm?Lab=NRMRL&dirEntryId=251706.

7   Steve H. Hanke, "China Rattles Its Rare-Earth-Minerals Saber, Again," *National Review*, February 25, 2021, www.nationalreview.com/2021/02/china-rattles-its-rare-earth-minerals-saber-again/.

8   U.S. Geological Survey, "2011 Minerals Yearbook: Rare Earths," official publication, 2011, d9-wret.s3.us-west-2.amazonaws.com/assets/palladium/production /mineral -pubs/rare-earth/myb1-2011-raree.pdf, 2.

9   Royal Australian Chemical Institute, "Europium," official publication, 2011, raci.imiscloud.com/common/Uploaded%20files/Periodic%20files/424.pdf.

10 Katherine Bourzac, "Can the U.S. Rare-Earth Industry Rebound?" *MIT Technology Review*, October 29, 2010, www.technologyreview.com/2010/10/29/89827/can-the-us-rare-earth-industry-rebound/.

11 Joanne Abel Goldman, "The U.S. Rare Earth Industry: Its Growth and Decline," *The Journal of Policy History*, April 2014, 139–66.

12 Science History Institute, "The History and Future of Rare Earth Elements," official publication, accessed November 1, 2022, www.sciencehistory.org /learn/science-matters/case-of-rare-earth-elements-history-future.

13 Goldman, "The U.S. Rare Earth Industry: Its Growth and Decline."

14 Science History Institute, "The History and Future of Rare Earth Elements."

15 Stanley Reed, "Sweden Says It Has Uncovered a Rare Earth Bonanza," *The New York Times*, January 13, 2023, www.nytimes.com/2023/01/13/business/sweden-rare-earth-minerals.html.

16 U.S. Bureau of Mines, "1941 Minerals Yearbook," official publication, accessed November 15, 2022, www.usgs.gov/centers/national-minerals-information-center/bureau-mines-minerals-yearbook-1932-1993, 1,535.

17 Ibid.

18 U.S. Bureau of Mines, "1946 minerals yearbook," official publication, accessed November 15, 2022, www.usgs.gov/centers/national-minerals-information-center/bureau-mines-minerals-yearbook-1932-1993.

19 U.S. Bureau of Mines, "1947 Minerals Yearbook," official publication, accessed November 15, 2022, www.usgs.gov/centers/national-minerals-information-center/bureau-mines-minerals-yearbook-1932-1993, 1,275.
20 Nuclear Threat Initiative, "Aspara Research Reactor," archived version of website, accessed November 15, 2022, web.archive.org/web/20150419042039 /http:/www.nti.org/facilities/818/.
21 Robert J. McMahon, "Food as a Diplomatic Weapon: The India Wheat Loan of 1951," *Pacific Historical Review*, August 1, 1987, doi.org/10.2307/3638663.
22 Harold B. Hinton, "Senate Votes India a $190,000,000 Loan to Buy U.S. Wheat," *The New York Times*, May 17, 1951, timesmachine.nytimes.com /timesmachine/1951/05/17/89438648.html?pageNumber=1.
23 Goldman, "The U.S. Rare Earth Industry: Its Growth and Decline."
24 Donald L. Fife, "U.S. Rare Earths: We Have and We Have Not," presentation to the RREs South Coast Geological Society Meeting, October 14, 2013, www.mineralsandminingadvisorycouncil.org/pdf/Rare-Earths.pdf.
25 Cindy Hurst, "China's Rare Earth Elements Industry: What Can the West Learn?" Institute for the Analysis of Global Security, March 2010, www.iags.org/rareearth0310hurst.pdf, 10.
26 J. C. Olson, D. R. Shawe, L. C. Pray, and W. N. Sharp, "Rare-Earth Mineral Deposits of the Mountain Pass District, San Bernardino County, California,"U. S. Department of the Interior Geological Survey Professional Paper 261, 1954, pubs.usgs.gov/pp/0261/report.pdf.
27 Ibid., 5.
28 "Goodsprings Trail Feasibility Study: Clark County Nevada," official county publication, May 2009, cdn2.assets-servd.host/material-civet/production/images /documents/FINAL-REPORT_GOODSPRINGS -TRAIL -STUDY_ COMPILED Opt.pdf.
29 U.S. House Subcommittee on Mining and Natural Resources, "Mineral Exploration and Development Act of 1990," official publication, September 6, 1990, www.google.com/books/edition/Mineral_Exploration_and Development_Act/156MPoL5gbAC?hl=en&gbpv=0.
30 Olson et al., "Rare-Earth Mineral Deposits of the Mountain Pass District, San Bernardino County, California."
31 Ibid., 5.
32 Ibid.
33 "Marx Hirsch, 76, Ex-Mining Chief; Retired Molybdenum Head, Rare-Earth Specialist, Dies," *The New York Times*, August 26, 1964, www.nytimes .com/1964 /08/26/archives/marx-hirsch-76-exmining-chief-retired

       -molybdenum-head -rareearth.html.

34. Ira U. Cobleigh, "Moly's Minerals," *The Commercial and Financial Chronicle*, November 25, 1954, fraser.stlouisfed.org/title/1339#555990, 4.
35. "Southern California's Rare-Earth Bonanza," *Engineering and Mining Journal*, January 1952, archive.org/details/sim_engineering-and-mining-journal 1952-01_153_1/page/100/mode/2up, 100.
36. Ibid.
37. Ibid.
38. Goldman, "The U.S. Rare Earth Industry: Its Growth and Decline."
39. "Processing Ores," *Encyclopedia Britannica*, accessed February 20, 2023, www.britannica.com/science/rare-earth-element/Processing-ores.
40. Hurst, "China's Rare Earth Elements Industry: What Can the West Learn?" 4–5.
41. Goldman, "The U.S. Rare Earth Industry: Its Growth and Decline."
42. Ibid.
43. U.S. Geological Survey, "Minerals Yearbook: Rare Earths," for each year.
44. Goldman, "The U.S. Rare Earth Industry: Its Growth and Decline."
45. Yelong Han, "An Untold Story: American Policy Toward Chinese Students in the United States, 1949–1955," *The Journal of American–East Asian Relations*, Spring 1993, www.jstor.org/stable/23612667.
46. Hepeng Jia, "Xu Guangxian: A Chemical Life," *Chemistry World*, March 25, 2009, www.chemistryworld.com/news/xu-guangxian-a-chemical-life/3004348.article.
47. Goldman, "The U.S. Rare Earth Industry: Its Growth and Decline."
48. Hurst, "China's Rare Earth Elements Industry: What Can the West Learn?" 11.
49. Goldman, "The U.S. Rare Earth Industry: Its Growth and Decline."
50. Ezra F. Vogel, *Deng Xiaoping and the Transformation of China* (Cambridge, MA: Belknap Press of Harvard University Press, 2013), 551.
51. Andreas Kluth, "China's Got the Dysprosium. That's a Problem," Bloomberg, January 9, 2023, www.bloomberg.com/opinion/articles/2023-01-09 /china-s-way-ahead-in-the-rare-earths-race-an-ill-omen-for-global-stability.
52. Hurst, "China's Rare Earth Elements Industry: What Can the West Learn?" 11.
53. Ibid.
54. Goldman, "The U.S. Rare Earth Industry: Its Growth and Decline."
55. Ibid.
56. Ibid.
57. Robert Pear, "With New Budget, Domestic Spending Is Cut $24 Million," *The New York Times*, April 27, 1996, www.nytimes.com/1996/04/27/us/with-new-budget-domestic-spending-is-cut-24-million.html.

58 U.S. Geological Survey, "2009 Minerals Yearbook: California," official publication, 2009, d9-wret.s3.us-west-2.amazonaws.com/assets/palladium/production/mineral-pubs/rare-earth/myb1-2011-raree.pdf.

59 U.S. House Committee on Science and Technology, "Hearing on Rare Earth Minerals and 21st Century Industry," official publication, March 16, 2010, www.govinfo.gov/content/pkg/CHRG-111hhrg55844/pdf/CHRG-111hhrg55844.pdf, 70.

60 Ibid.

61 Marc Humphries, "Rare Earth Elements: The Global Supply Chain," Congressional Research Service, September 30, 2010, www.everycrsreport.com/files/20100930_R41347_280a374dedfad91970bb123b0a05180bd8f18159.pdf, page.

62 Simony Parry and Ed Douglas, "In China, the True Cost of Britain's Clean, Green Wind Power Experiment: Pollution on a Disastrous Scale," Daily-Mail Online, January 26, 2011, www.dailymail.co.uk/home/moslive / article-1350811/In-China-true-cost-Britains-clean-green-wind-power-experiment-Pollution-disastrous-scale.html.

63 Buqing Zhong, Lingqing Wang, Tao Liang, and Baoshan Xing, "Pollution Level and Inhalation Exposure of Ambient Aerosol Fluoride as Affected by Polymetallic Rare Earth Mining and Smelting in Baotou, North China," *Atmospheric Environment*, August 10, 2017, www.sciencedirect.com/science/article/abs/pii/S1352231017305216.

64 Tim Maughan, "The Dystopian Lake Filled by the World's Tech Lust," BBC, April 2, 2015, www.bbc.com/future/article/20150402-the-worst-place-on-earth.

65 Hurst, "China's Rare Earth Elements Industry: What Can the West Learn?" 16.

66 Keith Bradsher, "Main Victims of Mines Run by Gangsters Are Peasants," *The New York Times*, December 30, 2010, www.nytimes.com/2010/12/30/business/global/30smugglebar.html.

67 Eric Charles Nystrom, "Mojave: From Neglected Space to Protected Place, an Administrative History of Mojave National Preserve," National Park Service History, April 5, 2005, www.nps.gov/parkhistory/online_books/moja/adhi8.htm, Chapter Eight: Resource Management.

68 Brooks Mencher, "U.S. Rare Earth Mine Revived," *SFGate*, November 21, 2012, www.sfgate.com/opinion/article/U-S-rare-earth-mine-revived-4057911.php.

69 Marla Cone, "Desert Lands Contaminated by Toxic Spills," *Los Angeles Times*, April 24, 1997, www.latimes.com/archives/la-xpm-1997-04-24-mn-

51903-story.html.
70 Nystrom, "Mojave: From Neglected Space to Protected Place, an Administrative History of Mojave National Preserve."
71 Ibid.
72 John Tkacik, "Magnequench: CFIUS and China's Thirst for U.S. Defense Technology," Heritage Foundation, May 2, 2008, www.heritage.org/asia / report/magnequench -cfius-and-chinas-thirst-us-defense-technology.
73 Nystrom, "Mojave: From Neglected Space to Protected Place, an Administrative History of Mojave National Preserve."
74 Mike Alberti, "Digging a Deep Hole: Rare Earths Debacle Puts U.S. Trade Policy Under Scrutiny," *Remapping Debate*, January 11, 2011, www. remappingdebate.org/article/digging-deep-hole-rare-earths-debacle-puts-us-trade-policy-under-scrutiny/page/0/1.
75 "Molycorp to Submit 30-Year Plan," *Baker Valley News*, May 13, 1999, archived on Molycorp legacy website, accessed November 30, 2022, web. archive.org /web/20010726034224/http://www.molycorp.com/lan_news-01. html.
76 Mencher, "U.S. Rare Earth Mine Revived."
77 Ernest Scheyder and Ben Klayman, "General Motors Returns to Rare Earth Magnets with Two U.S. Deals," Reuters, December 9, 2021, www.reuters. com/business/general-motors-sets-rare-earth-magnet-supply-deals-with-two-us-suppliers-2021-12-09/.
78 Neal E. Boudette and Coral Davenport, "G.M. Will Sell Only Zero-Emission Vehicles by 2035," *The New York Times*, January 28, 2021 (updated October 1, 2021), www.nytimes.com/2021/01/28/business/gm-zero-emission-vehicles.html.
79 Andrew Leonard, "How G.M. Helped China to World Magnet Domination," *Salon*, August 31, 2010, www.salon.com/2010/08/31/china_neodymium_domination/.
80 U.S. Senate Committee on Banking, Housing, and Urban Affairs, "A Review of the CFIUS Process for Implementing the Exon-Florio Amendment," October 2005, www.govinfo.gov/content/pkg/CHRG-109shrg33310/html/ CHRG-109shrg33310.htm.
81 Office of the Under Secretary of Defense (Acquisition, Technology & Logistics), Deputy Under Secretary of Defense (Industrial Policy), "Foreign Sources of Supply—Annual Report of United States Defense Industrial Base Capabilities and Acquisitions of Defense Items and Components Outside the United States," official publication, accessed January 2, 2023, www.hsdl.

org/?view& did=713562, 4.
82 Scheyder and Klayman, "General Motors Returns to Rare Earth Magnets with Two U.S. Deals."
83 Keith Bradsher, "Challenging China in Rare Earth Mining," *The New York Times*, April 21, 2010, www.nytimes.com/2010/04/22/business/energy-environment/22rare.html.
84 ChevronTexaco, "ChevronTexaco Announces Agreement to Acquire Unocal," press release, April 4, 2005, chevroncorp.gcs-web.com/news-releases /news-release-details/chevrontexaco-announces-agreement-acquire-unocal.
85 Bradsher, "Challenging China in Rare Earth Mining."
86 John Miller and Anjie Zheng, "Molycorp Files for Bankruptcy Protection," *The Wall Street Journal*, June 25, 2015, www.wsj.com/articles/this -article -also -appears-in-daily-bankruptcy-review-a-publication-from-dow -jones-co-1435219007.
87 Bradsher, "Challenging China in Rare Earth Mining."
88 Peter Smith, Jonathan Soble, and Leslie Hook, "Japan Secures Rare Earths Deal with Australia," *Financial Times*, November 24, 2010, www.ft.com/content/63a18538-f773-11df-8b42-00144feab49a.
89 Ernest Scheyder, "Lynas Touts Its Independence from China in Push for Rare Earths Growth," Reuters, June 6, 2019, www.reuters.com/article/us-usa-rareearths -lynas-corp/lynas-touts-its-independence-from-china-in-push-for-rare-earths-growth-idUSKCN1T7255.
90 Keith Bradsher, "China Said to Widen Its Embargo of Minerals," *The New York Times*, October 19, 2010, www.nytimes.com/2010/10/20/business /global/20rare.html.
91 Sarah McBride, "Rare Earth Producer Molycorp Wins OK for Mine," Reuters, December 13, 2010, www.reuters.com/article/molycorp-california-idCNN1321376420101213.
92 James B. Kelleher, "Molycorp in Talks with More JV Partners: CEO," Reuters, December 30, 2010, www.reuters.com/article/us-molycorp-ceo/molycorp-in-talks-with-more-jv-partners-ceo-idUKTRE6BT46820101230.
93 Shirley Jahad, "New 'Call of Duty: Black Ops 2' Video Game Parallels US Quest to Rise in Rare Earths Metals Industry," KPCC, May 31, 2012, www.kpcc.org/2012-05-31/rare-earths-are-key-ingredients-high-tech-age-and.
94 Kelleher, "Molycorp in Talks with More JV Partners: CEO."
95 Rohit Gupta, "Molycorp Counting on Project Phoenix, New Demand: Incremental Production Could Help Molycorp Break Even This Year," TheStreet, March 26, 2014, www.thestreet.com/markets/emerging-markets /

molycorp-counting -on -project-phoenix-new-demand-1557070.
96 Julie Gordon, "Update 4—Molycorp Speeds Up Plan to Boost Rare Earth Supply," Reuters, October 20, 2011, www.reuters.com/article/molycorp/update -4 -molycorp -speeds-up-plan-to-boost-rare-earth-supply -idUSN1E79I1RB20111020.
97 Julie Gordon, "Molycorp Buys Neo Material for C$1.3 Billion," Reuters, March 8, 2012, www.reuters.com/article/us-molycorp/molycorp-buys-neo-material-for-c1-3-billion-idUSBRE82800T20120309.
98 Sarah McBride, "Update 2—Rare Earth Producer Molycorp Wins OK for Mine," Reuters, December 13, 2010, www.reuters.com/article/molycorp-california -idCNN1321376420101213.
99 Author's interview with a former Molycorp executive.
100 John W. Miller and Annie Zheng, "Molycorp Files for Bankruptcy Protection," *The Wall Street Journal*, June 25, 2015, www.wsj.com/articles/this-article -also-appears-in-daily-bankruptcy-review-a-publication-from-dow-jones-co-1435219007.
101 Reuters, "Update 2—Molycorp CEO Quits Amid SEC Investigation," December 11, 2012, www.reuters.com/article/molycorp-ceoresignation/update-2-molycorp -ceo-quits-amid-sec-investigation-idUKL4N09L65R20121211.
102 Molycorp Inc., "Form 10-Q for the Third Quarter of 2012," U.S. Securities and Exchange Commission public filing, www.sec.gov/Archives/edgar /data/1489137/000148913712000008/mcp930201210q.htm, 30.
103 Jim Steinberg, "EPA Fines San Bernardino County's Molycorp $27,300," *San Bernardino Sun*, April 21, 2014, www.sbsun.com/2014/04/21/epa-fines-san-bernardino-countys-molycorp-27300/.
104 Gupta, "Molycorp Counting on Project Phoenix, New Demand."
105 *Molycorp Minerals LLC v. Debtors*, 15-11371 (U.S. Bankruptcy Court, District of Delaware), Document 1.
106 Neo Performance Materials, "Molycorp, Inc. Emerges from Chapter 11 as Neo Performance Materials," press release, August 31, 2016, www.globenewswire.com/news-release/2016/08/31/868672/0/en/Molycorp-Inc-Emerges-from-Chapter-11-as-Neo-Performance-Materials.html.
107 Peg Brickley, "Molycorp Defeats Effort to Delay Chapter 11 Exit Plan Hearings," *The Wall Street Journal*, March 30, 2016, www.wsj .com /articles/molycorp -defeats -effort -to -delay -chapter-11-exit-plan -hearings -1459365802?mod =Searchresults pos1 &page=1.
108 Ibid.

109 Ibid.
110 Peg Brickley, "Brickley's Take: Molycorp's Rare Earths Money Pit," *The Wall Street Journal*, August 30, 2016, www.wsj.com/articles/brickleys-take -molycorps-rare-earths-money-pit-1472493505?mod=Searchresults_pos20 &page=1.
111 Peg Brickley, "California's Mountain Pass Mine to be Auctioned in Bankruptcy: Former Molycorp Mine Is Major U.S. Source of Rare Earths; Auction Has Opening Offer of $40 Million," *The Wall Street Journal*, February 1, 2017, www .wsj.com/articles/californias-mountain-pass-mine-to-be-auctioned-in -bankruptcy -1485955874.
112 Ibid.
113 Ibid.
114 Peg Brickley, "Brickley's Take: JHL, QVT Steal a March on Mountain Pass Mine," *The Wall Street Journal*, May 9, 2017, www.wsj.com/articles/ brickleys-take-jhl-qvt-steal-a-march-on-mountain-pass-mine-1494270396.
115 *Molycorp Minerals LLC v. Debtors*, 15-11371 (U.S. Bankruptcy Court, District of Delaware), Document 338.
116 *Molycorp Minerals LLC v. Debtors*, 15-11371 (U.S. Bankruptcy Court, District of Delaware), Document 333.
117 Peg Brickley, "Clarke Challenges JHL Bid for Mountain Pass Mine: Virginia Entrepreneur Says Rival Bid Is Supported by 'Substantial Chinese Investment,' Posing Regulatory Risk," *The Wall Street Journal*, June 13, 2017, www.wsj.com/articles /clarke-challenges-jhl-bid-for-mountain-pass-mine-1497397842.
118 Shearman & Sterling, "Final CFIUS Regulations Implement Significant Changes by Broadening Jurisdiction and Updating Scope of Reviews," *Shearman & Sterling Perspectives*, January 14, 2020, www.shearman.com / perspectives /2020 /01/final -cfius -regulations -implement-changes-by -broadening -jurisdiction -and-updating -scope-of-reviews.
119 *Molycorp Minerals LLC v. Debtors*, 15-11371 (U.S. Bankruptcy Court, District of Delaware), Document 374.
120 Ibid.
121 Author's interview with Jim Litinsky, January 30, 2020.
122 Author's interview with Stan Trout, December 17, 2019.
123 MP Materials Corp., "Form 10-Q for the Second Quarter of 2022," U.S. Securities and Exchange Commission public filing, s25.q4cdn. com/570172628/files/doc_financials/2022/q2/MP-Materials-2Q-2022-10Q-as-Filed.pdf, 8.

124 MP Materials Corp., "Form 10-Q for the Third Quarter of 2021," U.S. Securities and Exchange Commission public filing, www.sec.gov/ix?doc=/Archives/edgar/data/0001801368/000180136821000046/mp-20210930.htm, Note 3.
125 Ernest Scheyder, "U.S. Rare Earths Miner MP Materials to Go Public in $1.47 Billion Deal," Reuters, July 15, 2020, www.reuters.com/article/us-mp-materials -ipo/u-s-rare-earths-miner-mp-materials-to-go-public-in-1-47-billion -deal -idUSKCN24G1WT.
126 Ibid.
127 Sam Boughedda, "MP Materials Stock Drops Following Grizzly Research Short Report," Investing.com, October 26, 2021, www.investing.com/news/stock -market-news/mp-materials-stock-drops-following-grizzly-research-short-report-2655805.
128 "MP Materials Corp. (NYSE: MP): Rare Earth Shenanigans in Chamath Backed Company Will Likely Cost Investors Dearly," Grizzly Research, October26, 2021, grizzlyreports.com/Research/MP%20Materials%20Corp.pdf, 10.
129 Ernest Scheyder, "American Quandary: How to Secure Weapons-Grade Minerals Without China," Reuters, April 22, 2020, www.reuters.com/article/us-usa -rareearths -insight /american-quandary-how-to-secure-weapons-grade-minerals -without -china-idUSKCN2241KF.
130 Ibid.
131 Reuters, "California's MP Materials Wins Pentagon Funding for Rare Earths Facility," April 22, 2020, www.reuters.com/article/usa-rareearths -mpmaterials/californias -mp -materials-wins-pentagon-funding -for -rare -earths -facility-idUS L2 N2CA2NO.
132 Ernest Scheyder, "Pentagon Halts Rare Earths Funding Program Pending 'Further Research,'" Reuters, May 22, 2020 www.reuters .com /article / us -usa-rareearths-exclusive/exclusive-pentagon-halts-rare-earths-funding -program-pending-further-research-idUSKBN22Y1VC.
133 Ernest Scheyder, "Pentagon Resumes Rare Earths Funding Program After Review," Reuters, July 21, 2020, www.reuters.com/article/us-usa-rareearths/pentagon-resumes-rare-earths-funding-program-after-review-idUSKCN24M2Z4.
134 Anastasia Lyrchikova and Gleb Stolyarov, "Russia Has $1.5 Billion Plan to Dent China's Rare Earth Dominance," Reuters, August 12, 2020, www.reuters.com/article/russia-rareearths/russia-has-1-5-billion-plan-to-dent-chinas -rare-earth-dominance-idUSL8N2F73F4.

135 Demetri Sevastopulo, Tom Mitchell, and Sun Yu, "China Targets Rare Earth Export Curbs to Hobble US Defence Industry," *Financial Times*, February 16, 2021, www.ft.com/content/d3ed83f4-19bc-4d16-b510-415749c032c1.
136 Ernest Scheyder, "Exclusive U.S. Bill Would Block Defense Contractors from Using Chinese Rare Earths," Reuters, January 14, 2022, www.reuters.com/business/energy/exclusive-us-bill-would-block-defense-contractors-using-chinese-rare-earths-2022-01-14/.
137 Ernest Scheyder, "U.S. House Bill Would Give Tax Credit for Rare Earth Magnets," Reuters, August 10, 2021, www.reuters.com/article/usa-mining-washington-idCNL1N2PD2DD.
138 John Kemp, "Critical Minerals and Mining Reform in the U.S.," Reuters, January 31, 2014, www.reuters.com/article/usa-mining-rare-earths/column-critical-minerals-and-mining-reform-in-the-u-s-kemp-idUSL5N0L52QP20140131.

7. 광물 자립의 미로에 갇힌 미국

1 Jacob Pramuck, "Trump Signs Executive Order Aiming to Slash Regulations," CNBC, January 30, 2017, www.cnbc.com/2017/01/30/trump-set-to-sign-executive-order-aiming-to-slash-regulations.html.
2 Ibid.
3 Nolan D. McCaskill and Matthew Nussbaum, "Trump Signs Executive Order Requiring That for Every One New Regulation, Two Must Be Revoked," *Politico*, January 30, 2017, politico.com/story/2017/01/trump-signs-executive-order-requiring-that-for-every-one-new-regulation-two-must-be-revoked-234365.
4 Mike Soraghan, "Interior Lawyer Knows Colorado," *The Denver Post*, December 4, 2006, www.denverpost.com/2006/12/04/interior-lawyer-knows-colorado/.
5 David Bernhardt, *You Report to Me: Accountability for the Failing Administrative State* (New York: Encounter Books, 2023), 129.
6 U.S. Deputy Secretary of the Interior David Bernhardt, "Order No. 3355," official publication, August 31, 2017, www.doi.gov/sites/doi.gov/files/elips/documents/3355_-_streamlining_national_environmental_policy_reviews_and_implementation_of_executive_order_13807_establishing_discipline_and_accountability_in_the_environmental_review_and_permitting_process_for.pdf.

7   Bernhardt's successor, Deb Haaland, revoked the order in 2021: Kurt Repanshek, "Interior Secretary Reverses Many of Trump Administration's Energy Actions," *National Parks Traveler*, April 16, 2021, www.nationalparkstraveler .org/2021 /04/interior-secretary-reverses-many-trump-administrations -energy-actions.

8   Lithium Americas, "Independent Technical Report for the Thacker Pass Project, Humboldt County, Nevada, USA," filed with the U.S. Securities and Exchange Commission, May 17, 2018, www.sec.gov/Archives/edgar /data/1440972/000156459018013979/lac-ex991_8.htm.

9   Antonio Lara, et al., "Natural Clays with an Inherent Uranium Component That Nevertheless Sequester Uranium from Contaminated Water," *Journal of Environmental Science and Health*, November 8, 2018, www.ncbi.nlm.nih.gov/pmc /articles/PMC6447444.

10 "Lithium Americas Thacker Pass," Desert Fog blog, accessed July 15, 2022, desertfog.org/projects/lithium-mining-in-the-mojave-and-great-basin -deserts/exploration-sites/lithium-americas-thacker-pass/.

11 Ibid.

12 Author's interview with Jon Evans, November 18, 2022.

13 Lithium Americas, "Western Lithium Announces Name Change to Lithium Americas and Provides Corporate Update," press release, March 22, 2016, www.lithiumamericas.com/news/-western-lithium-announces-name-change-to-lithium-americas--and-provides-corporate-update.

14 "Lithium Americas Thacker Pass."

15 Lithium Americas, "Annual Information Form," public filing, March 15, 2022, www.lithiumamericas.com/_resources/pdf/investors/AIF/2021.pdf ?v=0.137.

16 Western Lithium, "Western Lithium Secures US$5.5 Million from Strategic Investor Orion Mine Finance," press release, September 23, 2013, www.globenewswire.com/en/news-release/2013/09/23/1343344/0/en/Western-Lithium-Secures-US-5-5-Million-From-Strategic-Investor-Orion-Mine-Finance.html.

17 Diane Cardwell and Clifford Krauss, "Frack Quietly, Please: Sage Grouse Is Nesting," *The New York Times*, July 19, 2014, www.nytimes.com/2014/07/20/business/energy-environment/disparate-interests-unite-to-protect-greater-sage-grouse.html.

18 *Bartell Ranch LLC et al. v. Ester M. McCullough et al.*, 3:21-cv-00080 (U.S. District Court, Nevada), Document 202.

19 Ibid.

20 Ibid.

21 Letter from Senators Catherine Cortez Masto and Jacky Rosen to U.S. Secretary of the Interior David Bernhardt, April 3, 2020, www.rosen.senate.gov /wp-content/uploads/sites/default/files/2020-04/Rosen%20CCM%20 letter%20to%20DOI%20on%20suspending%20public%20comment%20 periods%20during%20COVID-19.pdf.
22 Loda was asked for comment about the emails. He declined to comment in a message conveyed through the U.S. Bureau of Land Management's Winnemucca District Office public affairs specialist.
23 *Bartell Ranch LLC et al. v. Ester M. McCullough et al.*, Document 200.
24 Ernest Scheyder, "Lithium Americas Moves Closer to Nevada Mine Approval," Reuters, January 20, 2020, www.reuters.com/article/us-usa-mining-lithium -americas /lithium -americas -moves -closer -to- nevada -mine -approval-idUSKBN1ZJ1WP.
25 Ernest Scheyder, "China's Ganfeng to Take Control of Argentina Lithium Project," Reuters, February 7, 2020, www.reuters.com/article/lithium-americas-ganfeng-lithium/chinas-ganfeng-to-take-control-of-argentina-lithium -project-idUSL1N2A704J.
26 *Bartell Ranch LLC et al. v. Ester M. McCullough et al.*, Document 202.
27 Ibid.
28 U.S. Bureau of Land Management, "Thacker Pass Lithium Mine Project: Final Environmental Impact Statement," official publication, December 4, 2020, eplanning.blm.gov/public_projects/1503166/200352542/20030633/250036832/ Thacker%20Pass_FEIS_Chapters1-6_508.pdf, 2–8.
29 Ibid., Table 4.18, 4–109.
30 *Bartell Ranch LLC et al. v. Ester M. McCullough et al.*, Document 1.
31 Ibid.
32 Ibid.
33 Scott Sonner, "Nevada Rancher Sues to Block Lithium Mine Near Oregon Border," Associated Press, February 18, 2021, nbc16.com/newsletter-daily / nevada-rancher-sues-to-block-lithium-mine-near-oregon-border.
34 Ivan Penn and Eric Lipton, "The Lithium Gold Rush: Inside the Race to Power Electric Vehicles," *The New York Times*, May 6, 2021, www.nytimes.com/2021/05/06/business/lithium-mining-race.html.
35 Bill McKibben, "It's Not the Heat, It's the Damage: Two Questions Lie at the Heart of the Climate Crisis," *The New Yorker*, August 4, 2021, www.newyorker.com/news/annals-of-a-warming-planet/its-not-the-heat-its-the-damage.
36 Penn and Lipton, "The Lithium Gold Rush: Inside the Race to Power Electric

Vehicles."

37 Ernest Scheyder, "U.S. Judge Rules Lithium Americas May Excavate Nevada Mine Site," Reuters, July 26, 2021, www.reuters.com/business/environment/us -judge-rules-lithium-americas-may-excavate-nevada-mine-site-2021-07-24/.

38 Ernest Scheyder, "Native Americans Win Ruling to Join Lawsuit Against Lithium Americas Project," Reuters, July 29, 2021, www.reuters.com /legal/litigation/native-americans-win-ruling-join-lawsuit-against-lithium-americas-project -2021-07-28.

39 Author's interview with Gary McKinney, February 2, 2023.

40 Derrick Jensen, Lierre Keith, and Max Wilbert, *Bright Green Lies: How the Environmental Movement Lost Its Way and What We Can Do About It* (Rhinebeck, N.Y.: Monkfish Book Publishing, 2021).

41 Derrick Jensen, Lierre Keith, and Max Wilbert, "It's Time for Us All to Stand Up Against Big 'Sister,'" *Feminist Current*, October 5, 2019, www.feministcurrent.com/2019/10/05/its-time-for-us-all-to-stand-up-against-big-sister/.

42 Jennifer Solis, "Feds Slap Fines on Thacker Pass Protestors," *Nevada Current*, September 29, 2021, www.nevadacurrent.com/2021/09/29/feds-slap-fines-on-thacker-pass-protestors/.

43 Ernest Scheyder, "Lithium Americas Expects Court Ruling on Nevada Lithium Mine by Autumn," Reuters, February 25, 2022, www.reuters.com/legal/transactional /lithium-americas-expects-court-ruling-nevada-lithium-mine-by -autumn -2022 -02-25.

44 Ernest Scheyder, "Exclusive—Lithium Americas Delays Nevada Mine Work After Environmental Lawsuit," Reuters, June 11, 2021, www.reuters.com/business /environment/exclusive-lithium-americas-delays-nevada-mine-work -after -environmentalist -2021-06-11.

45 Lithium Americas, "Annual Information Form," public filing, March 15, 2022, www.lithiumamericas.com/_resources/pdf/investors/AIF/2021.pdf?v=0.137,41–42.

46 The average concentration of lithium in Chile's Salar de Atacama, one of the world's largest active lithium sources, is about 1,500 parts per million: Carolina F. Cubillos et al., "Microbial Communities from the World's Largest Lithium Reserve, Salar de Atacama, Chile: Life at High LiCl Concentrations," *Journal of Geophysical Research: Biogeosciences*, December 3, 2018, agupubs.onlinelibrary .wiley.com /doi /full/10.1029/2018JG004621#:~:text= Abstract,leading%20producer%20of %20lithium%20products.

47 Jensen, Keith, and Wilbert, "It's Time for Us All to Stand Up Against Big 'Sister.'"
48 Associated Press, "New Zealand River's Personhood Status Offers Hope to Māori," August 15, 2022, www.usnews.com/news/world/articles/2022-08-15/new-zealand-rivers-personhood-status-offers-hope-to-maori.
49 Author's interviews with Max Wilbert, August 12–13, 2022.
50 Elaine Sciolino, *Persian Mirrors: The Elusive Face of Iran* (New York: Free Press, 2000, 2005), 282.
51 Jensen, Keith, and Wilbert, "It's Time for Us All to Stand Up Against Big 'Sister.'"
52 Jael Holzman, "How an 'Anti-Trans' Group Split the Fight Against a Lithium Mine," *E&E News*, January 27, 2022, www.eenews.net/articles/how-an-anti-trans-group-split-the-fight-against-a-lithium-mine/.
53 Ibid.
54 Ibid.
55 Jennifer Solis, "BLM's Rediscovery of Massacre Site Renews Calls for Halt of Lithium Project," *Nevada Current*, September 6, 2022, www.nevadacurrent.com/2022/09/06/blms-rediscovery-of-massacre-site-renews-calls-for-halt-of-lithium-mine-project/.
56 Tom Kertscher, "Fact-Checking Whether Senate Hopeful Adam Laxalt Helped Oil Industry Then Got Campaign Money from It," Politifact, August 12, 2022, www.politifact.com/factchecks/2022/aug/12/catherine-cortez-masto/fact-checking-whether-senate-hopeful-adam-laxalt-h/.
57 Senator Catherine Cortez Masto, "Cortez Masto Applauds Investments She Secured in the Bipartisan Infrastructure Law to Boost Domestic Battery Manufacturing and Supply Chains," press release, May 2, 2022, www.cortezmasto.senate.gov/news/press-releases/cortez-masto-applauds-investments-she-secured -in-the-bipartisan-infrastructure-law-to-boost-domestic -battery-manufacturing -and-supply-chains.
58 Ernest Scheyder, "Update 1—U.S. Senator Manchin Promises to Block Mining Royalty Plan," Reuters, October 14, 2021, www.reuters.com/article/usa-mining-royalties-idAFL1N2RA2X5.
59 Nathaniel Phillipps, "Westside Residents Need Local Opportunity, Not Distant Mining Jobs," *Nevada Current*, December 7, 2021, www.nevadacurrent.com/2021/12/07/westside-residents-need-local-opportunity-not-distant-mining-jobs/.
60 "We were very happy to welcome Senator Cortez Masto @SenCortezMasto to tour the Lithium Nevada Research & Process Testing Facility in Reno

today," tweet from Lithium Americas Twitter account, September 27, 2019,twitter .com/lithiumamericas/status/1177675777782865922.

61 Ernest Scheyder, "Lithium Americas Trims Production Target, Budget for Nevada Mine," Reuters, September 25, 2019, www.reuters.com/article /usa-mining-lithium-americas/lithium-americas-trims-production-target-budget-for-nevada-mine-idINL2N26E1RP.

62 Lithium Nevada, a Lithium Americas company, "Newsletter December 2019," corporate publication, www.lithiumamericas.com/_resources/thacker-pass/ LAC -LNC -Thacker-Pass-Newsletter-Dec-17-2019.pdf.

63 Lithium Nevada, a Lithium Americas company, "2021 Q4 Newsletter," corporate publication, www.lithiumamericas com/_resources/thacker-pass/ LNC-Thacker-Pass-Newsletter-Q4-2021.pdf.

64 The White House, "FACT SHEET: Securing a Made in America Supply Chain for Critical Minerals," official publication, February 22, 2022, www. whitehouse.gov/briefing-room/statements-releases/2022/02/22/fact-sheet-securing-a-made-in-america-supply-chain-for-critical-minerals/.

65 Andy Home, "US Green Metals Push Needs a Revamp of Gold-Rush Mining Law," Reuters, February 25, 2022, www.reuters.com/article/usa-mining-ahome/us-green-metals-push-needs-a-revamp-of-gold-rush-mining -law-andy -home -idUSKBN2KU1HG.

66 Scheyder, "Update 1—U.S. Senator Manchin Promises to Block Mining Royalty Plan."

67 Author's interview with Jon Evans, November 18, 2022.

68 Joseph Menn, "Chinese Posed as Texans on Social Media to Attack Rare Earths Rivals," *The Washington Post*, June 28, 2022, www.washingtonpost.com/technology /2022/06/28/china-misinformation-rare-earths/.

69 Tim Burmeister, "Lithium Americas Signs Agreement with Local Tribe," *Elko Daily*, October 25, 2022, elkodaily.com/mining/lithium-americas-signs-agreement -with-local-tribe/article_a7e6d900-5418-11ed-9e4f-1f9853aa0ad0.html.

70 Ernest Scheyder, "GM to Help Lithium Americas Develop Nevada's Thacker Pass Mine," Reuters, January 31, 2023, www.reuters.com/ markets /commodities/gm-lithium-americas-develop-thacker-pass-mine-nevada-2023-01-31/.

71 Ernest Scheyder, "U.S. Judge Orders Waste Rock Study for Thacker Pass Lithium Project," Reuters, February 7, 2023, www.reuters.com/legal/us-judge-orders-fresh-review-part-lithium-americas-nevada-permit-2023-02-07/.

72 Daniel Rothberg, "'We're Just Somebody Little': Amid Plans to Mine

Lithium Deposit, Indigenous, Rural Communities Find Themselves at the Center of the Energy Transition," *The Nevada Independent*, June 20, 2021, thenevadaindependent .com /article /were -just -somebody -little -rural -indigenous-communities -on -the -frontlines -of -energy -transition -amid -plans -to -mine-major -lithium -deposit.

8. 연어와 안티모니

1. "Yellow Pine, Idaho, Population 2023," World Population Review, accessed December 15, 2023, worldpopulationreview.com/us-cities/yellow-pine-id-population.
2. "Yellow Pine Post Office 83677," PostOfficeHours.com, postofficeshours. com /id/yellow-pine/yellow-pine.
3. "Music & Harmonica Festival," Village of Yellow Pine, www. yellowpinefestival.org/.
4. "1950 Census of Populations: Volume 1. Number of Inhabitants, Idaho," www2.census.gov/library/publications/decennial/1950/population-volume-1/vol-01-15.pdf.
5. U.S. Geological Survey, "Antimony," official publication, 2017, pubs.usgs.gov /pp/1802/c/pp1802c.pdf.
6. U.S. Department of the Interior, National Park Service, "National Register of Historic Places Inventory Nomination Form," June 8, 1987, history.idaho. gov/wp-content/uploads/2018/09/Stibnite_Historic_District_87001186.pdf.
7. "Thunder Mountain, Idaho," Western Mining History, accessed October 31, 2022, westernmininghistory.com/towns/idaho/thunder-mountain/.
8. U.S. Department of the Interior, National Park Service, "National Register of Historic Places Inventory Nomination Form," https://history.idaho.gov/wp-content/uploads/2018/09/Stibnite_Historic_District_87001186.pdf.
9. Ibid.
10. Susan van den Brink et al., "Resilience in the Antimony Supply Chain," *Resources, Conservation and Recycling*, August 10, 2022, www.sciencedirect. com/science/article /pii/S0921344922004219#bib0054.
11. U.S. Department of the Interior, National Park Service, "National Register of Historic Places Inventory Nomination Form."
12. Ibid.
13. "Moving Day at Stibnite," *Payette Lake Star*, October 3, 1963, portal. laserfiche .com/Portal/DocView.aspx?id=44152&repo=r-d76fb24e.

14 Associated Press, "Mobil Sells Mine," May 1, 1986, www.nytimes.com/1986/05/01/business/mobil-sells-mine.html.
15 Midas Gold, "Stibnite Gold Project: Feasibility Study Technical Report," official publication, January 27, 2021, perpetuaresources.com/wp-content /uploads/2021 /06/2021-01-27-feasibility-study.pdf.
16 U.S. Geological Survey, "Antimony."
17 Idaho State Historical Society, "Idaho's State Motto," official publication, accessed November 2, 2022, history.idaho.gov/wp-content/uploads/0134.pdf.
18 Author's interview with Mckinsey Lyon, August 15, 2022.
19 Thomas Bulfinch, *Bulfinch's Mythology* (New York: HarperCollins, 1991), 43.
20 Perpetua Resources, "Midas Gold Announces Name Change to Perpetua Resources and Approved NASDAQ Listing," press release, February 16, 2021, www.investors.perpetuaresources.com/investors/news/2021/midas-gold-announces-name-change-to-perpetua-resources-and-approved-nasdaq-listing.
21 Author's interview with Mckinsey Lyon, August 15, 2022.
22 Midas Gold, "Stibnite Gold Project: Feasibility Study Technical Report," 15.
23 David Blackmon, "Perpetua, Ambri Ink Key Antimony Supply Deal to Boost Liquid Metal Battery Tech," *Forbes*, August 14, 2021, www.forbes.com/sites/davidblackmon/2021/08/14/perpetua-ambri-ink-key-antimony-supply-deal-to-boost-liquid-metal-battery-tech/?sh=47aa1a476afd.
24 Jack Healy and Mike Baker, "As Miners Chase Clean-Energy Minerals, Tribes Fear a Repeat of the Past," *The New York Times*, December 27, 2021, www.nytimes .com/2021/12/27/us/mining-clean-energy-antimony-tribes.html.
25 Ibid.
26 Ibid.
27 Perpetua Resources, "U.S. Forest Service Chooses Perpetua Resources' Proposed Stibnite Gold Project as Preferred Alternative," press release, Octo--perpetua -resources-proposed-stibnite-gold-project-as-preferred -alternative-301661983.html.
28 Author's interviews with Aimee Boulanger, January 10, 2023.
29 Senator Martin Heinrich, "Heinrich, Risch Introduce Bipartisan Legislation to Remove Hurdles for Good Samaritans to Clean Up Abandoned Hardrock Mines," press release, February 3, 2022, www.heinrich.senate.gov/newsroom/press-releases/heinrich-risch-introduce-bipartisan-legislation-to-remove-hurdles-for-good-samaritans-to-clean-up-abandoned-hardrock-

mines-.

30 Midas Gold, "Midas Gold to Enter Strategic Relationship with Paulson & Co. and Raise C$55.2 million," press release, February 22, 2016, www.globenewswire.com /news-release/2016/02/22/1330827/0/en/Midas-Gold-to-Enter -Strategic-Relationship-With-Paulson-Co-and-Raise-C-55-2-Million.html.

31 Midas Gold, "Consolidated Financial Statements for the Years Ended December 31, 2015, and 2014," public filing, February 26, 2016, perpetuaresources.com/wp-content/uploads/2021/06/2015-q4-fs.pdf.

32 Midas Gold, "Midas Gold Complements Its Leadership Team with New Appointments," press release, September 20, 2016, midasgoldcorp.com/investors /news /2016 /midas -gold-complements-its-leadership-team -with-new -appointments/.

33 "About Perpetua Resources," corporate website, accessed February 20, 2023, perpetuaresources.com/about/.

34 Midas Gold Corp., "Paulson & Co. Provides Notice of Intention to Exercise Convertible Notes in Midas Gold," press release, August 26, 2020, www.newswire.ca/news-releases/paulson-amp-co-provides-notice-of-intention-to-exercise-convertible-notes-in-midas-gold-857031914.html.

35 Ibid.

36 Gregory Zuckerman, "Trade Made Billions on Subprime: John Paulson Bet Bid on Drop in Housing Values," *The Wall Street Journal*, January 15, 2008, www.wsj.com/articles/SB120036645057290423?mod=article_inline.

37 Kip McDaniel, "The Obsession of John Paulson," *Chief Investment Officer*, December 10, 2013, www.ai-cio.com/news/the-obsession-of-john-paulson/.

38 Gregory Zuckerman, "Worried About Your Tax Bill? Hedge Fund Star John Paulson Owes $1 Billion," *The Wall Street Journal*, April 11, 2018, www.wsj.com/articles/worried-about-your-tax-bill-hedge-fund-star-john-paulson-owes-1-billion-1523458528.

39 Nicole Mordant, "Hedge Fund Paulson & Co. Declares War on Poor Gold Mining Returns," Reuters, September 26, 2017, www.reuters.com/article/us -mining-gold-paulson/hedge-fund-paulson-co-declares-war-on-poor-gold -mining-returns-idUSKCN1C12OJ.

40 Ibid.

41 Author's interview with Marcelo Kim, June 22, 2022.

42 U.S. Department of Defense, "DoD Issues $24.8M Critical Minerals Award to Perpetua Resources," press release, December 19, 2022, www.defense.gov/News/Releases/Release/Article/3249350/dod-issues-248m-critical-minerals-

award-to-perpetua-resources/.
43 PebbleWatch, "Pebble Project," accessed February 20, 2023, pebblewatch. com /pebble-project/.
44 Reuters, "Factbox—History of Alaska's Pebble Mine Project: A Long-Running Saga," August 25, 2020, www.reuters.com/article/usa-alaska-pebblemine-history /factbox -history-of-alaskas-pebble-mine-project-a-long-running-saga-idUSL1N2FR1JK.
45 Ernest Scheyder, "Alaska's Pebble Mine Told to Offset Damage as Republican Opposition Grows," Reuters, August 24, 2020, www.reuters.com/article/us-usa-alaska -pebblemine/alaskas-pebble-mine-told-to-offset-damage-as-republican-opposition -grows -idUSKBN25K1W5.
46 Juliet Eilperin and Brady Dennis, "Obama Blocked This Controversial Alaskan Gold Mine. Trump Just Gave It New Life," *The Washington Post*, October 27, 2021, www.washingtonpost.com/news/energy-environment/wp/2017/05/12/obama-blocked-this-controversial-alaskan-gold-mine-trump-just-gave-it-new-life/.
47 Edwin Dobb, "Alaska's Clash over Salmon and Gold Goes National," *National Geographic*, November 18, 2012, www.nationalgeographic.com/science/article/121116-bristol-bay-alaska-salmon-gold-pebble-mine-science-nation.
48 Powell Michael and Jo Becker, "Palin's Hand Seen in Battle over Mine in Alaska," *The New York Times*, October 22, 2008, www.nytimes.com/2008/10/22/us /politics/22mining.html.
49 Bill Carter, *Boom, Bust, Boom: A Story About Copper, the Metal That Runs the World* (New York: Simon & Schuster, 2012), 121.
50 Dobb, "Alaska's Clash over Salmon and Gold Goes National."
51 Ibid.
52 Ibid.
53 Reuters, "Factbox—History of Alaska's Pebble Mine Project: A Long-Running Saga."
54 Eilperin and Dennis, "Obama Blocked This Controversial Alaskan Gold Mine. Trump Just Gave It New Life."
55 Ernest Scheyder, "EPA Breathes New Life into Controversial Alaska Mining Project," Reuters, June 26, 2019, www.reuters.com/article/us-usa-alaska-mine/epa-breathes-new-life-into-controversial-alaska-mining-project-idUSKCN1TR35G.
56 Yereth Rosen, "U.S. Army Corps Poised to Recommend Approval of Alaska's Pebble Mine," Reuters, July 20, 2020, www.reuters.com/article/us-usa

-alaska-mine/u-s-army-corps-poised-to-recommend-approval-of-alaskas-pebble-mine-idUSKCN24L2UC.

57 Reuters, "Danish PM Says Trump's Idea of Selling Greenland to U.S. Is Absurd," August 18, 2019, www.reuters.com/article/uk-usa-trump-greenland-idUKKCN1V80M2.

58 Tweet from the account of Donald Trump Jr., @DonaldJTrumpJr, August 4, 2020, twitter.com/DonaldJTrumpJr/status/1290723762523045888?s=20.

59 Author's interview with Andrew Sabin, August 20, 2020.

60 Annie Karni, "Trump Signs Landmark Land Conservation Bill," *The New York Times*, August 4, 2020, www.nytimes.com/2020/08/04/us/politics/trump-land-conservation-bill.html.

61 Tucker Carlson, "Alaska's Pebble Mine Could Significantly Harm Fishing and the Environment," Fox News, August 14, 2020, www.foxnews.com/video/6181326417001#sp=show-clips.

62 Ibid.

63 U.S. Army Corps of Engineers, "Army Finds Pebble Mine Project Cannot Be Permitted as Proposed," press release, August 24, 2020, www.army.mil/article/238426/army finds pebble_mine_project_cannot_be_permitted_as_proposed.

64 Scheyder, "Alaska's Pebble Mine Told to Offset Damage as Republican Opposition Grows."

65 Reuters, "Doubts Grow Alaska's Pebble Mine Can Satisfy New Regulatory Hurdles, Shares Tumble," August 25, 2020, www.reuters.com/article/us-usa-alaska-pebblemine/doubts-grow-alaskas-pebble-mine-can-satisfy-new-regulatory-hurdles-shares-tumble-idUSKBN25L26A.

66 Martin Kaste, "This Pebble Is Stirring a Whole Lot of Controversy in Alaska," NPR, January 22, 2014, www.npr.org/2014/01/22/265035184/this-pebble-is-stirring-a-whole-lot-of-controversy-in-alaska.

67 Author's interview with Ron Thiessen, March 6, 2022.

68 Reuters, "Alaska Mining Project CEO Criticizes U.S. EPA Veto Suggestion," December 2, 2022, www.reuters.com/legal/litigation/alaska-mining-project-ceo-criticizes-us-epa-veto-suggestion-2022-12-02/.

69 Reuters, "Conservationists Move to Permanently Protect Areas Around Proposed Alaskan Mine," December 22, 2022, www.reuters.com/business/environment/conservationists-move-permanently-protect-areas-around-proposed-alaskan-mine-2022-12-22/.

70 KTVB, "Twin Brothers Pass Away in Valley County Plane Crash", August 18, 2022, www.ktvb.com/article/news/local/twin-brothers-pass-away-valley-

county-plane-crash/277-92d886db-925c-48bb-9446-7db97a5a742f.

9. 40만 대의 전기차 vs. 티엠의 메밀

1   Center for Biological Diversity, "More Than 17,000 Rare Nevada Wildflowers Destroyed: Tiehm's Buckwheat, Under Review for Federal Protection, Loses up to 40% of Population," press release, September 16, 2020, biologicaldiversity.org /w /news /press -releases/more-17000-rare-nevada-wildflowers -destroyed-2020 -09-16/.
2   Author's text messages with Patrick Donnelly, December 15, 2022.
3   Adam Federman, "'This Is the Wild West Out Here': How Washington Is Bending Over Backward for Mining Companies in Nevada at the Expense of Environmental Rules," *Politico*, February 9, 2020, www.typeinvestigations.org/investigation/2020/02/09/this-is-the-wild-west-out-here/.
4   LinkedIn profile of Daniel R. Patterson, accessed January 15, 2023, www.linkedin.com/in/dpatterson2/.
5   Federman, "'This Is the Wild West Out Here.'"
6   Author's interview with Patrick Donnelly, August 11, 2022.
7   John Smith, "Whistleblower Puts Nevada BLM's Chummy Industry Relationships in the Spotlight," *Nevada Independent*, February 9, 2020, thenevada independent.com/article/whistleblower-puts-nevada-blms -chummy -industry-relationships -in-the-spotlight.
8   Dan Patterson, "Supplement to Information Disclosed to the U.S. Office of Special Counsel," whistleblower complaint, October 4, 2019, s3.documentcloud.org/documents/6768915/Nevada-Whistleblower-Complaint.pdf, 1.
9   Ibid., 13.
10 Smith, "Whistleblower Puts Nevada BLM's Chummy Industry Relationships in the Spotlight."
11 Tweet from Twitter account of Dan Patterson, @DanPattersonUSA, mobile.twitter.com/DanPattersonUSA/status/1254095825371709440.
12 Patterson, "Supplement to Information Disclosed."
13 Center for Biological Diversity, "Emergency Petition to the U.S. Fish and Wildlife Service to List Tiehm's Buckwheat (*Eriogonum tiehmii*) Under the Endangered Species Act as an Endangered or Threatened Species and to Concurrently Designate Critical Habitat," petition to U.S. Department of the Inte--buckwheat-petition-to-FWS.pdf.
14 Author's interview with Patrick Donnelly, August 11, 2022.

15 CBD, "Emergency Petition," 4.
16 Ibid., 28.
17 Ibid.
18 Center for Biological Diversity, "Lawsuit Aims to Protect Rare Nevada Wildflower from Exploratory Mining," press release, October 30, 2019, biologicaldiversity.org/w/news/press-releases/lawsuit-aims-protect-rare -nevada -wildflower-exploratory -mining-2019-10-30/.
19 Ioneer, "Mine Plan of Operations / Nevada Reclamation Permit Application: Rhyolite Ridge Lithium-Boron Project, Esmeralda County, Nevada," official corporate filing to U.S. Bureau of Land Management, July 2022.
20 Ernest Scheyder, "As Lithium Prices Drop, Private Equity Investors Hunt for Deals," Reuters, November 22, 2019, www.reuters.com/article/us -mining-lithium-investment/as-lithium-prices-drop-private-equity-investors-hunt-for -deals -idUSKBN1XW24N.
21 Ioneer, "Successful Completion of A$40 Million Placement," press release, November 22, 2019, wcsecure.weblink.com.au/pdf/INR/02176241.pdf.
22 Ibid.
23 Center for Biological Diversity, "Agreement Protects Rare Nevada Wildflower from Mine Exploration: Tiehm's Buckwheat Still Threatened by Proposed Open-Pit Mine," press release, January 3, 2020, biologicaldiversity.org/ w /news/press-releases/agreement-protects-rare-nevada-wildflower-mine -exploration-2020-01-03/.
24 Ernest Scheyder, "Lithium Americas Moves Closer to Nevada Mine Approval," Reuters, January 20, 2020, www.reuters.com/article/usa-mining -lithium-americas-idINL1N29P0F0.
25 Alice Yu, "Lithium and Cobalt CBS December 2022—Lithium Prices Pressured; Cobalt Down," S&P Global Market Intelligence, December 26, 2022, www.spglobal.com/marketintelligence/en/news-insights/research / lithium -and-cobalt-cbs-december-2022-lithium-prices-pressured-cobalt-down.
26 Ernest Scheyder, "Lithium Developer Ioneer Forecasts High Margins for Nevada Project," Reuters, April 29, 2020, www.reuters.com/article/ioneer-lithium -usa-idUKL1N2CH33Y.
27 Terell Wilkins, "Rare Wildflowers in Nevada Destroyed, 40% of World Population Ruined," *Reno Gazette Journal*, September 23, 2020, www.rgj .com /story/news/2020/09/23/40-percent-worlds-population-rare-nevada -wildflowers-tiehms-buckwheat-destroyed/5820913002/.
28 Ioneer, "ioneer Enters into 12-Month Employement Agreement with

Chairman Mr James D. Calaway," July 2, 2020, https://wcsecure.weblink.com.au/pdf/INR/02250712.pdf.

29 Ioneer, "ioneer's Plan of Operations for Rhyolite Ridge Lithium-Boron Project Accepted by BLM," August 31, 2020, https://wcsecure.weblink.com.au/pdf/INR/02274700.pdf.

30 Letter from Patrick Donnelly and Dr. Naomi Fraga to Douglas Furtado, U.S. Bureau of Land Management, September 15, 2020, www.biologicaldiversity.org/programs/public_lands/pdfs/Tiehms-buckwheat-large-scale-destruction-incident-letter-20200916.pdf.

31 Center for Biological Diversity, "More Than 17,000 Rare Nevada Wildflowers Destroyed."

32 Wilkins, "Rare Wildflowers in Nevada Destroyed, 40% of World Population Ruined."

33 Letter from Donnelly and Fraga to Furtado.

34 Wilkins, "Rare Wildflowers in Nevada Destroyed, 40% of World Population Ruined."

35 Blake Apgar, "More Than 17,000 Rare Nevada Wildflowers Destroyed," *Las Vegas Review-Journal*, September 16, 2020, www.reviewjournal.com/local/local-nevada/more-than-17k-rare-nevada-wildflowers-destroyed-2122795/.

36 Ioneer, "Overwhelming Scientific Validation Overrides False and Misleading Claims Regarding Tiehm's Buckwheat," official website, accessed February 21, 2023, rhyolite-ridge.ioneer.com/wp-content/uploads/2021/06/Tiehms-Buckwheat-Destruction-Comparison-Statements_0616.pdf.

37 Reuters, "Rodents, Not Mining, Caused Damage to Nevada Wildflowers, Says Government Agency," December 4, 2020, www.reuters.com/article/us-ioneer-nevada-wildflowers/rodents-not-mining-caused-damage-to-nevada-wildflowers-says-government-agency-idUSKBN28E2WL.

38 From an email obtained by the author.

39 Ernest Scheyder, "Exclusive: Biden Campaign Tells Miners It Supports Domestic Production of EV Metals," Reuters, October 22, 2020, www.reuters.com/article/usa-election-mining/exclusive-biden-campaign-tells-miners-it-supports-domestic-production-of-ev-metals-idUSKBN27808B.

40 U.S. Federal Election Commission donation reports on both individuals.

41 Ernest Scheyder, "U.S. to List Nevada Flower as Endangered, Dealing Blow to Lithium Mine," Reuters, June 3, 2021, www.reuters.com/article/usa-mining-ioneer-idCNL2N2NL1DO.

42 Ernest Scheyder, "To Go Electric, America Needs More Mines. Can It Build Them?" Reuters, March 1, 2021, www.reuters.com/article/us-usa-mining

-insight/to-go-electric-america-needs-more-mines-can-it-build-them-idUSKCN2AT39Z.
43 From an email obtained by the author.
44 Ibid.
45 Amy Alonzo, "Threatened by Mining, Nevada's Rare Tiehm's Buckwheat Listed as Endangered," *Reno Gazette Journal*, December 14, 2022, www.rgj.com/story /news/2022/12/14/nevadas-tiehms-buckwheat-threatened-by-lithium-declared -endangered/69728977007/.
46 Elizabeth Leger, Jamey McClinton, and Robert Shriver, "Ecology of *Eriogonum tiehmii*: A Report on Arthropod Diversity, Abundance, and the Importance of Pollination for Seed Set; Plant-Soil Relationships; Greenhouse Propagation and a Seedling Transplant Experiment; and Wild Population Demography," University of Nevada, Reno, report, January 2021.
47 Jael Holzman, "Lithium Miner Rips Its Own Research in ESA Fight," *E&E News*, December 17, 2021, www.eenews.net/articles/lithium-miner-rips-its-own-research-in-esa-fight/.
48 Ernest Scheyder, "Rare Flower to Get Protected Zone Near ioneer's Nevada Lithium Mine," Reuters, February 3, 2022, www.reuters.com /business/environment /us -regulators -preserve-acreage-near-ioneers-lithium-mine-site -2022 -02-02.
49 Ernest Scheyder, "Australia's ioneer Says U.S. Gov't Loan Application Moves Forward," Reuters, December 19, 2021, www.reuters.com/markets /commodities/australias -ioneer-says-us-govt-loan-application-moves-forward -2021-12-19/.
50 Ernest Scheyder, "Update 2—Sibanye Stillwater Buys Half of ioneer's Nevada Lithium Project in $490 Million Deal," Reuters, September 15, 2021, www.reuters.com/article/usa-mining-ioneer-idAFL1N2QH34A.
51 Reuters, "Australia's ioneer Signs Lithium Offtake Deal with South Korea's Ecopro," June 29, 2021, www.reuters.com/article/ioneer-deals-ecorpo/australias-ioneer-signs-lithium-offtake-deal-with-south-koreas-ecopro-idUSL3N2OC0RA.
52 Michael Wayland, "Ford Plans to Produce 2 Million EVs Annually, Generate 10% Operating Profit by 2026," CNBC, March 2, 2022, www.cnbc.com/2022/03/02/ford-plans-to-produce-2-million-evs-generate-10percent-operating-profit-by-2026.html.
53 Ernest Scheyder, "Ford Chairman Praises CEO, Mulls Lithium Venture," Reuters, March 12, 2019, www.reuters.com/article/us-ceraweek-energy-ford-motor/ford-chairman-praises-ceo-mulls-lithium-venture-idUSKBN1QT209.

54　Ernest Scheyder, "CERAWEEK—As EV Demand Rises, Biden Officials Warm to New Mines," Reuters, March 11, 2021, www.reuters.com/business /ceraweek-ev-demand-rises-biden-officials-warm-new-mines-2022-03-11/.
55　Secretary Jennifer Granholm virtual speech to Securing America's Future Energy, March 9, 2021.
56　Ernest Scheyder and Steve Holland, "Biden Voices Support for New U.S. Mines, if They Don't Repeat Past Sins," Reuters, February 22, 2022, www. reuters .com/business/energy/biden-set-tout-us-progress-critical-minerals-production-2022-02-22/.
57　Calculation assumes lithium prices of $20,000 per tonne.
58　Ernest Scheyder, "Ford Inks Argentina Lithium Supply Deal with Lake Resources," Reuters, April 11, 2022, www.reuters.com/business /autos-transportation /ford -inks -argentina -lithium-supply-deal-with-lake -resources-2022 -04-11/.
59　Ernest Scheyder, "Ford to Buy Lithium from Ioneer for U.S. EV Battery Plant," Reuters, July 21, 2021, www.reuters.com/business/autos-transportation/ford-buy-lithium-ioneer-american-ev-battery-plant-2022-07-21/.
60　Author's interview with James Calaway, January 13, 2023.
61　Tweet from Patrick Donnelly's Twitter account, July 21, 2022, twitter.com/BitterWaterBlue/status/1550131044321353729.
62　"Edward Abbey," University of Montana's Wilderness Connect, accessed January 15, 2023, wilderness.net/learn-about-wilderness/edward-abbey.php.
63　Ibid.
64　Ibid.
65　Video obtained by author.
66　Isla Binnie and Gloria Dickie, "Factbox: '30-by-30': Key Takeaways from the COP15 Biodiversity Summit," Reuters, December 19, 2022, www.reuters.com/business/environment/30-by-30-key-takeaways-cop15-biodiversity-summit-2022-12-19/.
67　Michael Barbaro et al., "Consider the Burying Beetle (or Else)," *The New York Times*, January 6, 2023, www.nytimes.com/2023/01/06/podcasts/the-daily/biodiversity-cop15-montreal.html?showTranscript=1.
68　Evan Halper, "Is Sustainable Mining Possible? The EV Revolution Depends on It," *The Washington Post*, August 11, 2022, www.washingtonpost.com /business/2022/08/11/electric-vehicle-nickel-mine/.
69　Ioneer, "Mine Plan of Operations / Nevada Reclamation Permit Application."
70　Ibid.
71　Ibid.

72 Ibid.
73 Ioneer, "Ioneer and Caterpillar Complete Definitive Agreement Regarding Autonomous Haul Trucks at Rhyolite Ridge," press release, September 15, 2022, rhyolite-ridge.ioneer.com/ioneer-and-caterpillar-complete-definitive-agreement -regarding -autonomous-haul-trucks-at-rhyolite-ridge/.
74 Ioneer, "Mine Plan of Operations / Nevada Reclamation Permit Application."
75 Ibid.

10. 테슬라와 개스턴 광산의 수호자

1 Ronnie W. Faulkner, "William J. Gaston (1778–1844)," North Carolina History Project, accessed January 10, 2023, northcarolinahistory.org/encyclopedia/william -j-gaston-1778-1844/.
2 William Gaston, "Address Delivered Before the Philanthropic and Dialectic Societies, at Chapel Hill: June 20, 1832," University of North Carolina, archive.org /details /addressdelivered00gaston/page/14/mode/2up?q =economy.
3 Ibid.
4 "Paul Edward Hastings," FindaGrave.com, accessed January 15, 2023, www.findagrave.com/memorial/32343630/paul-edward-hastings.
5 The account of Paul Hastings and his descendants is drawn from interviews on July 15, 2021, and October 17, 2022, with Sonya Snowdon and Warren Snowdon, with corroboration from property records and vital statistics.
6 "Carpenter and Hastings Tin Mine," Diggings.com, accessed December 15, 2022, thediggings.com/mines/27012.
7 Gaston County, North Carolina, property tax records.
8 Kristen Korosec, "Tesla Delivers Nearly 500,000 Vehicles in 2020," TechCrunch, January 2, 2021, techcrunch.com/2021/01/02/tesla-delivers-nearly-500000-vehicles-in-2020.
9 "Tesla 2020 Battery Day Transcript September 22," Rev, September 23, 2020, www.rev.com/blog/transcripts/tesla-2020-battery-day-transcript -september-22.
10 Ibid.
11 Ibid.
12 Ibid.
13 This paragraph is based on sources close to Elon Musk. Neither Tesla nor Musk responded to multiple interview requests.

14 Scott Patterson and Amrith Ramkumar, "America's Battery-Powered Car Hopes Ride on Lithium. One Producer Paves the Way," *The Wall Street Journal*, March 10, 2021, www.wsj.com/articles/americas-battery-powered-car-hopes-ride-on-lithium-one-producer-paves-the-way-11615311932.
15 The White House, "Fact Sheet: The Biden-Harris Electric Vehicle Charging Action Plan," press release, December 13, 2021, www.whitehouse.gov /briefing-room/statements-releases/2021/12/13/fact-sheet-the-biden-harris -electric-vehicle-charging-action-plan/.
16 Flyer obtained by author.
17 Author's interview with Hugh Carpenter and Will Baldwin, July 15, 2021.
18 Author's interview with Emilie Nelson, July 15, 2021.
19 Brandy Beard, "Call of the Wild," *Gaston Gazette*, November 23, 2018, https://www.gastongazette.com/story/news/local/2018/11/23/nc-wildlife-rehab-providing-safe-space-for-injured-wildlife/8305149007/.
20 Piedmont said it was not aware if one of its contracted landmen made the alleged threat, adding it did not approve or condone it.
21 WCP Resources Ltd., "Resignation of Managing Director," press release, January 15, 2016, piedmontlithium.com/wp-content/uploads/160115_resignation_of_managing_director-1-1.pdf.
22 WCP Resources Ltd., "Strategic Landholding Secured in Historic Lithium Producing Region in USA," press release, September 27, 2016, piedmontlithium .com/wp-content/uploads/160927_strategic-USA-landholding-secured -in -historic-lithium-producing-region.pdf.
23 WCP Resources Ltd., "Senior Wall Street Mining Executive Appointed as Managing Director & CEO," press release, July 4, 2017, piedmontlithium .com/wp-content/uploads/170706_wcp_senior_wall_street_mining_ executive_appointed as_md___ceo-1.pdf.
24 Author's interview with Keith Phillips, February 22, 2019.
25 Ibid.
26 Katherine Towers and Andrew Main, "ASIC Probe Bans Mochkin," *Australian Financial Review*, December 4, 2001, www.afr.com/politics/asic-probe-bans-mochkin-20011204-j88xt.
27 Ernest Scheyder, "In Push to Supply Tesla, Piedmont Lithium Irks North Carolina Neighbors," Reuters, July 21, 2021, www.reuters.com/ business/energy/push -supply-tesla-piedmont-lithium-irks-north-carolina-neighbors-2021 -07-20/.
28 Ibid.
29 Ernest Scheyder, "N. Carolina County Slaps Moratorium on Mining as

Piedmont Lithium Plans Project," Reuters, November 15, 2021, www.reuters .com/world/us/n-carolina-county-slaps-moratorium-mining-piedmont -lithium-plans-project-2021-08-06/.

30 Scheyder, "In Push to Supply Tesla, Piedmont Lithium Irks North Carolina Neighbors."
31 Ibid.
32 Ernest Scheyder, "Update 1—Piedmont Lithium Delays Timeline to Supply Tesla," Reuters, August 2, 2021, www.reuters.com/article/usa-mining -piedmont-lithium-idCNL1N2P91B0.
33 Scheyder, "N. Carolina County Slaps Moratorium on Mining as Piedmont Lithium Plans Project."
34 Catherine Clifford, "Elon Musk Says Tesla May Have to Get into the Lithium Business Because Costs Are So 'Insane,'" CNBC, April 8, 2022, www. cnbc.com/2022/04/08/elon-musk-telsa-may-have-get-into-mining-refining -lithium-directly.html.
35 Ernest Scheyder, "North Carolina County Zoning Changes to Affect Piedmont Lithium Project," Reuters, September 29, 2021, www.reuters.com/ legal/litigation /north-carolina-county-zoning-changes-affect-piedmont- lithium-project -2021 -09-28.
36 Ken Lemon, "Piedmont Lithium CEO: Mining Operation Is Safe for Residents," WSOC TV, August 31, 2022, www.wsoctv.com/news/local/ piedmont-lithium-ceo-mining-operation-is-safe-residents/74OAMMYXTV HHPDRZ72RJ7GYUKY/?fbclid=IwAR2Vk6xOZLdVwQWKrSIMCQ2enM- yPaDsS1fqGGImx-kz4BzoMR_nkr73MGg.
37 David Shepardson and Ernest Scheyder, "Biden Awards $2.8 Billion to Boost U.S. Minerals Output for EV Batteries," Reuters, October 19, 2022, www. reuters.com/markets/us/us-awards-28-billion-ev-battery-grid-projects -2022- 10-19/.
38 Ernest Scheyder, "Piedmont Lithium Looks Abroad amid North Carolina Uncertainty," Reuters, June 22, 2022, www.reuters.com/markets/ commodities/piedmont -lithium -looks-abroad-amid-north-carolina- uncertainty-2022 -06-22/.
39 Author's interview with Eric Norris, September 27, 2022.
40 U.S. Patent Application Publication Number US 2021/0207243 A1.
41 Ernest Scheyder, "Tesla's Nevada Lithium Plan Faces Stark Obstacles on Path to Production," Reuters, September 23, 2020, www.reuters.com/article/ us-tesla -batteryday-lithium-idUKKCN26E3G1.
42 Reuters, "Tesla Considering Lithium Refinery in Texas, Seeks Tax Relief,"

September 9, 2022, www.reuters.com/technology/tesla-considering-lithium-refinery-texas-2022-09-09/.
43 Ernest Scheyder, "Albemarle Calls for High Lithium Prices to Fuel EV Industry Growth," Reuters, January 24, 2023, www.reuters.com/markets/commodities/albemarle-expects-lithium-prices-remain-high-fuel-fresh-supply-2023-01-24/.
44 ExxonMobil figures are based on 2022 daily production of 2.4 million barrels, per corporate figures, contrasted with daily global liquid fuels production of 99.95 million barrels, per U.S. Energy Information Administration data.
45 Shepardson and Scheyder, "Biden Awards $2.8 Billion to Boost U.S. Minerals Output for EV Batteries."
46 The White House, "Remarks by President Biden on the Bipartisan Infrastructure Law," official website, October 19, 2022, www.whitehouse.gov/briefing-room/speeches-remarks/2022/10/19/remarks-by-president-biden-on-the-bipartisan-infrastructure-law-6/.
47 Colin Huguley, "Piedmont Lithium Pegs Its Investment in Gaston County Mine Project at More Than $100M," *Charlotte Business Journal*, August 25, 2022, www.bizjournals.com/charlotte/news/2022/08/25/piedmont-lithium-gaston-county-mine-100-million.html?utm_source=sy&utm_medium=nsyp&utm_campaign=yh&fbclid=IwAR1lznHC6z5_yLUDgwiHBeR_a3Hqrv5WfAmv5jXUAbRmuZmI18UJmLHdtNM.

11. 불공정한 코발트 그리고 중국

1 Bryant Park Corporation, "Horticulture," official website, accessed on February 21, 2023, bryantpark.org/the-park/horticulture.
2 NYC Parks, "Bryant Park: William Earl Dodge History," official website, accessed February 21, 2023, www.nycgovparks.org/parks/bryant-park/monuments/389.
3 Carlos A. Schwantes, *Vision & Enterprise: Exploring the History of Phelps Dodge Corporation* (Tucson: University of Arizona Press, 2000), 44.
4 Ibid., 31.
5 Kim Kelly, *Fight Like Hell* (New York: One Signal, 2022), 95.
6 Phelps Dodge, "Morenci," official corporate document, accessed February 21, 2023, docs.azgs.az.gov/OnlineAccessMineFiles/M-R/MorenciMineGreenleeT4SR29ESec16-5.pdf.

7   Ibid.
8   Copper Development Association Inc., "Copper in the Arts," official website, accessed February 23, 2023, www.copper.org/consumers/arts/2015/april/thomas-edison.html.
9   Google Arts & Culture, "Cubic Foot of Copper," accessed February 23, 2023, artsandculture.google.com/asset/cubic-foot-of-copper-tiffany-co/UAFPdpVEj6IDDQ?hl=en.
10   Edmund Morris, *Edison* (New York: Random House, 2019), 124.
11   Freeport-McMoRan Form 10-K Annual Report for 2021, 10.
12   Ibid., 9.
13   Robert Chilicky and Gerald Hunt, *Images of America: Clifton and Morenci Mining District* (Charleston, S.C.: Arcadia Publishing, 2015), 36.
14   Ibid.
15   Ibid., 121.
16   Walter Mares, "U.S. 191 to Be Rerouted Around FMI Morenci Copper Mine," *The Copper Era*, February 25, 2015, www.eacourier.com/copper_era/news/u-s-to-be-rerouted-around-fmi-morenci-copper-mine/article_e0b3489a-bc36-11e4-b941-2fae514b31d0.html.
17   Melanie Burton, "Copper Takes Aim at COVID-19 with Virus-Killer Coatings," Reuters, May 8, 2020, www.reuters.com/article/us-health-coronavirus-copper-antimicrobi/copper-takes-aim-at-covid-19-with-virus-killer-coatings-idUSKBN22K0RX.
18   Freeport-McMoRan Form 10-K Annual Report for 2021, 39.
19   Author's interview with Richard Adkerson, December 2, 2022.
20   Ibid.
21   Bonnie Gestring, "U.S. Operating Copper Mines: Failure to Capture and Treat Wastewater," Earthworks, accessed February 23, 2023, www.congress.gov/116/meeting/house/110436/documents/HHRG-116-II06-20200205-SD036.pdf.
22   Freeport's average total compensation for all employees in 2021 (other than the CEO, Adkerson) was $77,036, according to corporate filings with the U.S. Securities and Exchange Commission. For the same year, U.S. Census Bureau data show a median national income of $70,784.
23   Freeport-McMoRan, "Transforming Tomorrow Together: Community Partnership Panel Meeting Summary," corporate document, accessed February 23, 2023, www.freeportinmycommunity.com/uploads/Q4_Meeting_Notes_Summary_2018_Greenlee.pdf.
24   U.S. Congress, "H.R. 429-Reclamation Projects Authorization and Adjustment

Act of 1992," October 30, 1992, www.congress.gov/bill/102nd-congress/house-bill/429.
25 U.S. Department of the Interior, "People Land & Water," internal newsletter, npshistory.com/publications/doi/plw/v4n6.pdf.
26 Ibid.
27 Lawrence Blaskey, "Payment Made to Tribe to Secure Water for Morenci," *Eastern Arizona Courier*, January 5, 1999, www.eacourier.com/news / payment-made -to -tribe-to-secure-water-for-morenciby-lawrence-blaskey-eastern-arizona -courier-january/article_fc9d8d04-ea8c-522e-a8c3-ba82ca5770f4.html.
28 U.S. Department of the Interior, "People Land & Water."
29 Greg Hahne, "San Carlos Apache Tribe Reaches Preliminary Agreement for Rio Verde Foothills Community Water," KJZZ, kjzz.org/content/1831921/san-carlos-apache-tribe-reaches-preliminary-agreement-rio-verde-foothills-community.
30 Author's interview with Chairman Terry Rambler, April 5, 2021.
31 "John McCain's Pallbearers: 5 Fast Facts You Need to Know," heavy.com, accessed February 23, 2023, heavy.com/news/2018/08/john-mccain-pallbearers/.
32 Author's interview with Richard Adkerson, December 2, 2022.
33 Andrew Ross Sorkin and Ian Austen, "Phelps Dodge and Freeport-McMoRan Agree to Merge to Form Market Leader," *The New York Times*, November 20, .3599828.html.
34 Author's interview with Richard Adkerson, December 2, 2022.
35 Kelly, *Fight Like Hell*, 98–99.
36 Author's interview with Richard Adkerson, December 2, 2022.
37 Freeport-McMoRan, "Webcast to Discuss FCX Acquisition of PXP and MMR 11 AM," conference call transcript, December 5, 2012.
38 Christopher Swann and Kevin Allison, "Freeport's Deals Epitomize Industry's Conflicts of Interest," Reuters Breakingviews, December 5, 2012, archive.nytimes.com/dealbook.nytimes.com/2012/12/05/freeports-deals-epitomize-industrys-conflicts-of-interest/.
39 James B. Stewart, "Freeport-McMoRan Battles the Oil Slump," *The New York Times*, January 21, 2016, www.nytimes.com/2016/01/22/business/energy-environment/freeport-mcmoran-battles-the-oil-slump.html.
40 Russ Wiles, "Moffett Resigns as Freeport-McMoRan Chairman," *The Arizona Republic*, www.azcentral.com/story/money/business/2015/12/28/moffett-resigns -freeport-mcmoran-chairman/77971352/.

41 Ibid.
42 Author's interview with Richard Adkerson, December 2, 2022.
43 Stewart, "Freeport-McMoRan Battles the Oil Slump."
44 Antoine Gara, "Freeport-McMoRan Exits Disastrous Foray into Gulf of Mexico Amid Pressure from Carl Icahn," *Forbes*, September 13, 2016, www.forbes.com/sites/antoinegara/2016/09/13/freeport-mcmoran-exits-disastrous-foray-into-gulf-of-mexico-oil-amid-pressure-from-carl-icahn/?sh=2c24532419f1.
45 Ben Miller and Olivia Pulsinelli, "Freeport-McMoRan to Sell California Oil and Gas Assets for $742M," *Houston Business Journal*, October 17, 2016, www.bizjournals.com/houston/news/2016/10/17/freeport-mcmoran-to-sell-california-oil-and-gas.html.
46 Freeport-McMoRan, "Freeport-McMoRan Announces Agreement to Sell a 13% Interest in Morenci Mine for $1.0 Billion in Cash," press release, February 15, 2016, www.businesswire.com/news/home/20160214005059/en/Freeport-McMoRan-Announces-Agreement-to-Sell-a-13-Interest-in-Morenci-Mine-for-1.0-Billion-in-Cash.
47 Golder Associates, "Environmental and Social Impact Assessment," consultant's report for Tenke Fungurume Mining S.A.R.L., March 2007, www3.dfc.gov/environment/eia/tenke/Executive%20Summary-Long-Apr9.pdf#page=58.
48 Dionne Searcey, Michael Forsythe, and Eric Lipton, "A Power Struggle over Cobalt Rattles the Clean Energy Revolution," *The New York Times*, November 20, 2021, www.nytimes.com/2021/11/20/world/china-congo-cobalt.html?.
49 Author's interview with Richard Adkerson, December 2, 2022.
50 Anet Josline Pinto and Denny Thomas, "Freeport to Sell Prized Tenke Copper Mine to China Moly for $2.65 Billion," Reuters, May 9, 2016, www.reuters.com/article/us-freeport-mcmoran-tenke-cmoc/freeport-to-sell-prized-tenke-copper-mine-to-china-moly-for-2-65-billion-idUSKCN0Y015U.
51 Freeport-McMoRan Second Quarter Earnings Call Transcript, 2016.
52 Author's interview with Melissa Sanderson, February 3, 2023.
53 David Stanway, "China's Belt and Road Plans Losing Momentum as Opposition, Debt Mount—Study," Reuters, September 29, 2021, www.reuters.com/world/china/chinas-belt-road-plans-losing-momentum-opposition-debt-mount-study-2021-09-29/.
54 Searcey, Forsythe, and Lipton, "A Power Struggle over Cobalt Rattles the Clean Energy Revolution."
55 Nicholas Niarchos, "The Dark Side of Congo's Cobalt Rush," *The New*

Yorker, May 24, 2021, www.newyorker.com/magazine/2021/05/31/the-dark-side-of-congos-cobalt-rush.

56　Pratima Desai, "Explainer: Costs of Nickel and Cobalt Used in Electric Vehicle Batteries," Reuters, February 3, 2022, www.reuters.com /business/autos -transportation /costs-nickel-cobalt-used-electric-vehicle -batteries -2022-02-03/.

57　Ibid.

58　Helen Reid, "Microsoft Calls for 'Coalition' to Improve Congo's Informal Cobalt Mines," Reuters, February 8, 2023. www.reuters.com/markets/commodities /microsoft-calls-coalition-improve-congos-informal-cobalt-mines -2023 -02-08/.

59　Siddharth Kara, *Cobalt Red: How the Blood of the Congo Powers Our Lives* (New York: St. Martin's, 2023), 126.

60　Thomas Catenacci, "Biden Turns to Country with Documented Child Labor Issues for Green Energy Mineral Supplies: 'It's Egregious,'" Fox News, December 16, 2022, www.foxnews.com/politics/biden-turns-country-documented-child-labor-green-energy-mineral-supplies-its-egregious.

61　Reid, "Microsoft Calls for 'Coalition' to Improve Congo's Informal Cobalt Mines."

62　Searcey, Forsythe, and Lipton, "A Power Struggle over Cobalt Rattles the Clean Energy Revolution."

63　Hyunjoo Jin and Paul Lienert, "Iron Man Elon Musk Places His Tesla Battery Bets," Reuters, April 27, 2022, www.reuters.com/business/autos-transportation/iron-man-elon-musk-places-his-tesla-battery-bets-2022-04-27/.

64　U.S. Department of State, "Secretary Blinken at an MOU Signing with Democratic Republic of the Congo Vice Prime Minister and Foreign Minister Christophe Lutundula and Zambian Foreign Minister Stanley Kakubo," press release, December 13, 2022, www.state.gov/secretary-blinken-at-an-mou-signing-with-democratic-republic-of-the-congo-vice-prime-minister-and-foreign-minister-christophe-lutundula-and-zambian-foreign-minister-stanley-kakubo/.

65　U.S. Representative Pete Stauber, "Stauber Statement on Biden's Northern Minnesota Mining Ban," press release, January 26, 2023.

66　Philip Pullella and Paul Lorgerie, "'Hands off Africa,' Pope Francis Tells Rich World," Reuters, February 1, 2023, www.reuters.com/world/africa/popes-visit-shine-spotlight-war-ravaged-dr-congo-2023-01-31/.

67　Clara Denina, Helen Reid, and Ernest Scheyder, "Analysis: Miners Face

Talent Crunch as Electric Vehicles Charge Up Metals Demand," Reuters, December 10, 2021, www.reuters.com/article/mining-education-analysis-idCAKBN2IP10R.
68 Author's interview with Kathleen Quirk, June 30, 2022.
69 Reuters, "U.S. Worker Shortage Denting Freeport-McMoRan's Copper Output," January 25, 2023, www.reuters.com/markets/commodities/freeport-mcmoran-quarterly-profit-falls-lower-copper-price-2023-01-25/.

12. 폐배터리와 도시 광산의 탄생

1 "Past Weather in Houston, Texas, USA—April 2017," TimeAndDate.com, accessed January 21, 2022, www.timeanddate.com/weather/usa/houston /historic?month=4&year=2017.
2 KHOU, "Train Car Carrying Lithium Batteries Explodes Near Downtown Houston," April 23, 2017, www.khou.com/article/news/local/train-car-carrying-lithium-batteries-explodes-near-downtown-houston/285-433576556.
3 Sophia Beausoleil, "Lithium Batteries Cause Train Car Explosion in NE Houston," Click2Houston.com, April 23, 2017, www.click2houston.com/news/2017/04/24/lithium-batteries-causes-train-car-explosion-in-ne-houston/.
4 Gareth Tredway, "Train Car Carrying Used Batteries Bursts into Flames," *Automotive Logistics*, April 26, 2017, www.automotivelogistics.media/train-car-carrying-used-batteries-bursts-into-flames/18117.article.
5 Marina Smith, "Union Pacific Train Car Carrying Used Lithium Ion Batteries Explodes and Catches Fire Near Downtown Houston, Texas," Metropolitan Engineering Consulting & Forensics Expert Engineers blog, April 27, 2017, metroforensics.blogspot.com/2017/04/union-pacific-train-car-carrying-used.html.
6 U.S. Department of Transportation, Research and Special Programs Administration, "Hazardous Materials Incident Report, Incident Id: E-2017060716," official publication, June 29, 2017.
7 Victoria Hutchinson, "Li-Ion Battery Energy Storage Systems: Effect of Separation Distances Based on a Radiation Heat Transfer Analysis," Worcester Polytechnic Institute graduate independent study research project, June 12, 2017, www.wpi.edu/sites/default/files/docs/Departments-Programs/Fire-Protection/Final_ESS_Report.pdf.

8   Tredway, "Train Car Carrying Used Batteries Bursts into Flames."
9   U.S. Environmental Protection Agency's Office of Resource Conservation and Recovery, "An Analysis of Lithium-Ion Battery Fires in Waste Management and Recycling," official publication, July 2021, www.epa.gov/system/files/documents /2021-08/lithium-ion-battery-report-update-7.01_508.pdf, 19.
10 David Shepardson, "U.S. Bars Lithium Batteries as Cargo on Passenger Aircraft," Reuters, February 27, 2019, www.reuters.com/article/us-usa-airlines-safety/u-s-bars-lithium-batteries-as-cargo-on-passenger-aircraft-idUSKCN1QG1XI.
11 U.S. Environmental Protection Agency, Office of Resource Conservation and Recovery, "An Analysis of Lithium-Ion Battery Fires in Waste Management and Recycling," 27.
12 Reuters, "Fire Dies Down on Ship Carrying Luxury Cars, with Little Left to Burn," February 21, 2022, www.reuters.com/world/europe/fire-dies-down-ship-carrying-luxury-cars-with-little-left-burn-2022-02-21/.
13 Lufthansa Cargo, "From 31 August: Restrictions for Air Transport of Lithium Batteries," official publication, accessed February 21, 2023, lufthansa-cargo.com/documents/20184/746434/Tabelle_EN_02.pdf/1fbfe705-b787-4558-8844-b7dacc2dab49.
14 Reuters, "Fire Dies Down on Ship Carrying Luxury Cars, with Little Left to Burn."
15 Hutchinson, "Li-Ion Battery Energy Storage Systems."
16 Aaron Gordon, "New York City Bill to Ban Reuse of Lithium Ion Batteries Is 'Absolutely Crazy,' Right-to-Repair Advocates Warn," *Vice*, November 17, 2022, www.vice.com/en/article/dy7eka/new-york-city-bill-to-ban-reuse-of-lithium-ion-batteries-is-absolutely-crazy-right-to-repair-advocates-warn.
17 Author's interview with Michelle Michot Foss, October 3, 2019.
18 U.S. Department of Energy, Office of Energy Efficiency & Renewable Energy, "U.S. Plug-In Electric Vehicle Sales by Model," official publication, accessedFebruary 21, 2023, afdc.energy.gov/data/10567.
19 United Nations Institute for Training and Research, "The Global E-Waste .info/gem-2020/.
20 Emily Barone, "Your Junk Drawer Full of Small, Unused Electronics Is a Big Climate Problem," *Time*, October 21, 2022, time.com/6223653/electronic-waste-climate-change/.
21 Niraj Chokshi and Kellen Browning, "Electric Cars Are Taking Off, but When Will Battery Recycling Follow?" *The New York Times*, December 21,

2022, www.nytimes.com/2022/12/21/business/energy-environment/battery-recycling -electric-vehicles.html.
22 Pérez de Solay participated in a lithium panel on March 9, 2022, at the CERAWeek conference in Houston.
23 Platform for Accelerating the Circluar Economy/World Economic Forum, "A New Circular Vision for Electronics, Time for a Global Reboot," official publication, January 2019, www3.weforum.org/docs/WEF_A_New_Circular _Vision for_Electronics.pdf, 5.
24 Madeline Stone, "As Electric Vehicles Take Off, We'll Need to Recycle Their Batteries," *National Geographic*, May 28, 2021, www.nationalgeographic.com/environment/article/electric-vehicles-take-off-recycling-ev-batteries.
25 Benjamin Spreche et al., "Life Cycle Inventory of the Production of Rare Earths and the Subsequent Production of NdFeB Rare Earth Permanent Magnets," *Environmental Science & Technology*, 48 (7) (February 27, 2014): 3951–58, pubs.acs.org/doi/10.1021/es404596q.
26 Andy Home, "Humble Aluminium Can Shows a Circular Economy Won't Be Easy," Reuters, March 26, 2021, www.reuters.com/business/energy/humble-aluminium -can-shows-circular-economy-wont-be-easy-andy-home -2021 -03-26/.
27 James Morton Turner, "Recycling Lead-Acid Batteries Is Easy. Why Is Recycling Lithium-Ion Batteries Hard?" CleanTechnica, July 24, 2022, cleantechnica.com/2022/07/24/recycling-lead-acid-batteries-is-easy-why-is -recycling-lithium-ion-batteries-hard/.
28 Maria Virginia Olano, "Chart: China Is Trouncing the US on Battery Recycling," Canary Media, June 17, 2022, www.canarymedia.com/articles/batteries/chart-china-is-trouncing-the-us-on-battery-recycling.
29 Baum et al., "Lithium-Ion Battery Recycling—Overview of Techniques and Trends," American Chemical Society, accessed February 21, 2023, pubs.acs.org/doi/pdf/10.1021/acsenergylett.1c02602.
30 Ibid.
31 Author's interview with Lisa Jackson, September 27, 2019.
32 "Environmental Responsibility Report: 2017 Progress Report, Covering Fiscal Year 2016," Apple, accessed February 21, 2023, images.apple.com/environment/pdf/Apple_Environmental_Responsibility_Report_2017.pdf, 16.
33 William Gallagher, "Apple Wins UN Climate Action Award for Environmental Work," AppleInsider.com, September 26, 2019, appleinsider.com/articles/19/09/26/apple-wins-un-climate-action-award-for-environmental-work.

34 Stephen Nellis, "Apple Buys First-Ever Carbon-Free Aluminum from Alcoa–Rio Tinto Venture," Reuters, December 5, 2019, www.reuters.com/article/us-apple-aluminum/apple-buys-first-ever-carbon-free-aluminum-from-alcoa-rio-tinto-venture-idUSKBN1Y91RQ.
35 Author's interview with Jon Kellar, October 1, 2019.
36 Reuters, "Apple Pushes Recycling with Robot, but Mined Metals Still Needed," January 10, 2020, www.reuters.com/article/usa-minerals-recycling/apple-pushes-recycling-with-robot-but-mined-metals-still-needed-idUSL1N298151.
37 Apple, "Apple Expands the Use of Recycled Materials Across Its Products," press release, April 19, 2022, www.apple.com/newsroom/2022/04/apple-expands-the-use-of-recycled-materials-across-its-products/.
38 Ibid.
39 Author's interview with Corby Anderson, October 1, 2019.
40 Author's interview with Ajay Kochhar, November 18, 2022.
41 Reuters, "Glencore Investing $200 Mln in Battery Recycler Li-Cycle," May 5, 2022, www.reuters.com/business/sustainable-business/glencore-investing-200-mln-battery-recycler-li-cycle-2022-05-05/.
42 Tim Higgins, "One of the Brains Behind Tesla May Have a New Way to Make Electric Cars Cheaper," *The Wall Street Journal*,, August 29, 2020, www.wsj.com/articles/one-of-the-brains-behind-tesla-found-a-new-way-to-make-electric-cars-cheaper-11598673630?mod=e2tw.
43 Paul Lienert, "Battery Recycling Firm Redwood Raises $700 Mln from Big Fund Managers," Reuters, July 28, 2021, www.reuters.com/business/finance/battery-recycling-firm-redwood-raises-700-mln-big-fund-managers-2021-07-28/.
44 Daniel Yergin, *The New Map* (New York: Penguin Press, 2020), 327.
45 Matt Blois, "Cathode Projects Advance in North America: Redwood Materials Will Supply a Panasonic Battery Factory," November 17, 2022, cen.acs.org/energy/energy-storage-/Cathode-projects-advance-North-America/100/i41.
46 Tom Randall and Bloomberg, "Tesla Co-Founder Has a Plan to Become King of EV Battery Materials—in the U.S.," *Fortune*, September 14, 2021,fortune .com/2021/09/14/tesla-cofounder-jb-straubel-redwood-materials-battery-materials/.
47 Author's interview with Ajay Kochhar, November 18, 2022.
48 Ernest Scheyder, "U.S. to Loan Li-Cycle $275 Million for New York Recycling Plant," Reuters, February 27, 2023, www.reuters.com/business/sustainable-business/us-loan-li-cycle-375-million-new-york-recycling-plant-2023 -02-27/.

49 Baum et al., "Lithium-Ion Battery Recycling—Overview of Techniques and Trends."
50 Ibid.
51 Author's interview with Ajay Kochhar, June 30, 2022.
52 Katerina Rosova, "Li-Cycle: Sustainable Lithium-Ion Battery Recycling Technology," InnovationNewsNetwork, May 10, 2022, www.innovationnewsnetwork.com/li-cycle-sustainable-lithium-ion-battery-recycling-technology/21097.
53 Joshua Franklin, "Battery Recycler Li-Cycle to Go Public in Deal with Peridot SPAC," Reuters, February 16, 2021, www.reuters.com/article/peridot-acqsn-ma-licycle/battery-recycler-li-cycle-to-go-public-in-deal-with-peridot-spac-idUSL8N2KI6LE.
54 Reuters, "Glencore Investing $200 Mln in Battery Recycler Li-Cycle."
55 Baum et al., "Lithium-Ion Battery Recycling—Overview of Techniques and Trends."
56 Kenneth Rapoza, "China Quits Recycling U.S. Trash as Sustainable Start-Up Makes Strides," *Forbes*, January 10, 2021, www.forbes.com/sites/kenrapoza/2021/01/10/china-quits-recycling-us-trash-as-sustainable-start-up-makes-strides/?sh=147200625a56.
57 Ernest Scheyder, "Li-Cycle to Build EV Battery Recycling Plant in Alabama," Reuters, September 8, 2021, www.reuters.com/technology/li-cycle-build-ev-battery-recycling-plant-alabama-2021-09-08/.
58 Cameron Murray, "Li-Cycle Opens Third Battery Recycling Facility at 'Strategic' Southwest US Location," EnergyStorageNews, May 18, 2022, www .energy -storage.news/li-cycle-opens-third-battery-recycling-facility-at -strategic -southwest -us-location.
59 Allied Market Research, "Lithium-Ion Battery Recycling Market to Reach $38.21 Bn, Globally, by 2030 at 36.0% CAFR: Allied Market Research," press release, July 19, 2021, www.prnewswire.com/news-releases/lithium-ion-battery -recycling-market-to-reach-38-21-bn-globally-by-2030-at-36-0-cagr-allied-market-research-886028135.html.
60 Casey Crownhart, "This Is Where Tesla's Former CTO Thinks Battery Recycling Is Headed," *MIT Technology Review*, January 17, 2023, www.technologyreview .com/2023/01/17/1066915/tesla-former-cto-battery-recycling/.

13. 깨끗한 리튬을 만드는 연금술

1. The White House, "President Biden Hosts a Roundtable on Securing Critical Minerals for a Future Made in America," official video via YouTube, February 22, 2022, www.youtube.com/watch?v=DYZfC8JNsZ0.
2. The White House, "Executive Order on Strengthening American Leadership in Clean Cars and Trucks," press release, August 5, 2021, www.whitehouse.gov/briefing-room/presidential-actions/2021/08/05/executive-order-on-strengthening -american-leadership-in-clean-cars-and-trucks/.
3. Greg Grandin, *Fordlandia: The Rise and Fall of Henry Ford's Forgotten Jungle City* (New York: Macmillan, 2010).
4. The lake has no outlet.
5. Peter Valdes-Dapena, "This California Desert Could Hold the Key to Powering All of America's Electric Cars," CNNBusiness, May 11, 2022, www.cnn.com/2022/05/11/business/salton-sea-lithium-extraction/index.html.
6. Sophie Parker et al., "Potential Lithium Extraction in the United States: Environmental, Economic, and Policy Implications," Nature Conservancy, August 2022, www.scienceforconservation.org/assets/downloads /Lithium_Report_FINAL.pdf.
7. Some of these DLE technologies had worked in tandem with evaporation ponds in Argentina and China, but none as of late 2023 had worked independently.
8. California Governor's Office, "Governor Newsom Joins President Biden to Uplift California's Vision for an Inclusive, Sustainable, Clean Energy Economy in Lithium Valley," press release, February 22, 2022, www.gov.ca .gov/2022/02/22/governor-newsom-joins-president-biden-to-uplift -californias-vision-for-an-inclusive-sustainable-clean-energy-economy-in- lithium- valley/.
9. Ernest Scheyder, "U.S. Steps Away from Flagship Lithium Project with Buffett's Berkshire," Reuters, October 5, 2023, www.reuters.com/markets/us/us-steps-away-flagship-lithium-project-with-berkshire-2022-10-05/.
10. Emails obtained by author.
11. Scheyder, "U.S. Steps Away from Flagship Lithium Project with Buffett's Berkshire."
12. T. D. Palmer et al., "Geothermal Development of the Salton Trough, California and Mexico," U.S. Department of Commerce, January 1, 1975, www.osti.gov /biblio /5107191.
13. William Stringfellow and Patrick Dobson, "Technology for the Recovery

of Lithium from Geothermal Brines," *Energies*, October 18, 2021, doi.org/10.3390/en14206805.

14 Ernest Scheyder, "GM Shakes Up Lithium Industry with California Geothermal Project," Reuters, July 2, 2021, www.reuters.com/business/autos-transportation/gm-shakes-up-lithium-industry-with-california-geothermal-project-2021-07-02/.

15 Ibid.

16 Dow Chemical Company, "Visualizing Our History," corporate website, accessed February 21, 2023, corporate.dow.com/en-us/about/company/history/timeline.html.

17 "Leland Doan Dies at 79," *Ann Arbor News*, April 5, 1974, aadl.org/node/83745.

18 Doan was also at the helm during the napalm saga, one of Dow Chemical's darkest chapters.

19 This account and related portions were relayed by Dr. John Burba during multiple interviews, and based on reflections from Bill Bauman.

20 John M. Lee and William C. Bauman, "US-4116856-A-Recovery of Lithium from Brines," UnifiedPatents portal, accessed February 21, 2023, portal.unified patents .com/patents/patent/US-4116856-A.

21 John Burba, "Lithium—the Key to Our Energy Transformation," Innovation News Network, April 13, 2021, www.innovationnewsnetwork.com/lithium/10672/.

22 J. D. Bailey, "Albemarle Celebrates 50 Years in Magnolia," *Banner-News*, July 19, 2019, www.magnoliabannernews.com/news/2019/jul/19/albemarle-celebrates-50-years-magnolia/.

23 DuPont has also used the patents: DuPont, "Separation of Lithium from Liquid Media," accessed February 21, 2023, www.dupont.com/water/periodic-table/lithium.html.

24 "FMC: Hombre Muerto Lithium Output," GlassOnline.com, February 5, 1998, www.glassonline.com/fmc-hombre-muerto-lithium-output/.

25 Apple, "Apple Presents iPod," press release, October 23, 2001, www.apple.com /newsroom/2001/10/23Apple-Presents-iPod/.

26 Elsa Wenzel, "Simbol Mining Raises Funds for 'Zero-Waste' Lithium Extraction," CNET, August 11, 2008, www.cnet.com/culture/simbol-mining-raises-funds-for-zero-waste-lithium-extraction/.

27 EnergySource, "EnergySource's First Geothermal Plant in Imperial Valley Lauded for Creating Jobs, Boosting the Economy, Delivering Clean Energy to 50,000 Homes; Second Plant to Follow," press release, May 18, 2012,

www.businesswire .com /news /home /20120518005065 /en/EnergySource %E2%80%99s -First-Geothermal-Plant-in-Imperial-Valley-Lauded-for -Creating-Jobs-Boosting-the-Economy-Delivering-Clean-Energy-to-50000- Homes-Second -Plant -to -Follow.

28 Sammy Roth, "Tesla Offered $325 Million for Salton Sea Startup," *The Desert Sun,* June 8, 2016, www.desertsun.com/story/tech/science/energy /2016 /06/08/tesla-offered-325-million-salton-sea-startup/84913572/.
29 Wenzel, "Simbol Mining Raises Funds for 'Zero-Waste' Lithium Extraction."
30 Roth, "Tesla Offered $325 Million for Salton Sea Startup."
31 Alexander Richter, "Simbol Materials Succeeds in Producing Lithium from Geothermal Brine," Think GeoEnergy, October 11, 2013, www. thinkgeoenergy .com/simbol-materials-succeeds-in-producing-lithium-from -geothermal -brine/.
32 Letter from Elon Musk to Dr. John Burba, June 21, 2014.
33 Ibid.
34 Interview with Dr. John Burba, November 2, 2022. This account was corroborated by multiple parties.
35 Ibid.
36 Neither Tesla, nor its chief executive, Elon Musk, responded to multiple interview requests.
37 Rockwood was bought by Albemarle in 2014.

14. 볼리비아를 둘러싼 자원 쟁탈전

1 Danny Ramos and Mitra Taj, "Explainer: Bolivia's 'Evo'—Socialist Icon or Would-be Dictator?" Reuters, October 18, 2019, www.reuters.com/article / us-bolivia-election-candidates-explainer/explainer-bolivias-evo-socialist -icon-or -would-be-dictator-idUSKBN1WX158.
2 NationMaster, "Countries Compared," accessed February 21, 2023, www. nationmaster .com/country-info/stats/Geography/Land-area/Sq.-km.
3 U.S. Central Intelligence Agency, "Bolivia," World Factbook, accessed February 21, 2023, www.cia.gov/the-world-factbook/countries/bolivia/.
4 Clifford Krauss, "Green-Energy Race Draws an American Underdog to Bolivia's Lithium," *The New York Times,* December 16, 2021, www.nytimes. com/2021/12/16/business/energy-environment/bolivia-lithium-electric-cars. html.
5 Adolfo Arranz and Marco Hernandez, "When China Wanted Silver from

the Rest of the World," *South China Morning Post*, February 6, 2019, www.scmp.com/news/china/article/2184313/when-china-wanted-silver-rest-world.

6   Dennis Flynn and Arturo Giráldez, "Born with a 'Silver Spoon': The Origin of World Trade in 1571," *Journal of World History*, Fall 1995, www.jstor.org/stable/20078638.

7   Tony Hillerman, "Old Knowledge from the New World: Indian Givers: How the Indians of the Americas Transformed the World, by Jack Weatherford," *Los Angeles Times*, December 11, 1998, articles.latimes.com/1988-12-11/books/bk-144_1_indian-knowledge.

8   Patrick Greenfield, "How Silver Turned Potosi into 'the First City of Capitalism,'" *The Guardian*, March 21, 2016, www.theguardian.com/cities/2016/mar/21/story-of-cities-6-potosi-bolivia-peru-inca-first-city-capitalism.

9   John Maxwell Hamilton, "The Glory That Was Once Potosi," *The New York Times*, May 29, 1977, www.nytimes.com/1977/05/29/archives/the-glory-that-was-once-potosi-the-glory-that-was-once-potosi.html.

10 Adam Smith, *The Wealth of Nations*, Chapter 11.

11 Lawrence Wright, "Lithium Dreams: Can Bolivia Become the Saudi Arabia of the Electric-Car Era?" *The New Yorker*, March 15, 2010, www.newyorker.com/magazine/2010/03/22/lithium-dreams.

12 Marcelo Rochabrun and Santiago Limachi, "In Bolivia's Silver Mountain, Artisanal Miners Turn to Coca and the Devil," Reuters, May 30, 2022, www.reuters.com/world/americas/bolivias-silver-mountain-artisanal-miners-turn-coca-devil-2022-05-30/.

13 "Uyuni," *Encyclopedia Brittanica*, accessed February 21, 2023, www.britannica.com/place/Uyuni.

14 Lisa M. Hamilton, "The Quinoa Quarrel: Who Owns the World's Greatest Superfood?" *Harper's*, accessed February 21, 2023, harpers.org/archive/2014/05/the-quinoa-quarrel/.

15 NASA, "An Expanse of White in Bolivia," Earth Observatory, accessed February21, 2023, earthobservatory.nasa.gov/images/84853/an-expanse-of-white-in-bolivia.

16 Wright, "Lithium Dreams."

17 Ian Failes, "Crafting Crait: ILM's VFX Supe on How Rian Johnson Wanted to Go 'Redder, Redder, Redder,'" VFXBlog, January 1, 2018, vfxblog.com/2018/01/01/crafting-crait-ilms-vfx-supe-on-how-rian-johnson-wanted-to-go-redder-redder-redder/.

18 Anthony Breznican, "Rian Johnson Reveals Details of New Plant in *The Last Jedi* Trailer," *Entertainment Weekly*, April 14, 2017, ew.com/movies/2017/04/14/star-wars-rian-johnson-last-jedi-planet/.
19 "Uyuni Info," Sala De Uyuni tourism website, accessed February 21, 2023, www.salardeuyuni.com/info.
20 "Increase in Tin Mining," *Encyclopedia Britannica*, accessed February 21, 2023, www.britannica.com/place/Bolivia/Increase-in-tin-mining.
21 Argus Media, "Gas-Rich Bolivia Loses Fight for Sea Access," October 1, 2018, www.argusmedia.com/en/news/1764389-gasrich-bolivia-loses-fight-for-sea-access.
22 Bloomberg, "President Energy Finds Oil in Paraguay's Chaco Basin," October 20, 2014, www.epmag.com/president-energy-finds-oil-paraguays-chaco-basin-757736.
23 Daniel Hofer, "Borax Production in Rio Grande," Daniel in Bolivia blog, September 24, 2010, danielinbolivia.wordpress.com/2010/09/24/borax-production-in-rio-grande_ulexit_-daniel-hofer-bolivia-bolivien-blog-fotograf-serie -fotos-documentary-photographer-salar_de_uyuni_bolivia_bolivien_fotoserie_fotos/.
24 Argus Media, "Gas-Rich Bolivia Loses Fight for Sea Access."
25 S. L. Rettig, B. F. Jones, and F. Risacher, "Geochemical Evolution of Brines in the Salar of Uyuni, Bolivia," *Chemical Geology*, April 1, 1980, www.sciencedirect.com /science/article/pii/0009254180901163.
26 Wright, "Lithium Dreams."
27 Ronn Pineo, "Progress in Bolivia: Declining the United States Influence and the Victories of Evo Morales," *Journal of Developing Societies*, December 2016, www.researchgate.net/publication/312406225_Progress_in_Bolivia_Declining_the_United_States_Influence_and_the_Victories_of_Evo_Morales.
28 Wright, "Lithium Dreams."
29 Diego Ore, "Bolivia Set to Build Large Lithium Plant in Uyuni," Reuters, September 30, 2009, www.reuters.com/article/bolivia-lithium/bolivia-set-to-build-large-lithium-plant-in-uyuni-idUKN3021269020090930.
30 Wright, "Lithium Dreams."
31 Ibid.
32 Ore, "Bolivia Set to Build Large Lithium Plant in Uyuni."
33 Mitra Taj, "In the New Lithium 'Great Game,' Germany Edges Out China in Bolivia," Reuters, January 28, 2019, www.reuters.com/article/bolivia-lithium-germany/in-the-new-lithium-great-game-germany-edges-out-china-in-bolivia -idUKL1N1ZL0I1.

34 Ibid.
35 Daniel Ramos, "Bolivia Picks Chinese Partner for $2.3 Billion Lithium Projects," Reuters, www.reuters.com/article/us-bolivia-lithium-china/bolivia-picks-chinese-partner-for-2-3-billion-lithium-projects-idUSKCN1PV2F7.
36 Argus Media, "Bolivia Scraps Lithium Deal with Germany's ACI," November 4, 2019, www.argusmedia.com/en/news/2008429-bolivia-scraps-lithium-deal-with-germanys-aci.
37 Ibid.
38 Adam Jourdan, "Exclusive: Bolivia's New Lithium Tsar Says Country Should Go It Alone," Reuters, January 15, 2020, www.reuters.com/article/us-bolivia-go-it-alone-idUSKBN1ZE2DW.
39 Ernest Scheyder, "New Lithium Technology Can Help the World Go Green—If It Works," Reuters, April 7, 2022, www.reuters.com/article/mining-lithium-technology-focus-idCAKCN2LZ25R.
40 Marcelo Rochabrun, "Legendary Lithium Riches from Bolivia's Salt Flats May Still Just Be a Mirage," Reuters, May 23, 2022, www.reuters.com/markets/commodities/legendary-lithium-riches-bolivias-salt-flats-may-still-just-be-mirage-2022-05-23/.
41 "Bolivia's Lithium Mining Dilemma," BBC News, September 10, 2008, news.bbc.co.uk/1/hi/business/7607624.stm.
42 Associated Press, "Republic Agrees to Buy Alamo Rent-A-Car for $625 Million in Stock," November 7, 1996, apnews.com/article/880c8e23dd9bc17e655a9f28a63cfbb1.
43 "Teague Egan," Sports Agent Blog, accessed February 21, 2023, sportsagentblog.com/interview-with-the-agent/teague-egan/.
44 Ibid.
45 Sam Adams, "Swang," Genius.com lyrics, accessed February 21, 2023, genius.com/Sam-adams-swang-lyrics.
46 T. J. Simers, "Teague Egan, the Student Agent with the Golf Cart, Could be Taking USC on a Dangerous Ride," *Los Angeles Times*, November 29, 2010, www.latimes.com/archives/la-xpm-2010-nov-29-la-sp-simers-20101130-story.html.
47 Ibid.
48 "Teague Egan," Sports Agent Blog.
49 Ibid.
50 ESPN, "Oregon Ducks v. USC Trojans, October 31, 2010," score statistics, www.espn.com/college-football/game/_/gameId/303030030.
51 Tom Pelissero, "Dillon Baxter Seeks Chance at NFL After Growing Up,"

USA Today, April 5, 2014, www.usatoday.com/story/sports/nfl/2014/04/05/dillon-baxter-usc-baker-university-nfl-draft/7356305/.

52 Holly Anderson, "Teague Egan's Agent Certification Revoked; Trojans Rejoice," SBNation.com, December 3, 2010, www.sbnation.com/ncaa-football/2010/12/3/1853768/teague-egan-agent-certification-revoked-nflpa-dillon-baxter.

53 Teague Egan, "Making Kindness Cool," TEDxBergamo, www.vexplode.com/en/tedx/making-kindness-cool-teague-egan-tedxbergamo/?t=00:18:22.

54 Krauss, "Green-Energy Race Draws an American Underdog to Bolivia's Lithium."

55 Author's interview with Teague Egan, January 5, 2022.

56 Ibid.

57 Ernest Scheyder, "Albemarle Unfazed by Chilean Election, Cites 'Unique' Lithium Contract," Reuters, December 23, 2021, www.reuters.com/markets/commodities/albemarle-unfazed-by-chilean-election-cites-unique-lithium-contract-2021-12-23/.

58 Loverly, "About Loverly," accessed February 21, 2023, loverly.com/about-us.

59 Wright, "Lithium Dreams."

60 U.S. Geological Survey, "Lithium," official publication, accessed February 21, 2023, pubs.usgs.gov/periodicals/mcs2023/mcs2023-lithium.pdf.

61 Krauss, "Green-Energy Race Draws an American Underdog to Bolivia's Lithium."

62 "EnergyX Will Support Health and Education Infrastructure in the Potosi and Uyuni Regions of Bolivia Through a Multi-Year Funding Commitment," ElPotosi.net, May 5, 2022, elPotosi.net/local/20220505_energyx-apoyara-la-infraestructura -de -salud -y-educacion-en-las-regiones-de-potosi-y-uyuni-de-bolivia-a -traves -de-un-compromiso-de-financiacion-plurianual.html.

63 Author's interview with Teague Egan, May 6, 2022.

64 Daniel Brett, "Bolivian Fight Club: Honor Mother Earth, Beat Thy Neighbor at the World's Wildest Ritual Mass Brawl," Noble Sapien, September 26, 2021, noblesapien.com/body/bolivian-fight-club-beat-thy-neighbor-honor-mother-earth/.

65 Rochabrun and Limachi, "In Bolivia's Silver Mountain, Artisanal Miners Turn to Coca and the Devil."

66 "Bolivian Bus Crash Kills 13," *The Sydney Morning Herald*, May 3, 2008, www.smh.com.au/world/bolivian-bus-crash-kills-13-20080503-2ahb.html.

67 Chantel Delulio, "This Glamping Experience on the Bolivian Salt Flats Drops You into Your Own Personal Adventure Serial," Fodor's Travel, August 15,

2019, www.fodors.com/world/south-america/bolivia/experiences/news/this-glamping-experience-on-the-bolivian-salt-flats-drops-you-into-your-own-personal-adventure-serial.
68 Author's interview with Teague Egan, May 5, 2022.
69 Marcelo Rochabrun, "American Startup EnergyX Out of Bolivian Lithium Race," Reuters, June 8, 2022, www.reuters.com/markets/commodities / american-startup-energyx-out-bolivian-lithium-race-2022-06-09/.
70 Ernest Scheyder, "Lithium Startup EnergyX Gets $450 Mln Investment Tied to IPO Plans," Reuters, July 22, 2022, www.reuters.com/markets/us/lithium-startup-energyx-gets-450-mln-investment-tied-ipo-plans-2022-07-22/.

15. 작은 꽃들의 운명

1 Author's interview with Bernard Rowe, August 12, 2022.
2 Terell Wilkins, "Rare Wildflowers in Nevada Destroyed, 40% of World Population Ruined," *Reno Gazette Journal*, September 23, 2020, www.rgj.com /story/news/2020/09/23/40-percent-worlds-population-rare-nevada-wildflowers-tiehms-buckwheat-destroyed/5820913002/.
3 Reuters, "Rodents, Not Mining, Caused Damage to Nevada Wildflowers, Says Government Agency," December 4, 2020, www.reuters.com/article/us-ioneer-nevada-wildflowers/rodents-not-mining-caused-damage-to-nevada-wildflowers-says-government-agency-idUSKBN28E2WL.
4 Scott Sonner, "AP Exclusive: Rare Wildflower Could Jeopardize Lithium Mine," Associated Press, August 4, 2020, apnews.com/article/ap-top-news-deserts -technology-reno-business-3ab59bbc4fd6e6c602b4b6d037ec7f12.
5 Elizabeth Leger, Jamey McClinton, and Robert Shriver, "Ecology of *Eriogonum tiehmii*: A Report on Arthropod Diversity, Abundance, and the Importance of Pollination for Seed Set; Plant-Soil Relationships; Greenhouse Propagation and a Seedling Transplant Experiment; and Wild Population Demography," University of Nevada, Reno, report, January 2021.
6 Sonner, "AP Exclusive: Rare Wildflower Could Jeopardize Lithium Mine."
7 Ibid.
8 Leger files were obtained via public records request.
9 Ibid.
10 Ibid.
11 Federal Register, vol. 85, no. 141, July 22, 2020, 44265–67.
12 Ibid.

13 U.S. Fish & Wildlife Service, "Endangered and Threatened Wildlife and Plants; Finding on a Petition to List the Tiehm's Buckwheat as Threatened or Endangered," official website, June 4, 2021, www.fws.gov/species-publication-action/endangered-and-threatened-wildlife-and-plants-finding-petition-list.
14 Federal Register, vol. 86, no. 106, June 4, 2021, 29975–77.
15 Federal Register, vol. 87, no. 241, December 16, 2022, 77368, 77401.
16 Ibid.
17 Ibid.
18 Author's interview with James Calaway, December 20, 2021.
19 Ernest Scheyder, "Australia's ioneer Says U.S. Gov't Loan Application Moves Forward," Reuters, December 19, 2021, www.reuters.com/markets/commodities/australias-ioneer-says-us-govt-loan-application-moves-forward-2021 -12-19/.
20 Author's interview with Jigar Shah, March 10, 2022.
21 Federal Register, vol. 87, no. 241, December 20, 2022, 77879–80.
22 Ioneer, "Ioneer's Rhyolite Ridge Project Advances into Final Stage of Permitting," press release, December 19, 2022, www.prnewswire .com / news -releases/ioneers -rhyolite-ridge-project-advances-into-final-stage-of -permitting -301706219.html.

나오는 말 끝나지 않은 선택

1 Ioneer, "U.S. Department of Energy Offers Conditional Commitment for a Loan of Up to US$700 Million for the Rhyolite Ridge Project," press release, January 13, 2023, www.prnewswire.com/news-releases/us-department-of-energy-offers-conditional-commitment-for-a-loan-of-up-to-us700-million -for-the-rhyolite-ridge-project-301721334.html?tc=eml_cleartime.
2 Jigar Shah, "5 Big Things About Rhyolite Ridge, LPO's Latest Critical Materials Project Conditional Commitment," U.S. Department of Energy's YouTube page, January 26, 2023, www.youtube.com/watch?v=TAN8JtzxmSo.
3 Author's interview with Jigar Shah, January 13, 2023.
4 Tweet from Jigar Shah's Twitter account @JigarShahDC, January 13, 2023, twitter.com/JigarShahDC/status/1613901652649738247?s=20&t=syt1u5mEUJ7 TLI3i2DqNOQ.
5 Author's interview with James Calaway, January 13, 2023.

6   Author's interview with Patrick Donnelly, January 13, 2023.
7   Federal Register, vol. 87, no. 241, December 16, 2022, 77368.
8   Ibid.
9   U.S. Department of Energy's Loan Programs Office, "LPO Announces Conditional Commitment to Ioneer Rhyolite Ridge to Advance Domestic Production of Lithium and Boron, Boost U.S. Battery Supply Chain," press release, January 13, 2023, www.energy.gov/lpo/articles/lpo-announces-conditional-commitment -ioneer-rhyolite-ridge-advance-domestic-production.
10 Associated Press, "Nevada Lithium Mine Gets $700 Million Conditional Loan from Dept. of Energy," January 13, 2023, www.2news.com/news/nevada-lithium-mine-gets-700-million-conditional-loan-from-dept-of-energy/article_cce8bd7e-936d-11ed-92bf-531c93138755.html.
11 Daniel Ramos, "Bolivia Taps Chinese Battery Giant CATL to Help Develop Lithium Riches," Reuters, January 20, 2023, www.reuters.com/technology /bolivia-taps-chinese-battery-giant-catl-help-develop-lithium-riches-2023-01-20.
12 John Rosevear, "General Motors Will Lead a $50 Million Funding Round for Lithium Extraction Startup EnergyX," CNBC, April 11, 2023, www.cnbc.com/2023/04/11/general-motors-energyx-investment.html.
13 Ernest Scheyder, "U.S. Bans Mining in Parts of Minnesota, Dealing Latest Blow to Antofagasta's Copper Project," Reuters, January 26, 2023, www .reuters.com/legal/litigation/us-blocks-mining-parts-minnesota-dealing-latest -blow-antofagastas-copper-project-2023-01-26/.
14 CreditSuisse, "US Inflation Reduction Act: A Tipping Point in Climate Action,"September 28, 2022, www.credit-suisse.com/about-us-news/en/articles/news-and-expertise/us-inflation-reduction-act-a-catalyst-for-climate-action-202211.html, 109.
15 Samir Mehdi, "'How Am I Free if My Brothers Work in Mines for Tesla?': Kyrie Irving Contemplates His Own Freedoms Following Mavs Loss," *The Sports Rush,* March 9, 2023, thesportsrush.com/nba-news-how-am-i-free-if-my-brothers-work-in-mines-for-tesla-kyrie-irving-contemplates-his-own-freedom-following-mavs-loss/.
16 Ernest Scheyder, "Inside the Race to Remake Lithium Extraction for EV Batteries," Reuters, June 16, 2023, www.reuters.com/markets/commodities /inside-race-remake-lithium-extraction-ev-batteries-2023-06-16/.
17 Elena Vardon, "Glencore and Li-Cycle Plan to Build Battery Recycling Hub In Italy," *The Wall Street Journal,* May 10, 2023, www.wsj.com/articles/

glencore-and-li-cycle-plan-to-build-battery-recycling-hub-in-italy-58960d31.

18 Perpetua Resources press release, "Perpetua Resources and Nez Perce Tribe Reach Agreement in Principle Under the Clean Water Act," June 20, 2023, www.prnewswire.com/news-releases/perpetua-resources-and-nez-perce-tribe-reach-agreement-in-principle-under-the-clean-water-act-301854763.html.

19 Matthew Daly, "Biden Administration Clarifies 1872 Mining Law; Says Huge Nevada Lithium Mine Can Proceed," Associated Press, May 16, 2023, apnews.com/article/mining-lithium-nevada-thacker-rosemont-decision-c7e251ef3994dfea4f2dff58322ff4ac.

20 Reuters, "North Carolina Seeks More Info for Piedmont Lithium Mine Permit Review," May 31, 2023, www.reuters.com/markets/commodities/north-carolina-seeks-more-info-piedmont-lithium-mine-permit-review-2023-05-30/.

21 Reuters, "Elon Musk and Tesla Break Ground on Massive Texas Lithium Refinery," May 9, 2023, www.reuters.com/business/autos-transportation/tesla-plans-produce-lithium-1-mln-vehicles-texas-refinery-elon-musk-2023-05-08/.

22 Albemarle Press Release, "Albemarle Becomes First Lithium Producer to Complete Independent Audit and Publish IRMA Report," June 20, 2023, www.prnewswire.com/news-releases/albemarle-becomes-first-lithium-producer-to-complete-independent-audit-and-publish-irma-report-301855202.html/.

23 Alexandra Sharp, "Chile's White Gold Rush: In a Move to Nationalize Lithium, Santiago Could Freeze Vital Foreign Capital Investments," *Foreign Policy*, April 21, 2023, foreignpolicy.com/2023/04/21/chile-lithium-reserves-albemarle-sqm-nationalize-boric-santiago/.

24 Ciara Nugent, "What Would Happen if South America Formed an OPEC for Lithium," *Time*, April 28, 2023, time.com/6275197/south-america-lithium-opec/.

25 Wendsler Nosie, letter to the editor, *Apache Messenger*, May 10, 2023.

26 Helen Reid, "Deep-Sea Mining May Disrupt Whale Communication, Study Finds," Reuters, February 14, 2023, www.yahoo.com/now/1-deep-sea-mining-may-185200258.html.

27 "The Future Is Circular," World Wildlife Fund, November 15, 2022, wwfint.awsassets.panda.org/downloads/the_future_is_circular___sintefminerals final report nov_2022__1__1.pdf.

28 Ioneer, "Ioneer Permitting Violation," press release, January 19, 2023,

company-announcements.afr.com/asx/inr/5c3e46e2-9776-11ed-b701-befe bebb5124.pdf.
29 Max Matza, "Los Angeles Sees First Blizzard Warnings Since 1989," BBC News, February 24, 2023, www.bbc.com/news/world-us-canada-64753583.
30 Claire Bushey, "Ford to License Electric Vehicle Battery Tech from China's CATL," *Financial Times*, February 13, 2023, www.ft.com/content/08f08895-0ea0-40da-af31-2d29e2ae62e9.
31 Author's interview with James Calaway, February 24, 2023.

찾아보기

ESG 기준, 454
EV1, 65
JHL 캐피털, 196~198, 203, 206
JP모건, 84, 340
LiTAS, 460~461
NASA, 62~63, 425
NC 야생동물 재활센터, 336
QVT 파이낸셜, 198
S&P글로벌, 81

ㄱ

가나, 7, 346, 349, 426
가르시아, 타시, 376~377, 392
가오샤오샤, 185
가톨릭교회, 82, 373
갈레아노, 에두아르도, 428
개스턴, 윌리엄, 319~320
게이츠, 빌, 267, 300, 439
경관자원관리, 223
고시, 아미타브, 50
곤살레스, 로레나, 141
고어, 앨, 61
골드만삭스, 193, 292
공급망, 45~46, 53, 56, 65, 123, 128, 136, 143, 192, 210~211, 245, 247, 252, 272, 278, 325~326, 348, 371~372, 377~378, 390~391
공통 이온 효과, 414
공화당, 48, 116, 157, 160, 191, 213~214, 245, 280, 283~284, 481
과학기술위원회, 187
광미 폐기물, 54, 187, 226, 261, 280

광미(광미댐), 26, 83, 126~127, 135, 187, 261, 280, 355~356, 358, 365, 422
    브루마지뉴 댐 참사, 53~54, 83
    건식 적재와 비교, 73
    야헤르스폰테인 붕괴 사고, 54
    브라질에서 금지, 54
    스티브나이트 광산의, 261
    새커패스 프로젝트의, 226
    미국 내의 규정, 54
광산:
    광산 내 냉방장치 설치, 78, 104
    코발트 광산, 7, 36, 49, 136, 367, 369, 372
    1872년 광업법, 130, 181, 247
    노천 광산, 32, 107, 125, 152, 164, 223, 231, 260~261, 271, 280, 314, 317, 327, 332~333, 339, 354~355, 399~400, 405, 467, 481
    연방 토지에 대한 사용료 면제, 245, 248, 356
    미국 광산 허가 절차, 55~56, 83, 98, 107, 157, 221, 225, 228, 247, 276~278, 293, 297, 474
    미국 광산 규제, 158, 161, 163, 188, 216, 296, 300
    광산으로 인한 수질오염, 47, 52, 149, 152, 269, 279
    광산의 물 사용량, 82, 226, 332, 400
광업과 국가 안보, 42, 191, 197, 209~211, 252, 259, 274, 278
광산에 의한 오염, 47, 52, 88, 96, 126, 145, 149, 152, 155, 195, 208, 266, 269, 271,

279, 332, 335
광획붕락법, 82
구리 회랑, 77
구리:
　　전기차 대 내연기관에서의 사용, 39, 81~82, 158
　　역사, 79~80, 351
　　수요 증가, 80, 91, 99, 115, 151, 158, 279, 280, 356
　　전쟁이 일어날 가능성, 36
　　레절루션 프로젝트도 보라
국가연구위원회, 62
국가환경정책법(NEPA), 217~218
국립 야생보호 체계, 154
국제경계수역조약, 163
국제광업금속협의회, 361
국제사법재판소, 434
국제산림관리협의회, 129
국제앰네스티, 371
국제에너지기구(IEA), 6, 36
국제우주정거장, 63
국제통화기금(IMF), 436
귀침출액, 357
그래스버그 광산, 27, 363~364, 367
그랜트, 율리시스 S., 76
그랜홈, 제니퍼, 299, 397~398, 404, 478
그레이엄산, 100
그레이트 레이크스 케미컬, 412
그레이트 베이슨 자원 감시단, 231
그렌펠 타워 화재, 260
그리잘바, 라울, 118
그리즐리 리서치, 211
그린부시스 리튬 광산, 27
그린피스, 230, 482
그슈나이드너, 칼, 187
글라센버그, 이반, 369
글로리 홀, 82, 98, 107
글로벌 지오사이언스, 72
금(gold), 32, 59~60, 69~70, 79, 107,
123~125, 127~128, 152, 183, 246, 259, 262~263, 265~266, 269, 275~278, 291, 301, 339, 340~341, 351, 362, 366, 386, 453, 481
기후 변화, 29, 32~35, 45, 49~50, 55~56, 61, 65, 71, 84, 99, 102, 113, 230~231, 245, 249, 252, 273, 291, 297, 309~311, 325, 328, 330, 357, 381, 444, 466, 485

ㄴ

나바호족, 76, 97
납축전지, 258, 383, 410
내연기관, 39, 43~44, 81, 158, 258, 378, 380, 384
내추럴 캐피털 익스체인지, 331
냅, 얼리샤, 401~404
너스카마타, 132
네바다대학교, 29, 31, 288, 295, 468~469
네이처 컨서번시, 400
네즈퍼스족, 268~270, 481
넬슨, 에밀리, 335~338
노동조합, 129, 158, 161, 289
노리스, 에릭, 251, 346~348, 435
노벨화학상, 37
노지, 웬슬러, 93~104, 108~110, 118, 482
뉴몬트, 340
뉴섬, 개빈, 397, 400~401, 407
뉴욕식물원, 28, 30
니켈, 32, 42, 58, 70, 99, 131, 144~146, 151, 154, 157~158, 166~168, 171, 325, 373, 382, 388, 392, 479, 482
　　리튬이온배터리 내, 39, 40, 41
　　전기차 대 내연기관 차량 사용 비교, 43
　　미국 내 니켈 광산 관련, 36, 43, 44
닉슨, 리처드, 81, 441

ㄷ

다우케미컬, 26, 408~412, 418
다우, 허버트 헨리, 408

다이아몬드 거래, 122
다코타 액세스 파이프라인, 102, 227, 234
대(大) 산쑥들꿩 수정안, 223
더러운 금은 이제 그만 캠페인, 125
더블에이치 산악지대, 219
더트 데블, 144
던리비, 마이크, 481
덩샤오핑, 186, 191
데벨츠, 딘, 168~170
데스포시토, 스티브, 126
데이지(아이폰 재활용 로봇), 385~387
도널리, 패트릭, 286~290, 292, 294, 296, 300~301, 303~309, 311~318, 466, 468~470, 472~473, 477~478
도지, 윌리엄 얼, 350
돈, 릴런드, 408~410
두, 미란다, 228~229, 231, 255
두란, 제시카, 135
둘리틀, 토머스, 80
딥 그린 리지스턴스, 229~230, 232, 237~239

ㄹ

라반, 메리앤, 211
라우리, 조, 251
라이스대학교 베이커공공정책연구소, 390
라이언, 맥킨지, 264~268, 270~272, 285
라카지, 어맨다, 193
람베르티니, 마르코, 483
랙솔트, 애덤, 245, 247, 249
램블러, 테리, 110~111, 113~115, 118~119, 360~361
러시아, 95, 115, 197, 214, 278, 400, 432, 440, 451, 460
레거, 베스, 468~471
레센탈러, 가이, 214
레오폴드 2세, 벨기에 국왕, 370
레이건, 로널드, 29, 61~62, 151
레이니강, 151~152
레절루션 프로젝트, 26, 83~84, 87, 89~93,
101, 106~108, 110, 112~113, 116~119, 269, 298, 361~362, 374
로, 버나드, 70, 464
로그래소, 톰, 212
로다, 켄, 223~225
로드스터, 38, 41
로런스리버모어 국립연구소, 417
로스토, 월트, 61
로이터(통신), 36, 194, 227, 247, 296, 398, 449, 471, 488
로이터, 파울 율리우스, 49
로페스, 에우세비오, 452
록크리크 광산, 26, 126~128
록펠러, 존 D. 시니어, 50
롤랜도, 세러핀, 153, 155
롬, 베키, 146~152, 155, 157, 160~161, 170~171
롬, 빌, 148
료비, 142~144
루스벨트, 시어도어, 149
루스벨트, 프랭클린, 259, 398
루이스, 대런, 89~92, 106
루프트한자, 379
리, 존, 411~412
리빌, 제임스, 30~31
리오라이트 리지 프로젝트, 26, 32, 70, 72~73, 137, 286~298, 308~309, 311, 313~316, 464~474, 475~476
　　환경 타당성 조사, 73
리오리타브라이텐바크, 51
리튬 삼각지대, 432
리튬 직접 추출(DLE), 333, 400~402, 412, 416, 424, 435, 439~440, 445, 459, 460, 462, 479~480
　　다우케미컬에서의 개발, 412
리튬 코퍼레이션 오브 아메리카, 435~436
리튬:
　　진흙 결합 리튬, 221, 232, 347
　　고대의 화산활동과 연관성, 66

자다라이트에서 발견, 111
리티아운모에서 발견, 67
페탈석에서 발견, 67
리티아휘석에서 발견, 67, 322, 326, 341
역사, 66~67
수요 증가, 36, 48, 389, 422, 424
이동형 리튬 설비, 424, 480
실리카 관련, 418, 419, 423
운송, 378
용도, 66
전압과의 관계, 68
리튬이온배터리, 31, 44~45, 66, 142~143, 230, 325, 377~378, 419, 446
    흑연과의 연관성, 13, 39, 41, 144
    시장의 규모, 396
    의 구조, 39
    발명, 37~38, 323
    리튬인산철배터리, 383
    재활용, 378~387, 389~394, 396, 481
    자연 발화(열폭주), 37, 377, 379, 394
리틴스키, 짐, 203, 206~209, 211~213, 215, 401
린지 라이트, 176

ㅁ

마그네슘, 51, 410, 414, 431, 437, 459
마그마 광산, 78~79, 85, 88, 106
마마니, 호니, 447~448
마운트 웰드 희토류 매장층, 27, 193
마운틴패스 희토류 광산, 26, 176, 182~183, 186, 188~190, 192~198, 202~209, 211~213, 480
마이어스, 리처드, 211
마커스블랭크, 조시, 247~248
마크리, 마우리시오, 220
매리엇, 빈센트, 198~203
매스터스, 켄트, 349
매카시, 지나, 397

매케인, 존, 101, 105, 116~117, 362
매콜럼, 베티, 159~160
매키니, 게리, 229, 238
맥더밋 화산지대, 232
맥스웨인, J. 데이비드, 41
맥키번, 빌, 228
맨친, 조, 48, 246
맨해튼 프로젝트, 183
머스크, 일론, 38, 44, 62, 101, 240, 325, 327, 335, 347, 372, 390~391, 406
    코발트 관련, 372
    리튬 관련 발언, 326, 345, 347
    솔턴호 프로젝트 관련, 419~424
머카우스키, 리사, 284
메넬, 브라이언, 310~311
메스아이낙 구리 매장층, 49
멘델레예프, 드미트리, 38
멸종위기종보호법, 470
모건 스탠리, 284
모랄레스, 에보, 426, 436~450, 459, 461
모렌시 구리 광산, 26, 353~360, 364, 367, 373
모리스, 에드먼드, 446
모킨, 레비, 342
모펫, 제임스, 365~366
모하비 사막, 180, 189
몬태나산맥, 219
무기 등급 광물, 194
무방류 시스템, 358
미국 광산국, 181, 187, 259
미국 광업기술자협회, 352
미국 국방부, 48, 83, 116~117, 186, 192, 194, 211, 213~215, 277~278, 362, 397
미국 내무부, 117, 156~157, 160, 181, 217~218, 222~223, 259, 287, 360, 479
미국 농무부, 156, 157, 159
미국 대학체육협회(NCAA), 443, 452
미국 연방대법원, 121, 218, 320, 481
미국 육군 공병단, 281, 283~284

미국 법무부, 120
미국 산림청, 93, 101, 115~116, 118, 120, 126, 157, 263
미국 상원, 118, 245, 249, 279
    에너지 천연자원위원회, 162
미국 에너지부, 63, 212, 297, 299, 392, 397, 402~406, 462, 473~474, 475~480, 484
미국 외국인투자위원회, 197, 199
미국 원주민보호국, 360
미국 의회, 150, 157~178, 185, 187, 214, 259, 278, 348, 359
    인플레이션 감축법 통과, 56
    개간사업인가 · 조정법, 360
    우주 산업 관련, 62
    전략·핵심자재비축법, 259
    야생지대법 통과, 150
미국 지질조사국, 108, 181, 219, 432, 434, 450
미국 철강노조, 161
미국 토지관리국, 150, 217, 222~225, 234, 287~289, 291, 297, 303, 467, 474
미국 파산법원, 26, 174, 196, 198~199
미국 하원, 116, 214
미국 환경보호국, 35, 140, 188, 195, 261, 269, 280~282, 284, 384
미국:
    미국의 안티모니 생산, 258, 267
    미국의 바스트네사이트 매장량, 177
    미국의 배터리 재활용 연구, 383~384
    미국의 에너지 소비량과 인구, 33
    자유무역협정, 56, 479
    온실가스 배출량, 35
    리튬 가공 공장 계획, 346~347
    전략·핵심자재비축법, 259
    희토류 원소와 미국, 38, 184
    미국의 광미댐, 54
미국 북서부광업협회, 127
미시간대학교, 48
미국 원주민, 97, 99, 101, 109, 113, 118, 362
    광업이 미치는 영향, 96~97, 229
    젠더와 관련된 문제, 238, 242
    아파치족도 보라
미첼, 로빈, 223
미첼, 조니, 99
민주당, 48, 71, 86, 114, 116, 118, 159, 214, 245, 257, 296, 480
민친호, 431
밀러, 글렌, 231

ㅂ

바미얀 불상, 109
바우먼, 빌, 410~413, 415, 439
바이든, 조, 46, 51, 56, 115, 215, 253, 265, 296~297, 299, 348~349, 397~405, 407, 471, 473
    채굴보다는 가공에 집중, 158, 471
    정부 차량을 전기차로 전환 추진, 47, 190, 214, 296, 406
    페블 프로젝트 무산 관련, 48, 128, 284
    레절루션 프로젝트 관련, 48, 83, 86, 88~91, 108, 113~114, 120~121, 482
    리오라이트 리지 프로젝트 관련, 254, 474~475
    트윈 메탈스 프로젝트 관련, 157~163, 479~480
바이원어보 희토류 광산, 27, 186~188
바타르, 볼드, 84
바텔, 에드워드, 226~228, 231, 233
바티칸, 98
반기문, 34
반다섬, 50
방사성 폐기물, 52, 209
배터리 생산원가 산출 도구(BatPaC), 40
배터리:
    납축전지, 258, 383, 410
    액체 금속 배터리, 267
    리튬이온배터리, 31, 37~39, 44~45,

66, 142~144, 230, 323, 325, 377~380, 382~385, 389~390, 396, 419, 446
백스터, 딜런, 443
버바, 존, 411~424, 435, 439, 480
버스트, 케빈, 167~169
버치호, 170
버트, 밥, 415~416
버핏, 워런, 299, 407
벅혼 광산, 107
베르셀리우스, 옌스 야코브, 67
베른하르트, 데이비드, 217~218, 222~223
베시치, 밀라, 86~90, 92, 96
베이조스, 제프, 439
벨, 알렉산더 그레이엄, 80
보니파시우 지 안드라다, 조제, 67
보리치, 가브리엘, 356, 447, 482
보여, 짐, 169
보잉787 드림라이너, 379
보즈워스, 데일, 126
볼드윈, 윌, 334
볼리바르, 시몬, 432, 451
볼리비아:
　　전기차 배터리 공장 계획, 437~440
　　리튬 관련, 434~440
볼리비아리튬공사(YLB), 437, 439, 458~459, 461
부시, 조지 H. W., 359
부시, 조지 W., 116, 151, 211, 218, 450
부유 단계(flotation), 183
북아메리카 프로미식축구리그(NFL), 442~444
북아메리카 곰 센터, 164
불랑제, 에이미, 130~133, 135, 138, 270, 481
붕소, 71, 287, 292, 304, 314~315, 464
브래들리 마이닝, 259~261
브로민, 410, 412
브루마지뉴 댐 참사, 53~54, 83
브리스틀만 부족 연합, 279
블랙 매스, 392~395

블링컨, 토니, 372
빌색, 톰, 156~157, 159~160
빙엄협곡 광산, 125, 128

ㅅ

사요나 리튬 프로젝트, 26
사이먼, P. A. '팝', 180
사이안화물, 284
사회정의, 170, 272
산성비, 140
산쑥, 94, 104, 222~233, 239, 302, 353
산쑥들꿩, 222~223, 403
산호, 124, 128
삼팟, 파얄, 53
새뮤얼, 존, 132~133
새커패스 프로젝트, 26, 226, 230~232, 252~254, 298, 313, 481
샌더스, 버니, 118
샌더슨, 멀리사, 369
샌카를로스 아파치 문화 박물관, 103
샌카를로스 아파치족 보호구역, 360
생물다양성, 231, 255, 308~310, 317, 449
생물다양성센터, 190, 253, 286~287, 289~291, 295, 307, 309, 470
생일에 선물 받은 권리, 182, 185
샤, 지거, 473~474, 475~478, 484
서던캘리포니아대학교, 442
석유업계, 36, 58, 65, 337
석유수출기구(OPEC), 36, 49
선더산 골드러시(1900년), 259
설리번, 댄, 284
설치류, 295, 297, 466
설파이드퀸 광산, 180
세계 원소주기율표의 해, 38
세계보건기구, 262
세계자연기금(WWF), 133, 483
세로리코산, 429
세르비아, 26, 111~112, 388
세이빈, 앤드루, 282~283

세이어, 로럴, 273
센티, 마크, 47
셰브론, 174, 192~193, 208, 219~220, 481
소로와코 니켈 광산, 27
손치, 크리스토퍼 S., 174, 195~196, 198~199, 201~205
솔턴호 프로젝트, 26, 399~424
수력발전, 261, 276
수산화리튬, 67, 326, 342, 402, 421~423, 460
수질정화법, 283
슈피리어 국유림, 149
순환 경제, 385, 396
쉐보레 볼트, 299
쉬광셴, 185
슈무츠, 볼프강, 439
슈피리어 럼버 & 하드웨어, 89
슈피리어, 애리조나 → 레절루션 프로젝트 참조
스노든, 소냐와 워런, 323~324, 328~335, 346
스모그, 140
스미스, 마크, 187, 194~195
스미스, 애덤, 428
스월웰, 에릭, 214
스캐어, 로라, 127
스타우버, 피트, 157, 160~161, 373, 480
스타우스홀름, 야쿱, 110~112
스탠더드 오일, 50
스트로벨, J.B., 390~392, 396, 401, 420
스티브나이트 프로젝트, 26, 262~277
스티븐스, 테드, 280
스틸워터 광산, 132
스페이스 인더스트리스, 62~63
스페이스X, 62
습식 야금 재활용, 392
시광산 지구, 258
시에라 클럽, 253
시진핑, 269

시티(은행), 56
실버피크, 26, 287, 302~303
쓰레기 매립장, 382~383

ㅇ

아랍 석유 금수 조치, 179
아르곤국립연구소, 40
아르세, 루이스, 451, 482
아르프베손, 요한 아우구스트, 67
아르헨티나, 49, 68~70, 72, 220~221, 224~225, 251, 300, 414~417, 433, 435, 440, 462, 482
아리아가다, 이반, 162
아메드, 샤비르, 40~41
아민, 셜판, 192
아이작스, 월터, 64
아이젠하워, 드와이트, 81
아이젠하워, 매미, 81
아이컨, 칼, 367
아이팟, 417
아이폰, 155, 175, 236, 382, 385~386, 394, 455
아이흐스테드, 피터, 97
아출레타, 디에고, 76~77
아파치 스트롱홀드, 93, 101, 118~121, 482
아파치리프, 75, 77, 92
아파치존, 75~78, 82, 85, 91, 94, 100~103, 107~108, 110, 112~114, 118~120, 228, 269~270, 353, 359~362, 388, 482
    부당 대우, 75~78
    모렌시 구리 광산 관련, 351
    레절루션 프로젝트 관련, 84, 87, 95~96, 108, 114, 482
    수자원에 대한 권리, 361
아후자, 디팍, 420
안티모니, 258~260, 262~267, 269, 274, 276, 377, 481
알루미늄, 39, 41, 118, 144, 148, 383, 385~386, 411

알코아, 384
알하리카 금 프로젝트, 27
암스트롱, 닐, 430
애드커슨, 리처드, 108, 356~357, 361~363, 365~369, 373~375
애리조나대학교, 100
앤더슨, 그레타, 255
앤더슨, 스콧, 56
앤더슨, 코비, 386
앤드루 왕자, 요크 공작, 104
야다르계곡, 27, 111
야생지대법, 149~150
야헤르스폰테인 광미댐 붕괴, 54
어류·야생동물관리국, 63, 290, 295~297, 315, 470~473, 476~477
어빙, 카이리, 480
어업, 127, 278~281, 283
얼세그, 루카, 417
얼자, 빌, 153~155
에드먼즈(자동차 전문 웹사이트), 141
에드워드 7세, 164
에디슨, 토머스, 80, 352, 446
에번스, 존, 249~255
에버하드, 마틴, 38
에스칼레라 알 시엘로, 455
에워야 리튬 프로젝트, 27
에이즈 연구소, 183~184, 186~187
엑손모빌(엑손), 29, 36~37, 59, 245, 348, 481
엘리(미네소타), 146~149, 152~154, 157, 163~166, 168~171
엘테니엔테 광산, 26, 106
엘패소 구리 정련 공장, 358
연어, 127, 262, 264, 268~271, 278~279
영국 성공회, 54, 306
예긴, 대니얼, 80
오렉, 144
오리온 마인 파이낸스, 222
오바마, 버락, 35, 46, 51, 117~118, 151,
155~156, 158, 384, 428
   그의 정책으로 차단된 광산, 46
   페블 광산과, 128, 281
   레절루션 프로젝트와, 83, 90, 114, 116
오지브웨족, 351
오크플랫 야영장, 81, 83, 103, 114, 362
옥스팜 아메리카, 125
온실가스 배출량, 35, 46, 48
올드린, 버즈, 67
올라로스 리튬 광산, 26
올랑드, 프랑수아, 34
올슨, 시거드, 148~149
옴브레무에르토염호, 414, 435
와이스갤, 조너선, 404
왕취안건, 199
우갈데, 가스톤, 455
우드워드, 허버트 S., 179~182
우라늄, 97, 179~181, 219
우유니 프로젝트, 26, 439~462, 479
유엔, 34, 38, 109, 309, 380, 384, 434
   애플에 수여한 글로벌기후행동상, 384
워커, 클레이, 423
웨스턴 워터셰드 프로젝트, 255
웰스파고, 196
위대한 미국인 야외활동법, 282
윌더니스 소사이어티, 147, 149
윌버트, 맥스, 228~244, 252~253
유니언 오일, 185
유니언 퍼시픽, 377
유돌, 스튜어트, 47
유럽연합, 49, 143, 393
은, 59, 427~429, 435
음파 영상기(ATV), 169
이건, 마이클, 441~442
이건, 티그, 441~453, 455~458, 460~463, 479
이누이트족, 278
이란, 49, 237, 338
이반파호, 188~189, 205

찾아보기 | 577

이산화탄소, 35, 67, 407, 476
이오리치, 블라디미르, 197
인도, 27, 49, 54, 176~179
인도네시아, 27, 42, 108, 145, 363, 365~366
인디언 민권법, 100
인류세, 36
인터내셔널 니켈 컴퍼니, 150
인호프, 제임스, 191
일본, 37~38, 65, 69, 179, 184, 186, 193~194, 258, 367, 384, 480, 493
일산화탄소, 140, 144

ㅈ

자석:
    네오디뮴-철-붕소 자석, 184, 191
    희토류 자석, 47, 175, 190~192, 211~213, 386
    사마륨-코발트 영구 자석, 184
자유의사에 따른 사전 인지 동의, 55, 149
자크, 장세바스티앵, 108
장쩌민, 186
재활용 시설, 26, 377, 380~381, 384, 386
잭슨, 리사 P., 384, 386
저커만, 그레고리, 274
전미광업협회, 114
정부 간 협의, 101
제3355호 명령, 217~218, 223
제련소, 352, 354~355, 357, 372
제로니모, 100~101
제프리스, 421~423
존스턴, 팀, 387~390, 396
존슨, 린든 B., 47, 61, 150, 154
주석-리티아휘석 벨트, 322
주얼, 샐리, 117~118
주얼리산업관행책임위원회, 129
주칸고지, 27, 109~110, 362
중국, 27, 33, 42, 45, 49, 54~55, 65, 67, 108, 118, 143, 145, 151, 159, 162, 178, 182, 185~195, 198, 200, 204~205, 207,

209~214, 225, 251, 253, 255, 292, 299, 325, 327~328, 346, 356, 367, 369, 422, 480, 485
    아프리카 코발트 관련, 369~372
    안티모니 생산, 258, 262
    바스네사이트 매장량, 177
    일대일로, 369
    볼리비아 리튬 관련, 432, 438~440, 451, 460
    전기 폐기물 수입 기준 강화, 393
    희토류 관련, 43, 48, 50, 175~176
    리튬이온배터리 재활용 관련, 383, 392~393
    중국과 미국 광업학교 학생 수 비교, 374
중국 몰리브데넘, 367~371
중국희토류정보센터, 186
중국지질과학원, 200
중국해양석유총공사(CNOOC), 192~193
중앙대륙 균열, 166
중앙정보국, 434
지마판 광산, 135
지열발전소, 417~418

ㅊ

차베스, 우고, 428
착한 사마리아인 법, 271
책임 있는 광업 보증을 위한 이니셔티브(IRMA), 129~138, 270, 299, 481
처치, 윌리엄, 351~352
천연가스, 36, 42, 48, 50, 58, 243, 278, 280, 337, 340, 366, 388, 433, 454, 481
천연자원의 저주, 429
철 줄기, 148, 164
치칠 빌다고틸, 76~77
    오크플랫 야영장도 보라
칠레, 26, 85, 146, 151, 167, 250, 354, 356, 421, 429, 433~434, 436, 447, 460
    구리 생산 관련, 10, 42, 52, 106, 108,

120
리튬 생산 관련, 42, 145, 346, 432, 438, 481~482

ㅋ

카누 컨트리 아웃피터스, 147
카넥스 웨스턴, 405
카인드니스 이즈 쿨, 444
카터 행정부, 150
카펜터, 휴 그리고 리비, 334
칼 레빈-하워드 P. '벅' 매키언 국방수권법, 83
칼릴, 켈리, 448~450
칼슨, 터커, 283
캐나다광업협회, 133, 137
캘러웨이, 제임스, 59~66, 68~74, 84, 137~138, 220, 254, 293~294, 296~301, 311, 318, 472~473, 475~477, 484~485
캘리포니아, 61, 95, 141, 175, 179, 181, 188~190, 192, 196, 204~205, 209~210, 213~214, 287, 299, 306, 367, 399~402, 404, 406~407, 419, 441
캘리포니아주 에너지위원회, 402
캘리포니아대학교, 306~307, 468
커새도어, 말로, 103
커티스, 벤저민, 320
컬럼비아대학교, 133, 185
케랄라 희토류 프로젝트, 27, 178
케리, 존, 34
케이어, 톰, 343~344
케추아족, 454
켈러, 존, 385
켈리, 마크, 214
켈리, 킴, 364
코로나바이러스 대유행, 48, 103, 145, 168, 211, 224~225, 252, 289, 324~325, 390, 451, 477
코발트, 32, 36~37, 39~41, 43, 49, 51, 58, 136, 144, 146, 154, 157, 184, 367~370,

372~373, 382, 479
  아동 노동 관련, 145, 370~371, 480
  우라늄과 혼합, 179
  재활용 관련, 384, 392
코왈스키, 마이클 J., 123~130, 132, 136
코차르, 아제이, 387~391, 394~396
코테즈 매스토, 캐서린, 245~249
코튼, 톰, 214
콘리, 존, 417
콘웨이, 톰, 161
콜드웰, 터너, 326
콤스톡 시드, 464
콩고민주공화국(콩고), 43, 49~50, 136, 184, 368, 384
  아동 노동, 43, 145, 373, 480
  중국의 코발트 광산, 367, 369~370, 372
  코발트 생산, 43, 136
쿠슈너, 재러드, 156
쿠어스, 383
퀴크, 캐슬린, 356, 374~375
크라이슬러, 38
크레디트 스위스, 480
크루즈, 테드, 213
크룩, 조지, 76
크리스티나 페르난데스, 69
클라크, 톰, 197~199, 201~203
클라크산맥, 205
클라크포크강, 126
클레멘테, 매슈, 200~202
클로버샤, 에이미, 168
클린턴, 힐러리, 71~72
킴, 마르셀로, 276~277

ㅌ

타벨, 이다, 50
탄산리튬, 226, 392, 395, 460
탄산포타슘, 431, 434, 457, 459
탄소 중립, 49, 80

탈레반, 49
태양 전지판, 32, 35, 38~39, 158, 165, 171, 205, 267, 274, 331, 358, 398
태양열발전, 325
테라노스, 446
텐케 광산, 27, 367~370
트럼프, 도널드 주니어, 282
트럼프, 도널드, 46, 108, 113, 156, 216~218, 233, 234, 257, 288, 398, 402, 473
    파리협약 탈퇴, 72
    페블 광산 중단, 48, 281~284
    규제 완화, 108, 216~217
    레절루션 프로젝트 관련, 83, 86, 90, 115~116, 118~120
    리오라이트 리지 프로젝트 관련, 286, 291
    새커패스 프로젝트 신속 승인, 48, 222, 225~228
    트윈 메탈스 프로젝트 관련, 156~158, 160
트럼프, 이방카, 156
트루먼, 해리 S., 178
트웨인, 마크, 98
트윈 메탈스 프로젝트, 26, 154, 161, 163, 169, 272, 277, 282, 479
티센, 론, 284
티엠, 제리, 28~33, 74, 288, 303, 308, 314, 470, 485~486
티엠의 메밀, 84, 137, 228, 288~289, 304, 307~318, 403, 463~468, 470, 475~478, 484~485
    파괴 의혹, 286~287, 292, 294~296, 301, 465
    발견, 31~32
    멸종위기종으로 지정, 290, 294, 297, 298, 469, 471~472, 474, 476~477
티파니 앤 코(티파니), 123~129, 133, 353

ㅍ

파딜랴, 줄리, 161~162
파리기후변화협약(파리협약), 34~36, 47, 55, 72, 79~80, 169, 309, 476
파이러지스 노스우즈, 165
파이어니어 광산, 153
파이어니어 박물관, 153
파이우트족, 232, 244
파타고니아, 136, 147
파트와르단, 아미트, 458, 461~462
팔리, 겸, 56~57
팔리하피티야, 차마트, 211
패터슨, 대니얼, 287~290
퍼타도, 더그, 288~289
페더스톤, 존, 417
페레스 데 솔라이, 마르틴, 381
페루, 108, 145, 433
페르예이예르 희토류 매장층, 27
페블 프로젝트, 128, 278~284
페일린, 세라, 280
페루프 제조업체, 385
포드, 빌, 298
포드, 헨리, 399
포드재단, 136
포스, 미셸 미쇼, 380
포크, 윌, 229, 231, 238~239, 252~253
폴록, 로버트 '보비', 355, 358~359
폴리멧 광산 프로젝트, 114, 277
폴슨, 존, 263, 273~277, 481
푸투 쿤티 쿠라마족과 피니쿠라족, 52, 109~110, 112
푸트 미네랄, 414
푸틴, 블라디미르, 451
풍력발전기, 32, 35, 39, 43, 493
풍력발전용 터빈, 171, 175, 267, 274, 331, 358, 398
프란치스코 교황, 98, 373
프리우스 65
플라야, 209

피시, 비키, 107
피알카, 존, 38
피플 오브 레드 마운틴, 229, 232, 238~239, 270
피히무허(썩은 달), 232, 244
핀커스, 오스카, 198~202, 204
필, 프레드, 180
필립스, 키스, 340~345

ㅎ

하너, 폴, 197
하인리히, 마르틴, 249
한국, 144, 261, 298, 384
할딘, 발레리아 아리아스, 448, 451, 454, 489
할런드, 데브, 157, 160
해로, 마크와 대니얼, 285
해리스, 카멀라, 113, 115, 119, 245
해치, 387~389
핵무기, 61
허드 박물관, 113
허슈, 마크스, 182
헤스, 마티, 179
헤이스팅스, 클라라와 폴 에드워드, 321~322, 324, 327
헤이스팅스, 폴라, 322
헤이호, 캐서린, 310
호크스타인, 에이머스, 51
호프먼, 니콜, 166~169
혹실드, 애덤, 370
홈디포, 91, 142, 144
홈스, 엘리자베스, 446
환경영향평가보고서 초안, 274
황, 226, 314, 354, 414
황거누이강, 234
황산, 314, 326, 358, 394
황화광물, 159, 166
황화물, 151
후버, 144
휘팅엄, 스탠리, 37
휴대전화, 29, 38, 59, 68, 97, 171, 175, 235, 247, 263, 267, 315, 329, 372, 377, 380, 386
휴스턴, 조지프, 204
희토류(원소), 32, 38, 44, 47~48, 50, 55, 58, 174, 178~179, 182, 186~190, 192~196, 198~199, 204, 206~210, 214, 253, 369, 401, 480
    생일에 선물 받은 권리, 181~182, 185
    최초 발견, 177,
    바스트네사이트에서 발견, 177, 181
    모나자이트에서 발견, 177
    수요 증가, 176
    미국 산업 시작, 43, 184
    러시아 관련, 214
    분리 및 정제, 183~185
    토륨 관련, 181
    용도, 174~177, 182
    경제 무기 관련, 176, 214
희토류 자석, 47, 175, 190~192, 211~214, 386
흰꼬리영양다람쥐, 295
힉스, 캐슬린, 397

문학·영화·잡지·신문

《가장 위대한 거래》, 274
《국부론》, 428
《내셔널 지오그래픽》, 280
〈누가 전기차를 죽였나?〉, 65
《뉴요커》, 228, 436
《뉴욕 타임스》, 206, 227, 252
《당신들이 우리에게 독을 준다면》, 97
《당신이 내게 보고하세요》, 217
〈돈 룩 업〉, 55
《라틴아메리카의 열린 광맥》, 428
《레오폴드 왕의 유령》, 370
〈로니 브레이브〉, 305
《로스앤젤레스 타임스》, 444

《무책임한 천국 추구》, 169~170
미니애폴리스판《스타 트리뷴》, 154
〈불편한 진실〉, 61
〈브라더스 & 시스터즈〉, 65
〈블러드 다이아몬드〉, 122~123
《샌프란시스코 크로니클》, 128
〈스타워즈: 라스트 제다이〉, 430
《시애틀 타임스》, 128
《용감한 카우보이》, 305
《우리를 구하기》, 309
《워싱턴 포스트》, 126, 128, 141
《육두구의 저주》, 50
《자동차 전쟁》, 38~39
〈출동! 지구특공대〉, 268
〈콜 오브 듀티: 블랙 옵스 2〉, 194
〈폭스 뉴스〉, 283
《희망찬 녹색 미래가 기다린다》, 230, 234

광물 관련 기업

ACI 시스템스, 437~438
BHE 리뉴어블스, 401
BHP 그룹, 78~79, 81~83, 85, 88, 373
BMW, 136, 341, 440
CATL(寧德時代), 440, 479, 484~485
CITIC 궈안(中信國安集團), 440
FMC, 250~251, 413~418, 421, 424, 435
LG화학, 393
MP 마인 오퍼레이션스(MPMO), 198~204, 206
MP 머터리얼스, 206~213, 215, 401, 480
SQM, 42, 134, 250~251, 421
TBEA(特變電工), 440
US스틸, 154, 164
WCP 리소스, 338~341
간평리튬(贛鋒鋰業), 225, 251, 255
글렌코어, 136, 277, 369, 393, 481
네오 머터리얼스 테크놀로지스, 194, 196
노던 다이너스티 미네랄스, 279, 281, 283~284
뉴몬트, 340
니콜라, 82
다임러, 38
더 메탈스 컴퍼니, 482
덜루스 메탈스, 151
도요타, 38, 62, 65, 69~70, 207, 236, 425
디트로이트 코퍼 마이닝, 352~393, 396
라이너스, 193
라일락 설루션스, 333, 440
레드우드 머터리얼스, 390~393, 396, 401
레절루션 코퍼, 88, 96, 99, 102, 110, 482
로드스타운 모터스, 399
록우드 홀딩스, 250, 421
록히드마틴, 175, 211, 214
루시드 그룹, 82, 394
리벤트, 134, 251, 324, 339
리비안, 399
리사이클(Li-Cycle), 26, 389~394, 396, 481
리오틴토, 52, 79, 81, 83~86, 89~91, 93~94, 98, 101, 103~112, 116~119, 121, 125, 222, 228, 279, 281, 361~362, 373, 384, 388, 457, 462~463, 482
리튬 아메리카스, 116, 220~229, 231, 234, 246~248, 251, 254~256, 347, 395, 407, 476
마이크로소프트, 135~136, 331, 371
메르세데스 벤츠, 136
모빌오일, 261
모어 데이비도 벤처스(MDV), 419, 421
모턴 솔트, 405
몰리코프, 174~176, 182~185, 187~190, 193~196, 204, 206~208
미다스 골드, 263, 265
발레(Vale), 53
배릭, 340
버크셔 해서웨이 에너지(BHE), 399, 401~407
볼리비아리튬공사(YLB), 437, 439, 458~459, 461
블루오벌에스케이, 485
삼성, 144

소니, 37, 339, 417
스미토모특수금속(스미토모), 184, 194, 480
스미토모 메탈 마이닝, 367
스탠더드 리튬, 333
스텔란티스, 399
스틸워터, 132
시반예스틸워터, 298
심볼, 406, 417~424
아이어니어, 72~73, 137~138, 189, 228, 254, 288~300, 309~312, 314~317, 328, 464~465, 467~474, 475~479, 484~485
안토파가스타, 120, 151, 156, 161~162, 167, 277
알코아, 384
애플, 175, 371, 384~387, 396, 417, 461
    글로벌기후행동상, 384
앨버말, 26, 68, 134, 250~251, 302~303, 324, 339, 342, 346~349, 412, 414, 481
앰브리, 267
앵글로 아메리칸, 131~134, 279~280
어드밴스드 마그넷 랩, 47
에너지소스 미네랄스, 407, 418
에너지엑스, 333, 440, 445~452, 454~463, 479
에코프로, 298
오로코브레, 69~70, 72, 220
오리온 마인 파이낸스, 222
옥시덴털 퍼트롤리엄, 423
올켐, 381, 463
웨스턴 리튬 USA, 220~221, 251
유노칼, 185, 193, 208
인터내셔널 니켈 컴퍼니, 150~151
제너럴 다이내믹스, 175
제너럴 모터스(GM), 64~65, 136, 184, 190~192, 212~213, 255, 399, 406~407, 445, 479, 481
카리살 마이닝, 135
컨트롤드 서멀 리소시스, 406~407
코크 인더스트리스, 393

클립스클리블랜드, 164
테슬라, 32, 43~45, 62, 69~70, 85, 207, 240, 298, 324~326, 341, 347, 372, 389~390, 398, 444, 480
    배터리데이, 325~327
    설립, 38
    기가팩토리, 71, 293, 419
    모델3, 40~41
    모델Y, 136
    로드스터, 38, 41
    피드몬트 리튬과의 관계, 327~328, 335, 343, 345, 348
    리튬 가공 공장 계획, 347, 481
    심볼과의 관계, 420~421, 423~424
테크멧, 310
테크트로닉 인더스트리스(TTI 그룹), 143~144
텍페트롤, 440, 462
트윈 메탈스, 151~152, 155~162, 164~170, 313, 373, 479
파나소닉, 419
퍼페투아 리소시스, 264~279, 346, 481
펠프스 도지, 351~352, 354, 360~364, 415
포드, 38, 56~57, 136~138, 141, 169, 298~301, 399, 445, 473, 475, 484~485
폭스바겐, 136
퓨전 에너텍(聚能永拓科技開發), 440
프리포트맥모런, 79, 108, 353~359, 361~370, 373~375, 415
피드몬트 리튬, 323, 327~328, 330~338, 341~349, 395, 400, 473, 476
    피드몬트 리튬을 멈추자, 332
현대자동차, 394
히타치금속, 194

광물 전쟁

초판 1쇄 발행 2025년 5월 18일
초판 2쇄 발행 2025년 6월 11일

지은이 어니스트 샤이더
옮긴이 안혜림
펴낸이 최순영

출판2 본부장 박태근
지식교양 팀장 송두나
편집 송두나
디자인 홍세연

펴낸곳 ㈜위즈덤하우스 **출판등록** 2000년 5월 23일 제13-1071호
주소 서울특별시 마포구 양화로 19 합정오피스빌딩 17층
전화 02) 2179-5600 **홈페이지** www.wisdomhouse.co.kr

ISBN 979-11-7171-421-6 03320

- 이 책의 전부 또는 일부 내용을 재사용하려면 반드시 사전에 저작권자와 ㈜위즈덤하우스의 동의를 받아야 합니다.
- 인쇄·제작 및 유통상의 파본 도서는 구입하신 서점에서 바꿔드립니다.
- 책값은 뒤표지에 있습니다.